도서 **밀알서원** (Wheat Berry Books)은 CLC가 공동으로 운영하는
출판 복음주의 출판사로서 신앙생활과 기독교문화를 위한
설교, 시, 수필, 간증, 선교·경건서적 등을 출판하고 있습니다

추천사

선풍적이다. … 이 작품은 단지 태피터 비단옷을 입은 위선자들을 폭로하는 것 이상의 훨씬 더 많은 것을 담고 있다. … 대단히 흥미롭다.

「선데이타임스」(Sunday Times)

연구 조사의 놀랄만한 업적이다. 로마 가톨릭교회의 친구들은 이 책의 메시지를 진지하게 받아들일 필요가 있다.

디아메이드 맥클로흐(Diarmaid MacCulloch)
옥스퍼드대학의 교회 역사학 교수
「더타임스」(The Times)에 기고한 글

축제는 끝났다. … 나는 마르텔(Martel)의 책이 단순한 풍문이었으면 좋겠다. 이 책은 엄청나게 많은 가톨릭 신자들을 분노하게 하고 슬프게 할 것이다. 많은 사람에게 이 책은 최후의 결정타가 되어 교회를 떠나게 할 것이다. 하지만 이 책을 헛소리로 여긴다면 실수일 것이다. 이 책은 다년간의 조사에 바탕을 두고 있다. 마르텔은 매우 지적이고 정직한 언론인이며, 교회는 그의 폭로에 용기를 갖고 수긍하며 좋은 성과를 낼 필요가 있다.

티모시 래드클리프(Timothy Radcliffe OP)
세계적으로 유명한 신학자이자 전 도미니크수도원장
「테블렛」(The Tablet)에 기고한 글

세상을 뒤흔들만한 성직자들의 부패 폭로. … 마르텔이 매우 노련하게 한 일은 교회 제도의 뿌리 깊은 부패 때문에 드러난 사건들을 연결한다. … 『바티칸의 불편한 진실』(In the Closet of the Vatican)은 수많은 교회 고위 성직자의 이중생활을 인상 깊을 만큼 상세하게 조사한다. … 참으로 주목할 만한 출판계의 뉴스다.

「내셔널가톨릭 리포터」(National Catholic Reporter)

가톨릭 신자들이 이 책을 읽기가 아무리 힘들더라도 나는 그들 모두가 이 책을 꼭 읽어보기를 당부한다. … 이 책은 그 정도까지 나를 놀라게 하지는 않았지만, 여전히 내게 놀라움과 충격과 역겨움을 주었다. 당신은 그저 그 책을 덮어둘 수 없으며 또한 매우 명백한 사실을 당신의 생각에서 떨쳐낼 수 없다. … 과장된 표현처럼 들릴지 모르지만, 내가 보기에는, 바티칸이 붙들기를 바라던 마지막 도덕적 권위가 이 책과 함께 증발하는 것 같다. 지금 교회 안에서 수많은 사람이 느끼는 비통함과 분노는 말로 표현하기 어렵다.

앤드류 설리번(Andrew Sullivan)

「뉴욕매거진」(New York Magazine)

현대 로마 가톨릭교회의 조직 내에 널리 퍼져 있는 동성애에 대한 부정직함을 전 세계적으로 조사한 첫 번째 기록이다.

제임스 앨리슨(James Alison)

세계적인 신학자, 사제

악취를 풍기는 세상을 엿볼 수 있도록 프레데릭 마르텔(Frédéric Martel)은 이 책을 위해 5년간 조사했다.

앤드루 브라운(Andrew Brown)

「가디언」(Guardian)

관심을 사로잡는 이야기

「가톨릭헤럴드」(Catholic Herald)

중요한 폭로.

「데일리텔레그라프」(Daily Telegraph)

책 한 권의 '폭탄 선언'.

「스펙테이터」(Spectator)

    누군가가 바티칸을 둘러싸고 있는 침묵의 벽을 깨뜨리려고 시도하는 것은 자주 있는 일은 아니다. 의심할 여지 없이 마르텔의 책은 이 일을 예외적으로 이룬 멋진 책이다. 동성애는 여전히 세계적으로 오늘날까지도 가장 모호하고 미탐험된 영역이며, 토론은 대부분 터부시되고 금지되고 있다. 마르텔은 이전에는 전혀 없던 감탄할만한 객관성을 갖고 지금까지의 그 어떤 상상마저도 훨씬 뛰어넘는 비밀과 협박과 권력의 세계를 폭로한다.

지안루이지 누찌(Gianluigi Nuzzi)
"바티리크스"(Vatileaks) 스캔들을 폭로한 기자

바티칸에 대한 충격적인 실제 이론; 세계에서 가장 큰 게이 사회.

「일조르날레」(Il Giornale)
이탈리아

아마도 기자가 쓴 최고의 책 중 하나.

「가제타위보르차」(Gazeta Wyborcza)
폴란드

등골을 차갑게 만드는 능숙한 작품 … 누구나 이 놀라운 조사 기사를 읽어야한다.

「워싱턴북 리뷰」(Washington Book Review)

바티칸의 불편한 진실

| 권력, 동성애, 위선 |

Sodoma
Written by Frédéric Martel
Translated by Stephen Hwang

Copyright © Éditions Robert Laffont, S.A., Paris, 2019.
Originally published in French under the title
Sodoma
by S.A.S Editions Robert Laffont.
30 Place d'Italie 75013 Paris, France.
All rights reserved.

Translated and printed by permission of S.A.S Editions Robert Laffont.
Korean Edition Copyright © 2022 by Christian Literature Center, Seoul, Korea.

바티칸의 불편한 진실
권력, 동성애, 위선

2022년 3월 26일 초판 발행

지 은 이 | 프레데릭 마르텔
옮 긴 이 | 스테반 황

편 집 | 김효동
디 자 인 | 박성준
펴 낸 곳 | 도서출판 밀알서원
등 록 | 제21-44호(1988. 8. 12.)
주 소 | 서울특별시 서초구 방배로 68
전 화 | 02-586-8761~3(본사) 031-942-8761(영업부)
팩 스 | 02-523-0131(본사) 031-942-8763(영업부)
이 메 일 | clckor@gmail.com
홈페이지 | www.clcbook.com
송금계좌 | 기업은행 073-085404-01-017 예금주: 밀알서원
일련번호 | 2022-18

ISBN 978-89-7135-126-0

이 한국어판 저작권은 S.A.S Editions Robert Laffont와(과) 독점 계약한독점 계약한 도서출판 밀알서원이 소유합니다. 신저작권법에 의해 한국 내에서 보호를 받는 저작물이므로 무단 전재와 무단 복제를 금합니다.

시대 정신 시리즈 ❷

바티칸의
불편한 진실

In the Closet of the Vatican: Power, Homosexuality, Hypocrisy

권력 · 동성애 · 위선

프레데릭 마르텔 지음 스데반 황 옮김

도서
출판 밀알서원

차례

추천사	1
개정 확장판 서문	10
저자 및 출판사의 짧은 글	16
머리말	17

제1장 프란치스코   26
   1. 성녀 마르타호텔   27
   2. 성별(性別) 이론(Gender theory)   52
   3. 내가 누구를 판단하리요?   90
   4. 부에노스아이레스(Buenos Aires)   112
   5. 주교 총회   129
   6. 로마 테르미니   174

제2장 바오로   208
   7. 마리탱(Maritain) 코드   209
   8. 사랑하는 우정   227

제3장 요한 바오로   252
  9. 추기경단   254
  10. 그리스도의 군단   299
  11. 정욕의 고리   323
  12. 스위스 근위대   339
  13. 게이들과 싸우는 십자군 전쟁   348
  14. 교황 대사들   386
  15. 이상한 잠자리 동료들   424
  16. 로우코   440
  17. CEI(이탈리아 주교 회의)   460
  18. 신학생들   498

제4장 베네딕토   522
  19. 수동적인 교황   523
  20. 부(副)교황   562
  21. 반체제 인사들   595
  22. 바티리크스   618
  23. 퇴위   635

끝맺는 말   655

감사의 말   678

개정 확장판 서문

프레더릭 마르텔 옮김

동성애 애호가 프랑스 가톨릭 철학자 자크 마리탱(Jacques Maritain)은 동성애에 관한 책을 출판하려는 개신교 신자이며 저명한 저자인 앙드레 지드(André Gide)를 찾아가 그 책을 출판하지 않기를 부탁하자 노벨 문학상 수상자인 그는 "가톨릭 사람들은 진실을 좋아하지 않네요"라고 대답한 후 과감하게 그의 작은 책 『코리동』(Corydon)을 출판했다. 이때가 1923년이었다.

100년이 지난 지금도 가톨릭 신자 중에는 여전히 진실을 좋아하지 않는 사람들이 있다!

신학자들과 사제들, 그리고 '바티칸 전문'(Vaticanologist) 기자들은 내가 『바티칸의 불편한 진실』(In the Closet of the Vatican)을 출판하지 말았어야 했다고 생각한다. 하지만 나는 지드처럼 나의 결정을 확신하고 밀고 나간다. 이 책은 반드시 출판될 필요가 있었을 뿐만 아니라 주요 보고서의 형태, 곧 정확한 정보와 사건 기록을 담은 "서사적 논픽션"(narrative nonfiction)으로 쓰일 필요가 있었다. 그래야만 오랫동안 숨겨졌던 실제 사실을 묘사할 수 있었다.

이 책은 50개가 넘는 나라에서 선례 없는 대단한 성공을 거둠으로 시기적절하게 출판된 것을 입증하고 있다. 『바티칸의 불편한 진실』은 20개가 넘는 언어로 번역되었다. 이 책은 수천 개의 기사가 실릴 만큼 큰 화젯거리였다. 「뉴욕타임스」(NewYork Times)의 베스트셀러 책이 되었고, 약 15개의 나라에서는 판매 순위 1위를 차지했다. 이런 모든 현상은 이 책이 시기적절하게 출판되었음을 보여 준다.

종이책으로 새로 출판된 영어 버전은 원래 버전을 개정한 것이다. 미국인 편집자 제이콥 브롬버그(Jacob Bromberg)가 처음 번역을 정성스럽게 교정했다. 세부내용도 수정되었을 뿐만 아니라 새로 발생한 사건들을 고려하여 책의 일부 내용도 경신(更新)되었다. 그러나 책 자체는 앞으로 설명하겠지만 처음 내용 그대로다.

『바티칸의 불편한 진실』은 쉽게 풀 수 없는 방대한 퍼즐이다. 나는 이 책을 통해 여러 정보를 면밀하게 모아 그것을 함께 맞추어 가며 마침내 암호 코드가 분명하게 풀릴 때까지 내가 보고 경험한 모든 것을 끈기 있게 설명한다. 그리고 마침내 퍼즐을 푼다. 하나의 장(章), 하나의 이야기, 하나의 상황으로는 이 시스템을 이해하기에 충분하지 않다.

지금의 이 책이 나오고 바티칸의 비밀을 드러낼 수 있었던 것은 축적된 사건 기록들과 다양한 새로운 정보들 그리고 누적되어온 영향력 및 진취적이고 타도적인 문체(文體) 덕분이다. 바로 그런 이유 때문에 나는 이 책을 개정하면서도 게이 색채의 문체를 유지하려고 했다. 내가 알아낸 바로는 바티칸은 두드러진 게이 집단이다. 따라서 이 집단을 설명하려면 게이 문화의 용어들을 사용할 필요가 있다.

이 책을 쓰게 된 나의 유일한 동기는 진실의 필요성 때문이었다. 이 동기가 『바티칸의 불편한 진실』을 쓰는 동안 끊임없이 나를 인도해 주었고, 수십 수백만의 독자와 셀 수 없이 많은 가톨릭 신자, 심지어 (내게 기밀을 전해 주거나 은밀한 정보를 편지로 보내 준) 주교들과 추기경들을 사로잡았다. 하지만 불행하게도 가톨릭교회 내에서는 이런 진실을 찾으려는 동기가 거의 없다. 미국과 프랑스, 그리고 이탈리아 신문의 누설에 따르면 교황 프란치스코(Pope Francis)는 그의 수행단에게 "이 책을 읽었는데 좋군. 나도 다 알고 있어"라고 털어놓았다고 한다.

물론 몇몇 사제들과 평론가, 바티칸 전문 기자는 (때로는 그들 중에 '밀실'에 속한 자들도 있다) 내 책이 어떤 '낭설'이나 '풍문'에 기초하여 특정 고위 성직자들을 풍자하였다고 평했다. 이런 반응이야 당연히 예측했던 바였다!

이 책을 쉽게 인정하지 못하는 두 부류의 독자들과 평론가들이 있다.

첫째, 게이 세계를 전혀 알지 못하는 자들로서 내가 묘사하는 실제 사실을 직면하게 될 때 어찌할 바를 모르거나 의심하는 자들이다.

둘째, 바티칸 전문 기자들처럼 실제 사실을 너무 잘 알고 있고 '밀실'의 비밀을 완벽하게 알아차린 자들이다.

하지만 그들은 여러 가지 이유로 진실을 부인하거나 그 사실을 비밀로 지키기를 원한다. 이 책은 그들이 말로는 나누지만, 결코, 기록으로는 남기지 않는 많은 정보를 담고 있다. 그들이 인정하기까지는 오래 걸리겠지만 반드시 그 날은 올 것이다.

이 책은 결코 단순한 소문이나 낭설 또는 풍문이나 험담에 근거한 것이 아니다.

오직 사실만을 담고 있다. 나는 추기경들, 주교들, 교황 대사들, 사제들과 수많은 인터뷰를 했으며 그 외에 3백 페이지가 넘는 출처 자료를 온라인에 게재했다.

이 출처 자료는 나의 80명의 조사팀의 도움으로 모아 놓은 2천 개 이상의 기록 보관 문서를 포함하고 있으며, 미국 국무부로부터 기밀 해제된 수천의 문서, 비밀 외교 전보, 경찰 보고서 및 법정 기록들, 의사와 매춘부의 증언들, 정식으로 인용된 신문 기사들 그리고 참조 서적들의 목록을 담고 있다.

이에 이 책에 제시된 가장 사소한 사실 기록마저 내가 이 디지털 시대의 현대적인 편집 방법이라고 믿고 있는 수십 개의 메모로 뒷받침받고 있다. 그 메모들은 더욱 상세한 정보들을 얼마든지 온라인에서 펼쳐 볼 수 있도록 출처 자료들을 온라인에 게재한다.

이런 정확한 정보들과 나 외의 다른 한 명의 증인 앞에서 녹음된 인터뷰들이라면 믿을만하지 않겠는가?

만일 이것마저 믿지 못한다면 더는 언론이든, 사회든, 조사든, 경찰이든, 정의의 체제든 필요가 없을 것이다. 이처럼 이 책의 각 페이지는 셀 수 없이 많은 정확하고 대조 검토된 정보에 기초하고 있다. 그렇다 할지라도 물론 나는 법적인 이유 및 도덕적인 이유로 모든 사실을 다 기록하거나 드러낼 수는 없다.

물론 사실들에 대해서는 따질 수 없어도 나의 해석에 대해 논하는 것은 가능하다. 하지만 한두 사례에서 해석의 실수는 있을지라도, 교회 전체가 구조적으로 동성애적인 성향을 띠고 있다는 나의 분석은 너무 명료하다.

영국의 신학자 제임스 앨리슨(James Alison)이 제안한 것처럼, 어떤 이야기를 단순한 험담으로 분류하는 것 역시 은폐하려는 시도일 수 있다. 그런 기사들을 단순한 험담으로 간주하여 버린 사람마다 사실 진실을 감추고자 했다. 실제로 교황 프란치스코는 2018년에 칠레로부터 돌아온 직후 우리를 초청하여 "이런 사건들이 계속 발생하게 되는 구조적인 문제와 뿌리를 찾아주세요"라고 말했다. 나는 내 나름대로 방식으로 그의 요구에 응답하고 있다.

내가 보기에는 동성애 요소를 고려하지 않고는 그 누구도 바티칸과 가톨릭 교회를 이해하는 것이 불가능하다. 교회가 본질에서 동성애적인 면이 있다는 사실을 무시하면서 교회에 대해 말하는 사람이 있다면, 그는 교회가 어떻게 돌아가고 있는지에 대해 계속 오해할 수밖에 없다. 나는 그들이 계속된 환멸감을 가지면서도 오랜 기간의 스캔들을 계속 이해하지 못할 것이기 때문에 진심으로 딱하게 여긴다. 사실 이 문제는 골칫덩어리들의 문제가 아니라 구조적인 문제, 즉 체제의 문제다.

『바티칸의 불편한 진실』이 이런 체제를 드러낸 것이 아니라면, 2019년 2월에 출판된 책이 어떻게 수십 개국의 나라를 통해 전 세계에 이런 영향을 끼칠 수 있겠는가?

만일 이 분석이 틀리거나 희화한 글이라면 왜 이 책이 교회 내에 전례 없는 큰 충격을 주었겠는가?

왜 그렇게 많은 주교와 사제들이 이 책을 읽었겠는가?

왜 이 책은 그 유명한 신학자 제임스 앨리슨이 "카드를 다시 섞어서 게임 규칙을 영원히 바꾸었다"고 말할 만큼 세계 언론의 논쟁거리가 되어 버렸는가?

만일 이 책의 내용이 모든 증인, 교황청의 모든 사제와 추기경들, 모든 바티칸 전문 기자들, 그리고 (익명을 요구했지만) 충분히 정통한 사람들이 알고 있는 것과 맞지 않는다면 어떻게 이런 현상이 발생할 수 있겠는가?

이 책이 출판된 이래로 나는 이 책의 내용을 더 확실하게 증명해 주는 수천 통의 편지와 이메일을 받았으며 그중에는 절박하면서도 매우 감동적인 것도 있었다. 이 책은 『바티칸의 불편한 진실』이 출판된 이후에 발생한 수많은 스캔과 여러 사건을 포함하지는 않았다. 물론 그 사건들은 이 문제가 구조적인 성격임을 계속 확인시켜 준다.

이런 이유로 나는 가톨릭에 대해 화제를 바꾼 것에 대해 만족하게 여긴다. 지금부터 질문은 왜 그렇게 많은 추기경과 사제들이 동성애를 혐오하는지를 이해하는 것이 아니라 오히려 왜 그들은 그렇게 자주 동성애자로 드러나는지를 이해하는 것이다. 이는 더 이상 교회에 게이들이 있는 것을 부인하려는 문제가 아니라, 오히려 교회가 "성직자들의 동성애" 때문에 두드러지게 동성애자들을 끌어들이고 모집하고 장려하게 된 이유를 이해하는 것이다. 그래서 우리는 더 이상 동성애와 성적 학대를 혼동하면 안 된다.

그와 반대로, 우리는 사제의 성 생활에 있어서 정절의 환상과 비밀 문화가 은폐 체제를 만들어낸 실제 요인이라고 이해해야 한다. 이 책에서 꼭 기억해야 할 한 가지 규칙이 있다면, 추기경이 공적으로 동성애 혐오를 드러낼수록 그는 사적으로는 동성애자일 가능성이 매우 크다는 사실이다.

우리가 잊어서는 안 되는 것 그리고 또한 내가 이 책과 수백 번의 인터뷰를 통해 여러 번 반복해서 말한 것은, 나는 개인적으로 추기경과 주교와 사제가 실제로 게이라고 해도 전혀 문제 삼지 않는다는 사실이다. 이미 동성애 사건은 사제들 간에 매우 빈번하게 발생하고 있으므로 오히려 나는 교회가 이미 만연된 이 사실을 인정해야 한다고 생각하며, 다른 일반인들처럼 사제들에게도 동성애의 삶은 선택 사양이 되어야 한다고 생각한다.

근본적으로 본성에 반하는 사제들의 독신생활과 정절은 실패했다. 이는 사실이다. 오늘날 교황 수행원을 비롯한 로마 역시 이 사실에 대해 동의한다. 더욱이 사제의 금욕은 여성 안수 불허처럼 나중에 고안된 것으로써 성경 및 복음과는 무관하다.

특히 1970년의 성(性) 해방 이후로 시간이 흐르면서 실제로 정절을 유지하는 것은 더 이상 인간적으로 가능하지 않다. 정절은 일반적으로 정서적 미성숙에서 나타나는 과민한 현상이거나 또는 심각한 병리적 문제의 원인이다. 더욱이 우리는 현재 교회가 이 문제를 어떻게 생각하든, 동성애와 동성 결혼은 대다수 민주주의 국가에서 합법적이라는 사실을 잊어서는 안 된다.

한편, 동성애 혐오증은 범죄가 되었다. 지난 50년 사이에 세상은 동성애를 범죄로 여기는 자리에서 동성애 혐오증을 유죄로 여기는 자리로 옮겨왔다. 교회는 이제 이 사실로부터 논리적인 결론을 도출해 내야 한다. 현대에 맞는 포괄적인 체제와 교리를 만들어내야 한다.

어떤 사람들은 내가 "성 소수자"(LGBT, Lesbian, Gay, Bisexual, Transgender - 레즈비언, 게이, 양성애자, 성전환자) 안건을 추진하고 있다고 비난한다. 하지만 이는 사실이 아니다. 나는 언제나 이 책의 프로젝트와 관련해서 투명하였고, 교회를 개혁하거나 바꾸는 일은 조사 연구자나 기자가 할 일은 아니라고 믿는다. 우리가 하는 일은 단지 사실을 조사하고 조사된 사건들을 언급함으로 좋은 책을 쓰는 것이다. 사람들이 잘 알고 있는 것처럼, 나는 이미 동성애에 관한 여러 책과 기사들을 썼으며 그때마다 언제나 호전성이 없이 자율적으로 썼다. 물론 필요한 경우에는 게이 단체에 대한 혹평을 서슴지 않았다.

나는 자기 비판권을 취하는 것은 모든 조사원과 기자들에게 기본 규칙이라고 생각한다. 더욱이 나는 이 책을 쓰면서 교회를 공격하기보다는 추기경단 내에서와 바티칸 안에서 다수가 되어 버린 특별 게이 집단을 공격했다. 그 집단은 소위 성소수자 사제(LGBTP)집단이다!

『바티칸의 불편한 진실』이 다르게 쓰일 수도 있었을까?

다른 출처들을 사용하고 또한 다른 문체로 쓰일 수도 있었을까?

아마도 가능할 수 있다. 그러나 지금까지 아무도 이처럼 중대한 주제를 성공적으로 다루지 못한 사실을 고려할 때, 무엇보다 먼저 지난 50년의 가장 중요한 비밀 중 하나를 밝힐 수 있는 새로운 글쓰기 방법과 새로운 출처와 그리고 독창적인 문체를 찾을 필요가 있었다.

그러므로 이런 책은 어떤 바티칸 전문 기자가 쓸 수 있는 것이 아니다. 이는 그들은 일반적으로 교회의 체제를 사실대로 서술하기를 꺼리기 때문이다. 더욱이 만일 어떤 바티칸 전문 기자가 이런 종류의 글을 쓰려고 시도했다면 그는 직장을 잃었을 것이다. 또한, 어떤 이탈리아 사람이 이런 책을 냈다면 이 주제는 이탈리아에서 금기시되기 때문에 그 사람 역시 출판사 및 신문사 사장과 부딪혔을 것이다.

또한, 이성애자가 이런 책을 쓰려고 했다면 이런 조사를 위해 필요한 '암호 코드'나 정보망을 가지고 있지 못했을 것이다. 이런 이유로 이 책은 바티칸 전문 기자가 아니면서도 '암호 코드'를 아는 비종교적인 프랑스인이 쓰게 되었다. 자상한 어떤 가톨릭 신자인 미국 평론가는 이 책에 대해 다음과 같이 요약했다. "이 책은 가톨릭교회와 관계가 있는 외부인만이 쓸 수 있는 책이다. 그 이유는 이 책은 교회 내부인일 경우 자연스레 사용할 수밖에 없는 몇 가지 완곡어 및 신중한 용어 사용을 거절하고 있기 때문이다."

이 책에 대한 그의 평은 딱 맞다. 나는 바티칸 내부에 살았지만, 그 체제 밖에 있는 사람이다. 나는 사제들과 신도들을 깊이 존중한다. 누구든지 이 책의 끝맺는 말을 읽어 본다면 내가 교회를 향해 가지고 있는 존중과 애착을 의심할 수 없을 것이다. 하지만 나는 단지 신도들과 신학자들과 바티칸 전문 기자들을 위해 이 책을 쓰지는 않았다. 나는 모든 사람에게 사실을 알리기를 추구하는 기자이며 또한 다만 철학자 한나 아렌트(Hannah Arendt)가 말한 "사건의 진실"을 파헤치기를 좋아하는 조사원일 뿐이다.

이런 이유로 나는 『바티칸의 불편한 진실』이 교회에 도움을 주었다고 진지하게 믿는다. 또한, 나는 이 책이 중장기적인 기간을 통해 널리 알려지게 되리라 확신한다. 이 책이 추구하는 진실은 궁극적으로 교황 프란치스코가 원했던 진실에 대한 요구를 만족하게 할 것이다.

2019년 가을

저자 및 출판사의 짧은 글

『바티칸의 불편한 진실』은 20여 개 넘는 언어로 50여 개가 넘는 나라에서 출판되었다. 초기 출판사들과 단체들은 프랑스의 로버트 라퐁(Robert Laffont), 이탈리아의 펠트리넬리(Feltrinelli), 영국과 미국과 호주의 블룸스베리(Bloomsbury)다.

이 책은 또한 폴란드의 아고라(Agora), 스페인 및 라틴 아메리카의 로카 에디토리얼(Roca Editorial), 네덜란드의 발란스(Balans), 포르투갈의 포르토 에디토라(Porto Editora), 일본의 카와데 쇼보 신샤(Kawade Shobo ShinSha), 독일의 피셔(Fischer), 크로아티아의 포커스 나 히트(Fokus Na Hit), 불가리아의 북 트래블(Book Travel), 아랍어를 사용하는 영토의 다르 알 파라비(Dar Al Farabi), 루마니아의 라오 디스트리뷰티(Rao Distributie), 브라질의 콤파니아 다스 레드라스(Companhia das Letras)를 통해 출판되었다. 프랑스에서는 『소도마』(Sodoma)라는 표제로 출판되었는데 편집자는 장루크 바레(JeanLuc Barré)이고 영어 편집자는 로빈 베어드스미스(Robin BairdSmith)다.

이 책은 대단히 많은 출처를 바탕으로 하고 있다. 4년이 넘는 기간 동안 온 세상을 다니며 조사를 하는 과정에서 바티칸 및 30개의 나라에서 약 1천 5백 명에게 질의하였고 그들 중에는 41명의 추기경과 52명의 주교와 몬시뇰(교황의 명예 전속 사제), 45명의 교황 대사 및 해외 대사들이 있다. 모든 인터뷰는 전화나 이메일이 아니라 사적으로 만나서 진행되었다. 이런 직접 얻은 출처 외에도 수천이 넘는 방대한 참조 문헌과 책과 기사들의 목록이 있다. 결국, 30개의 나라에서 수행된 조사를 마무리하기 위해 80명의 조사원, 특파원, 고문, 변호사, 번역가가 동원되었다.

모든 출처 및 메모, 저서 목록, 조사팀, 그리고 너무 길어서 이 책에 넣지 못한 3개의 장(章)은 3백 페이지의 문서로 정리되어 있으며 인터넷상에서 접근할 수 있다. 그 사본은 www.sodoma.fr에서 얻을 수 있으며 최신 정보는 저자의 페이스북 페이지 @fredericmartel에서 해시태그 #sodoma로, 인스타그램 계정에서는 @martelfrederic로, 트위터에서는 @martelf로 게시될 것이다.

머리말

그 사제는 음모를 꾸미듯이 '그는 그 교구 사람이 아니에요'라고 내 귀에 속삭인다.

내 앞에서 암호화된 그 표현을 사용한 첫 번째 사람은 로마교황청 출신의 한 대주교였다.

그는 낮은 목소리로 말했다.

"혹시 알고 있나요?

그 사람은 동성애를 하는 사람입니다.

그는 그 교구 사람이지요."

재차 강조하면서 우리 둘 다 알고 있는 요한 바오로 2세의 전임 '장관'이었던 어떤 유명한 바티칸 추기경의 도덕성에 대해 말했다.

그는 더하여 말했다.

"만일 내가 당신에게 모든 것을 다 말하면 당신은 믿지 않을 겁니다."

물론, 그는 그렇게 말하고는 다 말해주었다.

우리는 이 책에서 여러 차례 이 대주교를 만날 것이다. 그는 내가 이미 잘 알고 있는 사실을 알려준 수많은 사제 중 첫 번째 사제였다. 물론 많은 사람이 이 사실을 허구나 옛날이야기라고 생각할 것이다.

30년 동안 바티칸 안에서 일하며 살았던 어떤 프란치스코회 수사(修士)는 내게 말했다.

"문제는 당신이 바티칸 내의 '밀실'과 그 특이한 우애에 대해 진실을 말하더라도 사람들이 당신의 말을 믿지 않을 거라는 겁니다. 그들은 그 말을 지어낸 이야기라고 말할 거예요."

그러나 많은 사람이 이 '밀실'에 대해 내게 말해주었다. 그들 중 어떤 이들은 내가 폭로할 내용에 대해 걱정하였고, 다른 어떤 이들은 처음에는 귓속말로 비밀을 알려 주더니 그 후 얼마 지나지 않아 당당하게 실제 스캔들을 털어놓았다.

다른 사람들은, 마지막으로, 마치 오랜 세월을 침묵에서 나오기를 기다려 온 것처럼 너무 지나칠 정도로 많은 이야기를 해 주었다. 40명의 추기경과 수백 명의 주교, 몬시뇰, 사제와 교황 대사가 나를 만나주었다. 그들 중에는 현재 바티칸에서 날마다 일하는 동성애자라고 자인한 사제들도 있었는데 그들은 내게 그들의 비밀 조직을 소개해주었다.

그들의 이야기는 공공연한 비밀일까?
소문일까?
아니면 악의적인 험담일까?

나는 사도 도마와 같은 마음을 갖고 확인을 하기 위해 점검을 시작했다. 이에 나는 교회 안으로 들어가 살면서 오랜 기간 조사를 할 수밖에 없었다. 나는 매달 일주일씩 로마에 정착하였고, 다행스럽게도 자신도 '그 교구의 일원'이라고 밝힌 고위 성직자들의 환대 덕택에 규칙적으로 바티칸 안으로 들어갈 수 있었다. 그 후 나는 라틴 아메리카, 아시아, 미국 및 중동 지역 등, 전 세계적으로 30개가 넘는 나라들을 여행하면서 성직자들을 만났다. 그러면서 천 건이 넘는 진술을 받아냈다. 그 긴 조사 기간 나는 집과 파리에서 멀리 떠나 있으면서 기사를 작성하기 위해 일 년에 백 오십일 밤을 넘게 보냈다.

4년의 조사 기간, 나는 추기경들과 사제들을 만날 때 가끔 비록 접근이 어렵다 할지라도 결코 내가 작가이며 기자이고 또한 조사원이라는 신분을 감추지 않았다. 모든 인터뷰는 나의 실명을 걸고 진행되었고, 나의 대담자들은 단지 구글과 위키피디아, 페이스북 또는 트위터를 검색하기만 하면 내가 작가이며 조사원인 것을 확인할 수 있었다. 영향력이 있건 없건 그 사제들은 종종 내게 조심스럽게 다가왔고, 어떤 사제들은 매우 꺼림칙하게 와서는 더 격분했다. 사실, 이런 인터뷰는 그들에게는 생업을 건 모험이었다!

왜 침묵하던 이 사람들은 은폐 약속(*omertà*)을 깨뜨리기로 하였을까?
이것이 이 책의 미스터리 중 하나이고 내가 이 책을 쓴 이유다.

그들이 내가 말해 준 것은 오랫동안 말할 수 없던 것이었다. 20년 또는 심지어 10년 전만 해도 이런 책이 출판되기는 어려웠을 것이다. 오랫동안 이런 책이 나올 수 있는 길은 꽉 막혀 있었다. 하지만 교황 베네딕토 16세가 물러가고, 개혁을 바라는 교황 프란치스코가 등장하면서 사람들의 입단속이 풀리게 되어 오늘날 그 길은 덜 막혀 있다.

또한, 오늘날의 소셜 네트워크와 언론 쪽에서의 더 많은 용기 그리고 셀 수 없이 많은 교회의 성 추문은 이 비밀을 밝히는 것을 가능하게 하였고 또한 필요하게 했다. 따라서 이 책은 교회 전체가 아니라 게이 단체 내의 매우 특별한 '부류'를 비판하며, 또한 추기경단과 바티칸 안에 있는 대부분의 사람 이야기를 알려준다.

로마교황청에서 직무를 수행하는 대다수 추기경과 사제들은 미켈란젤로가 그린 시스틴성당(Sistine Chapel)의 벽화 아래에 있는 콘클라베에서 만나는데, 그 벽화는 게이 문화의 가장 웅장한 장면의 하나로서 건장한 몸을 가진 사람들이 있다. 그들은 동일한 '성향'을 가진 튼튼하고 아름다운 나체의 젊은이들, 즉 이그누디(Ignudi)에 따라 둘러싸여 있다. 교황청의 많은 추기경과 사제들은 서로 "가족처럼 닮은 것"이 있다. 사실, 한가한 시간이 나면 여성 복장 성향을 나타내는 또 다른 사제는 내게 영어로 "우리는 가족이지요!"라고 속삭였다.

교황 바오로 6세 때부터 교황 프란치스코 때까지 성 베드로성당의 로지아(Loggia) 발코니에서 교황의 선종에 대한 슬픈 소식을 전하거나, 또는 즐거운 마음으로 "하베무스 파팜"(새 교황이 나셨다)이라고 선포했던 대부분 몬시놀은 동일한 비밀을 알고 있다.

아, 하얀색의 비밀(하얀색은 교회를 상징한다)!

그들이 동성애 행위를 하는 자이든, 동성애를 애호하는 자이든, 비밀 가입자이든, 동성 성향을 가지고 있지만, 정절을 지키는 자이든, 말로만 동성애자이든, 다능한 동성애자이든, 자신이 동성애자인지 의심하는 자이든, 또는 단지 '밀실'의 동성애자이든, 내가 발견한 50가지의 다양성을 가진 게이 세상은 우리의 이해를 넘어선다. 공적으로는 경건한 인상을 주지만 사적으로는 대단히 다른 삶을 살아가는 이 사람들 사이의 친밀한 이야기들은 풀기 힘든 복잡한 음모를 제시한다. 아마도 이렇게 속임으로 가득한 기관은 없었을 것이다. 또한, 독신과 정절의 맹세를 선언하고 완전히 감추어진 다른 삶을 사는 것 역시 철저한 기만이다.

＊　＊　＊

바티칸의 가장 깊은 비밀이라도 교황 프란치스코에게는 전혀 비밀이 아니다. 그는 자기 '교구'를 잘 안다. 그는 로마의 교황이 된 이래로 매우 특이한 조직을 다루고 있다는 것을 알고 있었다. 그 조직은 사람들이 오랫동안 믿었던 것처럼 몇몇 잃은 양에게 제한된 그런 조직이 아니었다. 그것은 하나의 체제이며 큰 무리의 조직이다.

그 조직에는 몇 명이나 있는 것일까?

그것은 별로 중요하지 않다. 그들은 대다수를 대표한다고 하자.

물론 교황은 처음에, 프랑스 작가 마르셀 프루스트(Marcel Proust)가 그의 유명한 책 『소돔과 고모라』(Sodom and Gomorrah)에서 언급한, 이 "사악한 집단"의 크기와, "매력적인 요소들"과 "감내하기 어려운 결함"을 보고 놀랐다. 하지만 프란치스코가 감당할 수 없는 것은 널리 퍼져 있는 동성애 애호가들이 아니라, 반려자를 두거나 정사(情事)를 갖거나 때때로는 성적인 파트너를 취하면서도 엄격한 도덕성을 주창하는 자들의 엄청난 위선이다.

이러하기에 그는 많은 시간을 들여 거짓 신자들과 회칠한 무덤들과 위선자들을 맹렬히 비난하고 있다. 프란치스코는 종종 산타마르타대성당(Santa Marta)의 아침 설교를 통해 이런 이중성에 대해 강력하게 비난했다. 그의 설교 중의 "엄격함의 배후에는 항상 뭔가 숨겨져 있는데 많은 경우 그것은 이중생활이다"라는 문구는 이 책의 시작 부분의 경구(警句)로 놓여야 마땅하다.

이중생활?

이 표현은 여태까지 언급됐지만, 이번에는 아무도 이의를 제기할 수 없는 증거가 있다. 프란치스코는 종종 로마교황청을 반복적으로 비난하면서 "숨어서 종종 방탕한 삶을 사는" '위선자들'을 겨냥했다. 그들은 "그들의 영혼에 화장하고 그 화장을 의지하고 사는" 자들이다. 어떤 체제에 확립된 거짓과 위선은 "많은 해를 끼치며" 이런 위선은 "내가 말하는 대로는 하고 행하는 대로는 따라 하지 말라"는 삶의 방식이다.

프란치스코가 이렇게 언급할 때 그 대상을 구체적으로 말하지는 않았다.

하지만 말할 필요도 없이 추기경들과 교황 의전 담당 사제들, 전임 국무원장들, 대사들, 시종들 또는 사목들이 아니겠는가?

대부분은 이런 위선은 로마 가톨릭교회 내에 동일하게 퍼져 있는 어떤 유동성을 지닌 일반 동성애 성향 또는 기질이 아니며 심지어 억압된 성이나 승화된 성도 아니다. 이런 위선은 그 시인(the Poet)의 말대로, "여성을 사랑한 적이 없는 많은 추기경이 그들의 혈관을 통해 흐르는 정열을 다해" '동성 성행위를 하는'(Practising) 것이다. 나는 지금, 과거에는 너무 충격적이지만 오늘날은 너무 평범해진 단순한 것들을 우회적으로 말하고 있다!

그들은 분명히 동성 간의 성행위를 하지만 여전히 '밀실'에서 자행한다. 나는 성 베드로성당의 로지아 발코니에 공개적으로 등장하는(그는 매춘 현장에서 잡혔지만, 그 기사는 신속하게 감추어졌다) 추기경 한 분을 소개할 것이며, 오랫동안 성공회 소속 애인을 미국에 두고 살았던 다른 프랑스 추기경을 소개할 것이다. 청소년 시절에 수녀의 묵주 구슬처럼 연이은 모험을 했던 또 다른 추기경도 소개할 것이고, 내가 직접 찾아간 바티칸 궁정 안에 남자친구들을 두고 살던 추기경들도 잊지 않고 소개할 것이다. 그들은 그들의 동반자를 부제, 서기(書記, minutante), 대리인, 운전사, 시종, 잡역부, 심지어 경호원이라고 소개했다.

바티칸은 이 세상에서 가장 큰 게이 집단 중 하나다.

어쩌면 오늘날 바티칸의 게이 숫자는 샌프란시스코의 상징적인 게이 거리 지역인 카스트로에 있는 게이 숫자보다 더 많을지도 모른다!

우리는 이렇게 된 이유를 찾기 위해 과거 시대를 살았던 연로한 추기경들을 만나보아야 한다. 그들은 게이 해방 이전에 험악한 젊은 시절 및 위선적인 세월을 보냈는데 이 사실이 구식(舊式)의 그들의 이중생활과 동성애 혐오증을 설명해 준다. 나는 조사 기간에 내가 잘 몰랐던 1930년대 및 1950년대를 조사할 수 있었다. 그 추기경들은 선택을 받았으나 저주받은 자들의 이중적인 사고(思考)를 드러냈고 내가 자주 만났던 사제 중 하나는 "소돔에 오신 것을 환영합니다!"라고 말하곤 했다.

나는 이 현상을 논한 첫 번째 인물은 아니다. 수많은 기자가 이미 로마교황청 내의 스캔들과 정사(情事)들을 들춰내었다. 하지만 스캔들을 들춰내는 것이 나의 주제는 아니다. 나는 그 '체제'를 감추려는 방법으로 단지 개인의 '무절제'를 비판하는 바티칸 전문 기자들과는 달리 이런 정사들을 드러내는 일보다 오히려 교회의 고위 성직자 대부분의 케케묵은 바로 그 이중적인 삶을 드러내는 데 관심이 있다. 즉, 어떤 예외적인 사건들이 아니라 미국 사회학자들이 '패턴'이라고 부르는 체제 또는 모형을 드러내고자 한다.

상세한 내용은 물론 중요한 법칙들을 알리고자 한다. 우리가 보겠지만, 이 책에는 14개의 일반 법칙이 있다. 이 책의 주제는, 사제들의 친밀한 사회적 관계, 그들의 취약성, 하나의 체제가 되어버린 강요된 독신생활로 인한 고통이다.

그러므로 이 책은 동성애자들은 물론 밀실 속에 있는 동성애자들을 판단하는 책이 아니다. 사실, 나는 그들을 좋아한다!

이 책은 단지 그들의 비밀과 집단적인 삶의 방식을 이해해 보려고 시도한 책이다. 이 사람들을 비난하려는 것도 아니며 그들이 살아있는 동안 그들을 '아웃팅'(outing, 게이라는 사실을 폭로함)하려는 것도 아니다.

나의 과제는 어떤 사람을 수치스럽게 만들기 위해 그의 이름을 대중 앞에 공개하는 것이 아니다. 분명히 하고 싶은 것은, 나는 사제나 추기경이 자신이 동성애자인 것을 수치로 여겨서는 안 된다고 생각하는 사람이다. 심지어 나는 동성애자는 사람들 사이에서 사회적 신분을 가져야 한다고 생각한다.

하지만 사람들은 가장 작은 신학교로부터 추기경단에 이르기까지 퍼져 있는 동성애자들의 이중생활 및 그들의 끔찍한 동성 혐오증을 보면서 그들이 서 있는 어떤 체제를 드러낼 필요를 인식하고 있다. 미국에서의 게이 혁명으로 알려진 스톤월(Stonewall) 항쟁 이후 50년이 지났지만, 바티칸이 위선과 거짓으로부터 해방되려면 아직 멀고도 멀다!

수많은 가톨릭 신자들이 이 책 안에 있는 폭로 내용을 아직 읽어 보지 못했을지라도 지금 이런 위선과 거짓을 느끼고 있다.

이런 이해의 열쇠가 없다면, 바티칸과 로마 가톨릭교회의 최근 역사는 여전히 어둠 속에 있게 된다. 동성애의 이런 광범위한 규모를 인식하지 못한다면, 지난 수십 년 동안 바티칸의 역사를 더럽혀온 대부분 사건을 이해할 수 없게 된다.

가령, 바오로 6세가 인위적인 피임과 콘돔 사용을 거부하고 또한 사제직의 엄격한 독신 생활을 확실히 하도록 만든 비밀스러운 동기가 무엇인지 알 수 없다. 또한, '해방 신학'과의 전쟁, 유명한 대주교 마르킨쿠스(Marcinkus 그도 역사 동성애자였다) 당시에 발생한 바티칸 은행의 재정 스캔들, 심지어 에이즈 전염병으로 3천 5백만 명 이상의 사망자가 발생했을 때 에이즈 퇴치의 방법인 콘돔 사용을 금지한 결정, 바티리크스 1과 바티리크스 2의 두 차례 유출 사건, 많은 추기경과 주교의 반복적이고 불가해한 여성혐오증, 베네딕토 16세의 사임, 현재 진행 중인 프란치스코 교황에 대한 반란 등을 이해할 수 없다. … 매번 동성애가 중심적인 역할을 하고 있지만 많은 사람은 추측만 할 수 있을 뿐

그 사건들의 진실을 전혀 알지 못한다.

물론 게이의 규모가 모든 것을 설명하지는 않는다. 하지만 바티칸 및 그것의 도덕적인 정세(情勢)를 이해하기를 바라는 자들에게는 이것이 열쇠다. 우리는 또한 이 책의 주제는 아닐지라도 레즈비언주의가 수도원에서든 또는 다른 곳에서든 상관없이 수녀 생활을 이해하는 주요 열쇠라는 가설을 제시할 수 있다.

마지막으로 아아!

동성애는 현재의 수만 건의 성범죄 및 성추행의 조직적인 은폐를 설명해 주는 열쇠 중 하나다.

왜?

어떻게?

이는 교회 안에 존재하는 대단히 많은 동성애자에 대한 침묵을 요구하는 '비밀 문화'가 성폭행을 은폐하는 것과 아동 성폭행자들이(소아성애자는 이 책의 주제는 아니다) 그 기관 내의 보호 체제로부터 혜택을 받는 것을 가능하게 하여왔다.

라칭거 추기경은 세 명의 추기경으로부터 비밀 보고를 받은 후 '밀실'의 규모가 어떠한지 알게 되자 "교회 안에 얼마나 많은 오물이 있는지!"라고 말했다. 나도 그 내용을 잘 알고 있으며 그것이 라칭거가 사임하게 된 주요 이유 중 하나였다. 그 보고는 말하자면, '게이 로비'의 존재가 아니라 바티칸 안에 편재된 동성애자들과 그 체제에 구축된 공갈과 협박을 폭로했다고 한다. 바티칸 시국 내에는 햄릿의 말처럼 뭔가 썩은 것이 있다.

가톨릭의 동성애 사회학은 또 다른 사실, 즉 유럽에서의 성직(聖職)이 왜 줄고 있는지를 설명해준다. 우리가 살펴보겠지만, 지난 오랫동안, 자신이 동성애자 또는 그런 성향이 있는 것을 발견한 젊은 이탈리아인들은 사제가 되는 길을 택하여 왔다. 그렇게 하여 이 부랑자들은 비밀 조직에 입회하게 되고 약점을 강점으로 만들 수 있었다.

1970년대의 '동성애 해방 운동'과 함께, 특히 1980년대의 게이 사회화 이래로, 가톨릭의 성직은, 특히 유럽 국가에서 자연스럽게 무너져 내렸다. 오늘날의 게이 청소년은 성직을 취하기보다 다른 선택을 한다. 심지어 이탈리아에서도 그러하다. 성직을 택하는 사람들이 부족한 것은 여러 원인이 있겠지만, 동성애 혁명은 역설적으로 성직 부족의 주된 원인이다.

이 모형은 프란치스코와의 전쟁을 설명해 준다. 여기서 우리는 이 사실을 이해하기 위해, 겉으로 나타나는 현상만 보고 판단해서는 안 된다. 이 라틴계 교황은 동성애라는 말보다 '게이'라는 용어를 사용해온 첫 번째 교황이다. 만일 우리가 이 교황을 전임 교황들과 비교해 본다면 그는 현대 교황 중에 가장 '게이 우호적인' 것을 알 수 있다. 그는 동성애와 관련하여 신중한 말을 택하였다.

내가 누구를 판단하리요.

우리는 이 교황이 어쩌면 그의 네 명의 전임자들에게 있었던 것으로 여겨지는 동성애 성향을 갖고 있지 않다고 생각한다. 하지만, 오늘날 프란치스코는 성도덕에 대해 소위 자유주의 성향을 나타냄으로써 심한 동성애 혐오증이 있는 보수적인 추기경들의 폭력적인 캠페인 대상이 되었다. 하지만 그 추기경들은 대부분 숨어 있는 동성애자들이다.

세상은 어떤 면에서는 뒤집혀 있다!

우리는 이 책에서 사실로 드러나는 불문율을 말하고자 한다. 그것은 어떤 사제가 동성애를 혐오할수록 그 사제는 동성애자일 가능성이 크다는 사실이다. 보수주의자들과 전통주의자들, 그리고 이중성을 띠는 버러지 같은 자들은 많은 경우 프란치스코가 자주 언급하는 그 유명한 "이중생활을 하는 완고한 사람들"이다.

프란치스코 교황은 교황직에 당선된 순간 그의 의전 담당 사제에게 "축제는 끝났어요"라고 말했다고 보도되었다. 그 후 이 아르헨티나 출신 교황은, 바오로 6세 이후 은밀하게 발전되다가 요한 바오로 2세 때 확장되더니 베네딕토 16세 때는 통솔이 불가능하게 됨으로 그를 몰락시킨, 묵인 게임들과 동성애적인 우애를 엎어버렸다. 침착한 자아와 성에 대한 느긋한 태도를 갖춘 프란치스코는 이례적인 인물이다. 그는 그 교구에 속한 사람이 아니다!

프란치스코 교황과 그의 자유주의 신학자들은 사제의 독신 생활이 실패라는 사실을 알고 있었을까?

그들은 요한 바오로 2세와 베네딕토 16세 때 바티칸이 선포한 게이들과의 전쟁이 이미 패전한 전쟁이었다는 사실을 추정했었을까?

그 전쟁은 바티칸 밀실의 동성애자들과 커밍아웃한 게이들 사이에서 벌어진 전쟁이었다. 한 마디로, 게이들끼리의 전쟁이었다. 이런 전쟁이 왜 발생했는지 그 진정한 동기를 알게 되면 사람들은 그 즉시 교회에 등을 돌릴 것이다.

수군거림이 난무한 현 사회에서 프란치스코는 소식에 밝다. 게이들이 주로 다수를 이루고 있는 그의 보좌관들과 그의 가장 가까운 협력자들, 그의 의전 담당 사제들과 성례 집행 사제들, 그의 신학자들과 추기경들은 바티칸 안에 있는 수많은 부름을 받은 자들과 택함을 받은 자들이 사실은 동성애자들이라는 사실을 알고 있다. 그들은 심지어 질문을 받으면 사제들에게 결혼을 금한 것이 교회가 사회학적으로 동성애자들이 된 원인이라고 넌지시 말한다.

교회가 인간의 본성과 상반되는 금욕과 비밀 문화를 강요하였기 때문에 교회는 내부로부터 교회를 허무는 수만 건의 성폭행 사건에 대해 부분적으로 책임이 있다. 그들은 또한 성적 욕구, 특히 무엇보다 동성애 욕구가 바티칸의 삶의 주요 엔진 및 원천 중 하나인 것을 알고 있다.

프란치스코는 교회의 입지(立志)가 바뀌어야 한다는 것을 알고 있다. 이 일을 이루려면 그는 자신의 위선과 이중생활을 감추기 위해 성적인 도덕과 동성애 혐오증을 사용하는 모든 자와 무자비한 전쟁을 치러야 할 것이다.

그러나 우리는 그의 입장에서 다음과 같은 사실을 알게 된다. 즉, 이 비밀스러운 동성애자들은 대다수며, 또한 강력한 영향력을 갖고 있고 특히 가장 엄격한 용어들을 사용하고 있으며, 또한 가장 시끄럽게 동성애 혐오 발언을 한다는 사실이다.

여기에 교황 프란치스코가 있다. 그는 사방으로부터 위협과 공격을 당하면서 널리 비난을 받고 있다. 사람들은 프란치스코가 "늑대들 사이에" 있다고 말들 한다. 하지만 완벽하게 맞는 말은 아니다. 그는 여왕들 사이에 있다.

제1장
프란치스코

프란치스코
FRANCIS
2013년부터 교황

게르하르트 루트비히 뮐러
GERHARD LUDWIG MÜLLER
루이스 래드 아리아 페레
LUIS LAD ARIA FERRER
|신앙교리성 Congregation for the Doctrine of Faith|

파비안 페다치오
FABIÁN PEDACCHIO
|개인 비서 Personal Secretary|

피에트로 파롤린
PIETRO PAROLIN
|국무원장 Secretary of State|

조반니 안젤로 베추
GIOVANNI ANGELO BECCIU
에드가 페냐 파라
EDGAR PEÑA PARRA
|내무부 장관 Secretary of Internal Affairs|

폴 갤러거
PAUL GALLAGHER
|국무부 장관 Secretary for Relations with States|

피터 웰스
PETER WELLS
파올로 보르지아
PAOLO BORGIA
|관리부장 Assessor|

안토인 카밀레리
ANTOINE CAMILLERI
|차관 Under Secretar|

1

성녀 마르타호텔
(Domus Sanctae Marthae)

"저녁 식사하셨나요?
감사하다는 말을 하고 싶었습니다."
이런 말이 들린다.

프란체스코 레포레(Francesco Lepore)는 내 앞에서 엄지와 약지 손가락을 귀에 가까이 대더니 전화를 받은 것처럼 흉내를 낸다. 그의 제스처를 보면, 그의 비밀스러운 대화자가 강한 억양의 이탈리아로 하는 말이 매우 중요한 것처럼 보인다. 레포레는 그 전화 통화를 상세히 기억하고 있다.

> 그때는 내가 매우 분명하게 기억하는데 2013년 10월 15일, 새벽 5시 45분이었어요. 아버지가 며칠 전에 돌아가셨기 때문에 외로움과 고독을 느끼고 있었지요. 그때 내 핸드폰이 울리는 것이에요. 전화번호는 뜨지 않았고 나는 무의식적으로 전화를 받았어요.

"잠깐만요."
그 음성은 계속 이어간다.

> 안녕하세요. 교황 프란치스코입니다. 당신의 편지를 받았습니다. 파리나(Farina) 추기경이 그 편지를 전해 주었는데 그 편지를 보고 당신의 용기에 감동하였습니다. 편지 내용도 일관성이 있고 진실하더군요. 그래서 전화 드렸습니다.
> 교황 성하(聖下), 전화를 받고 감동을 한 사람은 저입니다. 그럴 필요가 없으셨는데 제게 전화까지 주시다니요. 저는 그저 성하께 글을 써야겠다고 느꼈습니다.
> 아니, 참으로 당신의 진실함과 용기에 감동하였어요. 제가 지금 당신을 돕기 위

해 무엇을 해야 할지 모르겠지만 뭔가 돕고 싶습니다.

예상치 못한 전화를 받고 떨리는 목소리로 말하던 프란체스코 레포레는 잠시 망설인다. 잠시 후 교황은 계속 말을 잇는다.

"부탁 좀 드려도 될까요?"
"어떤 부탁인지요?"
"저를 위해 기도해 주시겠어요?"

프란체스코 레포레는 아무 말도 하지 못한다.
"마침내 나는 그에게 기도를 멈춘 지 꽤 오래되었다고 말했지요. 하지만 '교황이 원하신다면 교황께서 저를 위해 기도할 수는 있습니다'라고 말했어요."
그가 내게 말한다.
프란치스코는 이미 그를 위해 기도하고 있다고 말하면서 다시 부탁했다.
"당신을 위해 복을 빌까요?"
"물론, 나는 교황 프란치스코의 이 질문에 '당연하다'고 대답했지요. 잠시 말을 멈춘 후, 교황은 다시 내게 '감사하다'고 말하고는 대화는 마쳤어요."
잠시 후 프란체스코 레포레는 말을 이어간다.

사실, 나는 이 교황을 별로 좋아하지 않아요. 프란체스코를 많이 옹호하지도 않지요. 하지만 그가 전화한 것에는 매우 감동하였어요. 나는 이 사실을 한 번도 말한 적이 없고 마음에만 비밀로 두었는데, 이렇게 그 사실을 누군가에게 말하게 된다니, 이번이 처음입니다. [내가 파리나 추기경의 바티칸 아파트에서 두 번에 걸쳐 나눈 인터뷰에서 파리나는 레포레의 편지를 교황에게 전한 사실과 교황이 레포레에게 전화한 사실을 확인해 주었다.]

프란체스코 레포레가 전화를 받았을 때 그는 교회와 마찰 상태에 있었다. 그는 바로 얼마 전에 사임하고 소위 유명한 옛말로 "평신도로 전락한 상태"에 있었다. 바티칸 내에서 추기경들의 긍지였던 그 총명한 사제가 사제복을 벗어던졌다. 그 후 그는 곧바로 프란체스코 교황에게 편지를 쓴 것이고, 그 편지는 비통에서 나온 메시지를 닮고 바다로 던져졌다.

그 서신에는 동성애 사제로 시작하여 결국 교황의 라틴어 번역가가 된 자신의 이야기를 담고 있었다. 그는 자기 삶을 극복하기 위해, 위선을 버리고 일관된 삶을 다시 얻기 위해 편지를 썼다. 이 편지를 교황에게 써서 보냄으로써 레포레는 배수진을 쳤다.

하지만 영광스러운 그 전화는 무정하게도 그가 잊기를 바라던 과거를 떠올리게 했다. 즉, 그가 접기를 바랐던 지난 과거의 순간들로 돌아가게 된 것이다. 라틴어와 사제직을 사랑하던 과거의 한때, 가톨릭으로 회심함, 사제로 임명받음, 성녀 마르타호텔에서 살던 삶, 대단히 많은 주교와 추기경들과의 특별한 우애. 사제복을 입고 때때로 라틴어로 그리스도와 동성애에 대해 끝없는 대화를 나누던 때를 기억했다.

잊힌 환상들을 떠올린 것일까?

물론 그렇다. 그의 승진은 빨랐다. 가장 유명한 추기경들에게 사랑을 받던 어떤 젊은 사제는 어느새 세 명의 교황을 곁에서 섬기는 자리까지 승진했다. 그 교황들은 그를 향해 야망을 갖고 있었다. 그는 교황이 거하는 사도궁 안에서의 삶을 약속받았고, 아마도 주교 또는 심지어 주홍빛 예복과 빨간 모자를 쓴 추기경이 될 꿈을 꾸었을 것이다!

이것이 그가 그의 마지막 선택을 하기 전의 그의 상태였다. 프란체스코 레포레는 바티칸과 동성애 사이에서 중재해야만 했다. 그는 이중생활을 선호하는 많은 사제와는 달리 일관성과 자유를 택했다. 교황 프란치스코는 레포레와의 간단한 대화에서 게이 문제를 직접 언급하지는 않았다. 하지만 레포레의 정직함이 그가 개인적으로 전화하게 한 것은 분명했다.

레포레가 계속 더하여 말한다.

> 그는 내 이야기와 아마도 내가 폭로한 몇몇 바티칸의 관행 때문에 마음이 움직인 것 같았어요. 나의 상관들이 나를 얼마나 비인간적으로 대했는지, 바티칸 내에 있는 수많은 비밀 보호 장치들과 초야권까지 휘두르는 수많은 '영주들'의 권력, 그리고 내가 사제직을 내려놓은 직후 그들이 나를 어떻게 내버렸는지 등을 알게 된 것이지요.

더욱 중요한 사실은, 교황 프란치스코는 프란체스코 레포레가 그의 동성애를 시끄럽게 공적으로 드러내기보다 '겸손'하고 '비밀스러운' 형식으로 '신중'

하게 다룬 것에 대해 분명한 감사를 표했다.

그 후 얼마 지나지 않아 추기경 라칭거(Cardinal Ratzinger)와 가까웠던 몬시뇰 크리스토프 하람사(Krzysztof Charamsa)가 더욱 소리를 높이며 대중 앞에서 커밍아웃(게이라는 사실을 공공연히 드러냄)하였다. 그 사건은 바티칸의 거센 반발을 일으킬 것이고, 교황은 그에게 전화하지 않을 것이다.

여기서 우리는 『바티칸의 불편한 진실』의 불문율을 알게 된다. 만일 당신이 바티칸에 속하려면 한 가지 비밀 규정을 지켜야 하는데, 그 비밀 규정은 사제들과 주교들의 동성애를 용인하는 것이며 적절할 경우 즐기는 것이다. 물론 동성애를 즐긴 모든 경우에 대해서는 비밀로 지켜야 한다. 동성애에 대한 용인은 비밀리 신중하게 이루어진다. 영화 「대부」(The Godfather)에 등장하는 알 파치노(Al Pacino)처럼 당신은 절대로 당신의 '가족'을 비난하거나 떠나서는 안 된다.

"결코, 가족을 대항하는 편에 서지 마라."

내가 이 긴 조사 과정에서 알게 된 것처럼, 성직자의 세계에서 게이가 된다는 것은 일종의 규범에 속하는 것을 뜻한다. 바티칸 내에서는 동성애자로 있는 것이 가능하다. 동성애자가 되는 것은 그곳에서 평범하며 쉽다. 심지어 장려된다. 하지만 '투명성'은 금지되어 있다. 조심스럽게 동성애자로 있다는 뜻은 '그 교구에 속한다'는 뜻이다. 그 교구에 불명예를 가져오는 사람은 그 가족으로부터 추방된다.

이런 비밀 규정에 따라 교황 프란치스코가 프란체스코 레포레에게 전화를 한 것이며 이는 그 비밀 규정의 중요성을 더욱 분명하게 말해 준다.

* * *

내가 이 조사를 시작하면서 레포레를 처음 만났을 때는 그가 편지를 쓰기 전이었으며 또한 교황의 전화를 받기 몇 개월 전이었다. 그는 직업적으로 교황의 신중한 번역가로서 조용한 사람이었고 나를 만났을 때 나와 공개적으로 대화하는 것에 동의했다. 그 당시 나는 이 책을 쓰기 시작한 지 얼마 되지 않았고 바티칸 안에는 내가 아는 사람들이 없었다. 프란체스코 레포레는 내가 수십 명의 다른 사람들을 만나기 전에 첫 번째로 만난 게이 사제였다. 나는 단 한 번도 성좌(聖座)의 사제들 가운데, 그리고 심지어 스위스 근위대원들 가운데 그렇게 많은 사람이 내게 고백할 줄은 꿈에도 생각조차 못 했다.

왜 그들은 감추지 않고 말을 하는 것일까?
로마에 있는 모든 사람이 비밀을 털어놓는다. 사제들, 스위스 근위대원들, 주교들, 셀 수 없이 많은 몬시뇰, 그리고 이들보다 훨씬 더 많은 추기경이 털어놓는다. 그들은 참으로 카나리아 새들과 다름없다!
이 모든 각하와 예하들은 당신이 다가가는 방법만 알고 있다면 매우 수다스러우며 때로는 지나치게 말이 많고 종종 경솔하기까지 하다. 그들 각자에게는 나름대로 이유가 있다. 어떤 사람들은 확신 때문에 말한다. 그들은 현재 바티칸 내의 전통주의자들과 자유주의자들 사이에서 벌어지고 있는 맹렬한 이념 전쟁에 끼어있다.
또 어떤 다른 사람들은 권력 및 우리가 심지어 '허영'이라고 말하는 것을 갈망하기 때문에 말한다. 또 어떤 사람들은 자신이 동성애자인데 그 사실을 말하고 싶어서 다른 동성애자들에 대해 말하기도 한다. 마지막으로, 어떤 사람들은 비통함 때문에, 또는 스캔들과 악의적인 험담을 퍼뜨리고 싶어서 속을 트고 거리낌 없이 말한다. 나이든 추기경들은 오직 잡담과 소문을 퍼뜨리는 맛으로 살아간다.
그들은 1950년대의 음침한 동성애자 클럽의 단골들을 생각나게 만드는데, 그들은 자신들의 특성을 받아들이지 않았기 때문에 모든 사람을 향해 잔인하며 세속적이고 심지어 독기가 넘치는 비웃음을 던졌다. '밀실'은 믿을 수 없을 정도로 잔인한 곳이다. 바티칸은 거대한 하나의 '밀실'이다.
프란체스코 레포레는 바티칸을 떠나기를 원했다. 그는 당장 내게 실명을 알려주면서 우리의 대화를 녹음하고 공개하는 것을 허락했다.
나와 레포레의 처음 만남은 우리가 함께 아는 친구인 파스쿠알레 콰란타(Pasquale Quaranta)가 주선했다. 그는 「라 레푸블리카」(*La Repubblica*)에서 일하는 기자다. 우리는 로마 레푸블리카광장(Piazza della Repubblica)의 이탈리(Eataly) 레스토랑의 2층에서 만나기로 약속했는데 레포레는 계속되는 철도 파업 때문에 조금 늦게 도착했다. 나는 '슬로푸드'(slow food, 패스트 푸드와 반대 개념의 푸드)의 붐을 따르면서도 '메이드 인 이탈리아' 음식을 공정 거래로 공급하는 이탈리 레스토랑을 택하였는데, 그 이유는 그 식당은 바티칸에서 멀리 떨어진 곳으로서 비교적 자유롭고 안전하게 대화할 수 있는 곳이기 때문이다.
음식 메뉴는 (약간 기대에는 어긋나지만) 10종류의 파스타와 73종류의 피자가 있다. 레포레와 나는 거의 매달 거기서 만나 내가 가장 즐겨 먹는 (그러나 나의

'저 탄수화물' 다이어트 식단과는 전혀 맞지 않는) 아마트리치아나 스파게티(spaghetti all'amatriciana)를 먹으며 오랫동안 대화를 나누었다. 매번 그 전직 사제는 갑자기 활기를 띠곤 했다.

많은 사람이 교회는 "두 번째 어머니 같다"라고 말해왔다. 우리는 이 형제애에 있어서 거룩한 동정녀 숭배의 중요성을 안다(동정녀 숭배는 언제나 비이성적이고 개인 사양일 뿐이다). '엄마!' 마르셀 프루스트에서 쥘리앵 그린(Julien Green) 및 롤랜드 바테스(Roland Barthes)를 거쳐 파솔리니까지의 수많은 동성애 작가들과 심지어 자크 마리탱까지, 그들은 그들의 어머니를 향한 뜨거운 사랑을 노래했다. 그런 감정적인 분출은 그들에게 꼭 필요했을 뿐만 아니라 종종 자신들의 성향을 인정하도록 돕는 열쇠이기도 하다(많은 작가와 사제들은 그들의 엄마가 죽은 이후에 자신들의 동성애를 받아들였다).

엄마, 엄마는 언제나 그녀의 어린 소년에게 변함없이 충실하다. 그녀의 아들에게 사랑을 주고 돌보며, 마치 그가 그녀 자신의 살덩어리인 것처럼 모든 것을 이해하고 다 용서해 준다!

반면에 프란체스코 레포레는 그의 아버지의 발자취를 따르기를 원한다. 그가 내게 보여준 약간 바랜 사진에는 검은 사제복 속의 로만 칼라가 분필처럼 하얗게 드러나 보였다. 그 사진은 프란체스코 레포레가 사제 서품을 받은 직후 찍은 것이다. 그의 짧은 머리는 매끄럽게 빗질이 되어있고, 그의 얼굴은 수염을 말끔하게 깎은 모습으로 오늘날의 모습과 비교되고 있었다. 지금 그는 풍성한 수염을 갖고 있으며 대머리다.

정말 이 사람이 그 사진 속의 사람일까?

억압된 그 사제의 사진과 동성애자로 알려진 그 사람은 실제 한 사람의 두 면의 모습이다.

"나폴리의 북쪽으로 조금 올라가면 캄파니아의 한 마을인 베네벤토가 있는데 나는 거기서 태어났어요."

레포아가 말한다.

"나의 부모님은 가톨릭 신자였지만 실제로는 신앙생활을 하지는 않았고요. 하지만 나는 곧바로 종교에 깊은 매력을 느끼게 되었어요. 저는 교회를 사랑했습니다."

나와 인터뷰를 했던 많은 동성애 사제들은 종교의 그 '매력'을 내게 말했다. 은혜를 향한 신비한 탐구!

성례, 감실(龕室)의 찬란함,

그것의 이중 커튼,

성합과 성체 안치기의 매혹,

칸막이가 있는 고해실의 마법,

그리고 그것들이 담고 있는 환상의 약속들!

행렬들, 회상들, 기치들(旗幟)!

빛이 비치는 예복, 제의(祭衣), 사제복, 장백의(長白衣), 영대(領帶)!

성물실(聖物室)의 비밀을 알아내고 싶은 욕망,

그리고 음악!

저녁 기도 노래, 남자들의 목소리와 울려 퍼지는 오르간 소리,

아, 기도대(祈禱臺)!

"나의 아버지는 라틴어 교사였고 나는 그 세계에 다가가기 위해 라틴어를 배우기를 원했지요."

레포레는 계속 말을 이어간다.

"라틴을 완벽하게 배워 10살 또는 11살에 신학교에 들어가기를 원했어요."

그가 그렇게 한 것은 아버지의 조언과는 정반대였다. 계속 이어지는 그의 말에 따르면, 그는 15살이 되었을 때 이미 성직자가 되기를 바라고 있었다.

일반적으로 젊은 사제들을 위한 전형적인 노선은 이러하다. 가톨릭 공립 중고등학교에서 신학을 하고, 그 후 5년간 철학과 신학 고등 교육을 받은 후, 이탈리아에서는 아직 '소품'(minor orders, 小品)으로 알려진 '사역'을 봉독(奉讀)자들 및 시종(侍從)들과 함께해야 한다. 그 후 부제(副祭)로 서품을 받는다.

"나는 성년 대사(大赦)의 해(年)요, 세계 게이 프라이드 행진이 있던 2000년 5월 13일에 24살의 나이로 사제가 되었어요."

프란체스코 레포레는 흥미진진한 그의 이력을 말한다.

그 젊은이는 사제직과 동성애의 관계가 그가 생각해 온 것과는 달리 상반되거나 심지어 무관하지 않다는 사실을 매우 빨리 알게 되었다.

나는 내가 동성애자인 것을 늘 알고 있었습니다. 나는 동성애 소욕에 대해 매력과 혐오를 함께 갖고 있었어요. 나는 동성애를 근본적으로 악하게 여기는 환경

에서 자라났지요. 그리고 동성애를 죄로 정의하는 신학책들을 읽었고요. 그래서 오랫동안 동성애에 대해 죄책감을 느끼고 살았답니다. 나는 그 죄책감을 떨쳐버리기 위해 동성애의 성적 매력 대신 종교적인 매력을 택한 것이에요. 그렇게 해서라도 그것을 부정하려 했던 것이지요. 나는 정절과 신학교를 택했습니다. 내게는 사제가 되는 것이 짓지도 않은 죄를 용서받을 수 있는 일종의 해결책이었어요. 로마의 오푸스 데이(Opus Dei)대학에서 수년 동안 훈련을 받으면서 나는 기도에 전념하였고 금욕을 했으며 체벌을 받아들이기까지 했습니다. 심지어 나의 신앙을 더욱 강렬하게 체험하기 위해 프란체스코 수도회의 수사가 되려고도 했답니다. 어떤 경우는 심지어 5년 동안 자위 한번 하지 않고 정절을 유지했어요.

가장 힘든 절제를 통해 욕망에서 벗어나려는 간절한 바람을 가지고 죄와 금욕 사이에서 겪은 인생행로는 20세기의 이탈리아 사람들에서는 거의 일반적인 현상이었다. 오랫동안 성직자의 길은 자신의 동성애 성향을 받아들이기 힘들어하던 수많은 동성애자에게 이상적인 해결책이었다. 수만 명의 이탈리아 사제들은 진심으로 성직은 그들의 '문제'의 '유일한' 해결책이라고 믿었다.

이것이 『바티칸의 불편한 진실』의 첫 번째 법칙이다.

> 1. 오랫동안 사제직은 젊은 동성애자들에게 이상적인 탈출구였다. 동성애는 그들이 성직을 갖게 된 여러 요인 중 하나다.

* * *

잠시 이 모형에 머물도록 하자. 이 책에 나오는 대부분 추기경과 셀 수 없이 많은 사제의 인생경로를 이해하기 위해 우리는 대체로 사회학적으로 설명되는 다윈의 선발 과정으로 시작해야 한다. 이탈리아에서는 오랫동안 이것이 심지어 하나의 규정이었다. 자신의 욕구에 대해 걱정하던 이런 여성스러운 젊은이들은, 어릴 때 가장 친한 친구들의 목소리를 들으며 그들에게 매력을 느낀다. 그런 동성애자들은 사람들에게 들키지 않기를 바라면서 자신의 정체성을 찾고자 한다.

1930년대, 40년대, 50년대에, 이탈리아에서는 아직 적절한 길에 서지 못한 이런 신학생들을 선택 사양이 거의 없었다. 그들 중 몇몇은 매우 일찍이 거의 본성적으로 어떻게 동성애를 장점으로, 약점을 이점으로 바꿀 수 있는지를 알고 있었다. 그것은 바로 사제가 되는 것이었다. 그들은 사제가 됨으로 그리스도와 그들의 욕망의 이중적인 부름에 응답했다고 생각하면서 자신의 삶을 주관할 힘을 다시 얻었다.

그들에게는 다른 선택이 없었을까?

그 당시 많은 추기경을 배출한 롬바르디(Lombardy)의 작은 이탈리아 마을이나 피에몬테(Piedmont) 마을에서는 여전히 동성애를 극한 악으로 여기고 있었다. 사람들은 이 '어두운 불행'을 거의 감당할 수 없었다. 그 시인의 말을 인용하면, 그들은 "이런 복합적이고 복잡한 사랑"의 장래를 무서워했고 "말로 표현할 수 없고 심지어 감당할 수 없는 행복"을 두려워했다. 그 사랑에 굴복하는 것은 아무리 신중하게 처신하더라도 거짓된 삶 또는 추방의 삶을 의미했고, 반면 사제가 되는 것은 도피의 형태로 보였다. 아무것도 자백하지 않았던 동성애자에게는 사제가 되면서 모든 것이 간편해졌다.

그는 소년들 사이로 들어가 살면서 드레스를 입었다. 더 이상 여자 친구가 있느냐는 질문을 받지 않았고, 기분 나쁜 농담을 하던 그의 학교 친구들은 사제가 된 그에게 감동하였다. 과거에는 조롱을 받았던 그가 이제 대단한 영광을 누렸다. 그는 저주받은 종족에 속함으로써 택한 족속에 가입했다. 내가 반복하여 언급하는 '엄마'는 아무 말도 없이 모든 것을 이해하였고 이 기적과 같은 성직을 장려했다.

가장 중요한 것은, 여성에 대해 정절을 지키는 것과 독신생활의 약속은 두려움을 주지 않았다. 오히려 정반대로 그는 즐거움으로 두 가지 약속을 다 받아들였다. 1930년에서 1960년 사이에 이탈리아에서는 젊은 동성애자가 서품을 선택할 때 '독신 생활 맹세'를 하는 것은 당연하였고, 부득이 실제 규정이기도 했다.

로마에 있는 성 안셀모(Sant'Anselmo)대학의 고위 관리였던 한 이탈리아 베네딕토 수사는 내게 그 논리를 설명해주었다.

> 성직 선택은 처음에는 생동하는 깊은 믿음의 결실이었습니다. 그러나 회고해 보면 나는 성직을 나의 성욕을 다스리는 방법으로 삼은 것이지요. 나는 내가 게이라는 것을 항상 알고 있었어요. 하지만 40살이 된 후에야 비로소 내 정체성

을 인정하게 되었답니다.

물론 모든 인생경로는 유일하다. 많은 이탈리아 사제들이 내게 말하기를, 그들은 서품을 받은 이후, 또는 바티칸에서 일을 시작한 이후에 그들의 동성성욕을 알게 되었다고 한다. 사실 그들 중 많은 사제가 40살이 지난 이후 또는 1970년대 동안에 그 사실을 깨달았다.

이와 같은 사회학적인 사제의 선발에 우리는 그 현상을 좀 더 확장하는 주교 선발을 더 할 수 있다. 동성애 우호적인 추기경들은 동성애 성향이 있는 고위 성직자들에게 특권을 주고 그 성직자들은 다시 게이 사제들을 택한다. 동성애자들의 비율이 기록적인 수준에 도달한 교황 대사들은 주교를 뽑는 일을 하는데 결국 '자연스러운' 선발을 하게 된다.

내가 모은 모든 진술에 따르면, 동성애 성향이 있는 사제들은 그들의 추정된 동성애 때문에 더 호의를 받았다고 생각한다. 더욱 쉽게 말하면, 교황 대사 또는 주교는 '그 교구'에 속한 사제로부터 몇 가지 친절한 행위를 기대하기 때문에 그를 승진시키는 일이 잦은 것이다.

이것이 『바티칸의 불편한 진실』의 두 번째 법칙이다.

> 2. 추기경단에 가까울수록 동성애는 더 넓어진다. 가톨릭의 계급 제도를 따라 올라갈수록 더 많은 동성애자가 있다. 추기경단과 바티칸에서는 동성애 우대 선발 과정이 완성되었다고 말할 수 있다. 동성애는 규정이 되었고 이성애(異性愛)는 예외가 되었다.

＊　　＊　　＊

내가 이 책을 실제로 쓰기 시작한 것은 2015년 4월부터이다. 어느 날 저녁 나의 이탈리아인 편집자 카를로 펠트리넬리(Carlo Feltrinelli)가 밀라노의 비아 티볼리(Via Tivoli) 길에 있는 로벨리(Rovelli) 식당으로 나를 초청했다. 그는 내 책을 벌써 세 권이나 출판하였기 때문에 우리는 서로 잘 알고 있었다. 사실 나는 이 책에 대해 그와 대화하기를 원했다. 나는 일 년 이상 가톨릭교회 내의 동성애 문제를 조사했었다.

나는 로마 및 여러 많은 나라에서 수많은 인터뷰를 했고 이 주제에 관해 많은 책을 읽었다. 하지만 나의 프로젝트는 여전히 가설에 머물러 있었다. 나는 주제를 잡았지만 어떻게 써야 할지 모르고 있었다.

그해에 나는 게이 가톨릭 신자들에 대해 말하고자 나폴리와 로마에서 공개강좌를 열고 말했다.

"어느 날 바티칸의 이 이야기는 드러나야 할 것입니다."

이 말은 어떤 젊은 나폴리인 작가가 내게 한 말이기도 하며「라 레푸블리카」의 기자인 파스쿠알레 콰란타가 한 말이기도 하다. 그 이후로 나는 이 책을 준비하였는데 콰란타가 나와 함께 하여주었다. 하지만 나의 주제는 아직 분명하게 말할 수 없었다.

저녁을 먹기 전에 나는 카를로 펠트리넬리가 그 프로젝트를 거절할 것으로 생각했었다. 그렇게 되면 나는 포기할 것이고『바티칸의 불편한 진실』은 결코 빛을 보지 못할 것이다. 그러나 정반대의 일이 발생했다. 보리스 파스테르나크(Boris Pasternak), 귄터 그라스(Günter Grass), 그리고 최근에는 로베르토 사비아노(Roberto Saviano)의 책을 출판 발행한 카를로는 내게 질문을 퍼부으면서 내가 말도 하기 전에 내 생각을 물었다. 나는 머뭇머뭇하면서도 힘을 얻었다.

> 이 책은 이탈리아에서도 출판되어야 하고요,
> 가중치를 더하기 위해 프랑스와 영국과 미국에서도 동시에 출판되어야 합니다.
> 사진을 넣을 건가요?
> 하지만 당신은 이 책의 내용보다 더 많은 것을 알고 있다는 사실을 내가 보여주어야 합니다.

그는 고급 포도주를 한입 가득 채운 후 계속 그의 생각을 시끄럽게 펼쳤다. 갑자기 그는 단어 하나를 강하게 말하면서 "하지만 그들이 당신을 **죽이려고** 할 거예요"라고 말했다.

내 앞에 파란 등이 켜졌다. 나는 그 모험에 몸을 던졌고 매달 로마에서 살기 시작했다. 그러나 나는 아직 30여 개 나라에서 4년 이상 조사를 수행해야 한다는 사실을 모르고 있었다.『바티칸의 불편한 진실』은 그렇게 시작되었다.

자, 어떻게 되나 보자!

* * *

로마 남쪽 비아 오스티엔세(Via Ostiense) 178가에 위치한 알 비온도 테베레(Al Biondo Tevere) 식당은 노동자들이 찾는 작은 식당이다. 식당의 테라스 아래로 테베르 강이 흐른다. 그래서 이 식당 이름이 알 비온도 테베레다. 그 식당은 평범하며 중심가로부터 멀리 떨어져있다. 식당에는 손님들이 많지는 않다. 그때 1월은 대단히 추웠다.

도대체 왜 프란체스코 그네레(Francesco Gnerre)는 이런 외진 곳에서 나를 만나려고 한 것일까?

은퇴한 문학 교수인 그네레는 평생 게이 이탈리아 문학을 연구했다. 그는 40년 이상 여러 동성애 저널에 수백 개의 서평을 썼다.

이번 저녁 만남을 계획한 기자 파스쿠알레 콰란타가 내게 말했다.

나도 마찬가지지만, 수천 명의 게이가 프란체스코 그네레가 게이 월간지 「바빌로니아」(Babilonia)와 「프라이드」(Pride)에 있는 글들을 읽기 시작하면서 게이 책들을 모으게 되었지요.

그네레는 그 장소를 의도적으로 택하였는데, 그곳 알 비온도 테베레는 1975년 11월 1일 밤에 이탈리아 영화감독 피에르 파올로 파솔로니(Pier Paolo Pasolini)가 젊은 창녀 주세페 펠로시(Giuseppe Pelosi)와 저녁 식사를 한 곳이다. 그 창녀는 저녁 식사한 지 몇 시간 후에 오스티아의 한 해변에서 그를 살해했다. 이탈리아의 역사 가운데 가장 끔찍하고 소문난 범죄 중 하나인 이 살해 사건 직전에 그 식당에서 '마지막 만찬'이 있었다. 이상하게도 그 식당 벽에는 그 둘이 기념되어 있었다. 신문 스크랩, 촬영 사진, 스틸 사진 등, 파솔로니의 세계 전체가 에나멜로 칠해진 식당 벽에 생생하게 살아있었다.

"가장 거대한 게이 협회는 바티칸이지요."

프란체스코 그네레는 예고편처럼 말을 꺼낸다.

그 문학 비평가는 이탈리아 사제들과 동성애 사이의 복잡한 관계에 대한 긴 이야기를 시작하며 실제로 있던 사건들을 말해 준다. 그는 여러 가톨릭 작가들이 동성애자라고 알려주고, 또한 단테(Dante)에 대해 말한다.

"단테는 동성애 혐오자가 아니었어요."라고 말을 뗀다.

『신곡』(The Divine Comedy)을 보면 '파라다이스'에는 동성애에 대한 언급이 없지만 '지옥'(Inferno)과 '연옥'(Purgatory)에는 네 번이나 언급되어 있어요! 단테는 그에게 수사학을 가르친 늙은 스승이며 게이인 브루넷토 라티니(Brunetto Latini)에게 동정심을 품고 있었지요. 비록 그가 그 스승을 지옥의 7번째 원 중 세 번째 고리에 두었을지라도 그의 동성애에 대해서는 존중했답니다.

사제 프란체스코 레포레 역시 문학, 라틴어 및 문화를 통해 자신의 딜레마를 해결해 보려고 노력하면서, 문학이나 영화에 숨겨진 메시지를 파악해 보려고 여러 해를 보냈다. 단테의 『신곡』에 나오는 동성애 인물들은 말할 것도 없고, 파솔리니(Pasolini), 레오파르디(Leopardi), 카를로 코치올리(Carlo Coccioli)의 시와 마르그리트 유르스나르(Marguerite Yourcenar)의 『하드리아누스의 회고록』(the Memoirs of Hadrian)도 분석했다. 문학은 자기 몸에 불편을 느꼈던 수많은 이탈리아 사제들과 동성애자들의 삶에 주요 역할을 했다. 즉, 사람들의 말처럼 문학은 그들에게 "가장 안전한 피난처"였다.

레포레는 말을 이어간다.

"나는 문학을 통해 실제를 알기 시작했어요. 나는 암호 코드와 패스워드를 찾고 있었지요."

그 암호를 풀기 위해 우리는 또 다른 핵심 인물에 관심을 가져야 할 것이다. 그는 바로 프란체스코 그네레가 내게 언급한 마르코 비스체글리아(Marco Bisceglia)다. 비스체글리아는 세 종류의 인생을 살았다. 그는 지난 40년간 주요 이탈리아 동성애협회 아르키게이(Arcigay)의 공동 창설자였다. 그 협회는 오늘날에도 전국적으로 수십만의 회원을 갖고 있으며, 그 회원들은 50개 이상의 마을에 흩어져 있는 지역위원회와 연결되어 있다. 아무튼, 무엇보다도 비스체글리아는 사제였다.

마르코는 하나님으로부터 소명을 받았다고 확신했기 때문에 신학교에 들어갔어요. 그는 진실한 믿음 가운데 종교적인 소명을 받았다고 말했어요. 하지만 그가 그의 참된 소명을 발견한 것은 50세가 넘은 이후였어요. 즉, 자신의 동성애의 삶을 찾은 것이지요. 그는 오랫동안 그의 성적인 성향을 억누르고 있었습니다. 나는 그런 경로는 이탈리아에서 매우 전형적이라고 생각합니다.

축구보다 독서를 더 좋아하는 소년, 소녀들에게 매력을 느끼지도 못하고 자신의 욕정의 특징도 이해하지 못한 소년, 가족과 어머니에게 자신의 이상한 욕정을 말하지 못하는 소년!

이탈리아의 이런 어린 동성애자들은 매우 자연스럽게 신학교로 향하게 되지요. 하지만 마르코 비스체글리아에 대한 가장 중요한 사실은 그는 위선자가 아니었다는 사실입니다. 그가 교회에 머물러 있던 수십 년 동안 그는 게이 생활을 몰랐습니다. 오직 교회를 떠난 후에야 몸이 지독하게 변하면서 평생 동성애의 삶을 살게 되었답니다.

비스체글리아를 잘 아는 그네레가 나를 위해 그려준 이 따스한 초상화는 아마도 이 예수교 사제 마르코의 고통과 심리적 위기에 대해서는 감추고 있는 것 같다. 그 이후 마르코는 해방 신학으로 전향했고, 가톨릭 계급 제도에 대해 분명하게 몇 가지 이견을 가졌으며, 이 때문에 아마도 게이 투쟁에 가입하게 된 것 같다. 그 후 게이 활동으로 남은 삶을 보내다가 삶의 끝에서 다시 사제가 되지만 2001년에 에이즈(AIDS)로 죽고 만다.

이렇게 세 가지 삶, 즉 사제, 사제직을 반대하는 게이 투쟁, 그리고 마지막으로 교회와 화목하게 된 상태에서 에이즈로 죽어간 삶을 산 것이다. 내가 인터뷰를 한 그의 전기 작가인 로코 페차노(Rocco Pezzano)는 마르코 비스체글리아가 그의 길을 찾아내지 못하고 실패에서 실패로 옮겨간 이 '패자의 삶'에 여전히 놀라고 있다. 프란체스코 그네레는 좀 더 관대하다. 그는 마르코의 '일관성'과 "고통스럽지만 당당한 삶"의 전개를 강조한다.

사제들과 동성애자들?

이 둘은 동전의 양면인가?

이탈리아 게이 운동의 또 다른 인물은 밀라노의 최초의 게이 서점을 세운 지아니 델레 포글리(Gianni Delle Foglie)다. 그도 동성애 가톨릭 작가들에게 관심이 많은데 이런 말을 했다.

게이들은 바티칸에 맞서 싸우는 거의 유일한 부류입니다.
하지만 그것이 좋을지도 모르지요.
즉, 그들은 '우리를 그냥 내버려두세요!'라고 말할 거예요.
게이들과 바티칸의 싸움은 동성애자들 사이의 전쟁이랍니다!

* * *

프란체스코 레포레가 그의 첫 번째 성적인 모험을 경험한 것은 로마에서였는데, 이때 하드리아누스(Hadrian)와 미켈란젤로(Michelangelo)의 도시인 수도 로마는 많은 이탈리아 사제들에게 유일한 매력을 지닌 곳이었다. 바로 그곳에서 레포레는 정절의 맹세가 전혀 소중하게 여겨지지 않으며 또한 대다수 사제가 동성애자인 것을 알게 되었다.

> 나는 로마에서 저 자신을 발견했어요.
> 그곳에서 사제들이 종종 방탕한 삶을 사는 비밀도 알게 된 것이고요.
> 그곳은 내게 완전히 새로운 세상이었어요.
> 나는 어떤 사제와 5개월 동안 관계를 갖게 되었지요.
> 우리가 헤어졌을 때 나는 깊은 위기를 겪었답니다.
> 나의 첫 번째 영적 위기였어요.
> 동성애자로 살면서 어떻게 사제로 남아있을 수 있을까?

레포레는 이 사실에 대해 어떤 예수회 사제에게 상세하게 말하였고 그의 고해 신부들에게도 말했다. 그다음에는 그런 일에 연루되어 있지 않은 한 주교에게 말했다. 그들은 모두 그에게 사제직을 유지하라고 격려했고 동성애에 대해 언급하지 말며 죄책감을 느끼지 말라고 조언하여 주었다. 레포레는 곧바로 그가 신중하게 비밀을 지키고 공공연한 동성애자들 편에 서서 투쟁하지만 않는다면 동성애자로 살 수 있다는 것을 알게 되었다.

그 후 그의 이름은 바티칸 사도궁(the apostolic palace of the Vatican)에 있는 국무원(Secretariat of State) 내의 높은 자리로 추천되었다. 그 자리는 교황의 총리 자리와 상응하는 자리였다.

> 그들은 라틴어를 완벽하게 구사할 수 있는 사제를 찾고 있었어요. 내가 위기를 지나고 있다는 소문이 퍼지자 어떤 사람이 내 이름을 추천한 것이지요. 그 이후로 몬시뇰 레오나르도 산드리(Leonardo Sandri)가 추기경이 되더니 나의 주교와 연락한 뒤 나를 초청해서 라틴어 부서 사람들을 만나게 했어요. 그들은 내게 라틴어 시험을 치르게 했고, 나는 합격했지요. 그들은 여전히 내게 조심하라고

당부했는데 이는 그들이 내가 게이였다는 것을 알고 있다는 것을 보여준 것이지요. 그들은 빗대는 말로 이렇게 말하였답니다. '만일 내가 그 자리에 오를 수 있는 자격을 갖추었다면' 나는 아마 '다른 모든 것을 잊고 오직 교황에게 내 삶을 헌신하기' 시작할 걸세.

2003년 11월 30일, 그 나폴리 사제는 바티칸 추기경들의 관저이며 현재 교황 프란치스코의 거주지인 성녀 마르타호텔에 합류했다.

*　　*　　*

성녀 마르타호텔을 방문하려면 특별 허가를 받아야 하고 방문 시간도 오직 수요일과 목요일 아침 시간, 즉 10시부터 12시까지만 가능하다. 그 시간에 교황은 성 베드로대성당에 있다. 그 호텔 관리자 몬시뇰 바티스타 리카(Battista Ricca)는 잘 알려진 사람인데 그곳에 사무실을 두고 있다. 그는 내게 방문 허가증을 발급해 주었다. 또한, 어떻게 경찰 점검과 그다음의 스위스 근위대의 점검을 통과할 수 있는지 자세히 설명해 주었다.

나는 종종 눈물이 글썽한 이 고위 성직자와 마주치곤 했는데, 그는 프란치스코와 친밀한 외부인으로서 승리와 실패를 다 겪어온 사람이었다. 우리가 알게 되겠지만, 그는 마침내 바티칸 관저 중 한 곳에 내가 머물 수 있도록 허락해 준다.

성녀 마르타호텔은 5층으로 되어있고 120개의 침실이 있는데 만일 교황이 그곳에 살지만 않는다면, 아틀란타 또는 휴스턴 교외의 일반 호텔과 다른 바 없다. 그 호텔은 현대식이고 정감이 없고 스파르타풍의 거주지로서 아름다운 사도궁과 대조된다.

내가 바티칸의 외교관 패브릭 리벳(Fabrice Rivet)과 함께 그 유명한 사도 궁의 3층 로지아를 방문했을 때, 나는 벽에 그려진 중세의 세계 지도 마파 문디(mappae mundi)와 라파엘 스타일의 야생 동물들과 스위스 근위대의 의상을 보고 놀랐다. 천장에는 그림이 그려져 있었는데 스위스 근위대의 의상에 반사되고 있었다. 성녀 마르타호텔과는 전혀 다른 분위기였다.

"맞아요, 약간 딱딱하지요."

성녀 마르타호텔을 둘러보도록 안내하는 시칠리아 출생의 젊은 여성 하르모니(Harmony)가 맞장구를 친다.

입구에는 "적절한 복장 필요"라는 팻말이 붙어 있다. 조금 더 들어가면 "짧은 바지나 짧은 치마 사절"이라는 팻말이 있다. 나는 성녀 마르타호텔의 응접실에 앉아서 기다리면서 교황청의 고급 상표인 감마렐리 브랜드(Gammarelli-brand) 가방들을 보게 된다.

응접실과 연결된 공식 회견 홀과 신문 기자실 역시 매우 스타르타 풍이었고, 악취미의 승리라고나 할까, 모든 것이 단조롭다.

나는 교황을 만나는 거실에서 라틴 아메리카의 모든 미신적인 종교성을 상징하는 과달루페의 처녀(the Virgin of Guadalupe)를 그린 큰 그림을 발견한다. 그 그림은 멕시코 추기경 대주교 노르 베르토 리베라 카레라(Norberto Rivera Carrera)가 교황에게 선물로 준 것이다. 카레라 대주교는 아마도 그가 가졌던 관계들과 죄에 대해 용서를 구하려 하였을 것이다(그 추기경은 그 유명한 마르씨얼 마시엘, Marcial Maciel 및 다른 사제들에 대한 성폭행 혐의를 덮으려고 했던 것 때문에 비난을 받아왔다. 프란치스코는 2017년에 그를 은퇴시켰다).

그 거실에서 몇 미터 떨어진 곳에는 교황을 위해 마련된 소성당(小聖堂)이 있다. 교황은 매일 아침 7시에 소수의 회중과 함께 그곳에서 미사를 드린다. 소성당은 주방처럼 간단하지만, 그 크기는 구내식당 정도 된다. 하르모니는 내게 다른 식탁들로부터 약간 떨어져 있는 식탁 하나를 보여주며 그곳에서 프란치스코가 6명 이하의 사람들과 식사를 한다고 알려준다.

2층은 교황의 개인 아파트다. 아무도 그곳을 방문할 수 없다. 나는 반대편 동(棟)에서 교황의 주거지와 동일한 아파트를 볼 수 있었다. 그것은 작은 거실과 침실 그리고 싱글 침대로 구성된 수수한 스위트룸이다. 교황의 침실 문 앞에서 종종 밤을 새우며 교황을 지키는 스위스 근위병 한 사람이 이 정보를 확인해 줄 것이다.

나는 로마에서 그 근위병을 자주 볼 것인데, 우리는 바티칸에서 그리 멀지 않은 보르고의 술집인 마카사르카페(Makasar Café)에서 규칙적으로 만날 것이다. 그리고 나는 그곳에서 나를 은밀히 만나보기를 바라는 모든 사람을 만날 것이다. 이제 우리가 보겠지만, 이 젊은 근위병은 몇 달 동안 바티칸의 게이 생활에 대해 알려주는 나의 밀고자 중 하나가 된다.

자, 이제 우리는 세탁실에 있다. 안나(Anna)는 작고 상냥하며 매우 독실한 여성 신자다. 하르모니는 그녀가 교황의 세탁을 담당하고 있다며 그녀를 내게 소개해준다. 교황의 소강당 왼편으로 있는 두 개의 방에서 이 독실한 수녀는 프란치스코의 옷을 관리한다. 그녀는 교황의 옷이 마치 거룩한 수의인 것처럼 매우 조심스럽게 장백의(長白衣)와 제의복(祭衣服)을 펼쳐 내게 보여 준다(프란치스코는 그의 전임자들과는 달리 백색 제의(祭衣)와 빨간 모제타(두건이 달린 짧은 망토)를 입기를 거절한다).

성하(聖下)께서는 옷 입으시는 습관이 다르십니다. 보통 흰색을 입으시고, 일반 미사 때는 녹색, 특별한 미사 때는 빨간색과 보라색을 입으십니다. 마지막으로 은색이 있지만, 교황께서는 사용하지 않지요.

안나가 말한다.
내가 성녀 마르타호텔를 떠날 준비를 할 때 교황의 정원사 길베르토 비안치(Gilberto Bianchi)와 마주치게 된다. 그는 성격이 밝은 이탈리아인인데 교황에게 헌신된 일꾼이다. 특히 교황의 소성당 앞에 있는 성하(聖下)의 밀감나무에 많은 신경을 쓰고 있다.
"로마 날씨는 부에노스아이레스와 달라요."
길베르토는 다 알고 있다는 태도로 우려하듯 말한다.
그는 난초에 물을 주며 계속 말한다.
"지난밤 기온이 너무 떨어져서, 오렌지 나무, 레몬 나무, 만다린 귤나무가 어떻게 될지 모르겠어요. 죽지 않아야 할 텐데."
나도 걱정을 하며 벽에 죽 나열된 나무들을 본다. 그리고 그 나무들이 겨울을 잘 나기를 바란다. 참으로 우리는 부에노스아이레스에 있지 않다!
"소성당 곁에 오렌지 나무가 있는 저 벽이 보이지요. 그것이 경계선입니다."
갑자기 하르모니가 내게 말을 한다.
"무슨 경계선이지요?"
"바티칸의 경계선이지요!
그 경계선 너머로는 이탈리아에요."

* * *

나는 성녀 마르타호텔에서 나오면서 정문 곁에서 우산꽂이를 보게 된다. 매우 분명한 무지개 색깔의 우산 하나가 그 안에 꽂혀있었다. 무지개 표시!

"교황의 우산은 아니에요."

하르모니는 내가 오해할까 하여 신속하게 알려준다.

내가 그곳을 떠나자 스위스 근위대가 경례하고 경찰은 눈을 아래로 내려 예의를 표한다. 곧바로 나는 상상을 시작한다.

무지개 색깔을 한 그 귀여운 우산은 누구 것일까?

성녀 마르타호텔의 '총지배인'이며 담당자이고 또한 내가 그곳을 방문하도록 친절하게 초청한 몬시뇰 바티스타 리카의 것일까?

혹은 무지개 우산과 잘 어울리는 카파 마그나(cappa magna, 소매없는 외투)를 입고 있던 어떤 추기경의 것일까?

아무튼, 나는 이런 상상을 한다. 그 우산의 운 좋은 주인은 아마도 추기경 또는 몬시뇰일 것이고, 그는 자기 손에 무지개 표시를 들고 바티칸의 정원에서 산책한다!

그가 누구일까?
감히 어떻게?
혹시 그는 몰라서 그런 것일까?

나는 그가 마테르 에클레지아(Mater Ecclesiae, 교회의 어머니) 수도원에서 은둔 생활을 하는 베네딕토 16세를 방문하기 위해 비아 델 폰다멘타(Via delle Fondamenta)와 그다음 람파 델아르케올로지아(Rampa dell'Archeologia)를 걷는 것을 상상한다. 또한, 나는 그가 여러 가지 색깔로 된 우산을 쓰고 성소의 궁(the Palace of the Holy Office)을 둘러보는 것을 상상한다. 성소의 궁은 오랜 종교재판소인 신앙교리성(the Congregation for the Doctrine of the Faith)의 기지다. 어쩌면 이 무지개 우산의 주인을 찾아낼 수 없을 수도 있다. 그 주인 역시 '밀실'에 있을지도 모른다. 그 우산은 주변 어딘가 놓여있다. 사람들은 그 우선을 빌려 다 쓰고 가져도 놓고 또다시 꺼내어 사용한다.

그러자 나는 사제들이 그 우산을 돌아가며 사용하고 상황 및 궂은 날씨에 따라 그것을 바꾸는 것을 상상한다. 어떤 사제들은 '그 무지개에 간청하고', 또 어떤 이들은 그 무지개와 함께 트리튼 파운탱(Triton Fountain) 또는 세인트 존 스타워(Saint John's Tower)로 산책하러 나간다. 또 어떤 이들은 바티칸 정원에서 가장 존경받는 동상인 클레르보의 베르나르(Bernard of Clairvaux)의 동상에 가서 경의를 표한다.

베르나르는 교회의 위대한 개혁가요 박사였는데 그는 동성애를 옹호하는 시를 짓고 아마흐(Armagh)의 아일랜드의 대주교 말라키(Malachy)를 사랑한 것으로 잘 알려져 있다.

로마 가톨릭교회의 가장 중심부에서 이중생활을 불러일으키는 그의 이 뻣뻣한 동상이 곳곳에 놓여있다는 사실은 그 자체로서 어떤 상징이 아니겠는가?

바티칸 정원에서 춤추는 코르크보다 더 가벼운 우산이 되어 보초를 서는 스위스 근위병과 성녀 마르타호텔의 안내원이 되어 본다면, 그래서 조심스러운 관찰자가 될 수만 있다면 얼마나 좋을까!

그 무지개 표시는 '야만적인 퍼레이드'를 위한 암호일까?

아니면 단지 비로부터 사람을 보호하는 것일까?

*　　*　　*

"나는 2003년 말에 성녀 마르타호텔에 왔어요."

프란체스코 레포레는 말을 이어간다.

비록 그는 교황청에서 일하는 가장 어린 사제였지만 바티칸의 추기경들과 주교들과 나이든 교황 대사들 사이에서 살기 시작했다. 그는 그들 모두를 다 알며 그들 중 여럿을 부제(副祭)로서 섬겼고, 그들의 재능과 작은 단점들을 알게 되었고, 또한 그들의 비밀도 추측하게 되었다.

"나와 함께 일했던 사람들이 그곳에 살았고, 심지어 교황 베네딕토 16세의 개인 비서가 될 몬시뇰 게오르크 겐스바인(Georg Gänswein)도 그곳에서 우리와 함께 살았어요."

레포레는 이 유명한 집에서 일 년을 보내며 그곳이 깜짝 놀랄 동성연애의 온상인 것을 알게 되었다.

> 성녀 마르타호텔은 권력이 모여 있는 곳입니다. 이곳은 경쟁과 시기가 가득한 곳으로서 야망과 암투가 크게 교차하고 있지요. 이곳에 사는 대단히 많은 사제가 동성애자들이고, 내가 기억하기는, 그들은 식사를 나누면서 늘 이 주제로 농담을 했답니다. 게이 추기경들에게 별명을 붙이고 그들을 여성화시키면서 식탁 앞에서 한바탕 웃곤 했지요.

우리는 파트너를 두고 있는 사람과 또는 젊은 남자들과 하룻밤을 보내려고 그들을 성녀 마르타호텔로 데려오는 사람들의 이름을 알고 있었어요. 그들 대부분은 이중생활을 하고 있었지요. 낮에는 바티칸에서 사제로, 밤에는 술집이나 클럽에서 동성애자로 산 것이지요. 그 고위 성직자들은 종종 나처럼 젊은 사제들이나 신학생이나 스위스 근위병이나 바티칸에서 일하는 평신도들에게 습관적으로 다가가 구애하곤 했어요.

그들 중 몇 사람은 "추문을 퍼뜨리는 식사 시간"에 대해 말해 주었다. 사제들은 식사하며 교황궁의 이야기들을 크게 떠들며 말했고 그 젊은이들에 관해 이야기할 때는 매우 조용하게 말했다.
아, 성녀 마르테 호텔에서 나누어지는 그런 빈정거림의 이야기들이란!
나는 바오로 6세 국제하우스호텔(Domus Internationalis Paulus VI)과 로마 사제의 호텔(Domus Romana Sacerdotalis), 그리고 바티칸의 아파트에서 귓속말로 하는 말들을 들었는데, 그때도 그곳에 거하며 점심을 먹던 때였다.
프란체스코 레포레는 계속 말을 이어간다.

성녀 마르타호텔의 사제 중 하나는 국무원에서 일했어요. 그는 조반니 바티스타 레(Giovanni Battista Re) 추기경과 가까웠지요. 그때 그에게는 젊은 슬라브(Slavic) 친구가 있었는데 저녁이 되면 종종 집으로 그 슬라브 친구를 데려와 잠을 자곤 했어요. 그 후 그는 그 친구를 우리에게 그의 가족, 즉 조카라고 소개하더군요. 물론 아무도 믿지 않았지요!
어느 날 그 슬라브 사제가 승진하자 소문이 나기 시작했어요. 그러자 조반니 바티스타 레 추기경과 페르난도 필로니(Fernando Filoni) 주교는 젊은 그 슬라브 사람은 참으로 추기경의 가족이 맞다고 공개 선언을 하고, 그 사건은 종결되었지요!

이처럼 바티칸에 동성애자들이 가득 있는 사실은 요제프 라칭거(Josef Ratzinger)의 표현처럼 단지 몇 마리의 검은 양의 문제가 아니며 또한 "못된 물고기를 잡아낸 그물" 문제도 아니다. 이는 '로비'나 반체제 운동이 아니다. 또한, 이는 교황청 내의 어떤 프리메이슨주의(Freemasonry)의 한 분파도 아니다. 이는 체제로서, 작은 소수가 아니라 커다란 다수의 체제다.

대화 중 이 시점에서 나는 프란체스코 레포레에게 모든 동성애 성향을 포함할 경우 그 집단의 크기가 어떠한지 물었다.

"비율이 대단히 높다고 생각해요. 약 80% 정도 된다고 봅니다."

이탈리아 출신이 아닌(non-Italian) 어떤 대주교와 여러 번 만남을 가졌는데, 그는 대화 중에 다음과 같은 사실을 확인해 주었다.

> 지난 다섯 분의 교황 중 셋은 동성애 애호가였다고 해요. 물론 대부분 추기경과 주교들은 말할 것도 없고, 교황의 비서들과 국무원 중에도 동성애 애호가들이 있습니다. 하지만 이 문제는 바티칸의 사제들이 이런 종류의 성향이 있는지 없는지에 있지 않아요. 그들에게는 이런 성향이 있지요. 문제는 사실 정말 논쟁거리이기도 한데, 그들이 실제로 동성 성행위를 하지 않는지에 있어요. 이 부분에서 일이 복잡해지는 것이지요. 어떤 고위 성직자들은 동성애 성향을 가지고 있지만 실제로 동성 성행위를 하지는 않아요. 그들은 삶과 문화에 있어서 동성애를 좋아하겠지만 동성애자라고 할 수는 없지요.

* * *

프란체스코 레포레는 대략 열두 번의 인터뷰를 통해 바티칸의 게이 열풍에 대해 말해 주었다. 그의 증언은 논란의 여지가 없다. 그의 연인들은 대주교들과 고위 성직자 중에 있었다. 그는 우리가 이미 논한 여러 추기경으로부터 성관계 제의를 받았다. 물론 그 목록은 끝이 없다. 나는 꼼꼼하게 그 이야기들을 전부 확인하였고, 관련 추기경들과 대주교들, 몬시뇰들, 교황 대사들, 부제들, 그리고 성 베드로대성당(St. Peter's)의 일반 사제들과 고해 신부들을 다 만나보았는데 전부 실제로 동성애자들이었다.

레포레는 오랫동안 그 기관 안에 있었다. 한편, '밀실에 속한 자', 즉 동성 성행위를 하는 게이들과 그 '교구'에 속한 다른 회원들을 알아보기는 쉽다. 어떤 추기경은 은근슬쩍 당신을 툭 치거나 어떤 몬시뇰은 당신에게 당당하게 성관계를 제안한다. 나도 그런 일을 겪었다. 그들을 알아내는 게임은 너무 쉽다!

그 이유는 안전한 밀실에서 보호를 받는, 견진성사를 받은 독신 남자가 이성에 대한 정절을 맹세하였을지라도 자신의 동성애 비밀을 누설할 수 있는 순간은 항상 있기 마련이기 때문이다.

레포레 덕분에, 그리고 바티칸 내의 28명의 기밀 자와 사제들과 평신도와 연결되면서(그들은 내게 게이라는 것을 감추지 않는다) 나는 처음 조사부터 어디로 향해야 할지 알고 있었다. 나는 심지어 그들을 만나기도 전에 '그 교구에 속한 자들'을 알아낸 상태에 있었다. 나는 어떤 부제들에 접근해야 하는지, 그리고 어떤 몬시뇰과 친해야 하는지를 알고 있었다. 이제 준비는 부족함이 없이 충분히 되었다.

나는 레포레와 끝없는 이야기를 하며 지낸 로마의 그 밤을 결코 잊지 못할 것이다. 나는 그 밤에 어떤 특정 추기경 또는 대주교의 이름을 말했다. 그러자 그가 갑자기 신이 나서 좋아하면서 공중에 손을 흔들며 "게이들이지요!"라고 외치는 것을 볼 수 있었다.

오랫동안 프란체스코 레포레는 바티칸에서 가장 마음에 드는 사제 중 하나였다. 그는 호감을 주는 젊은이였고 심지어 성적매력도 있었다. 그는 또한 매우 박식한 지식인이었다. 그는 육체적으로나 지적으로 매력이 넘쳤다. 그는 낮에는 교황의 공식 문서를 라틴어로 번역하고 교황에게 온 편지에 답변했다. 그는 또한 공식 바티칸 신문인「로세르바토레로마노」(*l'Osservatore romano*)에 문화와 관련한 기사를 썼다.

나중에 교황 베네딕토 16세가 된 추기경 라칭거는 신앙교리성의 장관으로 있을 때 레포레의 박식한 수필집에 서문을 써주면서 이 젊은 사제를 칭찬했다.

레포레가 계속 말한다.

> 그 당시를 생각하면 매우 즐겁지요. 하지만 나의 동성애 문제는 여전하였고 이전보다 더 절박했어요. 이제 더 이상 내 삶을 절제할 수 없는 것을 느꼈어요. 그 후 나는 신속히 로마의 게이 문화에 빠지게 되었답니다. 처음에는 이성들과 만나기 위해 스포츠 클럽에 나가기 시작했어요. 그러나 사람들이 이 사실을 알게 되었어요. 나는 미사를 거행하는 것을 줄이기 시작했고 사제복과 로만 칼라를 벗고 일반 사복을 입고 밖으로 나갔어요.
> 나는 어느새 성녀 마리아 호텔에서 잠을 자지 않게 되었는데, 내 상관들이 이를 알게 되었답니다. 그들은 내가 직업을 바꾸기를 바랐고, 아마 바티칸에서 내가 사라지기를 원했을 거예요. 그때 교황 요한 바오로 2세의 개인 비서인 몬시뇰 스타니스와프 지비스(Stanisaw Dziwisz)가 저를 위해 개입했어요. 그는 내가 기사를 쓰고 있던 「로세르바토레 로마노」의 관리자였지요. 그래서 나는 바티칸에

남을 수 있었답니다.

우리는 이 책에서 스타니스와프 지비스를 종종 마주치게 될 것이다. 지금 그는 은퇴한 추기경으로서 폴란드에 있는데 나는 그곳에서 그를 만났다. 그는 오랫동안 바티칸 내에서 가장 큰 세력을 가진 사람 중 하나였고, 요한 바오로 2세의 건강이 악화하였을 때는 국무원장 추기경 안젤로 소다노(Angelo Sodano)와 함께 바티칸을 실질적으로 운영하기도 했다. 어둠의 설화가 이 진취적인 폴란드 성직자를 둘러싸고 있다고 말한다면 완곡한 표현일 것이다. 그러나 성급하게 앞서지 말자. 독자들이 그 체제를 이해하려면 충분한 시간을 갖고 살펴보아야 할 것이다.

아무튼 지비스 덕분에 프란체스코 레포레는 프랑스 추기경 장루이 토랑(Jean-Louis Tauran)의 개인 비서로 임명되었다. 토랑은 요한 바오로 2세의 외무 '장관'이며 경험도 많고 영향력 매우 강한 사람이었다. 나는 토랑을 네 차례 만날 것이고 그는 바티칸에서 나의 정기적인 기밀자 및 접촉자 중 하나가 될 것이다. 나는 그의 끝없는 이중 인격적인 모습에도 불구하고 오랫동안 파킨슨병을 지독하게 앓은 이 특이한 추기경에게 애정을 느끼기 시작했다. 하지만 아쉽게도 그는 내가 이 책의 마지막 버전을 개정하던 2018년 여름에 세상을 떠났다.

토랑은 자신의 동성애를 늘 의식하며 살았다. 레포레는 토랑 덕분에 바티칸에서 지성인으로 사는 삶을 추구할 수 있게 되었다. 그 후 레포레는 바티칸 도서관 및 기밀 공문 보관소를 관리 운영하는 이탈리아 추기경 라파엘레 파리나(Raffaele Farina) 밑에서 일했고, 그다음은 파리나의 후임자가 된 대주교 장루이 브루게스(Jean-Louis Brugués)를 위해 일했다. 장루이 대주교는 희귀한 사본들을 출판하는 일을 담당하였고, 성좌(聖座)의 공식 언론 기관이 출간하는 신학 대화 모음집을 편집했다.

"나는 위선에 물든 나의 이중생활 때문에 지독한 죄책감을 느꼈습니다."

레포레는 계속 말을 이어간다.

"하지만 모든 것을 집어던지고 사제직을 포기할 용기는 없었답니다."

하지만 마침내 그는 스캔들을 일으키지 않으려고 최선을 다하는 가운데 그의 성직을 철회했다.

"나는 너무 겁이 많아서 사임하지 못했어요. 그런 연약함을 고려하면 그 결정은 내게서 나온 것이 분명히 아니었지요."

그가 내게 알려준 이야기에 따르면 (이 내용은 장루이 토랑 추기경과 파리나 추기경이 확인해 주었다) 그는 바티칸에서 그의 컴퓨터를 통해 '의도적으로' 수많은 온라인 게이 사이트를 찾아다니다가 누가 보면 의심을 할 수 있는 기사나 웹 사이트를 찾으면 그 화면을 그대로 두고 자리를 떠났다고 한다.

나는 바티칸의 모든 컴퓨터는 철저한 통제를 받고 있다는 사실을 알고 있었고 내가 곧 들킬 것을 잘 알고 있었지요. 그리고 일이 터진 것이에요. 나는 불려갔고 일들은 매우 신속하게 처리되었어요. 즉, 재판도 없었고 처벌도 없었습니다. 단지 내가 있던 교구로 돌아가라는 제안을 받았어요. 그 교구로 가면 중요한 직책을 주겠지요. 하지만 저는 거절했습니다.

그 사건은 심각하게 다루어졌다. 바티칸 처지에서는 당연히 심각했다. 그 후 이 사건에 대해 "대단히 슬퍼한" 추기경 토랑이 프란체스코 레포레를 받아 주었다.

토랑은 '바티칸은 모든 것을 감시한다'는 사실을 모르냐며 나를 너무 순진하다며 상냥하게 꾸짖었어요. 그리고 더욱 조심해야 한다고 타일렀지요. 그는 내가 게이라는 사실에 대해 아무런 말을 하지 않았고 단지 들킨 사실에 대해 책망했답니다!
모든 일이 이렇게 마치게 된 것이지요. 며칠 후 나는 바티칸을 떠났어요. 그 후 다시는 사제가 되지 않았습니다.

2

성별 이론
(Gender theory)

이 방은 뭘까?
응접실?
연구실?
여성 전용실?
나는 로마의 비아 루스티쿠치(*Via Rusticucci*)에 있는 바티칸의 관사인 미국 추기경 레이먼드 레오 버크(Raymond Leo Burke)의 개인 아파트 거실에 와있다. 가만히 살펴보니 이 방은 매우 이상하고 신비하다. 나는 홀로 있고, 아직 추기경은 오지 않았다.

"예하(猊下)께서는 밖에 일이 있어 나가셨어요. 곧 오실 겁니다."

버크의 부제(副祭)인 기품 있고 약간 도도한 캐나다 사제 돈 아드리아노(Don Adriano)가 내게 말했다.

"기사를 쓰기 위해 오셨습니까?"

내가 미국 추기경 버크를 만나러 간 그 날, 그는 교황 프란치스코에게 책망을 받기 위해 소환된 상태였다. 여기서 한 가지 알려줄 것이 있는데, 버크는 교황의 최대의 적이라고 여겨질 만큼 교황에 대항하여 셀 수 없이 많은 도발과 항의를 감행하였다는 사실이다. 예수회 회원인 프란치스코가 볼 때는 버크는 전혀 칭찬받을 것이 없는 바리새인이었다.

내가 질의를 했던 교황의 수행단 내의 추기경들과 몬시뇰들은 재미있어한다.

"버크 예하(猊下)께서는 정신이 나갔어요!"(*Son Éminence Burke est folle!*)

그들 중 하나가 프랑스 문법의 여성형 형용사로 그를 지칭하며 말한다.

이렇게 남성의 직함을 여성화시키는 것은 놀라웠다. 나는 바티칸의 추기경들과 주교들을 이런 식으로 부르는 것을 자주 듣게 되면서 점점 익숙해졌다. 바오로 6세가 자신을 1인칭 복수로 부르는 습관이 있었던 것처럼("우리는 ...."), 사람들은 버크를 여성형 명사 "*Éminence*"를 사용하여 부르는 것을 알게 되었다.

"예하(猊下)께서는 영예롭습니다."(*Votre Éminence peut être fière*)
"예하(猊下)께서는 위대하십니다."(*Votre Éminence est grande*)
"예하(猊下)께서는 매우 친절하십니다"(*Votre Éminence est trop bonne*)

내가 버크의 이름을 언급하자, 교황 프란치스코와 절친한 월터 카스퍼(Walter Kasper) 추기경이 경악과 의혹 가운데 고개를 흔들며 그를 '미친놈'이라고 불렀다. 그런데도 매우 신중하게 남성형 '후'(*fou*)를 사용하여 말했다.

프란치스코 교황 배후의 사람 중 한 사람으로 알려진 예수회 신부 돈 아드리아노는 판단을 할 때 매우 합리적이다. 나는 「치빌타 카톨리카」(*La Civiltà Cattolica*) 잡지의 편집장인 그와 그의 사무실에서 종종 잡담을 나누곤 했다. 그가 설명한다.

"버크 추기경은 교황 반대파를 이끌었어요. 그들은 매우 강렬하고 때때로 매우 부요하지요. 하지만 사람 수는 많지 않아요."

어떤 바티칸 전문 기자가 교황청에서 이 미국 추기경이 어떤 별명을 가졌는지 말해 주었다. 그의 별명은 "미국 중서부의 사악한 마녀"였다. 교황 프란치스코는 전통을 옹호하는 일을 떠맡은 것처럼 행세하며 반항하는 이 예하(猊下)를 대면하였을 때 단도직입적으로 말했다. 그 추기경은 즐겁게 웃는 얼굴을 하지만, 사실 다루기 힘든 사람이다. 그를 비난하는 자들은 그를 '분리주의자'라고 말하는데, 바티칸 안에는 현재 그에게 속한 분리주의자들이 많다.

교황은 추기경 버크가 맡고 있던 바티칸의 상소 재판소인 교황청 대심원(Apostolic Signatura)의 장관 직위를 경고도 없이 해제함으로 그를 제재했다. 그 후 위로의 표시로 몰타 기사단(The Order of Malta)의 교황 대리로 임명하였다. 하지만 그는 꼭두각시(*promoveatur ut amoveatur*)일 뿐이었다. 직분 명은 대단히 화려한 "수호(守護) 추기경"이지만 그의 역할은 교황의 이름으로 기사단을 보호하는 것이었다. 하지만 버크는 계속 베드로의 계승자에게 도전했다. 이 때문에 내가 도착하던 날, 그는 집권 교황에게 새로운 경고를 또 받게 되었다.

버크와 교황의 새로운 충돌이 발생했다. 그런데 그 원인이 상상을 초월한다. 그 원인은 피임약의 배분 때문이었다!

몰타 기사단은 독립된 종교 단체로서 전 세계적으로 여러 나라에서 자선의 일을 수행한다. 버마에서 기사단원 중에 몇몇이 에이즈가 퍼지는 것을 막기 위해 에이즈 감염자들에게 피임약을 나누어주었다. 그러자 기사단 '단장'(Grand Master)은 야단법석을 떨며 내부 수사를 한 후, 그의 두 번째 서열인 기사단 '재무담당'(Grand Chancellor)이 콘돔 캠페인을 허가한 사실을 알게 되었다. 이에 단장은 재무 담당자를 비난했다. 그 후 기사단 단장은 파솔리니처럼 교황 대리인 버크 추기경의 이름으로 재무담당을 직위 해임했다.

미사가 끝났으니 떠나야 하는가?(Ite, missa est?)

그럴 수 없다. 이 문제는 상부로 보고되었고 교황은 경쟁자들 사이에서 발생한 문제라는 것을 알아차렸다. 또한, 교황은 정확하게 누가 어떻게 관련되었는지를 (제네바에 있는 은행 계좌에 보관된 1억의 유로 자금과 관련되어 누가 그것을 관리하며 배분하는지를) 알게 되었다. 이에 교황은 해명을 위해 버크를 소환했다. 몰타 기사단은 수많은 종교 수도성(省)처럼 참으로 게이들의 소굴이다.

크게 실망한 프란치스코는 기사단 단장의 반대에도 불구하고 재무담당을 다시 강제적으로 복위시키기로 했다. 결국, 기사단의 독립권을 주창하면서 버크를 지지했던 단장은 사임하게 되고, 기사단은 신탁 통치 아래 있게 되면서, 교황청을 잠시 불안하게 했던 이 힘겨루기 싸움은 끝이 났다. 버크는 비록 교황의 '대리'로 옮겨지면서 손발 잘린 직책을 유지는 하였지만 심각한 배척을 당했다.

"교황은 내게 수호 추기경이라는 직분을 그대로 남겨 두었지만 이제 나는 아무 기능도 할 수 없어요. 몰타 기사단에서도 아무런 정보를 주지 않고 교황 역시 아무런 지시를 내리지 않는답니다."

버크는 계속 한탄할 것이다.

교황의 수행단이 버크를 소환하여 데려갔다. 그사이에 나는 그를 만나려고 왔다. 이제 신나는 TV 미니 시리즈 중 한편이 시작되었다. 버크는 훈계를 받고 있었고 나는 그의 집에서 혼자 응접실에 앉아 그 추기경을 기다리고 있었다.

사실, 나는 홀로 있지는 않았다. 다니엘레 파티첼리(Daniele Particelli)가 나와 함께 있었다. 이 젊은 이탈리아 기자는 그 이전 몇 달 전에 나의 오랜 동료들이 추천해 준 사람인데 마침내 나와 협력하기로 했다. 그 후 그는 내가 인터뷰를 할 때 종종 나와 함께 있었다. 조사원이고 번역가이며 끈덕진 해결사인 다니엘레는 이 책에서 자주 만나게 될 것이다. 그는 4년 동안 로마에서 나의 가장 가까운 동료로 있게 될 것이다. 나는 아직 그와의 첫 번째 대화를 기억한다.
"나는 신자가 아니에요."
다니엘레 말했다.

    그래서 더 자유롭게 마음을 활짝 열 수 있지요. 나는 이곳 로마에 있는 LGBTQ(Lesbian-여성 동성애자, Gay-남성 동성애자, Bisexual-양성애자, Transgender-성전환자, Queer-성 소수자 전반 혹은 성 정체성에 관해 갈등하는 사람) 집단과 파티들과 만남 주선 앱과 게이 지하 클럽에 관심이 있어요. 나는 컴퓨터를 매우 잘 다룹니다. 컴퓨터만 아는 괴짜지요. 훌륭한 기자가 되고 싶고 이야기하는 법을 배우고 싶어요.

이것이 우리 전문가들이 함께 일하게 된 시작점이었다. 다니엘레의 남자 애인은 이국적인 식물을 재배했다. 다니엘레는 특별한 돌봄이 필요한 족보 있는 펨보로크 웰시 코르기(Pembroke Welsh Corgi) 종(種)의 아르고(Argo)를 돌보느라 매일 저녁을 보내야 했다. 그 외의 남은 시간은 나를 도와 조사를 했다.

나는 다니엘레를 만나기 전에 나를 도와줄 몇몇 다른 로마 기자들에게 다가갔었다. 그러나 그들은 모두 너무 경솔하거나 주의가 산만했고, 충분히 전투적이지 못하거나 혹은 너무 전투적이었다. 다니엘레는 내가 다루는 주제를 좋아했다. 그는 교회에 보복하기를 원하는 사람도 아니었고 교회에 대해 관대한 사람도 아니었다.

그는 단지 「뉴요커」(the New Yorker)의 소위 "서술 논픽션"으로 알려진 뛰어난 기사들을 본으로 하여 중립적인 자세로 기자 일을 하기를 바라는 사람이었다. 그는 나의 프로젝트와 딱 맞는 사람이었다. 즉, 미국식으로 말하자면 그는 "솔직한 언론"(straight journalism)의 일을 하기를 갈망했다. 오직 사실만을 알리는 신문과 오직 확인된 사실을 알리기를 원했다. 그는 나와 함께 조사하게 되는 그 세계가 너무 실제 같지 않고 또한 대단히 '동성애적'일 줄은 상상조차 하지 못했을 것이다.

"죄송한데요, 예하(猊下)께서 좀 더 늦을 것 같다고 알려오셨어요."
버크의 부제(副祭)인 돈 아드리아노는 당황스러운 기색을 보이며 우리에게 다시 와서 말한다.

나는 침묵을 깨뜨리기 위해 우리가 추기경의 아파트에 있는 것인지 아니면 그의 사무실에 있는 것인지를 물었다.

"예하께서는 사무실이 없어요."

그 젊은 사제가 내게 말한다.

"예하(여성형 명사)께서는 이 집에서 일하십니다(Elle travaille chez elle). 여기서 계속 기다리셔도 돼요."

추기경 버크의 응접실은 내 기억에 평생 남을 큰 방이었는데 일종의 거대한 응접실이었다. 그 방은 고전적이지만 사치스럽고 또한 스파르타풍으로 되어있어 아마 '단조롭다'고 말할 수 있겠다. 방 한가운데는 가구와 어울리는 양탄자가 깔렸고 그 위에 현대식 골동품인 진초록 나무 식탁이 하나 있다.

방 주변으로는 빨강, 노랑, 베이지색의 나무로 만든 안락의자들이 세트로 있고 각 의자의 굽은 팔걸이는 스핑크스 또는 갈기가 있는 수사자의 머리로 장식되어 있다. 서랍장의 독서대 위에는 성경이 펼쳐져 있고 탁자 위에는 실로 엮어서 풀로 붙인 마른 솔방울들이 있다. 그것들은 보통 멋쟁이 노인들의 장식 예술품이다. 조잡스러운 전등갓, 몇몇 보석들, 무섭게 생긴 종교적인 신상들, 그리고 식탁 매트!

벽에는 책으로 가득한 책장이 있고 어떤 성직자의 거대한 초상화가 매달려 있다. 버크의 초상화일까?

아니다. 하지만 그 생각은 나의 뇌리를 스치고 지나간다.

나의 짐작으로는 버크는 그를 떠받드는 그의 젊은 부제에는 영웅이다. 내가 천사들의 성(性)에 관한 대화를 끄집어내자 말이 없고 수줍음이 많은 돈 아드리아노는 어느새 우리를 두고 또다시 사라진다.

나는 기다리는 것이 지루해 마침내 응접실을 떠나 버크 추기경의 아파트를 자유롭게 다녀본다. 갑자기 나는 화려한 세 폭의 그림으로 그려진 모조 빙산을 배경으로 하는 개인 제단을 보게 된다. 그 제단은 마치 열려 있는 작은 예배당같이 생겼는데, 깜박이는 불빛으로 장식되어 있었다. 그 가운데에는 추기경의 그 유명한 빨간 모자가 놓여있다. 모자?

모자라기보다는 관(冠)이라고 하겠다!

그때 나는 인터넷에서 자주 프리마돈나(diva) 추기경, 멋쟁이 노인 추기경, 지나친 감성의 여왕(drama-queen) 추기경 등으로 조롱거리가 되었던 레이먼드 레오 버크의 야릇한 사진들을 떠올리게 된다. 아마 사진들을 보아야 믿어질 것이다!

그 사진들을 보면 당신은 바티칸을 다른 시각으로 보기 시작할 것이다. 너무 쉽게 버크를 비웃게 될 것이다!

　이 미국 고위 성직자의 사진 중 내가 가장 좋아하는 것은 가장 구경거리가 된 사진은 아니다. 그 사진은 70세의 추기경이 은빛 휘장으로 둘러싸인 녹색 왕좌에 앉은 사진이다. 그는 피사의 높은 탑처럼 생긴 노랑 형광색의 미트라를 쓰고 있고, 무쇠 손같이 보이는 긴 청록색 장갑을 끼고 있다. 그의 모제타는 연한 녹색을 바탕으로 하여 노란색으로 수를 놓았고, 진홍색과 석류색의 활 모양의 레이스로 된 청록색의 후드가 그 위에 나란히 놓여있다. 예기치 않은 색깔들과 상상을 초월하는 장신구들!

　그리고 전반적인 인상은 괴상하고 매우 여성적이다. 괴상한 것은 쉽게 희화화된다.

　돈 아드리아노는 추기경의 빨간 모자를 한참 살펴보는 나를 보고는 시종(侍從)의 자세로 상냥하게 화장실로 안내한다. 나는 그 화장실을 보고 이것이 바로 내가 찾고 있는 것이라고 말한다.

　"이쪽이에요."

　그는 부드러운 눈짓으로 속삭인다.

　그의 예하인 버크가 프란치스코에게 책망을 받는 동안, 나는 그가 목욕재계하는 그의 화장실에 있다. 그곳은 고급 스파 휴양지처럼 신비한 습기가 있고 사우나처럼 온도가 높다. 옅으면서도 미묘한 냄새를 내는 고급 비누들이 일본식으로 배열되어 있다. 작은 수건들은 중간 크기의 수건에 접혀 있고, 중간 크기의 수건들은 큰 수건에, 큰 수건은 매우 큰 수건에 접혀 있다. 화장지는 새 것인데 흠 없는 청결함을 보장하는 덮개 안에 놓여있다.

　나는 화장실을 나오면서 복도에서 샴페인 수십 병을 발견한다.

　고급 샴페인이다!

　그러나 도대체 추기경이 왜 그렇게 많은 술이 필요한 것일까?

　검소한 삶은 복음이 명한 삶이 아니던가?

　그리 멀지 않은 곳에서 나는 거울이 있는 옷장을 발견했다. 그 거울 중 하나는 거울을 보는 사람의 전체 모습을 보여주고 있었는데 아마 마법의 거울은 아닌가 생각했다. 만일 내가 동시에 옷장 문 세 개를 다 열어 보았다면 나는 매일 아침 추기경이 했던 것처럼 사방의 거울을 통해 비치는 내 모습을 보며 나 자신에게 사로잡혔을 것이다.

　옷장 앞에는 가게에서 방금 사 온 매우 인상적인 빨간 가방들이 있었다.

교황 재단사 감마렐리의 수제 작품이었을까?

모자를 두는 상자들 안에는 추기경의 관(冠)과 그의 모조 모피 코트와 빨간색의 원피스형의 의상이 있었다. 나는 마치 영화 「펠로니의 로마」(Fellini's Roma)의 화려한 교회 패션 퍼레이드의 장면을 보는 것 같았다. 어느새 롤러스케이트를 딴 사제들이 천국에 더 일찍 도착하기 위해 나타나고, 웨딩드레스를 입은 사제들과 반짝이는 불빛 속의 주교들, 받침 달린 램프로 가장한 추기경들, 그리고 가장 큰 매력은 거울과 빛으로 장식된, 찬란한 옷을 입은 태양왕이 등장한다(바티칸은 1972년에 그 영화에 대한 금지령을 내렸지만, 내가 확인한 바에 따르면, 몇몇 신학교의 게이 우호적인 기숙사에서 이 영화가 재생 필름으로 상영되었다고 한다).

이 미국 추기경의 옷장은 그 모든 비밀을 내게 다 드러내지는 못했다. 추기경의 의복을 총 담당하고 있는 돈 아드리아노가 다시 나를 응접실로 이끌므로 내 탐험은 중단되고 추기경의 그 유명한 카파 마그나를 볼 기회를 잃었다.

버크는 과거 시대의 복장을 한 것으로 잘 알려져 있다. 그가 미사를 돕는 복사(服事)의 큰 옷을 입고 있는 사진은 유명하다. 그는 덩치가 크다. 그가 카파 마그나를 입고 있는 모습은 거인처럼 보인다. 사실, 바이킹 신부(新婦)처럼 보인다. 그 사진은 인기 있는 흥행 거리다. 버크가 그의 긴 예복(커튼을 입고 있는 것처럼 보일 정도로 긴 예복이다)을 입고 있을 때는 그의 최고의 모습을 보이는 때다.

공기를 넣은 이 겉옷은 붉은 물결무늬 비단으로 만들어진 어깨 망토로서 목단추가 있는 후드가 앞쪽으로 있다(손은 슬릿으로부터 나온다). 그리고 행사의 엄중함에 따라 다양한 옷자락이 망토에 붙게 된다. 버크의 옷자락은 12미터까지 닿을 수 있다.

'실제의 삶보다 과장된' 이 추기경은 교황이 그를 약화할수록 자신을 더 부풀리는 것일까?

프란치스코는 예복을 입은 바티칸의 이 귀족과 맞서는 것에 대해 걱정하지 않는다. 그는 반복적으로 별다른 의미 없이 버크에게 로마에서 카파 마그나를 입는 것은 말도 안 된다고 말했다고 한다.

"사육제는 끝났다!"(언론이 사용한 표현에 따르면)

그는 말했다고 한다. 프란치스코 교황은 전임 교황들과는 달리 '전통적인' 추기경들의 주름 장식과 옷단 장식에 관심이 없다. 그는 그들의 예복이 짧아지기를 바랄 뿐이다. 사실, 버크가 프란치스코 교황에게 순종할 경우, 그의 인물 사진들은 대단히 비전통적인 것이 되고, 이는 그에게 수치가 될 것이다.

인터넷에서는 그의 특이한 의상 사진들이 물의를 일으켰다. 그중 우리는 거의 70세의 버크 추기경이, 1965년 이후부터 거의 모든 고위 성직자들이 쓰지 않는, 술이 달린 커다란 빨간 모자인 '추기경 갈레로'(galero cardinalice)를 쓰고 있는 모습을 보게 되는데 마치 원한을 품은 노파처럼 보인다. 하지만 그가 속한 수도회는 나름대로의 망토와 십자가와 특별 예복을 갖춘 의식주의 분파로서 그의 복장에 대해 그다지 충격적이라고 여기지 않으며 그의 중세 스타일의 복장 역시 그 수도회 회원들에게는 문제 되지 않는다고 본다.

한편, 그 예하(猊下)는 부풀린 예복을 입기 때문에 편안하게 움직이며 또한 그의 살이 감추어진다. 또 다른 사진을 보면, 그는 망토와 그의 목을 둘러싼 두꺼운 흰색 모피 겉옷 때문에 턱이 세 개처럼 보인다. 이 사진에서도 그는 무릎 위에 버팀대를 두고 스타킹을 신은 채 웃고 있는데, 그 모습은 마치 단두대에 오르기를 기다리는 프랑스의 왕처럼 보인다. 종종 우리는 그가 그의 손에 입 맞추는 젊은 신학생들에 둘러싸인 모습을 보게 되는데, 마치 우리의 하드리아누스가 여성적이기보다 항상 남성적인 그리스(Greek) 문화의 미를 따르는 것 같아 장엄하게 보인다.

로마의 감탄과 비웃음을 모두 얻고 있는 버크는, 살랑거리는 샤프롱들과 그의 앞에서 안티노오스(Antinous)처럼 무릎을 꿇고 있는 사람들, 또는 성가대 소년들이 신부를 위해 하는 것처럼 그의 카파 마그나의 붉은 긴 옷자락을 붙들어주는 시종 소년들에게 항상 둘러싸여서 나타난다. 정말 대단한 장관이다!

치마를 입은 추기경이 장난스럽게 그의 젊은이들을 찰싹 때리면 그들은 번갈아가며 그의 걷어 올린 예복을 매만져 바로잡는다. 그 모습을 보면 「벨라스케스의 라스 메니나스」(Velázquez's Las Meninas) 그림에 나오는 마르가리타 공주(Infanta Margarita)가 떠오른다.

솔직하게 말하면 나는 이렇게 기상천외한 것을 본 적이 없다. 자신의 남성미를 과시하기 위해 위장한 이 남자를 보면 말을 잃게 된다.

여성 복장을 한 이 추기경을 묘사할 방법이 없다. 그를 보면 성별 이론을 보게 된다!

물론 버크는 성별 이론을 매도한다. 그는 어떤 인터뷰에서 과감하게 말했다.

성별 이론은 허구로서 인위적으로 만들어 낸 것입니다. 그 이론은 그것을 지지하는 사람들의 삶과 이 사회에 막대한 피해를 끼치는 미친 짓이라고 할 수 있습니다.(미국의) 어떤 남자들은 여성 화장실에 들어가겠다고 우기지요. 그런 짓은 비인간적인 것입니다.

버크는 모순투성이다. 사실, 그는 대단히 까다롭다. 그는 카파 마그나를 입고, 하얀 레이스로 덮인, 상상조차 할 수 없는 긴 예복을 입고, 화장복(化粧服)처럼 생긴 긴 코트를 입은 채, 자신만만하게 어슬렁거리며 다닌다. 그러면서 동시에 인터뷰 과정에서는 전통이라는 이름으로 "너무 여성화된 교회"를 맹렬히 비난한다.

프란치스코와 가까운 어떤 성직자는 "버크 추기경이야말로 자기가 비난하는 바로 그 여성화된 사람이지요"라고 노골적으로 언급한다. 그 성직자는 교황이 2017년에 '화장한 영혼들'이라는 표현으로 '위선적인' 사제들을 비난했는데 이는 버크를 두고 한 말이라고 믿고 있다.

하지만 내가 다섯 번이나 인터뷰를 한 버크의 충실한 동료 중 하나인 영국인 벤자민 한웰(Benjamin Harnwell)은 "요새 버크가 바티칸 내에서 고립된 느낌을 갖고 있는 것은 사실입니다. 하지만 그는 고독한 사람이라기보다는 독특한 사람입니다"라고 말하며 동의하지 않는다.

버크 추기경은 아마도 그의 몇몇 친구들을 여전히 의지할 수 있을 것이다. 그 친구들은 밝은 빨강색, 또는 밤색 및 회색 복장으로 그의 복장과 맞서보려는 자들이다. 그런 친구들로는, 스페인 추기경 안토니오 카니자레스(Antonio Cañizares), 이탈리아 추기경 안젤로 바냐스코(Angelo Bagnasco), 스리랑카 추기경 알베르 파타벤디지(Albert Patabendige), 베니스의 총대주교 프란체스코 모라글리아(Francesco Moraglia), 아르헨티나 대주교 헥터 오거(Héctor Aguer), 고(考) 미국 주교 로버트 몰리노(Robert Morlino), 스위스 주교 비투스 후온더(Vitus Huonder)가 있고, 그들 모두 카파 마그나에 있어서 그와 경쟁하고 있다.

이런 '자기-희화'(self-caricatures)를 하는 자들은 미국에서는 가장 예쁜 여장(女裝) 게이를 뽑는 TV 리얼리티 쇼 「드래그 레이스」(Drag Race)에 나갈 기회를 가질 수 있겠지만 로마에서는 전부 구석으로 밀려나고 교황의 명에 따라 자리를 빼앗기기도 했다.

교황청에서 버크를 지지하는 일당들은 버크가 "우리 시대에 영성을 회복시킨다"고 주장하지만, 그와 함께 나타나는 것은 꺼린다. 버크가 매우 훌륭한 교회법 변호사라고 생각하고 그를 로마로 데려왔던 교황 베네딕토 16세는 그가 프란치스코에 따라 처벌을 받자 아무런 말을 하지 않았다. 버크를 비방하는 자들은 자기들의 말을 비밀로 해 달라고 하면서 "그는 약간 이상하다"라고 속삭이며 여러 풍문을 알려 주었다.

하지만 그들 중 그 누구도 모호한 사실들에 대한 가장 작은 증거마저 제시하지 못했다. 그렇다면 우리는 일단 그를 가톨릭교회의 모든 남자처럼 '비이성애자'(unstraight, 멋진 신조어로서 비트 세대의 영웅인 닐 카사디(Neal Cassady)가 그의 친구 잭 케루악(Jack Kerouac)에게 편지를 보내며 만든 용어다. 그 의미는 이성애가 전혀 없거나 또는 성적으로 금욕하는 사람을 뜻한다)라고 부르도록 하자.

버크를 두드러지게 하는 것은 그의 모습이다. 버크는 반복적으로 동성애 혐오 선언을 하면서 자신들의 동성애를 숨길 수 있다고 생각하는 대부분 그의 동료들과는 달리 진실하게 행동한다. 그는 공공연히 게이를 반대하며 동성애에 대해 분노한다. 그는 자기 취향을 감추려는 의도가 없다. 도발적인 복장으로 그의 취향을 드러낸다. 버크에게는 여성적인 면은 전혀 없다. 그는 단지 그의 복장은 전통을 존중하는 문제라고 말한다. 하지만 그의 장신구들과 유별난 여장(女裝) 게이의 모습은 뭔가 다른 이야기를 해준다.

높은 예술적 수준에 이르는 것을 목표로 삼는 독일의 여장 아티스트 줄리언 프리커(Julian Fricker)는 베를린에서 가진 인터뷰에서 이렇게 설명했다.

> 내가 버크 추기경의 카파 마그나와 꽃장식의 예복과 모자를 보면서 놀란 것은 과도함입니다. 그의 모든 것이 가장 크고 가장 길고 가장 높지요. 이는 전형적인 여장(女裝) 게이들의 암호입니다. 그는 이런 끝없는 인위적인 '과도함'의 감각이 있어요. 자신들을 풍자하기를 바라는 자들은 이런 과도한 감각을 드러내는데, 여장(女裝)의 은어로 말하면 '실제'(realness)를 거절하는 것입니다. 남녀양성자인 그레이스 존스(Grace Jones)나 레이디 가가(Lady Gaga)나 입을 수 있을 법한 그런 예복들을 입는 기이한 추기경들의 '진영'이 따로 있습니다. 이런 성직자들은 고정되지 않고 유동적인 기이한 성별 이론을 즐기는 것이지요.

버크는 평범하지 않다. 그는 예사롭지 않으며 일상적이지 않다. 그는 복잡하고 유별나다. 그래서 매력이 있다. 참으로 기이한 걸작이다. 오스카 와일드

(Oscar Wilde)라면 아마 그를 사랑했을 것이다.

* * *

　추기경 버크는 '전통주의자들'을 위한 대변인이며 로마교황청 내에서 동성애 혐오와 관련해서는 선두를 달리는 사람이다. 그는 이 문제에 있어서 안티-게이 묵주를 수집하면서 끝없는 선언을 해 왔다. 그는 2014년에 "여러분은 게이 커플을 아이들이 있는 가정 모임에 초대해서는 안 됩니다"라고 말했다. 일 년 후 그는 안정된 부부생활을 하는 동성애자들에 대해 마치 "사람을 죽이고 여전히 다른 사람에게 친절한 사람"과도 같다고 했다.
　그는 "동성 성행위의 추행과 결혼의 확고 불변함과 관련해서 교회의 가르침을 자유롭게 바꾸지 못하는 교황"을 비난했다. 심지어 그는 어떤 인터뷰 책에서 동성 간의 사랑이 왜 불가능한지에 대한 이론을 제시했다.
　"동성 간의 사랑은 부부 간의 사랑이 될 수 없습니다. 그 이유는 두 남자 또는 두 여자의 연합은 이성 부부의 연합을 경험할 수 없기 때문입니다."
　그에게 동성애는 가톨릭의 고전적인 교리문답에 따라 "본질적으로 질서에서 벗어난" "중대한 죄"다.
　버크는 교황 베네딕토 16세의 전통 노선을 따른다. 이전에 사제였던 프란체스코 레포레는 "나는 그의 입장에 대해 강력하게 반대하지만, 그의 진정성에 대해서는 인정할 수밖에 없습니다. 나는 모호한 말을 하는 추기경들을 좋아하지 않아요. 버크는 자신의 신념을 용감하게 밀고나가는 몇 사람 안 되는 추기경 중 하나입니다. 그는 교황 프란치스코를 노골적으로 반대하지요. 그래서 프란치스코가 그를 제재한 것입니다"라고 말한다.
　"동성애 의제"와 성별 이론에 사로잡힌 버크 추기경은 미국 디즈니랜드의 '게이의 날'(gay days)과 남자들이 디즈니월드에서 춤을 추도록 허락한 사실에 대해 비난했다. 그는 분명하게 "동성 결혼"은 "하나님께 반항하는 행위"라고 말한다. 그는 한 인터뷰에서 게이 결혼에 대해 "이런 종류의 거짓말이 나오는 유일한 곳은 사탄이다"라고 말했다.
　버크 추기경은 자기 나름의 십자군 전쟁(crusade)을 이끌고 있다. 2015년, 동성 결혼에 대한 국민 투표가 있던 아일랜드에서는 동성 결혼에 관한 토론이 있었는데 버크의 발언이 너무 폭력적이어서 아일랜드 주교 회의 회장과의 관계가 끊어졌다(이때 '찬성' 표는 62%였고, 반대는 38%였다).

　로마에서 버크는 고삐 풀린 황소와 같다. 그의 동성애 혐오는 너무 강해서 심지어 동성애를 혐오하는 이탈리아 추기경들에게까지 폐를 끼친다. 그의 전설적인 '이성애자-공황'은 사람들의 웃음을 자아내는데, 그 특이한 증상은 어떤 이성애자가 동성애를 너무 두려워한 나머지 자신의 성향에 대해 의심하게 되는 증상을 말한다. 그의 여성혐오증은 어떤 종류인지 알 수 없다. 이탈리아 언론은 그의 파란 스타킹과 그의 적황색의 복장과 그의 레이스 모양의 가톨릭 교를 조롱한다.

　프란치스코가 포르투갈의 파티마(Fátima)를 방문하여 설교하는 동안 버크 추기경은 과시하듯 손에 구슬을 움켜쥐고 묵주 기도를 드리며 라틴어 성경을 훌훌 넘기면서 교황을 성나게 했다. 그의 이런 경멸적인 행동이 담긴 사진이 포르투갈 신문의 맨 앞면에 실렸다.

　바티칸의 어떤 사제는 웃음을 참지 못하면서 "빨간 구두를 신지 않고 또한 요상한 복장을 하지도 않은 교황을 보고 말 그대로 버크가 열광한 것이지요"라고 말했다.

*　　*　　*

"왜 이곳 바티칸 안에는 가장 보수적이고 전통적인 추기경 중에 그렇게 많은 동성애자가 있는 것인가요?"

　나는 추기경 버크와 매우 가까운 벤자민 한웰과 약 한 시간 정도 대화를 나눈 후에 이 질문을 던졌다. 그때 한웰은 가톨릭교회의 우파 내의 '전통주의' 추기경과 '보수주의' 추기경의 차이점을 정신없이 설명하는 중이었다. 그에게 버크는 추기경 사라(Cardinal Sarah)와 마찬가지로 전통주의자이고 뮐러(Müller)와 펠(Pell)은 보수주의자다. 전자는 제2차 바티칸공의회를 거부하고 후자는 이를 받아들인다.

　내 질문은 그의 허를 찔렀다. 한웰은 나를 뚫어지게 쳐다보더니 마침내 "매우 좋은 질문이군요"라고 말한다.

　한웰은 50대의 영국 사람이며 말에 강한 악센트를 갖고 있다. 열정적인 독신주의자로서 극우에 속하며 다소 난해하다. 그는 매우 복잡한 이력을 갖고 있다. 그와 함께 있으면 과거로 돌아간 것 같은 느낌을 갖게 되는데 그의 보수주의 덕에 나는 엘리자베스 2세에 관한 주제보다는 빅토리아 여왕의 주제를 더 대하게 된다. 그는 비록 사제는 아닐지라도 이 책에서 단역을 맡고 있다. 그러나 나는 이런 부차적인 등장인물에 관심을 두는 되었는데, 그들은 독자들이 복잡한 논리학의 프리즘을 통해 일의 진행을 이해하도록 돕기 때문이었다. 가장 중요한 것은, 나는 이 급진적이고 연약한 가톨릭 신자를 좋아하는 것을 배웠다.

한웰은 처음부터 내게 "나는 버크를 지지하고 옹호합니다"라고 경고한다. 나는 이미 그가 그 '전통주의' 추기경(그는 버크가 '보수주의'가 아닌 사실을 강조한다)의 막역한 친구이며 그의 고문이라는 것을 알고 있다.

내가 한웰을 처음 만난 때는 2017년의 어느 날 저녁이었다. 우리가 만난 장소는 그가 조심스럽게 정한 로마 테르미니(Termini) 기차역 근처의 슬픈 분위기의 작은 이탈리아 식당이었다. 그곳에서 우리는 약 4시간 정도 대화를 했다. 그 후 우리는 로마 중심부에 있는 좀 더 자유로운 레스토랑으로 가서 대화를 이어간다.

검은 중절모를 손에 쥔 벤자민 한웰은 12명의 추기경 중 버크 추기경이 회장을 맡은 정치적인 압력 단체이며 극우 단체인 '인간존엄연구소'(Dignitatis Humanae Institute)의 대표다. 이 '전통주의' 파의 행정 위원회는 바티칸의 가장 극단주의적인 고위 성직자들을 한군데로 모아 놓으며 세상에 전혀 알려지지 않은 가톨릭의 기사단들과 소(小)집단을 포함하고 있다. 즉, 정통파 군주론자들, 몰타 기사단의 극단주의자들, '성묘 기마기사단'(the Equestrian Order of the Holy Sepulchre), 고대 의식 열성 지지자들, 유럽 근본주의 가톨릭 의원들(오랫동안 한웰은 유럽 의회의 영국 위원의 보좌관이었다)을 포함한다.

바티칸 내에서 전투의 선봉에 서 있는 보수주의자들인 이 압력 단체는 공공연히 동성애를 혐오하며 게이 결혼에 노골적으로 반대한다. 내가 가진 소식통에 따르면[그리고 곧 언급하겠지만 몬시뇰 비가노(Viganò)의 『증언』(Testimonianza)에 따르면], 로마와 미국에 있는 인간존엄연구소의 몇몇 회원들은 동성애를 옹호하거나 동성 성관계를 갖는 자들이다. 따라서 나는 벤자민 한웰에게 또다시 직접 질문을 던진다.

"왜 이곳 바티칸 안에는 가장 보수적이고 전통적인 추기경 중에 그렇게 많은 동성애자가 있는 것인가요?"

그렇게 해서 곁으로 빠졌던 대화가 다시 계속되었다. 이상하게도 나의 질문은 이 남자가 말을 트게 했다. 그 이전에는 우리는 정중하고 지루한 대화를 나누고 있었는데 지금 그는 나를 다르게 대한다.

추기경 버크의 군사인 이 사람은 무엇을 생각하는 것일까?

분명히 그는 나를 조사해보았을 것이다. 인터넷에서 두 번 정도 클릭하면 내가 이미 게이 문제에 대해 세 권의 책을 썼고 시민 동반자 관계(civil partnership, 동성 간의 합법적 동거)와 게이 결혼에 대한 열렬한 지지자라는 것을 알 수 있다.

나에 대한 그런 상세한 내용을 그가 모를 수 있을까?

아니면 그가 나를 만나게 된 것은 일종의 역설적인 취미인 금지된 것에 대한 매력 때문일까?

혹은 자신은 누구도 건드릴 수 없다는 (접촉은 대단히 많은 타락의 요인이다) 느낌 때문이었을까?

이 영국인 한웰은 죄의 계층을 확립하려는 듯이 '실제 행하는' 동성애자들과 금욕하는 동성애자들을 나누는 구분 점을 언급한다.

"행하지 않았으면 죄가 아니지요. 그뿐만 아니라 선택하지 않았으면 역시 죄가 되지 않지요."

벤자민 한웰은 처음에는 기차 시간 때문에 급해서 나와 대화를 나눌 시간이 거의 없었는데 지금은 나를 놓아주고 싶지 않은 것 같다. 그는 내게 한잔하자고 제안한다. 그는 그가 강력하게 공감하는 극우 프랑스 정치인 마린 르 펜(Marine Le Pen)과 정치에 관해, 그리고 그가 인정하는 도널드 트럼프에 대해 말하기를 원한다. 또한, 게이 문제에 대해 논하기를 원한다. 이제 우리는 한웰이 깊은 관심을 갖게 된 내 화제를 다루고 있다. 그는 같이 저녁을 하자고 제안한다.

* * *

나는 벤자민 한웰과 첫 번째 대화를 나눈 후, 그리고 추기경 버크를 방문한 후, 셰익스피어의 작품에 나오는 문구, "내 생각에는 그 여자가 너무 과하게 부인하는 것 같아"의 더 깊은 의미를 알게 되었다. 그리고 나는 이 문구를 이 책의 제사(題詞)로 사용하고자 했다. 나는 『햄릿』에 나오는 이 유명한 문구에 대해 이 두 앵글로색슨 사람들(한웰, 버크)에게 물을 수는 없었다.

햄릿은 그의 아버지의 유령을 보고 그의 삼촌이 그의 어머니인 왕비와 결혼하기 전에 왕을 살해했다고 확신한다. 그러면 삼촌이 그의 양아버지가 될 수 있고 그 후 그의 아버지 대신에 왕위에 오를 수 있기 때문이다.

햄릿은 복수를 해야 할까?

또한, 이런 범죄가 있었는지 어떻게 알 수 있을까?

햄릿은 망설인다.

어떻게 범죄 사실을 알아낼 수 있을까?

여기서 셰익스피어는 무언극을 꾸미게 된다. 즉, 연극 내에 실제 연극을 넣은 것이다. 햄릿은 왕위를 강탈한 새 왕을 함정에 빠뜨리려고 노력할 것이다. 이를 위해 그는 극장을 빌린 후 몇몇 순회 배우들에게 실제 인물들 앞에서 한 장면을 연기하도록 부탁한다. 이 비극의 중심부에 있는 인형극의 익살스런 왕과 왕비는 햄릿에게 진실을 알게 해 준다. 차명을 사용하고 있는 배우들은 실제 인물들의 가장 깊은 비밀들을 끄집어내는 방식으로 심리적으로 그들을 간파해낸다.

햄릿이 그 장면을 보고 있는 어머니에게 "어머니, 이 연극을 보며 무슨 생각을 하십니까?"

묻고, 어머니는 자기 자신의 성격에 대해 말하게 된다.

"내 생각에는 그 여자가 너무 과하게 부인하는 것 같아."

위선을 드러내는 이 문구는 어떤 사람이 뭔가에 대해 너무 강력하게 부인하는 것은 사실 정반대로 그렇게 행할 가능성이 많다는 뜻이다. 그런 과도함은 숨은 비밀을 누설한다. 햄릿은 연극을 보며 드러난 어머니의 반응과 왕의 반응을 보면서 이 부부가 그의 아버지를 독살시켰을 것이라는 사실을 알게 된다.

여기서 『바티칸의 불편한 진실』의 세 번째 새로운 법칙을 알 수 있다.

> 3. 어떤 성직자가 동성애자들에게 더욱 강렬하게 대항할수록, 그의 동성애 혐오가 더욱 강할수록, 그는 진실하지 않으며, 또한 그의 강렬함으로 뭔가를 감출 가능성이 더 있다는 것이다.

그 방법, 즉 햄릿의 무언극에 기반을 둔 것이 내가 어떻게 조사할지에 대한 해결책이었다. 나의 조사 목적은 동성애를 혐오하지만 실제로는 동성애의 삶을 사는 자들을 '아웃'시키는 데 있지 않다. 또한, 동성애의 경험이 고통과 두려움으로 있는 사제들이나 수도승들, 그리고 추기경들의 문제에(그들 중 거의 백 명이 동성애를 경험했다고 고백하였다) 그들이 동성애에 연루되어 있다는 것을 드러냄으로 또 다른 문제를 더하려는데 있지 않다.

나의 접근 방식은 소위 '비판단적'(non-judgemental, 非判斷的)이라고 할 수 있다. 나는 판단자가 아니며 이에 게이 사제들을 판단하는 일에 관심이 없다. 게이 사제들의 숫자는 많은 독자에게 새로운 사실을 알리는 것일 테지만 내게는 그 사실이 스캔들이 아니다.

만일 우리가 그들의 위선을 비난하는 것이 옳다하더라도(이것이 이 책의 주제이다), 이는 그들의 동성애에 대한 비난이 아니다. 또한, 그 많은 이름을 드러낼 이유도 전혀 없다. 이 책의 의도는 그 시인이 말한 것처럼 "보이지 않는 것은 조사하고 듣지 못했던 것을 듣기 위함"이다. 이에 나는 "너무 강하게 부인하는 자들"의 무대를 만들어 놓고 동성애의 비밀에 기초하여 구축된 체계를 설명하고 싶은 것이다. 그러나 이 단계에서는, 그 시인이 말한 것처럼 "나만이 이러한 난잡한 세계를 해명할 수 있다!"

*　　*　　*

벤자민 한웰과의 첫 만남 이후 몇 번 더 점심과 저녁을 나누었다. 첫 만남이 있은 지 거의 1년 후에 그는 주말을 함께 보내자며 그가 지금 사는 트리술티(Trisulti) 수도원으로 나를 초청했다. 그곳은 로마에서 멀리 떨어진 콜레파드로(Collepardo)에 위치하고 있다.

이탈리아 정부는 이 시토수도원(Cistercian abbey)을 국가 기념물로 분류하고 한웰과 버크가 함께 운영하는 인간존엄연구소에 그 유적지를 관리하도록 맡겼다. 두 수사가 아직 그곳에 살고 있는데, 내가 그곳에 도착한 날 저녁에 나는 그들이 U 모양으로 된 식탁의 끝에 마주 앉아서 조용히 밥을 먹는 것을 보고 놀랐다.

한웰은 "그들은 상당히 컸던 종교 공동체의 마지막 두 형제인데 다른 회원들은 다 죽었어요. 각 회원들은 각자 자기 자리가 있었고 그 두 형제는 마지막 두 자리에 늘 앉아 있었는데 나머지 자리들이 점점 비게 된 것이지요"라고 설명한다.

왜 이 두 늙은이는 거의 아무도 남지 않은 교구에서 아직도 새벽마다 미사를 드리며 이 고립된 수도원에 남아 있는 것일까?

나는 이해가 가지 않는 이 성직자들의 고상한 의도에 궁금함을 느낀다. 나처럼 불신자가 된 자라도 이런 헌신과 신앙심과 금욕과 겸손을 대하게 되면 감탄하게 된다. 내가 아는 한, 내가 깊이 존경하는 이 두 수사는 믿음의 신비를 나타낸다.

식사를 마친 후, 방대하지만 엄숙한 부엌에서 접시와 식기를 씻다가 벽에 걸린 일 두체(Il Duce) 총통의 달력을 발견한다. 그 달력은 매달 무솔리니(Mussolini)의 다른 사진을 보여 준다.

"이곳 이탈리아 남부에서는 무솔리니 사진을 자주 보게 될 겁니다".

한웰은 내가 그 달력을 보자 당황스러운 듯 변명하며 말한다.

한웰과 버크의 계획은 그 수도원을 극보수 가톨릭 신자들의 이탈리아 본부와 신학교로 만드는 것이다. 그는 자기 계획을 한참 설명한다. 한웰은 수백 명의 신학생과 미국의 신자들을 위한 '수련회'를 제시한다. 그러면 이 새로운 종류의 선교사들은 이 트리술티 수도원에 와서 여러 주 또는 여러 달을 머물면서 강의를 듣고 라틴어를 배우고 마음을 충천하며 함께 놀며 지낸다. 한웰은 세월이 흐르면 교회를 '올바른 방향'으로 되돌리기 위해 거대한 동원 운동을 일으키기를 원한다. 나는 그의 계획이 교황 프란치스코의 사상과 맞서 싸우는 것임을 안다.

이 싸움이 결실을 보게 하려고 버크의 협력 단체인 인간존엄연구소는 도널드 트럼프(Donald J. Trump) 및 그의 유명한 전임 고문인 극우파 스티브 배넌(Steve Bannon)의 지원을 받아왔다. 버크와 가톨릭 신자인 배넌의 만남을 주선했던 한웰이 내게 알려준 정보에 따르면, 내가 로마에서 혼자 있었던 바로 그 버크의 응접실에서 두 사람이 만나 서로를 이해하는 데는 '순간적'이었다고 한다. 그들이 서로 친해지자 그들의 만남은 학회로 변했다. 한웰은 배넌을 마치 그의 멘토인 것처럼 말한다. 한웰은 배넌이 바티칸에서 음모를 꾸밀 때마다 그 미국 전략가와 동행하던 로마 수행원 중 한 사람이다.

'자금 조달'은 그 운동의 핵심이기에 한웰은 그의 극보수 프로젝트를 재정적으로 지원하기 위해 돈을 모으기 시작했다. 그는 배넌과 미국의 우익 재단에 도움을 호소했다. 그는 심지어 자기 혼자 트리술티의 카르투시오 수도회에 오기 위해 운전 시험을 통과해야 했다. 로마에서 나와 점심을 하는 동안 그는 환하게 웃으며 마침내 43년 동안 노력한 끝에 운전 시험을 합격했다고 알려주었다.

트럼프는 대사로 임명한 공화당 전 하원 의장의 셋째 부인인 칼리스타 깅리치(Callista Gingrich)를 또 다른 밀사로 성좌(聖座)로 보냈다. 한웰은 그녀가 로마에 도착한 이래로 그녀에게 계속 부탁하여왔다. 미국의 극우파와 바티칸의 극우파 사이에 목적을 같이하는 동맹이 형성되었다. [버크도 마찬가지로 유럽인들에게 셀 수 없이 많은 교섭 제안을 보냈고 동시에 그의 응접실에서 동성애 혐오자이며 우파인 전(前) 가족 및 장애인부 담당 장관이고 현 유럽 관련 담당 장관 로렌초 폰타나(Lorenzo Fontana)뿐만 아니라 이탈리아 부총리 겸 내무부 장관인 마테오 살비니(Matteo Salvini)를 맞이하였다.]

나는 이런 사상을 추적하며 다시 한번 한웰과의 시간을 이용하여 교회 내의 동성애 질문을 묻는다. 요한 바오로 2세와 베네딕토 16세와 프란치스코의 수행단 안에는 많은 동성애자가 있었고 지금도 계속 포함되고 있다. 이 사실은 한웰도 잘 알고 있는 공공연한 비밀이다. 하지만 내가 그에게 국무원장이던 이전 추기경이 게이라고 말하자 이 영국인은 믿지 않는다.

내 앞에 앉아 있는 그는 계속해서 "국무원장 추기경이 게이였다니! 국무원장 추기경이 게이였다니!"라며 말한다. 어떤 특이한 교황의 보좌관도 게이였다!

또 다른 사람 역시 게이다!

한웰은 나와 대화하며 계속 놀라는 것 같았다.

그 후 로마에서 갖게 된 또 다른 점심에서 그는 내게 자기가 직접 약간의 조사를 했다고 말할 것이고, 그가 확인한 자료에 따라 내가 알려준 정보가 맞는 것을 확인할 것이다.

"그래요. 당신이 맞네요. 그 국무원장 추기경은 정말 게이였네요!"

벤자민 한웰은 잠시 말을 멈춘다. 그는 꽉 막힌 이 가톨릭 식당에서 식사하기 전에 성호를 긋고 크게 기도한다. 그 동작은 이곳에서 시대에 뒤떨어진 것이고 이곳 로마의 세속적인 곳에서도 어울리지 않지만, 그는 전혀 신경 쓰지 않는다. 그는 품위 있게 라자냐(lasagne) 요리를 먹고 그의 (고급) 이탈리아 백포도주를 한잔 마시며 쓸어내린다.

우리의 대화는 이제 이상하게 돌아간다. 그러나 그는 '그의' 추기경 레이먼드 버크가 카파 마그나를 입음에도 불구하고 매번 "그는 정치인이 아닙니다." "그는 매우 겸손하지요"라고 말하며 그를 옹호한다.

한웰은 매우 친절하다. 그는 예민한 주제인 카파 마그나에 대해 말할 때도 여장 도착이 아니라 전통일 뿐이라고 고집스럽게 주장한다. 그는 다른 주제들과 다른 교회 인물들을 거론하고 위험을 무릅쓴다. 이제 그는 본색을 드러낸다.

나는 우리의 대화 내용 및 다섯 번의 점심 식사와 저녁 식사에 대해 더 많은 이야기를 할 수 있을 것이다. 또한, 보수주의자들이 퍼뜨린 소문들도 알려줄 수 있다. 하지만 그것은 먼 훗날에 다루기로 하자. 독자들도 분명히 내가 지금 모든 것을 드러내는 것을 원치 않을 것이다. 이 단계에서 내가 할 수 있는 말은, 내가 앞으로 상세하게 말할 상상조차 할 수 없는 이야기의 개략만 미리 알았더라도 나는 그 이야기를 믿지 못하였을 것이라고 고백한다. 진리는 분명히 허구보다 더 기묘하다. 그 여자가 너무 과하게 부인한다!

* * *

나는 응접실에 앉아 버크 추기경이 오기를 기다리다가 도리어 신이 났다. 이는 때때로 아파트를 살펴보는 것이 오랜 대화보다 더 나을 때가 있기 때문이다. 나는 이 문제의 규모가 어떠할지 측정하기 시작한다.

과연 버크 추기경과 그와 같은 생각하는 벤자민 한웰이 바티칸이 게이 성직자들로 가득하다는 사실을 모를 수 있을까?

그 미국 추기경은 동성애자들을 예리하게 찾아내고 또한 중세 역사에 대해 열정을 가진 학자다. 그는 다른 어떤 사람보다 바티칸의 어두운 면을 잘 알고 있다. 바티칸의 중세 역사를 말하자면 길다.

일찍이 중세 시대의 교황 요한 12세와 베네딕토 9세는 이 '가증한 죄'를 저질렀고, 바티칸에 있는 모든 사람은 교황 하드리아누스(Adrian) 4세(그 유명한 살리스베리의 요한)의 남자친구와 교황 보니파티우스(Boniface) 8세의 연인들의 이름을 알고 있다. 교황 바오로 2세의 믿기지 않는 추잡한 삶도 유명하다. 그는 어떤 시종 소년의 팔에 안긴 채 심장마비로 사망했다.

교황 식스투스(Sixtus) 4세는 그의 여러 연인을 추기경으로 임명하였는데, 그 중에는 17살에 추기경이 된 그의 조카 라파엘(Raphael)도 있다(그래서 "조카 추기경"이라는 표현이 후세로 전해 내려왔다). 미켈란젤로를 지원했던 율리우스(Julius) 2세와 레오(Leo) 10세, 그리고 율리우스 3세도 역시 양성 교황으로 알려져 있다. 오스카 와일드가 관찰했듯이, 몇몇 교황들은 반용(反用) 표현으로 이노켄티우스 (Innocent, 순결)라고 불렸다!

우리 시대에 더 가까운 교황들인 비오(Pius) 12세와 요한 23세, 바오로 6세의 도덕성과 관련된 반복되는 소문에 대해서는 추기경 버크 역시 다른 사람들과 마찬가지로 잘 알고 있다. 예를 들어, 영화감독 파솔리니가 비오 12세에게 바친 시는 팜플렛과 소책자로도 있는데, 그 시에는 비오 12세의 연인으로 추정되는 '아빠'(A un Papa)가 있다. 이런 소문들은 바티칸에 불만을 품은 자들에게서 나올 가능성은 있지만, 바티칸 및 그곳의 떠버리 추기경들은 이에 대해서는 이상하게도 입을 다문다.

하지만 버크는 그 정도로 뒤로 돌아갈 필요가 없다. 이는 이런 가까운 친구 관계들을 정확히 알아내는 데는 그의 고국인 미국만 보아도 충분할 것이기 때문이다. 그는 미국에 오래 거주하면서 그와 마음이 통하는 같은 종교인들을 잘 알고 있으며, 또한 수많은 미국 추기경과 주교들을 둘러싼 끝없는 추문 목록을 알고 있다. 사람들의 예상과는 달리, 미국에서는 때때로 가장 보수적이고 가장 동성애를 혐오했던 성직자들이 복수심을 가진 어떤 성폭행을 당한 신학생에 의해, 또는 지나치게 말 많은 소년 남창(rent boy)에 의해, 또는 외설적인 사진이 공개됨으로 동성애자로 폭로된다.

이중적인 도덕성?

모든 것이 더 크고 더 극단적이고 더 과장이 많은 미국에서 나는 열 개의 겹으로 된 도덕성을 발견했다. 내가 보스턴에 살고 있을 때, 어마어마한 소아성애 스캔들이 처음으로 폭로되었는데, 그 사건을 보고 다른 사람들과 마찬가지로 나도 깜짝 놀랐다. 「보스턴 글로브」(the Boston Globe)의 조사를 시작으로 하여 미국 전역의 수많은 희생자가 입을 열게 되면서 성적 학대의 조직적인 네트워크가 드러났다. 8,948명의 사제가 고발되었고 1만 5천 명 이상의 희생자가 나타났다. [그들 중 85%가 11살에서 17살 사이의 소년들이었다.]

보스턴의 대주교 베르나르 프란시스 로(Bernard Francis Law) 추기경은 성추행의 상징이 되었다. 수많은 소아성애 사제들에 대한 그의 은폐 운동과 보호가 드러나면서 그는 사임할 수밖에 없었다. [이때 국무원장 추기경 안젤로 소다노가 직접 개입하여 그에게 외교 면책을 허락함으로써 그는 미국 법정을 피하여 로마로 도피할 수 있었다.]

미국의 주교단을 꿰뚫고 있는 버크가 그 나라의 가톨릭 성직자들 대부분이 (추기경들과 주교들) 동성애자라는 것을 모를 리 없다. 그 유명하고 강력한 추기경이자 뉴욕의 대주교인 프랜시스 스펠만(Francis Spellman)은, 만일 우리가 그의 전기 작가들과 고어 비달(Gore Vidal)의 증언, 그리고 전 FBI 수장인 에드거 후버(J. Edgar Hoover)의 기밀 발언을 믿는다면, "색욕적인 동성애자"였다. 마찬가지로 최근에 사망한 워싱턴의 웨이크필드 바움(Wakefield Baum) 추기경은 수년 동안 그의 개인 부제(副祭)와 살았다. 그 부제 역시 동성애자였다.

워싱턴의 전 대주교 테오도르 맥캐릭(Theodore McCarrick) 추기경도 동성 성관계를 갖는 동성애자였다. 그는 그가 '조카들'이라고 부르던 신학생들과 젊은 사제들과 '잠자리 계획'을 했던 것으로 잘 알려져 있다. [결국, 그는 성추행으로 고소되었고 교황은 2018년에 그를 공직에서 물러나게 했다.] 대주교 렘베르 위크랜드(Rembert Weakland)는 그의 전 남자친구에 의해 동성애자로 폭로되었다. [그 대주교는 그의 회상록에서 그 이후 어떻게 동성애 애호가로 인생을 살았는지 묘사했다.] 어떤 미국 추기경은 스위스 근위대원 한 명과 부적절한 행동을 한 후 바티칸에서 쫓겨나 미국으로 돌아갔다.

미국 한 대도시의 주교인 추기경은 예전에 사제였던 남자친구와 수년 동안 함께 살았다. 라틴 미사를 지지하며 남자를 낚는데(cruising) 푹 빠진 또 다른 도시의 어떤 대주교는 "젊은 신학생들에게 둘러싸여 살고 있다." 이 사실은 미국의 가톨릭 고위 계층의 게이 생활방식에 정통한 미국인 바티칸 전문 기자 로버트 칼 미켄스(Robert Carl Mickens)가 내게 확인해 주었다.

성 바울과 미니애폴리스의 대주교인 존 크레이턴 니엔스테트(John Clayton Nienstedt)도 동성애 애호가인데 그는 성인 남자들과 부적절한 성관계를 했다는 혐의를 받고 그의 대교구로부터 조사를 받았다(그는 그 혐의들을 강력하게 부인한다). 그 후 그는 어떤 사제의 부적절한 행위에 대한 혐의를 다루는 것과 관련해서 그의 대교구가 형사 고발을 당하자 곧바로 사임했고, 교황 프란치스코는 그의 사임을 받아들였다. 한편, 그 사제는 나중에 두 소년을 성폭행한 것으로 드러나 유죄 판결을 받았다.

가톨릭은 미국에서 소수 종교이고 오랫동안 언론의 혹평을 받아왔다. 종종 성직자의 이중생활을 들춰내는 것에 대한 이탈리아나 스페인, 프랑스에 밀리지 않는 그런 미국에서 미국 추기경들의 사적인 삶은 미국 언론의 조사 대상이다. 때로는 볼티모어에서처럼, 추기경의 수행단이 나쁜 습관과 난폭한 행동 때문에 비난을 받기도 했다. 문제의 추기경인 전 대주교 에드윈 프레데릭 오브라이언(Edwin Frederick O'Brien)은 내가 그의 교구 내에서 가진 그의 특별한 친구 관계에 관해 묻자 대답하기를 꺼렸다.

그는 지금 로마에서 살고 있고 '예루살렘 성묘 기마 기사단'(the Grand Master of the Equestrian Order of the Holy Sepulchre of Jerusalem)의 단장 직함과 역할을 맡고

있다(이런 자리는 만들기도 거의 불가능하다). 나는 그와 세 번의 만남을 가졌는데, 그때마다 나는 그의 대리인인 아고스티노 보로메오(Agostino Borromeo)를 먼저 만나고 그다음은 매우 유쾌하지만, 조심스러운 그의 대변인 프랑스 사람 프랑수아 베인(François Vayne)을 만나고 그 후에야 그를 만날 수 있었다. 그는 모든 소문에 대해 부인했다.

하지만 나의 조사원들이 30개국을 다니며 모은 정보에 의하면, 성묘 기마 기사단의 상당수의 "부관들". "수도부원장들", "고급 장교들" 그리고 "시종들"은 그들이 대표하는 나라에서 '밀실'을 구성하여 동성애 행위를 자행하고 있다고 한다. 몇몇 사람이 너무 많이 이 성묘 기마 기사단에서 재미를 누리기 때문에, 사람들은 이 기사단의 권력 집단을 "말을 탄 여왕들의 군대"라고 부른다.

> 성묘 기마 기사단의 권력 집단 내에서 수많은 동성 성관계가 자행된다는 사실은 더 이상 비밀이 아닙니다.

이 기사단의 어떤 고급 장교가 자신은 동성애자라고 공공연히 말하며 내게 확인시켜 준다.

매우 중요한 자리인 바티칸의 교황 궁내원장(prefect of the Pontifical House in the Vatican)으로 임명된 미국인 추기경 제임스 하비(James M. Harvey)는 교황 베네딕토 16세의 집사이다. 그는 바티리크스의 이야깃거리가 된 파올로 가브리엘(Paolo Gabriele)을 채용한 것 때문에 프란치스코 교황에게 질책을 받게 되고, 신속한 제거 절차인 '꼭두각시'로 전락하게 된다.

과연 하비가 이 스캔들에 관여하였던 것일까?

추기경 버크는 이런 반복되는 스캔들과 이상한 우연의 일치, 그리고 '그 교구'에 속한 수많은 추기경에 대해 어떤 생각을 하는 것일까?

어떻게 그는 미국의 주교단이 그런 망신거리가 되어 버렸는데 도덕의 수호자로 나설 수 있는 것일까?

수십 명의 미국 추기경들이 성 학대 스캔들에 연루된 사실을 기억하자. 그들 중에는 직위에서 해고된 테오도르 맥캐릭(Theodore McCarrick)처럼 성폭행에 연루된 자들도 있고, 또는 베르나르 로(Bernard Law)와 도널드 뷔를(Donald Wuerl)처럼 아동을 겁탈한 사제들을 보호하기 위해 이곳저곳의 교구로 옮겨준 자들도 있다. 또는 (로스앤젤레스의 로저 마호니(Roger Mahony) 추기경, 뉴욕의 티모시 돌란(Timothy Dolan), 샌프란시스코의 윌리엄 레바다(William Levada), 필라델피아의 저스틴 리갈리(Justin Rigali), 볼티모어의 에드윈 프레더릭 오브라이언(Edwin Frederick O'Brien) 또는 달라스의 케빈 파렐(Kevin Farrell)처럼) 가톨릭교회의 조직을 보호하기 위해 희생자들의 고통을 깎아내리며 그들의 불행에 대해 무감각한 자들이 있다. 언론과 희생자들의 연합회, 또는 몬시뇰 비가노의 『증언』은 그들을 비난하였다.

버크 추기경마저도 그가 위스콘신과 미주리 교구에서 주교와 대주교로 있을 때 소아성애 문제를 부적절하게 처리한 것 때문에 미국의 유력한 협회인 주교책임협회(Bishop Accountability)에 회부되었다. 버크는 사실을 축소하고 고소인들의 고통에 다소 '무감각했던' 것으로 평해졌다.

교황 프란치스코는 미국 추기경들을 구체적으로 마음에 두고 2015년 9월에 미국으로부터 돌아오는 비행기에서 거친 말을 쏟아냈다.

"이런 사건들(아동 성범죄)을 덮은 몇몇 주교들을 포함해서 이 일을 숨긴 자들 역시 죄가 있습니다."

미국의 상황 때문에 격분한 프란치스코는 또한 세 명의 대체 추기경을 임명했다. 시카고의 블레이세 큐피치(Blase Cupich), 뉴어크의 조셉 토빈(Joseph Tobin), 그리고 달라스의 케빈 파렐이 평신도 및 가족 담당 부처의 장관으로 로마로 부름받았다.

버크의 보수적인 동성애 혐오를 극단적으로 반대하는 이 새로운 추기경들은 이민자들이나 성 소수자들의 주장에 민감하게 반응하는 성향이 있는 목자들이며, 성폭행 문제에 대해 무관용을 외치는 열성분자들이다. 만일 그들 중 하나가 동성애자라면 (몬시뇰 비가노는 그들 세 사람 모두가 게이를 지지하는 이념을 갖고 있다고 비난한다) 분명히 다른 둘은 '그 교구'에 속하여 있지 않다. 이 사실은 『바티칸의 불편한 진실』의 네 번째 법칙을 확인시켜 준다.

> 4. 어떤 사제가 동성애를 더 지지할수록 그는 게이일 가능성이 적다. 어떤 사제가 더욱 동성애 혐오적일수록 그는 동성애자일 가능성이 많다.

* * *

다음으로는, 마샬 저지(Mychal Judge)가 있다. 이 프란체스코 수사는 미국에서 버크의 가장 뛰어난 적수(敵手)였다. 그는 소박하고 가난한 모범적인 삶을 살았으며 종종 사회에서 낙오된 사람들과 접촉했다. 예전에 술중독자였던 저지는 그 습관을 버리고 수사(修士)로 삶을 바쳤다. 그는 가난한 자들, 마약 중독자들, 노숙자들과 심지어 에이즈 환자들을 도와주며 팔로 안아주었는데 그런 모습은 1980년도 초에는 진기한 모습이었다. 뉴욕시 소방서의 지도신부(指導神父)로 임명된 그는 소방관들과 함께 화재 현장으로 달려갔고, 2001년 9월 11일 아침에는 세계무역센터(World Trade Center)의 쌍둥이 빌딩으로 가장 먼저 달려간 사람 중 하나였다. 그는 그곳에서 위에서 떨어지는 벽돌에 맞아 아침 9시 59분에 사망했다.

네 명의 소방관들이 그의 시신을 옮겼고, 로이터(Reuters) 통신의 샤논 스태이플턴(Shannon Stapleton)이 찍은 그 장면의 사진은 9/11 테러의 가장 유명한 사진 중 하나가 되어 진정한 '현대의 피에타(Pietà)'로 영원히 기억되었다. 병원에서 즉시 신원이 확인된 마샬 저지 사제는 9월 11일 테러의 첫 번째 공식 희생자였다. 즉, 0001번이었다.

그 이후로 마샬 저지는 그 테러 사건과 관련하여 영웅이 되었다. 그의 장례식은 맨해튼의 아시시(Assisi)교회의 성 프란치스코성당에서 열렸고 3천 명이 조문하였다. 그중에는 빌과 힐러리 클린턴(Bill and Hillary Clinton), 그리고 그를 나의 친구라고 부르며 '성자'라고 선언한 루돌프 줄리아니(Rudolph Giuliani) 뉴욕 공화당 시장이 참석했다. 뉴욕 거리의 한 블록이 그의 이름을 따라 개명되었고, 그의 소방관 헬멧은 로마의 교황 바오로 2세에게 보내졌다. 프랑스는 사망한 그를 레지옹 도뇌르(Légion d'Honneur, 명예 군단) 회원으로 삼았다.

나는 2018년에 뉴욕에서 조사하며 여러 '소방관들'과 뉴욕시 소방국의 대변인을 만나 대화를 나눌 수 있었는데 저지에 대한 기억이 여전히 살아남아 있는 것을 볼 수 있었다.

이런 사건에도 불구하고, 그의 죽음 직후 그의 친구들과 직장 동료들은 마샬 저지가 게이 사제였음을 드러냈다. 그의 전기 작가들은 이전 뉴욕 소방서 단장이 드러낸 것처럼 그의 성적인 성향을 확인해 주었다. 저지는 게이 가톨릭 신자들로 구성된 디그니티(Dignity) 단체의 회원이었다. 2002년에는, 9월 11일에 사망한 소방관들과 경찰관들의 동성애 동료들에게 사회적인 권리를 부여하는 법이 통과되었다. 그 법은 마샬 저지 법(Mychal Judge Act)이라고 불렸다.

동성애를 혐오하는 레이먼드 버크 추기경과 게이 우호적인 지도신부 마샬 저지는 미국의 가톨릭교회 내에서 대립하는 양 진영이었다.

*　　*　　*

내가 나의 조사의 처음 결과들과 초기 자료를 덴버의 전 대주교였던 미국 추기경 제임스 프랜시스 스태포드(James Francis Stafford)에게 로마의 그의 개인 아파트에서 두 번의 인터뷰를 통해 전달하자 그는 망연자실해 한다. 그는 세심하게 내 말을 들으면서 모든 충격을 감당한다. 나는 당장 첫인상이 좋다는 것을 알았다. 나의 '게이다'(gaydar)는 꽤 잘 작동한다. 나는 그의 태도와 진정성을 보면서 그는 동성애자가 아니라고 확신하게 된다. 그런 사람은 사실 교황청에서 희귀한 존재다. 그는 그 사실을 듣고 괴로워한다.

"아닙니다. 프레더릭, 그것은 사실이 아닙니다. 그것은 거짓말이에요. 당신이 잘못 알고 있는 것입니다."

내가 그가 잘 알고 있는 유력한 미국 추기경의 이름을 말하자 스태포드는 그 추기경의 동성애를 단호하게 부인한다. 나는 그에게 상처를 주었다. 하지만 나는 내가 정확히 알고 있다는 것을 잘 알고 있다. 그 이유는 나는 직접 증언을 듣고 확인했기 때문이다. 나는 또한 스태포드가 그의 친구의 이중생활에 대해 한 번도 의심한 적이 없었다는 사실을 알게 된다.

이제 그는 회고하는 듯하더니 망설인다. 신중한 그에게 호기심은 생기기 시작한다. 나는 조용히 혼자 말로 "눈이 있지만 보지는 못 하는 군"이라고 말한다. 그는 나중에 자신이 가끔 "약간 고지식하다"고 말할 것이며 온 세상이 알고 있는 것을 종종 뒤늦게 알게 된다고 말할 것이다.

나는 분위기를 완화하기 위해 그 추기경 곁으로 가서 실제 사례들과 몇몇 이름을 넌지시 말한다. 그러자 자신도 몇몇 소문을 들었다고 인정한다. 우리는 터놓고 동성애에 대해, 그리고 미국과 로마에서 교회의 이미지를 더럽힌 수많은 사건에 관해 이야기한다. 스태포드는 이제 내가 알려주는 끔찍한 사건들을 들으면서 부인하지 않는다. 하지만 참으로 기겁하는 것 같았다.

이제 나는 그에게 그의 젊은 시절에 영향을 끼친 프랑수아 모리아크(François Mauriac)와 같은 몇몇 유명한 가톨릭 문학 작가들을 언급한다. 장루크 바레가 쓴 모리아크의 전기는 충분한 관련 증거와 함께 모리아크의 동성애를 분명하게 확인시켜 주었다.

"때때로 우리는 가만히 돌아보며 회상할 때에야 사람들의 진짜 동기, 즉 잘 포장된 그들의 비밀을 알게 되지요."

나는 그에게 말한다.

스태포드는 큰 충격을 받았다. 사실 모리아크가 동성애자라는 것은 논란의 여지가 없는 사실임에도 불구하고, 그는 마치 내가 충격적인 계시를 전달하기라도 한 것처럼 "심지어 모리아크까지…"라고 말한다. 스태포드는 어찌할 바를 몰라 한다. 그는 더 이상 아무것도 확신하지 못한다. 나는 그의 눈에서 깊은 괴로움과 두려움과 슬픔을 본다. 그의 눈은 흐려지고 이제 눈물로 가득하다.

"나는 자주 울지 않아요. 쉽게 울지 않아요."

스태포드가 말한다.

제임스 프랜시스 스태포드는 프랑스 사람 장루이 토랑과 함께 우리의 오랜 조사에서 내가 가장 아끼는 추기경으로 남을 것이 분명하다. 나는 성품이 친절하고 연약한 이 늙은이에게 끌리게 되면서 그의 연약함을 소중히 여기게 된다. 나는 그의 신앙이 가짜가 아닌 것을 안다.

"나는 당신의 정보가 틀리기를 바랍니다. 프레더릭. 참으로 그러기를 소원합니다."

우리는 미국과 애플파이와 아이스크림에 대해 열정적으로 대화를 나눈다. 『도로 상에서』(On the Road)에서 나오는 것처럼 미국 서부를 향해 갈수록 애플파이와 아이스크림은 더 달콤해지고 더 크림은 많아진다.

나는 그에게 콜로라도를 통과하는 나의 여행에 대해 [그는 덴버의 대주교였다], 그리고 복음주의 미국 우파의 본부인 콜로라도 스프링스의 가장 전통적인 교회 방문에 대해 말하기를 주저한다. 나는 그에게 그곳의 사제들과 포커스 온 더 패밀리(Focus on the Family) 및 뉴 라이프교회(New Life Church)의 목사들에 대해 말해주고 싶다. 나는 그 목사들과 인터뷰를 했는데 그들은 동성애를 강력하게 혐오하는 목사들이었다. 하지만 뉴 라이프교회의 창립자인 테드 해거드(Ted Haggard)는 그의 위선에 충격을 받은 성 파트너가 고발하자 결국 자신은 동성애자라고 인정했다.

그런데 내가 이런 사실을 알려 주며 스태포드를 화나게 할 필요가 있을까? 그는 이런 종교적인 미치광이들에게 아무런 책임이 없다.

나는 스태포드가 보수적이고 태아의 생명권을 옹호하는 것을 안다. 그는 또한 오바마를 반대한다. 그러나 그가 강경 노선을 취하고 청교도적인 모습을 보일지라도 결코 편협한 적은 없었다. 그는 쌈닭이 아니며, 인간존엄연구소를 맡았던 극보수 추기경들을 인정하지 않는다. 나는 그가 버크에 대해 좋은 말과 정중한 말을 할지라도 그에게 아무것도 기대하지 않는 것을 알고 있다.

"그는 매우 좋은 사람입니다."

스태포드가 말한다.

그의 만년에 나눈(그는 86세이다) 우리의 대화는 그의 망상의 끝이었을까?

"이제 곧 미국에 돌아가서 거기서 살 겁니다."

스태포드는 산 칼리스토 광장(Piazza di San Calisto)에 있는 그의 커다란 아파트에 길게 늘어선 여러 도서관을 지나면서 나에게 털어놓는다.

나는 그에게 내가 좋아하는 책을 작은 선물로 보내주겠다고 약속했다. 우리가 알게 되겠지만, 나의 조사 과정에서 이 작은 흰 책은 나의 비밀 코드다. 그 코드의 의미에 대해서는 내가 입을 다무는 것이 나을 것이다. 나는 한때 그 책에 푹 빠져서 몇 달 동안 그 책을 약 20명의 추기경에게 나누어 주었다.

그중에는 폴 푸파르(Paul Poupard), 레오나르도 산드리, 타르치시오 베르토네(Tarcisio Bertone), 로버트 사라(Robert Sarah), 조반니 바티스타 레, 장루이 토랑, 크리스토프 쇤보른(Christoph Schönborn), 게르하르트 루트비히 뮐러(Gerhard Ludwig Müller), 아킬레 실베스트리니(Achille Silvestrini), 카밀로 루이니(Camillo Ruini), 그리고 물론 스타니스와프 지비스, 안젤로 소다노가 있다. 당연히 대주교 리노 파셀라(Rino Fisichella)와 장루이 브루게스, 그리고 몬시뇰 바티스타 리카(Battista Ricca)에게도 주었다. 나는 또한 그 책을 익명을 요구하는 여러 고위 성직자들과 유명 인사들에게도 주었다.

대부분 사제는 양날 가진 이 선물을 고맙게 여겼다. 그들 중 몇몇은 나중에 그 책에 대해 다시 이야기하였고, 다른 이들은 그들에게 그 책을 준 것에 대해 감사하다며 편지를 썼다. 아마도 이 책을 실제로 읽은 유일한 사람은 장루이 토랑일 것이다. 그는 바티칸에 있는 몇 안 되는 참으로 교양 있는 추기경 중 한 사람으로서 이 작은 흰 책을 읽고 매우 감명을 받았다. 그는 그의 설교에서 이 책을 자주 인용했다.

연로한 추기경 프랜시스 스태포드는 내가 몇 개월 후에 그를 만났을 때 이 작은 흰 책에 대해 매우 애정 깊게 이야기했다. 더욱이 그는 나를 보면서 "프레더릭, 당신을 위해 기도하겠습니다"라고 더했다.

* * *

저 멀리 나를 데려갔던 몽상은 버크 추기경의 부제(副祭)인 돈 아드리아노가 응접실에 한 번 더 머리를 들이밀면서 갑자기 중단되었다. 그는 다시 사과한 후 버크는 만남 시간에 도착하지 못할 것이라는 새로운 소식을 전했다.

"예하(猊下)께서 죄송하다고 해요. 그는(Elle, 그녀는) 정말 미안하다고 하네요. 저도 당황스럽습니다. 죄송합니다."

돈 아드리아노는 바닥을 응시하고 땀을 흘리며 어찌할 바 몰라 이 말만 반복한다.

나는 그 추기경이 교황 프란치스코의 조치에 따라 제재를 받았다는 사실을 신문을 통해 곧 알게 될 것이다. 나는 그 예하와 악수하지 못한 채 그 아파트를 떠나게 되어 유감이다. 돈 아드리아노는 우리가 다음에는 만날 수 있을 것이라고 약속한다. 로마 또는 다른 곳에서….

* * *

2018년 8월, 나는 다시 바티칸 안에 있는 한 아파트에서 평화롭게 몇 주를 보내고 있었다. 그 때 나는 이 책을 마무리하고 있었는데 대주교 카를로 마리아 비가노(Carlo Maria Viganò)의 『증언』(Testimonianza)이 전격 발표되면서 로마교황청 내에 큰 불을 지폈다. 이 문서가 "모든 것을 날려버리는 폭탄 같았다"라고 말한다면 조소가 섞인 완곡한 표현일 것이다!

언론은 당장 레이먼드 버크 추기경과 그의 미국 연락망(도널드 트럼프의 전 정치 전략가 스티브 배넌을 포함한)이 어느 정도 관여되어 있을 것이라는 의혹을 제기하였다. 연로한 추기경 스태포드는 최악의 악몽을 꾸더라도 그런 편지를 상상조차 할 수 없었을 것이다. 벤자민 한웰과 그의 인간존엄연구소의 회원들은 잠깐 기쁨을 가졌었지만 … 곧 착각에서 깨어날 것이다.

"당신은 이 국무원장과 그 추기경들이 동성애자라는 것에 대해 내게 처음 말해 준 사람이었는데 당신 말이 맞았네요."

한웰은 나를 향한 적개심이 무너진 그 다음 날, 로마에서 다섯 번째 점심식사를 하며 내게 말한다.

워싱턴의 전 교황 대사 카를로 마리아 비가노는 교황 프란치스코를 향한 독설의 소책자를 쓴 후 극보수 웹사이트들과 여러 신문에 두 가지 언어로 11페이지로 된 편지를 실었다. 그 날은 교황이 소아성애 사건으로 황폐해진 아일랜드를 방문하는 날이었는데 그 고위 성직자가 의도적으로 그 날 기사를 올린 것이었다.

그는 교황 프란치스코가 지금 88세가 된 전 미국 추기경 테오도르 맥캐릭이 저지른 동성애 성폭행 사건을 개인적으로 은폐했다고 고발했다. 교황 프란치스코는 미국주교의회의 전 의장이고 유력한 고위 성지자이며 대규모 자금 수집가요 수많은 연인을 두고 있는 맥캐릭의 추기경 신분을 박탈하고 해임했다. 하지만 양심이 화인 맞은 비가노는 맥캐릭 사건을 기회로 삼아 교황에게 앙갚음하고자 했다.

그 로마 교황 대사는 그 상황을 막무가내로 해석하면서 교황의 사임을 요구하였고, 그 해석을 뒷받침하기 위해 많은 양의 정보와 메모와 날짜를 제시했다. 심지어 그는 로마교황청 및 미국 주교단의 추기경들과 주교들이 이 거대한 '은폐'에 관여했다고 보고 더욱 약삭빠르게 그들의 이름을 노출했다. 이렇게 동성애자로 노출된 목록을 보면, 우파든 좌파든 바티칸 내에서 가장 영향력 있는 고위 성직자들의 이름으로 가득하다.

(교황이 그 혐의를 기각했을 때, 그의 수행단 중 한 명이 내게 "프란치스코는 처음에 비가노로부터 맥캐릭이 나이가 많은 신학생과 동성애 관계를 가져왔었다는 정보를 받았다"고 알려주었다. 하지만 교황이 보기에는 그 정보로는 맥캐릭을 처벌하기에 충분하지 않았다고 한다. 2018년에 교황은 맥캐릭이 동성애 관계 외에 미성년자들을 성폭행한 사실을 분명하게 알게 되면서 "당장 그 추기경을 처벌하였다"고 한다. 그 동일한 소식통은 베네딕토 16세가 맥캐릭에 대해 심각한 조처를 한 적이 없다고 보며 만일 그런 조치가 있었더라도 절대 적용하지는 않았다고 의심한다).

실제 '바티리크스 3'이라고 할 수 있는 2018년 늦여름에 발표된 몬시뇰 비가노의 『증언』은 전례 없는 국제적인 파장을 불러일으켰다. 전 세계적으로 수천 편의 기사가 실렸고, 가톨릭 신자들은 어안이 벙벙하여졌으며, 교황 프란치스코의 이미지는 심한 손상을 입었다. 의도적이든 아니든 간에 비가노는 오랫동안 많은 범죄와 성적 학대가 바티칸과 연루되었다고 믿어온 모든 사람에게 논쟁거리를 준 셈이 되었다.

심지어『로세르바토레로마노』가 겨우 한 줄로 보도하였을지라도(성좌의 그 공식 기관에서 이 문제에 대해 언급한 것은 "내부 반대 세력의 새로운 에피소드"라는 표현이 전부였다) 열광적인 보수파와 극우 언론들은 내부 조사를 요구하였고 일부 경우는 교황의 사임을 요구했다.

그 발표가 있기 며칠 전에 추기경 레이먼드 버크는 이미 "지금은 교회 내에 심각한 동성애 문제가 있다는 사실을 인정해야 할 가장 적절한 때라고 생각한다"라고 언급하였는데, 그는 관련된 자들을 색출해야 한다고 가장 먼저 주장한 사람 중 하나였다. 그 고위 성직자는 "교회의 삶에 들어온 부패와 더러움을 뿌리째 뽑아야 한다"고 분노하였고, 그가 보기에 분명한 권위를 가진 고발자 비가노의 무시 못 할 문벌을 감안하여 비가노의『증언』내용에 대해 수사하라고 요구했다.

"버크 추기경은 몬시뇰 비가노와 친구지요."

벤자민 한웰은 그 문제 많은 편지가 공포된 직후 이 사실을 알려 주었다(한웰은 또한 그 편지가 공포된 그 날 "서로의 생각을 들어보려고" 버크와 만났다고 말했다).

그 후, 몇 명의 극보수주의자들이 프란치스코를 약화하기 위해 열린 틈으로 뛰어들었다. 예를 들어, 샌프란시스코의 보수주의 대주교인 살바토레 코르딜레온(Salvatore Cordileone)은 비가노의 '심각하고' '사심 없는' 편지 내용을 인정하며 위험을 무릅쓰고 그 편지의 정당성을 주장했고, 어떤 식으로든 동성애를 즐기는 교회의 동성애화에 대해 강력하게 비난했다.

로마교황청의 우익들은 바로 얼마 전에 프란치스코에게 전쟁을 선언했었다. 그 전쟁은 로마교황청의 한쪽 동성애 파벌이 다른 쪽 동성애 파벌에게 선언한 것이었는데, 한쪽은 좌파로서 프란치스코를 지지하고, 다른 쪽은 극우파로서 프란치스코를 반대한다. 멕시코에서 오래 살았던 사제이며 신학자인 제임스 앨리슨은 마드리아에서 나와 인터뷰를 하는 동안 이 놀라운 분열에 대해 두어 문장으로 요약하여 주었다.

"이는 내부의 밀실 전쟁입니다!

비가노 사건은 오랜 밀실과 새로운 밀실 사이의 전쟁이지요!"

대주교 카를로 마리아 비가노의 이 선전 행위는 의심스러웠지만 대체로 심각하게 받아들여졌다. 분명히 그 교황 대사는 미국에서 성좌를 위해 5년 간 대사로 일하였기에 미국 가톨릭교회의 상황을 깊숙이 알고 있었다. 그 전에 그는 바티칸 시국의 사무총장으로 있었다. 그때 그는 수많은 사건 기록부를 볼 수 있었고, 모든 내부 사건들 및 최고 고위 성직자들의 부도덕성에 관한 정보까지 받아볼 수 있었다. 심지어 그는 수많은 그런 예민한 파일들을 보관했을 가능성도 있다. [비가노는 몬시뇰 레나토 보카도<Renato Boccardo>를 이어 그 자리에 앉게 된 것인데, 보카도는 현재 스폴레토(Spoleto)의 대주교로서 나와 인터뷰를 하면서 몇 가지 흥미로운 비밀을 말해 주었다.]

로마교황청의 수많은 추기경을 배출하는 엘리트 단체, 곧 성좌의 외교관들을 임명하는 자리에 앉게 된 비가노는 여전히 믿을만한 증인으로 보이며, 그의 편지는 반박할 여지가 없다.

많은 사람이 이 『증언』은 비가노가 가톨릭 극우파의 네트워크와 밀접하게 연결되어 있었기 때문에 프란치스코의 입지를 흔들려는 교회의 강경파에 따라 지휘된 작전이라고 말해왔다. 내가 얻은 정보에 따르면, 이 주장은 전혀 신빙성이 없다.

사실 이 사건은 몇몇 사람들이 주장해온 것처럼 '책략'이나 계획된 '전복'이라기보다는 독립적으로 따로 발생한 약간 광적인 행위다. 비가노는 일단 바티칸에 속한 사람이며 바티칸의 순수 결과물이다. 그를 잘 아는 어떤 증인에 따르면, 그는 마치 요한 바오로 2세 치하의 보이티와(Wojtya)의 지지자들, 베네딕토 16세 치하의 라칭거 지지자들, 프란치스코 치하의 베르고글리오(Bergoglio) 지지자들처럼 "일반적으로 교황에게 충성하는 그런 부류의 사람"이라고 한다.

"몬시뇰 비가노는 보수주의자로서 베네딕토 16세의 노선에 있다고 할 수 있어요. 그러나 무엇보다 그는 훌륭한 전문가입니다. 그는 날짜와 사실들을 기록하고 있기 때문에 그의 공격은 매우 정확하지요."

이탈리아 사람이며 저명한 바티칸 전문 기자인 마르코 폴리티(Marco Politi)가 로마에서 점심을 먹으면서 내게 말한다.

그 문서 안에서 긍정적으로 언급된 몇 안 되는 사람 중 하나가 조반니 바티스타 레 추기경이다. 그는 2018년 10월에 바티칸의 그의 아파트에서 나와 말할 때 비가노에 대해 거칠게 말하였다.

"아, 슬프다!

이 얼마나 슬픈가!

비가노는 어떻게 그런 일을 할 수 있단 말인가?

그의 머리가 뭔가 잘못된 것 같아. [그는 미치광이를 가리키는 제스처를 하며] 말도 안 되는 일이야!"

교황 베네딕토 16세와 프란치스코를 위해 대변인으로 일했던 페데리코 롬바르디(Federico Lombardi) 신부는 그 편지가 발표된 후에 우리의 정규적인 만남에서 내게 넌지시 말했다.

몬시뇰 비가노는 언제나 엄격하고 용감한 면이 있었어요. 동시에 그가 맡았던 각 직책에서 상당한 분열을 일으키는 인물이었답니다. 그는 언제나 싸우고자 했지요. 그는 유명한 보수주의 기자들에게 부탁해서 프란치스코를 반대하는 자리에 선 것입니다.

비가노 사건이 교황 프란치스코의 입장을 반대하는 언론들과 극우 성향의 기자들[이탈리아의 마르코 토사티(Marco Tosatti)와 알도 마리아 발리(Aldo Maria Valli), 내셔널 가톨릭 레지스터, LifeSiteNews.com, 또는 가톨릭 텔레비전 방송국 EWTN의 극히 부유한 미국인 티모시 부슈(Timothy Busch)]의 도움 덕분에 가능했다는 사실은 의심할 여지가 없다.

"보수주의 가톨릭 언론은 당장 이 문서를 도구로 이용했어요."

교회를 매우 잘 아는 이탈리아 베네딕토 수사 루이지 지오이아(Luigi Gioia)가 런던에서 가진 인터뷰에서 내게 말한다.

보수주의자들은 미친 듯이 성적 학대의 사례들과 교회에 의한 은폐를 부인하려고 시도했어요. 이는 성직주의지요. 즉, 어떤 대가를 치르더라도 권력을 유지하려는 거들먹거리는 과두 정치 체제인 것이에요. 바로 교회 구조가 위기에 처해 있다는 것을 부인하기 위해 그들은 희생양을 찾는 것이에요. 그 희생양은 그 기관에 몰래 들어와 있는 게이들입니다. 그들은 그들의 성적인 욕구를 억제할 수 없는 무능 때문에 그 기관을 위태롭게 만들었다는 것이지요. 이것이 비가노의 논지랍니다. 우파는 동성애 혐오 의제를 도입할 수 있는 기대치 않던 기회를 거저 얻은 셈입니다.

하지만 반(反)프란치스코 운동이라 하더라도 비가노의 제스처는 상상했던 것보다 더 비이성적이고 독단적으로 행한 것처럼 보인다. 그의 행동은 필사적이며 개인적인 복수이고 무엇보다 개인적으로 깊게 받은 상처 때문에 나온 것이다. 비가노는 늑대인데, 고독한 늑대이다.

그렇다면 그는 왜 갑자기 교황과 관계를 끊었을까?

한때 교황의 내무 '장관' 또는 '대리자'였던 몬시뇰 베추(Mgr Becciu)의 가장 측근이던 영향력 있는 어떤 몬시뇰은 그 편지가 발표된 직후 바티칸에서 나를 만난 자리에서 그의 가설을 제시했다. 이 대화는 나의 대부분의 인터뷰처럼 기록 동의를 얻고 녹음되었다.

> 항상 허영심이 많고 약간 과대망상이 있는 대주교 카를로 마리아 비가노는 추기경으로 서임되는 것을 꿈꾸었어요. 사실, 그것이 그의 궁극적인 꿈이었지요. 그의 삶의 꿈 말이지요. 사실 그의 전임자들은 대체로 추기경으로 승격되었어요. 그러나 그는 그렇게 안 되었어요!
> 무엇보다 프란치스코는 워싱턴에서 그를 해고했고 그 후 이곳 바티칸에 있는 고급 아파트를 빼앗았어요. 그는 할 수 없이 은퇴한 교황 대사들이 사는 곳으로 이사하였고 그들에게 둘러싸이게 되었지요. 이 모든 기간 비가노는 약간씩 이를 갈기 시작했어요. 하지만 계속 소망을 품었지요!
> 2018년 6월, 추기경 회의가 있었는데 그가 추기경으로 서임되지 못하자 그의 마지막 소망은 틀어지게 되었답니다. 이제 곧 78세가 되는데 그는 기회를 놓친 것을 알게 된 것이지요. 그 후 그는 자포자기하고 보복하기로 했어요. 비가노 사건의 요인은 이처럼 간단하답니다. 그의 편지는 성폭행과는 전혀 무관하고 오직 실망 때문에 나온 것입니다.

오랫동안 비가노는 그의 심취함과 험담과 과대망상증 때문에 비난을 받았다. 그는 심지어 언론에 문제의 기사를 제공하는 자로 의심을 받았다. 이 때문에 그는 그 당시 베네딕토 16세의 치하에서 국무원장으로 있던 타르치시오 베르토네 추기경의 명에 따라 로마에서 해고되어 워싱턴으로 가게 되었다(바티리크스 문서는 이런 여러 사건을 분명하게 언급한다). 그의 성향에 대한 소문들도 있다. 즉, 게이 반대 집착 현상은 억압 및 '내면화된 동성 혐오증'의 불합리한 표출이라는 것이다.

공교롭게도 미국 가톨릭 기자 마이클 숀 윈터스(Michael Sean Winters)의 논문은 비가노를 동성애자로 폭로한다. 그의 '자기 혐오'는 그로 하여금 동성애자들을 증오하게 했다는 것이다. 그는 그가 비난했던 바로 그 사람이 되어 버린 것이다.

프란치스코는 논란을 불러일으킨 이 소책자에 대한 언급을 거부했다. 하지만 그도 비슷한 분석을 내놓았다. 2018년 9월 11일 교황은 그의 암호화된 설교에서 "죄악을 들춰내려고 주교들을 거세게 비난하는 자는 다른 사람들을 비난하기보다 차라리 자신을 비난하는 것이 더 나을 것입니다"라는 의미심장한 말을 했다.

며칠 후 프란치스코는 연설을 통해 다시 공격했다. 그는 이름을 거론하지는 않았지만 한 번 더 '위선자들'을 겨냥하며 비가노 문제를 끄집어내었다. 그는 '위선자'라는 단어를 수십 차례 반복했다.

"위선자들은 안팎으로 있습니다."

그는 추가로 "마귀는 위선자들을 사용하여 교회를 파괴하려고 합니다"라고 주장했다. 그 여자가 너무 과하게 부인하는 것 같다는 것이다!

* * *

작은 문제를 가지고 지나치게 감성적이거나 과장되게 행동하는 '드라마 퀸'과 같은 비가노!

그가 쓴 그의 소책자가 그의 내면화된 동성혐오증을 드러내든 말든 『증언』의 가장 흥미로운 면은 다른 곳에 있다. 아마도 몬시뇰 비가노의 복잡한 숨은 동기와 그가 폭로한 사실들의 진실성이 그것일 것이다. 바로 이 부분에서 그의 편지는 '비밀 문화', '침묵의 음모', 그리고 교회의 동성애 화와 관련한 가장 명백한 증거로서 독보적으로 중요한 문서가 된다.

사실과 암시가 섞인 그의 글의 애매모호함에도 불구하고 비가노는 이중적인 말을 피한다. 그는 "우리가 숨겨온 진실을 공개적으로 고백하는 것이 필요하다"고 말하며 또한 "교회 내에 존재하는 동성애 네트워크는 뿌리째 뽑혀야 한다"고 말한다.

이를 위해 그 교황 대사는 바로 전의 세 명의 국무원장 추기경, 곧 요한 바오로 2세 치하의 안젤로 소다노, 베네딕토 16세 치하의 타르치시오 베르토네, 프란치스코 휘하의 피에트로 파롤린(Pietro Parolin)의 이름을 언급한다. 비가노에 따르면, 그들은 바티칸 내에서 '동성애 성향을 지지하는 자들'에 속하여 있으며 성적 학대 은폐 혐의를 받고 있다고 한다. 맙소사!

처음으로 바티칸의 한 고위 대사가 바티칸 내의 소아성애 사건들의 비밀과 동성애의 주된 인사들을 폭로한다. 하지만 여러 노련한 바티칸 전문가들의 분석을 종합할 때 나는 그 몬시뇰은 성 학대 문제보다는 (그 몬시뇰 자신도 대주교 존 니엔스테트(John Nienstedt)와 관련된 수사를 종결하려 했다는 고발을 당하여 왔다. 비가노는 그 혐의를 강력하게 부인한다) 게이 질문에 더 많은 관심이 있다고 제시하고 싶다. 즉, 그가 편지를 쓴 유일한 실제 동기는 동성애자들을 폭로하고 싶었다.

여기서 그 교황 대사 비가노는 두 가지의 큰 실수를 저질렀다. 무엇보다, 그는 하나의 비평의 글로 대부분 서로 관련이 없는 여러 부류의 고위 성직자들을 한꺼번에 묶어 놓았다. 즉, 소위 성폭행을 저지른 혐의를 받는 사제들(예를 들어, 워싱턴 추기경 테오도르 맥캐릭) 그리고 그가 주장하는 이런 아동 성폭력자들을 은폐한 고위 성직자들(예를 들면, 그의 편지에 따르면, 안젤로 소다노 추기경과 도널드 뷔를 추기경), 그가 주장하는 '동성애 부류에 속한' 고위 성직자들(그는 아무런 증거 없이 미국 추기경 에드윈 프레데릭 오브라이언과 이탈리아인 레나토 라파엘레 마르티노[Renato Raffaele Martino]를 언급한다), 그리고 그가 주장하는 "게이 지지 이념에 눈이 먼 고위 성직자들"(미국 추기경, 블레이즈 쿠피치(Blase Cupich)와 조셉 토빈(Joseph Tobin)]을 묶어 놓았다.

전체적으로 그는 거의 40명의 추기경과 주교들을 "동성애자로" 지목하거나 드러냈다. [몬시뇰 쿠피치와 몬시뇰 토빈은 교황 대사 비가노의 주장을 부인했다. 도널드 뷔를은 교황에게 사직서를 제출했고 교황은 받아들였다. 그 외 다른 사제들은 아무런 입장표명을 하지 않았다.]

비가노의 증언에서 충격적인 것은 범죄를 저지르거나 은폐를 할 수 있는 사제들과 동성애자 또는 단순히 동성애 옹호 사제들에 대한 커다란 혼란이다. 절제에 실패한 성폭행자들과 단순한 동성애 성향을 가지고 있는 동성애 애호가들을 뒤섞는다면, 이는 심각한 지적인 부정직이요 또한 혼란스런 사고의 결과물이다. 비가노는 그가 20살이던 1960년대의 동성애 애호와 동성애 혐오 사이에 갇혀서 살아왔다.

그는 시대가 바뀐 것을 모르고 있으며, 1990년대 이후로 유럽과 미국에서는 동성애를 범죄로 여기던 시대에서 동성 혐오를 범죄로 여기는 시대로 바뀐 것을 이해하지 못하고 있다!

과거 시대로부터 따라온 그의 생각은 나중에 적절하게 논하게 될 프랑스 사제 토니 아나트렐라(Tony Anatrella)나 콜롬비아 추기경 알폰소 로페스 트루히요(Alfonso López Trujillo)와 같은 동성애를 혐오하는 동성애자들의 글을 상기시킨다. 범인과 피해자 사이의 이런 용납될 수 없는 혼동은 성폭행 문제의 중심에 남아 있다. 비가노가 비난하는 대상은 바로 자신의 캐리커처다.

이런 심각한 지적 혼동 외에 비가노의 두 번째 실수는 그의 『증언』의 내구성을 위한 전략적 측면에서 더 심각하게 드러나는데, 프란치스코와 가까웠던 영향력 있는 추기경들(파롤린, 베추)을 '동성애자라고 폭로했을' 뿐만 아니라 요한 바오로 2세와 베네딕토 16세를 도왔던 자들까지 '동성애자로 폭로한 것'이다. 요한 바오로 2세와 관련된 자로는 소다노, 산드리, 마르티노가 있고 16세와 관련된 자는 베르토네와 맘베르티(Mamberti)가 있다. 분명히, 바티칸의 역사를 잘 아는 사람이라면, 맥캐릭 사건의 발단은 요한 바오로 2세 때 은밀히 조작된 방해 공작이라는 사실을 알고 있었다.

하지만 그 교황 대사는 보주주의자들 사이에서 많은 지지를 잃게 되더라도 그 사실을 편지에 써 버린 것이다. 비가노는 전략적이라기보다는 충동적으로 그의 앙심을 맹목적으로 갚기 위해 아무런 계획이나 책략도 없이 그가 좋아하지 않는 모든 사람을 '동성애자로 폭로했다.' 하지만 그가 그의 동료들을 비난한 근거는 오직 자기 추측에서 나온 말뿐이었다. 예를 들어 그는 예수회 사람들을 대거 '벗어난 자들'(이 말은 동성애자들이라는 뜻이다)로 여겼다!

이로써 비가노는 의도치 않게 근본주의자들의 신학이 동성애를 승화시킬 수 있다는 사실을 멋지게 드러냈다!

그는 이처럼 자신 외에 다른 모든 사람을 동성애자로 고발함으로써 그의 아군을 잃었다. 그의 책이 아무리 비판적이었더라도 바티칸의 우파는 이전 교황들, 즉 요한 바오로 2세와 베네딕토 16세에게 의심을 던지는 것을 허락할 수 없었다. 비가노는 안젤로 소다노와 레오나르도 산드리(이상하게도 비가노는 추기경 조반니 바티스타 레, 장루이 토랑, 그리고 가장 중요한 사실은 스타니스와프 지비스를 뺐다)를 겨냥함으로써 그의 고발이 진실이든 아니든 간에 큰 전략적 실수를 저질렀다.

처음에 그 교황 대사를 지원하고 또한 그의 진실성을 보호하던 교회의 극우파는 신속하게 함정을 파악했다. 처음에는 우레처럼 폭발했던 버크 추기경은 조용해졌고 그의 가까운 친구인 극보수 레나토 마르티노(Renato Martino)의 이름이 그 편지에 나타나자 결국 분노했다.

(버크는 벤자민 한웰이 언론에 실은 공식 성명을 인준해 주었는데, 그 내용은 마르티노를 '동성애 부류'에 속해 있을 것이라는 비가노의 생각에 대한 아무런 증거도 없는 강력한 반박이었다).

마찬가지로 은퇴한 교황 베네딕토 16세의 가장 가까운 협력자였던 게오르크 겐스바인은 어찌하든 그 편지를 승인하지 않으려고 조심했다. 보수주의자들에게 있어서는 비가노의 증언에 신용을 실어주는 것은 자기 발등에 총을 쏘는 것을 의미했으며, 동시에 수단과 방법을 가리지 않는 내전에 개입할 위험을 무릅쓰는 것을 의미했다. 아마 교회의 좌파보다 우파에 더 많은 밀실의 동성애자들이 있을 것이기에 부메랑 효과는 파괴적일 것이다.

그 편지가 발표되었을 때 내가 만났던 프란치스코의 수행단 내의 어떤 교황청 대주교는 다음과 같은 말로 교황이 총명하다고 평했다.

> 교황청의 여러 전직 국무원장들과 수십 명의 추기경에 대해 그들이 게이 또는 동성애 성폭행의 공범이라고 의심하게 만드는 편지에 교황이 어떻게 반응하기를 기대합니까?
> 확인해 주어야 합니까?
> 아니면 부인해야 합니까?
> 성폭행을 부인해야 합니까?
> 바티칸 내의 동성애를 부인해야 합니까?
> 교황에게 운신의 폭이 없었지요. 만일 베네딕토 16세가 반응하지 않았다면 동일한 이유 때문이었을 것입니다. 프란치스코 역시 그런 왜곡된 문서에 대해 아무 말도 하고 싶어 하지 않았습니다.

거짓말, 이중생활, '은폐'를 말하는 몬시뇰 비가노의 『증언』은 적어도 한 가지를 보여 준다. 즉, 바티칸에 있는 모든 사람이 서로 연결되어 있고 모든 사람이 거짓말을 한다는 사실이다. 이 사실은 한나 아렌트(Hannah Arendt)가 그녀의 『전체주의의 기원』(The Origins of Totalitarianism)과 유명한 기사 "진실과 정치"(Truth and Politics)에서 다룬 거짓말에 대한 분석과 일치한다.

한나는 그 분석에서 "사실에 근거한 진실"을 거절하기 위해 "사회가 조직적인 거짓말에 착수했을 때", "모든 사람이 중요한 모든 것에 대해 거짓말을 할 때", "사실을 의견으로 바꾸는 경향"이 있을 때, 그 결과는 사람들이 거짓말을 믿는 것이라기보다 사람들이 "공동 사회 자체"를 파괴하는 것이라고 제시했다. 그 교황청의 대주교는 이렇게 결론을 지었다.

> 첫 번째는, 비가노는 성폭행 문제에 대해서는 거의 관심이 없습니다. 그의 문서는 이 부분과 관련해서는 아무런 가치가 없습니다. 반면에 그가 원하는 것은 바티칸의 동성애자 명부를 만드는 것입니다. 즉, 성좌에 게이들이 침투한 것에 대해 비난하려 한 것이지요. 그것이 그의 목적입니다.
> 두 번째는, 그의 편지는 첫 번째 결론보다 진실에 더 가까울 수 있다는 것입니다 (나는 이 책에서 비가노의 『증언』을 조심스레 다룰 것인데 그 이유는 그의 책은 비방을 위해 검증된 사실과 개연적인 사실을 섞어 놓았기 때문이다. 그 편지가 수십 명의 극보수 추기경들과 주교들에 따라 신빙성이 있다고 평가되었더라도 그 책의 내용을 문자 그대로 취해서도 안 되고 또한 과소평가해서도 안 된다).

자! 이제 우리는 그 『바티칸의 불편한 진실』 안에 있다. 이제, 그 증언을 반박할 수 없다. 저명한 교황 대사이며 명예 대주교인 비가노가 바로 얼마 전에 바티칸 안에는 대규모의 동성애자들이 존재한다고 과감하게 폭로했기 때문이다. 그는 우리에게 잘 지켜져 왔던 비밀을 알려 주었다. 그는 판도라의 상자를 열었다. 프란치스코는 참으로 여왕들(게이 추기경들) 사이에 있다!

3

내가 누구를 판단하리요?
(Who am I to judge?)

"내가 누구를 판단하리요?"
조반니 마리아 비앙(Giovanni Maria Vian)은 여전히 이 말의 깊은 의미를 찾으려는 듯 같은 말을 되풀이한다.

"내가 누구를 판단하리요?"
이것은 새로운 교리인가?
아니면 무작위로 만들어진 표현인가?

비앙은 어떻게 생각해야 할지 정말 모른다.
그가 누구를 판단하리요?
질문 형식의 이 표현은 2013년 7월 28일 밤에 프란치스코 교황이 브라질에서 돌아오는 비행기에서 한 말이다. 이 장면이 전 세계로 방송되면서 이 표현은 즉시 교황의 가장 유명한 말이 되었다. 이 표현에는 '게이 우호적인' 교황 프란치스코가 그의 전임 교황들의 동성애 혐오증과 거리 두기를 바라는 감정이 담겨 있다.
교황의 말에 논평보다는 그대로 전하는 역할을 하는 조반니 마리아 비앙은 말을 아꼈다. 그는 프란치스코가 짧은 소식을 전하는 과정에서 즉흥적으로 한 말의 공식 기록을 내게 준다. 비앙은 프란치스코의 답변이라는 문맥에서 그 말을 보면, 그 말이 '게이 우호적'이라고 확신할 수는 없다고 한다.
평신도인 비앙은 '교수'라고 불리는 것을 좋아하는 학자로서 교황청 신문 「로세르바토레 로마노」의 편집장이다. 이 공식 일간지는 5개 언어로 발행되며 사무실은 바티칸 중앙에 있다.

"교황은 오늘 아침에 많은 말을 하셨네요."

비앙은 내가 도착하자 말을 꺼낸다. 그의 신문은 교황의 모든 중재와 메시지, 그의 글을 게재한다. 그 신문은 바티칸 '기관지'다.

비앙은 자신의 운신 폭이 매우 작다는 것을 알고는 "우리는 명백히 공식 신문이지만 사설 및 문화에 관한 기사에 있어서는 좀 더 자유롭고, 독립적인 글에서는 더욱 자유롭지요."라고 덧붙인다.

아마도 바티칸의 제약에서 벗어나기 위해, 그리고 장난기를 보여주기 위해, 그는 자기 주변에 땡땡(Tintin) 조각상을 가득 둔 것 같다. 그의 사무실은 『검은 섬, 오타카르 왕의 홀』(The Black Island, King Ottokar's Sceptre)의 포스터와 틴틴과 스노위와 캡틴 해독(Tintin, Snowy and Captain Haddock)의 미니어처로 가득하다. 성좌의 중심부에 이교도 물건들이 침투한 듯한 기묘한 장면이다!

아마 에르제(Hergé)는 『바티칸 안에 있는 탱탱』(Tintin in the Vatican)이라는 만화를 그릴 생각을 전혀 하지 못했을 것이다!

내가 너무 급하게 말했다. 비앙은 나에게 탱탱에 대해 말하기 시작한다. 탱탱을 그린 젊은 벨기에 만화가 에르제가 비록 악한 인물들을 등장시키고 욕설을 사용할지라도, 「로세르바토레 로마노」에 실린 탱탱에 대한 긴 글은 그 만화가가 '기독교 인본주의'에 영감을 받은 '가톨릭 영웅'인 것을 증명한다고 말한다.

교황청에 주재하는 한 외교관은 "「로세르바토레 로마노」는 베네딕토 16세 때 라칭거를 지지했듯이 프란치스코 치하 때에는 베르고글리오를 지지합니다"라고 설명한다.

「로세르바토레 로마노」와 관련된 또 다른 동료는 그 신문은 "모든 스캔들을 진정시키기 위해서" 존재한다고 확신한다.

비앙은 유머스럽게 "「로세르바토레 로마노」가 침묵하는 것 역시 뭔가를 말하는 것이지요"라고 말한다. 나는 조사하는 과정에서 그 신문사를 종종 들르곤 할 것이다. 비앙 교수는 스페인어, 영어, 그리고 프랑스어 판을 담당하는 6명의 동료와 함께 공식적인 인터뷰를 다섯 차례 하기로 동의하였고 비공식적으로 더 자주 하게 될 것이다.

* * *

'게이 로비'에 대한 질문으로 감히 교황과 정면 대결한 사람은 TV 채널 글로보(Globo)의 바티칸 특파원인 브라질 기자 일즈 스캄파리니(Ilze Scamparini)였다. 그 장면은 교황이 리오에서 로마로 돌아오는 비행기에서 촬영되었다. 그 장면은 즉흥적인 기자 회견의 끝부분이었다. 교황은 피곤했고 그의 곁에 항상 있는 대변인 페데리코 롬바르디는 "마지막 질문 하나만 받겠습니다"라고 말하며 급히 회견을 마치고자 했다. 바로 그때 일즈 스캄파리니가 손을 든다. 나는 이곳에 그 뒤에 이어진 대화 내용을 조반니 마리아 비앙이 내게 준 원본에서 길게 인용할 것이다.

조금 미묘한 질문을 하는 것을 허락해 주시기 바랍니다. 또 다른 사진이 온 세상에 떠돌았습니다. 즉, 몬시뇰 리카 사진과 그의 사생활에 대한 정보가 퍼진 것입니다. 교황 성하, 저는 이에 대해 교황께서 어떤 계획을 갖고 있는지 알고 싶습니다.
교황께서 이 문제를 어떻게 접근하실 것이며 게이 로비 질문에 대해서는 어떻게 대처할 생각이십니까?

교황이 답변한다.

몬시뇰 리카와 관련해서는 나는 교회법에 따라 사전조사를 했습니다. 그 조사는 그가 비난 받을 만한 행위를 한 것을 밝혀내지 못했습니다. 우리는 아무것도 찾아내지 못했어요. 그것이 제 답변입니다. 하지만 추가해서 할 말은 있습니다. 나는 종종 사람들이 교회 내에서 이번 사건뿐만 아니라 이 사건을 넘어서는 일들을 찾아내어 공표하는 것을 봅니다.
예를 들어, 청소년 범죄이지요. 그것은 범죄가 아닙니까?
범죄지요. 미성년자를 학대하는 것은 범죄입니다. 아니, 죄지요. 하지만 만일 평신도든 또는 사제든, 수녀든, 죄를 짓고 그 후 회심하면 주께서 용서하십니다. 하지만 당신의 구체적인 질문으로 되돌아갑시다. 당신은 게이 로비에 대해 말하였습니다.
좋아요!
게이 로비에 대해 쓴 글들이 많지요. 그러나 나는 바티칸 내에서 '게이'라는 이름표를 달고 다니는 사람을 아직 보지 못했습니다. 사람들은 몇몇이 있다고 말하지요. 나는 당신이 그런 사람을 만나면 그 사람이 '게이'라는 사실과 로비를 구성하는 사실을 따로 구분해야 한다고 생각합니다. 그 이유는 로비라고 해서 다 선한 것은 아니기 때문이지요. '게이 로비'는 나쁜 것입니다.

만일 어떤 사람이 게이고 주님을 찾는다면, 만일 그들이 선한 의도를 보인다면, 내가 누구를 판단하겠습니까?

문제는 이런 성향을 갖고 있는 것에 있지 않고 그 성향을 로비로 바꾸는 데 있지요. 내가 아는 한, 그것이 더 심각한 문제입니다. 그 질문을 한 것에 정말 감사드려요. 진심으로 감사합니다!

* * *

내가 처음으로 신부 페데리코 롬바르디를 만난 날은 약간 추운 날씨였다. 완전히 검은 옷을 입고 나타난 그는 그 기자 회견을 매우 분명하게 기억하고 있었다. 그는 훌륭한 예수회 회원으로써 새 교황의 표현을 존중했다. 내가 누구를 판단하리요?

프란치스코의 표현 중에 그 표현만큼 예수회의 변증법을 가장 완벽하게 드러낸 걸작은 없었을 것이다. 교황은 질문으로 질문을 답하였다!

우리는 로마에 있는 비아 델라 콘칠리아치오네(Via della Conciliazione)의 바티칸 건물 1층에 있는 라칭거 재단 본부에 있다. 이 재단의 현재 이사장은 롬바르디다. 나는 그의 사무실에서 그가 섬겼던 세 교황, 즉 요한 바오로 2세, 베네딕토 16세, 그리고 프란치스코에 대해 여러 차례에 걸쳐 긴 인터뷰를 가질 것이다. 그는 요한 바오로 2세의 보도 기관의 책임자였고 베네딕토 16세와 프란치스코의 대변인이었다.

롬바르디는 수많은 바티칸 사제들과는 달리 화려하고 세속적인 스타일을 좋아하지 않는 상냥하고 소박한 사람이다. 나는 그의 청빈함에 감동했는데, 그와 함께 일했던 많은 사람 역시 마찬가지였다.

예를 들어, 조반니 마리아 비앙은 바티칸 정원의 웅장한 작은 고층 건물에서 홀로 사는 반면, 롬바르디는 예수회 공동체의 허름한 방에서 예수회 동료들과 삶을 공유하는 것을 좋아한다. 우리는 내가 자주 방문했던 로마 추기경들의 큰 아파트에서 멀리 떨어져 있다.

레이먼드 버크, 카밀로 루이니(Camillo Ruini), 폴 푸파르, 조반니 바티스타 레, 로저 에체가라이(Roger Etchegaray), 레나토 라파엘레 마르티노 등, 여러 많은 추기경은 로마의 큰 아파트에서 살고 있다. 물론 내가 플로렌스에서 방문했던 베토리(Betori) 추기경의 궁전이나 볼로냐의 카를로 카파라(Carlo Caffarra), 마드리드의 카를로스 오소로(Carlos Osoro) 추기경의 궁전도 말할 필요도 없이 크다.

또한, 내가 아직 방문은 하지 못했지만, 터무니없이 사치스럽고 지나치게 커서 사람들을 놀라게 했던 전 국무원장 안젤로 소다노와 타르치시오 베르토네의 아파트가 있다. 그러나 롬바르디의 처소는 이런 고급 아파트들과는 달리 소박하기가 그지없다.

> 교황 프란치스코가 '내가 누구를 판단하리요?'
> 이런 말을 했을 때 나는 교황 곁에 있었어요. 어떻게 반응해야 할지 모르겠더라고요. 프란치스코는 매우 즉흥적이고 매우 자유롭게 말합니다. 그는 예기치 않게 그 질문을 받았지요. 프란치스코가 비행기에서 메모도 없이 1시간 반 동안 70명의 기자와 자유롭게 한 말들은 즉흥적이고 정직한 것이었어요. 그러나 그가 말한 것이 반드시 교리 부분이라고 할 수는 없어요. 그것은 대화니까 대화로 받아들여져야 해요. 그것은 해석의 문제입니다.

교황의 대변인으로서 교황이 한 말을 체계화시키고 의미를 부여함으로 늘 원문을 해석해온 롬바르디가 '해석'이라는 단어를 내뱉을 때, 나는 그 예수회 신부가 게이를 지지하는 프란치스코의 경구(警句)의 의미를 축소하고자 하는 것을 느낀다.

그는 더하여 말한다.

> 내 말은 그 표현이 교리 선택이나 변경을 의도한 것이 아니라는 말씀입니다. 그 표현은 매우 긍정적인 측면을 갖고 있어요. 그 말은 개인의 상황에 대한 것입니다. 그 말은 친밀한 동료 의식에서 나온 목회적인 보살핌의 표현입니다. 물론 이 말이 게이가 되는 것이 좋다는 뜻은 아니지요. 단지 교황은 자기가 판단할 자리에 있지 않다는 것을 느낀다고 말한 거예요.

"그 표현은 예수회의 관용표현입니까?

아니면 궤변입니까?"

　　네, 예수회의 관용표현이에요. 그 표현은 자비의 선택이며 개인적인 딜레마를 다루는 목회적인 표현입니다. 통찰력 있는 표현이지요. 프란치스코는 어떻게 대답할지 모색하고 있었어요. 그러다가 '나는 당신과 의견을 같이합니다'라고 말한 것이지요. 그러나 동시에 프란치스코는 한 개인적인 상황(몬시뇰 리카의 사례)에 대해서는 목회적인 자세로 답변한 것이고요. 그는 교리 문제에 대해서는 변함없이 충실합니다.

또 다른 날 나는 자신은 "다섯 교황과 가까웠다"고 말하는 로마 교황청 전문가 폴 푸파르 추기경에게 그의 집에서 정규적인 만남을 갖게 된 어느 날 그 표현의 어의(語義)에 관해 물었다.

　　프란치스코는 아르헨티나 예수회 교황이라는 것을 잊지 마세요. 내가 말한 대로 예수회와 아르헨티나, 이 두 단어가 중요합니다.
　　즉, 그가 '내가 누구를 판단하리요?
　　이렇게 말할 때 그 의미는 화자보다는 그 말을 받아들이는 자가 어떻게 이해하는지가 중요한 것입니다. 이는 약간 성 토마스 아퀴나스(St Thomas Aquinas)의 이해 이론과 비슷한데, 각각의 말은 사람이 이해하고자 바라는 대로 받아들여진다는 것이지요.

　　　　　　　　＊　　＊　　＊

　　프란체스코 레포레는 교황 프란치스코의 답변에 대해 아무런 느낌이 없었다. 그는 또한 그의 표현에 대한 설명에 대해서도 아무런 평을 하지 않았다.
　　몬시뇰 리카를 잘 알고 있는 이 전직 사제가 볼 때는 교황의 답변은 전형적인 이중적 표현의 사례다.

　　교황의 사고를 따르자면 몬시뇰 리카는 청소년 때 게이였지만 사제로 서품을 받은 후로는 게이가 아니라는 것을 의미하는 것입니다. 주님께서 용서하신 것은 젊을 때의 죄겠지요. 하지만 교황은 문제의 사건들은 최근에 발생했다는 사실을 틀림없이 알고 있었을 거예요.

거짓말?
부분적인 거짓말?

사람들은 말하기를 예수회 사람에게는 부분적인 거짓말을 하는 것은 부분적인 진실을 말하는 것과 같다고 한다!
레포레는 계속 말한다.

바티칸에는 불문율이 있어요. 그것은 어떤 상황에서도 성직자는 보호되어야 한다는 것이지요. 프란치스코는 모든 의혹에도 불구하고 바티스타 리카를 보호한 것입니다. 마치 요한 바오로 2세가 스타니스와프 지비스와 안젤로 소다노를 감싼 것처럼, 또는 베네딕토 16세가 모든 비난을 직면함에도 불구하고 게오르크 겐스바인과 타르치시오 베르토네를 끝까지 변호해 준 것처럼 말이지요. 교황은 군주입니다. 그는 어떤 상황에서든 자기가 좋아하는 사람들을 보호할 수 있고 이에 대해서는 아무도 막을 수 없어요.

그 사건이 시작될 때 이탈리아 잡지 「리스프레소」(*L'Espresso*)는 상세한 조사를 한 후 2013년 7월의 잡지 전면에 바티칸을 나오게 하고 "게이 로비"라는 대담한 제목을 붙였다. 이 기사는 몬시뇰 리카는 스위스와 우루과이에서 교황 대사로 근무할 때 한 스위스 근위대원과 관계를 맺었다고 실명으로 발표하였다.

특히, 몬테비데오(Montevideo)에서의 바티스타 리카의 밤 생활이 자세히 실렸다. 그는 어느 날 밤 어느 공적인 모임 장소에서 구타를 당하였고 몇몇 사제들에게 도움을 청한 후 얼굴이 부은 채 교황청 대사관으로 돌아왔다고 한다. 「리스프레소」는 또 다른 때 그가 한밤중에 불행하게도 바티칸 대사관의 사무실에 있는 엘리베이터가 고장이 나서 그 안에 갇히게 되었는데 아침 이른 시간이 되어서야 소방의 도움으로 나올 수 있었고, 그때 그는 '잘생긴 청년'과 함께 엘리베이터에 갇혀 있었다고 보도했다. 재수가 더럽게 없던 것이다!

어떤 교황 대사의 말을 출처로 하여 인용한 그 잡지는 또한, 리카의 연인으로 추정되는 그 스위스 근위대원의 여행 가방에 대해 말한다. 그 안에는 "권총과 엄청난 양의 콘돔과 음란물"이 들어있었다고 한다. 교황 프란치스코의 대변인인 페데리코 롬바르디는 언제나 그러하듯 그 보도된 사실은 믿을 만한 것이 아니라고 부인했다.

바티칸을 매우 잘 아는 한 로마 주재 외교관은 낄낄 웃으며 말한다.

> 바티칸이 그 사건을 관리한 방법은 꽤 우스꽝스러웠지요. 교황의 반응도 마찬가지였고요.
> 그 죄는 가벼운 죄라는 것입니다!
> 그리고 과거의 죄고요!
> 마치 빌 클린턴 대통령이 마약을 복용한 혐의를 받고 사과했을 때 마리화나를 피웠지만, 흡입은 하지 않았다고 설명한 것과 약간 비슷하지요.

그 언론사는 그 성직자의 고생과 이중생활로 추정된 삶, 그리고 그의 승강기 사고를 보도하고 크게 재미를 보았다. 동시에 우리는 그 고발은 만만치 않은 라칭거파 바티칸 전문기자인 75세의 산드로 매지스터(Sandro Magister)가 했다는 것을 알고 있다.

왜 그는 갑자기 문제의 사건이 있은 지 12년 후에 몬시뇰 리카를 고발했을까?

리카 고발 사건은 사실, 라칭거파로 불리는 바티칸의 보수파와 프란치스코가 대표하는 온건파 사이의, 특히 양 진영의 동성애자들 사이의 보복 싸움이었다.

교황 대사로서의 경험이 없는 외교관이고, 주교로 선출된 적이 없는 '교황명예 고위 성직자'인 바티스타 리카는 프란치스코 교황의 가장 가까운 동료 중 한 사람이다. 그는 교황의 관저인 성녀 마르타호텔을 담당하고 있으며 또 다른 교황 관저 두 곳을 운영하고 있다. 마지막으로, 그는 참으로 논란이 많은 바티칸 은행(IOR)의 최고 운영자인 교황을 대표하는 사람 중 한 사람이다. 말하자면, 그 성직자는 상당히 알려져 있었다.

그러므로 그가 동성애자로 추정된 사실은 프란치스코를 약화하는 구실이었다. 그가 폭행을 당한 사실은 그를 동성애자로 '드러내는데' 이용되었다. 가해자들로부터 폭행을 당하기만 한 사실은 더욱 가톨릭 신자다울 수 있다. 승강기에서 그와 함께 발견된 그 젊은 청년이 법적으로 성관계 동의 결정을 할 수 있었던 성인인지 확인해 볼 필요가 있다.

내가 가진 소식통에 따르면 리카를 고발한 사람 중 한 명은 동성애를 혐오하는 동성애자라는 사실이 드러났다!
　이중 게임은 바티칸 내의 대단히 전형적인 경영방식이다.
　이처럼 리카 사건은 로마 교황청 내의 두 동성애 파벌 사이의 오랜 보복 사건에 속한다. 이런 보복의 희생자들로는 디노 보포(Dino Boffo), 세사레 부르가치(Cesare Burgazzi), 프란체스코 카말도(Francesco Camaldo) 그리고 심지어 바티칸 시의 전 사무총장 카를로 마리아 비가노가 있다. 우리는 그들의 이야기를 하게 될 기회를 갖게 될 것이다. 매 사건마다 성직자들이 사제들과 평신도들을 고발하였는데 고발한 사람들 대부분은 그들 자신이 횡령 및 부적절한 성적 행위로 강등된 자들이었다. 여기서 우리는 『바티칸의 불편한 진실』의 다섯 번째 새로운 법칙을 갖게 된다.

> **5. 즉, 소문이나 험담, 앙갚음과 보복, 그리고 성 추행은 교황청 내에 만연하다. 게이 문제는 이런 음모의 주요 원인 중 하나다.**

＊　　＊　　＊

　"교황이 동성애자들에게 둘러싸여 있는 것을 몰랐어요?"
　로마 교황청에서 "라 파이바"(La Païva)라는 별명(유명한 후작(侯爵) 부인이며 창녀였다)을 갖게 된 부정직한 어떤 대주교가 내게 묻는다. 나는 이 책에서 그를 그의 별명으로 부를 것이다.
　내가 정규적으로 점심과 저녁을 같이 하여온 예하 라 파이바는 바티칸의 모든 비밀을 알고 있다. 나는 순진한 척 "당연히 바티칸 내에는 동성애 행위를 하는 사람이 아무도 없겠지요"라고 말한다.
　라 파이바는 "많아요. 매우 많아요"라고 대답한다.
　"요한 바오로 2세와 베네딕토 16세의 수행원 중에 동성애자들이 있었다는 것은 알고 있었지만, 프란치스코에 대해서는 모르겠는데요."
　"많아요. 성녀 마르타호텔에 사는 많은 사람이 그 교구에 속해 있어요."
　라 파이바는 이상한 표현을 사용하더니 또다시 "그 교구에 속해있다고요"라고 반복하며 웃는다. 그는 마치 최고의 표현을 지어낸 것처럼 그 표현을 자랑스럽게 여긴다. 나는 그가 그의 오랜 삶 가운데 이 표현을 수백 번 사용해

온 것을 추측할 수 있었다. 그 표현은 신앙의 입문자를 위한 것인데 동성애의 사례에 쓰이면서 여전히 의도된 효과를 얻어낸다.

"그 교구에 속한다"는 표현은 이 책의 부제가 될 수도 있었다. 그 표현은 프랑스어와 이탈리아어에서도 오래된 표현이다. 나는 이 표현을 1950년대와 60년대에의 동성애자들의 속어에서 발견했다. 이 표현은 그 이전에 사용되었을 수도 있다. 그 이유는 마르셀 프루스트의 『소돔과 고모라』와 장 게넷(Jean Genet)의 『노틀담 데 플뢰르』(Notre Dame des Fleurs)에 나오는 표현과 대단히 비슷하기 때문이다.

하지만 나는 이 표현이 그 두 책에는 나오지 않는다고 확신한다.

혹은 이 표현은 1920년대와 30년대의 게이 술집에서 나온 더 오랜 은어였을까?

불가능하지는 않다. 아무튼, 이 표현은 과감하게 교회 세계와 동성애 세계를 결합하고 있다.

갑자기 라 파이브가 "당신을 좋아합니다"라고 말한다.

"당신이 남자와 여자 중 어느 쪽을 더 선호하는지 내게 말하지 않아서 화가 나요. 내게 말하지 않겠어요?

적어도 당신은 공감하고 있지요?"

나는 라 파이브의 당돌함이 맘에 들었다. 그 대주교는 자기 생각을 크게 떠벌리며 심지어 내게 그의 세계를 힐끗 엿보게 하면서 즐거워한다. 그는 그렇게 하면 나의 우정을 얻을 수 있다고 믿는 것 같다. 그는 프란치스코가 있는 바티칸의 비밀을 드러내기 시작한다. 그곳에서는 동성애가 은밀한 비밀이며 아무도 헤치고 들어갈 수 없는 비밀 동지애다. 호전적인 라 파이바는 그의 비밀을 말해준다. 참으로 별난 사람이다!

이 주제로 등장하는 다른 인물들보다 두 배나 더 별난 사람이다. 사실, 그는 이성애자이지만 동성애를 원하는 사람이다. 그는 동성애 애호가들은 동성애자들과 함께 추기경단 대다수를 이루고 있다는 사실을 알려주면서 "실제 동성 성행위를 하는 자들"과 "행위를 하지 않는 동성애자들"을 구분하며 이름을 나열한다.

물론 가장 흥미로운 것은 '체제'다. 라 파이바에 따르면 교황청 내에 있는 동성애자들은 교황이 바뀌더라도 대체로 일정하다고 한다. 그러므로 교황 요한 23세, 바오로 6세, 요한 바오로 1세, 요한 바오로 2세, 베네딕토 16세, 프란치스코의 수행단 대다수는 "그 교구에 속한 자들"이라고 한다.

* * *

이 특별한 부류들과 살도록 선고받은 교황 프란치스코는 그가 할 수 있는 것을 한다.

그는 "내가 누구를 판단하리요?"

이 표현으로 기본적인 대책을 바꾸려고 시도했다. 좀 더 가면 교리를 건드리게 되는데, 그렇게 되면 추기경단 내에 곧바로 전쟁을 일으키는 것이 될 것이다. 그러므로 모호한 표현이 이 예수회 교황과 어울리며 또한 안전하다. 그는 동일한 표현 속에 반대의 뜻이 담기도록 하는 말을 할 수 있다. 게이 우호적이면서도 반(反)게이적이다.

얼마나 대단한 재능인가!

그의 공적인 말은 때때로 그의 사적인 행동과 상충한다. 따라서 프란치스코는 끊임없이 이주민들을 보호하지만, 게이 결혼을 반대하기 때문에 밀입국 게이 이주민들이 고정 파트너가 생겼을지라도 합법적으로 영주하지 못한다. 프란치스코는 또한 자신을 '여성주의자'라고 부르지만, 아기를 갖지 못하는 여성들의 의학적인 불임 치료 선택권을 거부함으로써 여성들의 선택을 박탈한다. 몬시뇰 비가노는 그의 2018년 『증언』에서 교황이 동성애자들에게 둘러싸여 있고 또한 지나치게 게이 우호적으로 보이면서도 동시에 젊은 동성애자들에게 '정신병 치료'(비가노는 교황이 이 말을 한 후 후회했다고 말한다)를 받을 것을 제안했다고 비난했다.

호르헤 베르고글리오는 교황 선거와 그의 당선 전에 '변두리'를 최우선 순위로 잡았다. 그는 이 개념이 그에게 도움이 될 것이라고 보았는데, 일단 이 개념은 서방 로마 가톨릭에서 '지리적으로' 멀리 떨어진 아시아와 남아메리카, 그리고 아프리카의 신자들을 포함한다. 또한, '실존적인' 변두리가 있는데 교회가 신경 쓰지 못하는 모든 사람을 뜻한다. 베르고글리오가 예수회 회원 안토니오 스파다로(Antonio Spadaro)와 나눈 인터뷰에 따르면, 실존적인 변두리에 속한 자 중에는 이혼한 부부들과 소수자들과 동성애자들이 있다.

이 개념 너머에는 상징이 있다. 즉, 프란치스코는 공개적으로 워싱턴에 있는 교황청 대사관에서 그의 이전 게이 학생 중 하나인 67세의 야요 그라시(Yayo Grassi)를 만났다. 그때 야요 그라시는 인도네시아 남자친구인 이완(Iwan)을 데리고 나왔다. 그 커플이 찍은 셀카 및 동영상을 보면 그들이 교황을 껴안고 있는 모습을 보여준다.

여러 소식통에 따르면, 교황과 이 게이 커플의 만남은 우연이 아니었다. 교황의 대변인인 페데리코 롬바르디는 처음에는 그 만남을 '순전히 사적인' 우연한 만남으로 제시하였지만 조금 후에는 공식 회견이었다고 알려 주었다.

한편 그 이전에 논쟁거리가 될 만한 사건이 벌어졌었는데, 미국을 방문한 동일한 그 여행에서 교황은 매우 동성애 혐오적인 교황 대사 몬시뇰 비냐노의 압력 아래 켄터키 출신의 지역 정치인인 김 데이비스(Kim Davis)를 만났다. 데이비스는 비록 두 번의 이혼 경력이 있음에도 불구하고 그녀의 지역에서 게이 결혼을 허락해 주지 않았다. 매우 고자세인 동성애 혐오자인 그녀에게 허락된 이 호의로 인하여 강렬한 항의가 불거지자, 교황은 뒤로 물러서며 데이비스의 입장을 지지했던 사실을 부인했다(그 정치인은 게이 결혼을 허락한 미국 법을 따르지 않은 것 때문에 체포되어 잠시 수감되었다).

교황은 그의 등 뒤에서 비가노(교황은 그를 곧 워싱턴에서 쫓아낼 것이다)가 끼쳐 놓은 이미지 손상을 유감스럽게 여기면서, 그 논쟁에 휘말리고 싶은 의도가 없다는 것을 보여주기 위해 그의 이전 게이 제자와 그의 동반자를 공식적으로 맞이함으로써 그의 초기의 동성애 혐오적인 태도를 균형 있게 조정했다. 이는 바로 예수회 평화주의가 모든 상황에 사용하는 두 면을 지닌 조치다.

한 교황청 주재 프랑스 대사와 교황과 만남 약속도 혼란을 빚었는데, 그 경우도 동일한 모호함을 드러낸다. 교황 프란치스코 편에서는 일종의 마키아벨리적인 자세를 드러낸다. 문제의 그 남자는 로랑 스테파니니(Laurent Stéfanini)다. 그는 고위 외교관이며 독실한 가톨릭 신자이고 우파에 속하며 몰타 기사단의 평신도다. 대단한 존경을 받는 전문가인 그는 니콜라 사르코지(Nicolas Sarkozy) 밑에서 엘리제(Élysée) 궁의 의전 단장을 역임했으며 과거에는 그곳 대사관에서 차관으로 있었다. 프랑수아 올랑드(François Hollande) 대통령은 그를 2015년 1월에 바티칸 주재 프랑스 대사로 임명하기로 하였고, 그의 임명장은 공식적으로 교황에게 제출되었다.

풍자 색상이 강한 「르 카나르 앙셰네」(Le Canard Enchaîné) 잡지의 공개적인 발표는 시기상조였을까?

교황은 그의 임명을 보류했다. 이유는, 그 외교관이 게이였다는 것이다!

프랑스 대사가 동성애 문제 때문에 로마에서 심문을 받은 것이 이번이 처음은 아니다. 2008년, 니콜라 사르코지가 바티칸으로 보내기를 원했던 외교관, 장 루프 쿤 델포지(Jean-Loup Kuhn-Delforge) 후보는 공공연한 동성애자였고 그의 동반자와 합법적 동거생활(civil partnership)을 하고 있었다. 교황 베네딕토 16세는 후보 교체를 요구하면서 1년 동안 장 루프에 대한 후보 동의를 거절했었다. 한편, 과거에 여러 바티칸 주재 프랑스 대사들이 공개적으로 동성애자였다는 것을 지적해야 하는데, 이 사실은 이런 규정이 때때로 깨질 수도 있다는 증거다.

이번 스테파니니 경우는 윗선에서 막혔다. 교황 프란치스코가 거부한 것이다. 그는 다른 사람들이 강요했기에 마음이 상했던 것일까?
그는 게이 대사를 강요당하므로 조종받고 있다고 느낀 것일까?
파리 주재의 교황 대사를 통한 동의 과정이 생략되었던 것일까?
스테파니니는 프랑스 내의 반대 세력이 꾸민 캠페인의 희생양인 것일까?(우리는 몰타 기사단과 친밀했던 베르트랑 베자씨누[Bertrand Besancenot] 대사가 그 자리에 눈독을 들이고 있다는 사실을 알고 있다).
혹시 그 사건을 사용하여 교황을 함정에 빠뜨리려는 교황청 우파의 음모는 아니었을까?

이런 뒤얽힌 상황에서 올랑드 대통령이 스테파니니 후보에 대해 강력한 지지를 보내자, 프란치스코와 프랑수아 사이의 심각한 외교 위기가 드러났고, 교황은 또 다시 거절했다. 올랑드는 교황청이 스테파니니를 받기를 거부하면 절대로 바티칸 주재 프랑스 대사를 받지 않겠다고 주장했다!
이 경우, 음모자들은 문제가 된 사람의 사생활이 공개적으로 드러난 것에 대해 별 관심이 없다. 그들은 교회를 위한다고 생각하였겠지만 사실 교회를 매우 난처한 상황에 빠뜨림으로써 교회를 약화시키고 있었다. 프란치스코는 어쩔 수 없이 모든 예우를 갖추어 사과와 함께 스테파니니를 받아들였다. 하지만 예수회의 외교술의 반어법을 사용하여 그 대사에게 개인적으로 아무런 반감이 없었다고 말하였다!
파리의 대주교는 곧바로 이 문제를 해결하고자 하였는데 오히려 게이 대사 임명에 대해 아무런 문제를 찾지 못했다. 교황과 매우 가까운 프랑스 추기경 장루이 토랑도 마찬가지였다. 로마 쪽에서는 교황청의 제2인자인 피에트로 파롤린 추기경이 나서서 프랑수아 올랑드를 만나기 위해 파리까지 건너갔다. 올랑드는 파롤린과 팽팽한 대화를 나누는 가운데 '스테파니니의 동성애'가 문제가 되는지 노골적으로 물었다. 대통령이 그의 참모 중 하나에 말했다는 이야기에 따르면, 파롤린은 그 문제에 대해 눈에 띄게 불안해하면서 개인적으로도 부담을 느끼더니 얼굴이 붉어지고 겁에 질린 채, 그 문제는 동성애와는 관련이 없다고 말을 더듬었다고 한다.

 이 사건의 결과로, 교황 프란치스코가 프랑스를 얼마나 모르고 있는지가 드러났다. 프랑스 추기경으로 임명되어 본 적이 없던 프란치스코는 그의 전임자들과는 달리 프랑스어를 하지 못한다. 아아, "라이시테"(laïcité)를 무신론으로 혼동하는 것 같던 교황은 어떤 음모가 있었지만, 그 음모의 암호를 모름으로 희생자가 된 것이다.

 간접적인 피해자인 로랑 스테파니니는 그가 알지도 못하는 싸움에 말려들면서 빗발치는 비난을 받게 되었다. 하지만, 사실 그 비난의 초점은 그가 아니었다. 로마에서 그 전투는 교황 프란치스코를 난처하게 만들기 위해 장기판의 졸개들을 움직인, 대부분 동성애자로 가득한 라칭거 파의 공격이었다. 스테파니니가 회원으로 있는 몰타 기사단은 엄격한 '밀실' 성향과 유연한 '열린 방'의 성향으로 나누어져 있는데, 그 두 측은 그의 사건을 둘러싸고 격돌했다(그 독립 수도원인 몰타 기사단의 후원자인 레이먼드 버크 추기경은 스테파니니의 입후보를 '박살냈다'고 한다).

 칠레의 전 교황 대사였던 파리 주재 교황 대사 몬시뇰 루이지 벤츄라(Luigi Ventura)는 신부 페르난도 카라디마(Fernando Karadima)의 소아 성범죄를 고발하지 않은 것에 대해 현재 언론의 비난을 받고 있고, 또한 지금 그 자신도 여러 젊은이를 성추행하고 성폭행한 혐의를 받고 있다(그는 안젤로 소다노 추기경과 가까운 사이였고 마르씨얼 마시엘(Marcial Maciel)이 이끄는 그리스도의 군단(Legion of Christ)과도 가까웠다).

 그런데 그가 스테파니니의 임명을 반대하면서 파리와 로마의 이해(利害) 당사자들이 파악하기 힘든 이중 게임을 했다. 프랑스에서 스테파니니의 이 사건은 게이 결혼법을 둘러싼 논쟁의 배경 속에서 좌파와 우파가 서로에게 보복할 수 있는 기회였다. 프랑수아 올랑드와 니콜라 사르코지가 맞서고, 게이 결혼 반대 조직인 "래맹 폭투어스"(La Manif pour tous')와 올랑드가 맞섰으며, 극우파가 중도 우파가 대치하였다. 스테파니니의 입후보를 진정으로 지지했던 올랑드 대통령은 결국, 독실한 가톨릭 신자이고 동성애자인 이 사르코지파의 고위 외교관의 운명을 놓고 우파가 분열되는 것을 보고 즐거워했다.

그는 우파에게 그들의 위선에 대한 멋진 교훈을 가르쳐 주었던 것이다!
(여기서 나는 파리 주재 교황 대사인 몬시뇰 루벤 다리오 루이즈 메인아르디(Rubén Darío Ruiz Mainardi)의 최고 고문과의 면담뿐만 아니라 올랑드 대통령과 마누엘 발스(Manuel Valls) 프랑스 총리의 여러 자문과의 인터뷰를 사용하고 있다).

보다 교묘한 전략적 조치를 취하는 프랑수아 올랑드의 고문 중 한 사람은 만일 스테파니니의 입후보가 좌절되면 파리에 본거지를 둔 몬시뇰 루이지 벤츄라는 엘리제로 소환되어 해임될 것이라고 말하였다. 이는 벤츄라의 동성애가 케도르세(Quai d'Orsay)에서 잘 알려져 있었기 때문이다(이곳에는 프랑스 외무성이 있고 동성애자들이 하도 많아서 때때로 "게이 오르세"(Gay d'Orsay)라고도 불린다).

당신은 파리, 마드리드, 리스본(Lisbon), 런던에 있는 바티칸 외교관들을 알지요!
동성애 때문에 스테파니니를 거절한 것은 교황이 내린 가장 웃긴 결정이랍니다!
만일 교황청의 동성애 외교관들이 거절을 당한다면 세계 이곳저곳에서 교황을 대표하는 자들은 어떻게 되겠습니까?

교황청에서 외교관으로 있었던 어떤 프랑스 대사가 웃으며 말했다.
프랑스 외무장관 버나드 쿠치너(Bernard Kouchner)는 파리에 있는 그의 집에서 대화를 하는 동안 이렇게 확증했다.

바티칸은 내가 동성애 후보자를 거절하지도 못하는 형편없는 장관이라고 비난합니다!
나는 자기 파트너와 동성 동거생활을 하고 있는 장 루프 쿤 델포지를 바티칸 주재 프랑스 대사로 임명하려고 했을 때도 똑같은 문제를 겪었지요. 우리는 똑같은 거절에 부딪혔어요. 한 고위 외교관을 동성애를 이유로 차별하는 것은 절대 용납할 수 없었지요.
우리는 그 거절을 받아들일 수 없었어요!
그래서 나는 나의 맞상대이며 바티칸에서 외무부 장관에 해당하는 몬시뇰 장루이 토랑에게 전화를 해서 파리 주재 교황 대사를 관두라고 말했습니다. 그래서 그는 관둘 수밖에 없었습니다. 오늘 이 사실을 당신에게 밝힐 수 있습니다. 나는 그에게 '눈에는 눈 이에는 이'라고 말했습니다(나와 대화를 나눈 두 명의 바티칸 외교관은 그 사건에 대한 이 설명에 이의를 제기한다. 그들은 그 교황 대사가 정상적으로 5년 임기를 마치고 떠난 것이라고 주장한다).

여기서 중요한 증언이 하나 있다. 아르헨티나인 에두아르도 발데스(Eduardo Valdés)는 교황과 친하고 그는 스테파니니 사건이 발생할 때 교황청 주재 대사였다. 그는 부에노스아이레스에서 나와 대화를 하는 동안 설명을 한다.

스테파니니를 대사로 임명하는 것을 반대했던 모든 사람이 그와 마찬가지로 동성애자인 것이 분명하답니다. 항상 똑같은 위선이지요!
언제나 똑같은 이중 잣대입니다!
동성애자들을 가장 빨리 정죄하는 자들은 가장 많이 동성애 행위를 하는 자들이랍니다.

교황청 주재 프랑스 대사 자리는 14개월 이상 공석으로 있었고, 마침내 프랑수아 올랑드는 양보를 했다. 그는 결혼을 하여 두 자녀의 아버지이고 외교관직을 마무리 하고 있는 상호 합의된 한 외교관을 임명했다. 그러자 스테파니니는 자신은 동성애를 택하였고 그 외교관이 임명된 것은 자기와 상관이 없다고 멋지게 선언할 것이다!

(이 "스테파니니 사건 기록"(Stéfanini dossier)에 대해 내가 가진 정보 출처는 위에서 언급한 이름과는 별도로 토랑 추기경, 대주교 프랑수아 바케(François Bacqué), 그리고 12명의 다른 바티칸 대사들이 있고, 4명의 교황청 주재 프랑스 대사, 곧 장 게에누(Jean Guéguinou), 피에르 모렐(Pierre Morel), 브루노 주베르트(Bruno Joubert), 그리고 필립 젤레(Philippe Zeller)가 있다. 물론, 베르트랑 베자씨누 대사와 로랑 스테파니니 대사가 있다.)

* * *

아무튼 프란치스코는 사람들이 말하는 것처럼 게이 우호적인가?
어떤 사람들은 그렇게 생각하며 그들의 주장을 뒷받침하기 위해 다음과 같은 이야기를 해 준다.

저명한 신앙교리성의 장관이던 독일인 추기경 게르하르트 뮐러가 한번은 교황과 알현하게 되었다. 뮐러는 동성애 애호가라는 이유로 고발을 당한 어떤 늙은 신학자에 대한 파일을 가지고 나타났다. 그는 교황에게 어떤 제재를 취하여야 할지를 물었다(뮐러의 입에서 나오는 말을 직접 들은 신앙교리성 내의 두 증인에 따르면) 교황은 맥주 한잔하자고 불러서 형제처럼 대화하며 그 문제에 대한 답을 찾으면 좋지 않겠습니까?
교황이 대답했다고 한다.

게이들에 대한 적의를 감추지 않았던 뮐러 추기경은 프란치스코의 답변에 완전히 뒤통수를 맞았다. 그는 급하게 사무실로 돌아와 그의 동료들과 개인 부제(副祭)에 그 일화를 말했다. 그는 교황이 바티칸 사정에 무지하고 또한 동성애 및 사건 파일 관리에 있어서 판단 착오를 하고 있다고 격하게 비난하였다. 이런 비판은 프란치스코의 귀에 들어갔고, 교황은 조직적으로 뮐러를 응징하기 시작했다.
처음에는 그에게서 동료들을 한 사람씩 떼어내더니 그다음에는 공개적으로 수치를 주었다. 몇 년 후에는 직위를 갱신하여 주지 않고 조기 은퇴시켰다(나는 뮐러의 집에서 그와 인터뷰를 하면서 교황과의 관계에 관해 물었다. 이 기록은 부분적으로 그의 증언에 근거하고 있다).
교황이 교황청 안의 소문을 비난했을 때 뮐러나 버크와 같은 보수적인 추기경들을 두고 한 것일까?
당선된 지 1년이 채 되지 않은 2014년 12월 22일, 교황은 바티칸에서 열린 엄숙한 미사에서 공격을 개시했다. 그 날, 성탄 기도회로 모인 추기경들과 주교들 앞에서 공격했다. 그는 로마 교황청이 "영적 치매", "실존의 정신분열증"을 포함한 15가지 질병을 앓고 있다며 그것들을 나열했다. 특히 그는 "은밀한 잦은 방탕한 삶"을 사는 추기경들과 주교들의 위선을 겨냥했다. 그는 그들의 '험담'과 "소문을 퍼뜨리는 실제 테러"를 비난했다.
그 비난은 엄하였지만, 교황은 아직 정곡을 찌를 표현을 찾지 못했다. 하지만 그는 그 이듬해인 2016년 10월 24일, 성녀 마르타호텔에서 열린 아침 설교에서 그 표현을 찾았다(그의 설교는 길지만, 그의 말의 중요성을 고려하여 라디오 바티칸의 공식 설교 문을 이곳에 인용한다).

완고함은 삶에 뭔가 숨겨진 것이 있습니다. 완고함은 하나님이 주신 선물이 아닙니다. 그렇지요. 다정함, 선함, 자비와 용서는 하나님의 선물입니다.
그러나 완고함은 아닙니다!
완고함 뒤에는 언제나 뭔가 숨겨진 것이 있고, 많은 경우 이중생활이 있고, 질병 같은 것이 있기도 합니다.
완고한 자들이 얼마나 괴로워합니까?
그들이 진실해져서 위선을 깨닫게 될 때, 얼마나 더욱 고통스럽겠습니까!

마침내 프란치스코는 멋진 표현을 하나 발견했다.
"완고함 뒤에는 언제나 뭔가 숨겨진 것이 있고 많은 경우 이중생활입니다."
그의 수행단은 이 표현을 효과적으로 짧게 줄여 "이중생활을 영위하는 완고한 자들"이라고 표현했다. 그리고 이 표현을 자주 되풀이할 것이다. 교황이 이름을 거론한 적은 없지만 어떤 추기경들과 고위 성직자들을 마음에 두고 한 말인지는 알아내기 어렵지 않다.
몇 달 후인 2017년 5월에 교황은 거의 동일한 말로 그의 공격을 재개했다.

이중생활을 하는 완고한 자들이 있습니다. 그들은 잘 생기고 정직하게 보이지만, 그들은 약점과 죄악과 인격 장애를 감추기 위해 완고함을 드러냅니다. 이중생활을 하는 이 완고한 위선자들!

또다시 2017년 10월 20일, 프란치스코는 "표면적인 삶을 살아가는 위선자들"이라고 묘사하며 교황청 내의 추기경들을 공격했다.

이 위선자들은 비누 거품처럼 하나님과 사람들과 자신을 속이고 거룩한 모양을 취하며 경건한 표정을 합니다. … 겉으로는 의롭고 선한 것처럼 행동합니다. 그들은 기도하고 금식하고 구제하는 모습을 보여주기를 좋아합니다. 하지만 이는 다 겉모습이고 그들의 마음 안에는 아무 것도 없습니다. … 그들은 영혼에 치장을 하고 위선으로 살아갑니다. 그들은 거룩한 치장을 합니다. … 거짓말은 많은 해를 끼칩니다. 위선은 많은 해를 끼칩니다. 위선은 그들의 삶의 방식입니다.

프란치스코는 2018년 10월에도 반복했다.

> 그들은 완고합니다. 예수님은 그들의 영혼을 아십니다. 우리는 그들의 완고함 때문에 놀랐습니다. 그들의 완고함 뒤에는 언제나 심각한 문제가 있습니다. … 주변의 완고한 사람들을 조심하기 바랍니다. 자신을 '완벽한' 것처럼 보이려는 그리스도인들, 즉 평신도들, 사제들, 주교들을 조심하기 바랍니다. 그들은 완고합니다. 조심하십시오. 그들은 하나님의 영이 없습니다.

프란치스코는 교황직을 시작할 때부터 이 표현을 격렬히 반복했다. 또한, 너무 반복하기에 우리는 교황이 이 메시지를 사람들에게 알리려고 한다는 것을 안다.

그는 성(性)과 돈에 대한 이중게임을 비난하면서 그의 보수적인 반대 세력들을 공격하는 것일까?

그것만큼은 확실하다. 교황은 그의 개혁을 반대하는 특정 보수주의 및 전통주의 추기경들에게 그가 그들의 이중적인 삶에 대해 알고 있다는 사실을 그들로 알게 하고 경고하는 것이다(이 의견은 몇몇 베르고글리오파 추기경들, 대주교들, 교황 대사들과 사제들이 교황의 전략에 관해 확인해 준 것이다).

* * *

한편, 이 장난기 있는 프란치스코는 예수회 방식이라고 할 수 있는 나름대로 방식으로 게이 문제에 대처해 왔다. 그는 한 걸음 앞으로 나간 후에는 뒤로 물러섰다. 그의 작은 스텝 정책은 애매하고 종종 모순된다. 프란치스코는 언제든지 한 가지 목적만 가진 것으로 보이지 않는다.

그의 대처는 단순한 소통의 문제에 국한된 것일까?

그는 동성애를 허용하는 것은 그의 반대 세력들에게는 근본적인 문제이며 사적인 문제라는 것을 잘 알고 있다.

그러므로 그는 어떤 때는 동성애에 반대하고 다를 때는 부드럽게 다루는 식으로 반대 세력들을 심술궂게 상대하는 전략을 사용하는 것일까?

교황의 비방자들이 내게 말한 것처럼, 그는 지적으로 연약하고 확신이 부족함으로 변덕이 심한 유약한 교황일까?

심지어 가장 예리한 바티칸 전문기자들조차 이에 대해 헷갈린다. 즉, 그가 게이 지지자인지 아니면 게이 반대자인지 분간하기가 어렵다. 프란치스코는 "게이와 맥주 한잔합시다"라고 제안했다.

사실, 그는 여러 차례 산타 마리아에 있는 그의 사택에서 그리고 그의 여행 중에도 그렇게 했다. 예를 들어, 그는 비공식적으로 디에고 네리아 레자라가(Diego Neria Lejarraga)와 그의 여자 친구를 함께 맞이했다. 레자라가는 여성으로 태어났지만, 성전환한 남자다. 또 다른 경우는 2017년에 룩셈부르크의 총리 자비에르 베텔(Xavier Bettel)과 벨기에 건축가인 그의 남편 고티에 데스테나이(Gauthier Destenay)를 바티칸에서 공식적으로 접견했다.

이런 접견 대부분은 교황의 개인 비서인 파비안 페다치오(Fabián Pedacchio)와 교황 궁내원장 게오르크 겐스바인이 준비했다. 우리는 사진에서 게오르크가 그의 성 소수자 손님들을 따스하게 맞이하는 것을 볼 수 있는데 동성애자들에 대한 겐스바인의 잦은 비판을 고려할 때 왠지 석연치 않다.

대중에게는 잘 알려지지 않은 아르헨티나인 페다치오는 2013년부터 교황의 가장 가까운 협력자가 되어 왔으며, 성녀 마르타호텔에서 프란치스코 옆방인 2층 201호에서 그와 함께 살고 있다(내가 인터뷰한 한 스위스 근위대원과 비가노의 『증언』에 따르면). 페다치오는 신비한 인물이다. 그는 인터뷰를 거의 하지 않았거나 혹은 그와 관련한 정보들이 인터넷상에서 삭제되었다. 그는 말이 없고 그의 공식적인 경력은 미미하다. 그는 로마 교황청 내의 우파가 어떤 수를 사용해서든 공격하려는 대상이다.

"그는 강한 사람이에요. 그는 선하고 아량 많은 사람이 자기 곁에 두어야 할 호위 무사 같은 사람이지요."

전 교황청 주재 아르헨티나 대사였던 에두아르도 발데스가 말했다.

교황을 직접 공격할 용기가 없는 사람들은 페다치오를 향해 고전적인 용어로 '나쁜 경찰' 또는 '훌륭한 경찰'이라는 등 비난을 했다. 이에 교황청 내의 추기경들과 주교들은 페다치오의 저지분한 삶을 고발하였고 그가 '친구를 찾기 위해' 가입한 소셜 데이트 네트워크인 바두(Badoo)의 계정을 파헤치기 시작했다(이탈리아 언론이 그 페이지를 폭로되게 되면서 그 사이트는 폐쇄되었다. 하지만 웹의 메모리와 "딥웹"으로 알려진 곳에서 그 사이트 접근이 가능하다).

이 바두 계정과 그의 극소수의 인터뷰에서 몬시뇰 페다치오는 자기는 오페라를 사랑하고 스페인 감독 페드로 알모도바르(Pedro Almódovar)의 영화를 좋아한다고 말한다. 그는 그 감독의 영화를 전부 보았으며 그중에는 '뜨거운 성적인 장면'을 담은 영화도 있다고 인정한다. 그의 사명감은 그의 삶을 바꾸어준 '매우 특별한 사제'로부터 비롯된 것으로 여겨진다. 페다치오는 바두와 관련해서는 음모라고 비난하였고 그 계정은 가짜 계정이라고 맹세했다.

교황 프란치스코는 그의 가장 가까운 수행원에게 날아오는 비난에 귀를 닫고 그의 작은 스텝 정책을 밀고 나갔다. 플로리다 주 올랜도의 한 게이 클럽에서 49명의 학살 사건 이후, 교황은 슬픔의 표시로 눈을 감은 채 말했다.

나는 교회가 가난한 자들과 착취당한 여성들과 일거리를 빼앗긴 젊은이들에게 사죄해야 하듯이 교회가 상처를 주어왔던 게이들에게도 사죄해야 한다고 생각합니다. 또한, 많은 무기에 복을 빌어준 사실에 대해서도 사죄해야 합니다.

프란치스코의 이런 자비로운 말과는 달리 그는 성별(性別) 이론에 대해서는 융통성을 보여주지 않았다. 2015년부터 2017년 사이에 그는 여덟 번이나 '성별' 이념에 대해 '마귀적'이라고 부르며 반대 의사를 표현했다. 그는 때로는 그 주제를 알지 못한 채 피상적으로 반대한다. 예를 들어, 2016년 10월, 그는 프랑스의 학교 교과서는 "성별 이론을 교활하게 주입하고 있다"며 비난하였지만, 곧바로 프랑스 출판사들과 교육부는 "이 교과서들은 성별 이론에 대한 언급이나 인용을 전혀 담고 있지 않다"고 선언했다.

교황의 이 실수는 '가짜 뉴스'를 신뢰한 데서 비롯된 것인데 그런 가짜 뉴스는 프랑스 극우파와 친밀한 가톨릭 협회들이 만들어내고 있었다. 교황은 확인도 없이 그런 가짜 뉴스를 참조했다.

* * *

프란치스코의 비서 중 한 명은 매주 교황이 받는 편지 중 가장 민감한 50여 통에 답변하는 신중한 몬시뇰이다. 그는 익명을 전제로 나를 만나기로 했다.
"교황은 그의 비서 중 한 명이 게이 사제라는 것을 모릅니다!"
그는 자랑스럽게 고백한다.
이 사제는 교황과 함께 일하기 때문에 바티칸의 모든 부서에 접근할 수 있다. 우리는 지난 몇 년간 정기적인 만남을 가져왔다. 비아 루치나(Via Lucina)의

레스토랑 코소(Coso)에서 식사를 할 때 그는 아무도 모르는 비밀을 내게 말해 주는데 그 정보는 프란치스코의 또 다른 면을 보여준다.

교황은 "내가 누구를 판단하리요?"

이런 멋진 표현을 한 이래로 그에게 감사하며 조언을 구하는 동성애자들로부터 수많은 편지를 받기 시작했다. 이 어마어마한 서신 왕래는 바티칸의 사무국이 관리하는데 특히 교황의 서신 왕래 담당 몬시뇰 체사레 부르가치(Cesare Burgazzi)가 관리한다. 나는 부르가치의 수행원과도 인터뷰하였는데 그 수행원에 따르면 이런 편지들은 종종 '필사적'이다. 그 편지들은 때로는 동성애와 신앙 양심을 조화시킬 수 없으므로 '자살까지 갔던' 신학생들과 사제들이 보낸 것이다.

내 소식통인 그 수행원은 "오랫동안 우리는 그런 편지에 매우 성실하게 답변했고 답장 편지에는 교황의 서명을 넣었어요"라고 말한다.

"국무원에는 상당수의 게이 몬시뇰들이 있으므로 그들이 항상 배려하는 마음을 갖고 동성애자들에게서 온 편지들을 능숙하게 다루었지요."

그러나 어느 날 교황 프란치스코는 서신 답장 관리에 불만을 품더니 그 부서를 재편성하라고 요구했다. 그의 비서에 따르면, 한 가지 성가신 지시가 더해졌다고 한다.

> 갑자기 교황은 우리에게 동성애자들에게서 온 편지에 답변을 멈추라고 부탁하는 것이었어요. 우리는 그 편지들을 '답변없음'으로 분류해야 했고요. 그 결정은 우리를 깜짝 놀라게 했습니다. 사람들이 생각하는 것과는 달리 이 교황은 게이들에게 호의적이지 않아요(국무원의 다른 두 사제는 이 지시가 있었음을 확인해 주었다. 하지만 그 지시가 교황이 직접 한 것인지는 확실하지 않다. 아마도 그의 보좌관 중 한 사람이 제안했을 수도 있다).

내가 받은 정보에 따르면, 국무원의 몬시뇰들은 그들 중 한 사람이 말한 것처럼 여전히 "저항적인 일"을 계속하고 있었다. 동성애자들과 게이 사제들이 편지로 자살 의향을 나타내면 교황의 비서들은 함께 모여 자세한 답변을 하고 교황의 서명을 넣는다. 하지만 답변 내용은 완곡어를 사용한다. 따라서 교황 프란치스코의 의도와는 달리 동성애자들에게 자비로운 편지를 계속 보내고 있다.

4

부에노스아이레스
(Buenos Aires)

그 사진은 "세 명의 호르헤의 사진"으로 알려져 있다. 흑백으로 되어 있는데, 왼쪽에는 장래 교황 호르헤 베르고글리어(Jorge Bergoglio)가 성직자 복장을 하고 웃음이 가득하다. 오른쪽에는 가장 유명한 아르헨티나 작가인 호르헤 루이스 보르헤스(Jorge Luis Borges)가 큰 안경을 쓰고 진지한 표정을 짓고 있다. 그는 지금 거의 장님이다. 이 두 사람 사이에 로만 칼라를 입고 있는 젊은 신학생이 하나 있다. 그는 호리호리한 잘 생긴 미남이었다. 그는 카메라를 피하려고 아래를 보고 있다. 이때는 1965년 8월이다.

몇 년 전에야 발견된 이 사진은 많은 소문을 만들어내었다. 의문의 그 젊은 신학생은 지금 프란치스코와 같은 나이로서 80살이 넘었다. 그의 이름은 호르헤 곤살레스 메넨트(Jorge González Manent)다. 그는 장래 교황과 함께 공부했던 예수회 대학에서 그리 멀지 않은 아르헨티나 수도 서쪽 약 30 킬로미터 떨어진 마을에 살고 있었다.

그들은 23살에 그들의 첫 번째 종교 서약을 했다. 거의 10년 동안 가까운 친구였던 그들은 아르헨티나의 가장 깊은 곳을 탐험했고, 라틴 아메리카 내에서, 특히 칠레로 여행을 갔다. 그들은 칠레의 발파라이소(Valparaiso)에서 함께 공부했다. 그들의 유명한 동료 중 한 명인 체 게바라(Che Guevara)는 몇 년 전에 똑같은 여행을 했었다.

1965년, 항상 함께 하는 호르헤 베르고글리오와 호르헤 곤살레스 메넨트는 이메큘레이트 컨셉션대학(the College of the Immaculate Conception)에서 일하고 있었다. 그들이 그곳에서 29세 될 때 보르헤스를 초청하여 그들의 문학 과목을 함께 하도록 했다. 그 유명한 사진은 그 수업을 마친 후에 찍은 것이라고 한다.

1969년, 그 두 호르헤는 각자 다른 길을 갔다. 베르고글리오는 사제로 서품을 받았고, 곤살레스 메넨트는 예수회를 떠났다. 사제복을 입기도 전에 그 길을 관두다니!

호르헤 곤살레스 메넨트는 말했다.

"신학 공부를 시작하면서 사제직을 잘 알게 되었어요. 그러면서 마음이 불안해졌지요. 나는 그곳을 떠나면서 어머니에게, 차라리 나쁜 사제보다는 훌륭한 평신도가 되는 것이 낫다고 말했어요."

소문과는 다르게, 곤살레스 메넨트는 그의 성향 때문에 사제직을 포기한 것 같지는 않다. 사실 그는 한 여인과 결혼하기 위해 떠났다. 최근 그는 『나와 베르고글리오: 예수회 훈련』(Yo y Bergoglio: Jesuitas en formación)이라는 제목의 작은 책으로 장래 교황과 함께했던 개인적인 추억을 출판했다.

이 책은 비밀을 담고 있을까?

이상하게도 그 책은 서점에서 회수되었다. 그 책을 가장 먼저 발행한 출판사 서점에서조차 구할 수 없게 되었는데 그곳에 가서 직접 확인해 보니 그 책은 "저자의 요구에 따라 회수되었다"라고 기록되어 있었다. 출판사가 책을 출판하면 아르헨티나 국립 도서관에 내는 것이 법적 의무이다. 그곳에도 (내가 확인해 보니) 『나와 베르고글리오: 예수회 훈련』은 납본되어 있지 않았다. 참 이상한 일이다!

프란치스코 교황에 대한 소문은 허다하다. 그중 어떤 것은 사실이다. 교황은 실제로 스타킹 공장에서 일했다. 그는 나이트클럽의 경비원이었다. 반면, 그가 병을 앓고 있다거나 "폐가 하나가 없다" 는 등의 추정은 그의 대적들이 공상해서 만들어낸 가짜 소문들이다(사실, 오른쪽 허파가 약간 제거되었다).

부에노스아이레스로부터 서쪽으로 한 기간 운전하여 가면 예수회신학교 엘 콜레지오 막시모 데 산 미구엘(El Colegio Máximo de San Miguel)이 있다. 그곳에서 나는 교황의 가장 친한 친구를 만난다. 그는 사제이며 신학자인 후안 카를로스 스캐논(Juan Carlos Scannone)이다. 이 만남은 나의 라틴 아메리카 담당 조사원 아르헨티나인 안드레 헤레라(Andrés Herrera)가 계획한 것인데, 나는 그를 데리고 함께 갔다.

스캐논은 우리를 맞이하며 작은 거실로 안내한다. 그는 86세가 넘었다. 하지만 베르고글리오와 매넨트와 함께 했던 지난 시절을 완벽하게 기억하고 있다. 반면에 그는 세 명의 호르헤 사진과 사라진 책에 대해서는 새까맣게 잊고 있었다.

스캐논이 말한다.

"내 기억으로는 호르헤가 여기서 17년을 살았어요. 처음에는 철학 및 신학과 학생으로 살았고, 그다음은 예수회 사람으로 살았고, 마지막에는 대학 학장으로 살았지요."

그 신학자는 직설적이고 진실하며 어떤 질문도 두려워하지 않는다. 우리는 베르고글리오가 공공연하게 대립하여 온 다수의 영향력 있는 아르헨티나 고위 성직자들의 동성애에 대해 터놓고 이야기하고, 이에 스캐논은 몇 가지의 평을 내린다. 그는 게이 결혼에 대해 항상 분명한 입장을 취한다.

"호르헤 베르고글리오는 동성애 커플들에게 몇 가지 권리를 주기를 원했어요. 정말 그렇게 하려고 했지요. 하지만 그는 성례 때문에 동성 결혼을 지지하지는 않았어요. 반면 로마 교황청은 동성 합법 동거를 반대했어요. 특히 소다노 추기경은 완고했답니다. 아르헨티나 주재 교황 대사 역시 동성애자들의 동반자 관계에 매우 적대적이었어요." [(그 당시 교황 대사는 아드리아노 베르나르디니(Adriano Bernardini)였는데, 그는 베르고글리오와 매우 불편한 관계를 맺어온 안젤로 소다노와 전우다.)]

우리는 그의 과거 예수회와 이탈리아 이주민의 아들로서 삶이 교황이 된 후의 프란치스코의 지적이고 심리적인 배경에 특별한 자리를 잡고 있다는 사실을 말한다.

"아르헨티나 사람들은 기본적으로 스페인어를 말하는 이탈리아 사람들이다"라는 고정 관념은 그의 경우에서는 정확하게 맞다!

스캐논은 '해방 신학'의 문제에 대해서는 그의 여러 책에 쓰인 대로 되풀이한다.

> 교황은 언제나 가난한 사람들을 우대하기를 좋아했어요. 따라서 해방 신학을 배척하지는 않아요. 하지만 그는 해방 신학의 뿌리인 마르크스주의 및 폭력 사용을 반대하지요. 그는 이곳 아르헨티나에서 '민중 신학'이라고 부르는 것에 더 큰 관심을 가졌어요.

* * *

    해방 신학은 가톨릭교회의 주된 지적 동향이고 특히 라틴 아메리카에서 그러하다. 또한, 우리가 살펴보겠지만, 이 책의 본질적인 핵심이기도 하다. 나는 그 신학을 설명해야 하는데, 이는 그 신학은 요한 바오로 2세, 베네딕토 16세와 프란치스코 치하의 바티칸에서 동성애자 파벌 사이의 큰 싸움에 있어서 중추적인 역할을 하기 때문이다.
    마르크스주의 이후의 이 사상은, 그리스도를 급진적인 인물로 제시하면서 교회는 가난한 자들과 소외된 자들 위하여 있으며 그들은 연대를 이루어야 한다고 주장한다. 1968년에 콜럼비아 메데인(Medellín)의 라틴 아메리카 주교 회의에 처음으로 대중화된 해방 신학은 하나님은 가난한 자들을 사랑하신다는 사실을 가난한 자들에게 어떻게 말해야 하는지를 끊임없이 물은 페루 신학자 구스타보 구티에레스(Gustavo Gutiérrez)의 책 때문에 나중에 그 이름을 갖게 되었다.
    1970년대에 서로 다른 다양한 사상가들과 문헌들을 섞어 놓은 이 복잡한 동향은 라틴 아메리카 전역에 퍼졌다. 그 동향의 다양성에도 불구하고 해방 신학자들은 가난과 불행의 요인은 경제와 사회라는 사상을 나누었다(그들은 여전히 인종과 정체성과 성별에 관련된 요소들을 무시하고 있다). 그들은 또한 '가난한 자들을 위한 선택권'을 주장하는데 이는 자선과 긍휼을 말하는 고전적인 교회 언어와 반대된다.
    해방 신학자들은 가난한 자들을 도움을 받아야 할 대상으로 보지 않고 그들 자신의 삶과 해방의 주인이 되어야 할 행위자로 본다. 마지막으로, 이 지적인 운동은 본질에서 공산사회를 추구한다. 이 운동의 출발점은 땅과 밑동이며 특히 교회 공동체와 '유명한 목사들'과 빈민가다. 이 운동은 이런 면에서 '유럽 중심'의 비전 및 교황청 중심주의와 거리가 멀다.
    나는 이 사상의 흐름의 주요 인물 중 하나인 브라질의 도미니카회 수사 프레이 베토(Frei Betto)와 리우데자네이루(Rio de Janeiro)에서 만날 때 "원래 해방 신학은 거리와 빈민가와 기본 공동체로부터 나옵니다"라는 말을 들었다.
    "해방 신학은 대학에서 만들어진 것이 아니라 교회 및 기본 공동체, 유명한 교회 공동체 안에서 만들어졌어요. 구스타보 구티에레스와 레오나르도 보프(Leonardo Boff)와 같은 신학자들은 이런 생각을 계속 체계화시켰고요. 무엇보다

죄는 개인적인 문제가 아니라 사회적인 문제로 인식하게 되었답니다. 대체로 우리는 사적인 자위행위보다 대중을 착취하는 것에 관심을 가져야 한다는 것이지요! 그 후 이 신학은 가난한 사람들을 향해 보여주신 예수 그리스도의 본을 붙든 것이에요."

몇몇 해방 신학자는 공산주의자들로서 체 게바라를 지지하며, 라틴아메리카의 게릴라 운동과 관련되어 있거나, 피델 카스트로(Fidel Castro)에 호의적이다. 다른 해방 신학자들은 베를린 장벽이 무너진 후 태도를 바꾸어 환경 보호와 라틴 아메리카의 토착민의 정체성 문제, 그리고 여성 및 아프리카계 사람들을 고려하였고, 또한 '성별' 문제에 문을 열었다. 1990년대와 2000년대에 가장 유명한 신학자인 레오나르도 보프와 구스타보 구티에레스는 요한 바오로 2세와 베네딕토 16세의 공식 입장과는 반대되는 성 정체성 및 성별 문제에 관심을 갖기 시작했다.

호르헤 베르고글리오는 해방 신학에 가까웠을까?

해방 신학은 격렬한 논쟁을 불러 일으켰고 무엇보다 교황청은 1980년대의 이 동향에 반대하는 폭력적인 캠페인을 벌였으며 많은 해방 신학 사상가들의 입을 다물게 했다. 바티칸에서는 프란치스코의 대적들이 과거에 프란치스코가 '해방주의자'였고 이런 광포한 사제들과 연관되어 있다고 강조하였지만, 교황 지지자들이 막아섰다. 「로세르바토레 로마노」의 신문 기자 2명은 '프란치스코, 미국 교황'(Francis, the American Pope)이라는 선전용 기사를 통해 교황과 해방 신학 사상 사이에 어떤 연관성도 없음을 단호하게 언급했다.

내가 아르헨티나에서 인터뷰를 가진 프란치스코와 가까운 사람들은 덜 단호하다. 그들은 일반적으로 예수회 사람들, 특히 프란치스코는 이런 좌익 사상에 영향을 받았다는 사실을 알고 있었다.

후안 카를로스 스캐넌은 "나는 해방 신학 내에 4개의 흐름을 구별하여왔는데, 그 중 하나인 민중 신학이 호르헤 베르고글리오의 사상을 가장 잘 반영하고 있습니다. 우리는 마르크스주의의 계급투쟁을 사용하지 않으며 분명하게 폭력을 배격했습니다"라고 설명한다.

그러나 교황의 이 친구는 프란치스코는 아르헨티나와 오늘날 로마에서 언제나 두 주류 해방 신학자들, 즉 요제프 라칭거로부터 제재를 받은 레오나르도 보프와 구스타보 구티에레스와 좋은 관계를 유지했다고 주장한다.

나는 이 사실을 좀 더 알아보기 위해 부에노스아이레스에서 "파파 프란치스코"(Papa Francisco)라는 이름을 가진 여객선을 타고 라플라타 강(Rio de la Plata)을 건너 우루과이로 갔다. 나는 몬테비데오에서 교회의 현대화를 구현하고 있는 젊고 따뜻하고 상냥한 사제 다니엘 스툴라(Daniel Sturla) 추기경을 만났다. 스툴라는 반팔의 검정 셔츠를 입고 안드레와 나를 맞이한다. 나는 그의 손목에 스와치(Swatch) 시계가 있는 것을 알아챈다. 그 시계는 대단히 많은 이탈리아 추기경들이 착용한 고급 시계와는 달리 싸구려 손목시계다. 20분으로 계획되었던 인터뷰는 한 시간 이상 지속한다.

"교황은 소위 '푸에블로 신학'(la teología del pueblo)을 고수합니다. 그것은 민중, 즉 가난한 자들의 신학이지요."

스툴라는 그의 마테를 한 모금 마시며 말한다.

스툴라는 체 게바라가 그의 병사들에게 하는 것처럼 내게 이 쓰고 자극적인 전통음료를 맛보라며 국자에 담아주더니 빨대로 죽 빨아 먹으라고 강권한다.

스툴라 추기경은 '해방 신학'과 '민중 신학'의 근본적인 차이는 폭력이라고 보고 있다. 그는 교회가 무기를 든 라틴 아메리카 게릴라에 가담한 게바라주의(Guevarist) 사제들을 배척하는 것은 합법적이라고 보았다.

부에노스아이레스의 루터교 목사 리산드로 오를로프(Lisandro Orlov)는 조용히 그 미묘한 차이를 짚어낸다.

> 해방 신학과 민중 신학은 비슷합니다. 나는 민중 신학은 해방 신학에 대한 아르헨티나 버전이라고 말하고 싶습니다. 그것은 매우 대중적이기에 페로니스트(Peronist)라고 할 수 있습니다(전 아르헨티나 대통령 후안 페론의 이름을 딴 것이다). 이 사상은 한 번도 좌익에 서지 않고 오직 페로니스트로만 있었던 베르고글리오에게는 전형적이라고 할 수 있습니다!

마지막으로, 잘 알려진 텔레비전 프로그램에서 종교 간의 관용이라는 주제로 베르고글리오와 함께 공동 출연했던 개신교 신자 마르셀로 피게로아(Marcelo Figueroa)는 부에노스아이레스의 유명한 카페 토르토니(Tortoni)에서 나와 인터뷰를 하게 되었는데 이렇게 평을 했다.

> 베르고글리오가 신학적으로는 상당히 보수적일지라도 실은 좌익에 있다고 말할 수 있어요. 페로니스트라고요?

그렇지 않아요. 그는 사실 해방 신학자도 아니에요.

혹시 게바라주의자일까요?

그는 아마 체 게바라의 일부 사상에 동의할지 모르지만 실제로는 따르지 않지요. 우리는 그를 어떤 특정한 상자에 넣을 수가 없어요. 무엇보다, 그냥 예수회 사람입니다.

피게로아는 체 게바라와 교황을 비교해 본 최초의 인물이다. 내가 인터뷰를 가진 다른 아르헨티나 사제들 역시 동일한 이미지를 제시한다. 이는 매우 흥미롭다. 물론 아바나(Havana)의 호전적인 범죄자 체 게바라나, 손에 피를 묻힌 분파인 혁명의 '동지'(compañero)나, 볼리비아의 세뇌된 게릴라 투사와는 다른 이미지다. 체의 이론적이고 실천적인 폭력은 프란치스코의 스타일이 아니다.

그러나 이 장래 교황은 약간 순진한 낭만주의와 같은 "민중의 시"에 관심이 있었다. 그는 전 세계의 수 많은 아르헨티나인과 수많은 젊은 반란군들처럼 체의 신화(神話)에 매료되었었다(베르고글리오는 쿠바 혁명이 있던 때 23세였다). 아무튼 그는 어떻게 그의 동포의 매혹에 빠지지 않을 수 있었을까?

그 동포는 라틴 아메리카의 '변두리'를 찾아 오토바이를 타고 조국을 떠나 가난과 불행과 착취당한 노동자들과 인디언과 '이 땅의 모든 가련한 자들'을 찾아 나선 젊은 부에노스아이레스 의사였다.

교황이 좋아한 것이 바로 그 '처음'의 게바라다. 즉, 동정심이 많고 관대하고 비교적 사상에 물들지 않으면서도 예민한 반항심을 갖고, 사회적 금욕주의에 속하여 특권을 거부하고, 언제나 손에 책을 들고 시를 읽는 그런 성향을 좋아한다. 만일 프란치스코의 사상이 어느 정도 게바라주의(카스트로주의 또는 마르크스주의가 아니라)로 기운다면, 이는 그의 레닌주의 사상 때문이라기보다 그의 순진한 낭만주의와 궁극적으로는 어떤 종류의 현실과도 연결되어 있지 않은 전설 때문이다.

우리가 알 수 있는 것은 여러 주교와 로마의 교황 대사들이 양심의 가책도 없이 내게 말한 것처럼, 가톨릭의 극우파에 속한 자들이 프란치스코에게 '공산주의자' 또는 '마르크스주의자' 교황이라는 이미지를 붙이려하지만, 그런 이미지는 사실과는 거리가 멀다. 그들은 교황이 레스보스(Lesbos) 섬에서 이슬람 이민자들을 데려왔고 (기독교인들은 하나도 없고), 난민 편에만 서며, 가난한 자들을 돕기 위해 교회를 팔고 싶어 한다고 무작위로 비난한다. 또한, 물론 게이 우호적인 연설을 한다고 비난한다. 이런 비난들은 엄격한 가톨릭 입장이라기보다 정치적인 의제를 드러낸다.

프란치스코가 공산주의자라고?

이게 말이 되는가?

피게로아는 극우성향의 추기경 레이먼드 버크와 로버트 사라가 속한, 미국식 티파티 운동처럼 보이는, 베르고글리오 반대 진영이 지닌 악한 믿음 때문에 놀라움을 금치 못한다!

*   *   *

프란치스코의 주요 대적들은 로마 사람이 되기 전의 아르헨티나 사람들이었다. 베르고글리오의 반대 세력의 근원을 찾아 거슬러 올라가는 것은 흥미로우며 또한 우리의 주제와 관련하여 중요한 정보를 드러낼 것이기에 필요하다. 이제 아르헨티나 독재 정권이라는 매우 특별한 배경 속에서 세 명의 주요 인물에 초점을 맞추자. 그 세 사람은 교황 대사 피오 라기(Pio Laghi), 라플라타의 대주교 헥터 오거, 그리고 장래 추기경 레오나르도 산드리다.

이들 중 첫 번째 인물인 피오 라기는 1974년부터 1980년까지 부에노스아이레스 주재 교황 대사였다. 그는 먼 훗날 추기경이 되고 가톨릭 교육성(the Congregation for Catholic Education)을 맡게 될 때 호르헤 베르고글리오와 부딪히게 된다. 라기는 아르헨티나에 있는 동안 군정부와 가까운 사이였는데, 그 군정부는 적어도 사격부대로 1만 5천명을 죽이고 대략 3만의 실종자들(desaparecidos)과 백만 명의 망명자를 발생시켰다. 그의 태도는 오랫동안 비난의 대상이 되어 왔는데 그 이유는 적어도 그 교황 대사가 독재자들 중 한 명과 테니스를 치기를 좋아했기 때문이다. 교황의 친구이며 신학자인 후안 카를로스 스캐넌이나 전 아르헨티나 바티칸 주대 대사인 에두아르도 발데스 등, 내가 인터뷰를 한 수많은 사람은 독재주의와의 그의 협력 관계와 우정을 더 넓은 관점에서 바라보도록 한다.

1980년대 후반에 아르헨티나에서 피오 라기의 부주교였던 클라우디오 마리아 첼리(Claudio Maria Celli)는 로마에서 인터뷰하는 중 이렇게 말했다.

라기가 비델라(Videla, 독재자 중 한 명)와 대화를 나눈 것은 사실이지만, 그것은 오늘날 알려진 것보다 더 미묘한 정치였습니다. 그는 비델라가 정책을 전환하도록 설득하려고 했던 것이지요.

반대로, 미국 정부가 기밀 해제한 기록보관물과 내가 부에노스아이레스와 로마에서 수집한 여러 증인의 진술에 따르면, 피오 라기는 그 군정부의 공범이며 CIA 정보원이고 내향적인 동성애자다. 반면, 놀랄 일은 아니지만, 일부 기밀 해제된 바티칸 기록보관물은 그의 혐의를 벗겨주려는 경향을 보인다.

우리가 상세하게 참조할 수 있었던, CIA 및 국무성의 기밀 해제된 메모와 문서 4600개를 열람함으로 드러난 주요 내용은 그 교황 대사와 미국 대사관의 친밀함이다. 내가 자유롭게 접근한 1975년과 1976년의 일련의 메모를 보면, 라기는 미국 대사관과 그의 협력자들에게 모든 것을 말한다. 그는 독재자 비델라와 비올라(Viola)가 독재 정권의 "남용을 바로잡기"를 바라는 "선량한 사람들"이라고 끊임없이 변호한다.

그 교황 대사는 정부의 폭력 사태는 '마르크스주의'를 대항함으로 생긴 것이라고 말하며 군(軍)의 범죄를 지우려 한다. 또한, 미국 요원들에게는 아르헨티나에서는 사제들이 박해를 받을 가능성이 없다고 말한다 (적어도 12명이 살해되었다!).

나의 소식통에 따르면, 피오 라기의 동성애는 그의 입장을 설명해주며 독재 정권과 가까울 수밖에 없었던 원인을 말해 준다(우리는 이런 경우를 여러 번 마주치게 될 것이다). 물론, 그가 그의 동성애 때문에 미리 협조한 것은 아니다. 하지만 그가 유독 무엇을 좋아하지를 잘 알고 있는 군부의 눈에는 그의 동성애는 그의 취약점이기에 침묵을 강요당할 수도 있었을 것이다.

하지만, 라기는 더 나아가 그 정권을 둘러싼 파시즘 게이 마피아와 적극적으로 교제하는 것을 택했다.

루터교 목사 리산드로 오를로프는 아르헨티나 가톨릭교회를 가장 잘 알고 있는 사람 중 한명이며 군정부의 진정한 적수였다. 나는 부에노스아이레스에 있는 그의 자택과 그 후 파리에서 여러 차례 그와 인터뷰 하게 되었다.

그는 "피오 라기는 독재 정권의 협력자였습니다"라고 말한다.

나는 데사파레치도스(*desaparecidos*)의 유명한 어머니 모임인 '마드레 드 라 플라자 데 마요'(*madres de la Plaza de Mayo*)가 부에노스아이레스의 마요 광장(Plaza de Mayo)에서 매주 목요일 오후 3시 30분에 공개시위를 하는 목격할 수 있었는데, 그 모임의 한 어머니 역시 법정에서 라기에게 불리한 증언을 했다.

마지막으로, 내가 만났던 여러 조사 기자들은 현재 라기와 독재정권 사이의 연결 고리와 그 교황 대사의 이중생활을 조사하고 있다. 그들은 특히 내게 그의 '택시 보이들'(taxi boys)에 대해 말하였는데, 이는 성 파트너를 뜻하는 아르헨티나의 완곡어다. 앞으로 몇 년 내에 새로운 폭로가 공개적으로 있을 것이다.

* * *

젊은 아르헨티나 사제인 헥터 오거와 레오나르도 산드리는 독재정권하에서 영향력은 있었지만, 아직 어떤 요직을 맡지는 못한 상태였다. 먼 훗날 헥터 오거는 라플라타의 대주교가 될 것이고, 장래 교황 대사이며 추기경이 될 산드리는 2000년에는 바티칸 '대리인'으로, 또는 교황 성좌의 내무 '장관'으로, 그리고 요한 바오로 2세와 베네딕토 16세 밑에서는 가톨릭교회의 가장 영향력 있는 고위 성직자 중 하나가 될 것이다. 이 두 사제는 호르헤 베르고글리오의 오랜 대적이었다. 베르고글리오는 교황이 되자마자 오거가 75세 생일을 마친 1주일 후에 은퇴를 강요하였고 산드리와는 항상 거리를 두었다.

여러 목격자의 진술에 따르면, 서로 친구가 된 이 두 아르헨티나인 헥터 오거와 레오나르도 산드리는 독재 정권에 대해 특별한 '이해'를 하고 있었다. 가톨릭의 가장 보수적인 사조에 가까웠던 그들은 (오거는 오푸스 데이회(Opus Dei)에, 나중에 산드리는 그리스도의 군단과 가깝게 된다) 둘 다 해방 신학을 격렬하게 반대하는 자들이었다. 그들은 국가 혁명과 가톨릭 신앙을 혼합한 독재 정권의 슬로건인 '신과 조국'(Dios y Patria)을 좋아했다.

심지어 오늘날에도 헥터 오거는 언론으로부터 '극보수주의자', '우익 파시스트'(la derecha fascista), '십자군 군사', '독재정권의 공범', '근본주의자'라는 말을 듣는다. 우리가 만날 때 그는 부자연스러운 목소리로 이탈리아어로 오페라 「나비 부인」(Madama Butterfly)을 외운다. 그는 극단적인 동성애 혐오자로 알려져 있으며 아르헨티나에서 동성 결혼을 반대하는 최전선에 있다. 그는 독재정권과는 이념적으로 맞지 않는다고 하면서도 "항상 마르크스주의 바이러스를 전달하는" 해방 신학에 대해서는 적대적이다.

독재 기간 수용되었던 채널 13의 아르헨티나 기자 미리암 르윈(Miriam Lewin)은 "오거는 아르헨티나 교회의 극우에 속합니다"라고 설명한다(나는 부에노스아이레스를 방문한 기간에 오거를 만날 수 없었다. 하지만 아르헨티나와 칠레를 조사하는 나의 조사원인 안드레 헤레라는 부에노스아이레스에서 약 360 킬로미터 떨어진 마을인 탄딜(Tandil)에 있는 그의 여름 별장에서 그와 인터뷰를 했다).

오거는 그곳에서 약 30명의 신학생과 휴가를 보내고 있었다. [안드레는 그 신학생들을 "로스 무차초스"(*los muchachos*, **소년들**)라고 불렀다.] 안드레는 나이 지긋한 그 대주교에게 점심 초대를 받고 그 별장에 갔고, 그곳에서 그 대주교는 그 소년들에게 둘러싸여 있었다. 그리고 그 소년 중 몇몇은 안드레에게 "동성애를 이루어 보려는 판에 박힌 시도"를 했다.

바티칸에서 피치 못하게 다시 만나게 되겠지만, 내가 로마에서 인터뷰할 수 있었던 산드리는 이미 아르헨티나 시절에 가톨릭의 정치적인 스펙트럼에서 극우에 있던 것으로 나타난다. 교황 대사 피오 라기의 친구이며 호르헤 베르고글리오의 대적인 그는 독재 정권을 비난하지 못한 것 때문에 사람들에게 역겨운 대상이 되었고, 그의 행동과 만남과 동성애와 정치적인 심각성에 관한 소문은 무성했다.

부에노스아이레스의 메트로폴리탄신학교에서 그와 함께 공부했던 어떤 예수회 회원의 증언에 따르면, 그의 청년 시절은 파란만장하였고 그의 말썽은 신학교에서조차 잘 알려져 있었다. 나의 소식통에 따르면, 그는 심지어 10대 때에도 "그의 선배들을 지적으로 매료시키려는 욕망으로 우리를 놀라게 했고, 그는 신학생들 사이에 돌고 있는 모든 소문을 선배들에게 보고했다"고 한다.

신학자 후안 카를로스 스캐논과 성서 학자 리산드로 오를로프와 같은 사람들은 내게 산드리의 아르헨티나 시절을 묘사해 주면서 직접 정보를 제공했다. 그들의 증언은 일치한다.

산드리는 그의 반체제적인 이미지 때문에 독재 정권이 끝난 후 소문 때문에 아르헨티나를 떠나야만 했을까?

덧없음을 느끼면서 도망가야 했을까?

이는 하나의 가설이다. 하지만 우리는 사실을 알 수 있다. 산드리는 부에노스아이레스 대주교 후안 카를로스 아람부루(Juan Carlos Aramburu)의 오른팔이 된 후 교황 대사로 나갈 수 있도록 로마로 보내졌다. 그는 자기 조국으로 결코 돌아가지 못할 것이다. 그는 마다가스카르로 지명된 후 그 후 미국으로 건너가서 워싱턴에서 피오 라기의 부관이 되었고, 극우파 미국 극보수주의자들과 함께하다가 베네수엘라 주재 교황 대사로, 그다음은 멕시코 주재 교황 대사로 임명되었다. 내가 베네수엘라의 카라카스(Caracas)와 멕시코에서 만난 여러 목격자의 증언에 따르면, 그의 '방탕함'과 극단주의에 대한 소문이 그를 따라다녔다고 한다(대주교 비가노는 그의 『증언』에서 산드리가 베네수엘라와 로마에서 대사직을 수행하면서 성추행을 은폐했다고 의심하지만 아무런 증거는 없다. 비가노는 그 책에서 산드리가 "그들을 숨겨줄 준비가 되어 있었다"고 말했다).

산드리는 2000년에 로마에 정착하여 요한 바오로 2세의 유능한 '내무부 장관'이 되었다.

* * *

이런 전반적인 배경을 볼 때, 독재 정권 아래 있던 호르헤 베르고글리오의 자세는 일반적으로 알고 있는 것보다 더 용감한 것으로 보인다. 피오 라기, 헥터 오거, 레오나르도 산드리와 묵인으로 몸조심하는 주교단, 그리고 파시즘과 연관된 많은 사제와 관련해서 장래 교황은 뚜렷한 저항 정신을 보여주었다. 그는 분명히 영웅은 아니었다. 하지만, 독재 정권과 협력하지는 않았다.

2010년대에 교황청 주재 아르헨티나 대사였고 대통령 크리스티나 키르치네르(Cristina Kirchner)와 가까웠던 에두아르도 발데스 변호사는 부에노스아이레스 중심가에 있는 자신의 개인 '페로니스트' 카페에서 안드레와 나를 영접한다.

그의 수다스러운 성격은 내게 잘 맞고, 나는 쉽게 볼 수 있도록 녹음기를 들고 그에게 말을 시킨다. 그는 자신이 이해하고 있는 프란치스코의 사상을 요약하고 (아르헨티나 페로니스트 양념을 넣은 해방 신학) 교회적인 차원에서의 군사 정권과의 공모에 대해 말한다. 우리는 또한 교황 대사 피오 라기와 파플라타의 대주교 헥터 오거, 추기경 레오나르도 산드리에 말한다. 물론 추기경 베르고글리오의 악명 높은 대적들이었던 여러 성직자에 대해서도 말한다.

그 아르헨티나 대사는 대담하게 페론주의자의 호탕한 웃음을 웃으며 내게 아르헨티나 주교회와 그들의 수행단의 이상한 생활양식과 야단법석에 대해 말한다. 만일 그의 말을 믿는다면, 이 성직자들은 사실 이중생활을 하는 수많은

'완고한' 개인들에 해당한다.

(이 정보는 내가 부에노스아이레스에서 만났던 주교들과 사제들이 확인해 주었다. 그리고 호전적인 성 소수자 운동가 마르셀로 페레이라[Marcelo Ferreyra]가 자기 변호사들과 함께 아르헨티나의 가장 동성애 혐오적이고 가장 드러내 놓고 비난하는 고위 성직자들에 대해 작성한 매우 철저한 파일을 가지고 확인해 준 것이다).

내가 이 책을 위해 조사를 시행하게 된 칠레, 멕시코, 콜롬비아, 페루, 쿠바, 그리고 라틴 아메리카의 열 한 개의 나라에서, 나는 곧 비슷한 행동 유형을 발견하게 될 것이다. 그리고 장래 교황이 그의 아르헨티나 시절 동안에 충분히 알아차린 『바티칸의 불편한 진실』의 법칙이 있다. 즉, 가장 동성애를 혐오하는 성직자는 종종 가장 열정적으로 동성애 행위를 하는 자들이라는 사실이다.

* * *

추기경 베르고글리오가 교황이 되자 그의 입장을 설명할 수 있는 마지막 문제가 있다. 그것은 시민 결합(2002-7)(civil unions, 합법적 동성 동거)과 게이 결혼(2009-10)에 대한 논쟁이다. 모든 예상과는 달리 2010년 7월, 아르헨티나는 동성 커플의 결혼을 실제로 인정한 최초의 라틴 아메리카 국가가 되었다.

장래 교황이 부에노스아이레스에 있을 때 이 주제에 대해 어떤 분명한 입장도 취하지 않았다. 따라서 그의 모호한 태도에 대해 말이 많았다. 프란치스코의 입장을 요약하면, 그는 합법적 동성 동거에 대해 상대적으로 온건한 입장을 보여 왔고, 주교들이 거리로 나가 시민 결합을 반대하는 시위를 못 하도록 했다. 하지만 동성 결혼에 대해서는 그는 온 힘을 다해 반대해 왔다.

첫 번째 시민 동반자 관계(시민 결합)는 아르헨티나에서 주(州) 지방의 결정에 근거하여 조용히 천천히 허락되었고 대규모적으로는 허락되지 않았다. 의회에서 논란이 되고 대통령 키르치네르가 격렬하게 선동함으로 국가 차원의 논쟁을 촉발한 문제는 오직 동성 결혼이었다.

베르고글리오를 비방하는 자들은 시민 결합이 부에노스아이레스 지역에 소개되었을 때 그가 많은 반대의 말을 하며 모호한 입장을 보였다고 지적한다. 하지만 사실 그는 이 주제에 대해 거의 아무런 말을 하지 않았다. 따라서 우리는 그의 침묵이 무슨 뜻인지를 해석해야 한다!

나는 호르헤 베르고글리오가 시민 결합을 지지했다고 생각합니다. 그에게는 합법적 동성 동거는 시민권 운동이거든요. 그는 바티칸이 시민 결합에 적대적이지 않았다면 그것을 받아들였을 것입니다.

마르셀로 피게로아가 자기 생각을 말했다.
내가 만난 장래 교황의 가까운 친구들은 베르고글리오가 아르헨티나에서 동성애자들의 권리를 지지하는 행동을 할 때 로마에서 겪었던 어려움을 강조한다. 개인적으로 베르고글리오는 상정된 시민 결합법을 동성 결혼을 피하기 위한 좋은 절충안으로 여기고 그 법을 지지했다. 하지만 그의 친구들의 말에 따르면 "그는 매우 고립되었다"고 한다. 그들이 보기에는, 그 관건 때문에 바티칸과 장래 교황 사이에 극도의 격렬한 싸움이 벌어졌고, 그 싸움이 모호한 지역 사제들과 연결되면서 교황은 마침내 그의 가장 개방적인 생각을 포기할 수밖에 없었다.
사실, 아르헨티나에서 두드러지게 반대한 사람은 라플라타 대주교 헥터 오거였다. 이 노골적인 동성애 혐오자는 베네딕토 16세와 가까웠는데, 이 사실은 베르고글리오의 너무 "과격한 온건 사상"을 대항하는 데 있어서 중요한 사실이다. 베네딕토 16세는 부에노스아이레스의 그 추기경을 최대한 빨리 제거하기를 바라면서 오거에게 베르고글리오가 75세의 정년이 되자마자 그 자리에 그를 앉히겠다고 약속했다고 한다.
오거는 평소에 유약하였지만, 윗선의 지지를 받는 것을 알고는 지나친 사내다움을 드러냈다. 신학생들에 둘러싸인 그 고위 성직자는 시민 결합과 게이 결혼을 반대하는 격렬한 캠페인을 시작했다.
"소다노와 산드리 추기경, 그리고 그다음에 베르토네 추기경은 대주교 헥터 오거와 교황 대사 아드리아노 베르나르디니와 소통하면서 아르헨티나 현지에서 베르고글리오를 대항하게 하였지요."
리산드로 오를로프가 내게 설명한다(프란치스코가 당선되던 날에 오거는 너무 화가 나서 전통에 따라 라플라타 대주교의 종을 울려야 하는 것을 거부했다. 교황 대사 베르나르디니는 동일하게 충격을 받고 아파 누웠다).
따라서 장래 교황은 로마와 관련해서 어찌할 도리가 없었다. 예를 들어, 증인들이 확인해준 바는, 베르고글리오 추기경이 주교 후보로 제시한 사제들의 모든 이름은(대부분 진보주의자이었다) 바티칸이 거부했고 그 자리에 보수적인 후보들을 임명하여 앉혔다.

헥터 오거는 베르고글리오를 함정에 빠뜨리기를 원했어요. 그는 게이 결혼에 대한 가톨릭교회의 의견을 과격하게 바꿈으로써 이 문제에 대해 베르고글리오가 침묵하지 못하도록 압박한 것이지요. 베르고글리오를 이해하려면 시민 결합에 대한 그의 침묵과 게이 결혼에 반대하는 그의 말을 들어보아야 해요!

리산드로 오를로프가 더하여 말한다.

이 부분은 그 당시 베르고글리오의 개인비서이며 동시에 그의 대변인이었던 길레르모 마르코(Guillermo Marcó) 신부에 따라 확인되었다. 마르코는 부에노스아이레스 중심부에 있는 그의 사무실(이전에는 교황 대사관이었고 지금은 대학 교목실이다)에서 안드레와 나를 맞이했다. 마르코가 말한다.

> 바티칸은 시민 결합에 적대적이기 때문에 대주교였던 베르고글리오는 그 입장을 따라야 했어요. 나는 그의 대변인으로서 그에게 권면했어요. 시민 결합을 비난하지 않기 위해서는 그 주제에 대해 회피하고 아무런 말도 하지 말라고 했어요. 결국, 시민 결합은 성례가 필요 없는 연합이고 결혼은 아니므로 그것에 대해 아무런 말을 할 필요가 없다고 했지요. 호르헤는 그 전략을 받아들였답니다. 나는 부에노스아이레스의 동성애 단체에 우리는 그 주제에 대해 의견을 표명하지 않을 것이라고 말했고, 그들에게 그 싸움에 우리를 연관시키지 말아 달라고 부탁했어요. 그것이 우리의 목표였지요.

젊고 친절한 마르코 신부는 훌륭한 전문가다. 우리는 전문 라디오 방송 기자들이 사용하는 매우 눈에 띄는 나그라(Nagra) 녹음기 앞에서 오랫동안 이야기를 나눈다. 그는 오랜 낡은 싸움에 대해 말하면서 도시 사제들과 지방 사제들 사이의 피할 수 없는 갈등에 대해 말한다.

> 베르고글리오 추기경은 지방의 다른 주교들과는 달리 도시 지역인 부에노스아이레스에서 살았지요. 그는 대도시와 접하면서 많이 발전했어요. 그는 마약 및 매춘, 그리고 빈민가와 동성애 문제를 알게 되었어요. 그는 도시 주교가 되었답니다.

두 개의 다른 소식통에 따르면, 베르고글리오 추기경은 동성 결합을 축복한 아르헨티나 사제들에게 이해심을 보였다고 한다. 하지만 2009년에 동성 결혼에 대한 논쟁 시작되었을 때는 대주교 호르헤 베르고글리오의 태도는 바뀌었다.

베르고글리오는 싸움에 뛰어들었다. 그는 게이 결혼에 대해 매우 거친 말을 하였고 ("하나님의 계획을 무너뜨리려는 계획된 공격"이라고 말했다) 심지어 부에노스아이레스 시장을 비롯한 정치인들을 불러 이 주제에 대해 강의를 했다.

그는 일종의 앙갚음을 위해 공개적으로 크리스티나 키르치네르 대통령을 반대하며 힘겨루기를 하였지만 결국 패배하게 된다. 장래 교황은 또한 게이 결혼을 지지하는 견해를 밝히는 사제들의 입을 막으려 했고, 그들을 처벌했다. 그는 가톨릭 학교들이 거리로 나서도록 격려했다.

이런 호된 모습은 적어도 "내가 누구를 판단하리요"라고 그 유명한 표현을 했던 교황의 모습과는 대조적이다.

"베르고글리오는 프란치스코가 아니지요."

기자 미리암 르윈이 예리하게 의견을 말했다.

아르헨티나 루터교 목사인 리산드로 오를로프가 더하여 말한다.

"바로 그것이 부에노스아이레스의 모든 사람이 베르고글리오를 반대하게 되었던 이유랍니다. 물론 그들은 모두 그가 교황이 된 후 프란치스코를 지지하게 되었지요!"

하지만 게이 결혼 문제로 베르고글리오와 싸웠던 호전적인 동성애자들은 그 상황을 고려해야 한다는 데 의견을 같이한다. 동성애 역사에 관한 어떤 핵심 작품의 저자인 오스발도 바잔(Osvaldo Bazan)도 그들 중 하나인데 이렇게 말한다.

> 우리는 부에노스아이레스의 대주교 안토니오 콰라치노(Antonio Quarracino) 추기경이 동성애자들을 섬으로 추방하고 싶어 했던 것을 기억해야 합니다!
> 헥터 오거는 너무 익살맞아서 그를 언급하지 않는 것이 나을 것 같네요!
> 베르고글리오는 노골적인 동성애 혐오 분위기와 관련해서 태도를 분명히 밝혔어야 해요.

산티아고 델 에스테로(Santiago del Estero)의 주교인 후안 카를로스 맥카로네(Juan Carlos Maccarone)가 동성애자로 고발을 당했을 때 베르고글리오 추기경이 보여준 반응은 동성애자를 이해하고 있었다는 사실을 동일하게 보여준다.

대단한 존경을 받던 이 높은 고위 성직자는 해방 신학을 지지하였는데 그가 23세의 남자와 함께 있는 장면을 보여주는 비디오 카세트가 바티칸과 언론에 전달되자 사임할 수밖에 없었다. 이 사건이 정치적인 앙갚음과 협박 문제라고 확신한 베르고글리오는 그의 대변인 길레르모 마르코에게 그 사제를 보호하고 또한 "자신의 애정과 이해"를 전하라는 임무를 주었다.

반면, 교황 베네딕토 16세는 맥카로네를 직책에서 해임할 것을 요구했다(여기서 나는 사제 율리오 그라시[Julio Grassi] 사건에 관해서는 이 책의 범위를 넘어서기에 논하지 않으려고 한다. 몇몇 언론에 따르면 17명의 미성년자에게 성폭행한 혐의를 받는 그 아르헨티나 사제는 베르고글리오 추기경의 보호를 받았다고 한다. 베르고글리오는 그 성폭행자를 보호하기 위한 자금 마련을 위해 주교 회의를 열도록 하였고 그에 대한 고소가 취하될 수 있도록 반대 수사를 시작하였다고 한다. 2009년에 그라시 신부는 징역 15년을 선고받았고, 2017년에 그 선고는 아르헨티나 대법원에서 확정되었다).

현 정부에 영향을 끼치는 고문이며 아르헨티나 가톨릭에 대해 전문가인 어떤 사람이 그 논쟁을 다음과 같이 요약한다.

"프란치스코에게 무엇을 기대합니까?

그는 82세의 페론주의 사제입니다.

그 나이에 어떻게 현대적이고 진보적일 수 있겠습니까?

그는 오히려 사회 문제에서는 좌익이고 도덕과 성 문제에 대해서는 우익입니다. 연로한 페론주의자에게 진보적이기를 기대하는 것은 좀 순진한 것이지요!"

그러므로 우리는 이런 전체적인 맥락에서 베르고글리오 추기경의 입장을 추적할 필요가 있다. 그의 측근 중 한 사람에 따르면, 그는 "결혼에 대해서는 보수적이지만 동성애를 혐오하지 않는다"고 한다.

그 사람은 모든 사람이 생각하는 것을 크게 더하여 말한다.

"만일 호르헤 베르고글리오가 게이 결혼을 지지했다면 그는 결코 교황으로 선출되지 못하였을 것입니다."

5

주교 총회
(The Synod)

반응이 있었습니다.

로렌조 발디세리(Lorenzo Baldisseri)는 차분하고 사려 깊은 사람이다. 그 추기경은 지금 우리와 대화하면서 극도로 말을 아낀다. 그는 가족에 대한 주교 총회에 대해 말하기 전에 시간을 들인다.

"반응이 있었습니다."

나는 발디세리가 피아노를 치는 것을 듣는다. 그는 끊임없이 달리는 많은 피아니스트와는 달리 이 부분에서도 시간을 들인다. 그는 그가 특별히 좋아하는 작곡가들, 즉 비토리오 몬티(Vittorio Monti), 에릭 사티(Erik Satie), 클로드 드뷔시(Claude Debussy) 또는 프레데릭 쇼팽(Frédéric Chopin)의 곡들을 연주할 때 차분하다. 나는 그의 리듬을 좋아하는데, 특히 그가 뛰어나게 연주하는 곡들에는 엔리케 그라나도스(Enrique Granados)의 단자스 에스파뇰라(*danzas españolas*) 또는 줄리오 카치니(Giulio Caccini)의 '아베 마리아' 등이 있다.

그 추기경은 바티칸에 있는 그의 큰 사무실에 소형 그랜드 피아노를 설치했다. 그 피아노는 그가 아이티 주재 교황 대사로 있을 때 마이애미에서 샀는데 그때부터 어디든 가지고 다녔다. 그 피아노는 파라과이, 인도, 네팔을 방문하였고 브라질에서 9년을 지낸 대단히 여행을 많이 한 피아노다!

"저는 이 사무실에서 8시부터 11시까지 매일 저녁 피아노를 칩니다. 그것 없이는 살 수가 없어요. 여기 바티칸에서는 사람들이 나를 하나님의 피아니스트라고 부르지요!"

그는 껄껄 웃으며 말한다.

밤에, 바티칸의 황폐한 궁에서 피아노를 연주하는 추기경!

그것은 황홀한 모습이다. 발디세리는 바티칸 출판사에서 나온 CD 세 장을 내게 건네는데, 그의 피아노 연주를 담고 있었다.

나는 콘서트도 열어요. 교황 베네딕토 16세를 위해 카스텔 간돌포(Castel Gandolfo)에 있는 그의 여름 별장에서 연주했어요. 하지만 그는 독일 사람이라 모차르트를 좋아하지요. 나는 이탈리아 사람이라 낭만적이고요!

78세인 음악가 추기경은 그의 손가락 감각과 기민함을 유지하기 위해 매일 사무실이든 집이든 휴일에든 어디서든 그가 있는 곳에서 피아노를 친다.

"나는 심지어 프란치스코 교황을 위해서도 연주를 한 적이 있어요. 정말 도전이 되었지요. 하지만 교황은 별로 음악을 좋아하지 않아요."

* * *

발디세리는 프란치스코의 측근 중 한 사람이다. 프란치스코는 발디세리가 콘클라베 총괄 서기로 수고할 때 당선되어 새 교황이 되었다. 교황은 이탈리아 주교인 그에게 2014년-15년에 가정에 대해 열리는 특별 주교 총회를, 그다음 2018년에는 청년에 대해 열리는 주교 총회를 준비하는 일을 맡겼다. 또한, 이에 필요한 권위를 주기 위해 그를 추기경으로 서임했다.

교황이 소집하는 주교 총회는 교회에 있어서 중요한 순간이다. 추기경들과 수많은 주교가 함께 모여 교리의 근본적인 질문과 쟁점을 토론한다. 가정은 이런 쟁점 중 하나이고 몇몇 다른 쟁점들보다 더 예민한 문제다.

프란치스코는 제안들이 받아들여지게 하고 요한 바오로 2세와 베네딕토 16세가 임명한 대부분의 완고한 추기경들을 재촉하지 않기 위해서는 외교 수완을 잘 사용해야 한다는 것을 처음부터 잘 알고 있었다. 발디세리는 외교 학교에서 훈련을 받은 교황 대사였다. 카사롤리와 실베스트리니도 그 훌륭한 학교에 다녔는데 그 학교는 최근까지도 소다노와 베르토네의 학교를 헐뜯었다.

나는 개방된 마음을 갖고 일했어요. 우리의 모델은 제2차 바티칸 공의회였습니다. 논쟁을 생명으로 이끌고 평신도와 지식인들에게 호소하고 새로운 방법 및 접근법을 도입하는 것이었지요. 그뿐만 아니라 그것은 프란치스코의 스타일이었습니다. 라틴 아메리카 교황은 단지 주교 중 한 사람처럼 행동하였기 때문에 개방적이었고 가까이하기 쉬웠어요.

교황은 충분한 경험이 있었던 것인가?
아니면 신중하지 않았던 것인가?

사실 나는 아무 경험이 없는 신참이었어요. 나는 첫 번째 주교 총회를 준비하면서 모든 것을 배웠어요. 금기 사항은 없었고 강요도 없었답니다. 모든 질문은 공개되었어요. 뜨거웠지요!
모든 것이 상정되었어요. 사제의 독신생활, 동성애, 이혼 부부의 성찬 참여, 여성 서품 … 모든 토론이 한꺼번에 열렸답니다.

로렌조 발디세리는 섬세하고 밝고 미소 짓는 작은 팀에 둘러싸여 있다. 그 팀은 프란치스코를 돕기 위한 멋진 전투 기구를 구성했다. 그 팀 중 몇몇은 프란치스코가 승진시켜준 대주교 브루노 포르(Bruno Forte), 피터 에르도(Peter Erdö), 파비오 파벤(Fabio Fabene)이다. 나는 교주 총회의 사무국 사무실에서 그들을 만나볼 수 있었다.

발디세리 일당은 처음부터 가장 개방적이고 동성애 우호적인 추기경들과 함께 일했다. 그런 추기경들로는 준비 보고서 작성을 담당했던 바티칸의 자유주의자들의 수장인 독일인 발터 카스퍼(Walter Kasper)와 오스트리아인 크리스토프 쇤보른(Christoph Schönborn), 그리고 교황의 개인 친구인 온두라스 사람 오스카 마라디아가(Óscar Maradiaga)가 있다.

발디세리가 내게 말한다.

우리의 노선은 본질적으로 카스퍼의 것이었어요. 그러나 역시 중요한 것은 그 방법이었습니다. 교황은 정문과 창문을 다 열어놓기를 원했어요. 토론은 어디에서나 열려야 했어요. 주교 회의에서든, 교구에서든, 신자들 사이에서든 하나님의 백성은 선택해야 했답니다.

이런 방법은 들어본 적이 없다. 무엇이든 간섭하는 '지배광'(狂)적인 요한 바오로 2세와, 원칙과 두려움 때문에 이런 종류의 토론을 열기를 거절했던 베네딕토 16세와는 얼마나 다른지!

프란치스코는 주교 총회 준비를 그 기구에 맡기고 38개의 질문을 다룰 전 세계적인 거대한 협의회를 발족시키면서 판을 바꿀 수 있다고 생각한다. 그는 교회가 움직여주기를 바란다. 그는 그렇게 함으로써 무엇보다 교황청을 흔들어보려고 한다. 그러나 (절대 신정주의와 교황 무오설에 익숙해져 있는) 기존 추기경들은 즉시 그 덫을 포착했다.

"우리가 습성을 바꾸어 놓은 것은 맞아요. 사람들을 놀라게 한 것은 그 방법이었지요."

발디세리 추기경은 내게 신중하게 설명한다.

발디세리의 일당은 빈틈없이 일하는 사람들이 분명하다. 월터 카스퍼는 자신감이 있고 심지어 저돌적이기도 하다. 그는 공개적으로, 심지어 주교 총회 앞에서 "동성 결합이 안정적이고 책임 있는 방식으로 사는 삶이라면 존중되어야 합니다"라고 선언했다.

존중되어야 한다?

이미 이 말은 일종의 폭로다.

그 거대한 준비팀을 바탕으로 주교 총회 서기는 추기경들이 토론할 예비 교재를 마련해야 했다.

"그 교재로 토론을 했어요. 곳곳에 모든 언어로 일제히 답변이 왔지요. 주교 회의들로부터 답변이 왔고, 전문가들이 답변했지요. 많은 개인도 답변했어요."

발디세리는 즐거워한다.

약 15명의 사제는 수천의 단위로 밀려들어 오는 이 모든 답변을 읽기 위해 긴급하게 움직였다. 그들은 또한 114개의 주교 회의들이 셀 수 없이 많은 언어로 보내온 답변을 처리해야 했다. 동시에 몇몇 비서들이 동원되어 (적어도 내가 만난 한 명의 동성애 운동가가 포함되었다) 1년 후에 나올 그 유명한 사도적 권고인 『사랑의 기쁨』(*Amoris laetitia*)의 초안을 작성했다.

이 초안 문서에 의도적으로 더해진 문구 하나가 있는데 다음과 같다.

"동성애자들은 기독교 공동체에 내놓을 수 있는 재능과 자질이 있다."

또 다른 문구는 에이즈에 대한 분명한 언급이다.

동성 결합과 관련하여 도덕적으로 문제가 있는 부분이 있음을 인정한다. 그러나 우리는 서로를 위해 자신을 희생할 만큼 돕는 자세를 갖는 것은 파트너의 삶에 소중한 도움이 된다는 사실을 주목한다.

발디세리는 말한다.

프란치스코는 매주 여기에 왔어요. 그는 사적으로 와서, 우리가 건의 내용을 토론할 때 그 회의를 관장했지요.

* * *

왜 프란치스코는 가정과 성도덕에 대한 질문을 다루도록 택하였을까?
나는 발디세리 추기경과 그의 협력자 몇 사람뿐만 아니라 로마와 30개국을 다니며, 프란치스코를 반대하는 자들이든 또는 지지자들이든, 주교 총회의 열성 지지자들이든 또는 대적들이든, 수십 명의 추기경과 주교들과 교황 대사들을 조사하러 다녔다. 나는 그들과 대화하면서 교황의 비밀 계획과 곧이어 터질 교회 내 동성애 파벌 간의 상상조차 할 수 없는 싸움을 근원적으로 조사하게 될 것이다.
교황은 즉위한 직후부터 교황청에 재정과 성 문제를 경계하도록 했다.
"우리는 모두 죄인이지만, 우리가 모두 부패한 것은 아닙니다. 죄인은 받아들여야 하지만 부패를 받아들여서는 안 됩니다."
그는 이중생활을 비난하며 무관용을 선포했다.
프란치스코가 가장 싫어한 사람들은 심지어 전통주의자들 및 보수주의자들보다도 완고한 위선자들이었다.
라틴 아메리카와 아프리카에서는 그토록 많은 사제가 여성과 살고 있는데 왜 계속 재혼 이혼자들에게 성례를 거부하는가?
바티칸에서는 추기경들과 교황 주변 사람 중에 동성애자들이 그렇게 많은데 왜 계속 그들을 미워하는가?
1980년 이래로 참으로 많은 추기경과 대다수 국무원장이 모순된 삶을 살고 있고 (내 정보에 따르면 75%가 그러하다) 교황청은 거짓과 부인(否認)으로 뒤엉켜 있는데 어떻게 개혁할 것인가?
만일 그들이 말하는 대로 봄맞이 대청소를 해야 할 시기라면, 계획적으로 구식화(舊式化)됨으로 깊은 구덩이에 빠질 위기에 처해 있는 교회를 어디서부터 개혁해야 할까?

프란치스코가 그의 대적들을 보니, 그 원수들은 완고한 추기경들로서 보수적이고 동성애를 혐오하는 연설을 하며 교황의 성 해방 주의를 반대하는 문서들을 발행한다.

그런 추기경들로는, 레이몬드 버크, 카를로 카파라, 요아힘 마이스너(Joachim Meisner), 게르하르트 루트비히 뮐러, 발터 브란트뮐러(Walter Brandmüller), 마우로 피아첸차(Mauro Piacenza), 벨라시오 드 파올리스(Velasio De Paolis), 타르치시오 베르토네, 조지 펠(George Pell), 안젤로 바냐스코, 안토니오 카니자레스, 커트 코흐(Kurt Koch), 폴 요세프 코데스(Paul Josef Cordes), 윌렘 예크(Willem Eijk), 조셉 레바다(Joseph Levada), 마르크 우엘레(Marc Ouellet), 안토니오 로우코 바렐라(Antonio Rouco Varela), 후안 루이스 시프리아니(Juan Luis Cipriani), 후안 산도발 이니거즈(Juan Sandoval Íniguez), 노르베르토 리베라(Norberto Rivera), 하비에르 에라주리즈(Javier Errázuriz), 안젤로 스콜라(Angelo Scola), 카밀로 루이니, 로버트 사라 등, 그 외 많은 사람이 있다.

가장 중요한 것은, 프란치스코는 전 세계적으로 가톨릭교회를 오염시키고 있는 수만 건에 이르는 성학대 사건들 때문에 격앙되어 있다. 매주 새로운 혐의들이 언론에 보도되고 주교들은 기소되거나 유죄 판결을 받고, 사제들은 형을 받고, 스캔들은 계속 터진다. 이성애자들 성폭행은 매우 드물고, 80퍼센트 이상의 사례가 동성애 성폭행이다.

라틴 아메리카에서는 페루에서뿐만 아니라(후안 루이스 시프리아니) 멕시코에서도(노르베르토 리베라와 후안 산도발 이니거즈) 언론과 희생자들은 주교단이 원칙을 져버리고 사실을 축소시켰다는 의심을 품고 있다. 칠레에서는 그 나라의 모든 주교가 사퇴할 정도로 큰 스캔들이 터졌고, 하비에르 에라주리즈 추기경과 리카르도에 짜티(Riccardo Ezzati) 추기경을 비롯한 대부분의 교황 대사들과 고위 성직자들은 그들의 성폭행 혐의를 무시한 것 때문에 손가락질을 받았다.

교회는 어디에서든 성폭행 문제가 발생했음에도 이를 제대로 다루지 못한 것 때문에 최고 계층까지 비난을 받아왔다. 가령, 오스트리아(한스 헤르만 그로거(Hans Hermann Groër)), 스코틀랜드와 아일랜드(키이스 오브라이언(Keith O'Brien), 션 브래디(Sean Brady)), 프랑스(필립 바바린(Philippe Barbarin)), 벨기에(고드프리드 다넬스(Godfried Danneels)) 등에서 성폭행이 터졌고 미국과 독일도 마찬가지였다.

호주에서는 경제 '장관'인 조지 펠이 기소되어 멜라본에서 재판에 회부되었다. 수십 명의 추기경은 비록 그들 자신이 성추행으로 고소당한 것은 아니지만 사제들이 저지른 성범죄에 대한 타성이든 위선이든 덮어버린 사실 때문에 언론에 이름이 거론되며 비난을 받았거나 법에 따라 소환되었다. 이탈리아에서는 수십 명의 주교와 여러 추기경이 연루된 성폭행 사건이 터졌지만, 이상하게도 언론은 그 사건을 폭로하기를 주저했다.

로마에서 주교성(Congregation for Bishops)의 장관인 마르크 우엘레트(Marc Ouellet) 추기경과 대화를 하는 중, 그는 내게 상상을 초월할 만큼 많은 성폭행 사례들을 알려주었다. 그는 이중적인 말을 하는데 전문가다. 그는 라칭거 지지파지만 프란치스코 교황을 옹호한다고 주장하는 사람이다. 그 퀘벡 사람이 내게 알려준 수치는 어마어마하다. 그는 교회가 말 그대로 무너지고 있다고 묘사한다. 그가 볼 때는 이 세상의 모든 교구, 모든 주교 회의들, 모든 교구는 다 부패했다. 그 이미지는 끔찍하다.

교회는 마치 오케스트라가 연주하는 동안 바닥으로 가라앉고 있는 '타이타닉'(*Titanic*)처럼 보인다. 우엘레트의 동료 중 한 사람은 깜짝 놀라 움츠리며 "그것은 막을 수 없을 거예요"라고 말했다(몬시뇰 비가노는 그의 두 번째 '메모'에서 우엘레트의 게이 수행원을 고발했다).

그러므로 성폭행에 관한한 프란치스코는, 요한 바오로 2세와 그의 측근인 안젤로 소다노와 스타니스와프 지비스가 오랫동안 눈감아 주려고 한 것과는 달리, 또는 베네딕토 16세가 면죄부를 주려고 했던 것과는 달리, 그런 의도가 전혀 없다. 하지만 이런 입장을 분명히 함에도 그는 공개적으로는 그렇게 행동하지 않았다.

가장 중요한 것은, 이런 성폭행에 대한 프란치스코의 분석은 요제프 라칭거와 그의 측근인 타르치시오 베르토네의 분석과 다르다는 사실이다. 요제프와 베르토네는 성폭행의 요인을 본질에서 동성애로 보았지만, 프란치스코는 그들과는 반대로 이중생활을 감추고 있는 사제들의 '완고함'과 독신생활에 있다고 본다(바티칸 전문가들과 내가 인터뷰한 교황 프란치스코의 가까운 동료 두 사람의 관찰이다). 교황은 추기경들과 주교들이 성 학대를 은폐하려고 하는 이유는 소아성애자들을 지지하려는 것이 아니라 두려움 때문이라고 본다. 즉, 어떤 스캔들이 터지거나 그 일로 재판을 받게 되면 그들의 동성애 성향이 드러날까 두려워한다는 것이다.

그러므로 『바티칸의 불편한 진실』의 새로운 법칙이고, 여섯 번째 법칙이며, 가장 중요한 법칙 중 하나는 이렇게 요약될 수 있다.

> 6. 대부분의 성폭행 배후에는 가해자를 보호해온 사제들과 주교들이 있는데 이는 그들의 동성애 사실이 스캔들 사건으로 노출될까 두려워서 가해자를 보호한 것이다. 교회 내에 만연된 동성애에 대해 침묵을 지켜온 비밀 문화가 성폭행 사건을 은폐시키게 하고 또한 아동 성범죄자들이 활동하도록 했다.

이런 모든 이유로 프란치스코는 소아성애는 부수 현상이 아니라는 것을 알게 되었다. 즉, 소아성애는 안젤로 소다노 추기경이 언급했던 '최근 소문'이 아니라 대분열 이후 로마 가톨릭교회가 직면하게 된 가장 심각한 위기였다.

교황은 심지어 그 이야기는 단지 시작일 뿐이라는 것을 안다. 그는 소셜 미디어와 바티리크스가 넘치는 시대에, '스포트라이트 효과'는 말할 것도 없고 언론의 자유가 보장되고 일반인이 법으로 따질 수 있는 현대 사회에서, 교회는 마치 곧 쓰러질 것 같은 피사의 탑과 같다고 내다보고 있다. 모든 것이 재건되고 변화될 필요가 있다. 그렇지 않으면 가톨릭이 사라질 위험이 있다. 이런 전망이 2014년 주교 총회의 저변에 흐르는 인식이었다.

* * *

따라서 프란치스코는 의사 표명을 택했다. 그는 성녀 마르타호텔의 아침 미사에서, 비행기 안에서, 또는 상징적인 만남 가운데, 즉흥적으로 하는 회담에서, 로마 교황청의 회원들 가운데 '숨겨져 있는 잦은 방탕한 삶'의 위선을 정기적으로 비난하기 시작했다.

그는 이미 15가지의 '교황청 질병'에 대해 언급한 바 있었다. 그는 사람 이름을 나열하지는 않았지만, 로마 추기경들과 주교들에 대해 '영적 치매환자', '정신분열증 환자들', '스캔들을 퍼뜨리는 사람들', '부패한 사람들'이라고 말하였고, 교구는 돌보지 않고 승진만 꿈꾸는 주교들의 삶의 방식을 비판했다.

교회 역사상 처음으로 그런 비판은 볼테르주의자들이나 가톨릭 혐오자들과 같은 가톨릭의 적들로부터 생겨난 것이 아니라 교황이 직접 한 것이다. 우리는 이 사실로부터 프란치스코 '개혁'의 전체 규모를 이해해야 한다.

교황은 또한 행동하기를 원했다. 그의 동료 중 한 사람의 말에 따르면, 그는 '벽을 무너뜨리고' 싶어 했다. 그는 상징과 행동, 그리고 콘클라베의 도구를 사용하여 그렇게 할 것이다. 그는 펜을 휘둘러 장래 추기경 명단에서 요한 바오로 2세와 베네딕토 16세 때 타협했던 모든 대주교와 교황 대사들, 그리고 주교들을 제거하기 시작했다. 요한 바오로 2세 때 파티가 열렸었다고 소문난 교황의 여름 별장인 카스텔간돌포 사도 궁전(The Palace of castle Gandolfo)은 관광지가 될 것이며 결국 매각될 것이다.

프란치스코는 동성애 문제에 대한 장기 교육 사역을 시작했다. 교회는 새롭고 근본적인 방법으로 소아성애 범죄와 성년이 된 두 사람이 합의 상태에서 행하는 합법적 동성애 행위를 구별할 필요가 있다고 보았다(소아성애 범죄는 15세 미만의 미성년자에게 저지르는 성폭행과 학대이고, 동의 없이 또는 위계적 상황[교리문답 교육, 고해 성사, 신학교 등]에서 저지르는 성행위들이다). 교황은 또한 콘돔 논쟁을 다루면서 '주의 사항'을 강조했다.

그러나 매해 결혼을 위해 평신도로 전환하는 수백 명의 사제는 말할 것도 없고, 사제가 되려는 사람들이 급격히 줄어드는 위기를 어떻게 해결해야 할 것인가?

너무 오랫동안 팽개쳐진 질문들과 장래의 도전들을 고민해야 할 때가 되지 않았을까?

이론을 떠나서 실제 상황에 대처해야 할 때가 아닐까?

이것이 주교 총회의 요점이었다. 교황은 주교 총회를 열면서 달걀껍데기 위를 걷고 있었다.

로렌조 발디세리 추기경이 내게 설명했다.

"프란치스코는 장애물을 알고 있었어요. 그는 직무상 책임을 지는 자리에 있었답니다. 그는 책임자였어요. 그래서 그는 시간을 들여 모든 의견에 귀를 기울였어요."

주교단에서 올라온 문서들은 놀라운 내용을 담고 있었다.

첫 번째는 독일, 스위스, 오스트리아에서 공개된 내용인데 교회를 비난하고 있었다. 로마 가톨릭은 실제 삶과는 단절된 것처럼 보였다. 교리는 더 이상 수백만의 가정에 아무런 의미가 없었다. 신자들은 피임과 콘돔 사용과 동거, 사제의 독신생활, 그리고 나아가 동성애에 대한 로마 가톨릭의 입장을 전혀 알지 못했다.

독일의 논쟁을 지켜보던 주교 총회의 '두뇌'라고 할 수 있는 발터 카스퍼 추기경은 그의 개념이 일반 대중으로부터 검증되는 것을 보고 기뻐했다.

그는 지나치게 자신감을 가졌던 것일까?
교황이 그를 지나치게 신뢰했던 것일까?

사실, 준비된 문서는 카스퍼의 노선을 따랐고 이혼자와 동성애자가 성례에 참여할 수 있도록 교회의 완화를 제안했다. 바티칸은 이제 동거하는 젊은이들과 재혼한 이혼자들과 동성 시민 동반의 '적격성'을 인정하고자 했다.

바로 그때 발디세리의 온건한 표현에 대해 '반작용'이 생겨났다. 그 문서가 공개되자 미국의 레이먼드 버크를 수장으로 하고 있는 추기경단의 보수파가 당장 강력한 비난을 쏟아부었다.

전통주의자들은 배포된 문서에 대해 무장을 하고 나섰고, 남아공 추기경 윌프리드 네이피어(Wilfrid Napier) 같은 몇몇 사람들은 '예외적인 상황'에 있는 사람들을 인정해주면 필연적으로 일부다처제의 합법화로 이어질 수밖에 없다고 강력히 주장하고 나섰다. 아프리카 및 브라질의 여러 추기경은 한창 번창하고 있는 대단히 보수적인 개신교 복음주의 운동과의 경쟁을 고려해야 한다는 전략적인 이유를 대며 교황은 교회의 입장이 느슨해지는 것을 막아야 한다고 요구했다.

물론 이 사제들은 모두 자신들은 대화를 열어놓았고 필요하다면 해석을 넣을 수도 있고 추가 조항도 더할 준비도 되어있다고 말했다. 하지만 그들의 비밀스런 진언(眞言)은 영화 「표범」(The Leopard)에 나오는 람페두자(Lampedusa) 섬의 왕자가 말한 것처럼, "모든 것이 바뀌어도 아무것도 변하지 않는다"는 것과 다름없었다. 프란치스코 역시 이름을 거론하지 않으면서도 "모든 것을 그대로 유지하고 싶어 하는 돌 같이 완고한 자들"을 비난할 것이다.

다섯 명의 극보수 추기경은 ('일반적인 용의자들'로는 레이먼드 버크, 루트비히 뮐러, 카를로 카파라, 발터 브란트뮐러, 그리고 벨라시오 드 파올리스다) 전통적인 결혼을 옹호하는 공동저서의 책을 마련하여 가톨릭 출판사 이그나티우스(Ignatius)를 통해 출판할 것이다. 그들은 발디세리가 그 소논문을 압수하기 전에 주교 총회의 모든 참가자에게 그 책을 배포할 계획을 하였다!

보수주의 측은 검열을 하지 말라고 외쳤다!

주교 총회는 이미 익살스럽게 돌아서고 있었다.

제1차 모임부터 재혼한 이혼자들과 동성애자들의 성례 자격 논쟁이 너무 격렬하여 교황은 그의 문서를 수정할 수밖에 없었다. 그 문서는 며칠 만에 수정되었고 동성애에 대한 의견은 대단히 강화되었다. 하지만 이 새로운 '약소한' 버전마저 주교 총회의 최종 투표에서 거부되었다.

그 문서에 대한 공격은 강력하며 단호했고 나아가 교황까지도 비난하였다.

일부 추기경단은 그의 방법, 스타일, 개념을 거절했다. 가장 '완고하고' 가장 전통적이며 가장 여성을 혐오하는 자들이 반란을 일으킨 것이다.

그들은 가장 강한 '성향'을 가진 자들이었을까?

사실 이 싸움은 보수주의자들과 진보주의자들 사이의 갈등이 나중에 게이 문제로 드러났다는 사실이 중요하다. 그러므로 당신은 이 싸움을 이해하기 위해서는 사건을 그대로 보아서는 안 된다. 심지어 더 중요한 것은 프란치스코에게 반란을 일으킨 몇몇 주도자들은 이중생활을 하고 있었다는 사실이다.

모순과 내면화된 동성 혐오증으로 가득 찬, 밀실에 숨어 있는 이 동성애자들은 자기 혐오 때문에 반란을 일으킨 것일까?

아니면 가면이 벗겨지는 것을 막으려고 그러했던 것일까?

교황은 너무 불쾌해서 이 추기경들의 아킬레스건을 공격했다. 즉, 그들의 지나친 보수주의 배후에 숨겨져 있는 그들의 사생활을 공격했다.

공공연한 영국 게이 사제인 제임스 앨리슨은 이런 주제에 대해 높이 인정받는 신학적인 글을 썼는데, 마드리드에서 나와 몇 번 대화를 나누면서 그 주제를 한마디로 요약했다.

"이것은 밀실의 보복입니다!

밀실의 앙갚음이지요!"

앨리슨은 그 상황은 다름 아닌 '밀실 안에' 있는 동성애 추기경들에게 프란치스코가 '밀실 밖으로' 나오라고 격려하자 그들이 교황에게 전쟁 선포를 한 것이라고 요약한다.

로마에 있는 베네딕토 세인트 안셀름대학(Benedictine University of Sant'Anselmo)의 고위 관리자 중 한 사람인 이탈리아 베네딕토 수사 루이지 지오이아는 내게 바티칸에서 일어난 일에 대해 또 다른 실마리를 알려주었다.

> 동성애자들에게는 교회가 안전한 곳으로 보이나 봅니다. 제 견해로는, 바로 그 이유로 많은 동성애자가 사제직을 택하였다고 생각합니다. 하지만 안전이 필요하고 숨을 필요가 있을 때는 상황이 바뀌지 않기를 바라지요. 또한, 안전하게 보호받을 수 있고 자유롭게 활동할 수 있는 은신처를 원하게 되고요. 하지만 개혁을 원하는 프란치스코는 밀실에 숨어 있는 동성애 사제들의 은신처를 흔들어 놓았어요. 바로 이런 이유로 그들은 과격하게 반응하며 그를 미워하는 것이랍니다. 그들은 겁을 먹은 것이지요.

주교 총회의 총 담당자이자 고문인 발디세리 추기경의 경우, 그 싸움 이후의 상태를 보다 실제로 요약한다.
"세 가지 민감한 안건을 제외한 나머지는 전부 의견일치가 되었습니다."
사실, 주교 총회에서 과반수의 '진보적인' 투표가 나왔지만, 논란의 소지가 있는 안건들이 채택되려면 3분의 2가 충족되어야 하는데 안 되었다. 그러므로 62 안건 중 3 안건은 거절되었다. 그 세 안건은 가장 중요한 안건들이었지만, 교황은 정족수를 얻지 못했다. 이로써 가정과 동성애에 대한 프란치스코의 혁명적인 과제는 패배로 마치고 말았다.

*　　*　　*

프란치스코는 이 싸움에서 졌지만, 전쟁에서 진 것은 아니었다. 그가 주교 총회에서 패배해서 비참하게 되었다고 말하는 것은 섣부른 표현일 것이다. 권위주의적이면서도 정직한 이 남자는 교황청의 보수적인 추기경들의 방해를 받은 후 불쾌감을 느꼈다. 그들은 위선과 이중 게임과 배은망덕함으로 교황에게 반란을 일으켰다. 그들의 배후 공작과 음모와 방법은 교황청의 법에 분명하게 어긋나며 또한 너무 지나쳤다. 프란치스코가 그의 동료들에게 사적으로 알린 것은 그는 포기할 의도가 전혀 없었다고 한다. 그는 싸울 것이며 반격에 나설 것이다.

그를 잘 아는 어떤 몬시뇰이 말한다.

"그는 고집이 셉니다. 고집불통이지요."

교황의 반격은 여러 단계로 나타날 것이다. 우선 그는 그 다음 해에 제 2차 주교 총회를 준비하기로 했다. 그는 그사이에 정비할 시간을 가질 수 있을 것이다. 그 후 그는 2014년 말부터 사상싸움에서 이기기 위해 광범위한 캠페인을 시작하기로 했다. 그는 패배를 승리로 바꾸기를 원했다.

이번 싸움은 미리 준비하고 협의를 거쳤던 이전 싸움과는 달리 대부분 비밀리에 진행될 것이다.

주교 투표라는 민주화의 덫에 빠졌던 프란치스코는 그의 반대 세력에게 신권정치에서 절대 군주가 무엇을 의미하는지 보여줄 작정이었다!

"프란치스코는 앙심을 품었어요. 그는 복수를 할 거예요. 그는 절대 권위를 가지고 있습니다. 그는 예수회 사람입니다. 절대로 패배를 원치 않아요!"

교황에게 적대적인 어떤 교황 대사가 말한다.

프란치스코는 반격을 하는 데 있어서 세 가지 유용한 장치를 맘대로 사용할 수 있다. 단기적으로는. 주교단과 가톨릭 여론을 움직여서 세계적인 차원에서 더욱 현대적인 토론을 시도하고 장려할 수 있다. 이것이 그가 발디세리와 그의 팀에게 맡긴 새로운 사명이었다. 중기적으로는, 교회 교리를 담당하고 있는 게르하르트 루트비히 뮐러부터 시작하여 그를 모욕했던 추기경들을 제재하는 것이다. 장기적으로는, 그의 개혁을 선호하는 주교들을 임명하여 추기경단의 구성원을 바꾸는 것이다. 이것은 교황만이 사용할 수 있는 최고의 무기였다.

프란치스코는 은밀하고 노련하게 이 세 가지 기술을 동시에 사용하며 빠른 속도로 계속 공격을 가할 것이다. 그의 적대자들은 너무 센 공격을 당했다고 말할 것이다.

2015년 10월에 있을 제2차 주교 총회를 위한 '준비' 작업이 진행되었다. 사실, 그 작업은 다섯 대륙에서 행동으로 옮겨진 실제 전쟁이었다. 교황 대사들과 협력자들과 우호적인 추기경들 등, 모든 사람이 동원되었다. 마치 아쟁쿠르 전투(the Battle of Agincourt)를 앞둔 헨리 5세 같았다. 프란치스코는 맘대로 움직일 수 있는 왕국을 갖고 있었다.

"우리는 폭군은 아니지만, 기독교의 왕이며, 우리의 분노는 우리의 관용을 따른다."

전에는 관용을 보였다. 그러나 이제는 분노가 더 많아졌다.

* * *

나는 아르헨티나와 우루과이, 브라질 또는 미국과 같은 여러 나라에서 이 공격을 추적할 수 있었다. 또한, 주교단이 두 진영으로 나뉘는 것까지 인식할 수 있었다. 싸움은 현지에서 격렬하게 진행되었다.

우선 아르헨티나를 보면, 교황은 그곳에서 그의 지지 기반인 그의 친구들을 동원했다. 프란치스코의 가까운 동료이며 그의 연설문 작성자 중 한 명인 신학자 빅토르 마누엘 페르난데즈(Víctor Manuel Fernández)는 주교로 승진하더니 당장 공격적인 태도를 취했다. 그는 일간지 코리에레 델라 세라(the Corriere della Sera)와의 긴 인터뷰에서 (2015년 5월) 뮐러 추기경의 이름을 거론하지 않은 채 교황청의 보수주의파를 맹렬히 공격했다.

> 교황은 되돌아가지 않을 것을 분명히 하고 싶어서 천천히 움직이고 있습니다. 그는 취소될 수 없는 개혁을 목표로 하고 있습니다. 그는 절대 혼자가 아닙니다. 진실한 백성이 그와 함께 있습니다. 그의 대적들은 생각보다 약합니다. ... 더욱이, 교황이 모든 사람을 기쁘게 하는 것은 불가능합니다.
> 베네딕토 16세가 모든 사람을 기쁘게 하였습니까?

이 말은 교황청의 라칭거파를 향한 '전쟁 선포'였다.

부에노스아이레스에서 그리 멀지 않은 곳에 우루과이 몬테비데오의 '베르고글리안'파 대주교 다니엘 스툴라는 동성애에 대한 자신의 의견을 표현하면서 갑자기 위험을 무릅썼다. 그는 심지어 주교 총회에서 게이 문제에 대해 공로를 세우고자 할 것이다.

> 나는 교황 프란치스코를 몰랐지만, 자원하는 마음으로 프란치스코를 지지했어요. 그 이유는 시대가 변했고 이곳 몬테비데오에서는 동성애자들에게 동정심을 품고 있기 때문입니다. 그거 압니까?
> 여기서는 내가 게이를 지지해도 아무도 반대하지 않습니다. 나는 곳곳에서 사회가 변하고 교회는 이 문제에 대해 앞으로 나가야 한다고 생각합니다. 심지어 교회의 중심부에도 동성애가 널리 퍼져 있다는 것은 다 알고 있습니다.

스툴라는 몬테비데오에 있는 그의 사무실에서 나와 오랜 대화를 하며 말했다(교황 프란치스코는 2015년에 그를 추기경으로 서임했다).

교황의 또 다른 친구도 그 싸움에 몸을 던졌다. 그는 온루라스(Honduras)의 추기경 오스카 마라디아가(Óscar Maradiaga)다. 프란치스코와 가까운 9명의 추기경의 협회인 'C9'의 회장인 이 대주교는 라틴아메리카의 모든 수도를 다니며 그의 플래티넘 카드에 항공 마일리지(air miles)를 축적했다. 그는 어디서든 프란치스코의 생각을 대중에게 스며들게 하였고 소규모 위원회로 그의 전략을 개시했다. 그는 또한 지지자들을 모집하고, 교황에게는 그의 반대 세력에 대한 정보를 전해주며 전투를 준비했다(2017년, 오스카 마라디아가의 대주교 사무실은 심각한 재정 비리 혐의로 흔들거리게 되는데, 수혜자로 여겨지는 사람 중 하나는 그의 보좌관과 어떤 가까운 친구일 것이다. 보조 주교 하나는 "심각한 부정행위와 동성애 관련 사실"로 언론의 의심을 받게 되면서 결국 2018년에 사임하게 된다. 몬시뇰 비가노 역시 그의 『증언』에서 동성애 성폭행으로 기소된 사람들을 보호한 사실에 대해 마라디아가를 향해 맹렬한 비판을 한다. 현 단계에서는 그 사건들에 대한 조사가 진행 중이며 혐의를 받는 고위 성직자들은 무죄로 추정되고 있다).

거대한 가톨릭 국가, 브라질에서 (세상에서 가장 큰 가톨릭 국가다. 1억 3천 5백만 명으로 추산되는 신도들이 있고, 주교 총회에 실제 영향을 끼칠 수 있는 10명의 추기경이 있다) 교황은 그곳의 친구들을 의존했다. 그곳 친구들로는 클라우디오 험메스(Cláudio Hummes) 추기경, 상파울루의 명예 대주교 주앙 브라스 지아비스(João Bráz de Aviz) 추기경, 테레지나의 전 대주교이며 브라질의 수도 브라질리아의 새로운 대주교 세르지오 다 로차(Sérgio da Rocha)가 있다.

로차는 주교 총회에서 결정적인 역할을 할 것이고 이에 프란치스코는 감사의 표현으로 당장 그를 추기경으로 세울 것이다. 교황은 그들에게 보수주의 측을 소외시키는 임무를 맡겼다. 한편, 보수주의 측은 특히 교황 베네딕토 16세와 가깝던 상파울루의 대주교 반(反)동성애 추기경 오질루 셰레르(Odilo Scherer)가 구축해 놓았다.

브라질 주교단 내에서 오랜 권력 싸움이었던 우메스-셰레르(Hummes-Scherer) 싸움은 그 강도가 갑절이 되었다. 프란치스코는 아무런 경고도 없이 셰레르를 교황청에서 몰아냄으로 그에게 제재를 가할 것이고 반면 세르지오 다 로차를 추기경으로 높일 것이다.

해방 신학의 중심인물 중 하나이고, 유명한 도미니카회 수사이며 전 대통령

룰라(Lula)와 가까운 브라질의 지성인 프레이 베토는 반복되는 긴장 상태에 대해 요약해 주었다.

> 우메스 추기경은 언제나 사회적인 대의를 우선시하는 진보적인 추기경입니다. 그는 프란치스코 교황의 친구였고 그의 지지를 의지할 수 있었지요. 반면에 셰레르 추기경은 사회적 기질이나 융통성이 없는 보수주의자였지요. 그는 매우 전통적이었습니다.

베토는 리우데자네이루에서 나를 만나서 확신하며 말한다.

나는 오질루 셰레르(Odilo Scherer) 추기경을 인터뷰하며 그에게 좋은 인상을 받게 되었다. 상냥하고 약간 짓궂은 그는 상파울루에 있는 그의 대주교 궁의 웅장한 사무실에서 하늘색 셔츠를 입고 호주머니에는 흑백 몽블랑 만년필을 낀 채 나를 맞이하였다. 그는 오랜 인터뷰를 하는 동안 그가 최고 성직자로 있는 브라질 교회 내의 긴장을 조심스럽게 깎아내린다.

> 우리에게는 오직 하나의 교황이 있지요. 바로 프란치스코입니다. 명예 교황이 있더라도 우리에게 두 교황이 있지는 않아요. 때때로 사람들은 프란치스코가 한 말을 좋아하지 않으면서 베네딕토 16세에게로 향하지요. 다른 사람들은 베네딕토 16세를 싫어하고 프란치스코 편에 서지요. 교황마다 나름대로 비범함과 개성이 있습니다. 한 교황이 다른 교황을 보완하지요. 한 교황을 다른 교황으로 대치시킬 수는 없어요.

17명의 추기경이 있는 미국은 중요한 국가였는데 10개의 표를 가지고 있다. 미국은 무엇보다 프란치스코에게 낯설고 그곳에는 이중생활을 영위하는 완고한 추기경들이 매우 많이 있다. 교황은 미국 주교회 의장을 거의 믿지 않지만, 그 나라에 그를 도울 협력자들이 거의 없다는 사실을 알고 깜짝 놀랐다. 주교회 의장 다니엘 디나르도(Daniel DiNardo)는 자칭 자유주의자인데 라칭거 밑에서는 친(親)라칭거로, 프란치스코 밑에서는 친(親)프란치스코가 되는 기회주의자였다.

이러하기에 교황은 별로 알려지지 않은 세 명의 친(親)동성애 주교들을 의지하기로 했다. 그 세 명은, 교황이 곧바로 시카고의 대주교로 임명하게 되는 블레이스 커피치(Blase Cupich)(동성애자 커플에게 우호적이다), 인디나아폴리스의 대주교 조셉 토빈(Joseph Tobin)(지금은 뉴어크까지 담당하고 있고 그곳에서 결혼한 동성애자들과 성 소수자 활동가들을 환영하고 있다), 그리고 마지막으로 샌프란시스코 출신인 진보주의 친(親) 게이 사제인 로버트 맥엘로이(Robert McElroy)가 있다. 이 세 사람은 미국에서 프란치스코를 지지하는 자들로서 주교 총회에서 전적으로 교황을 지지할 것이다. 커피치와 토빈은 2016년에 추기경으로 임명되었고 맥엘로이는 논쟁 기간에 주교가 될 것이다.

프란치스코는 스페인, 프랑스, 독일, 오스트리아, 네덜란드, 스위스, 벨기에에서도 협력자들을 물색하고 독일의 라인하르트 마르크스(Reinhard Marx), 상냥한 오스트리아 사람 크리스토프 쇤보른, 또는 스페인 사람 후안 호세 오멜라(Juan José Omella)(교황은 곧바로 오멜라를 바르셀로나 대주교로 임명하고 그 후 추기경으로 서임할 것이다)와 같은 가장 진보적인 추기경들과 협력 관계를 맺었다.

또한, 독일 신문인 「디 차이트」(Die Zeit)에 실린 인터뷰를 보면, 교황은 밝은 미래를 위한 견해를 내놓았다. 즉, 기혼 남성 서품에 대한 견해였다. 프란치스코는 보수주의자들에게 싸움의 빌미(casus belli)를 주는 여성 서품 또는 신학생을 위한 독신주의의 종결을 제안하기보다, 사제가 되려는 사람들이 급격히 줄어드는 위기에 대한 대응방안으로, 그리고 교회에서 동성애를 제한하고 성폭행의 사례를 중단시키기 위해, 나이든 기혼 가톨릭 남성들을 서품하기를 원했다.

교황은 현지에서 일반 대중을 통한 일련의 토론을 시작하면서 보수주의자들을 수세에 몰아넣었다. 교황은 주교 총회를 위해 수고했던 한 사제의 말처럼, 보수주의자들이 그들의 나라에서 소수라는 것을 보여줌으로써 그들을 "코너로 몰아놓았다."

교황은 2014년부터 분명한 입장을 취해 왔었다.

> 대부분 사람에게 그런 가정은 [1980년대에 요한 바오로 2세가 생각한 가정] 더 이상 존재하지 않습니다. 이혼자들이 있고, 동성애 가정들이 있으며, 편부모 가정, 대리 임신, 자녀가 없는 부부, 동성 결합이 있습니다. 전통적인 교리는 분명히 그대로 유지될 것이지만, 목회적으로는 권위주의나 도덕주의에서는 더 이상 나올 수 없는 그런 현대적인 대응을 필요로 합니다. [교황의 이런 과감한 제안들은 거절되지 않았고, 이런 제안은 프란치스코의 개인 친구인 온두라스의

추기경 오스카 마라디아가가 알려준 것이다.]

그러므로 프란치스코가 그의 작은 스텝 정책을 진행해 나가는 동안 2014년과 2015년의 두 번의 주교 총회 사이에 진보와 보수의 싸움은 확대되었고 지금은 모든 주교에게 확대되었다.

"우리는 그 논쟁을 지나치게 단순화해서는 안 됩니다."

두 번의 주교 총회에 다 참석했던 라디오 바티칸(Radio Vatican)의 기자 로미다 페라토(Romilda Ferrauto)가 몇 가지 의견을 제시하며 말한다.

교황청을 흔들어 놓은 진짜 논쟁이 있었습니다. 그러나 그것은 한쪽은 진보주의자들로, 다른 쪽은 보수주의자들로 갈라놓지는 않았어요. 좌파와 우파로 갈라놓는 그런 것이 아니었지요. 미묘한 차이들이 컸고 많은 토론이 있었답니다. 예를 들어, 추기경들은 도덕 문제가 아닌 재정 개혁에 대해서는 교황을 따를 수 있었습니다. 여론은 프란치스코 교황을 진보주의자로 소개하였지요. 하지만 그 소개는 정확하지 않아요. 교황은 자비가 많습니다. 그는 목회적인 견해가 있어요. 그는 죄인에게 손을 내밉니다. 이는 전혀 별개 문제지요.

* * *

교황 팀은 불안과 혼돈에 빠진 교황청과 전 세계의 추기경들을 동원했을 뿐만 아니라 지식인들에게도 관심을 가졌다. 이들 의견-구성자들(opinion-formers)은 발리세리의 일당이 주교 총회의 성공을 이루기 위해 절대적으로 중요할 것이다. 따라서 대규모적이면서도 비밀리에 진행될 수 있는 소통 방법이 필요했다.

이 부분에서「치발타 카톨리카」잡지의 편집장이며 영향력 있는 예수회 회원인 안토니오 스파다로 신부가 배후에서 적극적으로 활동했다.

"우리는 공식적인 신문은 아니지만, 우리의 모든 기사는 국무원에서 다시 읽고 교황이 '승인'하지요. 우리는 우리 신문을 반(半) 정도 공식적인 공인된 언론이라고 부릅니다."

스파다로는 로마에 있는 그의 사무실에서 내게 말한다. 얼마나 대단한 사무실인가!

그 신문사가 자리 잡은 비아 디 포르타 핀시아나 빌라 몰타(The Villa Malta, Via di Porta Pinciana)는 빌라 메디치(Villa Medici)와 팔라조 보르게세(Palazzo Borghese) 주변 지역에서 매우 근사한 위치다.

언제나 시차 때문에 카페인을 섭취하는 안토니오 스파다로는 내가 여섯 번의 인터뷰를 하며 식사도 같이 한 사람인데, 그는 교황에게 매우 요긴한 존재다. 그는 오늘날의 바티칸에서 보기 드문 신학자이며 지성인이다.

사람들은 그가 프란치스코와 가까우므로 질투한다. 그는 교황의 실세들(éminences grises) 중 한 사람이라고 한다. 아무튼, 그는 교황의 비공식적인 고문 중 하나다. 젊고 활력적이고 매력 있는 스파다로는 인상적인 사람이다. 그는 생각이 빠르고 지식으로 번뜩인다. 이 예수회 사람은 모든 종류의 문화에 관심이 있고 특히 문학을 좋아한다. 그는 이미 여러 책을 썼으며, 그 책 중에는 사이버 신학에 대한 선견지명을 보여주는 책도 있고, 36세의 나이에 에이즈로 사망한 가톨릭 동성애자 이탈리아 작가 피어 비토리오 톤델리(Pier Vittorio Tondelli)에 대한 두 개의 전기 작품도 있다.

"나는 록 음악을 포함해서 모든 것에 관심이 많아요."

스파다로는 파리에서 나와 함께 저녁을 먹으며 말한다.

그 예수회 잡지사는 프란치스코 때에 여러 사상을 점검하며 토론하는 공간이 되어왔다. 2013년, 교황 프란치스코가 당선되자 스파다로는 곧바로 그와 첫 번째 인터뷰를 길게 가진 후 책을 출판했다. 그것은 일종의 이정표를 담은 문서였다.

"우리는 인터뷰를 위해 오후 세 시간을 함께 있었어요. 나는 그의 개방된 마음과 대화 감각에 놀랐습니다."

어떤 면에서는 이 유명한 문서는 다가오는 주교 총회를 위한 로드맵을 제시한다. 프란치스코는 그 안에서 혁신적인 개념과 방법을 내놓는다. 이혼한 부부를 위한 성도덕과 성례에 대한 질문에 대해서는 그는 합의적이고 분권적인 토론을 지지한다고 주장한다. 프란치스코가 동성애에 대한 자기 생각을 처음 공개한 것도 그때였다.

스파다로는 동성애 문제를 내려놓지 않고 프란치스코를 참호에 안전하게 모신 후에 동성애에 대한 참된 기독교의 비전을 구상하도록 이끌 것이다. 교황은 동성애자들에게 '자비롭게' 대할 것을 요구하며 '이례적인 상황'과 '교회로부터 정죄를 받았다고 느낀 자들', '사회적으로 상처 입은 자들'을 위한 목회적인 보살핌을 생각한다.

그 어떤 교황도 프란치스코처럼 그토록 많은 공감을 가진 적이 없었다. 그는 동성애자들을 위해 '우애'라는 단어를 사용하자고 한다. 이는 진정한 기독교의 혁명이다!

그리고 이번에 그의 용어는 그의 유명한 표현, "내가 누구를 판단하리요?" 이와 마찬가지로 즉흥적인 것이 아님이 분명했다(이 인터뷰는 정밀하게 편집되었고 (스파다로가 내게 확인해 준 그대로) 모든 단어가 신중하게 검토되었다).

하지만 프란치스코에게 있어서는 가장 중요한 관심이 다른 곳에 있다. 즉, 지금은 교회가 신자들을 갈라놓는 질문에서 벗어나 그 대신 가난한 자들과 이주민들의 궁핍과 같은 그런 실제 문제에 집중해야 할 때라는 것이다. 교황이 말한다.

"우리는 낙태, 동성애 결혼, 피임법 사용과 관련한 질문에만 머물 수는 없습니다. 그것은 불가능합니다. … 그 문제에 대해 쉬지 않고 항상 말할 필요는 없습니다."

안토니오 스파다로는 이 중대한 인터뷰 외에도 가정에 대한 교황의 의견을 지지하기 위한 국제 네트워크를 동원하고자 한다. 2015년, 「치빌타 카톨리카」 잡지는 프란치스코의 사상을 지지하는 의견들과 인터뷰로 가득 찼다. 스파다로와 주교 총회의 비서실에서 나열한 전문가들로는 이탈리아 신학자 모리치오 그론치(Maurizio Gronchi)와 파올로 감베리니(Paolo Gamberini), 또는 추기경 쉰보른과 친분이 있는 프랑스인 장 미구엘 가리게스(Jean-Miguel Garrigues)와 앙투안 구겐하임(Antoine Guggenheim)이 있다. 구겐하임은 당장 프랑스 가톨릭 일간지 「라 크로와」(*La Croix*)를 통해 동성 결합을 옹호하기 시작했다.

그는 다음과 같은 기사를 썼다.

> 내가 볼 때는 동성애자들의 정절이 어느 정도이든 간에 그들 사이의 충실하고 영속적인 사랑을 인정하는 것은 숙고할 가치가 있는 가설이라고 본다. 교회는 기도에 사용하는 형식, 즉 축복을 빌어줄 수 있어야 한다.

같은 기간에 스파다로는 브라질로 여행을 하게 되는데 그와 같은 예수회 사제이고 게이를 지지하는 루이스 코레아 리마(Luís Corrêa Lima)를 만났다. 그들은 리우데자네이루에 있는 가톨릭 대학의 예수회 기숙사에서 리마 신부가 조직한 '동성애자들을 위한 성경 공부'에 대해 오랜 대화를 나누었다. 스파다로는 이 착상에 매력을 느끼면서「치빌타 카톨리카」에 이 주제로 기사를 의뢰하였지만 결국 게재되지는 않았다(나는 몬시뇰 발디세리와 카스퍼와 스파다로 외에도 그 전체적인 전략을 확인하기 위해 앙투안 구젠하임과 장 미구엘 가리게스와도 인터뷰를 했다. 나는 또한 리우데자네이루에서 리마 신부를 만났고 그가 매주 일요일 미사를 드리는 로치나(Rocinha) 빈민가에 가서 그 성수자들이 성경 공부하는 곳을 들렀다).

* * *

또 다른 고위층 지식인이 큰 관심을 갖고 주교 총회 예비 토론에 참여했다. 신중하고 충성스런 그는 이탈리아 도미니크회 수사이며 신학자다. 그는 파리의 그 유명한 솔슈와(Saulchoir) 도서관에 인접한 성 자크 부부(Saint-Jacques) 수도원에서 살고 있다. 그는 아드리아노 올리바(Adriano Oliva) 형제다.

형제 올리바(Adriano Oliva)는 잘 알려진 중세 역사가이며 노련한 라틴어 학자이고 신학 박사다. 가장 중요한 것은, 그는 성(聖) 토마스 아퀴나스에 대해 세계적으로 가장 뛰어난 권위자 중 한 사람이다. 그는 중세 사상가의 작품들에 대한 비평(이 일은 중대한 일이었다)을 책임진 그 유명한 레오닌 위원회(Leonine Commission)의 회장이었다.

그렇다면 왜 올리바는 2015년 초에 갑자기 이혼자들의 재혼과 동성 결합을 축복하는 위험스런 책을 쓰기 시작했을까?

이탈리아의 도미니크회는 주교 총회의 비서실로부터 토론에 개입하라는 직접적인 권유를 받았던 것일까?

물론 교황일 가능성도 배제할 수 없다.

우리가 알듯이 보수주의자들은 일반적으로 이혼자들과 동성애 커플의 모든 성례를 반대하기 위해 성 토마스 아퀴나스(Saint Thomas Aquinas)를 의존한다. 그러므로 이 주제를 정면으로 따지는 것은 모험을 거는 것이며 동시에 전략적이다. 그 후 얼마 지나지 않아 책이 한 권 출판되었다. 그 책의 제목은『비밀스런 사랑』(Amours)이었다.

요즘에는 이런 용기 있는 작품이 드물다. 그 책은 학식을 갖추었고 분석적이며 전문가들을 위해 쓰였다.『비밀스런 사랑』은 160페이지에 불과하지만 상세하고 정밀한 작품으로서 바오로 6세로부터 베네딕토 16세까지의 바티칸의 도덕적인 이념을 깎아내리는 데 충분했다. 형제 올리바는 그의 출발점으로 교회의 두 가지 교리적인 실패를 든다. 그 실패는 이혼자들의 재혼에 대한 교회의 강화(講話) 모순과 동성애 문제에 대한 파국이다. 그의 목표는 분명하다.

"본 연구의 목표는 동성애에 대한 교훈 부분에서의 바람직한 변화를 요구하며, 동성애자들의 성행위는 현대의 인류학과 신학, 그리고 성경해석학 뿐만 아니라 특히 전통 신학인 토마스 신학의 발전에도 부합하다는 사실을 보이려는 것이다."

도미니크회는 토마스 아퀴나스의 사상에 대한 가장 표준적인 해석을 공격한다. 그것도 가장자리가 핵심 교리를 공격한다. 올리바의 글을 읽어보자.

"우리는 동성애 행위뿐만 아니라 동성애적인 성향까지도 '본성에 반하는 것'으로 여겨왔다. 반면, 성 토마스는 이 성향을 동성애자 개인의 '본성 안에서의' 성향이라고 여겼다."

올리바는 그 천사 박사(성 토마스)의 '번쩍이는 직관'을 의지한다. 즉, '본성에 반하는 자연적인 것'이 동성애의 기원이라고 설명할 수 있다는 것이다. 그리고 올리바는 거의 다윈의 방식으로 "성 토마스는 동성애의 기원을 '종의 자연 원리'(natural principles of the species)의 선상에 두고 있다"고 인지한다.

그러므로 성 토마스에게 있어서 신의 계획의 일부는 사람에게 불규칙한 것들과 특이한 것들이 있는 것이다. 따라서 동성애 성향은 본성을 거스르는 것이 아니라 영혼으로부터 오는 것이다. 올리바의 글을 다시 보자.

"동성애는 그 자체 안에, 그리고 그 기원에 있어서도 어떤 그릇된 것을 갖고 있지 않으며, 각 개인에게 자연스럽고 각 개인이 인간으로 활동하도록 하는 근간이 되며, 그 목표에서도 서로 사랑하도록 하는 것이니 선한 목표다."

올리바는 "교회의 가장자리에서가 아니라 교회의 중심부에서 동성애자들을 환영할 것"을 촉구하며 결론을 짓는다.

『비밀스런 사랑』을 읽은 추기경들과 주교들, 그리고 많은 사제가 내게 성 토마스 아퀴나스에 대한 그들의 생각이 바뀌었고 동성애를 금지해야 한다는 생각은 분명하게 사라졌다고 말했다. 신도 중에, 그리고 교회 성직자 중 일부는 심지어 그 책이 그들에게 앙드레 지드의 『코리동』만큼이나 동일한 영향을 미쳤다고 말했다. 아드리아노 올리바는 지드의 소설 『죽더라도』(If It Die)를 언급하며 그의 책을 마친다(내가 형제 올리바에게 묻자, 그는 자기 책의 기원에 대한 언급이나 로마와의 연관성을 논하기를 거부했다).

그의 책을 출판해 준 「에듀스 뒤 세르프」(Éditions du Cerf)의 대표 장프랑수아 콜로시모(Jean-François Colosimo)는 발디세리 추기경의 팀처럼 매우 솔직했는데, 그는 그 팀이 형제 올리바를 포함한 "전문가들에게 분석 의뢰"를 요구했다고 확인해 주었다. 결국, 나는 아드리아노 올리바가 바티칸에서 주교 총회의 중심 제안자들인 발디세리, 브루노 포트, 파비오 파벤(Fabio Fabene)에게 환영을 받았던 사실을 확인했다.

예상했겠지만, 토마스계(界)가 이 책을 알게 되었고 그들은 엄청난 폭탄을 맞은 것처럼 큰 충격을 받았다. 올리바의 주장은 가장 정통적인 가톨릭계를 더더욱 격분시켰는데, 그 이유는 그 공격이 내부에서 나왔고 또한 토마스계 중 가장 뛰어난 권위자가 서명함으로써 반박하기가 쉽지 않았기 때문이다.

로마에 있는 성 토마스 아퀴나스 교황청 대학인 안젤리쿰(Angelicum)의 도미니크회 수사 5명은 그들 중 몇이 동성애 애호가들임에도 불구하고 곧바로 대응하는 글을 썼다. 가톨릭의 정체성을 수호하려는 과격분자들이 힘을 합하여, 토마스 아퀴나스를 '친 동성애' 저자로 바꾸어 버린 그 용감한 사제를 맹렬히 공격하였다!

가톨릭의 극우파는 인터넷 사이트와 블로그에서 폭동을 일으켰다.

형제 올리바는 그가 속한 도미니크 수도회 원장의 지지를 받고 있었다. 이번에는 몇몇 토마스 학술지(Thomist journals)에 47페이지의 글을 포함한 새로운 학술적인 글들이 올라오면서 공격을 받게 되었다. 그러자 이에 대한 답변으로 도미니크회 수사 카밀 데 벨로이(Camille de Belloy)가 서명한 48페이지의 새로운 글이 「철학 및 신학에 대한 과학」(Revue des Sciences philosophiques et théologiques) 저널에 올라와 올리바를 변호했다. 그 이후 더 많은 구원자가 뒤를 이어 등장하였다….

이렇듯이 그 주제는 민감한 것이다. 자유롭게 행동했다고 말하는 형제 올리바에게는 그 주제는 아마도 그의 생애에서 가장 위험한 주제였을 것이다. 도미니크회 수사로서 용기는 있었겠지만, 그런 학자 체질의 수사가 위로부터 청신호를 받지 않고 성 토마스 아퀴나스와 동성애 문제를 연결해 연구하는 것은 불가능한 일이었다.

누가 위에서 청신호를 보냈을까?

추기경 발디세리와 카스퍼였을까?

의심할 여지가 없다. 그리고 아마도 교황 프란치스코일 수도 있다.

월터 카스퍼 추기경은 프란치스코의 직접적인 개입을 확인해 주었다.

아드리아노 올리바가 이곳으로 나를 만나러 왔지요. 우리는 대화를 나누었어요. 그가 내게 편지 한 통을 보냈던 것이고 나는 그것을 교황에게 보여주었지요. 프란치스코는 감동했답니다. 그 후 교황은 발디세리를 시켜서 올리바에게 명하여 주교들에게 보낼 문서를 준비하라고 부탁했지요. 내 생각에는 그 문서가 『비밀스런 사랑』이 된 것이에요.

카스퍼는 더하여 말했다.
"아드리아노 올리바는 전투적이지 않은 방법으로 교회를 섬겼답니다."
『비밀스런 사랑』은 교황의 제안에 따라 주교 총회 기간에 배포될 것이다. 그 책은 사람들의 주장처럼 단지 한 권의 팸플릿이거나 약간 자멸적인 단권의 에세이가 아니었다. 그 책은 교황 자신이 아끼는 전반적인 계획을 담은 하나의 무기였다.

* * *

교황의 전략과 작전 행동과 그의 전쟁 무기는 정면으로 교회의 보수주의자들을 향했다. 내가 프란치스코를 대적하는 성직자들에게 물었을 때, 그들은 추기경이든 단순한 몬시뇰들이든 녹음기가 없는 상태에서 답변하기를 바랐다. 전통에 따르면, 그 어떤 추기경도 바티칸 밖에서는 결코 교황을 나쁘게 말하지 않는다.

예수회 회원들과 오푸스 데이회 회원들은 교황과 달리하는 의견을 더욱 감춘다. 도미니크회 수사들은 프란체스코회 수사와 마찬가지로 신중하며, 일반적으로 진보적이다. 그러나 마이크의 스위치가 꺼지자 프란치스코 개인을 향한 비난은 곧바로 나타났다. 심지어 미움의 분출마저 있었다.

그러한 고위 성직자 중 하나는 교황청의 핵심 인물로서 독사의 혀를 가지고 있었다. 나는 그와 점심과 저녁을 나누며 수십 번의 만남을 가졌다. 기지가 많고 악의적인, 한 마디로 독사와 같은 아구셀(Aguisel)(가명 사용)은 상당히 나이가 들었음에도 매력 있고 노골적인 동성애자다.

아구셀은 혼자서도 게이 프라이드(Gay Pride) 퍼레이드를 할 수 있다!

그는 신학생들을 보면 한꺼번에 저녁 초대를 한다. 그는 우리와 함께 식사하는 로마 레스토랑이나 카페에서도 웨이터들의 세례명을 부르며 집적거린다. 그런데 아구셀이 나를 좋아한다는 표시를 드러낸다.

"나는 구약 성서에서 온 사람이에요."

이 고위 성직자는 내게 그의 진심을 우스꽝스러운 자조적인 말투로 표현한다.

아구셀은 프란치스코를 싫어한다. 그는 교황의 '소통하는' 성향과 가족에 대한 자유주의, 동성애자들에 대한 지나친 호의적인 입장을 비난한다.

"교황은 열심당원이지요."

그는 말로는 이렇게 말하지만, 칭찬은 아니다.

어느 날, 우리가 비콜로 델라 캄파나(Vicolo della Campana)에 있는 전형적인 로마 식당(화가 카라바조(Caravaggio)가 습관적으로 들렀던 곳으로 알려져 있다)에서 저녁 식사를 하고 있을 때, 몬시뇰 아구셀은 프란치스코의 모순된 말들과 변덕스런 그의 방침을 나열한다. 그가 볼 때는 이 교황은 "일관성이 없다" 교황은 동성애에 대해 한 걸음 앞으로 나간 다음 두 걸음 뒤로 물러나는데, 이는 그의 귀가 얇아서 그때그때 봐서 적당히 처리하는 증거라는 것이다.

> 프란치스코는 성별 이론을 공격하면서 어떻게 동시에 스페인 성전환자를 그의 또는 그녀의 약혼녀 또는 약혼남과 함께 공식적으로 바티칸으로 맞이할 수 있단 말입니까?
> 보세요. 우리는 뭐라고 말해야 할지조차 알 수 없어요!
> 이 모든 것이 일관성이 없고 교리도 없고, 단지 충동적인 소통 행위만을 보여줄 뿐이지요.

그 고위 성직자는 은밀한 어조로 속삭인다.

"그것 아세요?

교황청 내에는 교황의 원수들이 많아요. 그는 사악합니다. 그는 모든 사람을 해고하고 있어요. 그는 다른 사람의 반박을 참지 못하지요. 그가 뮐러 추기경에게 무슨 짓을 했는지 보세요!"

나는 프란치스코가 뮐러에게 적대감을 보인 데는 다른 이유가 있다고 알려준다(교황은 2017년에 뮐러를 아무런 경고 없이 해고시켰다). 아구셀은 내가 끄집어내는 사건들을 알고 있었고 내가 많은 정보를 갖고 있다는 것을 깨닫는다. 그러나 그는 뮐러와 그의 협력자들이 겪은 작은 속상한 일들에 철저히 사로잡혀 있다.

교황은 높은 자리에 앉아서 개인적으로 간섭하며 신앙교리성 내의 뮐러의 부제(副祭)들을 해고했어요.
하루하루 그들은 자기 고국으로 돌아갔어요!
분명히 그들은 교황에 대해 나쁘게 말하였습니다.
그러나 범죄자들입니까?
그렇지는 않지요. 그들은 단지 반대파였던 것이에요.
교황이 보잘것없는 몬시뇰들에게 직접 손을 대는 것은 옳지 않아요!

잠시 멈췄다가 아구셀이 말을 이어간다.
"프란치스코는 신앙교리성 안에 스파이 하나를 두고 있어요. 그 스파이는 모든 것을 보고하지요. 아세요. 그의 스파이가 있단 말이에요! 그 스파이는 사무차장이에요!"
내가 그 고위 성직자와 많은 식사를 하면서 나눴던 대화가 이런 종류였다. 그는 교황청의 비밀들을 알고 있고, 물론 '동성애를 행하는' 주교들과 추기경들의 이름도 알고 있다. 그는 그들의 이름과 모든 비밀을 내게 말하는 것을 즐거워하며, 심지어 그가 직접 알아낸 게이 신자들을 '드러낼 때'마다 자신의 대담함에 놀라곤 했다.
"오, 내가 말이 너무 많네요. 너무 말이 많아. 그러지 않아야 하는데. 내가 대단히 낯가죽이 두껍다고 생각하겠군요!"
나는 몇 년에 걸친 수십 시간의 정기적인 대화 중에 그 고위 성직자의 고의적인 뻔뻔함에 매료되었다. 내가 만나는 모든 고위 성직자들처럼, 그는 내가 유명한 기자요 게이 문제에 관한 여러 책을 쓴 저자라는 것을 잘 알고 있다.
만일 그가 수많은 반(反)프란치스코 추기경들과 주교들처럼 말을 한다면 그것은 우연이나 돌발적으로 한 것이 아니고 교황이 그토록 강력하게 조롱해 왔던 '소문과 험담과 추문을 퍼뜨리는' 바로 그 병에 걸려 있기 때문이다.
"교황은 약간 특이하지요."
몬시뇰 아구셀이 덧붙인다.
"전 세계적으로 인민과 군중들과 모든 사람이 그를 사랑하지만, 그들은 그가 어떤 사람인지 모르고 있어요. 그는 잔인한 사람이에요. 그는 잔인하답니다. 그는 유치해요! 이곳에서 우리는 그를 아는데, 그는 이곳의 미움덩어리에요."

* * *

어느 날 우리는 로마의 나보나 광장(Piazza Navona) 근처 어딘가에서 점심을 먹고 있었는데 아구셀 예하께서 식사 끝날 무렵에 예고도 없이 내 팔을 잡고 산 루이지 데이 프란체시 성당(the church of San Luigi dei Francesi) 쪽으로 이끈다.

"여기에 세 개의 카라바조 작품이 있는데 무료로 볼 수 있어요. 놓치지 마세요."

캔버스에 그린 유화들은 깊고 무자비한 어둠으로 가득하다. 성당 앞에 있는 작은 기계 안에 1유로짜리 동전을 넣었더니 갑자기 작품들이 밝게 비추어진다.

그를 알아본 '성구(聖具) 보관실 여왕'과 인사를 한 후 (어디서나 그렇듯이, 이 프랑스 성당의 신학생들과 사제들 사이에는 많은 게이가 있다) 아구셀은 이제 그의 칭송받는 직함을 강조하며 젊은 관광객들과 감미로운 대화를 나눈다. 이 막간의 추근거림 이후, 우리는 카라바조의 동성애에 관해 대화를 재개한다. 잘 생긴 벌거벗은 한 전사가 현지의 한 늙은이를 살해하고 있는 장면을 그린 「성 마태오의 순교」(Martyrdom of Saint Matthew)에서 발산되고 있는 에로티시즘은 성당에 배치하기는 너무 동성애적이라, 지금은 어디 두었는지 알 수 없는 그의 또 다른 그림 「성 마태오와 천사」(Saint Matthew and the Angel)를 상기시킨다!

카라바조는 그의 그림, 「루트 연주자」(Lute Player), 「과일 바구니를 든 소년」(Boy with the Basket of Fruit), 그리고 「술의 신」(Bacchus)을 그리기 위해 그의 연인 마리오 민니티(Mario Minniti)를 모델로 사용했다. 「나르키소스」(Narcissus), 「음악가들」(Concert), 「성 세례 요한」(Saint John the Baptist), 그리고 「승리하는 신기한 사랑」(strange Amor Vincit Omnia)(나는 이 그림을 베를린의 젬데갈레리(Gemäldegalerie) 미술관에서 보았다)은 오랫동안 그 화가가 소년들에게 매력을 느낀 사실을 확인시켜 주었다. 아카데미프랑세즈(Académie française)의 회원인 도미니크 페르난데즈(Dominique Fernandez) 작가는 이렇게 썼다.

"나에게 카라바조는 역사 상 가장 위대한 동성애 화가다. 그 이유는 그는 두 남자 사이의 욕망의 끈을 열성적으로 찬미하였기 때문이다."

그렇다면 카라바조가 교황 프란치스코와 교황청의 밀실에 숨어 있는 완고한 추기경들과 로마의 LGBT 시티 관광(동성애자들이 '그들의' 화가에게 경의를 표하기 위해 들르는 여러 방문 장소 중 하나이다)을 조직한 게이 투사들이 가장 좋아하는 화가라는 것이 이상하지 않은가?

우리는 이곳 산 루이지 데이 프란체시(San Luigi dei Francesi) 성당 안에서 전세 버스에 가득 타고 오는 방문자들을 환영하지요. 교구민들은 점점 줄어들어도 저렴한 관광객들은 더욱 많아지고 있어요!
그들은 단지 카라바조를 보러 올 뿐이랍니다. 그들은 박물관에서도 드러내지 말아야 할 천박한 행동을 하지요. 그래서 제가 쫓아낼 수밖에 없어요!

내가 두 번 만나서 점심을 함께한, 프랑스 교회의 교구 목사인 몬시뇰 프랑수아 부스케(François Bousquet)가 묘사한다.

갑자기 몬시뇰 아구셀이 내게 보여줄 다른 것이 있었나 보다. 그는 약간 오른쪽으로 꺾더니 그 아름다운 성당의 불을 켠다. 와,「성 세바스티아누스」(Saint Sebastian)다!

누마 부코이란(Numa Boucoiran)이 그린 이 그림은 19세기에 바티칸 주재 프랑스 대사의 요청으로 교회에 더하여졌다(아구셀은 그림을 자세히 세어 보더니 "전쟁 후 적어도 다섯 개의 작품이 동성애와 관련한 것이군요"라고 덧붙인다).

전통적으로 그려진 이「성 세바스티아누스」그림은 위대한 예술적 천재성은 없어도 게이와 관련한 모든 암호를 한데 모아 놓았다. 근육의 아름다움이 강조된 나체 소년의 건장한 몸은 그의 연인일지도 모르는 사형집행자의 화살에 맞았고, 그럼에도 그 소년은 화려하고 도도하며 황홀하게 서 있다.

부코이란의 이 작품은 이 게이 장면을 그린 보티첼리, 일 소도마, 티치아노, 베로네세, 귀도 레니, 엘 그레코, 루벤스와, 그리고 정말로 그 상(像)을 여덟 번이나 그린 레오나르도 다 빈치처럼 멋진 재능을 갖고 있지는 않아도 그 신화에 충실하다.

나는 바티칸 박물관에서 몇몇「성 세바스티아누스」그림들을 보았다. 특히 지롤라모 시칠란테 다 세르모네타(Girolamo Siciolante da Sermoneta)가 그린 그림은 너무 매혹적이고 선정적이어서 성소수자 문화의 백과사전 표지에 사용될 정도다. 그 그림들은 로마의 성 베드로대성당에 있는「성 세바스티아누스」그림을 포함하고 있지는 않다. 로마의 그 그림은 대성당 입구 오른 쪽, 미켈란젤로의「피에타」(Pietà) 바로 뒤에 그것을 위해 따로 마련된 부속 예배당 안에 있고, 요한 바오로 2세의 시신도 그곳에 안치되어 있다.

성 세바스티아누스 신화는 의식적이든 아니든 교황청 사람들이 매우 높이 평가하는 베일에 싸인 암호 코드다. 그 암호를 알아내는 것은 여러 해석이 나올지라도 많은 것을 폭로할 것이다. 세바스티아누스는 소년성애자 또는 가학피학 성애자로 드러날 수 있다. 그는 한 소년의 순종적인 수동성을 나타낼 수 있고 또는 그와 반대로 무엇이든 반발하는 군인의 호전적인 정력을 나타낼 수 있다.

특히, 나무에 묶인 세바스티아누스는 절대적으로 취약한 상태에서 그의 처형자를 사랑하며 팔로 그를 감싸는 것처럼 보인다. 처형자와 그의 희생자가 함께 섞여 느끼는 이 '고통의 황홀함'은 바티칸 내의 동성애를 위한 기막힌 은유다. 『바티칸의 불편한 진실』에서 세바스티아누스는 날마다 기념되고 있다.

* * *

프란치스코의 반대자 중에 공개 발언을 동의한 몇 안 되는 반대자 중 하나는 교황의 경제 '장관'인 호주 추기경 조지 펠(George Pell)이다. 펠이 내게 인사하러 오기 위해 가까이 올 때 나는 바티칸의 사도궁의 로지아 I에 있는 작은 대기실에 앉아있었다. 그는 서 있었고 나는 앉아있었다. 갑자기 나는 내 앞에 거인이 있는 것을 보았다. 그는 흐느적거리고 있었고 걸음걸이는 약간 불균형했다.

그의 곁에는 그의 부제(副祭)가 있었는데 똑같이 거대하고 태연하게 걷는다. 그는 우리의 대화를 양심적으로 기록할 것이다. 나는 내 인생에서 내가 그렇게 작다고 느껴본 적이 없었다. 그들 두 사람의 키를 합치면 적어도 4미터나 되었다!

"나는 교황과 일하며 격주에 한 번씩 만납니다."

펠은 공손하게 말한다.

우리는 아마 다른 문화적 배경을 갖고 있겠지요. 그는 아르헨티나 출신이고, 저는 호주 출신입니다. 나는 예를 들어 기후 변화에 대해 그와 다른 의견을 가질 수 있지요. 하지만 우리는 종교 기관이지 정당이 아닙니다. 우리는 믿음과 도덕에 관한한 하나가 되어야 합니다. 그것 외에는 나는 우리가 자유롭다고 말할 수 있어요. 마오쩌둥의 말대로 백 송이의 꽃을 피우게 할 것입니다.

조지 펠은 나의 질문에 앵글로색슨 스타일로 전문성 있고 간결하고 유머러스하게 답변한다. 그는 능률적이다. 그는 자료 관리와 음악을 잘 알고 있다.

이곳의 모든 것은 기록들이다. 나는 그의 동료들로부터 그는 '불독'만큼은 아니더라도 '사납고' '공격적'이라고 들어왔기 때문에 그 추기경의 정중함에 충격을 받았다. 바티칸에서 그의 별명은 "펠 포트"(Pell Pot)다.

우리는 교황청의 재정에 대해 말한다. 그는 장관으로서의 그의 일에 대해 말하고, 불투명으로 가득했던 곳에 투명성을 구축하느라 얼마나 바빴는지 말한다.

> 제가 도착했을 때, 저는 모든 대차대조표를 점검하였는데 거의 14억의 유로가 방치되어 있는 것을 알아냈지요!
> 금융 개혁은 정치적, 사회적 측면에서 바티칸의 우파와 좌파와 온건파를 통합하는 몇 안 되는 관건 중에 하나지요.

"바티칸에 우파와 좌파가 있나요?"
나는 말을 가로챘다.
"나는 여기 있는 모든 사람이 중도 급진파에 속해있다고 봅니다."

조지 펠은 주교 총회에서 일반적으로 '라칭거를 지지하는' 교황청의 보수 우파 대표 중 하나로 알려져 있으며 프란치스코를 비난하는 추기경 중 하나였다. 내가 예상했던 대로, 그 추기경은 비록 이중적인 표현은 아니더라도 궤변을 통한 반대 의견을 제시하였다.

> 나는 프란치스코의 적이 아닙니다. 나는 교황의 충성스런 종입니다. 프란치스코는 자유롭고 개방된 토론을 장려하고, 그런 토론을 못마땅하게 여기는 사람들의 이유를 듣고 싶어 합니다.

조지 펠은 몇 차례 교회의 '도덕적인 권위'에 대해 말하면서 그것이 교회가 존재하는 이유(raison d'être)이고 온 세상에 영향을 끼치는 주요 엔진이라고 설명한다. 그는 교회는 교리와 전통에 충실해야 한다고 생각한다. 사회는 변화할지라도 법은 바뀔 수 없다. 갑자기 펠은 '변두리'에 대한 프란치스코의 노선과 동성애자들을 위한 그의 공감은 틀리지는 않더라도 공허하게 느껴진다고 말한다.

변두리 사람들에 대해 관심을 두는 것은 좋은 것이지요. 그러나 여전히 다수의 비판적인 신도들이 필요합니다. 잃어버린 양을 돌보는 것은 당연하지만, 그 무리와 함께해 온 99마리의 양들에 대해서도 반드시 관심을 가져야 합니다(우리와 인터뷰가 있고 난 뒤 펠은 역사에 남을 정도로 심각한 청소년 성폭행과 관련된 혐의를 받고 호주 법원의 심문을 받은 후 로마를 떠났다. 세계적으로 알려진 그의 재판은 그가 완강하게 혐의를 부인하더라도 수천 페이지에 달하는 조사 기록과 함께 현재 진행 중이다).

거의 2년 동안 주교 총회를 둘러싼 논쟁과 긴장의 결과는 『사랑의 기쁨』(Amoris laetitia)이라는 사랑스런 이름을 가진 책이다. 주교 총회 이후의 이 사도적 권면은 프란치스코의 개인적인 특색과 문화적인 지시를 담고 있다. 교황은 완벽한 가족은 없다는 사실을 강조한다. 어떤 형편에 있든 모든 가정에 목회적인 관심을 집중해야 한다고 본다. 현실은 게이 결혼을 반대하는 보수주의자들이 주장하는 이상적인 가정과는 한 참 멀다는 것이다.

어떤 고위 성직자들은 프란치스코가 어느 정도 합리적으로 가장 예민한 문제에 대해 현상 유지를 하면서도 자신의 개혁 야망을 펼치기 시작했다고 생각한다. 반면, 프란치스코를 변호하는 자들은 『사랑의 기쁨』을 주요 전환점으로 본다.

그 책의 저자 중 한 사람에 따르면, 동성애자들은 주교 총회의 전투에서 패배하였지만, 여전히 보복하는 식으로 사도적 권면에 동성애에 대한 세 개의 암호를 포함했다고 한다. 그것은 127번 단락에 '사랑하는 우애'라는 비밀스러운 표현이고, 65번 단락에 성 세례 요한의 출생 기쁨이 포함된 것이다.

이는 우리가 알기에는 레오나르도 다 빈치는 자기 연인 살라이(Salaì)를 위해 세례 요한을 모델로 삼아 여성화하여 그림을 그렸고, 또한 카라바조도 똑같이 그를 여성화하여 그림을 그렸다. 마지막으로 322번 단락인데, 거기에는 자신이 동성애자라고 밝힌 가톨릭 철학자의 이름, 가브리엘 마르셀(Gabriel Marcel)을 포함했다. 참으로 빈약한 승리이다!

"『사랑의 기쁨』은 두 번에 걸친 주교 총회의 결실입니다."
발디세리 추기경이 말한다.

만일 4장과 5장을 읽는다면 그 책이 사랑하는 관계와 사랑에 대한 훌륭한 내용을 담고 있다는 것을 알게 될 것입니다. 8장은 민감한 주제들을 다루는데 사실

타협된 사항을 담고 있습니다.

바티칸의 보수파는 그 타협을 좋아하지 않았다. 교황의 '장관들' 중 두 명인 게르하르트 루트비히 뮐러와 레이먼드 버크를 포함한 추기경 다섯 명은 이미 주교 총회 전에 『그리스도의 진리 안에 머물다』(Remaining in the Truth of Christ)라는 책을 통해 그들의 반대 입장을 피력했다. 이는 흔치 않은 공개적인 거부 행위로서 유난히 시끄러웠다.

프란치스코의 장관 중에 또 다른 장관인 조지 펠 추기경과 안젤로 스콜라(Angelo Scola) 추기경은 효과적으로 반대 세력에 힘을 실어 주었다. 교황 베네딕토 16세의 유명한 개인비서였던 게오르크 겐스바인은 정식으로 그들과 협력하지는 않지만, 그 노선에 함께 하는 것을 확인해주는 수수께끼 같은 대중 메시지를 전했다.

일단 두 번째 주교 총회의 토론이 끝나자, 바티칸의 보수파 그룹은 공개적으로 그들의 반대를 알리기 위해 펜을 들었다. 『사랑의 기쁨』에 대한 '의심들'에 대해 '투명한 설명'을 요구하는 그 편지는 네 명의 추기경이 서명했다. 그 넷은 미국 추기경 레이먼드 버크, 이탈리아 추기경 카를로 카파라, 그리고 두 명의 독일 추기경 발터 브란트뮐러와 요아힘 마이스너(Joachim Meisner)다(이 네 명의 추기경에게는 곧바로 네 개의 의심을 뜻하는 라틴어 '두비아'(dubia)라는 별명이 붙었다). 그들의 편지는 2016년 9월에 공개되었고, 교황은 그 편지에 답변조차 하지 않았다.

그 네 개의 '두비아'를 좀 더 살펴보자. 이들 네 명의 추기경 중 둘은 최근에 사망했다. 독일, 스위스, 이탈리아, 미국의 많은 소식통에 따르면, 그들은 밀실에 있었고 많은 '세속적인' 만남과 특별한 우애를 가졌었다. 그들 중 한 추기경의 수행단은 전부 잘 생긴 여성적인 젊은이들로 구성되어 있다는 이유로 독일어를 사용하는 언론에서 조롱을 받았다. 그 추기경의 동성애 사랑은 이제 라인강 너머의 기자들이 확인했다.

카를로 카파라는 볼로냐의 전 대주교로서 베네딕토 16세가 그를 추기경으로 서임했다. '결혼과 가정에 관한 연구'를 위해 요한 바오로 2세 연구소를 설립한 카파라는 게이 결혼에 반대하는 목소리를 너무 크게 냄으로 도리어 그 강박관념이 그의 정체를 드러낸다.

그 '두비아'는 그들 나름의 스타일이 있다. 겉으로 보이는 겸손과 과장된 허영심이 배어 있다. 그들의 잘 생긴 젊은 동료들의 아첨 섞인 웃음소리와 책을 태우는 듯한 소리, 성물 안치소의 옷걸이들, 성체 예식에 매료된 동성애 사제들, 예수회 학교와 종교 재판으로부터 생겨난 멋지게 빗질한 소년 성가대원들, 정확하지 않은 언어 사용 및 심지어 왜곡된 언어 사용, 성도덕에 대한 중세적인 입장, 게다가 여자들에 관한 관심 부족!

심각한 여성 혐오증!

지나친 종교적인 화려함, 과도한 남성적인 완고함 또는 정반대 모습, 등등. "내 생각에는 그 여자가 너무 과하게 부인하는 것 같다."

이들 '두비아' 중 일부의 동성애와 또한 도덕적으로 비타협적이고 완고한 이런 전형적인 인물들의 삶의 모순에 대해 충분한 정보를 받아 잘 알고 있는 교황은 그의 대적들의 도를 넘은 이중성 때문에 깊게 분노하고 있다.

이제 우리는 프란치스코가 그의 대적인 루시퍼주의 자에 대항하여 싸운 세 번째 부분을 살펴보자. 교황은 조직적으로 그의 대적이 된 추기경들을 차례로 처벌할 것이다. 그들의 사역을 빼앗음으로(게르하르트 뮐러는 신앙교리성의 장관직을 박탈당하게 될 것이다. 마우로 피아첸차[Mauro Piacenza]는 인정사정없이 인사 이동되었고, 레이먼드 버크는 대법원장 자리에서 쫓겨났다)

모든 중요 기능을 박탈함으로(로버트 사라는 모든 지원을 박탈당한 빈껍데기 자리로 돌아갔다), 그들의 수행단을 해산함으로(사라와 뮐러의 동료들은 그 자리에서 쫓겨나고 프란치스코 지지자들이 그 자리를 대체하였다), 또는 추기경들이 스스로 약화되는 것을 내버려 둠으로(조지 펠에 대한 성폭행 고발, 게르하르트 뮐러와 요아힘 마이스너(Joachim Meisner)의 성폭행 문제에 대한 잘못된 처리, 그리고 레이몬드 버크가 연루된 몰타 기사단 내의 내부 전투) 처리할 것이다.

누가 프란치스코를 자비롭다고 말했는가?

* * *

바티칸 근처의 레오니나 마을 광장(Piazza della città Leonina)에 있는 사택에서 게르하르트 루트비히 뮐러 추기경을 만나q는 날 아침, 나는 그를 깨웠다는 느낌이 든다.

밤새도록 기도를 하고 있던 것일까?

신앙교리성의 전권을 가진 장관이며 교황 프란치스코의 최고 대적인 그가 직접 문을 여는데 여전히 잠옷을 입고 있었다. 잠옷 입은 추기경을 만난 것은 처음이다!

구겨진 티셔츠와 길고 탄력 있는 편안한 비토리오 로시 브랜드(Vittorio Rossi brand)의 레저용 바지를 입고 슬리퍼를 신은 키 큰 남자가 내 앞에 있다. 나는 약간 당황하여 더듬거리며 말한다.

"우리가 9시에 만나기로 하지 않았나요?"

"맞습니다. 당연하지요. 사진을 찍는 것은 아니지요?"

명예퇴직을 한 고위 추기경이 이제야 자신의 옷차림이 어울리지 않는 것을 알고는 묻는다.

"그럼요. 사진은 전혀 찍지 않습니다."

"그래서 이렇게 나온 겁니다."

뮐러가 말한다.

우리는 모든 벽을 인상적인 장서(藏書)로 가득 채운 그의 커다란 사무실에 앉는다. 대화는 뜨거웠고 뮐러는 그의 반대자들이 알려준 것보다 더욱 복잡한 사람 같았다.

베네딕토 16세와 가까웠던 지성인인 그는 명예퇴직한 교황 베네딕토처럼 한스 우르스 폰 발타자르(Hans Urs von Balthasar)와 자크 마리탱의 글에 대해 철저하게 잘 알고 있다. 우리는 한참 동안 그들에 대해 말한다. 뮐러는 흠잡을 데 없이 정리된 그의 장서를 보여주며 그가 그 책들을 다 읽었음을 증명한다.

그 아파트는 고전적인데, 가톨릭 풍과는 달리 흥하다. 내가 방문했던 수십 명의 추기경의 아파트들도 그런 특징을 갖고 있었다. 화류계의(demi-mondain) 사치처럼 서로 맞지 않는 장르를 혼합한 이 대형 건물은 깊이는 없고 오직 표면적이다. 한마디로 '중간급'(middlebrow)이다!

이 용어는 미국에서 엘리트도 아니고 노동 계급도 아닌 부류에 사용된다. 중간 문화, 즉 그 둘 사이의 문화다. 이쪽도 저쪽도 아닌 문화다. 작동을 멈춘, 크고 부유해 보이는 가짜 예술 장식 시계다. 과도한 스타일의 바로크 서랍장과 모든 것을 한데 뒤섞은 과시적인 식탁이 그렇다.

이 문화는 불분명한 전설을 지닌 부르스 채트윈(Bruce Chatwin)과 헤밍웨이(Hemingway)의 공책을 흉내 내어 만든 몰레스킨 공책(moleskin notebooks) 문화다. 스타일이 없는, 단조롭고 무딘 그 스타일!

그것은 뮐러, 버크, 스태포드, 파리나, 에체가라이, 에란츠(Herranz), 마르티노, 루이니, 지비스, 레, 산도발 그리고 내가 방문했던 많은 '자기 과시'를 구하는 추기경들에게 흔히 나타나는 특징이다.

면직된 후의 뮐러는 내가 그를 만날 때 대단히 위축되어 있었다. 교황은 뮐러가 베네딕토 16세 이후 '장관'으로 있었던 신앙교리성으로부터 아무런 예식 없이 그를 해고했다.

"내가 교황 프란치스코를 어떻게 생각하냐고요?"

뮐러는 놀란다.

> 프란치스코는 자기만의 방식과 스타일이 있습니다(하지만) 프란치스코를 '지지하는 것과' '반대하는 것'에 대한 질문은 내게는 아무런 의미가 없다는 것을 알아야 해요. 우리가 입는 빨간 드레스는 우리가 우리의 피를 그리스도께 드릴 준비가 되어있다는 표이고, 그리스도를 섬긴다는 것은 모든 추기경에게 있어서 그리스도의 대리자(Vicar)를 섬기는 것을 의미합니다.
>
> 그러나 교회는 로봇으로 구성된 공동체가 아니며, 하나님 자녀들의 자유는 교황과 다른 의견, 다른 생각, 다른 감정을 가지는 것을 허락하지요. 그러나 반복해서 말하지만, 내가 강조하는 것은 이 뜻이 우리가 교황에게 깊이 충성하기를 원치 않는다는 뜻이 아니랍니다. 우리는 주께 깊이 충성하고 싶으므로 교회에게도 깊이 충성합니다.

이 충성스러운 뮐러는 레이먼드 버크, 로버트 사라, 안젤로 바냐스코와 마우로 피아첸차와 함께 교황을 향한 수많은 교활하고 쓰라린 공격을 하는 가룟 유다들(Judases)의 긴 명단에 합류했다. 싸우기를 좋아하는 성격을 가진 반항적인 이 추기경은 교황에게 몇 가지 교훈을 주고 싶었다. 그는 독실한 체하며 주교 총회에서 교황의 노선을 강렬하게 반박한다. 그는 도덕에 있어서 프란치스코를 반대하는 인터뷰를 했고 이 때문에 그 둘 사이의 긴장이 고조되고 결국 사이가 틀어졌다. 그가 수치에 떨어졌다고 말하는 것은 그가 한때 은혜의 상태에 있었음을 의미할 것이다. 그의 붉은 갈레로는 여러 달 동안 가격이 붙어 있던 때가 있었다.

뮐러에 따르면 '잠시 지속하였던' 대화 중에 프란치스코는 주저함이 없이 그를 강등시켰다. 그리고 여기에 그가 내 앞에 속옷 차림으로 있다!

갑자기 방금 문을 부드럽게 두드렸던, 헌신의 마음으로 가득 찬 한 수녀가,

비록 영광을 잃은 예하일지라도 예하를 대우하기 위해 준비한 차를 들고 들어온다. 그 수녀가 들어온 것에 화가 난 추기경은 그녀가 차를 내려놓기가 무섭게 고맙다는 말 한마디 없이 모질게 내보낸다. 꽤 부지런히 준비하여 들어왔던 늙은 수녀는 머쓱하여 나간다. 유복한 가정의 하녀라도 그보다는 나은 대우를 받을 것이다!

나는 그 수녀에게 미안함을 느꼈고, 나중에 떠날 때 그녀에게 가서 그의 무례함에 대해 사과하고 싶었다.

뮐러 추기경은 모순이 많은 사람이다. 내가 뮌헨과 베겐스부르크에서 모은 십여 건의 증언에 따르면, 그가 주교로 있었던 바이에른에서 그는 '애매한' 고위성직자로, 어쩌면 심지어 '정신분열증 환자'로 기억되고 있었다. 사제들과 기자들은 내게 그의 세속적인 관계를 '레겐스부르크 네트워크'(Regensburger Netzwerk)를 통해 알려주었다. 그는 요제프 라칭거와 게오르크 겐스바인의 영향 아래 있는 것 같았다.

뮌헨에 있는 쥐트도이체 차이퉁(*Süddeutsche Zeitung*) 신문 기자로서 25년 동안 독일 교회를 취재해온 마티아스 드로빈스키(Matthias Drobinski)가 내게 알려준다.

> 뮐러가 이곳 바이에른의 레겐스부르크 주교였을 때 그의 성격을 제대로 알 수 있는 사람이 없었어요. 자유주의이며 진보적인 그 유명한 독일인 추기경 칼 레만(Karl Lehmann)과 그의 관계는 동성애 문제에 있어서 특별히 복잡해 보였지요. 그들은 사람들이 기대했던 것과는 달리 매우 거칠고 호된 편지를 주고받았습니다. 레만은 이성애자였지만 동성애자에게 우호적이었고, 반면 뮐러는 강력한 동성애 반대자였어요. 동시에 뮐러는 세인트 엠메람 성(St Emmeram Castle)에서 열린 글로리아 폰 트룬 운트 탁시스 공주(Princess Gloria von Thurn und Taxis)의 파티에 단골손님이었어요.

* * *

어떤 특이한 대담함과 절묘함이 있는 레겐스부르크에 있는 그 성(城)은 로마네스크 양식과 고딕 양식의 수도원으로서 베네딕트회 수도원이다. 그곳에는 바로크 양식의 동(棟)이 있고 로코코식(rococo)과 신로코코식(neo-rococo)의 무도장들이 있다. 스타일과 시대를 가지고 노는 이 궁은 시씨(Sissi) 황후 여동생의 소유로 알려져 있다!

그 궁은 성 로마 제국 시대에 우편 독점권을 가지고 있던 가족이 나폴레옹에게 그 독점권을 빼앗기기 전에 큰돈을 벌어들인 부유한 산업가의 미망인, 글로리아 폰 트룬 운트 탁시스 공주의 집이다. 그녀의 거처는 독일 가톨릭교회의 가장 보수적인 과격 그룹의 모임 장소가 되고 그녀의 폭발적인 보수주의 때문에 그녀는 '글로리아 TNT'라는 별명을 얻게 된다!

매일 있는 테니스 레슨에서 방금 돌아온 그 소유지의 숙녀는 반짝이는 타원형 안경과 롤렉스시계, 그리고 십자가로 덮인 큰 귀고리와 그것과 일치하는 단조로운 분홍색 폴로셔츠를 입고 있었다. 그녀는 내게 인터뷰를 허락한다.

정말 멋진 여자다!

얼마나 멋진 곡마장인가!

우리는 프랑스의 참수당한 여왕의 이름을 딴 '카페 안토이네떼'(Cafe Antoinette)에서 와인 한 잔을 마신다. 그리고 이전에 누군가가 내게 완고한 성격과 난폭한 모양을 가졌다고 묘사한 글로리아 폰 트룬 운트 탁시스는 이상하게도 내게 상냥하고 친근하게 군다. 그녀는 완벽한 프랑스어로 자신을 표현한다.

글로리아 'TNT'는 시간을 내서 '공주'로서의 그녀의 삶에 대해 말한다. 그녀의 상속 규모는 어마어마하다. 그녀가 관리해야 할 성(城)은 방이 500개이고, 지붕은 4만 평방미터다.

"정말 너무너무 크답니다."

그녀는 눈을 크게 넓히며 불평을 한다. 그녀는 자신이 보수적인 우익 정치에 헌신한 사실을 계속 말한다. 그녀는 자기 가까운 친구인 뮐러 추기경을 포함하여 여러 성직자를 향한 애착을 두고 있다. 그녀는 독일, 뉴욕, 로마를 다니며 쉴 새 없이 바쁜 삶을 살아간다(그녀는 그 도시들로 가서 임시 숙소용 작은 아파트(*pied-à-terre*)에서 또 다른 공주 알레산드라 보르게세(Alessandra Borghese)와 함께 산다. 이에 그들의 왕정주의 성향에 대한 터무니없는 소문들이 생겨난다).

글로리아 TNT는 특히 그녀의 혼합된 버전의 가톨릭을 고집한다.

나는 가톨릭 신자입니다. 나는 내 사제 친구들이 아무 때나 미사를 드릴 수 있는 개인 성당이 있습니다. 나는 그 성당에서 드리는 미사가 좋습니다. 나는 1년 넘게 내 개인적인 사제를 모시고 있습니다. 그는 은퇴한 사제인데 이곳으로 데려왔지요. 지금 그는 성안에 있는 아파트에서 우리와 함께 살고 있어요. 제 개인 지도신부지요.

글로리아 'TNT'는 설명한다.

문제의 그 사제는 몬시뇰 빌헬름 임캄프(Wilhelm Imkamp) 사제다. 그는 '몬시뇰'이라는 직책을 가지고 있지만, 주교는 아니다.

「쥐트도이체 차이퉁」(*Süddeutsche Zeitung*) 신문 기자 마티아스 드로빈스키가 뮌헨에서 내게 말한다.

임캄프는 충분히 입증된 극보수 사제지요. 그는 주교가 되기를 원했지만, 개인적인 이유 때문에 길이 막혔어요. 그는 독일 교회의 급진적 보수파와 매우 가깝고 특히 추기경 뮐러와 게오르크 겐스바인과 친합니다.

임캄프는 거칠기는 하지만 호기심이 많은 사제다. 그는 바티칸에서 여러 성(省)을 위해 '자문'을 해 주면서 잘 지내는 것 같다. 그는 또한 가장 반(反)게이적인 독일 추기경 중 한 사람인 발터 브란트뮐러의 부제였다. 왜 그는 이런 힘이 되는 친분과 라칭거 지지파와의 우애가 있음에도 불구하고 베네딕토 16세 때 주교가 되지 못했던 것일까?

그것은 설명이 필요한 미스터리다.

전에는 신학생이며 신학자였지만 현재는 동성애 투사가 된 데이비드 버거(David Berger)는 베를린에서 가진 인터뷰에서 다음과 같이 설명한다.

매일 아침, 몬시뇰 임캄프는 글로리아 폰 트룬 운트 탁시스 성당에서 고대 의식에 따라 라틴어로 미사를 드립니다. 그는 게오르크 겐스바인과 가까운 극보수주의자입니다. 글로리아 폰 트룬 운트 탁시스 공주는 게이들의 마돈나이지요.

퇴폐적인 귀족 글로리아 'TNT'는 돈이 많고 모순도 많다. 그녀는 현대 예술 작품을 수집한다고 한다. 그 작품 중 특징 있는 작품은 예술가 제프 쿤스(Jeff Koons), 장미셸 바스키아(Jean-Michel Basquiat), 키스 해링(Keith Haring)의 것들과 작가 로버트 메이플소프(Robert Mapplethorpe)의 사진 작품들이다. 메이플소프의 사진 작품 중에는 그녀를 찍은 유명하고 멋진 사진도 하나있다.

쿤스는 아직 살아있지만 다른 두 동성애 예술가 해링과 메이플소프는 에이즈로 사망했다. 바스키아는 마약 중독자였다. 미국 가톨릭의 극보수측은 메이플소프의 작품은 동성애 성애를 다루고 있고 또한 가학피학성(加虐被虐性) 변태 성욕이 담겨 있다는 이유로 그를 거부하였다. 참으로 모순되지 않은가?

그 공주는 몬시뇰 빌헬름 임캄프가 있는 자리에서 바이에른 보수당(CSU)과 논쟁하며 동성애에 대한 자신의 분열된 느낌을 다음과 같이 요약했다.

"누구나 자기 침실에서는 자기들이 원하는 것을 할 수 있습니다. 하지만 그것이 정치적인 프로그램으로 바뀌어서는 안 되지요."

우리는 여기서 밀실의 암호를 알게 된다. 즉, '밀실'의 동성애자들을 위해서는 큰 관용을 베풀지만, 게이로 드러나면 무관용이라는 것이다.

폭탄처럼 터지는 칵테일인 이 '글로리아 TNT' 종교적인 헌신자이며 끝없이 여행을 다니는 보잘것없는 귀족, 동성애자 무리에 둘러싸인 열렬한 가톨릭 신자이며 광적인 근본주의자. 최고급 '매춘부'!

전통적으로 바이에른에 있는 CSU의 보수주의자들과 가까운 그녀는 지난 최근 몇 년 동안 비록 정식으로 가입하지는 않았지만, 우익 보수주의 독일 정당인 AfD의 사상에 빠진 것으로 보인다. 그녀가 게이 결혼 반대 시위인 '모두를 위한 데모.'(Demos für Alle)의 대표들과 함께 행진한 것이 목격되었다. 그녀는 또한 한 인터뷰에서 AfD의 부회장 베아트릭스 폰 스토르흐(Beatrix von Storch) 공작 부인에게 애정을 선언하였고 동시에 그녀의 정당에 대해서는 반대한다고 자인했다.

뮌헨의 독일 신학자 마이클 브링크슈뢰더(Michael Brinkschröder)가 내게 말한다. "글로리아 폰 트룬 운트 탁시스는 CSU의 기독교 사회주의자들과 AfD 정당의 강경 우파 사이의 회색 지역에 있는 전형적인 사람입니다. '성별 이론'에 대해 혐오하고, 낙태와 게이 결혼에 대항하여 싸우지만, 수상 앙겔라 메르켈(Chancellor Angela Merkel)의 이민 정책에는 반대하지요."

자, 우리는 "레겐스부르크 네트워크"(Regensburger Netzwerk)으로 불리는 별자리의 중심에 있는데, 태양의 여왕 글로리아 'TNT'는 '수천의 푸른 악마들이 춤을 추는' 중심에서 밝게 빛나는 별이다. 하인들의 제복을 입고 있는 고위 성직자 루트비히 뮐러, 빌헬름 임캄프, 게오르크 겐스바인은 '60개의 남성 성기 마지팬'(독일 언론의 표현이다)으로 장식된 케이크가 있는 '우애적인' 동아리에 있으면서 언제나 안심하는 듯 보였다.

글로리아 TNT는 천성적인 공주로서 사후관리를 제공한다. 그녀는 자기의 친구들, 즉 뮐러와 같은 보수주의 추기경들, 또는 극보수주의 기니 사람 로버트 사라, 또한 그녀의 인터뷰 책을 공동으로 저작한 독일인 요아힘 마이스너와 함께 반(反)동성애 책들의 판매를 촉진한다. 마이스너는 가톨릭의 위선을 보여주는 전형적인 인물이다. 그는 한때 교황 프란치스코의 적 중 하나였다(네 명의 '두비아' 중 하나이다).

그는 철저한 동성애 혐오자이며, 베를린과 쾰른에서 동성 성관계를 맺는 사제들을 알면서도 서품하는 주교다. 그리고 그의 때늦은 사춘기 이후부터는 밀실 안에 굳게 갇혀 있다. 그는 주로 성 소수자들로 구성된 그의 여성스러운 수행원들과 함께 살았던 탐미주의자다. 참으로 인상적인 특징들만 모아서 가지고 있다!

* * *

뮐러 추기경의 생각을 진지하게 받아들여야 하는 걸까?

저명한 독일 추기경들과 신학자들은 권위가 모자란 그의 글들과 믿을 만한 가치가 없는 그의 사상에 대해 비판해 왔다. 그들은 뮐러를 의심하며 그가 라칭거의 전집을 출판하는데 협조했다고 강조한다. 이는 그 두 사람의 친밀함 때문에 그가 추기경으로 승진되었고 또한 신앙교리성에 임명되었음을 암시하는 것이다.

이런 가혹한 판단은 따져볼 필요가 있다. 뮐러는 베네딕토 16세가 아니라 프란치스코가 추기경으로 세웠다. 그는 페루의 사제였고 특히 라틴 아메리카의 해방 신학에 대한 여러 진지한 책들을 쓴 저자다. 그렇다면 그의 사상은 보수주의라고 할 수 없고 단지 복잡 미묘하다고 할 수 있다. 우리와 대화 중에 뮐러는, 해방 신학 운동을 '창설한 아버지'인 구스타보 구티에레스(Gustavo Gutiérrez)와 함께 책을 한 권 썼다고 주장한다.

반면에, 그의 동성애 혐오증에 대해서는 의심할 여지가 없다. 교황이 성폭행을 당한 동성애자 후안 카를로스 크루즈(Juan Carlos Cruz)와의 사적인 대화에서 그에게 동정을 보여주며 "당신이 게이라는 사실은 중요하지 않아요. 하나님은 지금의 당신을 지으셨고 그 상태로 당신을 사랑합니다. 그리고 그것은 내게 문제가 되지 않습니다. 교황은 그런 당신을 사랑합니다. 당신은 그 상태에서 행복해야 합니다"라고 말했을 때, 뮐러 추기경은 즉각 "동성애 혐오는 일종의 날조된 개념"이라고 공개적으로 주장하며 잇달아 격한 선언들을 발표했다.

동성애에 대해서는 이런 격렬함과 당당함을 보인 뮐러 추기경은 성폭행 사건에 대해서는 아무런 반응을 보이지 않는다. 신앙교리성을 지휘하는 그는 바티칸의 소아성애자 관련 서류를 책임지고 있다. 하지만 그는 태만함을 드러냈고 희생자들에게 아무런 동정을 보여주지 않았다(뮐러는 이 사실을 완강하게 부인했다). 또한, 그 성(省)의 지원 부족도 영향력 있는 아일랜드 여성 마리 콜린스가 (그녀도 소아성애자 사제들의 희생자였다) 바티칸이 설립한 교회의 성폭행 대책기구인 미성년자 보호 위원회로부터 떠나는 원인 제공을 했다.

가족에 대한 주교 총회에서도, 그는 오늘 나를 만나 위선의 기미를 보이며 "혼란에 혼란을, 괴로움에 괴로움을, 미움에 미움을 더하기"를 원치 않았다고 말은 하지만, 그가 프란치스코 교황에 대한 반대 세력을 집결한 것은 분명하다. 그는 그 '두비아' 반란을 이끌었고 재혼 이혼자들에게 성례를 거부하는 안을 교리 차원으로 높였으며, 여성 서품에 대해, 심지어 기혼 남성 서품(*viri probati*)에 대해서도 노골적인 적개심을 드러냈다. 동성애에 대한 '악'을 언급하는 구약 및 신약의 서신서들의 모든 구절을 외우고 있는 그는 오직 정절을 지키는 조건 안에서만 동성애자들을 존중해야 한다고 본다. 결국, 그 추기경은 해방 신학에 대한 분석을 할 때 보여준 미묘함은 없이 그저 거칠게 '성별 이론'을 풍자하며 확고하게 반대하는 것처럼 보인다.

교황 프란치스코는 가족에 관한 주교 총회와 특히 『사랑의 기쁨』에 대한 뮐러의 비판을 인정하지 않았다. 그는 2017년 크리스마스 미사에서 이름을 거론하지는 않았지만, 뮐러를 따로 끄집어서 "교황의 신임을 저버리고 야망과 헛된 영광으로 부패한 사람들"이라고 비난했다.

"그들은 쫓겨나게 되면 자신들의 허물을 인정하기보다(*mea culpa*) 그 체제의 순교자들이라고 거짓 선언을 한다"고 말했다.

심지어 교황은 더욱 단호하게 이 작은 공동체 내에서 '암적인 존재'인 그들 배후에는 '음모'가 있다고 비난했다. 우리가 알 수 있듯이, 프란치스코와 뮐러가 좋은 관계를 갖기에는 거의 불가능하다.

우리가 뮐러 추기경의 거실에서 대화하던 중인데 전화가 걸려왔다. 이에 우리는 갑자기 대화를 멈추게 되었다. 그 사제는 미안하다는 말도 없이 급히 일어나서 전화를 받는다. 조금 전에 그는 분명히 전화번호가 뜨는 것을 보았고 곧바로 자세를 취한 후 목소리를 바꾼다. 그는 이제 예절이 있다. 그는 부드러운 음성으로 독일어로 말하기 시작한다. 꽃다운 대화가 1분 정도 진행되는데 나는 그 전화가 사적인 내용인 것을 알 수 있다. 내 앞에 있는 사람이 정절을 맹세한 사람이 아니었다면, 또는 멀리서 그 전화로부터 상대방의 바리톤 목소리를 듣지 못했다면, 나는 그 전화가 단지 친밀한 통화였을 것이라고 오해했을 것이다.

추기경은 다시 돌아와서 애매하게 염려하며 내게 가까이 앉는다. 그는 갑자기 심문하듯 내게 묻는다.

"독일어를 할 줄 아나요?"

* * *

로마에서는 가끔 당신이 히치콕(Hitchcock) 영화 속에 들어와 있다고 느낀다.

또한, 뮐러가 사는 동일 건물에는 그의 대적인 발터 카스퍼 추기경이 살고 있다. 나는 결국 그 삭막한 아트-데코(art-deco) 건물의 관리인을 알게 된다. 나는 서로 앙숙인 이 두 추기경이 남긴 메시지를 그 관리인에게 보여주든지, 혹은 뮐러를 위해 준비한 그 유명한 작은 흰 책을 그 관리인에게 맡길 것이다.

다행히도 카스퍼를 만날 수 있었다.

그 두 독일인은 오랫동안 예리한 글로 서로를 공격해왔다. 그들의 신학 논쟁은 기억할만하다. 그들은 2014-15년 재시합을 가졌다. 프란치스코에게 영감을 불어 넣어주는 비공식적인 신학자 카스퍼는 가족에 대한 주교 총회에서 주연설을 맡게 되었는데 그 연설을 박살 낸 사람이 뮐러였다!

카스퍼는 그의 집에서 인터뷰하는 동안 내게 말한다.

"프란치스코는 역행했어요. 그건 사실이지요. 그는 선택의 여지가 없었어요. 하지만 그는 항상 분명했습니다. 그는 자기 진로를 뚫고 나가면서 타협을 받아들였어요."

매우 말쑥한 검정 옷을 입은 그 독일 추기경은 따스하고 다정한 목소리로 말한다. 그는 듣고, 조용히 묵상하다가 긴 철학적 설명을 시작한다. 그의 긴 설명은 내가 파리의 「에스프리」(*Esprit*) 잡지의 가톨릭 신자들과 나누었던 오랜 대화를 기억나게 한다.

자, 여기에 성 토마스 아퀴나스에 대해 논하는 카스퍼가 있다. 그는 아퀴나스의 글들을 수없이 읽고 있다. 그가 보기에는 신 토마스학파는 아퀴나스를 배신했다. 신 토마스학파 사람들은, 마르크스주의자들이 마르크스에게, 니체 철학자들이 니체에게 한 것처럼, 토마스를 근본적으로 변화시킨 후 익살스럽게 만들었다. 그는 에마뉘엘 레비나스(Emmanuel Levinas)가 쓴 책과 또한 폴 리쾨르(Paul Ricoeur)가 쓴 책 한 권을 찾으면서 내게 헤겔과 아리스토텔레스에 대해 말한다. 나는 진정한 지성인을 만난 것을 느낀다. 그가 책을 사랑하는 것은 가장(假裝)이 아니었다.

카스퍼는 히틀러가 권력을 잡던 해에 독일에서 태어났다. 그는 튀빙겐대학에서 공부했다. 그의 담당 교수는 스위스 신학자 한스 큉(Hans Küng)이었고, 그는 그곳에서 정기적으로 요제프 라칭거를 보았다. 바로 이 중대한 시기에 카스퍼와 라칭거의 온전한 우정이 시작되었다. 비록 세월이 지나면서 장래 교황 베네딕토 16세와 불일치하며 점점 멀어졌지만, 그 둘의 우정은 현재까지 지속하고 있다.

"프란치스코는 사고방식은 나와 가깝습니다. 나는 그를 매우 존경하지요. 그를 많이 만나지는 못할지라도 그를 향한 많은 애정을 품고 있어요. 하지만 나는 라칭거와 사고방식이 달랐어요. 그런데도 좋은 관계를 유지했어요."

그 '불일치'는 1993년으로 거슬러 올라간다. 그때는 이미 재혼한 이혼자들에 대한 논쟁이 있었고, 카스퍼는 동성애 문제보다 이 문제에 더 관심을 두고 있었다. 라칭거는 한스 큉과의 관계가 틀어져 있었는데, 카스퍼는 아마도 한스 큉의 영향을 받은 다른 두 주교와 함께 이혼자들의 성례를 위한 논쟁을 개시하기 위해 그의 교구의 모든 교회에 편지 한 통을 보내고 그것을 낭독하게 했다. 카스퍼는 그 글을 통해, 오늘날의 프란치스코와 다소 비슷하게, 자비와 개별적인 상황의 복잡성에 대해 말했다.

그 당시 신앙교리성을 운영하던 라칭거 추기경은 점잖은 이 반체제의 행동을 보고 이 모험가들을 당장 멈추게 했다. 그는 엄중하면서도 확고한 편지를 그들에게 보내며 원위치로 돌아가라고 경고했다. 마치 뮐러가 그의 옆집 이웃인 프란치스코와 다른 방향을 바라보듯이, 카스퍼는 그 간단한 반체제 편지 한 장 때문에 장래 교황 베네딕토 16세와 반대편에 서게 된 것을 알게 되었다.

이처럼 25년 전에 카스퍼와 라칭거 사이에서 거의 같은 전사들이 거의 같은 조건으로 전투를 벌인 이후, 2014-15년에는 카스퍼-뮐러가 또 다른 전투인 주교 총회에서 구분 선이 된다!

바티칸은 종종 정지 상태에 있다가 움직이는 커다란 원양 여객선처럼 보인다.

"나는 실용주의자입니다."

카스퍼는 나를 바로 잡아준다.

프란치스코가 세운 그 길, 그리고 그의 작은 스텝 정책은 올바른 것입니다. 만일 여성 서품과 사제직의 독신에 대해 너무 빨리 앞서가면 가톨릭 신도들 사이에 분열이 생길 것인데, 나는 나의 교회가 그렇게 되는 것을 바라지 않습니다. 한편 이혼자들에 대해서는 좀 더 나아갈 수 있습니다.

나는 오랫동안 그 생각을 지켜왔어요. 동성애 커플을 인정해주는 문제는 좀 더 어려운 주제지요. 나는 주교 총회에 그 토론을 진전시키려고 했지만 받아들여지지 않았어요.

프란치스코는 사람들과 개인에 대해 말함으로써 중도의 길을 찾아내었지요. 그 후 그는 매우 천천히 그의 노선을 따라 움직였어요. 그는 또한 여성 혐오자들과의 관계를 끊었답니다. 그는 어디서나 여성을 임명하고 있어요. 위원회에, 법원에, 전문가들 사이에 여성을 세우고 있답니다. 그는 나름대로 하나의 목표를 향해 자기 리듬을 따라 움직이고 있습니다.

발터 카스퍼는 아일랜드에서 "동성 결혼"에 승리를 거둔 후 교회는 그 투표 결과를 받아들일 것이라는 태도를 보였다. 2015년 5월에 있었던 이 투표는 두 번의 주교 총회가 있던 중간에 이루어졌는데, 추기경 카스퍼는 그 당시 코리에레 델라 세라(Corriere della Sera)를 말하며 교회는 그 투표 결과를 고려해야 할 것이라고 생각했다.

그의 생각에는, 처음으로 '대중 투표 때문에' 동성 결혼이 동성 커플에게 열리게 되었기 때문에, 첫 번째 주교 총회가 열리기 전에 '가장자리'에 있던 동성 결혼 문제는 이제 '핵심' 관건이 되어야 한다는 것이었다.

추기경 카스퍼는 같은 인터뷰에서 다음과 같이 더했다.

"민주주의국가는 국민의 뜻을 존중해야 합니다. 만일 (한 나라의 국민) 대다수가 이런 종류의 동성 결합을 원한다면 그 나라의 의무는 그런 권리를 인정하는 것입니다."

우리는 그가 내게 허락한 두 번의 인터뷰를 통해 그의 아파트에서 이런 모든 주제에 관해 대화를 나눈다. 나는 카스퍼 추기경의 진심과 정직함에 감탄한다. 우리는 동성애 문제에 대해 매우 자유롭게 대화를 하고 그 추기경은 허심탄회하게 말한다. 그는 듣고 질문하고, 나는 여러 정보 자료와 나의 '게이더' 직감으로 그 추기경은 교황청 내에서 몇 안 되는 이성애자라는 것을 알게 된다. 다음은 『바티칸의 불편한 진실』의 일곱 번째 법칙으로서 거의 정확하게 적용되는 것이 입증되었다.

제1장 5. 주교 총회   173

7. 동성애 질문에 대해 거의 말이 없지만, 동성애에 가장 우호적인 추기경들, 주교들, 그리고 사제들은 일반적으로 이성애 자들이다.

우리는 몇몇 추기경들의 이름을 거론한다. 카스퍼는 그의 동료 중 몇몇이 동성애자인 것을 알고 있다. 그들 중 몇몇은 그의 대적들이며, 로마 교황청에서 가장 '완고한 자들'이기도 하다. 우리는 그 이름 중 몇몇에 대해서는 의심을 하고, 다른 몇몇에 대해서는 동의를 한다. 이 단계에서 우리가 가졌던 대화는 사적이었다. 나는 우리의 작은 '동성애자 색출' 게임을 기밀로 붙이기로 약속했다. 그는 마치 헷갈리는 사실을 발견한 것처럼, "그들은 숨고 흩어져 있네요. 그것이 열쇠입니다"라고 내게 말한다.

우리는 우리의 관심을 '카스퍼 반대자들'에게 돌린다. 처음으로 나는 그 추기경이 초조해하는 것을 느낀다. 85세의 나이가 된 프란치스코의 신학자는 더 이상 위선자들, 즉 보수주의자들과 싸우기를 원치 않고 있다. 그는 손을 저으며 대화를 멈춘다. 그리고 허망하고 멋진 표현으로, 그러나 사실 실제로, 더 나쁘게는 위선에 쌓인 그 고위 성직자들의 의미 없는 작은 게임들에 대한 엄한 경고로 "우리가 이길 것입니다"라고 말한다. 그리고 이 말을 한 후, 대단히 엄격한 그의 얼굴에 아름다운 미소가 곧바로 나타난다.

낮은 탁자 위에는 그가 매일 읽는「프랑크푸르터 알게마이네 차이퉁」(*Frankfurter Allgemeine Zeitung*) 신문이 놓여 있다. 카스퍼는 바흐와 모차르트에 대해 말하고, 나는 그의 독일 영혼의 음성이 낭랑하게 울려 퍼지는 것을 들을 수 있다. 응접실 벽에는 한 마을을 보여주는 그림이 있고 나는 그에게 그 그림에 관해 묻는다.

"네, 실제 그림입니다. 독일에 있는 나의 마을이지요. 나는 매년 여름마다 나의 고향으로 돌아갑니다. 거기에는 교회도 있고 종(鐘)도 있어요. 오늘날 사람들은 미사에 많이 가지 않으며 하나님 없이도 행복한 것 같아요. 그것이 큰 문제입니다. 그래서 걱정이고요."

"어떻게 하나님의 뜻을 찾을 수 있겠어요? 나는 사람들이 길을 잃었다고 느낍니다. 우리는 그 전투에서 졌어요."

6

로마 테르미니
(Roma Termini)

모하메드는 나중에 프랑스어-아랍어 속어를 사용하여 내게 말하겠지만 그의 눈에 맞는 '여자들'(*meufs*) 중 한 소녀와 맥주를 움켜쥔 채 이야기를 나누고 있다. 때는 늦은 오후이고, 트윈스(*Twins*)에서는 '행복한 시간'(Happy Hour)이다. 내가 받은 전단지는 "칵테일과 함께, 한 잔은 무료"라고 영어로 쓰여 있다.

모하메드는 작은 술집의 바깥 길에 서 있는 모페드(모터 자전거)에 앉아 있다. 그 모페드는 그의 것은 아니지만 저녁 내내 세워두지 않기 위해 그것을 사용한다. 그의 주변에는 그의 패거리인 이주민들의 그룹이 있다. 그들은 서로 세례명으로 시끄럽게 부르며 휘파람을 분다. 그들은 자기들끼리도 서로 공격적이지만 애틋하며 짓궂다. 그들의 고함소리는 로마 테르미니의 왁자지껄한 소리와 섞인다.

이제 나는 모하메드가 로마의 중앙역 남쪽 출입구 맞은편에 있는 비아 조반니 지올리티(Via Giovanni Giolitti)의 멋지고 퇴폐적인 작은 술집인 트윈스로 들어가는 것을 본다. 그는 '행복한 시간'의 할인을 이용하여 지나가는 소녀에게 마실 것을 사주고 싶어 한다. 트윈스 안에서는 가장 색다른 단골들, 즉 이주민들, 마약 중독자들, 이성복장을 한 성도착자들, 매춘부들(남자들 또는 여자들)도 동일한 환영을 받는다. 필요하다면, 당신은 새벽 4시에 샌드위치나 값싼 피자 한 조각을 얻어먹고 구식 레게(reggae)에 따라 뒷방에서 춤을 출 수 있다. 마약은 주변 도로에서 자유롭게 구할 수 있다.

갑자기 나는 모하메드가 모페드와 소녀를 버리고 떠나는 것을 본다. 아마 그는 이상한 전화를 받은 것 같다. 나는 그를 지켜본다. 그는 지금 비아 마닌(Via Manin)과 비아 조반니 지올리티가 교차하는 친퀘첸토 광장(Piazza dei Cinquecento)에 있다. 차 한 대가 길가에 서 있다. 모하메드는 운전사와 이야기를 하더니 그

차를 타고 떠난다. 트윈스 앞에 있던 그 소녀는 모페드에 앉아 있는 또 다른 젊은 루마니아 소년과 계속 대화를 한다(이 장에서 이주민들의 모든 이름은 가명이다).

"나는 교황 프란치스코를 지지하는 이주민 중 하나입니다."

모하메드가 며칠 후에 웃으며 내게 말한다. 우리는 그 젊은 튀니지 청년의 활동 무대인 트윈스에 다시 와 있다. 그는 그곳을 그의 친구들과의 만남을 주선하는 장소로 사용하고 있다.

"나와 대화하고 싶으면 어디서 나를 만나는지 알지요?

저는 매일 밤 6시부터 그곳에 있어요."

그는 다음 기회에 나와 대화할 것이다.

모하메드는 이슬람 사람이다. 그는 광활한 지중해에서 목숨을 잃을 위험을 무릅쓰고 엔진이 없는 작은 낚싯배를 타고 이탈리아로 왔다. 내가 이 책을 쓰기 시작하면서 로마에서 처음으로 그를 만났다. 나는 거의 2년 동안 그를 따라 다니다가 놓쳤다. 어느 날 모하메드의 전화는 응답을 멈추었고 이탈리아 교환원은 "이 번호는 더 이상 사용되지 않습니다"라고 말했다.

나는 그에게 무슨 일이 발생했는지 모른다.

그 동안 나는 그와 수십 번을 만나 종종 점심을 먹으며 몇 시간 동안 프랑스어로 인터뷰를 했다. 내 조사원 중 한 명이 함께 했다. 그는 내가 그의 이야기를 공개할 것을 알고 있었다.

모하메드가 그리스 레스보스(Lesbos) 섬에서 돌아왔던 2016년, 교황 프란치스코는 그의 비행기에 시리아 이슬람 사람 세 가족을 데리고 왔다. 그것은 난민에 대한 그의 보호와 이민에 대한 그의 진보적인 비전을 옹호하기 위한 상징이었다.

어쩌면 '유럽의 꿈'을 아직 믿고 있는, 마지막일 수도 있는, 거대한 난민의 파도에 속한 모하메드는 교황과 함께 여행하지는 않았다. 그는 튀니스(Tunis)를 떠나 시칠리아를 거쳐 나폴리로 향했는데 유럽의 꿈은커녕 상상조차 할 수 없던 뜻밖의 방법으로 착취를 당하게 되었다. 왜냐하면, 이 21살의 이성애자 남자는 살아남기 위해 매일 저녁 로마 테르미니 근처에서 남자와 매춘을 하는 처지에 이르렀기 때문이다. 모하메드는 '성 노동자'다. 그는 내게 자신을 좀 더 부르기 편한 '성파트너'(escort)라고 소개한다. 게다가 더욱 특이한 것은, 이 이슬람 청년의 고객들은 로마 또는 바티칸 교회들과 연결된 가톨릭 사제들과 고위 성직자들이라는 사실이다.

나는 로마 테르미니의 이슬람 소년 남창들과 바티칸 가톨릭 사제들 사이의 기괴한 관계를 조사하기 위해 3년 동안 로마에서 60명의 이주 매춘부들을 인터뷰했다(대부분의 경우 인터뷰를 할 때마다 나의 통역사 또는 '조사원'이 나와 동행했다).

처음부터 매춘부들의 '시간표'는 나와 잘 맞았다. 나는 이른 아침과 낮에는 절대로 6시 이후의 약속을 잡지 않는 사제들과 주교들과 추기경들을 바티칸에서 만났다. 반면에, 저녁에는 7시 이후에나 일을 시작하는 남성 매춘부들을 인터뷰했다. 고위 성직자들과의 인터뷰는 매춘부들이 자고 있을 때 이루어졌고, 성파트너들과의 대화는 사제들이 이미 잠자리에 든 때 진행되었다. 따라서 로마에서 거주한 몇 주 동안 내 시간표는 이상적으로 낮에는 추기경들 및 고위 성직자들을 위한 시간으로, 저녁에는 이주민들을 위한 시간으로 나뉘었다.

나는 이 두 세계(두 종류의 성적 결여의 세계)가 서로 얽혀 있다는 것을 차츰 알게 되었다. 두 그룹의 시간표는 겹쳐있었다.

나는 로마 테르미니의 밤 생활을 탐험하기 위해 루마니아어, 아랍어, 포르투갈어, 스페인어, 프랑스어, 영어, 이탈리아어 등 여러 언어로 일해야 했다. 또한, 나는 친구들과 '섭외자들' 그리고 때때로 전문 통역사들에게 호소했다.

나는 로마 테르미니의 주변 길들을 나의 조사원들과 함께 조사했다. 조사원들은, 브라질 건축과 학생인 탈리슨(Thalyson), 멕시코 출신의 라틴계 게이 기자 안토니오 마르티네스 벨라스케스(Antonio Martínez Velázquez) 그리고 성 노동자들과 마약 중독자들을 잘 아는 프랑스 출신의 활동가 로익 펠(Loïc Fel)이었다.

이 소중한 친구들 말고도, 나는 로마 테르미니 주변에서 저녁 시간들을 보내는 과정에서 수많은 '섭외자들'을 찾아낼 수 있었다. 일반적으로 모하메드와 같은 성파트너들은 술이나 점심 정도의 대가로 이 지역의 매춘에 대한 정보를 알려준다. 그들은 내게 반드시 필요한 '정보 제공인들'과 '통로 개척자들'이 되어 주었다. 나는 우리의 만남을 위해 세 곳의 정규 장소를 택하였다.

이에 일종의 신중함을 보장할 수 있었다. 그 세 곳은 호텔 퀴리날레(Hôtel Quirinale)의 정원에 있는 카페, 친퀘첸토 광장에 있는 NH 컬렉션(NH Collection) 호텔의 바 그리고 몇 년 전만 해도 맥도날드였던 이탈리 레스토랑 2층이다. 이 세 곳 외에 로마에서의 다른 만남들은 돈을 내고 만났다.

모하메드는 네게 지중해를 건너는 것에 대해 말한다.

"그는 내게 3천 디나르(900 유로)가 든다고 알려주었어요. 나는 그 돈을 모으려고 몇 달 동안 미친 사람처럼 일했지요. 그리고 나의 가족들도 나를 돕기 위해 헌신했어요. 나는 위험에 대해 걱정하지 않았고 무슨 위험이 있는지도 몰랐어요. 그 낚싯배는 그다지 안전하지 않았어요. 익사할 가능성이 꽤 있었지요."

그의 두 친구 역시, 빌랄(Billal)과 사미(Sami)는 모하메드처럼 튀니지에서 시칠리아로 떠났고, 로마로 와서 로마 테르미니에서 매춘부가 되었다. 우리는 비아 마닌(Via Manin)에 있는 '할랄 피자집'(halal pizzeria)에서 별로 맛이 없는 4유로짜리 케밥에 대해 이야기한다. 아디다스 폴로 셔츠를 입고 머리는 한쪽 옆을 깎은 빌랄은 전동 뗏목인 작은 배를 타고 횡단하여 2011년에 도착했다. 황갈색 머리와 햇볕에 탄 피부를 가진 사미는 2009년에 도착했다. 그는 190명이 탑승한 더 큰 배를 탔고 뱃삯으로 2천 디나르가 들었다. 저가 항공편보다 더 비싼 셈이다.

그들은 왜 왔을까?

"기회를 위해 왔지요."

모하메드는 이상한 말을 사용하여 내게 말한다. 그리고 사미는 덧붙인다.

"우리는 기회를 잡을 수 없기 때문에 이곳을 떠나야 해요."

우리는 로마 테르미니에서 그들이 로마 교회의 사제들 및 바티칸의 고위 성직자들과 더불어 불법 거래를 하는 것을 발견한다.

그들에게 기둥서방이 있는 것일까?

분명히 그들에게는 보호자가 없거나 거의 없다.

또 다른 어느 날 나는 모하메드와 비아 티부르티나(Via Tiburtina) 지역의 산 로렌조(San Lorenzo)에 있는 폼 미도(Il Pommidoro) 식당에서 점심을 했다. 그 식당은 잘 알려진 곳으로써 파솔리니가 살해된 그 날 저녁에 그가 가장 좋아하는 배우인 니네토 다볼리(Ninetto Davoli)와 저녁 식사를 했다고 한다. 그는 로마 테르미니의 아케이드 아래에서 17살의 난봉꾼인 피노 펠로시(Giuseppe Pelosi)를 만나기로 했었다.

그 둘은 나중에 알 비온도 테버(Al Biondo Tevere) 식당으로 가고, 그곳에서 펠로시가 배우 다볼리를 죽인다. 이에 그 둘은 희생자와 살인자로 공동의 기억 속에 남게 된다. 이탈리 식당은 파솔리니의 이 '마지막 만찬들'을 기념하고 있다. 식당 입구에는 식대를 위해 파솔리니가 사인하고 지불한 현금화되지 않은 수표 원본이 진열되어 있고, 유리창 뒤편에는 이상한 무덤처럼 생긴 트로피가 있다.

만일 펠로시가 파솔로니의 책 『라자조 디 비타』(*ragazzo di vita*)와 파솔리니의 타입, 즉 재킷, 꽉 낀 청바지, 낮은 이마, 곱슬머리, 붉은 돌로 장식된 '미국'이라는 문구가 새겨진 신비로운 반지를 구현했다면, 모하메드는 그와 반대로 아랍미의 진수라고 하겠다. 그는 더 단단하고, 더 남자답고, 더 검다. 그의 이마는 높고, 그의 머리는 짧다. 그는 베르베르족(Berber)의 푸른 눈을 가지고 있고, 거의 웃지 않는다. 너무 여성스럽게 보일 수 있는 반지도 없다. 그는 그의 방식대로 남성을 향한 성욕에 사로잡힌 '동양주의' 작가들이 그토록 좋아해 왔던 아랍 신화를 구현하고 있다.

카르타고(Carthage)와 플로베르(Flaubert)의 『살람보』(Salammbô)에 대한 기억을 불러일으키는 이 아랍 스타일은 오늘날 바티칸에서 높이 평가되고 있다. 이는 사실이다. '동성애 사제들'은 아랍인들과 '동양사람들'을 흠모한다. 그들은, 파솔리니가 로마의 교외에 있는 빈민촌 '보르가때'(borgate)의 가난한 젊은 이들을 사랑했던 것처럼, 이 이민 하위 무산계급 사람들을 좋아한다. 똑같은 매혹에 빠진 똑같은 우연한 삶!

각각은 로마 테르미니에 올 때 자신의 일부를 버린다. 그 '라가쪼'(ragazzo, 연인)는 그의 로마 말투를 버리고, 그 이주민은 그의 모국어를 버린다. 그 둘은 아케이드의 이탈리아어로 말할 필요가 있다. 배에서 갓 내린 아랍 소년은 새로운 파솔리니식의 청년 모델이다.

모하메드와 사제들 간의 관계는 이미 오래된 이야기다. 가톨릭과 이슬람 양측에서 볼 때에도 우발적이고 비정상적이며 비합리적인 이 이상한 거래는 '부자연스러울' 뿐만 아니라 또한 신성모독적이다. 나는 곧 로마 테르미니에 남성 매춘부를 찾는 사제들이 있다는 것과 그들을 대상으로 하는 잘 정착된 소규모 사업이 있다는 사실을 알게 된다. 이 사업에는 수백 명의 고위 성직자들과 심지어 우리가 이름을 아는 로마 교황청의 몇몇 주교들과 추기경들도 포함되어 있다. 이런 관계들은 현저한 사회학적 법칙, 즉 『바티칸의 불편한 진실』의 여덟 번째 법칙을 따른다.

> 8. 로마에서 사제들과 아랍 성파트너들 사이의 매춘은 성적으로 결핍된 두 부류의 행위다. 가톨릭 사제들의 깊은 성적 좌절은 결혼에서 벗어난 이성애적 행위를 어렵게 만들어 놓은 이슬람 종교의 제약 안에 갇힌 젊은 이슬람 사람에게서 반영된다.

"우리는 자연스럽게 사제들과 잘 지내요."
모하메드는 깜짝 놀랄 말을 내게 한다.

* * *

　모하메드는 섹스가 그가 만나는 대부분의 사제들에게 있어서 일시적으로 '주요 이슈'이며 '유일한 진정한 열망'이라는 사실을 신속히 알게 되었다. 그는 이 사실을 알고는 그 야릇함과 인간의 동물성과 그 사실이 암시하는 자신의 역할에 매혹되었다. 또한, 그것은 그의 경제생활의 열쇠가 되었다.
　모하메드는 혼자 일하고자 한다. 그는 뚜쟁이를 필요로 하지 않는 자기 사업을 시작한다.
　"내가 이런 사업의 일부가 되어 버린 느낌을 갖게 된다면 수치를 느낄 겁니다. 나는 매춘부가 되고 싶지 않아요."
　그는 심각하게 말한다.
　로마 테르미니의 모든 소년 남창들처럼 모하메드는 그의 단골들을 좋아한다. 그는 그의 말대로 '관계 만들기'를 좋아하며 '지속적인 관계를 구축'하기 위해 고객의 휴대폰 번호를 얻어낸다. 그가 관찰해보니 사제들은 그의 가장 '충성스런' 고객에 속한다. 그들은 다시 보고 싶은 맘에 드는 매춘부들을 '본능적으로' 꽉 붙든다. 모하메드는 이런 규칙적인 패턴을 고마워하는데 그 이유는 재정적인 혜택뿐만 아니라 그의 사회적 지위를 높여주는 듯하기 때문이다.
　"성파트너는 단골을 둔 사람입니다. 매춘부는 아니랍니다."
　그 젊은 튀니지 청년은 이 점을 강조한다.

* * *

　"좋은 아침입니다." (Bună ziua)
　"어떠세요?" (Ce faci?)
　"음!
　매우 좋아요!" (Foarte bine!)
　나는 가비(Gaby)에게 그의 나라 언어로 말한다. 나의 초보적인 루마니아 언어 실력은 처음에는 그를 깜짝 놀라게 하였지만 이제 안심하는 것 같다. 나는 한때 일 년 동안 루마니아의 수도인 부쿠레슈티(Bucharest)에 살았었다. 그리고 그때 배웠던 몇 가지 기본 표현을 여전히 기억하고 있다. 25세의 가비는 루마니아인들을 위해 '마련된' 지역에서 일한다.

모하메드와는 달리 가비는 이탈리아의 합법적인 이주민이다. 그 이유는 루마니아는 유럽 연합에 가입되어 있기 때문이다. 그는 어쩌다가 로마까지 와 있는 자신을 발견했다. 두 개의 주요 이주 경로가 있는데 하나는 '발칸 반도'로 불리는 경로로서 중부 유럽에 뿌리를 두고 그 너머로 시리아와 이라크로 이어진다.

다른 하나는 아프리카와 마그레브(Maghreb)에서 건너오는 대다수 이주민이 취하는 '지중해 연안'인데, 이 길은 이탈리아의 수도 로마의 커다란 중앙역인 로마 테르미니역을 지난다. 말 그대로 이곳은 많은 이주민이 취하는 여러 경로의 '끝'이다. 그러므로 모든 사람이 거기서 멈춘다.

대부분 매춘부처럼 항상 단 기간 동안 체류하는 가비는 언제나 또다시 떠날 생각을 하고 있다. 그는 기다리는 동안 로마에서 작은 '일반적인' 직업을 찾고 있지만, 현장 훈련과 전문성이 없다면 거의 기회가 없기 때문에 그는 마지못해 몸을 팔기 시작했다.

부쿠레슈티 출신의 몇몇 기자 친구들은 이미 내게 루마니아가 매춘부를 수출하고 있다는 당황스런 정보를 알려준 바 있었다. 「에베니멘툴 질레이」(Evenimentul zilei)와 같은 신문들은 이런 루마니아의 '기록'을 조사한 후, 성 노동자들을 수출한 최초의 유럽 국가가 된 루마니아라고 기사를 썼다. 네덜란드의 한 비정부기구인 TAMPEP에 따르면, 유럽 매춘부들의 거의 절반이 남녀 이주민들인데, 8명 중 한 명이 루마니아인이라고 한다.

가비는 루마니아의 이아시(Iași) 출신이다. 그는 처음에 독일로 건너갔지만, 언어도 모르고 아는 사람도 없어서 그곳에 머물지 않기로 결심했다. 그는 네덜란드에서 '매우 실망스런' 시간을 보낸 후 한 푼도 없이 어떤 루마니아 친구의 주소 하나만 들고 로마에 왔다. 그 친구는 매춘부였는데 가비를 부추겨 '그 거래'로 끌어들였다. 그 친구는 그에게 최고 고객은 사제들이라고 알려주었다!

가비는 대체로 로마 테르미니에서 그의 밤일을 대략 오후 8시에 시작한다. 그리고 손님의 수에 따라 그곳에서 아침 6시까지 머문다.

"사람이 몰리는 때는 오후 8시부터 11시 사이에요. 우리는 오후 시간을 아프리카인들에게 주지요. 루마니아 사람들은 저녁에 나타나요. 최고의 손님들은 백인 소년들을 선호한답니다."

그는 일종의 긍지를 갖고 내게 말한다. 여름은 손님이 그리 많지 않은 겨울보다 낫지만, 8월은 사제들이 휴가를 떠나서 바티칸이 거의 비기 때문에 좋지 않다고 한다.

가비에게 이상적인 저녁은 금요일이다. 사제들은 로만 칼라 없이 '평상복'을 입고 나온다. 모하메드에 따르면 일요일 저녁은 가장 바쁜 날로서 쉴 틈이 없다. 일곱째 날에 도리어 쉼이 없는 것이다!

일요일의 지루함 때문에 로마 테르미니역의 주변 지역은 저녁 기도시간 전후로 가장 바쁘다.

처음에 나는 비아 조반니 지올리티, 비아 지오베르티(Via Gioberti), 비아 델 테르메 디 디오클레지아노(Via delle Terme di Diocleziano) 주변에서 조심스레 주고받는 눈길에 대해 거의 눈치를 채지 못했는데, 모하메드와 가비 덕분에 이제는 그 사인들을 이해할 수 있게 되었다.

"대부분의 경우 저는 고객들에게 헝가리 사람이라고 말해요. 그들은 루마니아 사람에게 그다지 뜨거움을 느끼지 않기 때문이지요. 그들은 우리를 집시와 혼동한답니다."

가비는 설명한다. 나는 그가 많은 루마니아인과 마찬가지로 전통적인 원수인 이웃의 헝가리 사람들을 미워하기 때문에 그 거짓말은 그에게 부담인 것을 느낀다.

그 지역의 소년 남창들 모두가 자신들을 위해 거짓말과 환상을 꾸며낸다. 그들 중 한 명은 내게 자기는 스페인 사람이라고 말하는데 나는 그의 억양으로 그가 라틴 아메리카 출신인 것을 알 수 있다. 집시의 체형을 가진 수염 난 한 청년은 핏불(Pitbull)이라는 그의 별명을 좋아하며 자신을 불가리아 사람이라고 소개한다. 하지만 사실 그는 크레이오바(Craiova) 출신의 루마니아 사람이다. 또 다른 작은 녀석은 자기 이름을 말해 주지 않는데 (그를 쇼티[Shorty]라고 부르도록 하자) 그는 기차를 놓쳐서 거기 있다고 설명한다. 그러나 나는 그 녀석을 그 다음 날 그곳에서 다시 마주치게 된다.

손님들도 거짓말을 하며 이야기를 꾸며낸다.

"그들은 지나치던 차에, 또는 사업 상 여행 중이라고 말하지요. 하지만 우리는 바보가 아니라서 그들을 곧바로 알아봅니다. 우리는 저 멀리서부터 사제를 알아볼 수 있어요."

가비가 말한다.

사제들은 이 젊은 친구들에게 다가오면서 케케묵은 방식을 사용하는데 그럼에도 그 방식이 먹혀든다.

"그들은 담배를 피지 않으면서도 담배를 구합니다!

그들은 보통 우리가 대답할 때까지 기다리지 않아요. 우리가 시선을 보내면 그것으로 동의한다는 뜻으로 알고 매우 빠르게 '가자!'라고 말합니다."

모하메드, 가비, 핏불, 쇼티는 가끔 먼저 손을 내미는데 특히 사제가 그들 앞을 지나치면서 "음란한 표정을 짓지만" 감히 그들에게 다가오지 못할 때 그렇게 한다고 한다.

"그러면 내가 '커피 같이 하실래요?'라고 물으며 그들을 도와주지요."

모하메드가 내게 말한다.

"페어 케피"(Faire café, 커피 같이 하실래요).

이 말은 프랑스어로서 멋진 말인데 아랍인들은 여전히 그들의 언어로 이 의미를 담은 단어를 찾고 있다. 하지만 이 말 그대로 그들의 용어가 되어 버렸다.

* * *

나는 이 책을 위해 조사를 시작하면서 처음에는 2년 동안 로마 테르미니역 주변에 살았다. 한 달 평균 1주일은 에어비앤비(Airbnb)를 통해 작은 아파트를 세 들거나 또는 S로부터 그의 스튜디오를 빌렸다. S는 건축가인데 그의 스튜디오는 산타 마리아 마조레 대성전(the Basilica of Santa Maria Maggiore) 근처에 있고 나는 항상 그의 스튜디오를 좋아했다. 만일 그 스튜디오가 예약되어 버렸다면 에어비앤비를 통해 테르미니역 북쪽에 있는 비아 마살라나(Via Marsala) 또는 비아 몬테벨로(Via Montebello)에 있는 작은 아파트를 세 들었다.

로마의 일곱 언덕 중에 하나인 에스퀼리노(Esquilino)의 가장 자리는 오랫동안 불결했다. 그러나 테르미니 지역은, 현지인들이 이탈리아어화된 영국 영어로 한 말에 따르면, '청정지역화'(gentrificazione) 과정에 있다.

로마 사람들은 내게 바티칸에 더 가까이 있으려면 보르고(Borgo)에 있는 판테온 주변의 트라스테베레(Trastevere)에서 살던지, 또는 심지어 프라티(Prati)에 살라고 권했다. 그러나 나는 테르미니에 계속 머물렀다. 아마 습관 때문일 것이다. 여행할 때는 몇몇 지표들을 찾기 위해 매우 신속하게 새로운 노선들을 찾아내야 한다. 나는 로마 테르미니역에서 로마 국제공항까지 이어지는 레오나르도 익스프레스(Leonardo express)라고 알려진 고속 열차가 바로 옆에 있고 또한 지하철과 버스 정류장도 함께 있는 곳에 머물고 있다.

나는 비아 몬테벨로에 있는 작은 세탁소인 라바시우가(Lavasciuga)를 사용하며, 가장 중요한 것은 레푸블리카(Repubblica) 광장 근처에 펠트리넬리(Feltrinelli) 국제 서점인데 그곳에서 나는 책을 사고 인터뷰를 위해 공책을 산다. 책은 나의 최고의 여행 동반자다. 나는 삶 가운데서 절대 인색하지 말아야 하는 세 가지를 정했는데, 책과 여행과 친구를 만나는 카페다. 나는 이탈리아에서도 그 결정을 따르며 기쁨을 느꼈다.

나는 좋은 관계를 쌓아온 몬시뇰 바티스타 리카와 대주교 프랑수아 바케 덕분에 2017년에 바티칸의 관저에서 살 수 있는 허가를 받게 되면서 마침내 테르미니를 떠나 이사하게 되었다. 그 당시 나는 중요한 고위 성직자들과 추기경들 덕분에 나보나(Navona) 광장 근처의 '치외 법권' 장소인 공식적인 카사 델 클레로(Casa del Clero)나, 심지어 교황의 아파트에서 몇 십 미터밖에 떨어져 있지 않은 바티칸 내의 교황청 관저들에서 수개월을 살게 되는데, 테르미니를 떠나는 것은 아쉬웠다.

＊　　＊　　＊

나는 로마 테르미니에서 소년들의 미묘한 야간 움직임을 알기 위해 여러 달 동안 조심스런 관찰 및 만남을 가졌다. 매춘부들의 각 그룹은 그들의 영업시간과 영역이 있다. 그것은 인종에 따른 계층과 가격에 따라 나뉘어져 있다. 아프리카인들은 보통 테르미니역의 남서쪽 입구 보호난간에 앉아 있다.

마그레비족(Maghrebis)과 때때로 이집트인들은 비아 조반니 지올리티 주변이나 루 마넌(Rue Manin) 교차로에, 또는 친퀘첸토 광장의 아케이드 아래에 머물곤 한다. 루마니아인들은 레푸블리카 광장에 가까이 있으면서 나이아드(Naiad) 분수의 벌거벗은 바다 요정 옆이나 또는 도갈리 오벨리스크(Dogali Obelisk) 주변에 있다.

마지막으로 '라틴계 사람들'은 레푸블리카 광장의 북쪽, 비알레 엔리코 데 니콜라(Viale Enrico de Nicola) 또는 비아 마르살라(Via Marsala)에 군집한다. 때로는 그룹들 간에 영역 싸움이 벌어지고 주먹이 날아다니기도 한다.

이 영역은 정해져 있는 것은 아니다. 그것은 세월과 계절과 이주민의 흐름에 따라 바뀐다. '쿠르드인 대거 이주', '유고슬라인 대거 이주', '에르트레아인 대거 이주' 기간이 있었다. 보다 최근에는 시리아인들과 이라크인들의 대이주가 있었고, 지금은 나이지리아 사람들, 아르헨티나 사람들, 베네수엘라 사람들이 로마 테르미니에 도착하고 있다. 그러나 항상 변함없는 요소가 하나 있는데, 그것은 친퀘첸토 광장에는 이탈리아인이 거의 없다는 사실이다.

동성애의 합법화, 술집과 사우나의 확산, 모바일 앱, 동성 결혼에 대한 법률, 게이들의 사회화는 유럽 어디에서나 길거리의 남성 매춘 시장을 말라붙게 하는 경향이 있다. 그러나 한 가지 예외가 있는데 로마다. 그 이유는 매우 간단하다. 비록 이 시장은 인터넷 시대에 점점 더 뒤떨어지더라도 사제들이 살리고 있기 때문이다. 그리고 익명성을 이유로 그들은 이주민들을 원한다.

* * *

로마 테르미니에서 '근무'에 대해 정해진 가격은 없다. 상품과 서비스 시장에서 성매매 가격은 현재 최저 수준이다. 가격이 상승하기에는 너무 많은 루마니아인과 불법 아프리카인들, 너무 많은 라틴계 성전환자들이 있다. 모하메드는 한 번의 근무에 평균 70유로를 가져온다. 쇼티는 고객이 방값을 내는 조건으로 50유로를 요구한다. 가비와 핏불은 한편으로는 사복 경찰이 두렵고 또 한편으로는 경제적인 핍절함 때문에 미리 가격을 말하는 경우가 거의 없다.

"근무가 끝났는데도 아무 제안을 하지 않으면 저는 50유로를 요구하지요. 만일 그들이 40유로를 주면 10유로를 더 달라고 해요. 가끔은 고객이 인색해서 20유로를 받을 때도 있어요. 가장 중요한 것은 나는 문제가 발생하는 것을 원치 않아요. 이곳에 매일 저녁에 와야 하기 때문이지요."

가비가 말한다.

그는 자기의 '평판'을 고려해야 한다는 사실을 말하지는 않지만 나는 알아차린다.

"단골을 얻는 것은 이곳 사람들이 원하는 것이에요. 하지만 모든 사람이 그런 행운을 얻는 것은 아니랍니다."

루마니아의 트란실바니아 출신으로 영어를 유창하게 구사하는 루마니아인 매춘부 플로린(Florin)이 말한다.

나는 나의 조사원 탈리슨과 2016년 8월에 로마에서 플로린과 크리스천(Christian)을 만났다. 그들은 둘 다 27세이고 함께 산다. 그들은 도시 밖으로 멀리 떨어진 한 교외의 작은 임시 숙소에서 내게 말한다.

"나는 브라소브(Brașov)에서 자라났어요."

크리스천이 내게 말한다.

"나는 결혼을 했고 아이가 있어요. 그 아이를 먹여 살려야 하지요! 나는 내 부모와 아내에게 로마에서 바텐더로 일하고 있다고 말했습니다."

플로린은 그의 부모에게 '건축 일'을 하고 있다고 말했다. 그는 내게 "건물 현장에서 10시간 일해서 버는 돈을 15분 안에 벌 수 있다"고 말한다.

크리스천이 말한다.

"우리는 레푸블리카 광장 주변에서 일합니다. 그 광장은 바티칸에서 오는 사람들을 위한 장소에요. 이곳 모든 사람들이 그 사실을 알고 있지요. 사제들은 차로 우리를 데리고 갑니다. 그들은 우리를 집이나 또는 더 흔하게는 호텔로 데리고 가지요."

내가 인터뷰한 다른 매춘부들과는 달리 크리스천은 호텔비를 내는데 어려움이 없다고 말한다.

"한 번도 문제가 없었어요. 호텔비는 내니까요. 그들은 우리를 거절할 수 없어요. 우리는 신분증이 있고 질서도 지키지요. 호텔 사람들은 두 남자가 한 시간 동안 호텔 룸을 사용하는 것에 대해 달갑지 않더라도 어떻게 할 수 없어요."

"누가 호텔 비용을 냅니까?"

"물론 그들이 내지요."

크리스천은 내 질문에 놀라며 답변한다.

크리스천은 로마 테르미니의 어두운 밤의 어두운 면에 대해 말한다. 내가 수집한 진술에 따르면, 성직자들의 음탕함은 비정상적인 행위를 요구할 뿐만 아니라 성폭행에 이르고 있다.

"한번은 어떤 사제를 받았는데 그는 자기 위에 오줌을 싸라고 하더군요. 어떤 사제들은 우리가 성전환자처럼 여성 옷을 입기를 바라고, 또 다른 사제들은 다소 불쾌한 가학피학성 성애를 행한답니다." (그는 상세한 묘사를 회피한다.)

"한 사제는 심지어 나체로 권투시합을 하자고 하더군요."

"당신은 그들이 사제인 것을 어떻게 아나요?"

"나는 전문가에요! 당장 그들을 알아보지요. 사제들은 가장 꾸준한 단골들이에요. 그들이 옷을 벗을 때 십자 표시들을 보면 알 수 있어요."

"그러나 다른 사람들도 십자 표시들을 차거나 세례 십자가 메달을 달고 다니잖아요."

"네, 하지만 그들이 차는 십자가는 전혀 달라요. 우리는 그들이 일반 시민처럼 가장을 해도 먼 거리에서 그들을 알아볼 수 있어요. 그들의 자세로 알 수 있지요. 일반 고객들과는 달리 매우 뻣뻣하답니다. 그들은 일반 삶에 익숙하지 않아요."

"그들은 불행해요."

크리스쳔은 계속 말한다.

"그들은 살아있는 것이 아니에요. 그들은 사랑하지 않아요. 그들이 우리에게 접근하는 방법, 그들의 작은 수법, 누구와 대화를 하지 않으면서도 자신들을 평범하게 보이려고, 마치 사회생활을 하는 것처럼 그들의 귀에 전화를 대는 모습을 보면 나는 당장 알지요. 가장 중요한 것은 나는 단골손님들이 있어요. 나는 그들을 알고 우리는 대화를 많이 나누지요. 그들은 고백합니다. 나도 내 목에 십자가 목걸이가 있어요. 저도 기독교인이에요. 이것이 우리를 엮는 끈이랍니다!

그들은 정교회 신자에게 더 안전함을 느끼지요. 그 사실이 그들을 안심시키는 거예요!

나는 그들에게 내가 루마니아 사람으로써 매우 좋아하는 요한 바오로 2세에 대해 말하지요. 아마 나보다 그 교황을 더 좋아하는 사람은 없을 거예요. 이탈리아 사람들은 우리를 절대로 호텔로 데려가지 않지요. 우리를 호텔로 데려가는 유일한 사람들은 사제들과, 관광객들과 경찰뿐이지요."

"경찰이요?"

"네, 제 단골 중에 경찰들이 있어요. 하지만 나는 사제를 더 좋아해요. 그 이유는 바티칸에 가면 그들은 부자라서 대단히 많이 지불합니다."

로마 테르미니의 소년들은 그들과 관련된 추기경이나 주교들의 이름을 알지 못하지만 바티칸에서의 성적인 난잡함을 기억한다.

그들 중 몇몇은 내게 금요일 밤의 "네 사람 사이의 성행위"에 대해 말해 주었다.

"어떤 운전사가 메르세데스(Mercedes) 벤츠를 타고 나타나더니 매춘부들을 찾아내어 바티칸으로 데려갔지요."

그러나 그들을 바티칸에 데려간 그 '운전사'는 사제였다고 한다. 나는 그 모든 정보가 간접적이라는 것을 느낀다. 그 사건이 실제로 발생했는지는 전혀 알 수 없지만 테르미니의 소년들은 집단적으로 이 사건을 기억하며 그 이야기를 반복한다.

크리스천은 그는 어떤 사제와 함께 바티칸에 세 번이나 갔다고 말하고, 우리와 담화를 나눈 루마니아 친구 라즈반(Razvan)도 한 번 갔다고 한다.

"바티칸에 가서 큰 물고기를 만나면 돈을 많이 받아요. 50-60유로 정도가 아니라 100-200 유로 이상을 받지요. 그래서 우리는 모두 큰 물고기를 잡기 바란답니다."

크리스천은 계속 이야기한다.

"사제들 대부분과 바티칸 사람들은 단골 매춘부를 원합니다. 그래야 보이거나 걸릴 위험이 없지요. 즉, 그들은 걸어서 또는 차로 이곳 레푸블리카 광장에 와서 우리를 찾는 것을 원치 않아요. 그들은 단지 문자를 보내지요!"

약삭 빠르고 싸움으로 다져진 크리스천은 내게 그의 전화에 있는 연락처를 보여주는데 그곳에는 사제들의 핸드폰 번호와 이름이 있고, 명단은 끝이 없다. 그가 그들에 대해 말할 때 "나의 친구들"이라고 하니, 플로린이 웃으며 말한다.

"겨우 두 시간 전에 만난 사람들을 '나의 친구들'이라고 하지요. 그렇게 신속하게 친구가 되니 마치 패스트푸드 같아요!"

크리스천의 고객 중 몇몇은 아마도 그에게 가짜 이름을 준 것 같다. 하지만 그 핸드폰 전화번호들은 진짜다. 만일 누군가가 이 어마어마한 사제들의 핸드폰 번호들을 온 세상에 공개한다면 이탈리아 주교단에 불을 지피는 것이 될 것이라는 생각이 문뜩 들었다!

얼마나 많은 사제가 정기적인 성매매를 위해 테르미니에 오는 것일까?

얼마나 많은 '밀실의' 고위 성직자들과 '비이성애' 몬시뇰들이 이곳에 와서 동양의 이 아이들과 뜨거움을 나누는 것일까?

사회사업가들과 경찰은 그 수치를 제시한다. 매일 저녁 "수십 명", 매달 "수백 명"이다. 매춘부들은 뽐내듯이 "수천 명"이라고 말한다. 그러나 사실은 아무도 그 수치를 헤아릴 수 없다.

크리스천은 그 일을 그만두고 싶어 한다.

"저는 여기서 오래된 고참입니다. 늙었다는 뜻이 아니에요. 저는 겨우 27세입니다. 하지만 밀려나고 있어요. 종종 사제들이 지나가면서 '잘 지내니?'(*Buongiorno*)라고 인사하지만 나를 택하지는 않아요. 어떤 소년이 테르미니에 나타나면 신상품이지요. 모든 사람은 그를 원해요. 대박이에요. 수요가 많은 것이지요.

그는 정말 돈을 많이 벌 수 있어요. 하지만 나는 이미 오래 되었어요. 저는 이제 9월에 돌아갑니다. 다 끝났어요."

* * *

나는 나의 조사원들, 탈리슨과 안토니오와 다니엘레와 로익과 함께 몇 날 저녁마다 테르미니역 주변 호텔을 관광했다. 참으로 그 도시의 놀라운 부분이었다.

로마 테르미니역 주변에는 비아 프린시페 아메데오(Via Principe Amedeo), 비아 조반니 아멘돌라(Via Giovanni Amendola), 비아 밀라초(Via Milazzo)와 비아 필리포 투라티(Via Filippo Turati) 도로 상에 수백 개 이상의 작은 호텔이 있다. 여기서는 호텔 등급 별표가 별 의미가 없다. '별이 두 개 있는' 호텔은 꽤 오래된 호텔일 수 있고, '별이 한 개인' 호텔은 거의 들어가고 싶지 않은 호텔이다. 때때로 나는 그 단기 체류 호텔들이 손님이 적을 때는 그들의 빈 방을 채우기 위해 에어비앤비에 광고하는 것을 보게 된다. 법의 가장 자리를 사용하여 민영화하는 모습이다. … 우리는 여러 호텔 매니저와 안내 직원에게 매춘에 대해 질문하였고 그들의 반응을 알아보기 위해 '시간 단위로' 방을 빌려보려고 여러 번 시도했다.

비아 프린시페 아메데오(Via Principe Amedeo)에서 작은 호텔을 운영하는 50대의 방글라데시 무슬림 사람은 매춘은 "그 지역의 골칫덩어리"라고 생각한다.

"만일 그들이 찾아와서 내게 시간 단위로 부탁을 하면 저는 거절하지요. 그러나 하룻밤을 빌리면 쫓아낼 수 없어요. 법이 이를 금하니까요."

로마 테르미니의 호텔들은 가장 더러운 호텔까지도 매니저들이 때때로 남성 매춘부들과 실제적인 싸움을 벌이는 것으로 알려져 있다. 하지만, 사실 그들은 그렇게 함으로 상당한 단골들, 즉 사제들을 쫓아내는 것임을 모르고 있다!

그들은 디지털 암호를 만들고, 철저한 경비들을 고용하고, 로비 및 복도, 심지어 "소년 남창들이 가끔 그들의 고객을 정문 입구를 통과하지 않고 데리고 들어오는" 내부 안뜰의 비상계단에까지 감시 카메라를 설치한다(이 사실은 어떤 호텔의 장부를 정리하는 약간 사회성이 결여된 30대의 로마 태생 청년 파비오(Fabio)가 알려준 것이다). 내가 이 작은 여러 호텔에서 자주 본 "비디오 감시 영역"(*Area Videosorvegliata*)이라는 표시는 주로 성직자들에게 겁을 주어 쫓아내기 위해 거기에 있다.

이주민 매춘부들은 그들을 없애려는 목적으로 검사하는 신분 증명 검사를 종종 요구 받는다. 그러나 방 값을 두 배로 내면 문제가 해결된다(이탈리아는 종종 방을 사용하는 사람 수에 따라 돈을 내는 고대 풍습을 따르는 나라 중 하나다).

호텔주인들은 그런 매춘 시장을 말리려고 온갖 노력을 하지만, 어떤 고객을 자기들의 '싱글' 룸으로 데려가는 사람들을 보게 되면 '젠장, 호모들 같은 놈들'(Fanculo i froci!)이라고 욕만 할 수밖에 없게 된다.

"우리는 모든 일을 밤에 해요."

파비오가 말한다.

"많은 매춘부가 아무런 신분 증명 서류를 갖고 있지 않아요. 그래서 그들은 위조하거나 남의 신분증을 빌립니다. 나는 백인이 흑인 신분증을 갖고 다니는 것을 보았어요. 솔직히, 그런 짓은 막아야지요!

그러나 당연히 눈을 감아주고 모르는 척해요."

파비오에 따르면, 어떤 매니저가 그의 호텔에서는 매춘을 금하고 다른 호텔을 권하는 것은 보통 있는 일이라고 한다. 그런 경우 그 매니저는 이 질주하는 커플에게 다른 호텔의 명함 카드를 내밀면서 많은 힌트를 알려주고 그 주소를 알려준다. 때로는 그 매니저는 고객의 안전 및 혹시 모를 위험을 염려하면서 절도나 폭력이 없었는지를 확인하기 위해 매춘부가 고객과 함께 돌아올 때까지 프론트 데스크 뒤에 그 매춘부의 신분증을 보관해 둔다. 이런 경계는 바티칸에서 있었을 몇몇 추가적인 스캔들을 피하게 하였을 것이다!

로마 테르미니역에는 이런 일들을 모르는 관광객, 방문자, 일반 이탈리아 사람들이 스치고 지나간다. 그들은 단지 베스파(Vespa) 대여 전동 자전거나 가격이 인하된 이층 버스의 '관광 명소 방문'(Hop On, Hop Off) 차량만 볼 것이다.

그러나 팔라틴 언덕(Palatine Hill)을 방문하라고 부추기는 이런 포스터 뒤에는 정욕을 부추기는 전혀 다른 삶이 로마 테르미니의 작은 호텔들의 높은 층에 존재한다.

나는 친퀘첸토 광장에서 소년들과 그들의 고객들이 서로 의사 교환을 하는 것을 관찰한다. 회전목마는 천천히 돌고 있고 그 고객들은 알려진 사람들은 아니다. 그들 중 다수는 자기 차를 타고 지나가면서 창문을 열고 머뭇거린다. 한 바퀴 돈 다음 다시 와서 마침내 젊은 성파트너들을 태우고 어디론가 사라진다. 어떤 사람들은 걸어 와서는 자신감이 없이 그 지역의 보잘 것 없는 호텔 중 하나에 들어와 성경적인 대화를 마친다. 좀 더 과감하고 자신감이 넘치는 사람도 있다.

그는 아프리카의 선교사일지도 모른다!

또 다른 사람은 마치 사파리 구경을 나온 듯 동물들을 보듯 젊은이들을 바라본다!

나는 율리우스 2세 시대의 교황들의 옛날 동전을 떠오르게 하는 이름을 가진 루마니아 매춘부 플로린에게 박물관들과 판테온, 콜로세움을 방문한 적이 있는지 물어본다.

"아니요. 저는 단지 나의 고객 중 몇몇과 함께 바티칸을 방문한 적이 있어요. 일반 박물관을 방문하려면 12유로가 필요한데 그럴 돈이 없어요."

플로린은 짧은 '3일 치' 턱수염을 기르고 있는데, 그 턱수염을 유지하는 이유는 그것이 그의 '매력의 힘'의 일부이기 때문이라고 말한다. 그는 파란 눈을 가지고 있고 그의 머리는 완벽하게 빗겨지고 '가르니에 젤'(Garnier gel)을 발라서 매끈매끈하다. 그는 나에게 "바티칸은 너무 아름다워서 내 팔에 바티칸 문신을 새기고 싶어요"라고 말한다.

"가끔 어떤 때는 사제들이 휴일을 함께 보내자며 돈을 지불합니다."

플로린은 설명한다.

"나는 어떤 사제와 3일 동안 멀리 떠난 적이 있어요. 당연히 그가 전부 지불했지요. 또한, 우리를 정규적으로 고용하는 다른 고객들도 있어요. 예를 들어, 매주 고용하지요. 그들은 예약금을 주는 식으로 돈을 줄 때도 있어요. 그러면 할인을 받지요!"

그는 덧붙여 말한다.

나는 다른 소년들에게 물었던 것처럼 가비에게도 어떻게 사제들을 알아보냐고 묻는다.

"그들은 다른 사람들보다 더 조심합니다. 성적인 용어로 표현하자면, 그들은 외로운 늑대들이에요. 그들은 두려워하지요. 그들은 결코 험한 언어를 사용하지 않아요. 물론 그들은 집이 없기 때문에 언제나 호텔을 원해요. 그것이 표시지요. 그런 특징을 보고 그들을 알아볼 수 있어요."

그는 더하여 말한다.

"사제들은 이탈리아인들을 원하지 않아요. 그들은 이탈리아어를 못하는 사람들을 더 편하게 느끼지요. 그들은 이주민을 원한답니다. 그것이 더 쉽고 더 안전하기 때문이에요.

혹시 어떤 이주민이 경찰에 주교를 신고했다는 이야기를 들어본 적이 있나요?"

가비는 계속 이야기한다.

"나와 성관계 없이 잠만 자려고 돈을 내는 사제들도 몇몇 있어요. 그들은 사랑에 대해 말하고 사랑 이야기를 해 주지요. 그들은 지나치게 다정해요. 마치 10대 소녀들 같아요!

그들은 내가 키스를 제대로 해주지 않았다며 나를 야단치는데, 키스가 그들에게는 중요한 것 같아요. '나를 구원해 주겠다'는 사제들도 있어요. 그들은 언제나 우리가 '길거리에서 벗어나도록' 돕기를 바라지요."

나는 이 말이 실제적이고 반복적인 경험에서 나온 것임을 충분히 자주 들어서 알고 있다. 사제들은 그들의 이주민들과 순식간에 사랑에 빠진 후 곧바로 그들 귀에 'I luv you'라고 말하는데 이는 의도적으로 'love'라는 말을 피하는 것이다. 이는 마치 욕을 내뱉는 사람들이 '오 마이 갓'이라고 신성모독적인 말을 하는 대신에 '오 마이 가쉬'라고 말하는 것과 같다.

아무튼 그들은 자신들은 인정하기를 거부하더라도 빠져나올 수 없는 사랑에 모두 빠진다. 매춘부들은 종종 사제들이 지나치게 다정해서 깜짝 놀란다. 지중해를 건너온 그들의 항해는 분명히 놀라운 일들로 가득하다!

그리고 내가 궁금한 것은, 왜 사제들은 다른 남자들보다 그들의 소년들과 더 사랑에 빠지는가 하는 것이다.

왜 그들은 그들이 이용해 먹는 매춘부들을 '구하려'는 것일까?

그들이 정절의 맹세를 어기는 바로 그 순간에 그들을 사람답게 만드는 기독교 도덕성의 잔재가 나타나는 것일까?

플로린은 남자들끼리 결혼하는 것이 프랑스에서는 허락되는지 묻는다. 나는 동성 결혼이 허락되어 있다고 하며, "그렇다"고 말한다. 그는 그 사실에 대해 많은 생각을 해 본 적이 없지만, 기본적으로 '정상'이라고 여긴다.

"이곳 이탈리아에서는 그것이 금지되어 있어요. 바티칸 때문이고, 또한 공산주의 나라이기 때문이지요."

플로린의 삶은 정상과는 거리가 멀지만, 그가 하는 말들은 자신이 정상이라는 의식을 드러낸다.

크리스천, 플로린, 가비, 모하메드, 핏불, 쇼티 그리고 많은 다른 사람들과 수많은 인터뷰를 하면서 놀란 것은 그들이 잠자리를 같이 하는 사제들에 대해 아무런 비판을 하지 않는 것이다. 그들은 도덕이나 죄책에 별 신경을 쓰지 않는다. 만일 이슬람의 이맘(imam)이 게이라면 이슬람 교도들은 충격을 받을 것이다. 만일 정교회 주교가 동성애자라면 루마니아인들은 그것을 대단히 이상하게 여길 것이다.

하지만 그 소년들은 가톨릭 사제들이 매춘에 빠지는 것을 '정상'으로 여긴다. 그리고 어떤 경우에도 그들에게 있어서는 뜻밖의 행운이다. 죄는 그들을 힘들게 하지 않는다. 모하메드가 아직 자신은 '활동적'이라고 주장하는 것으로 보아 그는 이슬람에 위반된다고 느끼지 않는 것이 분명하다.

"이슬람 교도가 가톨릭 사제와 잠자리를 하는 것이 허용되나요?

선택의 여지가 있다면 이 질문을 하겠지만, 나는 선택의 여지가 없답니다."

모하메드가 덧붙여 말한다.

* * *

어느 날 저녁 나는 비아 마닌에 있는 사이버 카페(지금은 문을 닫았다) 아젠지아 비아기(Agenzia Viaggi)에서 가비를 만났다. 그곳에는 대략 30명의 루마니아 남성 매춘부들이 있었다. 그들은 인터넷 상에서 부쿠레슈티, 콘스탄차, 티미쇼아라, 클루지나포카에서 여전히 살고 있는 그들의 친구들 및 가족들과 채팅을 한다.

그들은 스카이프(Skype)나 왓츠앱(WhatsApp)을 통해 대화를 하고 그들의 페이스북을 업데이트한다. 가비가 온라인에서 그의 어머니와 대화를 할 때의 명칭을 보면 영어로 '생명을 사랑하는 자'(Life Lover)로 되어 있거나 '뉴욕에 살고 있음'이라고 뜬다.

> 나는 어머니에게 이곳에서의 나의 삶에 대해 말하지요. 어머니는 내가 유럽의 베를린, 로마 그리고 런던을 방문하는 것을 보고 기뻐하세요. 나는 어머니가 약간 저를 부러워하는 것을 느끼지요. 그녀는 많은 질문을 하시면서 저 때문에 참으로 기뻐하세요. 어머니 생각에는 제가 영화에나 출연한 줄 착각하는 것 같아요. 물론, 어머니는 내가 무엇을 하는지 모르고 저는 절대 말하지 않지요(가비는 다른 소년들처럼 '매춘'이라는 단어를 가능한 사용하지 않고 그 의미를 알릴 때는 은유나 이미지를 사용한다).

모하메드도 내게 다소 비슷한 말을 한다. 그는 비아 지오베르티(Via Gioberti) 상에 있는 인터넷 폰(Internet Phone)이라고 불리는 사이버 카페에 가는데, 내가 같이 간다. 그는 일주일에 여러 번 인터넷을 통해 그의 어머니에게 전화를 하는데 15분에 50센트 또는 한 시간에 2유로가 든다. 그는 내 앞에서 페이스북을 통해 어머니에게 전화를 한다. 그는 약 10분 동안 아랍어로 그녀에게 말을 건다.

"저는 대부분 페이스북을 통해 전화를 해요. 어머니는 스카이프보다 페이스북을 더 잘해요. 나는 방금 내가 하는 일이 다 잘 되고 있다고 말했어요. 그녀는 너무 좋아했지요. 때로는 어머니는 내가 돌아왔으면 좋겠다고 말해요. 심지어 몇 분만이라도 자기와 있었으면 하지요. 어머니는 '내가 너를 볼 수 있도록 돌아와서 몇 분만, 일분만이라도 같이 있자. 너는 내 인생 전부란다'라고 말씀하세요."

모하메드는 어머니와 함께 하지 못하는 것에 대한 미안함 때문에 웨스턴 유니온 송금을 통해 정기적으로 약간의 돈을 보내 드린다(그가 너무 비싼 송금료 때문에 불평하기에 나는 페이팔[PayPal]을 추천했다. 그러나 그는 신용 카드가 없다).

모하메드는 '어느 날' 집에 돌아갈 것을 꿈꾼다. 그는 옛날의 TGM 기차를 기억한다. 그 기차는 튀니스 마린(Tunis Marine)과 라 마르사(La Marsa)를 연결시켜주는 작은 기차인데 그 기차역들은 이제 추억이 되었다. 모하메드는 그 기차역을 순서대로 외우며 크게 외친다.

"르 박, 라 굴렛, 라에로포트, 레 크람, 카르타제 살람보, 시디 부사이드, 라 마르사."

"튀니지가 그리워요. 우리 어머니는 가끔 춥지 않냐고 묻지요. 나는 모자도 있고 후드 달린 옷도 있다고 대답해요. 정말 겨울에는 이곳이 지나치게 추워요. 어머니는 짐작은 하지만 이곳이 얼마나 추운지는 전혀 알 수 없지요."

로마에 있는 모하메드의 아랍인 일당은 전부가 매춘을 하는 것은 아니다. 그의 친구 중 여럿은 대마초와 코카인을 파는 것을 선호한다(내가 인터뷰한 모든 매춘부들의 이야기에 따르면 마약은 너무 비싸서 구할 수 없고 MDMA 환각제만 변두리에서 구할 수 있다).

마약?

모하메드는 마약에 관심이 없다. 그의 주장은 반박할 수 없다.

"마약은 불법이고 매우 위험합니다. 만일 내가 감옥에 간다면 어머니가 다 알게 되지요. 그러면 결코 저를 용서하지 않을 거예요. 이탈리아에서 내가 하는 일은 철저하게 합법적이에요."

* * *

조반나 페트로카(Giovanna Petrocca)의 책상 위에는 두 개의 십자가가 벽에 걸려 있다. 근처 식탁 위에는 사진들이 있는데 그녀가 요한 바오로 2세와 포즈를 취한 사진들이다.

"그는 나의 교황입니다."

그녀가 웃으며 내게 말한다.

나는 로마 테르미니역의 중앙 경찰서에 있다. 조반니 페트로카는 이 중요한 경찰서를 담당하고 있다. 그녀는 경감이며, 그녀의 사무실 문에는 "로마 경찰 본부장"(*primo dirigente, commissariato di Polizia, Questura di Roma*)이라는 직위명이 붙어 있다.

이 만남은 이탈리아 중앙청 보도국에서 공식적으로 마련한 것으로서 조반니 페트로카는 나의 모든 질문에 매우 정직하게 답변한다. 그녀는 대화 주제를 속속들이 아는 진짜 전문가다. 로마 테르미니에서의 매춘은 아주 사소한 것까지 훤하게 알고 있는 이 경찰의 눈을 절대 피하지 못한다. 페트로카는 나의 가설들의 대부분을 확인해 준다. 가장 중요한 것은, 그녀는 매춘부들이 내게 한 말을 확증해 준 사실이다(이 장에서 나는 또한 중령 스테파토 치리코(Stefano Chirico)가 알려준 정보를 사용할 것이다. 그는 내가 방문했던 로마 남부에 있는 치안 본부인 형사경찰 중앙국(Direzione Centrale della Polizia Criminale)에서 차별금지 사무소를 운영하고 있다).

"로마 테르미니는 오랜 매춘의 역사를 갖고 있어요."

조반나 페트로카 경감이 내게 설명한다.

"이주민들, 전쟁, 가난 때문에 매춘이 생겨나지요. 자연스럽게 언어와 국적을 따라 그룹이 형성되지만 약간 무질서해요. 이탈리아 법은 개인 매춘을 처벌하지 않습니다. 그래서 우리는 매춘의 팽창을 막기 위해 억제만 하지요. 물론 제약 내에서는 허락합니다. 그러나 길거리에서의 음란 행위나 공중도덕을 해치는 행동들은 안 되고요, 미성년자와의 매춘도 허락하지 않아요. 마약 및 매춘 알선은 금지되어 있고 엄격한 법적 제재를 가합니다."

라 사피엔자(La Sapienza) 대학에서 법학 학위를 받은 페트로카는 도시 순찰 경찰로 오랫동안 현장에서 일한 후 2001년에 창설된 성매매 방지 형사 경찰부에 합류했다. 그는 거기서 13년을 근무한 후 담당 경관 중 하나가 되었다. 그녀는 장기적으로 그 일을 함으로써 매춘과 관련한 인구 통계학적인 변화를 추적할 수 있었다. 마피아의 협박 때문에 강제 매춘을 하게 된 알바니아 여성들, 몰도바인들과 루마니아인들의 등장과 그들에 대한 조직적인 매춘 알선, 여성들이 부족의 규칙과 부두교(voodoo) 교훈에 따라 매춘을 하기 때문에 페트로카가 '중세풍'이라고 부른 나이지리아 사람들의 급증!

그녀는 중국인들의 특별 분야인 "행복한 마무리"로 마치는 마사지 아파트를 지켜보고 있지만, 그런 매춘은 개인 집에서 일어나기 때문에 통제가 더욱 어렵다. 그녀는 로마 테르미니역 주변의 단기 시간제 호텔들을 알고 있고, 그 지역의 남성 매춘에 대해 자세히 알고 있다.

그 경감은 과학자의 정밀함으로 최근 사건들, 살인 사건들, 성전환자들의 짝 찾기를 위한 지역들 및, 그 지역들과는 구별되는 성도착자들의 짝 찾는 지역들을 대략적으로 설명한다. 나는 나의 로마 조사원 다니엘레 파티첼리의 통역을 통해 조반나 페트로카의 말을 듣는데 그녀는 그 상황에 대해 전혀 각색하지 않는다. 그녀의 눈에는 로마 테르미니는 이탈리아의 나폴리와 밀라노 같은 다른 대도시의 기차역들처럼 매춘 지역일 뿐이다.

"우리가 무엇을 할 수 있겠어요?

우리는 공공 도로에서의 활동을 점검하고 일주일에 두 번 정도 로마 테르미니역 주변의 호텔을 무작위로 갑자기 덮치지요. 호텔이 공식적으로 매춘부를 수용하면 범죄지만 시간 당 방을 임대하는 것은 이탈리아에서는 합법이에요. 따라서 우리는 조직적인 매춘 알선이나 마약, 또는 미성년자들을 발견할 때에만 개입을 하지요."

조반나 페트로카는 시간을 내주고, 우리는 그 지역에서 유통하는 마약 종류와 내가 알아낸 호텔들 그리고 그녀가 잘 알고 있는 호텔들에 대해 대화를 나눈다. 나는 그렇게 유능하고 전문적이고 정확한 정보를 가지고 있는 경찰관을 만나본 적이 없다. 로마 테르미니는 '통제 관리 하'에 있다.

만일 그 경감이 로마 테르미니역 주변의 매춘을 사용하는 사제들의 수에 대해 '녹음 상태로' 말하지는 않았지만, 다른 경찰들이 사무실 밖에서 상세하고 면밀하게 그 수를 알려주었다. 사실, 이 장에서 (물론 이 책 전반에 걸쳐) 나는 약백 명의 성소수자 군인들과 준(準)군사적 경찰 '카라비니에리'(carabinieri)와 경찰들로 구성된 경찰 협회 아페르타(Aperta)로부터 받은 많은 정보를 사용한다. 로마, 카스텔간돌포, 밀라노, 나폴리, 토리노, 파두아, 볼로냐에 있는 이 경찰 협회 몇몇 회원들과 특히 카라비니에리의 중령은 내게 로마 테르미니역에서의 매춘과 더 넓게는 교회 성직자들의 상업적 성생활에 대해 설명해 주었다(어떤 경우들은 나는 다양한 이탈리아 사법 기관에서 공유하는 범죄 데이터 베이스 SDI 로부터 익명의 정보와 통계도 사용하였다).

이 경찰관들과 카라비니에리는 사제들에게 발생하는 많은 사건을 확인해 준다. 사람들이 거의 다니지 않는 짝 찾기 지역에서는 강도를 당한 사제들, 납치된 사제들, 두들겨 맞은 사제들, 체포된 사제들, 살해당한 사제들이 있다. 그들은 내게 성직자들 사이에서의 공갈과 섹스 촬영 테이프, '가톨릭 보복 포르노'와 셀 수 없이 많은 '불륜' 사건에 대해 말해 준다.

이런 사제들은 심지어 피해자가 되더라도 거의 고발하지 않는다. 경찰서에 신고함으로 치러야 할 대가가 너무 크기 때문일 것이다. 그들은 가장 심각한 경우에는 신고를 한다. 그러나 대부분의 경우 그들은 아무 말도 하지 않는다. 그들은 자신들의 죄에 짓눌린 채 숨어서 그들의 멍든 상처를 품고 조용히 집으로 간다.

또한, 드물기는 하지만 살해 사건들이 있다. 하지만 이런 사건들은 결국 대중 앞에 드러나게 된다. 기자 안드레아 피니(Andrea Pini)는 그의 책 『살인 사건들』(Omocidi)에서 이탈리아에서 매춘부들에게 살해되는 동성애자들이 상당수가 되는 것을 밝혔는데, 특히 음습한 장소에서 익명의 만남을 가진 이후 더욱 그러했다. 경찰 소식통에 따르면, 그 살해 사건 중에는 사제들의 죽음이 지나치게 많다고 한다.

* * *

프란체스코 망지아카프라(Francesco Mangiacapra)는 고급 나폴리인 성파트너다. 그의 증언은 여기서 대단히 중요한데, 그 이유는 다른 남성 매춘부들과는 달리 그는 실명으로 증언하는데 동의했기 때문이다. 약간 편집증이 있기는 하지만 분별이 있는 법대생인 그는 나폴리와 로마에서 그의 서비스를 받은 게이 사제들의 긴 명단을 작성했다. 이 유일한 데이터베이스는 수년 동안에 걸쳐 모은 사진들과 비디오들 그리고 가장 중요하게는 문제의 사람들에 대한 정체를 알 수 있는 정보들로 가득한 것이다. 그가 내게 이 엄청난 양의 기밀 정보를 공유할 때 나는 로마 테르미니역 주변의 길가에서 가졌던 익명의 질적인 토론에서 나와서 양적인 토론으로 들어가게 된다. 자, 이제 나는 확실한 증거를 얻었다.

망지아카프라는 나폴리에 있는 아르키게이(Arcigay) 협회의 이사 중 한 사람이자 활동가인 파브리치오 소르바라(Fabrizio Sorbara)가 내게 추천한 사람이다.

나는 다니엘레를 동반하여 나폴리와 로마에서 활동가이자 번역가인 르네 부오노코어(René Buonocore)와 여러 차례 인터뷰를 가졌다.

가슴 위로 열린 흰 셔츠를 입고, 밤색의 고운 머리칼, 가느다란 얼굴, 조심스레 수염을 깎지 않은 그는 매력적인 청년이다. 우리의 첫 만남은 조심스러웠다. 하지만 망지아카프라는 금방 나를 어려워하지 않는다. 나는 『전 세계적인 동성애』(Global Gay)라는 책을 이탈리아어로 출판했고 그 후 몇 달 뒤에 나폴리에 있는 프랑수아 연구소에서 강연을 했다. 그런데 망지아카프라가 그 강연에 참석했었고 나는 그 책을 그에게 주었기 때문에, 그는 내가 누구인지 잘 알고 있었다.

> "나는 돈 때문이 아니라 내 가치를 알기 위해 이 일을 시작했어요. 나는 나폴리에 있는 유명한 페데리코2세대학(Federico II University)에서 법학 학위를 받았고요, 내가 일자리를 찾기 시작했을 때는 모든 문이 닫혀 있었어요. 이곳 남부 이탈리아에는 고용이 전혀 없고 기회도 없어요. 나의 동료 학생들은 변호사 사무실에서 굴욕적인 인턴직을 계속하거나 또는 한 달에 400유로를 받으며 착취당했지요. 내 기억으로는 나의 첫 번째 손님은 변호사였습니다. 그는 그의 인턴의 2주간의 수고에 지불하는 금액을 단 20분간의 나의 서비스에 지불했어요! 나는 적은 돈을 벌기 위해 내 마음을 팔기보다 큰 돈을 벌기 위해 내 몸을 팔기로 결정했지요."

망지아카프라는 특이한 종류의 성파트너다. 그는, 내가 말했듯이, 아무런 수치심이 없이 실명으로 자기 얼굴을 보여주며 자신을 이탈리아 매춘부라고 소개한다. 나는 즉시 그의 증언의 힘에 충격을 받았다.

"나는 내 가치와 돈의 가치를 알아요. 나는 많이 쓰지 않고 가능한 많이 저축하지요."

그 젊은이는 더하여 말한다.

"종종 매춘은 빠르고 쉽게 돈을 번다고 생각하지요. 그렇지 않습니다. 매춘이라는 큰 대가를 치르고 버는 것이에요."

프란체스코 망지아카프라는 곧 그가 전혀 상상하지 못했던 사업을 발견했다. 게이 사제들과의 매춘이다.

처음에는 매우 자연스럽게 시작했어요. 내게는 나를 다른 사제들에게 추천하는 단골 사제들이 있었어요. 그들은 나를 다른 사제들을 만날 수 있도록 파티에 초청했지요. 그것은 그물모양의 조직은 아니었고요. 사람들이 때때로 생각하는 그런 난잡한 성관계도 아니었어요. 그들은 단지 매우 일반적인 사제들이었고 나를 매우 세속적인 방법으로 다른 사제 친구들에게 추천했던 것이지요.

이런 부류의 고객이 주는 유익은 분명하게 나타난다. 즉, 의리와 단골 그리고 안전이다.

"사제들은 이상적인 단골손님들입니다. 그들은 의리가 있고 돈도 잘 냅니다. 가능하다면 나는 사제들을 위해서만 일하고 싶어요. 나는 항상 그들에게 우선권을 줍니다. 일반적으로 손님들이 남성 매춘부를 고르지만 나는 나를 원하는 사람들이 많기 때문에 내가 고객을 선택할 수 있어요. 참으로 큰 행운이지요. 물론 이 일이 내게 행복하다고 말할 수는 없지만, 다른 매춘부들 및 직업이 없는 학생들을 보면 나는 결국 행복한 사람이구나라고 혼자 말을 합니다. 만일 내가 다른 시대 및 다른 곳에서 태어났다면 나는 내 학위와 지식을 다른 일을 위해 사용했을 것입니다. 하지만 나폴리에서는 매춘이 내가 찾아낼 수 있었던 가장 적절한 직업입니다."

그 젊은이는 기침을 하기 시작한다. 나는 그의 허약함을 느낀다. 그는 약하고 예민하다. 그가 내게 말하기는 한번에 '30명의 단골손님'을 맞이한다고 한다. 물론 사제들이다. 그 외 다른 많은 사람도 아마 사제일 것이라고 한다. 그가 매춘의 일을 한 이후로 '수백 명의 사제들'을 상대해 왔다고 한다.

"사제는 내게 특별한 존재가 되었어요."

망지아카프라에 따르면, 성직자들은 매춘을 선호하는데 그 이유는 비밀과 익명이 보장되므로 그들의 이중생활을 유지할 수 있기 때문이다. 일반적으로

'수작을 거는 작업'도 동성애자들 사이에서조차 시간이 걸린다. 그 과정은 꽤 긴 대화를 의미한다. 자신을 공개해야 하고 누구인지 말해야 한다. 그러나 매춘은 빠르고 익명이며 당신을 노출시키지 않는다.

"사제가 나와 연결되면, 우리는 서로 모르지요. 우리는 전에 만난 적이 없어요. 그들은 그런 상황을 선호해요. 그것이 그들이 바라는 것이지요. 나는 종종 매우 잘 생긴 사제 손님들을 맞이하지요. 나는 무료라도 그들과 잠자리를 같이하는 것을 기뻐할 거예요!

그들은 게이 술집이나 클럽에서 쉽게 연인을 찾을 수 있을 거예요. 그러나 사제라는 사실 때문에 그럴 수 없지요."

그 젊은 성파트너는 로마 테르미니역의 이주민들과는 달리 '길거리'(la strada)에서 일하지 않는다. 그는 펠리니의 영화 「카비리아의 밤」(Nights of Cabiria)의 리듬을 따라 살지 않는다. 그는 인터넷 전문 사이트 또는 그린드(Grindr) 상에서 고객을 만난다. 그는 왓츠앱과 같은 앱을 사용하거나 또는 신중함을 요할 때는 전보를 사용하여 그들과 정기적으로 메시지를 교환한다. 그 후 그들을 단골로 만들려고 노력한다.

"로마에서는 경쟁이 심합니다. 이곳 나폴리에서는 덜하지요. 그러나 사제 중에는 수도로 오라고 요구하는 자들도 있어요. 그들은 기차 비용과 호텔 비용을 지불합니다."

망지아카프라는 수백 명은 되지 않지만 수십 명의 사제들과 성적인 경험을 한 후 몇 가지 사회학적인 규칙을 알게 되었다고 알려준다.

"대체로 사제들 사이에는 두 종류의 고객이 있어요. 매우 확고하고 강한 사람들이 있는데 이런 고객들은 교만하고 인색합니다. 그들의 욕망이 너무 억압되어 있어서 도덕적인 감각과 인간성을 잃어 버렸어요. 그들은 자신들이 법 위에 있다고 생각합니다. 그들은 에이즈도 두려워하지 않아요!

종종 그들은 자신들이 사제라는 사실을 감추지요. 그들은 요구가 많고 거칠고 주도권을 놓지 않아요!

문제가 발생하면 당신이 매춘부라고 경찰에 고발하겠다고 서슴없이 말합니다!

그들은 내가 원하기면 하면 그들이 사제라고 고발할 수 있다는 것을 망각하고 있어요!"

프란체스코 망지아카프라가 상대하는 두 번째 유형의 고객은 매우 특이하다.

"그들은 정서가 매우 불안한 사제들이에요. 그들은 애정과 애무에 집착하지요. 그들은 계속 키스를 바라고 다정하게 쓰다듬어 주기를 지독히 원하지요. 그들은 아이들 같아요."

망지아카프라는 이런 고객들은 종종 매춘부와 사랑에 빠져 '그를 구원해 주기를' 원한다고 말한다.

"그런 사제들은 절대 가격을 논하지 않지요. 그들은 죄책감으로 괴로움을 겪고 있답니다. 그들은 종종 작은 봉투에 미리 돈을 넣어 그것을 주곤하지요. 그들은 도움을 주고 싶다며, 또는 필요한 것을 사라고 하며 그 돈을 선물로 준답니다. 그들은 자신들을 정당화하려고 노력합니다."

망지아카프라는 분명한 단어들을 사용하는 것을 좋아한다. 그는 내게 자신은 매춘부이며 심지어 '창기'(*marchettaro*)라고 말한다(문자적으로 이 단어는 '영수증'(*marchetta*)이라는 단어에서 온 것으로서 짧은 시간제 호텔에서 매춘부가 상대하는 고객 숫자를 뜻한다).

그 성파트너는 의도적으로 이 모독적인 단어를 자신에게 사용하여 상대자를 당황스럽게 함으로 그들의 편견을 바꾸는데 사용하고 있다.

> "그 사제들은 그들의 창기를 또 만나보기를 원하지요. 그들은 관계를 원한답니다. 그들은 연락하며 지내기를 원합니다. 그들은 자신들이 훌륭한 사제라고 생각하기 때문에 우리가 그들을 높이 평가하지 않으면 그 이유를 이해하지 못하고 현실을 받아들이지 않습니다.
>
> 그 후 그들은 우리를 친구라고 생각하고 또한 친구라고 우깁니다. 그들은 우리를 그들의 친구들과 다른 사제들에게 소개시키지요. 이는 큰 위험을 감수하는 것이에요. 심지어 우리를 교회로 초대해 성물실의 수녀들을 만나게도 한답니다. 그들은 매우 빨리 믿고, 마치 우리가 그들의 가장 친한 친구라고 생각하지요. 종종 팁을 더해줍니다. 미리 사둔 옷을 주든지, 애프터셰이브 로션을 준비해서 주곤하지요. 관심을 쏟는 것이에요."

프란체스코 망지아카프라의 증언은 명쾌하면서도 끔찍하다. 그가 묘사하는 세계처럼 그의 증언은 거칠고 잔인하다.

"가격이요?

당연히 고객이 기꺼이 내고자 하는 선에서 최고 가격이지요. 그래서 이 사업은 마케팅이에요. 저보다 더 잘 생기고 매력 있는 성파트너들이 있어요. 그러나 나의 마케팅은 더 나아요. 그들이 나와 연결하기 위해 사용하는 인터넷 사이트와 앱 때문에 그들은 내게 말할 수 있고, 나는 첫 번째 가격을 측정해 줄 수 있어요. 그리고 우리가 만나면 나는 그들이 어디 사는지, 무슨 직업을 가지고 있는지를 물으면서 가격을 조정하지요. 그들의 옷과 시계를 보면 그들의 재정 능력을 쉽게 알아낼 수 있어요. 사제들은 일반 손님들보다 더 많은 가격을 지불하려고 해요."

나는 말을 가로채어 그 젊은 성파트너에게 어떻게 일반적으로 한 달에 1천 유로 밖에 받지 못하는 사제들이 그런 탈선 비용을 지불하는지를 물었다.

"어 … 사제는 선택의 여지가 없어요. 우리는 그에게 꼭 필요한 존재지요. 좀 예민한 부분인데, 그들은 다른 남자들을 찾을 수 없는 남자들입니다. 그래서 우리는 가격을 많이 올리지요. 그들은 약간 장애가 있는 사람들이라고 보면 됩니다."

망지아카프라는 잠깐 말을 끊고 한참 있더니 "어 … "라고 말하며 계속 말을 잇는다.

"대부분의 사제들은 돈을 많이 내요. 거의 흥정하는 일이 없어요. 내 생각에는 그들은 다른 활동에는 인색하지만 성(性)에 대해서는 전혀 그렇지 않아요. 사제들은 가족도 없고 집세를 낼 필요도 없잖아요."

내가 인터뷰를 했던 많은 소년 남창들처럼 이 나폴리 사람 성파트너는 사제의 삶에서 성의 중요성을 확인해 준다. 동성애는 사제들의 존재에 방향을 제시하고 그들의 삶을 지배하는 것 같다. 그리고 그 지배의 비율은 동성애자들마다 다른 것 같다.

자, 이제 그 젊은 매춘부는 그의 마케팅 비결 몇 가지를 알려준다.

"비결은 고객 관리입니다. 만일 사제가 내게 관심이 있고 돈을 잘 내면 그가 반드시 다시 오도록 하는 것이지요. 그렇게 하려면, 모든 방법을 동원해서 그가 절대로 현실 감각을 갖지 못하도록 해야 합니다. 즉, 계속 환상 가운데 머물게 하는 것이지요. 나는 절대로 나를 '매춘부'라고 소개하지 않습니다. 그렇게 하면 환상이 깨지기 때문이지요. 나는 절대로 그를 '나의 고객'이라고 부르지 않습니다. '내 친구'라고 부릅니다. 나는 그 손님의 이름을 항상 부릅니다. 물론 다른 손님들의 이름과 섞이면 절대 안 되지요!
나는 그가 내게 유일한 존재라는 것을 보여줄 필요가 있어요. 고객들은 기억되는 것을 원하고 기억하여 주면 좋아하지요. 그들은 내가 다른 고객을 받는 것을 원하지 않아요!
따라서 나는 내 전화에 리스트가 있어요. 그리고 각 고객에 대한 모든 정보가 그 안에 있습니다. 나는 그가 내게 알려준 이름, 나이, 그가 선호하는 체위, 우리가 함께 가 보았던 장소들 그리고 그가 자신에 대해 말해준 중요한 것들 등, 나는 각 고객에 대한 모든 상세한 내용을 기록해 둔답니다. 물론, 그가 지불했던 최고 가격도 기록해 두지요. 그리고 다음번에는 같은 가격을 받던지 조금 더 받아요."

망지아카프라는 그의 '파일'을 보여준다. 그 파일은 그가 성관계를 가진 수십 명의 사제들의 이름이 있다. 내가 그 정보를 조사하는 것은 가능하지 않다.
2018년, 그는 1,200쪽의 문서를 통해 34명의 사제들과의 성생활을 공개했다. 그 문서는 왓츠앱 또는 텔레그램에서 가져온 성직자들의 이름, 사진, 오디오 녹음, 자신과의 성관계 장면을 담은 사진 등을 포함하고 있었다. 이 모든 공개 내용은 이탈리아의 수십 개의 기사와 텔레비전 프로그램을 통해 상당한 스캔들을 불러 일으켰다.
(나는 '게이 사제'(*Preti gay*)로 분류된 사건 서류를 참조할 수 있었다. 그 서류는 수십 명의 사제들이 사제복을 입고 미사를 드린 후 완전하게 나체가 되어 웹캠 앞에서 색다른 종류의 난장판을 벌인 사실을 폭로하고 있다. 교대로 찍힌 설교 사진들과 친밀한 행위 사진들은 매우 의외다. 망지아카프라는 다방면으로 뛰어난 나폴리의 대주교 크레센치오 세페(Crescenzio Sepe) 추기경에게 그 파일 전부를 직접 보냈다. 소다노 추기경과 친한 이 동료는 소다노와 마찬가지로 사교적이라서 많은 연줄을 갖고 있는 사람인데 그는 그 파일을 받자마자 급하게 바티칸으로 보냈다고 한다. 망지아카파라의 말에 의하면, 그 후 곧바로 크레센치오 세페가 그와 몰래 만났다고 한다).
"내가 부유한 기혼 변호사들이나 유명한 의사들 또는 이중생활을 하는 사제들과 잠자리를 하게 되면서 알게 된 것은 그들은 행복하지 않다는 것입니다. 행복은 돈이나 성직과 함께 하는 것은 아닙니다. 그 고객 중 어느 누구도 나와 같은 행복과 자유를 누리는 사람이 없습니다. 그들은 정욕에 노예가 되어 있기 때문에 말로 다할 수 없을 정도로 불행합니다."
그 젊은이는 그가 방금 말한 것을 깊게 생각해 보듯 한참 있더니 말을 더한다.

"이 직업의 어려움은 성적인 부분에 있지 않아요. 못생긴 사람이나, 당신이 사랑하지 않는 어떤 사람과 관계를 맺는데 있는 것도 아니고요. 이 직업의 어려움은 성관계를 원치 않을 때 성관계를 해야 하는데 있지요."

나폴리는 이제 밤이 되었고, 나는 로마로 돌아가는 기차를 잡아야 한다. 프란체스코 망지아카프라는 나와 대화를 나눈 것에 대해 참으로 기뻐하며 미소 짓는다. 우리는 서로 연락할 것이다. 나는 심지어 그가 나중에 '성파트너'로서 그가 경험한 것들을 책으로 낼 때 짧은 서문을 써주기로 동의했다.

이 작은 책 덕분에 망지아카프라는 인기 있는 이탈리아 텔레비전 프로그램에 나와 그의 경험을 자세히 이야기할 수 있는 영광의 시간을 가질 수 있었다. 그러나 우리는 그의 이야기만 의존할 수 있을 뿐, 그의 이야기에 대한 증거는 없다.

그가 나를 떠날 때 그 젊은이는 갑자기 뭔가를 말하기를 원한다.

"나는 아무도 판단하지 않아요. 나는 그 사제들을 판단하지 않습니다. 나는 그들의 선택과 상황을 이해합니다. 하지만 슬픕니다. 나는 투명하며 이중생활을 전혀 하지 않습니다. 아무런 위선 없이 떳떳하게 밝게 살지요. 하지만 나의 고객들은 그렇지 못해요. 이것이 그들의 슬픔이라고 생각합니다. 나는 무신론자이지만, 성직자를 대항하는 사람은 아닙니다. 나는 아무도 판단하지 않아요. 내가 하고 있는 일은 사제들이 하는 일보다 더 낫습니다.
그렇지 않나요?
도덕적으로 더 낫다고 봅니다. 그렇지 않나요?"

* * *

로마에서 살며 일하는 베네수엘라 출신의 사회복지사인 르네 부오노코어(René Buonocore)는 내가 망지아카프라와 인터뷰를 할 수 있도록 나폴리까지 나와 동반한 사람이다. 그는 또한 밤에 로마의 동성애자들의 장소로 나를 인도하기도 했다. 5개의 언어를 구사하는 그는 로마의 성 노동자들을 위한 모바일 도움 장치(the Mobile Assistance Unit)인 "나는 능동적이다"(Io Faccio l'attivo)라는 프로젝트에 참여했다. 이런 환경에서 그들은 'MSM'(또는 남자와 섹스하는 남자)이라는 표현을 사용하는데, 이 표현은 다른 남자들과 관계를 갖지만 자신들이 동성애자라는 것을 모르는 자들을 포함한다. 부오노코어와 다른 소식통에 따르면, 밀실에 여전히 숨어 있는 사제들은 상업 시설들보다는 이주민들 및 공립 공원의 익명성을 선호하는 경향이 있다고 한다.

로마에서 그들은 보르게세(Borghese) 공원 주변이나 빌라 메디치(Villa Medici)를 둘러싼 길거리나 콜로세움과 캄피돌리오(Campidoglio) 언덕 근처의 공원에 자주 가는 경향이 있다. 나는 나의 안내자와 함께 그곳에서 사람들이 국립현대 미술관(National Gallery of Modern Art) 근처에서 차를 운전하거나 아스클레피오스 사원(the Tempio di Esculapio)의 호숫가에서 할 일 없이 멍하니 걷는 것을 보게 된다. 우리는 또한 빌라 줄리아(Villa Giulia) 주변의 아름다운 지그재그 거리에서 동일한 무리를 발견한다. 나는 밤에 그 장소에 들러 그곳의 평화와 침묵, 여유를 보고 놀랐다.

그런데 갑자기 급하게 차 한 대가 나타나고 소년 하나가 어떤 낯선 사람과 함께 그 차에 올라타는 것을 본다. 때때로 폭력을 목격한다.

만일 당신이 동쪽으로 가서 공원 전체를 가로지르면 'MSM'이 매우 소중히 여기는 '모퉁이'를 만나게 된다. 그곳에 빌라 메디치(Villa Medici)가 있다. 여기서의 야경은 『베네치아에서의 죽음』(Death in Venice)에 나오는 젊은 타지오의 머릿결처럼 곱슬곱슬한 거리인 비알레 델 갈로파오이오(Viale del Galoppaoio) 주변을 주 배경으로 한다. 이곳은 남자들이 차를 타고 돌아다니며 성파트너를 찾는 지역으로 잘 알려진 곳이다.

보르게세 공원과 빌라 메디치 사이의 이런 길거리 분위기 가운데 스캔들이 발생했다. 산타 테레사 아빌라(Santa Teresa d'Avila) 교회의 교구에 속하는 몇몇 사제들이 그 지역을 정규적으로 방문했던 것이다. 이 사건은 그 사제 중 한 사람의 연인인 노숙자가 미사를 드리는 사제를 알아보지 못했다면 발생하지 않았을 것이다. 이 사건은 파장을 일으키면서 그 교구의 다른 사람들도 여러 사제를 알아보게 되었다. 언론에 그 스캔들이 보도되고 백여 명의 교인들이 교황청에 탄원서를 보내자 그 스캔들을 덮고자 했던 그들의 상관들과 관련 사제들 전부가 다른 교구로, 즉 다른 공원으로 옮겨졌다.

콜로세움 맞은편에 있는 콜레 오피오(Colle Oppio)라고 불리는 정원 역시 1970년대와 80년대에 야외 짝 짓기 배회 지역이었다(지난 수년 동안 성문이 설치되어 있었다). 미켈란젤로가 설계한 그 유명한 캄피돌리오(Campidoglio) 광장도 그런 지역이었다. 경찰 소식통들에 따르면 요한 바오로 2세의 부제(副祭) 중 하나가 그곳에서 잡혔다고 한다. 요한 바오로 2세와 베네딕토 16세 때 매우 높은 명성을 누렸던 네덜란드 고위 성직자도 콜로세움 옆의 작은 공원에서 어떤 젊은이와 같이 있다가 체포되었다. 이 사건들은 익명으로 언론에 노출되었다가 나중에 감추어졌다 (나는 그 이름들을 확인 받았다).

요한 바오로 2세 때 가장 영향력이 있던 주교 중 한 명은 프랑스 사람인데 추기경이 된 후에 캄피돌리오 광장 주변의 공원에서 짝 찾기를 위해 배회한 것으로 알려졌다. 그 성직자는 사람들의 눈을 피하기 위해 그의 공식 차량에 바티칸의 외교 번호판을 등록하는 것까지 거부할 정도로 신중했었다. 그러나 이렇게 걸릴 줄 어찌 알았으랴!

마지막으로 사제들이 가장 높이 평가하는 외부 만남 장소 중 하나는 다름 아닌 성 베드로 광장이다. 바티칸은 로마에서 참으로 유일한 '게이 이웃'(gaybourhood) 장소다.

"1960년대와 70년대에 나는 성 베드로 광장에 있는 베르니니(Bernini)의 기둥들이 바티칸 사람들의 짝 찾기 배회 지역이었다는 것을 기억합니다. 추기경들은 잠깐 산책을 하면서 남자 녀석들(ragazzi)을 만나려고 했지요."

문학 전문가 프란체스코 그녜레가 내게 말한다.

좀 더 최근에는, 한 미국 추기경이 몸매를 유지하려다가 바티칸을 즐겁게 해 주었다. 그는 체계적으로 그 기둥들 주변으로 반바지를 입고 조깅을 했다.

오늘날에도 몇몇 고위 성직자들과 몬시뇰들이 이런 습관을 갖고 있다. 즉, 의도적인 금욕 상태에서 밤길을 거니는 것이다. 혹시 진도를 나갈 수 있는 즉흥적인 만남을 소망하면서 말이다.

* * *

더 많은 대중이 대체로 알지 못하는 현상이 있는데, 이탈리아 사제들이 관련된 상업적인 동성애 관계다. 그 연결망은 매우 광범위한 시스템을 구성하고 있다. 상업적인 동성애 관계는 동성 성행위를 하는 성직자들에게 두 가지 선택 사양 중 하나를 제시한다. 다른 하나는 교회 내에서 성적 대상을 찾아 배회하는 것이다.

"이곳 바티칸의 많은 사람이 심각할 정도로 뜨거운 애정 행각을 해 왔어요." 내가 '접견실'(Parlatorio)에서 여러 번 만났던 성 베드로대성당의 고해 신부인

돈 율리우스(Don Julius)가 비밀스럽게 내게 말했다. [그의 요구에 따라 가명을 사용한다.]

녹색 벨벳 소파에 앉은 그 사제는 계속 말한다.

"우리는 종종 교황청에 대해 말할 때는 바티칸 밖으로 나가서 말해야 한다고 생각하지요. 많은 사람이 생각하기로는 숨어야 한다는 것이에요. 그러나 사실, 감시에 걸리지 않고 가장 쉽게 말할 수 있는 방법은 바티칸의 심장인 바로 이곳에서 말하는 것이에요!"

돈 율리우스는 '밀실'(The Closet) 거주자들의 얽힌 삶을 알려주며 수많은 사제에게 제시된 대안을 요약하여 준다. 그 대안은 내부에서 성적 대상을 찾아 배회하는 것이고 다른 하나는 교회 밖으로 나가는 것이다.

첫 번째 경우, 사제들은 사제들과 함께 있다. 그들은 이탈리아 지방으로부터 막 도착한 동일 종교인들 및 젊은 신학생들에게 관심이 있다. 이 대안은 로마의 주교 궁전과 성구실(聖具室)에서 행해지는, 매우 조심스런 짝 찾기 형태다. 이 대안은 사제들이 사회적인 자제력을 보이면서도 그들 눈으로는 서로의 벗은 몸을 본다. 이 방법은 성직자가 그들의 성적인 삶을 택하는데 있어서 평신도와 거의 마주치지 않기 때문에 일반적으로 더 안전하다. 이런 물리적인 차원의 보안은 불리한 면도 있다. 즉, 어쩔 수 없이 루머가 생겨날 것이며, 때때로 공갈 협박을 당한다.

바티칸 전문 기자인 미국인 로버트 미켄스(Robert Mickens)는 바티칸의 게이 삶의 미묘함에 대해 정통한 사람이다. 그는 대부분의 추기경들과 주교들이 외부에서 그들을 알아보는 위험을 피하려고 이 대안을 선호한다고 믿는다. 그들의 규칙은 "양 무리와 성교하지 말라"는 것이다. 그는 이 말이 성서의 의미를 분명하게 보여주고 있다고 말한다(영어 성경에는 여러 번역이 있다. "양들을 망치지 말라." 또는 "양들과 한 몸이 되지 말라." 다른 말로 하면, "자기들의 목자를 기다리는 잃은 양들인 너의 백성과 잠자리를 같이 하지 말라"는 뜻이다).

따라서 여기서 우리는 그 관계가 교황청의 주권 국가 및 부속 건물 내 그리고 이탈리아의 영역 밖에서 발생하기 때문에 '치외법권'적인 관계라고 표현할 수도 있다. 이것이 '내부에서의' 동성애 비밀이다.

'외부에서의' 동성애는 매우 다르다. '외부' 동성애는 오히려 소문이 나는 것을 피하기 위해 종교적인 세계 내에서 성적 대상을 찾는 것을 피하고자 한다. 그래서 활동적인 게이 사제들은 밤의 게이 생활, 공원, 사우나, 매춘을 선호한다. 하지만 위험은 더 많아지는데 그 이유는 상업적 거래를 통한 동성연애, 성파트너와의 동성연애 그리고 다른 종류의 탈선적인 동성연애가 많아지기 때문이다. 그래서 위험은 커지지만, 이득도 커진다.

"매일 저녁마다 사제들은 이 두 가지 선택을 갖고 있어요."

돈 율리우스는 상황을 요약하며 말한다.

바티칸의 '내부'냐 또는 바티칸의 '외부냐?'

이 두 가지 선택은 각각의 지지자들이 있고 각 선택 노선의 동성 성행위를 하는 자들이 있고 전문가들이 있다. 그리고 각 노선은 나름대로의 비밀이 있다. 이 두 가지 선택을 섞지 않을 때 사제들은 때때로 두 가지 선택 사이에서 오랫동안 주저한다.

외부로 나아가 성적 대상을 찾는 노선은 어둡고 거친 밤 도시로 가야하는데 그곳에는 폭력과 위험과 법적인 조치가 있다. '스완네 집 쪽으로'(Du côté de chez Swann) 가는 이 길은 '밀실' 사람들에게는 참으로 어두운 길이다. 한편, '내부'에서 성적 대상을 찾는 길은 '게르망트 쪽으로'(Côté de Guermantes) 가는 길로서 세속적이고 미묘한 게임을 해야 하지만 '밀실' 사람들에게는 밝은 세계가 있다. 모자와 사제복을 입은 고급 성직자들에게 잘 맞는 노선이다. 아무튼, 한 사제가 어떤 길을 택하든 로마의 밤에 택하는 그 '길'은 결코 평화롭거나 질서가 있는 삶의 길은 아니다.

이런 근본적인 대치 때문에 바티칸의 이야기는 다시 쓰일 필요가 있다. 나는 다음 장부터 바오로 6세 교황까지 거슬러 올라가서 요한 바오로 2세와 베네딕토 16세를 거쳐 현재로 돌아오기까지 그 이야기를 할 것이다. 밀실 '내부'와 밀실 '외부' 사이의 긴장은 우리에게 교황청의 대부분의 사건들을 이해하게 만든다. 그 이유는 교리의 엄격함과 각 개인의 이중생활, 틀에서 벗어난 임명들, 셀 수 없이 많은 음모 그리고 도덕적인 스캔들은 거의 항상 이 두 개의 비밀 코드의 한 쪽, 또는 다른 쪽에서 생겨나기 때문이다.

돈 율리우스와 나는 교황 프란치스코의 아파트에서 불과 몇 미터 떨어진, 바티칸 내의 이 접견실에서 오랫동안 이야기를 나누었다. 그 후 성 베드로 성당의 그 고해 사제는 "소돔(Sodoma)에 오신 것을 환영합니다"라고 말한다.

제2장
바오로

바오로 6세
PAUL VI
1963-1978년 교황

알프레도 오타비아니
ALFREDO OTTAVIANI
|신앙교리성 Congregation for the Doctrine of Faith|

존 매기
JOHN MAGEE
파스쿠알레 마키
PASQUALE MACCHI)
|개인 비서 Personal Secretary|

장 비요
JEAN VILLOT
|국무원장 Secretary of State|

안젤로 델아쿠아
ANGELO DELL'ACQUA
조반니 베넬리
GIOVANNI BENELLI)
|내무부 장관 Secretary of Internal Affairs|

안토니오 사모레
ANTONIO SAMORE
아고스티노 카사롤리
AGOSTINO CASAROLI
|국무부 장관 Secretary for Relations with States|

에두아르도 마르티네즈 소말로
EDUARDO MARTINEZ SOMALO
|관리부장 Assessor|

7

마리탱 코드
(The Maritain code)

폴 푸파르 추기경은 바티칸에서 가장 멋진 도서관 중 하나를 가지고 있다. 나는 11층으로 되어 있는 18개의 선반을 세어볼 수 있었다. 둥근 활 모양으로 된 그의 도서관은 타원형 응접실 전체를 차지하고 있다.

"대략 1만 5천권 되지요."

나는 푸파르 추기경을 여러 번 방문했는데, 이번 방문에는 슬리퍼를 신고 나를 맞이하며 겸손한 척 말한다. 그는 그의 두꺼운 책들과 자필 원고로 둘러싸여 있다.

그 프랑스 추기경은 로마의 교황청에 딸린 어떤 궁의 꼭대기 층에 살고 있는데 그곳에서는 로마의 트라스테베레(Trastevere)의 보보(bobo) 구역에 있는 산 칼리스토 광장이 내다보인다. 그 궁은 매우 크고 아파트도 크다. 두 명의 멕시코 수녀가 그 궁의 영광스런 왕자 푸파르 예하를 섬긴다.

이젤 위에는 도서관을 마주보고 있는 푸파르 추기경의 초상화가 있다. 그 초상화는 러시아 화가 나탈리아 차르코바(Natalia Tsarkova)가 사인한 대형 초상화로서 그녀는 요한 바오로 2세와 베네딕토 16세의 초상화도 그렸다. 초상화에서 푸파르 추기경은 의젓하게 높은 의자에 앉아서 한 손으로는 우아하게 턱을 어루만지고 다른 손으로는 손으로 쓴 연설문을 붙들고 있다. 그의 오른손 약지 손가락에는 귀중한 베로니즈 청록색의 돌로 장식된 주교 반지가 끼어 있다.

"그 화가는 거의 2년 동안 내게 포즈를 취하도록 했어요. 그녀는 완벽한 작품을 원했어요. 내 삶 전체를 그 그림에 담기를 원했지요.

책들과 빨간 베레타(毛冠)가 보이지요?

매우 사적입니다."

푸파르는 이 말을 한 후에 "대단히 젊은 때였는데...."라고 덧붙인다.

초상화에 있는 이 젊은 미남자(Dorian Gray)와는 달리 푸파르는 너무 빨리 나이를 먹은 듯싶다. 나는 그 초상화 뒤쪽 벽에 더 조심스럽게 걸려 있는 두 개의 다른 그림을 주목한다.

"그 두 작품은 프랑스 가톨릭 작가 장 기통(Jean Guitton)이 내게 준 것입니다."

푸파르가 설명한다.

나는 그 두텁게 칠한 작품들을 본다. 이젤 위에 놓여 있는 장 기통의 푸른 초상화는 흥미롭게도 핏기 없는 샤갈(Chagall)처럼 보인다.

푸파르 추기경은 녹색 사다리를 사용하여 파노라마 같이 펼쳐진 그의 도서관으로부터 책을 고를 수 있다. 그는 선반 하나를 가득 채운 자신의 작품 및 신학 저널에 실린 무수한 글들을 자랑스레 보여준다. 우리는 그가 좋아하는 프랑스 작가들, 즉 장 기통, 장 다니엘루(Jean Daniélou), 프랑수아 모리아크(François Mauriac)에 대해 오랫동안 이야기한다. 내가 자크 마리탱의 이름을 거론하자 푸파르 추기경은 대단히 기뻐하며 일어서더니 그 프랑스 철학자의 전집을 보여주기 위해 한 선반을 향해 걸어간다.

"마리탱을 푸파르에게 소개한 분은 바오로 6세입니다. 나는 그 날을 정확하게 기억하는데, 1965년 12월 6일이었지요."

지금 그 추기경은 3인칭으로 자신에 대해 말한다. 처음에 대화를 시작하면서 나는 푸파르의 작품보다는 (오, 얼마나 중요한 작품인가!) 마리탱에게 더 관심을 갖게 될지 모른다는 애매모호함을 느꼈었다. 그는 눈 하나 깜빡이지 않고 이 부분에서 나와 한 마음이 되고 있었다.

우리는 마리탱의 작품에 대해 상세히 논하며, 또한 마리탱이 때때로 앙드레 지드, 쥘리앵 그린, 프랑수아 모리아크, 장 콕토(Jean Cocteau) 작가들과 가졌던 격렬한 관계에 대해 말한다. 나는 이 모든 프랑스 전쟁 전 기독교 작가들은 매우 재능이 있었다는 생각을 하게 된다. 그들은 모두 동성애자들이었다. 그들 전부가 말이다.

이제 우리는 장 기통의 두텁게 칠한 그림들 앞에 다시 서고, 푸파르는 뭔가 비밀을 찾아보려고 세세하게 본다. 그는 내게 장 기통에게서 거의 2백통의 편지를 받았다고 말한다. 출판되지 않은 그 편지들은 많은 비밀을 담고 있으리라. 나는 기통이 그린 그림들 앞에 서서 푸파르에게 그의 정신적인 지주인 기통의 성(sexuality)에 대해 묻는다. 어떻게 이 박식하고 세속적이며 여성 혐오주의적인 아카데미프랑세즈의 회원인 기통이 자크 마리탱을 본 받아 참으로 정절 가운데 살

앉는지 물었다. 기통은 어떤 여인과 말년에 결혼했는데, 이 사실에 대해서는 그가 말한 적이 없고 또한 아무도 그 여인을 보지 못했다. 그 여인은 일찍이 죽게 되면서 기통을 홀아비로 남겼고 기통은 재혼을 하려 한 적이 없었다.

추기경은 냉소적으로 계속 키득거리더니 농담을 한다.

"나는 구두수선공이 되어야 했듯이 장은 아내가 필요했지요."(추기경은 슬리퍼를 신고 있었다).

그런데 갑자기 심각해지더니 조심스럽게 말을 가리며 덧붙여 말한다.

"우리는 다들 생각보다 훨씬 더 복잡한 존재들이에요. 분명하게 보이는 모습 뒤에는 더 복잡한 것들이 있지요."

원래부터 절제와 극기에 익숙한 그 추기경은 감정을 드러내지 않고 있다가 처음으로 말문을 연다. 그는 계속 말한다.

"마리탱과 기통에게 있어서 극기는 그들 나름대로 상황에 적응하는 방법이었지요. 그것이 그들의 방법이었어요. 오래 전부터 사적인 문제였어요."

그는 더 이상은 말하려 하지 않는다. 그는 자신이 너무 지나쳤다고 생각하는 것 같다. 그는 능숙하게 대화를 바꾸면서 대담하게 인용구 하나를 덧붙인다.

"내가 가장 좋아하는 작가 파스칼은 '그것은 다른 차원에 속한 문제'라고 말할 것 같아요."

그는 우리의 정기적인 대화 가운데 그 인용구를 자주 반복할 것이다.

* * *

바오로 6세 또는 오늘날의 바티칸과 가톨릭교회를 이해하려면 자크 마리탱을 아는 것이 현명한 시작점이다. 나는 복잡하고 비밀스런 자크 마리탱의 이 고사본(codex)의 중요성을 발견하게 되면서 마리탱 코드가 『바티칸의 불편한 진실』을 이해할 수 있는 진짜 열쇠라는 것을 알게 되었다.

자크 마리탱은 1973년에 사망한 프랑스 작가이며 철학자였다. 그는 오늘날 일반인들 사이에 잘 알려져 있지 않고 그의 작품은 시대에 뒤떨어져 보인다. 그럼에도 불구하고, 그의 영향력은 20세기 유럽의 가톨릭에, 특히 프랑스와 이탈리아의 가톨릭에 상당했다. 그의 작품은 우리의 조사를 위한 교과서와 같다.

교황 베네딕토 16세와 프란치스코는 이 가톨릭 개종자의 책을 여전히 인용하고 있다. 마리탱은 두 교황 요한 23세와 바오로 6세와 매우 친했다는 사실은 충분히 확인되었고, 특히 우리에게 흥미롭다.

"바오로 6세는 자신을 마리탱의 제자라고 생각했어요."

푸파르가 확실하게 말한다.

1925년부터 마리탱의 열렬한 독자였던 장래의 교황 조반니 몬티니(Giovanni Montini)는 심지어 마리탱의 저서 중 한 권(『세 명의 개혁자: 루터, 데카르트, 루소』 [*Three Reformers*: *Luther*, *Descartes*, *Rousseau*])을 번역한 후 서문을 쓰기도 했다. 교황 바오로 6세가 된 그는 프랑스의 신학자이며 철학자인 마리탱과 매우 친밀한 관계를 유지했을 것이고, 심지어 마리탱을 추기경으로 임명하는 것까지도 고려했을 것이다.

"잘못된 그 소문을 영원히 잠재우고 싶네요. 바오로 6세는 마리탱을 매우 좋아했지만 그를 추기경으로 세우고자 했던 의혹은 전혀 없었어요."

푸파르가 유서 깊은 문구 하나를 사용하여 말한다.

그렇다면 바오로 6세가 마리탱을 추기경으로 세우려던 뜻은 확실히 없었다. 하지만 마리탱은 여전히 바오로 6세를 매료시켰다.

그 특이한 영향력을 어떻게 설명할 수 있을까?

내가 인터뷰를 한 증인들에 따르면, 그들의 관계는 바오로 6세와 장 기통과의 관계와는 달리 모른 척하거나 사적인 우정 관계는 아니었다. '마리탱주의'는 참으로 이탈리아 교회에 지속적인 매력을 발휘했다.

죄에 초점을 맞추고 은혜에 집중한 마리탱의 사상은 관대하지만 때로는 순수한 가톨릭을 설명하고 있다고 해야 할 것이다. 자크 마리탱의 극단적인 경건과 존경받아 마땅한 그의 깊고 진실한 믿음은 로마를 감동시킨 본이었다.

그의 작품에 담긴 정치적인 사상은 큰 영향을 끼쳤다. 즉, 마리탱주의는 파시스트 이후의 이탈리아에서 민주주의가 유일한 합법적인 정치 형태라는 사상을 옹호했다. 그렇게 함으로써 그는 반유대주의와 극우 극단주의로부터 가톨릭 신도들을 떼어낼 수 있었다. 이런 영향은 기독교인들이 민주주의와 화해하도록 하는데 기여했다. 즉, 이탈리아에서 바티칸과 기독교 민주주의가 오랫동안 함께 갈 수 있는 길을 열어주었다.

전 교황청 사제 프란체스코 레포레는 바티칸에 대한 마리탱의 영향력을 인정한다.

"마리탱의 작품은 오늘날에도 교황청 대학들이 연구할 만큼 대단히 중요합니다. 이탈리아에서는 아직도 '마리탱 서클'이 있답니다. 그리고 심지어 최근에는 이탈리아 공화국 대통령이 마리탱 석좌(chair)를 개설했습니다."

요한 바오로 2세의 내무부 '장관' 조반니 바티스타 레 추기경은 바티칸에서의 두 차례 만남 과정에서 마리탱에 대한 그의 열정을 들려주는데 다른 고위 성직자들이 경험한 것과 유사했다.

"제게는 독서할 시간이 많지 않았어요. 그러나 마리탱과 다니엘루(Daniélou), 콩가르(Congar)의 글들과 모리아크의 『그리스도의 생애』(Life of Christ)는 읽었어요. 매우 어릴 때 이 저자들의 글들을 다 읽었답니다. 프랑스어는 제 2 외국어였는데, 마리탱의 글을 가장 많이 참조하며 배웠어요."

요한 바오로 2세 때 외무부 '장관'이던 장루이 토랑 추기경도 소리를 높여 동일한 칭찬을 한다. 나는 로마에 있는 그의 사무실에서 토랑과 네 번의 인터뷰를 했다.

"자크 마리탱과 장 기통은 이곳 바티칸에 상당히 큰 영향력을 끼쳤지요. 그들은 바오로 6세와 매우 친했답니다. 마리탱은 심지어 요한 바오로 2세 때 더 많이 인용되었어요."

그러나 교황청에 주재하는 한 영향력 있는 외국 외교관은 이 매력을 큰 그림에서 본다.

"이탈리아의 가톨릭 신자들은 마리탱의 신비적인 면을 좋아하고 그의 경건을 높이 평가하지만, 결국 뭔가 불같은 것을 발견하지요. 이에 교황청은 이 광적인 평신도를 늘 두려워했던 것입니다!"

로마의 산 칼리스토 광장에 있는 큰 아파트에서 두 번 만나게 될 프랑스인이며 추기경단의 부(副) 학과장인 로저 에체가라이는 내가 마리탱을 말할 때 눈을 크게 뜬다.

"나도 마리탱을 잘 알아요."

오랫동안 요한 바오로 2세의 '날아다니는' 대사였던 에체가라이 추기경은 잠시 멈추더니 초콜릿을 꺼내어 내게 준 후 다시 자세를 잡고 말한다.

"안다는 것. 그것은 불가능한 것이에요. 당신은 누군가를 알 수 없어요. 오직 하나님만이 우리를 참으로 아시지요."

에체가라이 추기경은 그가 은퇴하면 살게 될 곳으로 예상되는 프랑스 남부의 집으로 마리탱 부부의 작품들을 가져가려고 하지만 이미 20년을 미뤄왔다고 말한다. 물론, 마리탱 부부의 작품뿐만 아니라 쥘리앵 그린, 프랑수아 모리아크, 앙드레 지드, 앙리 드 몽테를랑(Henry de Montherlant)의 책들도 가져가고, 그리고 그와 가까운 친구였던 장 기통의 작품도 가져가려고 한다. 이 모든 저자는 예외 없이 전부 동성애 애호가들이거나 동성애자들이다.

갑자기 로저 에체가라이가 카라바조의 작품에 나오는 인물들처럼 경건한 애정으로 내 손을 잡는다.

"내 나이가 얼마인지 아세요?"

추기경은 묻는다.

"네, 안다고 생각하는 데요."

"94세입니다. 믿을 수 있어요?"

94세요. 내 나이가 되면 독서도, 야망도, 계획도 다소 한계가 있답니다."

* * *

마리탱의 신학 및 정치사상은 꾸준한 영향력을 끼치며 뿌리를 내렸고 그의 삶도 사람들의 본이 되었다. 마리탱의 비밀 중심에는 그의 아내 라이샤(Raïssa)와의 결혼이 있고 그들을 하나로 묶었던 비밀 계약이 있다. 자크와 라이샤의 만남은 가톨릭으로의 놀랄만한 이중 개종에서 비롯되었다. 즉, 자크는 개신교도였고 라이샤는 유대교였다. 정열적인 사랑으로 하나가 된 그들의 결혼은 사랑이 없는 것도 아니었고 편의를 위한 것도 아니었다. 마리탱이 아마도 그 결혼을 통해 외로움 및 "여자가 없는 남자의 슬픔"에서 벗어나고자 바랐더라도 그 결혼은 부르주아 결혼도, 대리 결혼도 아니었다.

이런 면에서 볼 때, 그 결혼은 폴 베를렌(Paul Verlaine), 루이 아라공(Louis Aragon), 그리고 훗날의 장 기통과 같은 작가들의 결혼을 상기시킨다. 그 결혼은 또한 신혼 방에 들어가지 않은 앙드레 지드와 그의 사촌 매들린(Madeleine)의 유명한 결혼을 되풀이한다. 지드의 전기 작가인 조지 페인터(George Painter)는 "지드의 아내는 그가 언제나 돌아갈 수 있던 극기의 축으로서 그의 어머니를 대신했다. 그 축이 없이는 그의 다른 축, 즉 기쁨, 해방, 타락은 아무런 의미가 없었을 것이다"라고 썼다. 그러므로 『바티칸의 지하실들』(*The Vatican Cellars*)의 저자인 지드는 극기로 그의 자유를 균형 있게 다스렸다.

마리탱에게도 두 개의 축이 있었다. 하나는 그의 아내 라이샤이고 다른 하나는 남용되지 않은 친근한 '성향'이다. 아직 그 성향이 '악'에게 굴복하지 않은 상태라면 마귀는 우정의 미덕을 통해 그를 유혹할 것이다.

자크와 라이샤는 이상적인 쌍을 이루었다. 그러나 거의 성관계는 없는 쌍이었다. 그 '트롱프뢰유'(trompe-l'oeil) 이성애는 오랫동안 사람들이 믿어온 것처럼 단지 종교적인 선택만은 아니었다. 1912년, 마리탱 부부는 함께 정절 맹세를 하였는데 이 사실은 오랫동안 비밀로 남아있었다.

육체의 욕망을 희생하는 것은 하나님께 바치는 선물인가?
아니면 구원을 위해 치러야 하는 대가인가?

그럴 수 있다. 마리탱 부부는 '영적인 동반'에 대해 말했다. 그들은 자신들은 "하나님을 향해 나아가도록 서로 돕기를 원했다"라고 말했다. 거의 카타리파(派)(Catharist)에 가까운 그들의 관계 배후에는 그 시대의 많은 동성애자가 선호했던 대중적인 선택이 보인다. 왜냐하면, 마리탱의 수행단 중에도 셀 수 없이 많은 동성애자가 있었기 때문이다.

마리탱은 일생 동안 그 시대의 거물급 동성애자들과 위대한 '사랑의 우정'을 나눈 사람이었다. 그는 장 콕토(Jean Cocteau), 쥘리앵 그린, 막스 자코브(Max Jacob), 르네 크레벨(René Crevel), 모리스 잭스(Maurice Sachs)와 친구 또는 측근이었다. 또한, 특히 프랑수아 모리아크와도 친구였는데, 모리아크는 '밀실'에 속한 저자로서 그의 호색적인 '성향들'은 장루크 바레가 그의 유명한 전기를 출판한 후 고상하게 묘사되었을 뿐만 아니라 의심할 여지가 없는 사실로 남게 되었다.

자크와 라이샤 마리탱은 뫼동(Meudon)에 있는 그들의 집에서 독신 가톨릭 신자들과 동성애 지성인들, 그리고 잘 생긴 젊은이들을 끊임없이 풍성하게 접대했다.

그 철학자는 그의 여성스러운 수행단이 대단히 좋아하는 그런 지혜로운 분위기로 끊임없이 동성애의 죄에 대해 담화하며 그의 젊은 친구들을 '신의 아들들'(아내와의 성생활을 택하지 않고 그래서 아이들이 없는)이라고 부르며 "사랑한다"고 외쳤다.

동성애는 마리탱의 망상이었다. 바오로 6세의 그 친구는 이제는 출판된 그의 서신에서 알 수 있듯이 계속 그 주제로 되돌아갔다. 물론 그는 우리가 '라칭거파' 방식이라고 부르는 초연한 방법으로 그렇게 했다. 마리탱은 뫼동에 있는 그의 동아리로 초청했던 게이들을 구원해서 '악'으로부터 보호하고 싶어 했다. 그 '악'은 아마도 자기혐오일 것이다. 하지만 사람들에 대한 그의 관심 역시 진실하며 정직했다. '옛날 시대였다'(*Autres temps*).

일반적인 통념과는 달리, 이 광적인 가톨릭 신자는 더 정통적이고 더 이성애적인 가톨릭 신자들에게 거의 관심이 없었다. 그는 장래 추기경인 예수회 사제 앙리 드 뤼박(Henri de Lubac)과 정기적으로 서신을 주고받았지만, 작가 폴 클라우델(Paul Claudel)과는 덜 교류한 것이 분명하다. 그는 또한 조르주 베르나노스(Georges Bernanos)를 전문적으로 알고 있었지만 그런 사람들과 열정적인 우정을 나누지는 않았다.

반면, 마리탱은 그 당시의 주요 동성애자를 한 명도 놓치지 않았다. 오늘날의 표현으로 말하면, 그는 대단한 '게이더'(gaydar)를 가지고 있던 것이 확실하다. 마리탱이 20세기의 가장 위대한 '내향적인' 몇몇 작가들을 믿음과 정절로 돌아가게 하려고 동성애적인 우정에 특별한 관심을 가졌었던 것은 사실이다.

이런 작가들을 죄로부터 그리고 아마도 지옥으로부터 구하기 위해(그 당시 동성애는 지옥의 유황 냄새를 풍기고 있다고 여겨졌다) 마리탱은 말 그대로 '그들의 문제를 해결해 주기 위해' 그들과 엄청난 시간을 보내면서 그들을 지켜 보호하려고 했다!

그래서 그 당시의 다른 모든 위대한 동성애자들뿐만 아니라 앙드레 지드, 줄리앙 그린, 장 콕토, 프랑수아 모리아크, 레몽 라디게(Raymond Radiguet), 모리스 잭스와도 대화를 나눴다. 그 와중에 그는 그들을 개종시켜서 정절을 지키도록 하려고 노력했다. 우리는 이런 종류의 성향을 억제하려는 노력으로써 기독교로의 개종과 극기가 1960년대 말까지 고전적인 형태로 남아있었던 것을 안다.

이 토론이 우리 주제에 미치는 암시는 상당하다. 만일 '마리탱주의'를 숭고함을 위한 지침으로 이해하지 못한다면 우리는 교황 요한 23세, 바오로 6세 및 베네딕토 16세, 그리고 교황청의 대부분 추기경을 이해할 수 없게 된다. 가톨릭과 동성애 문학뿐만 아니라 마리탱주의가 상당한 영향을 끼친 이탈리아에서는 바티칸의 성직자 계층 전체가 이 지침에 대해 마음 깊이 알고 있다.

단테, 레오파르디, 파솔리니를 포함한 여러 작가의 중요한 문헌을 출판해 온, 이탈리아의 게이 문학의 가장 유명한 역사학자 중 한 명인 프란체스코 그네레 교수는 로마에서 몇 차례 토론하는 동안 내게 기이한 현상에 관해 설명했다.

프랑스에는 랭보와 베를렌, 마르셀 프루스트, 장 콕토, 장 게넷를 비롯한 많은 작가가 있었습니다. 하지만 이탈리아에는 1968년까지 동성애 문학이 거의 존재하지 않았습니다. 이탈리아에서 동성애가 처음으로 신문 1면에 등장한 것은 1970

년대인데 파솔리니의 등장과 함께하지요. 그때까지는 이탈리아의 동성애자들은 프랑스 출판물을 읽는 것에 만족해야 했어요. 오랫동안 프랑스 가톨릭 신자들의 글을 읽었던 이탈리아 가톨릭 신자들 역시 다소 동일한 영향을 받았어요. 하지만 참으로 예외적인 일은 동일한 작가들에게 영향을 받았다는 사실입니다!

이제 자세히 들어가 보자. 그렇게 해야 하는 이유는 『바티칸의 불편한 진실』의 비밀이 이 '마리탱 코드'와 , 자크 마리탱과 네 명의 프랑스 작가들(앙드레 지드, 장 콕토, 쥘리앵 그린, 모리스 잭스) 사이의 싸움에 있기 때문이다.

첫 번째 싸움은 지드로 시작하면, 흐지부지하게 끝났다. 마리탱과 개신교 신자 지드와의 서신 왕래와 『지드의 일기장』(Gide's Diaries), 그리고 1923년 말의 두 사람 사이의 긴 만남은 마리탱이 그 위대한 작가의 『코리동』 출판을 막기를 원했다는 사실을 증명한다. 지드는 그 용감한 책을 통해 자신을 게이로 밝히면서, 동성애와 관련한 4가지의 대화 가운데 그의 호전적인 견해를 알린다. 이에 마리탱은 그의 집을 찾아가 그리스도의 이름으로 그 책을 출판하지 말라고 부탁했다. 그는 또한 지드가 스스로 동성애자라는 것을 고백한 이 책의 출판 이후 그의 영혼 구원을 걱정하였다,

그러나 지드는 구원이 저 멀리에서 오는 것을 보았다. 그의 삶의 원칙을 담은 그의 책 『땅의 열매』(Fruits of the Earth)는 그의 도덕의 핵심을 보여주는데, 유혹에 저항하는 것을 멈추는 것이다. 따라서 그는 이 투덜거리는 설교자 마리탱의 부탁에 자유를 잃고 싶은 마음이 전혀 없었다.

"나는 거짓말을 싫어합니다."

지드는 그에게 답변했다.

"개신교 신앙을 가진 나는 진실을 피난처로 삼을 것입니다. 가톨릭 사람들은 진실을 좋아하지 않습니다."

마리탱은 그 작가가 그의 작은 책을 출판하는 것을 막기 위해 여러 방법을 시도했다. 하지만 아무런 소용이 없었다. 사적으로 동성애를 받아들인 지 오래된 앙드레 지드는 마리탱을 만난 지 몇 개월 후에 실명으로 『코리동』을 출판했다. 프랑수아 모리아크도 이 사실을 알고 놀랐고, 자크 마리탱 역시 소스라쳤다. 그들은 지드가 '커밍아웃' 한 것에 대해 결코, 용서하지 않을 것이다.

두 번째 싸움은 장 콕토와 같은 주제로 싸운 것이다. 마리탱은 콕토와 오랫동안 친구로 지냈고 위대한 개신교도 지드보다는 이 젊은 개종 작가를 더 붙들었다. 더욱이, 뫼동에서 콕토는 여전히 얌전하고 양심적인 가톨릭 신자로 보였다. 하지만 그는 마리탱과 멀리 떨어져 있게 되면서 젊은 레몽 라디게를 포함한 많은 연인을 갖게 되었다. 나중에 그는 결국 라디게를 마리탱에게 소개해 주었다. 이상하게도 마리탱은 그 둘의 동성애 관계를 거부하기보다 콕토의 그 젊은 연인을 길들이려고 노력했다. 20세의 나이에 『육체 속의 악마』(*The Devil in the Flesh*)라는 소설을 쓴 문학 신동 라디게는 얼마 후 장티푸스에 걸려 죽게 될 것이고, 그 시기에 대해 사랑스러운 문구로 "결혼을 하지 않았을 때, 당신은 개종한 것이다"라고 말할 것이다.

그러나 마리탱은 또 실패했다. 장 콕토는 처음에는 익명으로, 그리고 그다음에는 실명으로 그의 『하얀 책』(*The White Book*)을 과감하게 출판했다. 그는 그 책에서 그의 동성애 사실을 고백했다.

> 이 출판은 악한 것일세. 마리탱은 그에게 편지를 썼다. 이는 자네가 악에 속하여 있다는 사실을 공적으로 드러내는 첫 번째 사건이 될 걸세. 와일드(Wilde)를 기억하게. 그는 죽을 때까지 계속 타락하지 않았던가. 장 콕토, 위험한 것은 당신의 구원일세. 나는 자네의 영혼을 보호해야 한다네. 마귀와 나 사이에서 누굴 사랑할지 택하게나. 만일 나를 사랑한다면, 자네는 이 책을 출판하지 않기를 바라네. 그 글을 내게 맡기렴. 내가 처리하도록 하마.

이에 콕토는 당당하게 답변했다.

"나는 사랑이 필요하고 영혼들과 성행위를 할 필요가 있어요."

『하얀 책』은 반드시 출판될 것이다. 그리고 그 두 남자 사이의 오해는 더 깊어질 것이다. 그러나 그들의 서신 왕래가 증명하듯이, 그들의 '사랑하는 우애' 관계는 잠시 멈추었다가 다시 지속하였다. 나는 최근에 자크 마리탱이 그의 마지막 몇 해를 보낸 툴루즈에 있는 도미니크회 수도원을 방문했다. 그곳의 형제 장미구엘 개리그(Jean-Miguel Garrigues)는 장 콕토가 마리탱이 죽을 때까지 계속 그를 방문했었다는 사실을 확인시켜 주었다.

세 번째 싸움은 쥘리앵 그린에게는 패배였지만 마리탱에게는 좀 나았다. 거의 45년 동안 두 남자는 정기적으로 서신을 주고받았다. 신비롭고 깊은 신앙이 넘치는 그들의 대화는 숭고한 차원에서 진행되었다. 하지만 여기서도 그 역동성은 '상처', 곧 동성애의 상처에 기초하고 있었다. 쥘리앵 그린에게 남성 욕망증이 항상 있었고, 그것 때문에 그는 젊을 때부터 하나님의 사랑과 화목하는 데 어려움을 겪어왔다. 마리탱과 그린은 처음에 십여 년간 서신 왕래를 하였는데 그 기간에 그린은 자기의 비밀을 한 번도 말하지 않았다. 하지만 마리탱은 그 비밀을 짐작하고 있었다. 그들은 둘 다 그들을 계속 괴롭히는 '성향'에 대해 돌려서 말을 했다. 하지만 구체적으로 언급하지는 않았다.

자신도 개종자인 마리탱은 쥘리앵 그린이 1916년에 개종한 사실을 알고는 감탄했다. 그린의 개종은 사제직이 동성애 문제에 해답이라고 믿었던 어떤 도니미크회 수사의 '캠페인'의 결과였다(우리는 그 이후 그 사제 역시 동성애자였다는 사실을 발견하였다). 마리탱은 작가 쥘리앵의 극기에 감탄했는데 이는 그가 믿음을 사용하여 그의 성향을 저항한 것이기에 더욱 감탄할 만했다.

하지만 세월이 지나면서 쥘리앵 그린은 서서히 변화하더니 결국 중대한 선을 넘어섰다. 즉, 그는 작품을 통해 자신이 동성애자라는 사실을 드러내기 시작한 것이다 (나는 그의 최고의 책, 『남쪽』(South)을 생각하고 있다). 그는 또한 그의 『일기장』(Diaries)과 그의 연인들로 알려진 자들의 글에서 증언된 것처럼, 대낮에 정사(情事)를 즐기기 시작했다(쥘리앵 그린의 삭제되지 않은 『일지』(Journal)가 2019년에 발견되었는데, 그 내용은 그린의 강박적이고 적극적인 동성애와 방탕한 저녁과 매춘부와의 관계를 드러내고 있다. 그의 언어는 조잡하고 종종 음탕하지만, 항상 노골적이다. 또한, 그의 정기적인 '친구'와의 관계가 언급되어 있는데 그는 그 관계가 '순결'하다고 주장하지만 사실 음탕하게 묘사하고 있다).

네 번째 싸움 역시 마리탱이 패배한 싸움이다!

그 싸움은 그의 진정한 친구인 모리스 잭스와의 싸움이었다. 모리스 잭스는 성마른 작가였다. 가톨릭으로 개종한 유대인 잭스는 마리탱과 친밀하였고, 그는 마리탱을 '사랑하는 자기, 자크'라고 불렀다. 그러나 그도 열렬한 젊은 동성애자였다. 그는 기도했지만, 그의 특별한 우정 때문에 추문의 소문이 따라다니는 신학생일 수밖에 없었다. 그의 소설 『안식일』(The Sabbath)을 보면 그는 친구들에게 자기가 '신학교'에 갔다고 말하고, 친구들은 그 신학교가 새로운 게이 클럽인지 질문을 한다!

문학 평론가 안젤로 리날디(Angelo Rinaldi)는 모리스 잭스에게 이런 글을 쓴다.

"사제복과 분홍색 속옷을 번갈아 입는 어떤 대수도원장이 … 사우나 통으로 피신하여 펠라티오를 하는 게걸스런 아기같이 행복한 나날을 보내는구나."

잭스는 어느새 도덕적인 구렁텅이에 빠져들 것이다. 1940년 이후, 자크 마리탱의 이 제자는 그가 유대인일지라도 반역자 및 페탱주의자(Pétainist)가 되고, 결국 죽기 전에 나치 정보원으로 생을 마감한다. 그리고 그는 1944년에 어떤 도랑의 가장자리에서 한 나치 친위대(SS) 장교가 쏜 총알을 목 뒤에 맞고 죽었다. 상상조차 할 수 없는 비참함으로 생을 마쳤다.

자크 마리탱이 패배한 이 네 번의 싸움은 무엇보다도 동성애에 대한 이 철학자의 집착을 드러낸다. 게이 문제와 마리탱의 관계는 내 견해로는 일종의 비밀을 고백하는 것 그 이상의 것이다.

여기서 나는 고의로 시대착오적인 '게이'라는 단어를 사용하고 있다. 만일 우리가 그들 시대의 특정 단어들을 선호해야 한다면(이런 이유 때문에 필요할 때 나는 '사랑하는 우정', '동성애 애호', 또는 '성향들'이라는 개념적인 용어를 사용한다).

우리는 또한 때때로 그들이 부르던 호칭을 그대로 사용해야 한다. 너무 오랫동안 학교 교과서에는 랭보와 베를렌이 '친구' 또는 '동료'로 쓰여 있다.

심지어 오늘날에도 나는 바티칸 박물관에서 안티누스(Antinous)를 황제 하드리아누스의 '가장 좋아하는 사람'으로 묘사하는 푯말을 읽었다. 하지만 안티누스는 황제의 연인이었다. 이 책에서 '게이'라는 시대착오적인 단어를 사용하는 것은 뚜렷한 개념을 갖게 하고자 함이다.

자크 마리탱의 삶은 그리스도와 성 토마스 아퀴나스에게 집착되어 있다. 하지만 그 외 한 가지가 더 있는데 바로 게이 문제에 대한 집착이다. 만일 그가 동성애 행위를 하지 않았거나 또는, 매우 약간 했을지라도, 그는 가톨릭 신앙에 대해 광적일 정도로 염려를 했다. 그것이 마리탱의 비밀이고, 가톨릭 사제직의 가장 숨겨진 비밀 중 하나다. 즉, 승화 또는 억압의 결과로서 독신과 정절을 선택하는 것이다.

그렇다면 그가 동성애를 그렇게 싫어했으면서도 어떻게 그런 문학의 저 '탁월한 국가적인 여왕들'(안젤로 리날디의 또 다른 표현을 인용하여 말하면), 즉 그 시대의 모든 게이 작가들과 교제하였을까?

그는 동성애 혐오자였을까?

관음증 환자였을까?

누군가 제시했던 것처럼, 자신과 상반되는 자에게 매력을 느꼈던 것일까? 나는 이런 가설들을 믿지 않는다. 진실은 훨씬 더 간단하다.

*　　*　　*

마리탱의 고백은 1927년부터 쥘리앵 그린에게 쓴 편지에서 발견된다. 편지 내용을 보면 서로 상반된 입장을 보인다. 쥘리앵 그린은 동성애의 죄 때문에 괴로워하지만, 자크 마리탱은 그가 '이 신비한 악'이라고 부르는 것에 대한 해결책을 찾아낸 것으로 보인다.

그는 그린에게 무엇을 제안하는가?

정절이다. '항상 악을 남기고 십자가를 거절하는 동성애 불임의 사랑'에 직면한 마리탱은 '유일한 사랑', '무엇보다 하나님을 사랑하는 사랑'을 붙든다. 그 방법이 바로 금욕이다. 그가 그린에게 제시한 치료책은 이미 지드, 콕토, 그리고 모리스 잭스를 위해 처방해 준 적이 있다. 하지만 그들은 거절했다. 그 치료책은 마리탱과 라이샤가 선택한 것으로서 믿음과 정절로 성적인 행위를 승화시키는 것이었다.

마리탱이 쥘리앵 그린에게 쓴다.

"복음은 어디에서도 우리 마음을 잘라내라고 말하지 않지만, 하나님의 나라를 위해 고자가 되라고 충고한다네. 그것이 그 질문에 대한 내 답변일세."

동성애 문제를 고자 형식의 정절로 해결하는 것이 하나님께 기쁨이라는 마리탱의 사상은 피학대 음란증을 암시하기는 하지만 매우 강력한 사상이다. 이 사상은 내전 이후의 추기경들과 주교들 대다수가 받아들일 것이다. 또 다른 뛰어난 작가 루이 아라공은 그의 아내 엘사(Elsa)의 슬픔의 '눈'을 노래한 후 '누군가에게 슬픔을 남긴 왕'이라고 말했을 것이며, 그 후 그는 사적으로 자유롭게 소년들을 찾아다닐 수 있었을 것이다.

마리탱은 콕토에게 보낸 편지에서 또 다른 분명한 고백을 한다. 하나님의 사랑만이 우리로 하여금 우리가 알고 있던 이 땅의 사랑을 잊게 할 수 있는 유일한 것이며, "내가 이 말을 하기는 어렵지만 나는 책이 아닌 다른 것을 통해 그것을 알고 있다네"라고 한다.

"책이 아닌 다른 것을 통해?"

우리는 풍자가 될 정도로 어머니에게 헌신 되었고, 또한 어떤 상황에서든 여성 같고 예민한 남자였던 자크 마리탱이 그의 젊은 시절에 뜨겁게 가졌던 질문은 동성애에 대한 질문이라고 생각한다. 또한, 우리는 그가 그의 전기 작가들이 '너무 멀리까지 모험하지 못하도록' 또는 어떤 '오랜 개인적인 사건'을 알아내지 못하도록 그의 개인 수첩을 없앴다고 추측한다(마리탱의 전기 작가 장 루크 바레가 한 말이다).

바레는 파리에서 나와 점심을 먹으며 말한다.

"나는 마리탱의 전기를 쓰면서 '동성애자'라는 꼬리표를 넣고 싶지 않았어요. 그렇게 하면 모든 사람이 내 책을 그 수준으로 끌어내리려 하였겠지요. 그러나 그랬어야 했어요. 만일 오늘 쓴다면 이 부분에 대해 좀 더 명확하게 이야기할 거예요. 마리탱에 관해서 아마도 잠재적인 동성애자라고 말할 수 있을 거예요."

* * *

자크 마리탱이 젊을 때 사랑했던 위대한 사랑은 어니스트 시카리(Ernest Psichari)는 이름을 가진 아이였다. 그 두 소년이 1899년에 (자크는 16세였다) 파리의 앙리 4세 고등학교(the Lycée Henri IV)에서 만났을 때는 아직 10대였다. 그 사랑은 첫눈에 반한 사랑이었다. 상상조차 할 수 없는 힘이 담긴 '사랑하는 우정'이 그들 사이에 꽃 피었다. 유일하고 파괴될 수 없는 그들의 끈은 마리탱이 그의 어머니에게 말했듯이 '놀라운 경이'였다.

어니스트는 그의 아버지에게 "나는 자크와의 우정이 없는 삶은 더 이상 생각할 수 없어요. 아마 미칠 거예요"라고 고백했다.

마리탱은 또 다른 편지에서 이 열정은 "치명적이었다"라고 썼다.

그들의 열정적인 관계는 오늘날 매우 잘 알려져 있다. 최근에 출판된 두 어린 소년 사이에 주고받은 서신을 보면(총 175개의 편지인데) 현기증이 날 정도다. "나는 우리 둘의 모르는 부분들이 각자에게 부드럽게, 살살, 천천히 침투해 들어오는 것을 느낀다"라고 마리탱이 쓴다.

"어니스트, 너는 나의 친구야. 오직 너만."

"네 눈은 눈부신 광채다. 네 머리카락은 속삭임과 입맞춤으로 가득 찬 처녀 숲이다."

"너를 사랑해. 사는 동안 너를 생각해."

"나는 너 안에, 오직 너 안에 산다."

"너는 아폴로야. … 나와 함께 동방을 향해, 인도로 떠나지 않으련? 우리는 광야에서 홀로 있겠지."

"나는 너를 사랑해. 나는 네게 키스를 한다."

"네 편지들은 나의 보배란다. 내게 무한한 기쁨을 주지. 나는 쉬지 않고 계속 반복해서 네 편지들을 읽는단다. 나는 네 모든 편지와 사랑에 빠져 있다. 너의 글자 하나하나와 사랑에 빠져 있다."

랭보와 베를렌처럼 이 두 연인은 그들의 시에 그들의 이름을 합친 표시로 사인을 하였다.

사랑하는 사람과의 전적인 융합이 완성되었을까?

아니면 정절로 남았을까?

우리는 모른다. 내가 툴루즈에 있는 집에서 인터뷰를 한, 토마스주의 철학자이고 마리탱과 쥘리앵 그린 작품에 전문가이며 자크마리탱센터(The Centre Jacques Maritain)의 공동 설립자인 이브스 플루캣(Yves Floucat)은 그 둘의 사랑은 아마도 '뜨겁지만 순결한 우정'이었을 것으로 생각한다. 그는 그들이 신체적인 관계를 맺었는지 그렇지 않은지에 대한 증거는 없고 그 둘의 사랑은 '동성 간의 참된 사랑'이었다고 덧붙인다.

내가 툴루즈에서 인터뷰했고, 마리탱이 그의 삶을 마친 도미니크회 수도원의 장미구엘 개리그 형제는 이렇게 설명한다.

> 자크와 어니스트의 관계는 간단한 우정보다 깊었습니다. 나는 그 사랑이 감정이나 육체적인 정욕보다는 상대가 행복하기를 원한 점에서 욕정이라기보다 사랑이라고 말하고 싶습니다. 만일 우리가 그 사랑을 다소 성적 충동의 승화된 욕구라고 본다면 자크에게 있어서는 그 둘의 사랑은 동성애라기보다는 '사랑하는 우정'이었을 것입니다. 반면, 어니스트는 수년 동안 적극적인 동성애의 삶을 가졌습니다.

오늘날 어니스트 시카리의 동성애 행위 사실에 대해서는 더 이상 아무런 의심이 없다. 이 사실은 최근의 그의 전기와 그의 '여행 일기장'의 출판, 그리고 새로운 증언들이 나타나면서 확인되었다. 그의 동성애는 심지어 매우 활발했다. 그는 아프리카에서 수많은 친밀한 밀통을 했고 [지드의 글에 따르면] 죽는 날까지 남성 매춘부를 의존했다.

어니스트 시카리의 가장 절친한 두 친구인 자크 마리탱과 가톨릭 작가 헨리 매시스(Henri Massis)가 주고받은 한 통의 편지가 있는데 그 편지는 아직 출판되지 않았다. 그 편지에는 어니스트 시카리의 동성애를 분명하게 인정하는 내용이 담겨 있다. 매시스는 "어느 날 끔찍한 사실이 드러날까 봐" 매우 염려했다.

앙드레 지드는 1932년 9월 「누벨 프랑스 잡지」(Nouvelle Revue Française)에 글을 기고하였다. 그 글은 노골적으로 시카리의 동성애를 드러냈다. 이 폭로에 매우 슬픔을 느낀 가톨릭 작가 폴 클라우델은 아르튀르 랭보(Arthur Rimbaud)와 관련해서 이미 사용했던 반격을 가했다. 만일 어니스트가 동성애자였을 때 개종했다면 이는 하나님께 놀라운 승리였다는 것이다.

클라우델은 그의 주장을 이렇게 요약했다.

"그런 영혼에 나타나는 하나님의 역사는 한층 더 감탄스럽다."

하지만 어니스트 시카리는 31세의 나이로 전쟁에서 사망했다. 1914년 8월, 신전을 향해 쏜 한 독일군의 총탄에 맞아 죽었다. 자크는 몇 주 후에 이 사실을 알게 되었다. 그의 전기 작가에 따르면, 마리탱은 어니스트의 죽음 소식을 듣고 충격을 받은 상태로 기절했고 또한 비탄에 잠겼다.

자크 마리탱은 그의 사랑하는 사람의 죽음에 대한 슬픔을 극복하지 못했고, 그리스도 앞과 라이샤 앞에서 그 사랑을 고백하며 그의 어린 시절의 위대한 사랑을 잊지 못했다.

몇 년 후 그는 자기 연인의 발자취를 따라 아프리카로 여행을 떠났다. 그는 어니스트의 여동생을 계속 만나러 갔고, 그는 '시카리처럼 죽기 위해' 전쟁에 나가기를 원했다. 자크는 그의 에우리디케(Eurydice)를 잃은 이후 평생 끊임없이 그의 사랑을 언급했으며 어니스트의 죽음 이후의 '삶의 황무지'를 말하곤 했다. 그가 느낀 슬픔은 사실 '책을 통해서 느낄 수 있는 것과는 다른 차원의 것'이었다.

* * *

그러므로 우리는 가톨릭의 매우 특별한 사회학, 특히 내 주제 대상인 바티칸의 사회를 이해하기 위해서는 내가 여기서 '마리탱 코드'라고 부르는 것을 의지해야 한다. 억압된 동성애가 아닌 승화된 동성애는 종종 독신주의와 정절을 선택하는 것으로 이어진다. 그리고 매우 흔한 경우는 내면화된 동성애 혐오증으로 변한다. 참으로 오늘날 60세가 넘은 대부분 교황, 추기경들, 주교들은 이런 분위기와 '마리탱 코드'의 사고방식 가운데서 자라났다.

만일 바티칸이 신정국가라면 노인 정부다. 현대의 게이 생활방식의 용어로는 바오로 6세에서 베네딕토 16세까지의 교회와 심지어 프란치스코의 교회 및 그들의 추기경들과 도덕과 음모를 이해할 수 없다. 그러므로 그들의 복잡성을 파악하려면 우리는 과거 시대의 오랜 형판(形板)으로 돌아가야 한다. 그 시대는 동성애가 아니라 '동성애 애호적'이었고, 동성애의 정체성은 동성애 행위와 구별되었다.

그때는 양성애자가 흔했다. 그때의 비밀 세계에서는 편의상의 결혼이 규칙이었고 게이 커플은 예외였다. 바티칸의 젊은 동성애자들은 사제들의 금욕과 이성애적인 독신생활을 기쁨으로 받아들였다.

자신이 비정상적인 몸가짐을 가지고 있다고 생각하는 남자들에게는 사제직이 자연스러운 선택이었음이 확실하다. 그러나 각 사제의 삶의 여정과 생활양식은 신비한 정절, 영적인 위기, 이중생활, 때로는 승화와 광신 또는 도착(倒錯)에 있어서 크게 다르다. 프랑스 가톨릭 동성애 작가들이 잘 묘사한 것처럼, 모든 경우에 있어서 그들에게 일반적인 불안감은 계속 남아있으며 또한, '저주스러울 정도로 아름다운 소년들과 그들을 용서하시는 선하신 하나님 사이에서의 끊임없는 갈등'(안젤로 리날디의 표현이다)이 남아있다.

그러하기 때문에 그 배경은 과거 시대의 신학과 문학과 관련된 것이지만 우리 주제에는 너무 중요하다. 1930년대에 성생활이 없었던 사제는 1950년대에 쉽게 동성애 애호가가 될 수 있고 1970년대에는 동성 행위를 적극적으로 행할 수 있다.

현재 활동하는 몇몇 추기경들은 그런 단계들을 통해 욕망의 내면화, 자신과의 투쟁, 동성애 애호, 그 후 곧바로 그들은 그들의 동성애 성향을 '승화시키거나' 또는 '극복하는 것'을 멈추었고 신중하게 동성애를 경험하기 시작했다.

그 후 맘껏 동성애를 경험하고 때로는 심지어 중독 상태로 들어갔다. 물론 지금쯤 교회법이 정한 75세 또는 80세의 나이에 된 추기경들은 거의 동성 성행위를 하지 않겠지만, 그들은 본질에서 복잡한 정체성을 지닌 자들로 영원히 낙인찍힌 채 남아있다. 가장 중요한 것은, 그들은 언제나 어떤 사람들이 세운 이론과는 정반대의 일방통행 여행을 해왔다는 사실이다. 그 여행은 부인(否認)에서 반항으로, 또는 프루스트의 『소돔과 고모라』의 표현으로 하면 "택함 받은 백성"이 되고자 '저주받은 종족'을 거부하는 쪽으로 향한다.

여기서 우리는 『바티칸의 불편한 진실』의 아홉 번째 법칙을 발견한다.

9. 즉, 바티칸의 동성애 애호가들은 정절에서 동성애자로 움직이지만, 동성애자들은 결코 후진(後進) 기어를 놓고 동성애 애호 상태로 되돌아가는 일이 없다는 사실이다.

신학자이며 정신 분석가인 어윈 드레베르만(Eugen Drewermann)은 가톨릭교회와 동성애 사이에는 '일종의 비밀스런 복잡성'이 있다고 관찰했다. 나는 종종 바티칸에서 이런 이분법을 접하게 될 것이고, 우리는 심지어 그것이 그 비밀 중 하나라고 말할 수도 있다.

예를 들면, 교회 밖의 동성애를 격렬하게 거부하는 것과 교황청 내의 동성애는 지나칠 정도로 지지하는 것이다. 그러므로 바티칸 내에는 '게이 비밀 동지들'이 많이 존재하지만, 그들은 교황청 밖에서는 전혀 보이지 않는 신비한 집단이다.

나의 조사 과정에서 셀 수 없이 많은 추기경, 대주교, 몬시뇰, 그리고 여러 다른 사제들이 자신들은 프랑수아 모리아크, 앙드레 지드 또는 쥘리앵 그린의 작품에 거의 종교적으로 헌신했다고 강조했다. 그들은 신중히 말을 아끼면서 그들의 가슴을 찢는 갈등이 무엇인지 볼 수 있도록 열쇠 하나를 내게 주었다. 그 열쇠는 '마리탱 코드'였다. 나는 그 열쇠가, 무한한 온유함 및 어떤 내향적인 염려 가운데, 그들을 괴롭히는 비밀 중 하나를 드러내는 그들의 방법이었다고 생각한다.

8

사랑하는 우정
(Loving friendship)

나는 대주교 장루이 브루게스를 바티칸에서 처음 만났을 때 용서받을 수 없는 실수를 저질렀다. 로마 교황청의 등급과 직함은 때때로 복잡하게 섞여 있다. 그것들은 사역, 계급, 지위, 그리고 때로는 여러 기준에 따라 다양하다. 어떤 사람들은 '예하'(Eminence 추기경)로 불러야 하고 다른 사람들은 '각하'(Excellency, 대주교, 주교)로 부르고, 어떤 이들에 대해서는 '몬시뇰'(Monsignor) (사제보다는 높지만, 주교보다 낮은 사람)이라고 부른다. 때때로 고위 성직자는 일반 신부거나, 때로는 형제(수사), 때로는 주교를 말한다.

그렇다면 대주교 직함을 가지고 있는 교황 대사를 어떻게 불러야 할까?

당연히 고위 성직자에게 존칭어로 쓰이는 '몬시뇰'이라고 부를 수 있다.

그러나 단지 사제라고도 부를 수 있을까?

그래서 내가 베네딕토 16세의 '총리'였던 베르토네(Bertone) 추기경과 인터뷰를 준비할 때 그의 개인 부제(副祭)가 솔선하여 그를 어떻게 불러야 하는지 이메일로 잘 설명해 주었다. 그를 만나면 '예하 베르토네 추기경'이라고 부르라고 알려주었다.

내게는 이런 직함이 암호처럼 들렸고 나는 그 직함으로 게임을 시작했다. 프랑스 사람은 그런 용어를 들을 때 군주제와 귀족 정치의 냄새를 맡게 된다. 그리고 그런 직함이 그들의 부츠보다 너무 클 때는 우리는 그들의 머리를 잘랐다!

나는 바티칸에서 대화할 때 장난기가 생기면서 조롱하는 투로 바보스러운 존댓말들을 더하면서 즐거워했다. 나는 또한 교황청에 보내는 많은 편지를 손으로 써서 보내며 아름다운 고딕 문체로 존댓말들을 가득 채웠다. 그리고 장황한 편지 밑에는 이런 의미 없는 표현들에 더하여 모노그램 우표와 숫자, 의

전의 서명 등을 추가했다. 그러자 나의 요청에 대한 답장은 내가 더 많은 직함을 사용하고 갈색 잉크 도장을 더 많이 사용할수록 더욱 적극적이었다. 하지만 과거 시대의 예법에 속한 이런 허망한 관용표현만큼 내게 더 이질적인 것은 없을 것이다.

내가 뻔뻔했다면 아마 나의 우편물에 향수도 뿌렸을 것이다!

그들의 답장은 기분을 좋게 하는 서신이었다. 모든 답장의 맨 앞 페이지에는 공식적인 표제가 있었고 푸른 잉크로 굵은 서명이 되어있었으며 애정이 담긴 표현이 넘치고 있었다(안젤로 소다노가 내게 쓴 편지를 보면 "귀중하신 마르텔 선생님!"[*Pregiatissimo Signore Martel*]이란 표현이 많다).

그 서신은 항상 거의 흠잡을 데 없는 프랑스로 쓰였고, 아첨하는 형식을 담고 있었다. 몬시뇰 바티스카 리카는 "부활절이 가까울수록 힘이 넘치기를 바랍니다"라고 썼다. 몬시뇰 패브릭 리벳(Fabrice Rivet)은 "가까운 장래에 우르베에서 당신을 만나기를 소망하면서"라고 썼고, 대주교 리노 피셀라(Rino Fisichella)는 "당신을 위해 꼭 기도하겠습니다"라고 썼다.

다리오 카스티론 호요스(Darío Castrillón Hoyos)는 "그리스도 안에서 반드시 기도할게요"라는 약속을 썼고(그는 지금 세상을 떠나 더 이상 우리와 함께 있지 않다), 로버트 사라(Robert Sarah) 추기경은 "그리스도 안에서 나의 최고의 안부를 받아주시기 바랍니다"라고 쓰고 서명을 남겼다.

두 통의 편지를 받고 나의 친구가 된 오스카 마라디아가(Óscar Maradiaga) 추기경은 스페인어로 답장을 보냈다.

"내 친구여!

당신에게 경건한 거룩한 한 주와 행복한 부활절이 되기를 소원합니다" (*Le deseo una devota Semana Santa y una feliz Pascua de Resurrección, su amigo*).

심지어 더욱 상냥한 때도 있는데, 나폴리 추기경 크레센치오 세페는 나를 '친애하는 선생님'(*Gentile Signore*)이라고 부르면서 '따스한 안부'(*cordiali saluti*)로 마치는 매우 다정한 편지를 보냈다. 프란치스코의 개인 부제(副祭) 몬시뇰 파비안 페다치오는 그의 장황한 공식 편지를 이렇게 마무리했다.

"기도할 때 교황을 위해서도 기도해 주시기를 따스하게 권합니다. 주 안에서 바친 나의 헌신된 마음을 받아주시기 바랍니다."

나는 이런 식으로 쓴 편지들을 수십 통 보관하고 있다.

이런 과거 시대의 편지를 쓰는 사제들이 행복하기를 바란다!

2019년에 이메일을 사용하는 추기경들은 거의 없다. 많은 추기경이 여전히 편지를 선호하고, 어떤 추기경들은 팩스를 선호한다. 때때로 그들의 부제들은 추기경에게 온 이메일을 프린트로 출력해서 그들에게 건네준다. 그러면 그들은 손으로 답장을 쓴다. 그러면 부제들은 그 답장을 스캔하여 즉시 우편으로 수신자에게 보낸다!

대부분 추기경은 아직도 르네상스 시대에 걸맞은 권력 게임을 하며 살고 있다. 나도 추기경에게 '예하'라고 부르지만, 항상 속으로는 웃는다. 나는 이런 가식적인 직함들을 없애고 싶어 하는 프란치스코 교황의 소박함을 좋아한다.

사실, 교황청의 수많은 직원을 '몬시뇰'이라고 부르는 것은 이상하지 않은가? 어떤 가련한 밀실의 교황 대사들은 '각하'(Excellencies)라는 호칭에 목을 매고 있다. 추기경들은 사람들이 그들을 '예하'라고 부르는지 그렇지 않은지에 많은 신경을 쓰고 있다. 내가 그들의 입장이라면, '선생님'(*signore*)이라고 불리기를 선호할 것 같다. 또는 차라리 안젤로, 타르치시오, 또는 장루이라고 이름만 부르면 좋을 것 같다!

*　　*　　*

우리가 관찰하였듯이, 세속적인(*laïcité*) 프랑스 사람인 나는 이 책에서는 바티칸의 관례를 따르지는 않기로 결정했다. 나는 '교황청'(holy see)이라고 썼지 '성좌'(Holy See)라고 쓰지 않았다. 나는 항상 대문자 없이 신부(the holy father), 거룩한 처녀(the holy virgin), 교황(the supreme pontiff)이라고 말하지, '성하'(His Holiness)라고 부르지 않는다. 내가 '예하'(His Eminence)라고 쓸 때는 빈정거림이 뚜렷하게 드러난다.

또한, 나는 '성'(Saint) 요한 바오로 2세라는 칭호를 사용하지 않는다. 특히 그의 수행단의 이중게임을 분명하게 알게 된 후는 더욱 그러하다!

프랑스어 '세속'(*laïcité*)은 로마에서는 알 수 없는 개념이다. 사실 아쉽게도 프란치스코도 잘 모르고 있다. 그 프랑스 단어는 모든 종교를 존중하되 어느 특정 종교에 특별한 지위를 부여하지 않는다. 한편, 이 책에서 나는 대문자로 '그 시인'(the Poet)이라고 쓰는데, 그 시인은 항상 랭보를 말한다!

다행스럽게도 프랑스에서는 사람들이 종교보다는 시를 더 믿는다.

나는 몬시뇰 브루게스에게 "예하"라는 적절한 단어를 사용하였지만, 그 즉시 프랑스 추기경을 만나서 행복하다고 덧붙였다. 이 얼마나 심각한 풋내기의 실수인가!

장루이 브루게스는 내가 계속 말하도록 가만히 둔 후 대답하였지만, 그 잠깐 사이에 그는 분명히 마음에 상처를 입었고 마치 직함이 중요하지 않은 것처럼 감정을 숨기고 거짓으로 겸손한 표정을 지으며 슬그머니 말했다.

"나는 추기경이 아니에요. 추기경은 자동으로 되는 것은 아니지요. 나는 단지 대주교일 뿐입니다."

그는 사랑스러운 프랑스의 남서지방의 억양으로 말했고, 나는 즉시 그를 따스하게 대했다.

나는 브루게스와의 첫 번째 인터뷰를 라디오 프로그램을 위해 하게 되었었는데, 나는 녹화에서 잘못된 호칭을 지우기로 약속했다. 그 후 우리는 자주 만나서 잡담을 하거나 생각을 나누었고, 나는 다시는 같은 실수를 하지 않았다. 나는 그가 교황 베네딕토 16세와 친밀했기 때문에 그의 이름이 추기경으로 '서임'될 수 있는 짧은 목록에 오랫동안 있었다는 사실을 알아냈고, 그런 이유로 그는 가톨릭교회의 새로운 교리 문답책(New Catechism of the Catholic Church)의 동성애 부분에 관한 민감한 문장들을 조정할 수 있었던 사실을 알 수 있었다.

그러나 교황은 사임하였고, 그의 후계자인 프란치스코는 브루게스가 가톨릭교육성(Congregation for Catholic Education)의 사무총장으로 있으면서 그의 친구를 부에노스아이레스대학의 총장으로 임명하려고 자기에게 칼을 겨눈 것을 결코, 용서하지 않았다. 따라서 그는 추기경으로 임명될 기회를 놓치게 되었다(2018년, 브루게스가 그의 임기가 마쳤을 때 교황 프란치스코는 그를 보관소장으로 재선임하지 않았고, 브루게스는 로마를 떠났다).

> 교황은 절대 어떤 것도 잊지 않아요. 그는 원한을 잘 품어요. 만일 어떤 사람이 어느 날 그를 화나게 만들거나 단지 빈정대기만 하더라도 그는 오랫동안 그 일을 기억하지요. 브루게스는 베르고글리오가 교황으로 있는 한 추기경으로 서임될 수 없을 거예요.

어떤 프랑스 대주교가 나를 이해시키려고 말을 한다.

오랫동안 장루이 브루게스는, 유명한 바티칸사도전승도서관(Biblioteca Apostolica Vaticana)만큼이나 잘 알려진 바티칸비밀기록보관소(Secret Vatican Archives)

를 운영했다. 이 보관소에는 교회 차원에서 바티칸 '고대 문서들'과 오랜 책들, 매우 귀중한 사본들, 고대 판본, 또는 구텐베르크 성서의 피지 복사본이 보관되어 있다.

> 이 도서관은 이 세상에서 가장 오래되고 가장 자료가 많은 도서관 중 하나지요. 총 54킬로미터의 인쇄본이 있고 87킬로미터의 보관 기록물이 있답니다.

브루게스는 말한다. 그는 까다로울 정도로 정확한 사람이다.

라파엘레 파리나 추기경은 바티칸 비밀기록보관소의 브루게스 전임자다. 나는 바티칸에 있는 그의 집에서 그와 몇 차례 인터뷰했다. 그는 가장 예민한 자료들, 예를 들면 성폭행 같은 것들은 국무원에 보관되어 있고 불쾌감을 주지 않는 비밀 기록들이 있는데 이름만 비밀일 뿐이라고 말한다 (그런 와중에 파리나는 그 위원회는 교황청 안에 있는 소아성애자들과 싸울 책임이 있는데 "아무것도 하지 않는다"며 그들을 향해 비난의 화실을 겨눈다).

오랫동안 기록 보관소에서 일했던 우리엔(Urien)(가명 사용) 신부는 더욱 직설적이다.

> 바티칸의 재정 스캔들에 관한 모든 보고서, 아동 성범죄에 대한 모든 사건 파일들, 동성에 관련 모든 문서, 바오로 6세에 대해 우리가 아는 모든 것은 국무원에 보관됩니다. 만일 그런 문서가 공개되었다면 교황들과 추기경들, 그리고 주교들은 법적으로 많은 어려움을 겪었을 것입니다. 그 기록 보관물들은 교회의 어둔 면만이 아니라 악마를 보여줍니다.

다섯 차례에 걸친 대화 가운데 대주교 브루게스는 우리 대화가 주로 문학에 관한 것임에도 극도로 조심한다. 그는 프루스트, 프랑수아 모리아크, 장 기통, 앙리 드 몽테를랑(Henry de Montherlant), 토니 두버트(Tony Duvert), 크리스토퍼 이셔우드(Christopher Isherwood)의 열렬한 독자다. 그는 피에르 로티(Pierre Loti)의 발자취를 따라 발파라조(Valparaíso)로 여행을 간다. 그는 툴루즈에 위치한 도미니크회수도원에 있는 자크 마리탱을 알고 있다. 그는 쥘리앵 그린과 오랜 교신을 했다.

"최근 기록물은 공개되지 않습니다."

브루게스는 계속 말한다.

그것들은 교황권에 따라 연대순으로 정리되어 있지요. 새 연대의 기록을 공개하는 것은 오직 교황의 결정권에 달려 있어요. 현재 우리는 제2차 세계 대전 때의 자료라고 할 수 있는 비오 12세의 기록 보관물을 공개하고 있습니다.

바오로 6세의 기록물은 한 참 더 기다려야 할 것이다.
바오로 6세에게 비밀이 있었을까?
1963년에서 1978년 사이에 15년 동안 교황이었던 그 남자의 동성애에 대한 소문은 셀 수 없이 많고, 나는 여러 추기경과 아주 자유롭게 그 소문들에 관해 대화해 왔다. 국무원의 비밀 기록 보관소에 접근할 수 있었던 사람은 그 주제에 관한 여러 파일이 있다고 확신시켜 준다. 하지만 그것들은 공개되어 있지 않고 우리는 그 파일들이 무엇을 담고 있는지 모른다.

그 모든 복잡함 가운데 이 교황을 둘러싼 비밀을 파악하기 위해서는 그와 관련된 상황을 그대로 보아서는 안 된다. 증거가 부족하므로 한꺼번에 증거 전체를 훑어보는 것이 중요하다.

바오로 6세가 읽은 독서 자료는 '마리탱의 코드'의 본질로서 하나의 증거가 될 수 있으며, 마리탱과의 우정과 또한 샤를 주르네(Charles Journet) 및 장 다니엘루와의 우정 역시 또 다른 증거다. 바티칸에 있는 그의 눈부신 동성애 애호적인 수행단도 또 다른 증거다. 또한, 장 기통이 있다. 특별한 성향들, 사랑하는 우정의 관계들, 특정 문학에 대한 정열과 프랑스를 사랑한 교황 등, 복잡하게 섞인 실타래 속에서 하나의 변함없는 특징이 나타난다.

독자들은 지금쯤 이미 알고 있을 것이다. 독자 중에는 심지어 결국 진부한 말을 하려고 이런 암호화된 코드와 찔끔찔끔 나오는 고백에 싫증을 느끼는 자도 있을 것이다. 하지만 나는 그 암호 코드로 되돌아가야 한다. 이는 이와 관련한 모든 것이 나름대로 의미를 지니고, 이런 상세한 내용은 엄청난 보물찾기처럼 곧바로 우리를 바오로 6세 이후로 인도하여 요한 바오로 2세의 괴로운 마음과 거대한 라칭거파의 불꽃놀이를 보여줄 것이기 때문이다. 하지만 당장 앞서가지는 말자.

우파 프랑스 가톨릭 작가인 장 기통(1901-99)은 20세기에 태어나서 사망했다. 다작의 작가였던 그는 마리탱의 친구였지만 또한 공공연한 동성애자인 장 콕토와도 친구였다. 제2차 세계 대전 중에 그의 경력은 기록되어 있지 않은데 아마 최고 사령관 페탱(Pétain)의 긴밀한 협조자이며 종복이었을 것으로 추측한다. 그의 신학 작품은 철학 저작처럼 대수롭지 않으며 그의 책은 오늘날 전혀 알려지지 않았다. 그의 저작 중에 유일하게 알려진 작품은 프랑수아 미테랑 대통령과 가졌던 인터뷰와 그리고 교황 바오로 6세와 가졌던 몇 번의 유명한 인터뷰로 구성되어 있다.

> 장 기통은 프랑스에서 심각하게 다루어져 본 적이 없어요. 그는 가톨릭의 중간계층을 위한 신학자였지요. 그와 바오로 6세 사이의 친밀했던 관계는 비밀로 남아있어요.

『에스프리』(Esprit)의 편집장 장루이 슐레겔(Jean-Louis Schlegel)이 잡지사 사무실에서 나의 인터뷰에 응하는 동안 그가 살펴본 것들을 알려준다.
한 이탈리아 추기경이 큰 그림을 그려준다. 나는 그가 순진하게 말하는 것인지 아니면 어떤 메시지를 주려고 하는 것인지 알 수 없다.
"장 기통의 작품은 이탈리아에 거의 없어요. 그는 그와 매우 특별한 친구 관계를 나눈 바오로 6세의 약점이었지요."
오랫동안 그의 친구였던 푸파르 추기경도 동일한 견해를 말한다.
"장 기통은 뛰어난 작가였지만, 실제로는 사상가는 아니었습니다."
그의 작품이 별 볼 일 없었음에도 장 기통이 교황 바오로 6세와 우정을 맺을 수 있었던 것은 공통적인 견해 때문이었다. 특히 도덕적인 기준과 성적인 도덕과 관련한 주제에 있어서 분명히 그러했다. 두 개의 역사적인 문헌은 이 연관성을 밝혀준다.

첫 번째 것은, 1968년에 출판된 『인간의 생명에 관하여』(Humanae vitae)는 모든 사제에게 보내는 회칙(回勅)으로서 그 회칙은 결혼과 피임에 대해 말한다. 그 회칙은 피임약 사용을 분명하게 금하고 성행위는 생명을 만드는 작업이어야 한다는 내용을 담고 있기에 '피임약에 대한 회칙'이라는 노골적인 이름 아래 유명하여졌다.

두 번째 문헌도 첫 번째 문헌에 못지않게 잘 알려져 있다. 그 문헌은 1975년 12월 29일에 선포한 '페르소나 휴마나'(Persona humana, 개인생활) 선언이다. 이

중대한 문헌은 '도덕의 안일함'이라는 오명에 대해 분명하게 알려주고 있다. 이 문헌은 결혼 전의 엄격한 정절을 옹호하며 (그 당시 '청소년 동거'가 유행이었고, 교회는 이를 종식하기를 원했다) 자위행위를 ('근본적으로 심각한 무질서적인 행위'라고 하며) 혹독하게 정죄하였고 동성애를 배척했다.

"객관적인 도덕적 질서에서 보면 동성애 관계는 본질적이고 필수불가결한 궁극성이 결여된 행위다. 성서에서 동성애 관계는 심각한 타락으로 정죄 되었고 심지어 하나님을 배척함으로 기인한 슬픈 결과로 제시되어 있다."

하지만 이 주요 문헌들은 신속히 시대착오적인 문헌이 되었다. 심지어 그 당시에도 그 문헌들은 과학계로부터 유감스럽게 받아들여졌고 심지어 여론에 의해서는 더더욱 그러했다. 그 이유는 그 문헌들은 생물학적, 의학적, 정신분석학적 발견들을 모두 무시했기 때문이다.

가톨릭교회는 갑자기 사회의 추세(趨勢)에 대항하여 격렬하게 반대하는 모습을 띠었고, 그때로부터 신자들의 실생활은 교회로부터 계속 멀어져갔다. 이런 낡은 규칙들은 대부분의 가톨릭 신자들이 절대로 이해하지 못할 것이다. 그 규칙들은 대중적으로 무시될 것이고 갓 결혼한 부부나 젊은 사람들에게 조롱을 받을 것이다. 그리고 대다수 신도는 그 규칙들을 가차 없이 거부할 것이다.

심지어 이 문헌들과 관련해서 가톨릭의 사제직과 관행에 '조용한 분열'이 생겨날지도 모른다는 이야기도 있었다.

"실수한 부분은 성도덕에 대해 말한 부분이 아니었어요."

내가 로마에서 인터뷰한 어떤 추기경이 안타까워하며 말한다.

그 부분은 바람직하였고 또한 대다수 기독교인이 여전히 그렇게 원하고 있습니다. 베네딕토 16세가 말한 것처럼, 성에 대해 교화하는 것은 교회가 할 일이지요. 실수한 부분은 기준을 너무 높게 세운 것이지요. 말하자면, 관련성도 없고 알아들을 수도 없는 기준을 세운 것이에요. 교회는 스스로 성도덕에 대한 논쟁 밖으로 나가버린 것입니다. 낙태에 대한 강경한 입장도 피임에 대한 유연한 입장과 함께 제시되었다면 수용이 되었을 것입니다. 교회는 젊은 사람들, 이혼한 부부들, 동성애자들을 향해 정절을 주창함으로 자기 백성과의 대화를 멈춘 것이지요.

오늘날, 여러 증언과 기록 보관 문서들을 참조할 때 피임약 금지, 그리고 아마도 자위행위와 동성애에 대한 도덕적인 정죄들과 사제직의 독신주의에 대해 자세히 논의되었던 것을 알 수 있다. 역사학자들에 따르면, 소수만이 강경 노선을 유지되었지만, 바오로 6세는 홀로 결정을 내리고 성좌 선언을 했다. 그는 옛 추기경 오타비아니(Ottaviani)와 새로 등장한 보이티와(Wojtyła) 추기경이 이끄는 보수주의파를 결집했다.

장래 교황 요한 바오로 2세인 보이티와는 교회의 성적인 도덕을 강화하는데 결정적인 역할을 했다. 이성애에 대한 정절을 호전적으로 옹호하던 장 기통 역시 사제들의 독신주의를 강하게 주장했다.

내가 만난 많은 신학자와 전문가들은 교황 바오로 6세를 비난한다. 그 이유는 그의 사상은 전혀 이단적인 부분이 없을지라도 전략적이든 개인적이든 그릇된 이유로 '강경 노선을 취하였기' 때문이다. 그들은 독신주의가 교회 내에서 역사적으로 가치를 지녔던 이유는 사제들의 동성애 요소와 동성애 우호적인 면 때문이라고 지적했다. 이들 신학자 중 한 명은 이렇게 말했다.

> 이성애를 대한 극기에 가치를 두는 이성애적인 사제는 거의 없어요. 극기는 근본적으로 동성애자들이 제시한 개념입니다. 또는 적어도 자신의 성에 대해 깊게 질문해 본 사람들이 제시한 개념이지요.

바오로 6세의 은근한 비밀이 사제직의 독신주의를 택함으로써 환하게 드러난 것일까?

오늘날 많은 사람이 그렇게 생각한다.

시대에서 벗어난 그런 우선순위는 바티칸의 심리 상태를 알려준다. 또한, (만일 우리가 역사학자 존 보스웰(John Boswell)을 믿는다면) 그것은 우리에게 적어도 중세시대부터 확립된 준(準)사회적인 주장을 면밀히 조사해보도록 초대한다. 그런 우선순위는 『바티칸의 불편한 진실』의 새로운 열 번째 법칙이다.

10. 즉, 동성애 사제들과 신학자들은 이성애적인 동일 종교인들보다 독신주의를 강요하는 성향이 훨씬 더 강하다. 그들은 정절 서약이 근본적으로 본성에 반하더라도 그 서약을 지키려고 상당히 많은 염려를 한다.

그러므로 정절 맹세에 대해 가장 열렬히 옹호하는 자들은 가장 의심스러운 자들이다. 그리고 바로 이 부분에서 바오로 6세와 장 기통의 대화가 현대의 드라마처럼 뚜렷하게 부상된다.

정절에 대한 주제는 자크 마리탱은 말할 것도 없고 우리가 살펴본 프랑수아 모리아크로부터 쥘리앵 그린까지의 동성애 작가들에게서 반복적으로 나타난다. 하지만 기통의 경우는 비상식적인 수준까지 이른다.

"사회적 거리를 두는" 가톨릭 중산층 가정 출신인 장 기통은 공적으로 그의 사생활을 논한 적이 전혀 없었기에 그의 사생활은 오랫동안 신비롭게 남아있었다. 이 청교도 형식주의자는 그의 감정을 드러내지 않았고 평신도임에도 그의 호색적인 경험에 대해서 말하지 않았다. 내가 대화를 나누었던 증인들은 장 기통이 여성에게 큰 관심이 없었던 사실을 확인시켜 준다. 그는 『도리언 그레이의 초상』(The Picture of Dorian Gray)에 등장하는 여성 혐오적인 인물들의 표현대로, 여성들을 '장식용' 또는 '격식용'이라고 생각했다.

그러나 그는 말년에 마리 루이스 보넷(Marie-Louise Bonnet)과 결혼했다. 그는 자기 자서전 『한 세기, 한 인생』(Un siècle, une vie)에서 그의 아내를 위해 한 장을 할애했는데 그곳에서도 심각한 여성 혐오가 드러난다.

"나는 집을 청소하고 먼지를 터는 천사를 찾고 있었다. 그 천사가 마리 루이스의 모습으로 나타났다. 그녀는 몽펠리에 있는 한 국립고등학교(lycée)에서 미술사와 가정경제학을 가르쳤다."

그가 사용했던 것으로 여겨지는 표현에 따르면, 기통과 마리는 '남매처럼' 살았고, 아내가 일찍 죽자, 기통은 총각으로 살았다.

플로렌스 딜레이(Florence Delay)는 이 사소한 것을 놓치지 않았다. 아카데미 프랑세즈에서 기통의 '석좌교수'로 뽑힌 그 소설가는 그곳 전통대로 그 신성한 회관에 들어가던 날 기통을 '기리는' 연설을 해야 했다. 매우 특이한 점은, 플로렌스 딜레이는 고인을 기리면서도 그의 전설적인 여성 혐오에 대해 몇 가지 암시적인 언급을 했다.

"그가 여성을 불완전하다고 생각했을 때 그가 여성에게서 태어났다는 사실을 생각해 보았을까요?"

그녀는 기통의 늦은 결혼도 전혀 심각하게 여기지 않았다.

어떤 사람들은 수도사의 정절에 헌신했던 기통이, 또는 철학적으로 칸트의 독신주의에 더욱 헌신했던 기통이 인간의 사랑에 관한 에세이를 쓴 것 때문에, 심지어 마리 루이스 보넷과의 애틋한 늦은 결혼 이전에 그런 글을 썼다는 것을 알고는 놀라거나 흥미를 갖습니다. 그러나 그 사랑은 제자로부터 스승으로, 스승으로부터 제자로 흐르는 사랑을 포함한 그런 인간적인 사랑입니다.

아, 얼마나 우아한 표현인지!

만약 플로렌스가 좀 더 짓궂거나 좀 더 풍자적인 사람이었다면, 그녀는 기통과 동시대에 살던 성(性) 연구가 알프레드 킨제이(Alfred Kinsey)의 유명한 말을 언급했을는지도 모른다. 미국인들의 성행위에 대한 그 유명한 『킨제이 보고서』(Kinsey Report)의 저자는 과학적으로 처음으로 일반 인구 가운데 동성애자의 높은 비율을 강조했다. 동성애는 너무 널리 퍼져 있으므로 더 이상 변태, 병, 도착(倒錯)이 아니다. 킨제이는 도착증세로 남아있는 유일한 세 가지가 있다면, 금욕, 독신주의, 그리고 늦은 결혼이라고 간교하게 덧붙였다!

그렇다면 기통은 세 번 이상 성도착증세를 보였다고 할 수 있다!

기통에게는 여성에 대한 사랑과 관심이 없었다. 하지만 그는 많은 남자를 '친구로서' 사랑했다. 그는 그와 오랫동안 서신을 왕래했던 푸파르 추기경을 시작으로 하여 (내가 말한 것처럼, 출판되지 않은 200통 이상의 손편지는 어느 날 이 사실을 증명할 것이다) 남성에 대한 그의 정열은 그의 학생들로 향하였고, 특히 그의 어린 학생 중 '그의 사도가 될 수 있을 정도로 너무 아름답고 잘 생긴'(과감한 플로렌스 딜레이의 또 한 번의 멋진 표현이다!) 어떤 루이 알튀세르(Louis Althusser, 20세기의 마르크스주의 철학자)를 향했다.

장 기통이 파리에서 교황 대사로 있을 때 그가 론칼리(Roncalli)라고 부르며 사귄 교황 요한 23세와의 관계 역시 이례적으로 보이는데 '사랑하는 우정'이 그들 사이에 있었던 것 같다.

이와 비슷한 관계로는, 기통이 젊은 나이 때 장래 교황 바오로 6세인 조반니 바티스타 몬티니(Giovanni Battista Montini)와 가진 관계였다. 그들의 소문난 친밀감은 이해가 안 되는 주제였다. 영향력 있는 신학자인 다니엘루 신부는 주저하지 않고 "교황(바오로 6세)은 기통을 바티칸 위원회에 집어넣는 경솔한 짓을 저질렀다"라고 말했다. 다른 이들은 교황이 "별 볼 일 없는 이류 작가에게 넘어갔다"고 조롱했다.

마침내, 바티칸 내에서는 기통에 대한 농담이 계속 되풀이되었는데, 라디오 바티칸의 전 감독 중 한 사람은 "기통은 아이가 없으므로 콘클라베의 평신도 등급이 될 수 없어요"라고 말한다.

사람들은 장 기통이 교황과 가진 실제 또는 상상의 인터뷰를 담은 매우 숭고한 책, 『바오로 6세와의 담화』(*Dialogues with Paul VI*)를 읽으면서, 교황과 평신도가 함께 금욕에 대하여, 또한 그들이 '잉여 사랑'(love plus)이라고 부르는 예수와 베드로 사이의 '끔찍한 의무를 포함하는' 사랑에 관해 대화를 나누었다는 사실 때문에 놀란다.

이제 우리는 이 언어를 너무 잘 알고 있다. 이는 초기의 지드의 언어이고 후에는 모리아크, 쥘리앵 그린의 언어이며, 앙리 드 몽테를랑의 언어이고 마지막으로는 마리탱의 언어다. 이 언어는 죄의식의 언어이고 '사랑의 문명'(바오로 6세의 유명한 표현을 따라서 사용해본다)을 위한 소망의 언어다. 이 언어는 바오로 6세가 몽테뉴, 마키아벨리, 볼테르, 앙드레 지드 등, 여러 다른 사람들과 함께 금서 목록에 올려있었던 플라톤의 이름을 삭제함으로써 다시 한번 받아들여지게 된 플라톤의 언어다.

자, 내가 조금 과장한 듯하다. 장 기통은 아마도 자신의 게이 성향과 승화를 깨닫지 못한 채 매우 순수하고 천진하게 '마리탱 스타일'로 이런 사랑을 경험했을 수도 있다. 더욱이, 기통은 자신은 동성애에 대해 아무것도 몰랐다고 언급했다. 이런 경우는 역설적으로 정말로 의식하지 못한 채 자신의 동성애 애호적인 정서적 성향을 드러냈음을 암시한다.

우리는 마리 루이스 보넷 외에도 장 기통의 수행단에서 유일한 한 여자를 발견하는데 그 여인은 프랑스군 고위 장교 라트르드 타시니(Lattre de Tassigny)의 미망인 '마레샬레'(영부인)다. 라트르 장교에 대해서는 끊임없는 풍문이 있었고 특히 군대 내에서 소문은 더 심했는데 그가 양성애자라는 것이었다(작가 다니엘 게랭(Daniel Guérin)은 그의 책 『동성애자들의 혁명』[*Homosexualité et revolution*]에서 이 사실에 대해 충분히 말하고 있으며 라트르 드 타시니 영부인의 작품을 출판한 작가 장루크 바레도 그렇게 생각한다).

1952년, 프랑스의 그 고위 장교가 죽은 때부터 2003년 그의 영부인이 96세로 죽는 때까지 그 '영부인'은 그녀의 파리식 살롱에서 동성애자들과 살았다. 한 목격자에 따르면, 장난기가 많고 항상 명랑한 장 기통은 충실한 방문객이었고, 그는 "언제나 성적으로 강하고 여성스러운 잘 생긴 귀염둥이들과 함께 다녔다." 또 다른 목격자는 기통은 "언제나 청년들과 '진드기들-기통들'(*gitons de passage*)과 함께 있었다"고 확인시켜 준다.

여기에 사제처럼 살았던 한 사람이 있다. 그는 아이를 갖지 않기로 했고, 늦게 결혼했으며, 평생 강렬한 동성애 애호적인 친구 관계를 맺었고, 잘 생긴 젊은이들에 둘러싸여 살았다.

그는 '금욕하는' 동성애자였을까?

그렇게 보인다. 사실, 이를 반대할 만한 그 어떤 증거도 아직은 없었다. 하지만 여기서 우리는 이런 관계를 규정하는 또 다른 단어를 찾아내야 한다. 기통은 비록 불완전한 단어지만 한 단어를 제시한다. 바로 '동반자 관계'(companionship)다. 여기서 기통의 말을 직접 들어보자. 그는 자기 저서 『내 인생의 그리스도』(Le Christ de ma vie)에서 장래 스트라스부르의 대주교 조셉 도레(Joseph Doré) 신부와 대화를 나눈다.

> 여자에 대한 남자의 사랑보다 더 뛰어난 것이 있는데, 그것은 동반자 관계다. 요나단을 향한 다윗의 사랑, 파트로클로스(Patroclus)를 향한 아킬레우스(Achilles)의 사랑 .... 어떤 예수회 사람은 또 다른 예수회 사람과 동반자 관계의 사랑을 가졌는데, 그 사랑은 결혼을 통해 느꼈을 사랑보다 우월하다. ... 동반자 관계에서 그 사랑은 매우 독특하고 특별한 무엇인가가 있기 때문에 종종 동성애로 오해받는다.
> 이런 명백한 게이 암호 코드(프랑스의 주요 동성애 가톨릭 협회는 이미 이 용어를 사용하고 있다) 때문에 동성호색적인(homoerotic) 사람으로 의심을 받을 수밖에 없는 한 남자가 의도적으로 다윗과 요나단을 택하여 언급한 이 웅장한 고백과 거울 게임!

장 기통은 자크 마리탱처럼 남성적인 복합성을 성(性)으로 축소하지 않으려고 어떤 적절한 말을 개발하려고 노력한다. 여기에 우리가 말하려는 핵심 용어가 있다. 기통의 평범한 '동반자 관계'보다 좀 더 오래 지속하는 표현으로 '사랑하는 우정'(loving friendship, 'amour d'amitié')이 있다.

이 관계는 오랜 개념이다. 또한, 이 개념은 우리 주제의 핵심이기 때문에 잠시 그 기원을 추적하는 것은 중요하다. "사랑하는 우정"의 개념은 고전 그리스 사상, 즉 소크라테스와 플라톤의 사상에 뿌리를 두고 있고 후에 아리스토텔레스가 체계화시켰다. 그 개념은 키케로(Cicero)와 성(聖) 아우구스티누스를 통해 후기 고대를 지나 중세시대로 이어졌다.

우리는 그 개념을 글은 아니지만 리보(Rievaulx)의 성(聖) 엘레드(Aelred)에게서 볼 수 있는데, 그는 20세기의 시토 수도회(Cistercian)의 수사이며 (그는 자기 사랑하는 관계들을 전혀 숨기지 않았다) 또한 첫 번째 "성 소수자 성자"가 되었다. 그로부터 한 세기가 지난 후, '동성애'의 관념이 아직 존재하지 않았던 때 (우리가 알듯이 이 단어는 19세기 말까지는 존재하지 않았다) 중세시대는 '사랑하는 우정'의 이 개념을 다시 붙들었다.

토마스 아퀴나스는 '호색적인 사랑'(amor concupiscentiae)과 '사랑하는 우정'(amor amicitiae)을 구별했다. 전자는 개인적이고 이기적인 목적으로 다른 사람을 찾는 것이고, 후자는 나를 사랑하듯 사랑하는 그 친구의 유익을 구하는 것이다. 오늘날 불완전하기는 하지만, 우리는 이런 사랑을 '플라톤적인 사랑'(platonic love)이라고 부르곤 한다.

그렇다면 '사랑하는 우정'의 개념은 셰익스피어와 『소네트』(Sonnets)에서 '아름다운 청년'이라고 불리는 젊은이, 레오나르도 다 빈치와 그의 어린 제자 살라이(Salai), 또는 미켈란젤로와 어린 토마소 데이 카발리에리(Tommaso dei Cavalieri)의 관계를 정의하는 데 쓰였다.

사랑인가?

우정인가?

오늘날의 전문가들은 이런 명확한 경우는 아마도 동성애라고 생각한다.

반면, '사랑하는 우정'이라는 표현을 사용한 몽테뉴(Montaigne)와 라 보에티(La Boétie) 같은 작가들은 어떤 의미로 말한 것일까?

우리는 이 관계에서 성적인 요소를 제거하지 않도록 경계해야 한다. 몽테뉴의 "그 사랑은 나였기 때문이고, 그 사랑은 그였기 때문이다"라는 유명한 표현은 합리적인 설명이 가능하지 않기 때문에 더욱 정확하게 요약될 필요가 있다.

'사랑하는 우정'이라는 표현은 또한 프랑스의 도미니크 수도회의 복고 운동가 중 한 명인 앙리 라코르데르(Henri Lacordaire) 신부와 그의 '친구' 샤를 드 몽탈렘베르트(Charles de Montalembert)와 관계를 묘사하는 데 사용되었다. 오랫동안 교회는 지금에 와서 동성애로 알려진 것을 '우정'이라 고집하며 이 주제를 덮어버렸다(최근 출판된 라코르데르와 몬탈렘베르트 사이에 있던 더 없이 귀한 서신은 프랑스 자유주의 가톨릭에 대한 훌륭한 대화뿐만 아니라 그 두 사람의 노골적인 관계를 드러낸다).

그러므로 '사랑하는 우정'의 개념은 순수한 남자다운 우정에서부터 실제 동성애에 이르기까지 무한히 다양하고 폭넓은 관계를 망라하며 오랜 기간 무분별하게 사용됐다. 그 주제에 대한 전문가 중 많은 사람이 바티칸에 있는데, 그들에 따르면, 이 개념은 정절을 지키는 동성애 애호가에게만 적용되어야 한다고 말한다.

사랑과 우정 사이의 애매모호한 감정이 아니라 두 남자 사이의 진실하고 순결한 사랑, 즉 완벽하게 순수한 관계다. 20세기 들어와서 동성애 우호적인 가톨릭 배경에서 그 개념은 육체의 정욕을 철저하게 절제하는 면보다는 사랑받는 사람의 덕을 강조하는 면으로 설명된다. 즉, 상대를 향한 사랑 때문에 둘 사이의 애정을 성적인 것으로 발전시키지 않는 것이다.

마지막으로, 정절을 맹세했던 미국인 레이먼드 버크, 독일인 요아힘 마이스너, 이탈리아인 카를로 카파라처럼 가장 보수적이고 가장 동성애 혐오적인 추기경들은 단호하게 동성애자들은 그들의 관계를 '사랑하는 우정'으로 국한시켜야 한다고 주장한다. 하지만 그들에게 그 의미는 정절로써 죄를 짓는 것과 지옥에 떨어지는 것을 피하기 위한 것이다. 그렇게 주장함으로써 그들은 자신들의 정체를 드러낸다.

* * *

자크 마리탱부터 장 기통까지 '사랑하는 우정'의 이 세계는 제2 바티칸 공의회에 숨은 영향력을 행사한다.

자크 마리탱 자신은 그 공의회에 참가하지 않았지만, 바오로 6세와의 우정 때문에 그 공의회에 큰 영향을 끼쳤다. 사제 이브 콩가르(Yves Congar), 샤를 주르네(Charles Journet), 앙리 드 뤼박(Henri de Lubac)과 장 다니엘루와 같은 영향력 있는 신학자들도 마찬가지였다. 이들 중 장 다니엘루의 역할은 가장 빛난다.

그는 유명한 신학자로서 프랑스 예수회 회원이다. 바오로 6세가 그를 추기경으로 임명하기 전, 요한 13세는 그를 제2차 바티칸 공의회의 전문가로 불렀다. 장 기통의 친구(그 둘은 책 한 권을 공동 저술했다)였던 그가 아카데미프랑세즈에 들어간 것은 기통 덕분이었다.

다소 진보적인 다니엘루는 바오로 6세의 가까운 친구 중 하나였다. 다니엘루는 너무 갑작스럽게 1974년 5월 20일에 파리의 루 듀롱(Rue Dulong) 거리의 창녀인 '미미'(Mimi) 산토니(Santoni)의 품에 안긴 채 죽게 되는데, 그의 죽음에 대해서는 많은 이야기가 있다. 그의 죽음의 원인은 아마도 오르가슴이 불러온 심장마비였을 것이다. 물론 그 사건으로 스캔들이 퍼지자 예수회 사제들은 그들 나름대로 사건 구성을 만들어 반론을 펼쳤고 「르 피가로」(*Le Figaro*) 신문은 즉시 그 반론을 실어주었다. 그 추기경은 그 창녀를 돕기 위해 돈을 주러 갔고, 그 때 '살아계신 하나님을 만나는 사도의 무한한 기쁨(epektasis) 가운데' 죽었다는 것이다.

이 반론은 요한 바오로 2세 때 내무부 '장관'이었던 이탈리아 추기경 조반니 바티스타 레가 내게 확인해 주었다.

> 우리는 장 다니엘루의 글을 많이 읽곤 했어요. 우리는 그를 많이 좋아했습니다. 그의 죽음이요?
> 나는 그가 그 창녀의 영혼을 구원하기를 원했다고 생각합니다. 그게 전부였어요. 아마 그녀를 개종시키려 했겠지요. 내 견해로는 그는 사도직의 상태로 죽었습니다.

다니엘루의 친구였던 폴 푸파르 추기경은 (그들 역시 어떤 책을 공동 저술하였다) 하늘로 손을 들고 내게 확인시켜 주며 말하기를, 이 겸손하고 고결한 마음을 가진 관대한 추기경은 그 창녀의 죄를 보상하기 위해 그 거리로 갔다고 한다. 아마도 그는 친절한 사람이었기에 몸을 팔며 아무렇게나 사는 그 소녀를 자유롭게 해 주려고 노력했다는 것이다.

그 당시 한바탕의 웃음을 불러일으켰던 이런 설명과는 별도로(다니엘루는 구급차가 도착했을 때 완전히 나체로 있었다) 그 사건의 본질은 다른 곳에 있다. 만일 다니엘루가 참으로 '그 교구'에 속하지 않은 사제로서 성행위를 바라던 이성애자라 할지라도, 그의 형제 알랭(Alain)은 분명한 동성애자였다.

알랭(Alain)은 유명한 힌두교 신자였고, 요가와 시바(Shiva) 숭배를 통한 환상적인 동양의 접신(接神) 에로티시즘의 전문가였다. 그는 또한 프랑수아 모리아크와 무용가 모리스 베자르(Maurice Béjart)의 친구였다. 누구나 알고 있는 그의 오랜 동성애는 최근에 그의 자서전과 그의 형제 장 다니엘루의 『영적인 기록들』 (*Carnets spirituels*)의 출판 때문에 확인되었다. 우리는 알랭은 오랫동안 스위스 사진작가 레이먼드 버니어(Raymond Burnier)와 함께 살았다는 사실을 알고 있다.

다니엘루와 그의 형제 사이의 관계는, 장 다니엘루가 알랭이 택한 생활방식에 공감하고 또한 그의 동성애를 지지하는 것을 보았을 때 매우 흥미롭다. 그는 알랭의 죗짐을 짊어지고 그의 영혼을 돌보고 싶어 했다.

장 다니엘루 추기경은 더 나아갔다. 그는 1943년부터 매달 동성애자들을 위한 미사를 거행하기 시작했다. 이 사실은 잘 알려져 있다(알랭의 자서전과 그 두 형제에게 헌정된 상세한 전기에 나온다). 이 미사는 몇 년 동안 지속되었는 데 그 유명한 이슬람교 전문가이며 동성애 기독교 신자인 루이 마시뇽(Louis Massignon)도 참여했다.

그렇다면 여기서 핵심은 창녀의 품에 안겨 죽은 장 다니엘루의 죽음이 아니라 교황과 가까운 저명한 신학자이며 고명한 그 추기경이 동성애자들의 '구원'을 위해 정기적인 미사 기구를 만든 점이다.

바오로 6세는 이 사실에 대해 알고 있었는가?

그럴 수 있다. 하지만 확실하지는 않다. 확실한 사실은 그의 수행단은 주로 동성애 애호적이고 친(親) 게이적이었다는 사실이다. 이런 현상이 '마리탱 코드'의 핵심이다.

* * *

1976년 2월 29일, 교황 바오로 6세는 미켈란젤로의 탄생 500주년을 맞아 로마의 성 베드로대성당에서 그 이탈리아 조각사에게 '친 게이적인' 깜짝 놀랄 경의를 표했다.

"이런 일련의 그림들을 보는 자들은 누구나 원기 왕성한 얼굴을 가진 이 사람들과 자신이 어떤 연관이 있는지 궁금할 것입니다."

교황은 미켈란젤로가 설계한 장엄한 둥근 천장 아래에서 우아한 자세로 숭고한 '피에타' 바로 옆에서 그 "비할 데 없는 예술가"를 추도하는 노래를 했다.

그 피에타는 마치 '25세가 아직 채 되지 않은 그 소년'이 가장 위대한 '유연함'으로 차가운 대리석으로부터 나온 듯하다.

그곳에서 돌 던질 만큼 떨어진 곳에는 많은 건장한 남성들이 그려진 시스틴 성당과 둥근 천정이 있다. 바오로 6세는 그중에서 천사들을 찬미하지만 발칙한 신체적 찬란함을 지닌 튼튼한 나체의 젊은이들, 즉 이그누디에 대해서는 아무 말도 하지 않는다. 교황의 연설에는 '시불라(Sibyls)의 세계'와 '교황들'이 언급되고 있지만, 미켈란젤로의 벌거벗은 그리스도나 생일 단장을 하는 성인들, 마지막 심판의 '나체들의 혼란스러움'에 대한 언급은 전혀 없다.

그 교황의 전임 교황 중 한 명도 그 벌거벗은 사람들의 성기를 정숙한 베일로 가린 적이 있었다. 그런데 바오로 6세의 의도적인 침묵으로 인해 그 성기는 또다시 검열을 받았다.

이제 바오로 6세는 나체들의 혼란스러움과 꿈틀거리는 근육들을 보며 대담해지고 격앙되더니 눈물을 흘렸다. 교황은 '젊은 운동선수 같은 피렌체의 다윗'의 나체상과 (완전한 나체이며 아름답게 균형을 이룬 몸이다), '론다니니'(Rondanini)와 '미완성'(*non finito*)으로 불리는 '흐느낌으로 가득 찬', '피에타' 상을 보더니 '아, 내 눈을 믿을 수 없구나!'라고 감탄했다. 분명히, 바오로 6세는 '비밀스런 아름다움'을 드러낸 그 작품들을 보고 경이로움 가운데 넋을 잃었다. 그 아름다움이 주는 '심미적인 즐거움'은 완벽했다. 갑자기 교황은 미켈란젤로의 소네트(短詩) 하나를 읽기 시작한다!

참으로 "원기 왕성한 얼굴을 가진 이 사람들과 우리가 어떤 연관을 가질 수 있는" 것일까?

바티칸의 역사 가운데 그런 '소녀 같은' 칭송이 그런 거룩한 곳에서 그런 노골적인 동성애 예술가에게 수여된 적이 없었다.

"바오로 6세는 직접 손으로 그의 연설문을 썼어요. 모든 원고는 전부 보존되어 있어요."

바티칸 박물관의 관리소장 중 하나이며 교양 있고 활력이 넘치는 여성 미콜 포티(Micol Forti)가 내게 말했다.

문화에 대한 바오로 6세의 열정은 어느 정도 정치적인 전략을 담고 있다. 그 당시 이탈리아에서는 문화는 우익에서 좌익으로 기울어지고 있었다. 예술가들 사이에서의 종교적인 관행은 이미 쇠퇴한 상태였다. 수 세기 동안 가톨릭 신자들이 문화와 암호 코드들과 예술 네트워크를 주도했지만, 그 주도권은 1960년대 말과 1970년대 초에 사라졌다. 바오로 6세는 여전히 그 주도권을 회복하는 것이 아직 늦지 않았고, 교회가 뮤즈신(詩神)을 조종할 수 있는 (또는 조를 수 있는) 방법만 찾아낼 수 있다면 가능할 것으로 생각했다.

내가 인터뷰를 한 증인들도 바오로 6세가 문화에 헌신한 것은 진심이지만, 동시에 그의 헌신은 그의 개인적인 성향에서 비롯된 것이라고 확신하고 있다.

"바오로 6세는 '미켈란젤로 중독자'였어요."

교황을 잘 알던 주교 한 사람이 내게 말했다.

1964년, 교황은 근현대 예술작품을 어마어마하게 모을 계획을 발표했다. 그는 예술가들을 다시 얻기 위해 위대한 문화 전투에 그의 삶을 던졌다.

바오로 6세는 교회가 현대 예술에 신경을 써오지 못한 것에 대해 교회를 대신하여 사과하기 시작했어요. 그 후 그는 전 세계의 예술가들과 지성인들에게 바티칸 박물관을 위한 수집을 도와 달라고 부탁했지요.

미콜 포티는 계속 말한다.
내가 대화했던 추기경들과 주교들은, 예술에 대한 바오로 6세의 이 열정을 설명해 주는 여러 가지 가설을 제시했다. 그 가설 중 하나는 자크 마리탱의 책 한권, 즉 그의 에세이 『예술과 스콜라철학』(Art and Scholasticism)이 그에게 지대한 영향을 끼쳤는데, 그는 그 책을 통해 예술가들이 그들의 특징을 살려낼 수 있도록 어떤 예술 철학을 생각해 냈다는 것이다.
바오로 6세 기간에 바티칸의 문화생활을 연구한 또 다른 훌륭한 전문가는 교황의 개인 부제인 이탈리아 사제 파스쿠알레 마키(Pasquale Macchi)의 역할을 강조한다. 그 사제는 예술에 대한 열정이 넘치던 문인이었으며 예술가들의 모임을 주관하던 동성애 애호가였다.

파스쿠알레 마키 덕분에 바오로 6세는 지성인들을 함께 모았고 바티칸으로 예술가들을 다시 데려오려고 노력했어요. 그 둘은 예술 세계로부터 그들이 얼마나 멀리 떨어져 있는지 그 간격을 재었어요. 마치는 이 새로운 수집의 배후에서 수고한 공예가 중 한 명이었어요.

'교황청문화협의회'(Pontifical Council for Culture)에 속한 사제 하나가 내게 말한다.
나는 바티칸 박물관의 현대 예술관을 방문했다. 그곳의 현대 예술 수집품들은 고대 수집품들과는 전혀 비교될 수 없을지라도 (어떻게 비교할 수 있겠는가!) 바티칸의 박물관 관리자들의 작품 선택은 대단히 계몽적이라는 사실을 인정할 수밖에 없다. 나는 특히 두 명의 비정통적인 예술가를 주목한다. 피학대 성애자적인 군인의 비련을 담고 있는 『십자가에 못 박힘』(Crucifixion)이라는 멋진 그림을 그린 양성애자 화가 살바도르 달리(Salvador Dalí)와 가장 중요하게는, 공공연한 게이였던 프랜시스 베이컨(Francis Bacon)이다!

* * *

바오로 6세의 동성애는 오래된 소문이다. 이탈리아에서 그 소문은 신문 기사들과 심지어 교황의 위키피디아 페이지에 언급되면서 매우 오래 간다. 심지어 그 소문은 그의 유명한 연인 중 한 사람의 이름까지 언급할 정도다. 나는 로마에 셀 수 없이 방문하여 체류하는 동안, 바티칸에서 일하는 추기경들과 주교들, 그리고 수십 명의 몬시뇰이 그 소문에 대해 내게 말해주었다. 그들 중 일부는 그 소문을 부인했다.

바오로 6세 교황의 협력자 중 한 사람이었던 추기경 푸파르가 말한다.

> 나는 이 소문이 있었던 사실을 증거할 수 있습니다. 입증도 할 수 있고요. 몬티니(바오로 6세)가 당선된 후, 그의 도덕성을 비난하는 팸플릿이 있었어요.

그러나 바티스타 레 추기경은 다르게 말한다.

"나는 교황 바오로 6세와 7년간 같이 일했어요. 그는 훌륭한 교황이었으며, 내가 들은 모든 소문은 거짓입니다."

바오로 6세는 일반적으로 그보다 25세 연하의 이탈리아 연극 겸 텔레비전 배우인 파올로 칼리니(Paolo Carlini)와 관계를 맺은 것으로 알려져 있다. 그들이 만난 때는 조반니 몬티니가 밀라노의 대주교였을 때다.

그 관계가 이탈리아에서 자주 언급되지만, 그 관계의 사실적 요소 중 일부는 시대착오적이거나 오류가 있어 보인다. 예를 들어, 바오로 6세는 파올로를 기리기 위해 그의 교황 이름을 택하였다고 하는데, 이런 소문은 더욱 믿을만한 정보로 인해 부인된다.

마찬가지로, 파올로 칼리니는 "바오로 6세가 죽은 지 이틀 후에 슬픔 때문에" 심장마비로 죽었다는 소문이 있는데, 사실 그는 이미 병에 걸려 있었고 또한 바오로 6세가 죽은 지 한참 후에야 죽었다.

또한, 몬티니와 칼리니는 그 대주교의 궁 근처에 있는 한 아파트에서 함께 살았다는 소문이 있는데, 믿을 만한 경찰 소식통은 이 사실을 확인하지 못했다. 마지막으로 몬티니-칼리니 관계에 대한 파일을 밀라노 경찰이 보관하고 있다는 소문이 종종 반복되는데, 그 파일은 공개된 적이 없으며 오늘날까지 그 파일이 존재했었다는 증거는 없다.

다른 누구보다도 더 나은 정보를 받는다고 주장하는 호전적인 동성애자 프랑스 작가 로제 페레피트(Roger Peyrefitte)는 연이은 인터뷰를 통해 바오로 6세를 '아웃팅'하기 시작했다. 처음에는 「게이 선샤인 프레스」(Gay Sunshine Press)에서, 그다음은 프랑스 잡지 「루이」(Lui)에서 인터뷰를 하였고, 그리고 이탈리아 주간잡지 「템포」(Tempo)의 1976년 4월호에서는 선정된 기사로 나갔다. 페레피트는 그의 반복적인 글들과 나중에 출판된 그의 책들을 통해 '바오로 6세는 동성애자이며' 그 '증거'를 갖고 있다고 선언했다. '동성애자들을 폭로하는 것'은 그의 특기였다.

그 작가는 이미 1964년 5월에 잡지 「예술」(Arts)에 실린 기고에서 프랑수아 모리아크를 비난하였고(때가 적절했다), 그뿐만 아니라 벨기에의 보두앙 국왕(King Baudouin), 에든버러의 공작과 이란의 왕까지도 비난했다. 결국, 그의 정보 중 일부가 잘못된 것이 드러나면서 그는 언론 사기범으로 전락했다.

나는 젊은 기자였을 때 로제 페레피트가 죽기 바로 얼마 전, 바오로 6세의 동성애와 관련한 소문에 대해 그와 인터뷰를 할 기회를 얻었다. 반복적인 험담을 늘어놓는 그 늙은 작가는 내가 보기에 그다지 정통한 것 같지 않았고, 사실 단지 스캔들의 냄새만 맡고 흥분했던 것 같았다. 그는 어떤 경우에도 그의 '특종 기사'에 대해 아무런 증거를 제시하지 못했다. 사실 그는 동성애자들에게 적대적인 '개인 생활'(Persona Humana)을 선언한 바오로 6세를 공격하기를 원했던 것 같다. 아무튼, 극우에 가깝고 의도적으로 논쟁을 일삼는 별 볼 일 없는 악독한 그 작가는 말년에 가짜 뉴스의 전문가가 되었고 실로 동성애 혐오자였으며 때로는 반유대적 풍문들을 만들어내었다.

물론 흥미로운 사실은 바오로 6세의 공개적인 반응이었다. 내가 인터뷰했던 사람 중 몇몇 사람에 따르면(주로 바오로 6세를 위해 일했던 추기경들이다), 그의 동성애 의혹에 관한 기사들은 교황에게 심각한 영향을 끼쳤다. 그는 풍문을 심각하게 취한 후 그 소문이 멈추어지도록 여러 정치적인 개입을 장려했다고 한다. 그는 그 당시 개인적으로 이탈리아 총리였던 알도 모로(Aldo Moro)의 도움을 요청했다고 한다.

알도 모로는 교황의 가까운 친구 중 하나였고 교황은 그와 함께 마리탱을 향한 열정을 나누었다.

모로가 무엇을 하였는가?

우리는 모른다. 그 정치 지도자는 몇 달 후에 붉은 여단(Red Brigades)에게 납치되었고 그들은 그의 몸값을 요구했다. 바오로 6세는 공개적으로 개입하여 그의 석방을 요구하였고 심지어 필요한 자금을 모으려고 노력했다고 한다. 그러나 결국 모로는 살해되었고, 바오로 6세는 절망에 빠졌다.

교황은 마침내 개인적으로 로제 페레피트가 퍼뜨린 풍문을 부인하기로 했다. 그는 1976년 4월 4일에 그 주제에 대해 공개적으로 발표했다. 나는 그가 바티칸 언론 사무실을 통한 사실을 발견했다. 여기에 바오로 6세의 공식적인 선언이 있다.

> 사랑하는 형제들과 자녀들이여!
> 우리는 교황 대리 추기경과 그와 함께 하는 이탈리아 주교 회의가, 정직과 진리를 경멸하는 어떤 언론이 이 부족한 사람을 향해 조롱과 함께 끔찍한 중상모략을 하고 있으므로, 여러분에게 저를 위해 기도해 줄 것을 부탁한 사실을 알고 있습니다.
> 우리는 여러분이 자식으로서의 경건과 도덕적 감수성과 애정을 보여준 것에 감사드립니다…. 감사합니다. 진심으로 감사합니다. 또한, 신앙교리성이 최근에 성적인 윤리에 대한 몇 가지 질문에 대해 발표한 선언 때문에 이 소문과 여러 다른 이야기들이 퍼졌습니다. 이에 우리는 여러분이 그 문서를 덕스럽게 준수하기 바라며 오늘날 세상에 매우 널리 퍼져 있는 방탕한 쾌락주의에 대항하는 순결과 사랑의 정신을 갖추기를 바랍니다.

소통의 큰 오류이다!

아무런 신빙성이 없는 어떤 보수주의 작가가 제시한 그 풍문은 일부 동성애 애호적인 교권 반대 사제들에게 국한되었던 것이지만, 종려 주일 기도 시간에 바오로 6세가 엄숙하게 선포한 공식적인 부인은 그 소문이 전 세계로 퍼지는 데 도움을 주었다. 수백 개의 기사가 교황의 부인(否認)을 싣게 되면서 오히려 의심을 자아냈다.

특히, 이탈리아에서는 더욱 의심을 자아냈던 것 같다. 단지 소문이었던 것이 의문이 되더니 어쩌면 심지어 하나의 화제가 되었다. 교황청은 이로 인해 교훈을 얻었다. 즉, 교황 또는 추기경에 대한 동성애 관련 소문들은 그것을 공개적으로 부인하는 것보다 무시하는 것이 더 낫다는 교훈이다.

그 이후로 그 '끔찍한' 소문을 지지하는 다른 증언들이 나타났다. 무엇보다

칼리니의 친구인 이탈리아의 이류 시인 비아지오 아리시(Biagio Arixi)의 증언이다. 그 증언자는 죽기 직전에 자신과 교황과의 관계를 폭로했다고 한다. 요한 23세와 바오로 6세의 시종이며 의전 담당이었던 프랑코 벨레그란디(Franco Bellegrandi) 역시 어떤 삼류 책에서 이 주제에 대해 언급했다. 폴란드 대주교 율유스 패츠(Juliusz Paetz)도 교황의 동성애자로 추정되는 사람에 대해 장황한 설명을 하면서 심지어 사진들을 배포했다. 그는 교황이 그 사람과 브로맨스를 가진 것 같다고 제시했다.

이 사실은 여러 증인과 바르샤바에 있는 일간 신문 가제타 위보르차(*Gazeta Wyborcza*)의 기자들과 나의 '조사원들'이 확인해 주었다(그러나 패츠의 증언은 법적으로는 확인되지 않았다). 과거에 스위스 근위대였던 어떤 사람도 비슷한 유형의 정보를 제공했고, 바오로 6세의 몇몇 전 연인들은 사실이든 또는 자칭 주장이든, 종종 헛되이, 그리고 결국은 설득력이 없는 증언을 하려고 했다. 반면, 추기경들의 다른 증언들과 여러 진지한 전기 작가들은 이 교황에 대한 이런 주장을 단호하게 반박한다.

더 중요한 점은 이것이다. 바오로 6세의 동성애와 파올로 칼리니와의 관계에 대한 가설은 바오로 6세의 시복식 과정에서 심각하게 받아들여졌다. 내가 인터뷰를 한 두 소식통에 따르면, 그 '심사'를 위해 준비된 사제들은 그 파일을 상세하게 조사하였다. 만일 논쟁이 있었거나, 파일이 있었다면 이는 적어도 의심이 있었기 때문이라는 것이다.

교황 바오로 6세의 동성애 의혹에 대한 문제는 심지어 안토니오 마르라초(Antonio Marrazzo) 신부가 작성하여 교황 베네딕토 16세에게 제출한 문서에도 뚜렷하게 명시되어 있다. 마르라초가 수집한 대량의 사건 기록 자료들을 매우 잘 알고 있고 교황의 도덕성에 대해 그에게 말해 준 어떤 직접적인 소식통에 따르면, 그 문제는 수많은 문서와 서면 진술을 통해 드러난다. 하지만 그 소식통에 따르면, 마르라초는 모든 문서를 조사하고 대조한 결과 바오로 6세는 아마도 동성애자가 아니었을 것이라는 결론을 지었다.

그리고 교황 베네딕토 16세도 그 파일을 상세히 검토한 후에 최종적으로 그의 결론을 받아들인 후 바오로 6세를 시복하고 그의 '영웅적인 미덕'을 인정하기로 했다. 이로써 바오로 6세에 대한 논란은 일단 종결되었다.

* * *

바오로 6세와 관련해서 한 가지 수수께끼가 풀리지 않고 남아있다. 바로 그의 수행단이다. 그 수행단은 동성애 애호가들과 동성애 행위를 하는 자들로 가득하다. 의식적이든 그렇지 않든, 이 교황은 엄중하게 이런 동성애적인 형태를 금지했지만, 그 자신은 그 '성향'을 가진 자들로 둘러싸여 있었다.

이것은 우리가 살펴본 것처럼, 바오로 6세의 개인 비서, 파스쿠알레 마키의 경우도 마찬가지였다. 마키는 이 교황과 함께 23년을 일했는데 처음에는 밀라노의 대주교로, 그다음은 로마의 대주교로 일했다. 그가 바티칸 박물관의 현대 예술작품을 수집하는 직무를 맡아 수고한 것 외에도, 전설적인 예술적 기질을 가진 이 사제는 장 기통과 절친한 친구였고, 교황의 이름으로 그의 시대의 창의적인 사람들 및 지성인들과 많은 접촉을 했다. 그의 동성애 애호는 10명 이상의 증인이 확인해 주었다.

마찬가지로, 바오로 6세와 가까운 친구였고 부제였던 장래 아일랜드 주교 사제 존 매기(John Magee) 역시 동성애자였다(법원은 그의 클로인(Cloyne) 교구에서 발생한 스캔들을 재판하는 과정에서 그가 동성애자라는 것을 분명하게 했다).

바오로 6세와 친했던 또 다른 남성, 로리스 프란체스코 카포빌라(Loris Francesco Capovilla)는 전임 교황 요한 23세의 개인 비서였고 공의회의 핵심 참가자였다(교황 프란치스코는 그를 2014년에 추기경으로 임명하였다. 그는 2016년에 100세의 나이로 사망했다).

카포빌라도 동성애 애호가였다고 한다.

> 몬시뇰 카포빌라는 매우 명석한 사람이었어요. 그는 젊은 사제들에게 짧게 말을 했고 매우 친절했답니다. 그는 의도적으로 성적인 사인을 보내며 입맞춤 등의 접촉을 하였어요. 그가 한번은 내게 편지를 썼지요.

이전에 교황청 사제였던 프란체스코 레포레가 내게 알려준다(바티칸의 한 추기경과 몇몇 대주교들, 그리고 고위 성직자들 역시 카포빌라의 성향을 확인하여주었다).

바오로 6세의 공식적인 신학자, 도미니크회 수사 마리오 루이지 챠피(Mario Luigi Ciappi)는 지독한 유머 감각을 지닌 플로렌스 출신 사제인데, 내가 만나본 도미니크회 사제들이 증거한 세 개의 동일한 내용의 진술서에 따르면 그도 역시 그의 개인 비서인 그의 '남자'와 함께 살던 "외향적인 동성애 애호가"로 알려져 있다(챠피는 1955년부터 1989년까지 다섯 교황이 인정하는 공식적인 신학자 중 한 명이다. 바오로 6세는 그를 1977년에 추기경으로 서임하였다).

바오로 6세의 교황 의전 담당인 장래 추기경인 이탈리아 '몬시뇰' 비르질리오 노에(Virgilio Noè)도 마찬가지다. 바티칸 사람들은 사람들 앞에서는 철저하게 올곧고 사적으로는 음탕한 삶을 살았던 이 남자 때문에 오랜 기간 허전함을 달랬다.

> 모든 사람이 비르질리오가 동성애 행위를 하는 자라는 것을 알아요. 심지어 지나친 동성애 행위자라고도 말해요!
> 이는 바티칸 내에서 우리들 사이의 농담이었지요.

로마 교황청의 어떤 사제가 확인해 준다.

교황의 남자 일꾼 역시 잘 알려진 동성애자였다. 교황의 주요 통역사들과 경호원 중 하나인 그 유명한 대주교 폴 마르싱쿠스(Paul Marcinkus) 역시 동성애자였다(이 사제에 대해서는 우리는 다시 논할 것이다). 교황이 주교성(the Congregation for Bishops)을 일임하고 나중에 추기경으로 서임된 세바스티아노 바조(Sebastiano Baggio)를 비롯한 추기경 중 다수가 '그 교구'에 속하여 있다. 마지막으로, 바오로 6세 때 스위스 근위대 대장 중 한 명은 교황과 절친한 친구인데, 나의 소식통 중 한 사람이 그 사람을 만나보니 여전히 로마 교외에서 그의 남자친구와 함께 살고 있다고 한다.

바오로 6세는 그의 수행단 대부분을 동성애 애호적이고, '의혹이 가고', '밀실에 있고' 또는 동성애 성행위를 행하는 사제 중에서 채용하였다.

이 사실은 우리에게 무엇을 말하는 것일까?

나는 이 부분을 모든 견해와 모든 퍼즐 조각이 있는 독자들에게 맡기겠다. 아무튼, 바오로 6세 때 생겨난 '마리탱 코드'의 원형은 요한 바오로 2세, 베네딕토 16세, 그리고 프란치스코 교황 때에도 이어질 것이다. 전혀 빈틈이 없고 약삭빠른 교황 바오로 6세는 '사랑하는 우정'을 바티칸의 우애의 규칙으로 삼았다. 그 '마리탱 코드'는 훌륭한 후원 아래 태어났다. 그리고 오늘날에도 여전히 적용되고 있다.

제3장
요한 바오로

바오로 2세
PAUL II
1978-2013년 교황

- 요제프 라칭거
  JOSEPH RATZINGER
  |신앙교리성 Congregation for the Doctrine of Faith|

- 스타니스와프 지비스
  STANISLAW DZIWISZ
  |개인 비서 Personal Secretary|

- 아고스티노 카사롤리
  AGOSTINO CASAROLI
  (1979-1990)
  |국무원장 Secretary of State|

- 에두아르도 마르티네즈 소말로
  EDUARDO MARTÍNEZ SOMALO
  조반니 바티스타 레
  GIOVANNI BATTISTA RE
  |내무부 장관 Secretary of Internal Affairs|

- 아킬레 실베스트리니
  ACHILLE SILVESTRINI
  안젤로 소다노
  ANGELO SODANO
  |국무부 장관 Secretary for Relations with States|

- 조반니 바티스타 레
  GIOVANNI BATTISTA RE
  크레센치오 세페
  CRESCENZIO SEPE
  |관리부장 Assessor|

- 장루이 토랑
  JEAN-LOUIS TAURAN
  |차관 Under Secretar|

안젤로 소다노
ANGELO SODANO
(1990-2006)
|국무원장 Secretary of State|

레오나르도 산드리
LEONARDO SANDRI
|내무부 장관 Secretary of Internal Affairs|

장루이 토랑
JEAN-LOUIS TAURAN
조반니 라졸로
GIOVANNI LAJOLO
|국무부 장관 Secretary for Relations with States|

제임스 하비
JAMES HARVEY
가브리엘 카치아
GABRIELE CACCIA
|관리부장 Assessor|

클라우디오 마리아 첼리
(CLAUDIO MARIA CELLI)
셀레스티노 미글리오르
CELESTINO MIGLIORE
피에트로 파롤린
PIETRO PAROLIN
|차관 Under Secretar|

9

추기경단
(The sacred college)

> 바오로 6세 때도 동성애 애호가들과 동성애 '성향'의 시대였어요. 요한 바오로 2세 때에는 그 특징과 넓이가 많이 달라졌지요. 요한 바오로 2세의 수행단 중에는 더 많은 동성애자가 있었고, 또한 상상조차 할 수 없을 정도의 무절제와 부패가 있었답니다. 심지어 교황 주변에는 실제로 정욕의 고리(정욕에 물든 무리의 고리)가 있었어요.

이렇게 말한 사람은 교황청의 증인 중 한 명인 교황청의 사제다. 이 몬시뇰은 이미 베네딕토 16세와 프란치스코가 제시한 개념을 취하여 '정욕의 고리'라는 표현을 사용한다. 요한 바오로 2세의 뒤를 이은 두 교황은 어떤 특정한 추기경들의 말을 인용하거나 그들 전의 폴란드 교황을 비난하지는 않았지만, 요한 바오로 2세의 혼성(混成) 수행단 때문에 충격을 받았다.

프란치스코는 절대로 임의로 말하지 않는다. 그가 교황청의 '부패의 흐름'에 대항하여 신랄한 공격을 시작했을 때 그는 이미 여러 사람을 염두에 두고 있었다. 그는 교황직을 시작하는 2013년 6월, 라틴 아메리카의 가톨릭 대표들에게 스페인어로 연설했다. 그는 그 연설에서 이번 한 번만 게이 로비에 대해 말했다. 만일 새 교황이 '타락'한 고리에 대해 말했다면 이는 그가 이미 증거를 갖고 있기 때문이었다. 그는 특정한 추기경들을 겨냥하였다. 그는 이탈리아 추기경들, 독일 추기경들, 또한 라틴계 추기경들과 교황 대사들을 생각하고 있었다.

교황 요한 바오로 2세에 대한 추문이 난무하고 그의 측근으로 있는 여러 추기경이 동성애자들이며 부패한 자들이라는 사실은 공공연하게 알려져 있었다. 그러나 나는 이 조사를 하기 전까지는 카롤 보이티와(Karol Wojtyła) 치하의 로마 교황청이 얼마나 위선으로 가득 차 있는지 그 전모를 알지 못했다.

그의 교황직은 본질적으로 무질서했던 것이었을까?

요한 바오로 2세는 나의 젊은 시절의 교황이었다. 내 친구들과 많은 지인이 항상 그를 존경했다. 내가 글을 기고하는 반(反)전체주의 가톨릭 신문사 「에스프리」의 편집자들 사이에서는 보이티와는 일반적으로 공산주의의 종식과 관련된 주요 인물로 간주하였다. 나는 20세기의 전 세계적인 거인인 보이티와의 여러 책과 전기들을 읽어보았다.

내가 그의 매우 오랜 교황직의 숨겨진 어두운 면을 발견한 때는 그와 일했던 추기경들과 주교들과 사제들을 만났을 때였다. 그는 소아성애 사제들을 보호했던 사람들은 말할 것도 없고, 음모자들과 살인 청부업자들과 공공연한 동성애 혐오자들이었던 대다수의 밀실 동성애자들에 둘러싸인 교황이었다.

"바오로 6세는 동성애를 정죄했었어요. 그러나 게이들과의 실제적인 전쟁은 요한 바오로 2세가 등장하면서 시작되었어요."

요한 바오로 2세와 함께 외교부에서 일했던 교황청 사제 하나가 내게 말했다.

> 역사의 아이러니는 동성애자들을 대항하는 이 끝없는 캠페인에 참가한 대부분 사제가 동성애자들이었다는 사실이지요. 요한 바오로 2세와 그의 수행단은 공식적으로 동성애 혐오를 택하면서 덫을 놓았는데 그들은 그 덫이 누구에게까지 해가 될지 알지 못했고, 또한 교회를 내부로부터 손상함으로 교회가 어떤 위험에 노출될지를 깨닫지 못했답니다. 그들은 반드시 패배할 수밖에 없는 자살골에 그들 자신을 던졌던 거예요. 사실 그 전쟁은 그들의 존재를 부인하는 것과 마찬가지였어요. 이 전쟁의 최종 결과는 베네딕토 16세 때 나타나는데 그의 몰락이라고 볼 수 있지요.

요한 바오로 2세 교황의 가장 깊은 비밀 중 하나를 이해하기 위해 나는 로마의 수많은 추기경과 인터뷰를 했다. 그들 중에는 교황의 주요 '장관들', 곧 조반니 바리스타 레, 아킬레 실베스트리니, 레오나르도 산드리, 장루이 토랑, 폴 푸파르가 있었다. 그들은 그 당시 로마 교황청의 중심에 있었다. 나는 크라쿠프(Kraków)에서 교황의 개인 비서였던 스타니스와프 지비스를 방문했다. 나는 또한 교황을 대신하여 외교관으로 일했던 10명 정도의 교황 대사들과 만났다.

그의 몇몇 언론 고문들을 만났고, 부제들과 의전 담당 사제들과 차관들,

1978년부터 2005년 사이의 국무부 회원들, 그리고 많은 주교와 일반 몬시뇰들을 만나보았다. 더욱이 나는 라틴 아메리카와 폴란드에 조사하느라 해외여행을 하면서 추기경들과 주교들과 일반 사제들로부터 많은 정보와 비밀들을 얻어내었다. 마지막으로, 최근에 공개된 칠레 독재 정권의 보관 기록물은 결정적으로 중요했다.

지옥을 향하는 이런 부패와 타락을 조사하면서 한 가지 수수께끼가 남았다.

요한 바오로 2세는 내가 조사하려는 부패에 대해 알고 있었을까?

그는 자기 수행단원 대부분이 이중생활을 하고 있다는 사실을 알고 있었을까?

그는 순진하게도 그런 사실을 몰랐을까?

그는 자기 재임 중에 돈과 육체가 마치 짝을 이루어 무절제의 극에 달하였던 것을 알고 있었을까?

그래서 측근들의 재정 스캔들과 성적인 타락을 조용히 내버려 두거나 승인했던 것일까?

나는 이 수수께끼에 대한 답을 찾지 못했다. 이에 나는 곧 병들어 쓰러질 노쇠한 그 교황이 그런 사실을 전혀 몰랐고 또한 내가 묘사하려는 무절제를 은폐하려고 하지 않았다고 믿고 싶다.

* * *

요한 바오로 2세의 치하 기간에 주로 활동했던 두 인물은 아고스티노 카사롤리와 안젤로 소다노였다. 피에몬테(Piedmont)의 정숙한 가정 출신인 이 두 이탈리아인은 교황의 수석 협력자였고 교황의 '총리'라고 할 수 있는 교황청의 가장 중요한 기능인 국무원장 추기경 자리를 차례로 차지했다.

1998년에 사망한 카사롤리는 오랫동안 약삭빠르고 교활한 외교관이었다. 그는 요한 바오로 2세의 오른팔이 되기 전에 요한 23세와 바오로 6세 치하에서 공산주의 국가들을 책임지고 있었다. 대화와 타협, 그리고 작은 스텝으로 이루어진 그의 훌륭하고 대범한 외교는 오늘날에도 그에 대해 내게 말한 대부분 외교관, 예를 들어, 프랑수아 바케 교황 대사, 몬시뇰 패브릭 리벳 또는 내가 베이루트에서 인터뷰를 한 교황 대사 가브리엘 카치아의 칭찬을 받고 있다.

나는 국무부에서 이러 저러한 교황 대사가 '훌륭한 카사롤리 외교의 노선'

에 서 있다는 말을 자주 들었다. 마치 누군가가 어떤 미국 외교관을 '키신저파'라고 하고 어떤 프랑스 외교관을 '신-드골파'라고 하듯, 카사롤리의 이름은 심지어 오늘날에도 벤치마크가 된 것처럼 보인다. 카사롤리 노선은 암암리에 1991년 이후 그의 후계자로 그 자리에 앉은 안젤로 소다노의 외교 노선과 미묘하게 다르다.

카사롤리의 사후 회고록에 따르면, 그의 외교는 '인내'에 바탕을 두고 있었다. 바티칸에서 '고전'이라는 단어가 의미가 있다면, 그는 고전적인 외교관으로서 도덕보다는 현실정치, 즉각적인 효과보다는 장기적인 정치를 선호하는 실용주의자였다. 인권도 중요하지만, 교회 역시 존중되어야 할 전통을 가지고 있다. 소위 이런 현실주의는 요한 바오로 2세가 로저 에체가라이 추기경에게 비밀 임무를 맡기고 이란, 중국, 쿠바에 '급파시킨' 일이나, 산테기디오(Sant'Egidio) 협회와 같은 조직이 행한 중재나 평행 외교를 배제하지 않는다.

내가 인터뷰를 한 에체가라이에 따르면, 아고스티노 카사롤리는 많은 책, 특히 프랑스 작가 자크 마리탱과 그의 친구 장 기통(기통은 카사롤리의 책 중 하나에 서언을 써 줄 것이다)의 책들을 많이 읽은 '훌륭한 지성인'이었다. 더욱 중요한 것은 카사롤리는 용감하고 솔선수범하는 외교관이었다. 그는 때로는 신분을 숨기고 철의 장막의 반대편으로 여행하였고, 소련과 그 위성국들의 변화 후에는 귀한 정보를 제공한 지역 정보원들과 네트워크를 구축하였다.

그와 함께 일했던 폴 푸파르 추기경은 이렇게 말한다.

> 그는 대단한 미묘함을 지닌 사람이었어요. 그는 분명하고 정중한 말로 이견을 표현했지요. 그는 바티칸 외교관의 진수였습니다.
> 그는 이탈리아인이기도 했지요!
> 이전 국무원장이던 프랑스 사람 장 비요(Jean Villot)는 이탈리아 출신의 교황 바오로 6세와 잘 통했었어요. 하지만 그는 폴란드 교황 요한 바오로 2세에게는 이탈리아인을 세우라고 권하였지요. 그는 '당신은 이탈리아인이 필요합니다'라고 말했어요. 결국, 이런 모든 요건을 갖춘 카사롤리가 나타난 것이었고요.

카사롤리가 교황의 '총리'가 되고 추기경으로 서임되었을 때 그의 재능은 공산주의 문제에 효율적으로 쓰임 받았다. 그 국무원장은 연설과 여행을 통해 반(反)공산주의를 우선순위로 삼은 요한 바오로 2세를 본받아 오늘날 매우 잘 알려진 미묘하고 비밀스런 행동을 단행했다. 거액의 돈이 폴란드 노동 조합 솔리다르노시치(Solidarność)에 지불되었다. 동 유럽에는 비공식적인 사무실들이 설치되었다. 유명한 대주교 폴 마르싱쿠스가 운영하는 바티칸 은행은 반동 선전기구를 조직했다(내가 조반니 바리스테 레 및 장루이 토랑 추기경에게 질문했을 때 그들은 교황청이 솔리다르노시치에 직접적인 자금을 조달한 것에 대해 부인했다).

공산주의와의 싸움은 요한 바오로 2세의 개인적인 선택이었다. 교황은 나름대로 전략을 짜서 극소수의 협력자들에게만 그 전략을 암호로 알린 후 그 전략을 전개해 나갔다(그 극소수의 협력자들로는 그의 개인 비서 스타니스와프 지비스, 국무원장 추기경 카사롤리와 그 다음으로 소다노가 있고, 교황직무 초기에는 바르샤바의 대주교 추기경 스테판 비신스키[Stefan Wyszynski]가 있었다).

특히 스타니스와프 지비스의 역할은 대단히 중요했다. 여기서 그의 역할은 우리 주제에 매우 중요하기 때문에 상세히 다룰 필요가 있다. 이 폴란드 고위 성직자는 공산주의 세계를 속속들이 알고 있었다. 그는 바르샤바에서, 그 후 로마에서 요한 바오로 2세의 주요 협력자였다. 증인들에 따르면, 그는 모든 반(反)공산주의 비밀 임무에 있어서 핵심 인물이었다. 그는 모든 민감한 파일들과 평행 자금 조달에 대해 알고 있었다.

우리는 지비스와 라칭거 추기경과의 관계가 매우 좋지 않았다는 것을 알지만, 훗날 교황으로 선출된 라칭거는 아마도 죽어가는 요한 바오로 2세에게 했던 약속 때문에, 어떤 대가를 치르던, 지비스를 크라쿠프의 대주교로 임명하였고 그다음 그를 추기경으로 서임했다.

"몬시뇰 지비스는 매우 훌륭한 개인 비서였고, 매우 충성스럽고 훌륭한 종이었습니다. 그는 변함없이 요한 바오로 2세와 함께 했고 그 교황에게 모든 것을 보고했지요."

조반니 바티스타 레 추기경이 그 상황을 요약해서 알려준다.

요한 바오로 2세의 전 의전 담당이며 교황이 여행할 때 자주 동반했던 레나토 보카도는 로마에서 130킬로미터 떨어진, 그가 지금 대주교로 있는 스폴레토에서 나와 대화를 하는 중에 지비스에 대한 중대한 영향력을 동일하게 확인해 주었다.

개인 비서 지비스를 피해서 갈 방법은 없었어요. 그는 교황의 모든 여행에 매우 의욕적으로 동행하였고, 그들이 폴란드로 갈 때에는 당연히 손에 더 많이 들고 갔지요. 그러면 '폴란드의 패거리들', 즉 그로홀레프스(Grocholewski) 추기경과 데스쿠르(Deskur)와 지비스 추기경이 그 여행을 맡았답니다. 나는 2002년 여행을 기억하는데 우리 모두가 짐작한 것처럼 교황이 태어난 그 나라로의 여행은 그의 마지막 여행이 되었어요. 우리와 함께 갔던 지비스는 모든 사람을 알고 있었습니다. 우리는 특별한 환대를 받았답니다.

레나토 보카도는 간략하게 오랫동안 숨어 있던 지비스가 교황직의 끝에서 바티칸의 실세로 드러났다고 우리를 이해시킨다.
폴란드의 바티칸 전문기자 야체크 모스와(Jacek Moskwa)가 바르샤바에서 인터뷰를 할 때 넓은 안목으로 보며 말한다.

추기경 스타니스와프 지비스, 안드레이 데스쿠르(Andrzej Deskur), 제논 그로홀레프스키(Zenon Grocholewski), 스테판 비신스키, 그리고 더욱이 폴란드 수석 대주교 유제프 글렘프(Józef Glemp)를 둘러싼 폴란드 '마피아'에 대한 많은 이야기가 있었지요.
심지어 갱단에 대한 말도 있었어요!
나는 그런 말은 대체로 지어낸 이야기였다고 생각합니다. 요한 바오로 2세와 관련해서 참으로 영향력이 있던 유일한 사람은 그의 개인 비서 스타니스와프 지비스였어요.

그럼에도 현재 크라쿠프에서 은퇴 생활을 하는 지비스 추기경은 로마에 모호한 평판을 남겼다. 교황에 대한 그의 충성심은 존경받지만, 그의 위선은 비판을 받고 있다. 그가 메디치 빌라 근처에서 홀로 보냈던 시기에 수면에 떠오른 그의 동성애적인 언어들과 그의 두드러진 기분 변화와 사치를 일삼는 심리는 그 시인의 "나는 숨겨졌고. 숨겨져 있지 않다"는 말처럼 이해하기가 어렵다. 그리고 그가 교황청을 떠난 이후, 소문은 무성하여졌다.
바티칸의 최근 역사 중 가장 비밀스러운 인물 중 한 명이(카롤 보이티와 외에도 거의 30년 동안 인터뷰를 하지 않은 지비스가 그 사람이다.) 서서히 밝은 곳으로 드러난다. 예를 들어, 바티칸에서 여전히 일하고 있는 카사롤리의 한 동료는 지비스의 다중 인생은 로마 가톨릭의 커다란 비밀 중 하나라고 내게 일러주었다.

지비스에게는 별명이 있었어요. '교황이 이르되'가 그의 별명이지요. 그는 요한 바오로 2세의 비서였고 그를 피하여 갈 방법은 전혀 없었고 모든 것이 그를 통해야 했어요. 분명히 그는 정보를 '심사하였지요.' 말하자면 그는 그가 원하는 정보만 교황에게 전한 것이에요.

요한 바오로 2세의 병이 점차로 악화하자, 그는 교황을 대변하기 시작했어요. 그러면서 지시를 내리는 사람이 교황인지 아니면 지비스인지 점점 알 도리가 없었어요. 소아성애 및 재정 스캔들에 관한 파일들이 그중에 속하였어요. 라칭거 추기경과 갈등이 일어난 부분은 이런 문제들에 관한 것이었답니다. 지비스는 매우 강했어요. 그는 여러 경우에 있어서 라칭거를 울게 만들었다고 해요.

교황청 사제 한 사람이 이 정보를 확인해 준다.

지비스는 매우 예측 불가하고 매우 공격적인 사람이었습니다. 그는 매우 진취적이었고 교황의 가까운 협력자라는 이유로 더욱 침착하게 일을 진행하였지요. 그는 자신이 보호받고 있고 사정거리 밖에 있다는 것도 잘 알고 있었어요.

'우도바'(Wdowa). 몬시뇰 스타니스와프 지비스의 폴란드 별명이다. 이 뜻은 '과부'로서 폴란드에서는 가장 잦은 농담 중 하나가 되었다. 이는 그리 기분 좋은 결과는 아니다. 나는 바르샤바와 크라쿠프에서 조사하는 동안 조롱이든 악의이든 이 별명이 애완동물에게 쓰이는 것을 자주 들을 수 있었는데 신경이 많이 쓰였다.

교황에 대한 4권의 전기를 쓴 작가이며, 오랫동안 로마에서 특파원으로 있었던 폴란드 바티칸 전문기자 야체크 모스와가 내게 말한다.

나는 그 표현을 사용하지 않습니다. 그를 '과부'라고 부르는 사람은 비방을 하는 자들이지요. 사실, 지비스는 요한 바오로 2세에 대해서만 말합니다. 그의 삶에 유일하게 중요한 것은 교황이지요. 그의 유일한 목표는 요한 바오로 2세입니다. 교황의 이야기와 그에 대한 기억이 그에게는 전부입니다. 그는 그 위대한 사람의 그늘에 항상 있었지요. 그는 이제 그의 유언 집행자가 되었습니다.

나는 수십 명의 사제, 주교, 추기경에게 스타니스와프 지비스에 관해 물었는데, 그들과의 대화에서 매우 대조적인 이미지가 드러난다. 나를 맞이한 바르샤바에 있는 폴란드 주교단의 사제들은 요한 바오로 2세 곁에서 그가 했던 '주요'한 역할과 '결정적인' 역할을 강조한다. 내가 폴란드 수도에 본부를 두고 있는 교황청 산하 선교단체인 파피에스키 드지와 미시즈네(Papieskie Dziea Misyjne) 재단을 방문했을 때도 똑같은 종류의 찬사를 듣게 된다.

"이곳의 우리는 모두 보이티와의 자녀들입니다."

가톨릭 정보국 KAI의 기자 파베우 벨린스키(Pawel Bielinski)가 내게 말한다. 지비스를 잘 알며 32년 동안 로마의 「로세르바토레 로마노」와 함께 일한 폴란드 사람 워진예수 레저흐(Wlodzimierz Redzioch)는 내가 그를 만났을 때 요한 바오로 2세의 비서를 칭찬한다. 그가 믿는 바에 따르면, "존경하는 예하 지비스"는 "우리 시대의 가장 정직하고 도덕적인 사람 중 하나이며", "그의 위대한 마음"과 그의 "순수함"과 그의 "경건함"은 "성자"에 근접할 만큼 예외적이었다고 한다.

*　　　*　　　*

폴란드의 작은 마을에서 태어난 가난한 아이 스타니스와프 지비스는 사실상 독신 남성인 카롤 보이티와에게 삶의 빚을 졌다. 이 젊은 신학생을 1963년에 사제로 서품을 한 것도 그였고, 또한 1998년에 그를 주교로 선출되도록 한 사람도 그였다. 그들은 수십 년 동안 서로 떨어질 수 없을 것이다.

지비스는 크라쿠프의 대주교 보이티와의 개인 비서가 될 것이며, 그 후에는 로마에서 교황이 된 요한 바오로 2세의 개인 비서가 된다. 1981년에 교황의 생명을 노린 습격 상황에서 지비스는 교황 곁에서 그의 몸으로 그를 가렸다고 알려져 있다.

그는 교황의 모든 비밀을 알고 있었고, 교황의 개인 수첩을 보관하고 있었다. 인간의 고통의 보편적인 상징인 교황의 오랜 지병과 고통스러운 죽음 이후, 지비스는 또한 교황의 피 표본을 성물(聖物)로 보관하였고 그 이상한 유체 성물은 수많은 섬뜩한 풍문을 불러일으켰다.

스타니스와프 지비스는 폴란드 교회에서 매우 존경받는 인물입니다. 이것을 염두에 두세요. 그는 교황 요한 바오로 2세의 오른팔이었습니다.

극보수 우파와 가톨릭교회에 가까운 국가 문화기관인 폴란드 인스티튜트(Polish Institute)를 현재 운영하는 대사 지스토 프올렌스키(Krzysztof Olendski)가 바르샤바에서 가진 인터뷰에서 내게 말하였다.

다른 증인들은 덜 관대하다. 어떤 이들은 내게 지비스는 "별 볼 일 없는 촌뜨기" 또는 "복잡해진 어리석은 사람"이라고 한다. 어떤 사람들은 "멍청이", "요한 바오로 2세의 사악한 천재"라는 모진 판단을 내린다. 나는 어떤 인터뷰를 통해 크라쿠프에서는 그 추기경이 무분별한 행동을 하거나 탈선하지 못하도록 그를 눈여겨보아야 했다고 들었다.

"그는 분명히 지성인이 아니지요. 하지만 세월이 흐르면서 상당한 진전을 이루었어요."

「폴리티카」(Polityka) 뉴스 잡지에서 가톨릭에 대해 유력한 전문기자이며 지비스를 잘 아는 아담 쇼스트키에비치(Adam Szostkiewicz)가 말한다.

교황과 그의 개인 비서 사이의 격식에 벗어난 이 관계를 파악하기 위해 몇몇 사람은 다른 설명을 제시한다. 바로 충성심이라는 것이다.

"사실, 그는 대단한 인물은 아니랍니다. 그는 실제적으로는 요한 바오로 2세의 그늘에서 살아왔지요."

솔리다르노시치의 조합원이었던 바티칸 전문기자 야체크 모스와가 시인한다.

그는 곧바로 더하여 말한다.

> 그러나 그는 이상적인 비서였어요. 나는 그가 바티칸에서 요한 바오로 2세 곁에서 젊은 사제로 있을 때 그를 알게 되었어요. 그는 믿음직스럽고 충실했습니다. 그는 훌륭한 자질을 갖고 있었어요. 오랫동안 지비스는 내성적이었고 꽤 신중했어요. 그는 비공개로 기자들과 자주 통화했지만, 그들을 맞이한 적은 한 번도 없었습니다. 결국, 그는 사제로 시작해서 교회 내에서 화려한 경력을 쌓았답니다. 교황과 그의 관계의 핵심은 충성심이었어요.

지비스는 베네딕토 16세 때 크라쿠프의 대주교가 되었고 그 후 추기경으로 서임 받았다. 그는 오늘날 카노니차 거리(Kanonicza Street)에 있는 오랜 타운 하우스에서 살고 있는데 내게 공식 회견을 허락한다.

그의 부제인 이탈리아 사람 안드레아 나르도토(Andrea Nardotto)가 말한다.

"추기경은 기자에게 인터뷰한 적이 거의 없는데 당신을 만나보겠다고 하시네요."

나는 분홍 협죽도와 싱싱한 소형 침엽수 사이에 있는 햇빛 비치는 파티오에서 '그 과부'를 기다린다. 복도에는 교황복을 입은 요한 바오로 2세의 찝찝한 갈색 동상이 서 있다. 파티오 위에는 분유 색깔의 요한 바오로 2세 동상이 있다. 저 멀리 수녀들이 웅성거리는 소리가 들린다. 나는 음식 배달 남자들이 이미 만들어진 요리를 가지고 들어오는 것을 본다.

갑자기 스타니스와프 지비스가 그의 사무실의 육중한 나무문을 밀고 들어오더니 문간에서 뻣뻣이 서서 나를 바라본다. 로만 칼라를 하는 잘 생긴 젊은이들과 주름이 많은 늙은 여인들이 그를 둘러서 있다. 그의 부제 나르도토가 나를 프랑스 작가이며 기자라고 소개한다. 지비스는 더 이상의 형식적인 절차를 생략하고 나를 이끌어 그의 방으로 간다.

그 방은 세 개의 나무 식탁이 있는 큰 방이다. 신문들로 덮인 작은 직사각형 책상이 있고, 그가 회의를 열 때 사용하는 것처럼 보이는 사각 모양의 빈 테이블이 있다. 또한, 큰 주홍색 팔걸이의자로 틀을 잡은, 학교 교실에서 가져온 것처럼 보이는 나무 책상이 있다. 마음을 가다듬은 몬시뇰 지비스는 내게 앉으라고 손짓한다.

추기경은 내게 "교회에서 가장 나이가 많은 딸"에 관해 묻는다(답은 프랑스이다). 하지만 사실은 내 대답을 들으려고 하는 것은 아니다. 이제 내가 그에게 질문할 차례지만 그는 내 질문도 듣지 않는다. 우리는 자크 마리탱, 장 기통, 프랑수아 모리아크 등, 가톨릭 지성인들에 대해 말한다.

"그리고 앙드레 프로사르(André Frossard)가 있고 장 다니엘루도 있지요!"

추기경은 그가 책을 읽어보거나 만나보았던 지성인들의 이름을 열거한다.

우리는 마치 일종의 고해 성사를 하는 것 같이 지성인들의 이름을 열거하고 교환하고 빠뜨린다. 내 앞에 있는 그는 지성인이 아니다. 이 명예 추기경은 사상에는 거의 관심이 없는 듯 보인다.

크라쿠프에서 여러 문화재단과 주요 문화제를 운영하는 저명한 학자 올가 브르진스카(Olga Brzzinska)가 내게 이 사실을 확인해 준다.

지비스는 다소 논란은 있지만 이곳에서 유명하지요. 하지만 그는 이 도시에서 주요 지성인으로 알려져 있지는 않아요. 그가 알려지게 된 주된 이유는 요한 바오로 2세와 친하였다는 사실 때문이지요.
그는 교황의 수첩과 비밀, 심지어 그의 피를 보관하고 있어요!
사실 좀 불길하기도 하지만.

지비스의 사무실 벽에는 요한 바오로 2세를 보여주는 세 개의 그림과 추기경 예복을 입은 지비스의 멋진 초상화가 걸려 있다. 세 식탁 중 하나 위에는 추기경의 두개관(頭蓋冠)이 의전을 무시하고 뒤집혀 있다. 진자가 멈춰있는 대형 괘종시계는 죽어있어서 시간을 알려주지 않는다. 도가 지나치도록 명랑한 추기경이 나를 반가이 맞는다.
잠시 뜸을 들인 추기경이 갑자기 유쾌해지더니 붙임성 있게 말을 건다.
"호감이 가는 사람이군요."
폴란드 남부 출신인 그도 매우 호감이 가는 사람이다.
몬시뇰 지비스는 더 이상 오랫동안 대화할 수 없는 사실에 대해 사과한다. 그는 현관 객실에서 벌써 와서 기다리고 있는 약간 굽은 몰타 기사단의 대표를 만나보아야 한다.
"참으로 지루한 일이지요."
그는 비밀스럽게 말한다. 그는 내게 다음 날 다시 오라고 제안한다.
우리는 셀카를 찍는다. 지비스는 전혀 급하지 않은 듯 렌즈에 잘 보이도록 애교 있는 여성스런 몸짓으로 나의 팔을 잡는다. 하지만 그 모습이 그의 권위에 흠이 되지는 않는다. '깨어 있는 영혼'은 그의 어리석음과 충동과 환희를 억제하면서 나를 떠본다. 나는 그를 가지고 논다.
그는 나와 장난을 치고 나는 그와 함께 논다. 그는 거만하게 뒤로 물러나고 나는 그 시인의 말을 생각한다.
"별똥별이 번쩍이는 빛을 내는 것을 보고 싶은가?"
그러나 80세의 나이에 그런 행복을 기대할 수 있겠는가!
나는 사제복장을 하고 향냄새를 풍기며 내 앞에 서 있는, 지금 내 주제와는 정반대인 이 사람을 깊게 조사하게 되면서 놀랐다. 나는 그의 '거친 자유'와 선량함, 그의 매력 때문에 이 피조물에게 감탄하게 되리라고는 전혀 생각조차 못 했다.
랭보의 표현대로 하면 그는 "곡예사이며, 거지이며 예술가이며 강도 같은 사제"다.

나는 그런 면에서 그를 좋아한다!

그는 곡예사이고 줄타기 선수이며 알려지지 않은 여생을 사는 유목민이다. 나의 마지막 의심이 희미해지는 동안 나는 내 앞에 앉아있는 교회의 위대한 추기경의 '간절한 인내'에 마음을 빼앗긴 채 감탄한다. 그는 속박되어 있지 않다. 그는 변하지 않았으며, 구제 불능이다.

얼마나 멋진 삶인가!

얼마나 대단한 사람인가!

크라쿠프에서의 그 추기경의 생활 방식은 많은 사람을 깜짝 놀라게 한다. 나는 그의 자선 행위에 대해 들었다. 그는 때때로 지나치게 베푼다. 그의 고향 마을인 미스자나 돌나(Mszana Dolna)에는 반복적으로 자선 선물을 보낸다. 배부름과 안락함을 좋아하는 우리의 이 남자는 좋은 음식을 즐기며 사람들을 놀라게 한다. 그도 사람일 뿐이다. 나는 그 도시에 있고 그와 처음 만나 저녁을 한다. 고급 식당 피오렌티나(Fiorentina)다. 그 식당 지배인 이가(Iga)는 나중에 그가 거의 세 시간을 그곳에서 보낸다고 말해 줄 것이다.

"우리 식당은 이 도시에서 최고급 식당 중 하나입니다. 지비스 추기경은 지배인과 친구지요."

그 자금은 어디서 나오는 것일까?

이 고급 성직자는 그의 사제 연금으로 어떻게 이런 호화로운 삶을 살 수 있는 것일까?

그것이 이 책에서의 수수께끼 중 하나다.

또 다른 수수께끼는 스타니스와프 지비스가 교황 요한 바오로 2세의 개인 비서로 있을 때 교회 내의 어두운 인물들을 향해 보여주었던 끝없는 지원이다. 나는 폴란드에서 조사를 하면서 폴란드 일간지「가제타 위보르차」(*Gazeta Wyborcza*)의 조사 기자 팀(특히 미로스와 프렉위이(Mirosaw Wleky), 마르신 카키(Marcin Kacki), 마르신 워치크(Marcin Wójci)와 일했다)과 일했고 또한 나의 '조사원' 예르지 슈체니(Jerzy Sczesny)와 함께 했다.

이때 요한 바오로 2세의 개인 비서의 어두운 면에 대한 일부 심각한 양상들이 드러났고 곧이어 더욱 아찔한 폭로가 뒤따른다(2018년 가을에 개봉되어 큰 흥행을 얻은 폴란드 사제들의 소아성애를 다룬 영화「성직자들」(*Kler*)은 대부분 유럽의 가톨릭 나라에서 교회의 위선에 대한 논쟁이 시작되었음을 확인시켜 준다).

스타니스와프 지비스의 이름은 성폭행 사례와 관련한 수십 권의 책과 기사에서 또다시 언급된다. 이는 그가 그런 행동을 저지른 것으로 비난받는 것이 아니라 바티칸 내의 부패한 사제들을 감쌌다는 의혹을 받고 있기 때문이다. 그는 멕시코인 마르씨얼 마시엘(Marcial Maciel), 칠레인 페르난도 카라디마(Fernando Karadima), 콜롬비아인 알폰소 로페스 트루히요(Alfonso López Trujillo), 미국인 베르나르 로(Bernard Law)와 테오도르 맥캐릭(Theodore McCarrick)과 두터운 관계를 맺었다.

또한, 그의 이름은 폴란드의 여러 성추문, 특히 널리 알려진 율리우스 파에츠(Juliusz Paetz) 사건과 연관되어 나타난다. 율리우스 주교는 'ROMA' 속옷을 신학생들에게 주면서 구애했다. 'ROMA'는 거꾸로 읽으면 'AMOR'(사랑)이다(그는 이 일로 사임해야 했다). 마찬가지로, 지비스는 개인적으로 요제프 웨솔프스키(Józef Wesolowski) 사제와 친분이 있었는데 그는 크라쿠프에서 서품을 받고 도미니크 공화국 주재 교황 대사로 임명되었다. 이 대주교는 커다란 동성애 학대 스캔들의 중심에 서 있었는데 교황 프란치스코의 요청으로 바티칸 경찰이 로마에서 그를 체포했다.

스타니스와프 지비스는 그 사건 서류 안에 무슨 내용이 들어있는지 몰랐을까? 그는 교황 요한 바오로 2세에게 정확한 정보를 전했을까?
아니면 그 정보들을 '여과'하여 감춘 부분이 있었을까?
그는 안젤로 소다노 추기경과 함께 이런 사건 중 일부에 대해 적절한 조처하지 못한 점에 죄책감을 느꼈을까?

내가 질문을 했던 일부 폴란드 가톨릭 고위 성직자들은 지비스가 이런 스캔들에 대해 아무것도 몰랐기 때문에 전혀 관련이 없었다고 주장한다. 반면에 다른 사람들은 그는 자기 공모 때문에 "지금 감옥에 있어야 한다"고 생각한다. 이런 정반대의 의견과는 별개로, 일부는 심지어 지비스는 그의 취약점 때문에 폴란드, 불가리아, 동독의 첩보부에 고용되었을 수도 있다는, 근거 없는 주장까지 한다. 하지만 이런 바티칸 '침투 작전'에 대한 증거는 전혀 찾아볼 수 없다.
바르샤바에서 폴란드 바티칸 전문기자 야체크 모스와 인터뷰를 할 때 그는 이에 대해 그럴듯한 설명을 한다. 그가 제시하는 것은, 만일 요한 바오로 2세와 지비스가 성폭행 혐의가 있는 몇몇 사제들에 관해 판단 오류를 범하였다면 그것은 고의적인 것이 아니라 공산주의의 선전 결과였다는 것이다.

배경을 놓치면 안 됩니다. 1989년 이전에는 폴란드 첩보부가 정권 반대자들을 약화하기 위해 동성애와 소아성애에 대한 소문을 많이 사용했어요. 공갈·협박과 정치적인 조작을 잘 알고 있던 요한 바오로 2세와 그의 비서 지비스는 그런 소문 중 어떤 것도 믿고 싶어 하지 않았습니다. 그들은 사방으로 포위된 느낌을 가졌을 거예요. 교회의 원수들은 사제들과 타협하려고 노력하고 있었지요. 그래서 그들은 어떤 대가를 치르더라도 결속을 보여야 했어요.

「폴리티카」신문의 아담 쇼스트키에비치(Adam Szostkiewicz)가 전적으로 동의하면서도 조심스레 한 마디 한다.

요한 바오로 2세는 폴란드와 공산주의에 관한 정확한 목표와 정치적인 의제를 가지고 있었습니다. 그는 그 궤도에서 벗어난 적이 없었지요. 그는 자기 수행단이나 그의 지지자들의 도덕성에 대해 거의 관심이 없었습니다.

수십 개의 나라 가운데 교회 내에서 벌어진 성폭행을 조사하고 있는 각 나라의 법질서 기관들은 어느 날 이런 수수께끼를 어느 정도 밝혀낼 것이다. 현재로서는 스타니스와프 지비스는 법 때문에 고생한 적이 없었고 그에 대한 불만이나 고발이 한 번도 제기된 적이 없었다. 그는 크라쿠프에서 매우 활달한 은퇴 생활을 즐기고 있다. 그러나 어느 날 그가 어떤 수사에 연루된다면 교황 요한 바오로 2세의 이미지가 크게 실추될 것이다.

* * *

그다음 날 나는 다시 카노니차 거리로 가고, 지비스 추기경은 두 번째 비공식 인터뷰를 위해 나를 맞이한다. 그는 자기 친구들인 소다노, 산드리 또는 레 추기경들과는 달리 더 부주의하고 덜 조심스러우며 더 자발적이다.

나는 그 '작은 흰 책'을 가져왔고, 그는 즐거워하며 포장지를 뜯는다.

"이 책은 당신이 쓴 것인가요?"

그는 이제 내가 기자이며 작가라는 것을 기억하면서 상냥하게 묻는다.

"아니요, 제가 준비한 선물입니다. 이 작은 흰 책은 제가 매우 좋아하는 책이에요."

나는 말한다.

그는 놀란 기색으로 나를 바라보더니 이제 어떤 낯선 사람이 그에게 책 한 권을 주기 위해 파리로부터 먼 길을 온 것처럼 생각하고 마냥 즐거워한다. 나는 그의 눈이 내가 여러 사진에서 매우 자주 보았던 그 눈과 똑같은 것을 보고 충격을 받는다.

욕심과 탐심의 눈!

그것은 혀보다 더 유창하게 뚜렷한 의미를 전달한다. 그 눈은 뭔가 책망하는 듯 나를 바라본다.

우리는 우리의 게임을 다시 시작한다. 추기경은 나의 선물을 그에게 헌정하라고 부탁하면서 만년필을 빌려준다. 그 사이에 그는 대기실로 사라지고 나는 그가 서랍과 찬장을 여는 소리를 듣는다. 그는 나를 위해 네 가지 선물을 갖고 돌아온다. 그 네 가지 선물은, 사진 한 장, 사랑스럽게 보이는 사진 책, 그리고 검은 구슬과 흰 구슬로 만들어진 두 개의 묵주다. 그 묵주를 담은 멋진 녹청색 상자 위에는 그의 초상과 문장(紋章)이 새겨져 있다.

그 주교의 좌우명은 간단하다.

"수르섬 코르다"("당신의 마음을 높이라").

나는 바르샤바로 돌아오는 기차에서 휠체어를 탄 승객에게 그 묵주 중 하나를 줄 것이다. 파킨슨병을 앓고 있는 그 독실한 가톨릭 신자는 크라쿠프에 있는 요한 바오로 2세대학에서 공부했으며 그가 존경하는 지비스의 이름을 알고 있다고 내게 말할 것이다.

지비스가 준 사진에는 요한 바오로 2세가 그의 팔에 동물 하나를 안고 있다.

"양이에요."

지비스가 마치 양처럼 내게 부드럽게 말한다.

이제 추기경은 그의 아름다운 펜을 집더니 검정색의 작은 글씨로 그 사진 책을 내게 헌정한다.

"작가지요?

프레더릭. 프랑스어로 당신 이름을 어떻게 쓰나요?"

그는 내게 묻는다.

"프레더릭이에요, 프레더릭 쇼팽처럼 말이지요."

그는 내게 그 선물을 주고, 나는 그 책이 끔찍하고 쓸모없고 하찮더라도 그에게 감사한다.

"당신은 매우 호감이 가는 기자입니다. 정말로 많이 호감이 가요."

지비스는 강조하며 말한다.

세상의 흐름을 이끌던 한 남자의 오른팔로 있으면서 한때 각광을 받았던 그가 이제는 '여성과 동반하는 것'이 금지된 상태에서 크라쿠프인의 권태와 피곤함을 느끼고 있다. 그는 로마에서 모든 신학생과 스위스 근위대원의 이름까지 부를 수 있을 만큼 그들과 잘 알고 지냈다. 이제 세월이 흘렀고 그 늙은 총각은 더 이상 그의 과부 생활을 영위하지 못한다. 크라쿠프에서 갓 연금을 받기 시작한 성복을 입은 그 노인은 상심해 하며 내게 묻는다. 그의 곁에는 아무도 없다.

"아니에요. 여기에 있으면서 심심하지는 않아요. 나는 로마보다 크라쿠프가 더 좋아요."

부끄러움을 모르는 지비스가 말한다.

주교 하나가 들어온다. 우리는 이제 더 이상 단둘이 아니다. 그는 지비스를 '예하'라고 부르며 매우 존경하는 자세로 고개를 숙인다.

나는 추기경에게 빈정거리는 말로 나는 '예하'라는 용어는 한 번도 사용한 적이 없다고 말한다. 그는 웃음을 터뜨리며 마치 칭호는 의미가 없고 그는 별로 신경을 쓰지 않는다고 말하는 것처럼 괜찮다는 식으로 내 손을 잡는다. 이는 마치 지옥과 같은 시절에서 벗어난 것처럼, "나는 예하가 아니에요! 나는 과부에요!"라고 말하는 것 같았다.

우리는 요한 바오로 2세의 교황직을 이해하기 위해 교황을 둘러싼 동심원들로부터 시작해야 한다. 첫 번째 고리는 교황과 가장 가까운 원으로써 스타니스와프 지비스가 그 원의 중심에 있다. 국무원장 아고스티노 카사롤리는 이 그룹에 속하지 않는다. 사실 그는 교황과 잘 어울리지 못했다.

그 두 남자의 관계는 곧바로 긴장 상태가 되었고 때로는 격하게 논쟁했다. 이에 대해 동일하게 말하는 여러 소식통에 따르면, 갈등을 싫어하던 카사롤리는 몇 차례 사임서를 냈다고 한다. 이 둘의 갈등 소식은 외부 세계로 새어나가지는 않았다.

또한, 카사롤리는 교황의 요구에 늘 굴복했기 때문에 두 사람의 관계는 유동적이지만 안정되게 보였다. 그는 훌륭한 외교관으로서 비록 자신이 수긍하지 않더라도 주어진 상황에 신속하게 대처한다. 그러나 사적으로는 그들의 관계는 원칙과 인사(人事) 문제 때문에 점점 나빠졌다.

무엇보다 공산주의 때문에 그러했다. 카사롤리 추기경은 냉전(the Cold War) 시대의 사람으로서 비록 공산주의가 무너지기를 바랐지만, 그것이 몰락하리라고는 전혀 예상하지 못했다. 인터뷰를 담은 어떤 책을 보니, 교황 베네딕토 16세는 이 사실을 확인해 준다.

"카사롤리의 의도는 좋았지만, 그의 정책은 본질에서 실패한 것이 분명했습니다…. 타협을 통해 공산 정권을 달래려 하기보다는 대항했어야 해요. 그것이 요한 바오로 2세의 견해였고, 저 또한 그 견해를 따랐습니다."

이 주제에 관해서는 역사는 폴란드 교황이 옳았다는 것을 분명하게 입증하여준다. 오늘날 그 교황은 공산주의의 몰락을 설계한 주요 핵심 인물 중 하나로 여겨지고 있다.

교황과 그의 '총리' 사이의 다른 긴장은 인사 문제에서 발생했다.

몇몇 사람들이 내게 말해준 것처럼 이 문제 때문에 카사롤리 승계의 비극이 발생했던 것일까?

아무튼, 이 늙고 세력 있던 추기경 카사롤리는 1990년 12월에 정년이 됨으로써 (교황은 더 연기시킬 수 있었음에도) 은퇴 선고를 받는다. 그는 자기 대리인이며 가까운 동료인 아킬레 실베스트리니가 그의 자리에 지명되는 것을 원했다.

이 두 사람 사이의 관계는 자석처럼 서로를 끌었고 오래 갔다. 그들은 종종 합력하여 일했다. 실베스트리니는 그의 개인 비서로 있다가 그의 대리인이 되었다. 그는 카사롤리가 죽은 후 그의 회고록의 서문을 쓸 것이다. 이탈리아 언론은 심지어 그들의 소위 '금융 제휴'를 보여주는 법적 문서에 대해 언급했다. 즉, 그 두 고위 성직자들이 공모하여 물밑 금융 거래를 했다는 것이다. 하지만 이 혐의는 입증되지 않았다(나는 몬시뇰 아킬레 실베스트리니를 바티칸 내의 포노 광장[the Piazza del Forno] 근처에 있는 그의 아파트에서 만났다. 우리는 서로 얼굴을 몇 번 쳐다보고 몇 마디의 말을 주고받았고 그의 팀은 우리와 셀카를 찍기를 원했다. 그는 병에 걸려 있었고, 95세로서 너무 늙어서 그의 증언은 사용될 수 없었다).

하지만 알려진 바는 카사롤리와 실베스트리니가 서로 대단히 가까운 사이였다는 사실이다. 호기심을 끄는 이 관계에 대해 내가 추기경들과 주교들과 인터뷰를 하며 질문을 하였는데 그들은 '알고 웃는 미소'로 반응한다. 터놓고 솔직하게 말하는 고위 성직자들은 거의 없다. 정직하게 사실대로 말하는 자들도 없다. 그들의 대답은 은유적이고 때로는 시적이다. 나는 그런 그들의 미소 뒤에 드러내고 싶지 않은 비밀이 숨겨져 있다는 것을 이해한다. 그 후 그들은 매우 암시적인 이미지를 사용하여 말한다.

"그 교구에 속하여 있는가?"
"저주받은 떡을 받았는가?"
"비정상적인 가정"을 꾸렸는가?

어떤 이들은 내가 가설을 갖고 대담하게 구는 것은 아니냐고 할 것이다. 그러나 사실대로 말하면, 나는 가설에 대해 그렇게 대담하지 않다. 단지 사실로 기록될 수 있는 소문을 알려주었을 뿐이다. 이제 나는 더 대담하게 말할 수 있다.
　셀 수 없이 많은 소문과는 반대로 카사롤리는 실베스트리니의 연인은 아니었던 것 같다. 여러 추기경의 부재였고 카사롤리-실베스트리니 가정에 대해 잘 알고 가장 먼저 공개한 전 교황청 사제인 프란체스코 레포레의 말을 들어보자.

　　무엇보다, 카사롤리는 동성애자였고 바티칸에 있는 모든 사람은 그 사실을 알고 있었어요. 그는 젊은 남자들을 좋아했지만, 미성년자까지 관심을 가진 것은 아니었습니다. 그렇지요. 젊은 청년들을 좋아한 것이지요. 실베스트리니가 그의 '작품들' 중 하나였다는 것은 꽤 확실합니다. 하지만 카사롤리는 젊은 남자들을 좋아했기 때문에 그들은 아마 연인이 아니었을 것입니다(10명 이상의 사제들이 카사롤리의 이런 성향을 확인해 주었다. 어떤 사제들은 심지어 카사롤리와 친밀한 관계를 맺었었다는 정보도 주었다).

　최근의 세 명의 교황의 전 대변인인 페데리코 롬바르디 신부는 나와 가진 다섯 인터뷰 중 한 인터뷰에서 내가 카사롤리의 동성애에 관해 묻자 그는 그 가설조차 논하고 싶어 하지 않았다.
　"동성애에 대한 이런 고발은 좀 지나칩니다."
　그는 내게 말한다.

　　물론 교회 내에는 동성애자들이 있습니다. 그것은 분명하지요. 심지어 다른 사람들보다 더욱 분명하게 동성애자인 사람들도 몇몇 있습니다. 하지만 나는 사람들의 관계를 그런 식으로 이해하려는 것과 또한 동성애가 여러 관계를 설명하고 있다고 믿는 것을 거절합니다.

확실한 것은 이 이상한 가정에 사는 이 두 사람, 즉 카사롤리와 실베스트리니는 우정과 미움을 나누면서도 항상 서로 도왔다는 사실이다. 예를 들면, 그들은 항상 요한 바오로 2세의 새로운 외무 '장관' 안젤로 소다니를 수상하게 여겼다. 소다니는 그가 칠레로부터 돌아온 1989년부터 카사롤리의 자리를 눈여겨보고 있었다.

이 음모자는 실레스트리니에게 약속되어 있던 자리를 노렸던 것일까?

카사롤리와 실베스트리니는 요한 바오로 2세가 실베스트리니를 대심원의 고위 성직자로 임명했었고 또한 그가 꿈꾸었던 승진을 앞둔 상태에서 교황이 그를 지지한다는 표시로 그를 추기경으로 서임한 사실을 기억하면서 서로 안심하고자 최선을 다했다.

"나는 그 운명의 날 바로 직전에 실베스트리니를 만났는데, 그는 이미 국무원장인 것처럼 행세하고 있었습니다."

슬로베니아의 프랑 로데(Franc Rodé) 추기경이 그의 바티칸 사무실에서 인터뷰하는 동안 나에게 말했다.

공산권 출신인 로데는 실베스트리니와 소다노 사이에서의 선택을 합리적이고 정치적인 선택으로 분석했다.

나는 슬로베니아에 있으면서 요한 바오로 2세처럼 공산주의가 멸망의 문턱에 있는 것을 느꼈습니다. 우리는 카사롤리가 좌익을 대표하고 있었다고 말할 수 있지요. 어떤 이들은 심지어 카사롤리는 온건 노선이었고 실베스트리니는 온건 노선에서도 더 심한 온건 노선이었다고 말할 것입니다. 요한 바오로 2세는 우익에 속한 사람을 선호했습니다. 소다노는 올곧은 사람이었고 지혜와 충성이 있는 사람이었어요.

모든 사람이 왜 요한 바오로 2세가 망설이고 있는지 알고 있었다. 단지 형식적인 일들만 계속되었다. 그러나 교황은 자신은 로마의 음모에 익숙하지 않고 또한 이탈리아에서 발생한 사건들에 대해 큰 관심이 없으므로 이탈리아 사람을 그의 대리인으로 취하기를 원한다는 사실을 확인시켜 주면서 카사롤리를 안심시켰다.

카사롤리는 그의 어린 제자를 옹호하는데 상당한 열의를 보였다. 그의 선거운동을 직접 목격한 자 중 몇몇이 그 사실을 증언한다. 그들은 그가 마치 앙리

5세가 아쟁쿠르 전투를 준비한 것처럼 선거운동을 준비했다며 셰익스피어 서사시로 그 운동을 묘사한다.

다른 사람들은 (프랑스 사람들이 다수이다) 그 운동을 아우스터리츠(Austerlitz)에서 시작되었지만, 워털루(Waterloo)에서 끝난 나폴레옹의 정복으로 묘사한다. 아마도 더욱 정직하게 말하는 다른 이들은 그 교활한 선거운동은, 사람의 자존심에 상처를 주는 것은 말할 것도 없고 온갖 종류의 비열한 짓들도 동반했다고 말한다.

마지막으로, 한 신부는 전투에 항상 함께 임한, 그래서 그 덕분에 죽음에까지 이를 정도로 가장 용감하고 가장 무적이었던 몇몇 쌍의 병사들에 대한 플라톤의 찬사를 인용했다.

"카사롤리가 실베스트리니를 '원했다'고 말하는 것은 사실과 맞지 않아요." 폴 푸파르 추기경이 미묘하게 말한다.

> 카사롤리가 선호하는 것이 있더라도 그 선택은 교황에게 있다는 것을 알고 있었지요. 그렇다고 그가 실베스트리니의 입후보를 밀어주는 것을 멈추거나 그의 큰 무기를 꺼내지 못한 것은 아니지요.

카사롤리의 집요한 압력에도 불구하고 마침내 요한 바오로 2세는 실베스트리니를 떨어뜨리고 안젤로 소다노를 택했다. 바티칸은 실리콘 밸리에서처럼 "승자가 모든 것을 가져가는" 강력한 신정국가이기 때문에 카사롤리는 당장 은퇴를 하고 곧바로 로마 감옥에 갇힌 불량소년들을 돕는 일에 헌신했다.

실베스트리니는 상처를 입고 낙심하여 곧바로 소다노와 라칭거를 대항하는 진보 세력에 가담할 것이며 그의 관심을 로마의 코넬리아 지역에 있는 고아들을 위한 학교로 돌릴 것이다(나는 그곳에서 그의 가까운 동료들과 인터뷰를 했고 특히 대주교 클라우디오 마리아 첼리와도 인터뷰를 했다).

삶의 마지막 몇 년을 카사롤리와 함께 보낸 바티칸 출신의 두 남자가 내게 그들의 교류에 대해 말해주었다. 이 증언은 직접 받은 것이다. 교황의 전 '총리' 카사롤리는 젊은 남자들을 좋아하는 사실과 요한 바오로 2세를 향한 미움, 또는 소다노에 대한 비난을 그들에게 감추지 않았다. 내게 카사롤리의 말과 그의 상처를 말해준 이 증인들은 바티칸에 있는 그의 개인 아파트를 방문했을 때의 사건을 말한다. 그들은 카사롤리의 아파트 벽에 걸린 나체의 남자들 사진들을 발견하고는 깜짝 놀랐다.

"어떤 사람은 그 사진들이 예술적이라고 말할지 모르겠지만 내가 볼 때는 전혀 그렇지 않았어요."

카사롤리의 친구 중 하나가 내게 자백한다.

교황청 출신의 한 대주교 역시 카사롤리는 그의 개인 아파트에 성 세바스티아누스를 보여주는 예술작품을 가지고 있다고 말한다.

"그 그림에 대한 농담이 많이 있었지요. 어떤 사람은 심지어 전 국무원장에게 그것을 침실에 숨겨두라고 조언을 했어요."

그 대주교는 자신이 너무 심했다고 생각하는지 긴장을 줄이기 위해 말을 더한다.

"당신은 카사롤리가 탐미주의자였다는 것을 염두에 두어야 합니다."

신뢰할만한 바티칸 외교 소식통에 따르면, 안젤로 소다노 후보를 지지하는 자들은 카사롤리의 예술적 성향과 젊은이들과의 관계를 들춰내며 그를 반대하였다고 한다. 실레스트리니의 입후보는 그가 현대 예술 미술관이 있는 로마의 발레 줄리아(Valle Giulia) 근처에서 경찰에게 두 번이나 저지당하게 되고 그 사실이 교황의 귀에 들어감으로 수포가 되었다고 한다.

"그런 근거 없는 소문, 그 작은 낭설은 가룟 유다의 입맞춤이었어요."

그 사건 파일을 잘 아는 누군가가 언급한다.

내가 인터뷰를 한 다른 추기경들과 바티칸 전문기자들에 따르면, 실베스트리니의 축출은 그의 거친 대립 및 풍문과는 전혀 관계가 없었다. 그들 중 한 사람은 심지어 장담한다.

요한 바오로 2세에게는 실페스트리니의 대인 관계가 문제가 아니었어요. 당신은 정치적인 노선에서 그의 선택을 생각해야 합니다. 베를린 장벽이 무너지자마자 요한 바오로 2세는 카사롤리를 제거하는 것을 택하였어요. 당연한 일이지요. 말하자면, 교황은 카사롤리의 노선을 허락할 의도가 없었던 것입니다. 만일 교황이 그 자리에 실베스트리니를 임명했다면 어떻게 되었겠어요. 사실, 처음부터 실베스트리니는 기회가 없었던 거예요. 이미 소다노가 선택 받은 상태에 있었던 것이랍니다.

* * *

안젤로 소다노는 전혀 다른 특색을 갖춘 사람이었다. 그는 요한 바오로 2세의 교황직을 위한 '악당'이었다. 그는 이 책에서 '악당'이다. 우리는 그를 잘 알게 될 것이다. 냉철한 눈초리를 가지고 있으며 대부분 추기경보다 더 신중한 국무부 장관 소다노는 카사롤리와 같은 국무부에 있었고, 그를 아는 사람이라면 언제나 목적을 위해 수단을 정당화시키는 권모술수에 뛰어난 추기경이라고 말한다. 그는 단지 '회색'(grise)이 아니라 모든 검은색과 불투명함을 뜻하는 '뛰어난 어둠'이다. 그도 역시 오랫동안 지옥의 유황 냄새를 풍겼다.

요한 바오로 2세의 '총리'가 되기 위해 벌인 그의 캠페인은 효과적이었다. 소다노의 반공주의는 카사롤리와 그리고 결과적으로 실베스트리니의 온건 노선에 승리했다. 몇 달 전에 일어났던 베를린 장벽의 붕괴 역시 아마도 교황에게 '강경' 노선(소다노의 노선처럼)이 '온건' 노선(카사롤리와 실베스트리니의 노선)보다 더 낫다는 확신을 주었을 것이다.

우리는 이런 이념에 각 사람의 성격 차이를 더해야 한다.

소다노는 비록 유순해 보였지만 그가 교황 대사로 있던 칠레에 교황이 여행 왔을 때 그의 강한 성격으로 교황에게 감명을 주었어요. 그는 키가 크고 몸집이 커서 마치 산처럼 보였습니다. 그는 많은 권위가 있었어요. 그에게는 힘이 있었고, 매우 충성스럽고 유순했습니다. 그는 카사롤리와 정반대였지요.

프란체스코 레포레가 말한다.

그 당시 라디오 바티칸을 운영했으며 장래에 요한 바오로 2세와 베네딕토 16세의 대변인이 될 페데리코 롬바르디는 소다노의 성품에 대한 묘사를 마무리한다.

"안젤로 소다노는 실력 있는 사람이었습니다. 그는 체계적인 생각을 하고 있었어요. 그는 훌륭한 조직책이었지요. 분명히 그는 창의력은 부족했지만 숨기는 부분은 전혀 없었어요. 바로 그런 면이 교황이 원했던 것이었지요."

요한 바오로 2세의 개인 비서인 스타니스와프 지비스는 이 지명에서 소다노가 입후보로 유리하도록 한몫한 것으로 보인다. 바티칸 내에서 영향력 있는 어떤 평신도는 이렇게 증언한다.

카사롤리는 강력한 국무원장이었습니다. 그는 교황에게 '아니오'를 말하는 법을 아는 사람이었어요. 지비스는 그 자리에 앉을 사람으로 불쾌감을 주지 않으면서도 일을 잘하는, 그러나 '알겠습니다'라고 순응할 사람을 원했습니다. 요한 바오로 2세의 교황 재임 기간 나처럼 바티칸 내부에 살았던 사람들은 모두 후보 지명을 맡고 있던 사람이 지비스라는 것을 잘 알고 있었지요.

지비스와 소다노가 교황 주변에 만들어 놓은 이런 상황은 진통을 누그러뜨리는 것과는 거리가 멀었다. 얼마나 이상한 2인조인지!

이 두 인물은 이 책에서 오랫동안 우리의 관심 대상이 될 것이다.

오늘날 안젤로 소다노는 '에디오피아대학'(Ethiopian College)이라고 불리는 장소의 꼭대기 층에 있는 매우 호화로운 옥상 주택에 살고 있다. 그는 자기 모든 비밀을 품고 아프리카 상아탑에 갇혀 있다. 만일 에덴동산이 존재한다면 그것은 틀림없이 이 땅의 작은 낙원일 것이다.

내가 그곳에 가서 다리 하나를 건너면 완벽하게 가꾸어진 잔디밭과 향기로운 목련을 만나게 된다. 그것은 지중해식 정원인데 소나무와 편백나무, 그리고 당연히 올리브 나무가 있다. 나는 주위를 둘러싸고 있는 백향목들 사이에서 보라색 머리를 하고 둥글게 말린 콧수염을 하는 앵무새들을 본다. 여러 색깔을 가진 그 우아한 앵무새들은 감미로운 목소리로 의심의 여지 없이 소다노 추기경을 잠에서 깨운다.

나는 에디오피아대학에서 이 아름다운 긴 꼬리를 가진 새들을 보면서 계속 생각에 잠겨 있는데 갑자기 그곳에 사는 아프리카 주교 뮤시 게브레기오르기스(Musie Ghebreghiorghis)가 내게로 다가온다. 그는 아디스아바바(Addis Ababa)로부터 180킬로미터 떨어진 엠디비르(Emdibir)의 작은 마을 출신의 프란체스코 수도승이다. 그 주교는 멕시코 기자이며 나의 주요 연구원 중 한 명인 안토니오 마르티네스 벨라스케스(Antonio Martínez Velásquez)와 나에게 그의 대학을 안내하며 안젤로 소다노에 대해 자세히 말한다. 뮤시는 매우 기분이 언짢다.

"그것은 직권 남용입니다. 소다노는 거기에 살고 있으면 안 됩니다. 여기는 에디오피아 사람들의 대학이며 따라서 에디오피아 사람들을 위한 곳입니다."

그 주교뿐만 아니라 그 대학에 사는 다른 에디오피아 사제들이 불만을 품은 이유는 안젤로 소다노가 그 건물의 꼭대기 층을 사유화하여 살고 있기 때문이다. 뮤시 게브레기오르기스의 생각으로는 소다노는 절대로 그곳에 살도록 허락을 받았을 리 없다는 것이다(교황 베네딕토 16세와 베르토네 추기경도 이 사유화를 비판할 것이다).

한 가지 더 알아야 하는 것은 그 호화로운 옥상 주택은 추기경 개인의 편의를 위해 개조된 사실이다. 소다노는 자신의 늙은 나이를 고려해서 층계를 오르지 않기 위해 엘리베이터를 만들었다. 나는 복도에서 소다노 추기경이 베네딕토 16세와 함께 있는 사진들을 본다. 하지만 그 누구든 그들이 서로 친해지기가 불가능한 원수들인 것을 안다. 가구는 바티칸에 흔히 있는 가구들처럼 형편없다.

얼마나 고립된 상황인가!

내가 확인한 바는, 그 꼭대기 층에서 오직 한 사람의 이탈리아 추기경이 그의 옆방에 살고 있다. 그 추기경은 조반니 라졸로(Giovanni Lajolo)다. 소다노의 제자이자 절친한 친구인 라졸로는 국무부 장관으로서 그의 직속 부관이었다. 소다노는 소위 일종의 성공적인 실베스트리니였다.

* * *

안젤로 소다노의 끔찍한 평판, 곧 어둠의 전설의 출처는 여러 가지가 있다. 이 북부 이탈리아 사람은 23세에 사제 서품을 받았다. 그의 아버지는 오랫동안 기독교 민주당 국회의원이었다. 소다노는 강력하고 의지가 강하다. 그는 자기 힘을 사용해서 경력을 쌓고 쌓았다. 그의 야망은 일찍이 이루어지기 시작했다. 그는 국무원장의 사무실에서 헝가리와 관련하여 일하면서 바오로 6세의 눈에 띄었고 1977년에 칠레 주재 교황 대사로 임명되었다.

그는 요한 바오로 2세의 치하에서 14년 동안 바티칸에서 서열 2위로서 추기경단 단장으로 있었는데 교회에서 그보다 더 많은 직무를 맡았던 사람은 그의 이전에는 거의 없었다. 그의 업적은 일반적으로 유고슬라비아의 분쟁, 제1차 걸프전, 코소보와 아프가니스탄의 분쟁, 그리고 그의 위임 기간에 발생한 성지에서의 수많은 갈등과 관련되어 있었다.

소다노는 종종 마자랭(Mazarin) 추기경과 비교됐다. 마자랭은 교황과 프랑스 왕들을 함께 섬긴 이탈리아의 국가 고위 성직자로서 그의 권력 남용과 수많은 적, 그리고 비밀스러운 호색적인 관계는 전설적이다. 덩치가 크고 원기가 왕성하며, 젊고 강건하던 요한 바오로 2세가 '병으로 고통받는 교황'이 되었다가 곧바로 파킨슨병으로 마비되고 교황청을 운영할 수 없게 되고 점차 움직일 수도 없고 말할 힘도 없게 된 10년의 기간 동안, 모든 목격자에 따르면, 소다노가 실제적인 임시 교황으로 있었다.

이론적으로는, 내가 말했듯이, 그는 요한 바오로 2세의 개인 비서인 몬시뇰 스타니스와프 지비스와 2인조를 결성하였고, 심지어 신앙교리성 장관인 라칭거 추기경과 3인조까지 결성했다. 그러나 이들 중 소다노는 교황과 친했지만, 아직 주교가 아니었다. 지비스는 아무리 중심적인 역할을 하였을지라도 본질로는 교리와 사상에 사로잡혀 있었다. 이 사람들의 야망은 점차로 이루어졌지만, 그동안 4두 정치 통치자의 한 사람인 소다노는 다른 누구와도 권력을 나누지 않고 바티칸의 모든 내정과 외교를 관장했다.

그의 정치적인 사상은 로마에서 이미 잘 알려진 개인적인 악감정에 근본적인 증오를 더 했다. 타협의 사람들이었던 카사롤리 추기경과 그의 제자 아킬레 실베스트리니와는 달리 소다노는 완고하고 독단적이었다. 그는 강인하고 폭력적이어서 한 대 맞으면 백 대로 갚는 사람이었다. 그의 운영 방식은 침묵과 분노였다.

그의 이념적인 원천, 즉 그를 움직이게 만드는 것은 주로 반(反)공산주의였다. 그의 반공 사상은 교황 바오로 2세가 1987년에 물의를 빚으며 칠레를 방문한 기간에 교황에게 영향을 받고 신속히 형성되었거나 확정되었다.

그 당시 안젤로 소다노는 칠레의 수도 산티아고 주재 교황 대사였다. 아무도 상세하게 알지 못하는 그의 떠들썩한 칠레에서의 과거는 그가 국무원장 추기경이 된 후 그의 이미지에 상당한 해를 끼치게 될 것이다.

이처럼 1990년대와 2000년대의 바티칸의 역사는 칠레의 수도에서 10년 전에 형성되었다. 그때 그곳에서 소다노는 위로 오르기 시작했다. 나는 이 책을 위해 그곳에 두 차례 가서 수십 명의 증인과 인터뷰를 했다. 피노체트(Pinochet) 장군의 공범들에 대한 재판이 진행되고 있었고, 독재정권의 보관 기록물 중 일부가 공개되기 시작했다. 비밀 정보국 DINA(Dirección de Inteligencia Nacional, 피노체트의 독재 하의 칠레의 비밀경찰)의 보관 기록물이 없더라도(아마도 파기되었을 것이다), 중요한 미국 보관 기록물, 특히 미국 국무부와 CIA의 보관 기록물이 최근에 국제적인 압력으로 기밀 해제되었다.

미국은 이 원본 문서의 사본을 칠레 정부에 건네주었고, 지금 그 자료는 산티아고에 있는 인권 박물관(Museo de la Memoria y los Derechos Humanos)에서 열람이 가능하다. 나는 이 책의 일부를 안젤로 소다노에 대한 조사를 위해 할당한다. 이를 나는 열람은 가능하지만, 아직 공개되지 않은 수천 개의 문서를 대거 참조했다. 몇 년 전만 해도 드러나지 않았던 많은 사실이, 독재자 피노체트가 없애버리기를 바랐던 수많은 시체처럼, 표면으로 떠오르기 시작하고 있다.

*　　*　　*

"그 당시에는 그 착한 사람이 그 악한 사람과 친하게 지냈어요."
　이 표현은 샤토브리앙(Chateaubriand)이 한 것이다. 그런데 이 표현이 소다노에게 정확히 적용된다.
　나는 조사를 위해 이곳 산티아고에 있다. 나는 이곳에서 본의 아니게 안젤로 소다노의 전기 작가가 된다. 나는 그 추기경과 한 번도 만나본 적이 없는 사실로 아쉬워한다. 여러 편지와 서한들을 교환했지만, 한 번도 만나지 못했다. 이 사실은 아마도 수치일 수 있다. 나는 내 책임을 더욱 깨닫게 된다. 아아, 나는 그 국무원 추기경의 경력을 다음과 같이 요약하였다.
　'이 사람을 보라'(*Ecce homo*).
　안젤로 소다노는 1978년 3월부터 1988년 5월까지 바티칸 대표로 칠레에 있었다. 그는 아우구스토 피노체트(Augusto Pinochet)의 쿠데타 직후인 '미친 희망의 때'에 산티아고에 도착했다(그는 그곳에서 교황 대사로 1966년부터 1968년까지 살았던 적이 있으므로 이미 그 나라를 잘 알고 있었다).
　그 당시 바티칸은 칠레 독재자와 '특별히 예민한' 관계에 있었기에 그 나라는 바티칸에 중요했다.
　소다노는 피노체트와 오랜 관계를 맺었다. 내가 질문을 던졌던 많은 증인이 주저하지 않고 그 관계를 '깊은 관계' 또는 심지어 '열정적인 우정'이라고 불렀다.
　칠레에서 소다노의 부관이었던 대주교 프랑수아 바케가 주장한다.
　"안젤로 소다노는 인권에 관심이 많았어요. 우리는 가능한 큰 노력을 했지요. 산티아고에 있는 교황 대사 부속 건물에는 약 30명의 정치적 난민들이 있었답니다. 이 사실을 잊지 마세요."
　나는 은퇴한 이 명예 외교관과 대화를 하고 또한 단둘이 식사할 기회가 여러 번 있었다. 이는 큰 행운이었다. 바케는 수다스럽고 소다노는 말이 없다.

그는 붙임성이 좋고 쾌활하지만 전 국무원장은 말이 없고 유머가 없다. 하나는 사랑받기 원하고 다른 하나는 미움을 받기를 원한다. 소다노는 바케와는 달리 그의 작은 무리의 친우들과 수수께끼 같은 교황 대사들과 불가해한 추기경들을 위해 언제나 친절한 말을 아껴 두었다. 그런데도 서로 너무 다른 이 두 사람, 즉 성공한 교황 대사와 실패한 교황 대사는 거울에 비친 모습처럼 서로 닮았다.

내가 산티아고에서 인터뷰한 대부분 증인과 전문가들은 약간 돌려서 말하지만, 긍정적으로 소다노를 평가한 프랑수아 바케의 말을 인정하지 않는다. 그들에게 소다노의 과거는 "그의 사제복보다 더 검다."

무엇보다 그의 삶의 방식을 보라!

우리가 칠레에서 수집한, 피노체트의 가까운 고문인 오스발도 리베라(Osvaldo Rivera)의 증언에 따르면, 안젤로 소다노는 호화롭게 살았다.

> 어느 날 나는 그 교황 대사로부터 저녁 초대를 받았고 나는 응했어요. 내가 도착했을 때 나는 내가 유일한 손님이라는 것을 알게 되었지요. 우리는 은그릇으로 덮인 아주 우아한 식탁에 앉았어요. 나는 속으로 말했지요. '이 사제는 권력, 즉 절대 권력의 의미를 보여주기를 바라는구나. 그는 내가 가장 낮은 자라는 것을 알게 해 주고 싶은가 보군.' 그런 생각이 든 이유는 호화로운 환경 때문만이 아니라 저녁 초대 자체가 과시적이었기 때문이지요.

다른 많은 증인은 이런 그의 삶의 방식을 기억하는데 사제는 물론이고 교황 대사에게조차 전혀 어울리지 않는 삶이었다고 한다. 소다노는 겸손을 미덕으로 삼지 않았다.

작가이며 기자인 파블로 시모네티(Pablo Simonetti)가 말한다.

> 나는 소다노를 매우 잘 기억합니다. 그는 군주였어요. 나는 항상 그를 보았지요. 그는 호스런 삶을 즐겼어요. 그는 파란 빛을 번쩍이는 경찰차의 호위를 받으며 차에서 내렸지요. 그는 온갖 취임식에 갔으며 맨 앞자리의 예약석을 요구했어요. 그는 교회와 정반대 편에 섰는데, 칠레 교회가 반대하는 피노체트를 지지하였거든요.

어느 정도 평판이 있는 교수인 에르네스토 오톤(Ernesto Ottone)은 오랫동안 칠레 공산당의 지도자 중 하나였다. 소다노를 잘 알고 지냈던 그가 말한다.

> 소다노는 칠레에서 그가 교회 사람이라는 인상을 전혀 주지 않았어요. 그는 좋은 음식과 권력을 좋아했습니다. 나는 그의 여성 혐오에 충격을 받았는데, 그의 매우 유순한 모습과 대비되던 모습이었어요. 그의 악수 방식은 매우 특이했습니다.
> 그는 상대의 손을 흔드는 대신 일종의 여성적인 애무를 해주지요!
> 그 모습은 마치 19세기의 고급 창기가 상대를 애무하는 것과 비슷하였답니다.

목격자들은 그가 독재자를 만날 때마다 '바닥까지 절을 하는' 모습을 보고 어안이 벙벙했다고 한다. 그는 계급이 낮은 사람들에게는 더 친절했다고 한다. "그는 등을 두드려주곤 했어요."
한 증인이 내게 말한다. 하지만 그 교황 대사의 삶에는 여성들이 전혀 없었다. 때때로 이 외톨이는 혼자였다. 다른 때는 군중 속에 나타나곤 했다. 그 후 그는 그에게 몸과 영혼을 바친 화려한 남자들로 구성된 수행단과 함께 등장했다. 세월이 지나면서 사악함이 그의 삶에 자리를 잡았다.
교황 대사로 있던 소다노와 함께 일했던 어떤 사람은 이런 변화를 확인해 준다.

> 처음에 소다노는 신중하고 내성적이었습니다. 그는 독재정권에 대한 로마의 견해를 갖고 칠레에 왔습니다. 그는 피노체트에 대해 다소 비판적인 시각을 가지고 있었고 인권을 옹호하기를 원했습니다. 그러나 점차 현실 및 독재정권과 접촉하면서 그는 실용주의에 빠졌습니다. 그는 그 정권과 일하기 시작했지요.

칠레에서 소다노와 함께 재임했던 은퇴한 교황 대사 프랑수아 바케도 비슷한 기억을 한다.

> 처음에 그는 피노체트와 타협하기를 원하지 않았어요. 나는 그가 군 행사가 있던 어느 날, 피노체트와 함께 나타나야 하는 것 때문에 고민하던 것을 기억합니다. 교황 대사는 전통적으로 그 자리에 참석했는데 소다노는 교회를 어렵게

만드는 것은 아닌가 하여 가고 싶어 하지 않았습니다.

현재 기밀 해제된 외교 보관 기록물은 소다노와 피노체트 사이에, 특히 처음 몇 년 동안 긴장 상태에 있었다는 것을 분명하게 확인시켜준다. 특히 1984년에 4명의 좌파 극단주의자들이 정치적 망명을 요구하며 교황청 대사관으로 들어왔을 때 더욱 그러했다. 그러나 기밀 해제된 문서 중 더 많은 문서가 소다노가 피노체트에게 전폭적인 지지를 보냈다는 것을 증명한다. 그 교황 대사는 독재정부가 전복 활동으로 기소된 사제들을 체포하라고 명령하였을 때 모르는 척 눈을 감았다.

사실, 안젤로 소다노는 무심코 피노체트의 수호천사가 되었다. 그는 산티아고에서 그의 전임자가 1973년에 불쑥 피노체트의 범죄를 '공산주의의 선전 운동'에 의한 것이라며 기각했던 입장(위키리크스가 폭로한 미국 외교 공관 문서에 따르면)을 취하여 피노체트의 범죄를 최소화하기 시작했다. 그는 또한 거대하고 잔인했던 조직적인 고문 사용을 가볍게 여기도록, 그리고 이탈리아를 포함한 여러 나라가 칠레와 교황청을 차단했더라도 그 둘 사이에는 외교 관계가 유지되도록 노력했다.

그 이후로 내가 수집한 수많은 증인의 진술에 따르면(산티아고 주교 라울 실바 엔리케스(Raúl Silva Henríquez)와 가장 가깝게 지내던 동료 중 하나인 크리스티안 프레흐트(Cristián Precht)의 진술을 포함하여), 소다노는 그 정권에 반대하는 사제들을 실격시키고 피노체트를 지지하거나 적어도 중립적인 사제들을 주교로 임명하는 데 공헌하였다고 한다.

1984년, 그는 공화당 대통령 살바도르 아옌데(Salvador Allende)와 친분이 있고 독재정권의 폭력을 비판하는 온건파 추기경인 실바 헨리케스(Silva Henríquez)를 교체하기 위해 온갖 책략을 사용했다. 그 대신 소다노는 피노체트의 악명 높은 협력자이며 '별 볼 일 없는' 주교인 후안 프란시스코 프레스노 라린(Juan Francisco Fresno Larraín)을 임명하고자 노력했다.

"프레스노 추기경은 본질적으로 자기 자신에게만 관심이 있었어요."

모니카 곤잘레스(Mónica González) 기자가 산티아고에서 내게 말한다.

하지만 프레스노 추기경은 양면적인 인물이었다. 그는 비록 노골적인 반공주의자였지만 개인적으로는 피노체트를 심하게 비판했다고 한다. 한편, 피노체트는 처음에는 프레스노에게 열광적이었지만 어느새 그를 정권의 '적'으로 간주했다.

피노체트는 소다노에게 프레스노에 대해 불평하며 "신앙을 바꾸어 놓으라"고 협박하였다고 한다!

그러자 소다노는 (내가 찾아본 CIA로부터의 기밀 해제된 전보와 메모에 따르면) 피노체트 정권에 대한 프레스노의 비판을 잠재우기 위해 압력을 가했다.

소다노는 점점 완고해졌다. 그 교황 대사는 더욱 차가워지고 경직되었다.

그는 해방 신학에 물든 4명의 사제들을 체포하여 살해한 사건에 대해 침묵하였다. 이로 인해 그는 진보적인 가톨릭 네트워크로부터 잦은 비난을 받았다(특히 탐비엔 소모스 이글레시아[También Somos Iglesia, 우리도 교회다] 운동 단체는 그가 독재정권과 공모했다며 비난했다). 그는 또한 피노체트에 대항하는 비폭력 운동에 참여한 많은 성직자에게 정숙을 명했다. 소다노의 교회는 힘을 동원하여 진보적인 사제들과 노동자 사제들, 그리고 약자들에게 대항하게끔 했다. 그의 교회는 그들을 보호하거나 옹호하는 교회가 아니었다.

마지막으로, 그는 정치적인 기술로 (그는 요한 바오로 2세 곁에서 인사 배치하는 일에 익숙하여질 것이다) 오푸스데이회와 친밀한 주교들을 적어도 네 명 이상 칠레 주교 회의에 지명함으로써 그 회의를 저지하고 내부 논쟁을 제한함으로 그 회의를 봉쇄시켰다(이들 극보수 주교들 대부분은 그들이 신학생이었을 때 페르난도 카라디마[Fernando Karadima] 사제의 교구에 자주 드나들었었다. 앞으로 살펴보겠지만 카라디마는 이 이야기의 중심인물이다).

안젤로 소다노는 로마에서 요한 바오로 2세의 국무원관이 되었을 때도 그곳에서 계속 칠레에 영향을 행사하며 그 독재자를 보호했다. 그는 1998년에 산티아고 대주교 자리에 프란시스코 하비에르 에라주리즈(Francisco Javier Errázuriz)를 임명하고 그 후 그가 추기경으로 서임되도록 했다. 에라주리즈가 성폭행 사건을 은폐하였다는 비난을 받든, 또는 그가 산티아고에서 세속적인 관계와 사생활로 사람들을 놀라게 하든, 그것은 문제가 되지 않은 것이다. 소다노는 모든 소문에 대해 그를 변호했다.

프란시스코 하비에르 에라주리즈 추기경이 보호해 준 소성애자 사제에 관한 책을 쓴 기자이며 작가인 오스카르 콘타르도(Óscar Contardo)는 에라주리즈를 대주교 자리에 임명하도록 격려했던 자들을 서슴없이 비판했다.

"우리는 이곳 칠레에서 발생한 이런 스캔들의 중심에 안젤로 소다노가 있다는 것을 알고 있습니다. 그 교황 대사는 믿음의 이유 때문만으로 산티아고에 있었던 것이 아니었습니다."

내가 산티아고에서 인터뷰했고 독재정권의 범죄에 대한 많은 글을 쓴 어떤 기자는 심지어 더 세게 말한다.

"사실대로 말하겠습니다. 칠레에서 안젤로 소다노는 파시스트처럼 행동했습니다. 그는 파시스트 독재자의 친구였습니다. 이는 정확한 사실입니다."

바티칸에서는 많은 사람이 사적으로 서슴없이 소다노를 피에트로 타치 벤투리(Pietro Tacchi Venturi) 사제와 비교했다. 보수주의자인 이 이탈리아 예수회 수사는 교황 비오 13세와 무솔리니 사이의 중개자였다. 우리는 역사학자들의 폭로를 통해 소다노가 많은 그릇된 일을 끝없이 해 왔다는 것을 알고 있다. 그는 친(親)파시스트였고 (젊은 남자들과 함께) 멋진 '성적인 모험가'가 된 것으로 알려져 있다.

* * *

1987년 4월, 소다노는 로마에 있으면서 교황과 여행하게 될 교황의 개인 비서 스타니스와프 지비스와 협력하여 교황 요한 바오로 2세의 칠레 방문을 지휘했다. 이 일에 참여했던 두 목격자에 따르면, 이 위험한 방문을 위한 사전 준비 회의는 '매우 긴장'되었고, 반(反)피노체트 진보파와 친(親)피노체트 보수파의 '두 진영' 사이의 치열한 대립으로 이어졌다. 그 회의들과 관련한 특이점은 참여한 자들이 '주로 동성애 사제들로 구성되었다'는 사실이다.

그 방문 준비를 협조했던 칠레 주교는 가장 실력 있는 기획가 중 하나로서 프란시스코 콕스(Francisco Cox)였다. 이 보수주의자는 자신을 강력한 동성애 혐오자로 드러내면서 로마에서의 교황청가족협의회(Pontifical Council for the Family)에서 역할을 할 것이다. 그리고 마침내 그는 칠레에서 동성애자 학대로 고발당하게 된다.

그 방문을 준비한 또 다른 사제 크리스티안 프레흐트(Cristián Precht)는 산티아고의 진보파 추기경과 가까웠다. 그는 칠레 주교단 내의 우파와 좌파 사이의 격렬한 대립 가운데 다른 진영을 대표했다. 프레흐트는 인터뷰 중에 내게 녹음을 하라고 하면서 그 모임에 대해 상세한 설명을 해 주었다. 그 모임 가운데 교황 대사 안젤로 소다노가 참여한 것은 "세 번 또는 네 번"이었다.

"소다노는 특정 주제에 대해서는 요한 바오로 2세의 대표가 아니라 독재정부와 피노체트를 대표하는 것처럼 행동했어요."(2011년, 그리고 그 다음은 2018년에 프레흐트는 소년들을 성폭행한 것으로 기소되고 로마로부터 직무 정지를 받고 평신도 지위로 전락했다).

그 당시 처음에는 프레흐트를 지지했던 미국마저 그에게 거리를 두었다.
"이제 독재정권을 수호하고 있는 것은 바티칸밖에 없었지요!
안젤로 소다노 외에 그 누구도 피노체트에게 정치적인 정당성을 허락하기를 원하지 않았습니다."

칠레의 조사 기자(investigative journalist)이며 독재정권 전문 연구원 알레한드라 마투스(Alejandra Matus)가 내게 말한다. 나는 그녀를 그녀가 있는 산티아고 대학의 스타벅스에서 만났다.

잘 정리된 일부 기록에 따르면, 소다노는 교황의 방문 기간에 교황과 피노체트 장군과의 매우 상징적인 만남을 계획했다. 즉, 그 두 사람을 모네다 대통령 궁(the Presidential Palace of La Moneda)의 발코니에 함께 있게 한 것이다. 그 두 사람이 웃는 사진은 전 세계적인 비난을 받게 될 것이며, 특히 민주 야당과 칠레의 가톨릭교회 일부는 강력하게 비난할 것이다.

요한 바오로 2세의 '의전 담당' 사제 피에로 마리니(Piero Marini)가 그 현장에 있었다. 그는 로마에서 있던 두 번의 인터뷰에서 나의 조사원 다니엘레가 있는 자리에서 이 사건 기록에 대해 몇 가지 수정하며 말했다.

> 모든 것이 철저하게 준비되었지만, 피노체트는 교황을 모네다 궁으로 초대한 후 자기가 직접 교황을 모시고 그곳으로 간 것이었어요. 그것은 정해진 의례에 따른 것이 아니었답니다. 교황은 그의 뜻에 반하여 그곳으로 갔던 것이에요.

그다음 날, 백만 명의 사람들 앞에서 거행된 미사에서 경찰과의 난투극이 발생하였고, 경찰은 미사 중에 폭도들을 기소했다. 6백 명이 상처를 입었다. 많은 목격자와 여러 수사에 따르면, 피노체트의 비밀 첩보부가 말썽꾸러기들을 풀어놓았다고 한다. 소다노는 경찰이 피해자들이라고 주장하면서 민주 야당에 책임을 묻는 공식 성명을 발표했다.

요한 바오로 2세의 그 방문은 피노체트와 소다노가 계획한 가장 훌륭한 정치적인 묘기 중 하나였다. 그 독재자는 교황 대사 소다노에게 찬사를 퍼부으며 몇 달 후에 그의 산티아고 주재 10주년을 기념하는 오찬을 베풀어 주겠다고 제안했다. 나는 그 식사에 대한 여러 목격자의 진술을 수집했는데, 그 진술은 그 교황 대사와 그 독재자 사이의 특이하고 비정상적인 공모를 암시하여 주고 있다(미 국무부의 기밀 해제된 문서는 이 부분을 확인시켜 준다).

그로부터 몇 주 후인 1988년 5월, 피노체트에 대한 중대한 국민 투표가 준비되고 있었다(10월에 있을 이 투표에서 그는 패배하게 될 것이고 그, 그 때문에 강제로 물러나게 될 것이다).

소다노는 로마로 다시 불려가 그곳에서 바티칸 외무부 '장관'으로 임명되었다. 1990년에는 교황의 '총리'가 되었다.

피노체트와 소다노의 밀월은 아직 끝나지 않았다. 몽테스키외(Montesquieu)가 말하듯이, 권력을 가진 사람은 누구나 그것을 남용하게 된다. 그는 그 한계를 깨닫기 마련이다.

과거의 그 누구보다 더 모험가이며 더 극단주의자인, 복음의 제자와는 거리가 먼, 교황청의 소다노는 계속 그의 친구 독재자를 지켜 보호했다. 심지어 그는 그 독재자가 무너진 이후에도 그를 계속 지원했다.

1993년, 그는 교황 요한 바오로 2세에게 피노체트 장군의 '금혼식'에 '하나님의 은혜'를 베풀어주기를 요구했다. 1998년에 피노체트가 영국에서 입원했을 때, 그는 국제적인 체포 영장 및 스페인으로부터의 범죄자 송환 요구 때문에 체포되었다. 이때 소다노는 계속 그를 주시하여 보면서 그 독재자를 지원하였고 공개적으로 그의 범죄자 송환 요구를 반대했다.

나는 산티아고 슐러(Santiago Schuler)를 그가 소유한 엘 토로(El Toro) 레스토랑에서 처음 만났다. 칠레의 밤의 유흥 생활을 겨냥한 이 게이 레스토랑은 산티아고의 벨라비스타(Bellavista) 지역에 있다. 우리는 사이가 좋아졌고, 나는 여러 차례 그를 만났다. 특히 내가 그 나라에 두 번째 머물게 된 2017년에, 나는 나의 칠레 담당 조사원 안드레 헤레라와 함께 그를 인터뷰했다.

산티아고 슐러는 매우 특별한 경우에 속한다. 그는 친(親)피노체트 게이다. 그는 그 독재자를 향해 계속 찬사를 보낸다.

"내 복도에 아직 두 개의 피노체트 초상화가 걸려 있습니다."

그는 당당하게 말한다.

71세가 된 엘 토르의 매니저가 자신의 삶을 말하는데, 가톨릭, 파시즘, 동성애가 다 섞여 있었다. 칠레에서 스위스 태생의 아버지와 프랑스 포도 재배 및 양조업자 가정에 태어난 그는 기독교 신앙 가운데 자라났고 또한 오푸스 데이회와 가까운 사이였다. 그는 결혼하여 아홉 자녀를 두었다. 오랫동안 '밀실 생

활을 해 온' 그는 독재정권이 끝난 이후에서야 뒤늦게 60세가 넘은 때 '자신이 게이인 사실을 드러냈다.'

그 후 그는 잃어버린 시간을 만회하려고 노력했다.

안은 작지만 차일 아래 길 쪽으로 베란다를 사용하여 확장하면서 훨씬 넓어진 그의 게이 레스토랑인 엘 토로는 산티아고의 게이들 삶의 심장부다. 얼마나 역설적인가!

칠레의 상징적인 성 소수자 행사장을 피노체트의 오랜 친구인 전 가톨릭 근본주의자가 운영하고 있다니!

"비록 피노체트의 정권이 거칠었지만, 동성애자들은 별로 걱정이 없었어요."

산티아고 슐러가 넌지시 말한다.

슐러와 다른 여러 소식통에 따르면, 피노체트의 아내는 독실한 가톨릭 신자이며 친 게이였다고 한다. 피노체트 부부는 심지어 그들 주변에 가톨릭 동성애자들로 구성된 추종자들이 있었다. 피노체트가 교황 대사 안젤로 소다노와 함께 등장하는 것을 좋아했던 것처럼, 대통령 부부는 파티나 축하 만찬에서 특정 게이 인사들과 함께 나타나기를 좋아했다.

산티아고에서 내가 인터뷰를 가진 모든 역사학자와 게이 운동가들이 이런 분석을 받아들이는 것은 아니다. 많은 사람이 칠레의 독재정권이 동성애자들에게 회유적이었다는 분석에 이의를 제기한다. 하지만 그 정권이 일부 장소들에 대해 용인했다는 것은 인정한다.

"내 생각에는 게이 문제는 피노체트 치하 때 없었어요."

작가이며 운동가인 파블로 시모네티(Pablo Simonetti)가 말한다. 독재정권이 끝난 후 나온 문건을 보면 도덕성 때문에 처형되거나 고문을 받은 사람은 아무도 없어 보인다. 하지만 1990년대 말까지는 동성애는 아직 범죄로 여겨졌고, 에이즈와의 싸움에 대해서도 아무런 조치가 없었다.

사실, 1970년대 말과 80년대 초, 피노체트의 독재정권 아래 사적인 클럽이나 디스코장과 술집에는 심지어 '게이 모임'이 있었다. 그곳에서는 "일반적으로 정치적인 사상은 휴대품 보관함에 남겨두어야 했다." 몇몇 술집은 문을 닫았고 몇몇 클럽은 경찰이 잠입했다. 박해와 살인 사건도 있었고, 동성애자들은 고문을 당했다. 그러나 오스카르 콘타르도와 파블로 시모네티, 그리고 다른 전문가들에 따르면, 그 독재정권은 (반[反]게이적이던 쿠바의 카스트로 정권이나 아옌데가 이끌었던 그 이전의 사회주의 정권과는 달리) 특별하고 구체적인 방법으로 동성애자들을 박해한 것은 아니었다고 한다.

　반면, 놀라울 정도로 이상한 것은 피노체크의 수행단 중에는 실제 '게이 신하들'이 존재한 사실이다. 아무도 그 사실에 대해 상세하게 묘사한 적은 없었다. 그 사실은 이 책의 주제의 핵심이기 때문에 나는 여기서 구체적인 묘사를 해야 하겠다.

* 　 * 　 *

　또 다른 만찬에서 산티아고 슐러는 그가 칠레에서 독점 판매하고 있는 레드 와인을 내게 맛보게 했다. 그때 나는 그에게 피네체트의 "동성애자들로 구성된 신하들"에 관해 물었다. 우리는 일련의 이름을 전부 말했고, 슐러는 매번 피노체트와 가깝던 사람들 및 그가 친구로 지냈던 사람들에게 전화를 걸어 말을 하면서 그 독재자의 게이 또는 친 게이적인 수행단을 재구성한다. 여섯 명의 이름이 반복적으로 거론된다. 그리고 그들 모두가 교황 대사 안젤로 소다노와 밀접하게 연결되어 있었다.

　그 이름 중 가장 저명한 이름은 페르난도 카라디마(Fernando Karadima)다. 그는 1980년대에 산티아고 중심에 있는 엘 보스케(El Bosque) 교구를 책임졌던 가톨릭 사제였다(나는 그곳을 방문했다). 그곳은 프로비덴시아(Providencia)의 매우 좋은 지역에 위치하고 있는데 교황청 대사관으로부터 겨우 백 미터도 되지 않는다. 따라서 안젤로 소다노는 카라디마의 이웃이었다. 그는 걸어서 그를 만나러 갔다.

　피노체트의 수행단은 그 교회도 자주 찾아갔다. 그 독재자는 카라디마와 좋은 관계가 있었다. 카다디마 사제의 성폭행에 대한 소문이 1980년대 이후로 계속 그 지역에서 반복됐다. 그런데도 피노체트는 오랫동안 그 사제를 보호해 주었다. 여러 소식통에 따르면, 그 정권의 안보 기관은 소다노의 대사관뿐만 아니라 카라디마의 교구에도 잠입해 있었다고 한다. 그러므로 그 칠레 사제의 동성애는 그 당시 잘 알려져 있었고 모든 공무원이 알고 있었다. 물론 그의 성폭행도 잘 알고 있었다.

　"피노체트는 그의 정보원들과 첩보원들이 그에게 가져다준 동성애자들에 대한 정보에 매료되었어요. 그는 특히 게이들로 구성된 가톨릭 지도층에 관심이 있었어요."

　슐러는 내게 말했다.

칠레 공산당의 전 지도자이자 오랫동안 국가로부터 추방된 에르네스토 오톤(Ernesto Ottone)은 나와의 인터뷰에서 흥미로운 분석을 해 주었다.

> 처음에 교회는 피노체트에게 눈살을 찌푸렸어요. 그래서 그는 바닥에서부터 자기 교회를 만들기 시작했어요. 이를 위해 먼저 자기를 지지하는 사제들을 찾아야 했지요. 물론 주교들도 있어야 하구요. 이때 이 모집 및 훈련 캠페인을 담당한 교회가 카라디마의 교회였답니다. 소다노는 그 전략을 지지했고요. 그 교황 대사는 극도로 자만심이 강했을 뿐만 아니라 악명 높은 반공주의자였기 때문에 권력에 끌렸던 것이지요. 그는 확고한 우파였어요. 내가 아는 한, 소다노는 친(親)피노체트였습니다(칠레의 대선에서 여러 차례 후보로 나섰던 또 다른 좌파 지도자 마르코 엔리케스오미나미(Marco Enríquez-Ominami)도 소다노가 친(親)피노체트 입장이라는 사실을 확인해 주었다).

그러므로 그 교황 대사는 카라디마를 무조건적으로 돕는 자가 되었고, 이에 엘 보스케의 가톨릭 부속 건물 한편에는 '교황 대사의 응접실'(a sala del nuncio)이라는 방이 마련되었다. 소다노는 그곳에서 카라디마가 사적으로 소개해준 많은 신학생과 젊은 사제들을 만났다. 그 칠레 사제는 이 이탈리아 사람 소다노를 위해 중재자와 해결사 역할을 했고, 소다노는 이런 친절에 마땅히 감사를 표했다. 의문의 그 젊은이들은 그 교구와 그곳의 단체인 사제 연합(the Priestly Union) 주변으로 모여들었다. 다섯 명의 주교와 수십 명의 매우 보수적인 사제들로 구성된 이 단체는, 그리스도의 군단이 마르씨얼 마시엘에게 뭉친 것과 유사하게, 카라디마에게 전적으로 헌신했다.

"그 단체는 카라디마가 두목으로 있는 일종의 분파였어요."

후안 파블로 에르모실라(Juan Pablo Hermosilla) 변호사가 설명한다.

"오푸스 데이회나 그리스도의 군단은 칠레에 뿌리를 두고 있지 않기 때문에 카라디마의 단체가 그 역할을 맡은 것이랍니다."

카라디마는 사제들의 네트워크와 그의 사적인 동성애 연락망을 통해 칠레의 성직자들에 대한 많은 정보를 갖게 되었다.

"카라디마는 소다노와 손을 잡고 일했어요."

에르모실라가 더하여 말한다.

그 사제는 종종 그를 방문한 자들에게 자기에게는 뒤를 봐주는 세력이 있다고 말하곤 했다. 그 교황 대사의 관심 덕분에 자신은 로마와 연결되어 있고 요한 바오로 2세의 직접적인 보호 아래 있다고 주장했다. 물론 이는 매우 과장된 주장일 것이다.

"그는 성자의 모습을 하고 있었어요. 그래서 신학생들은 그를 '거룩한 성인'(el santo, el santito)이라고 불렀습니다. 그는 자기가 죽으면 성인으로 추앙될 것이라고 말했지요."

에르모실라 변호사가 덧붙인다.

칠레에서 유명한 조사 기자인 모니카 곤잘레스(Mónica González)는 같은 의견을 말한다.

> 카라디마는 사제들의 사생활에 대해 모든 것을 알고 싶어 했고, 모든 풍문과 소문을 들었어요. 그는 진보적인 사제들을 찾아내려 하였고, 그들이 동성애자인지를 알아내려고 노력했지요. 그는 좌파 사제들의 승진을 차단하기 위해 이런 정보를 교황 대사 소다노에게 넘겨주었습니다.

십중팔구, 이런 정보가 소다노를 통해 그의 파시스트 친구들에게 전해졌든, 또는 카라디마가 직접 피노체트에게 전달하였든, 그 정보 때문에 진보적인 사제들은 체포되었다. 여러 증인은 소다노와 피노체트의 오른팔인 세르지오 릴론(Sergió Rillón) 사이에 말 지어내기와 서류 바꿔치기가 있었다고 말했다. 따라서 카라디마의 귀를 갖고 있던 소다노는 자신이 얻어낸 방대한 정보를 자랑스러워하면서 칠레 독재자에게 그 비밀스러운 내용을 나누었을 것이다.

수많은 군 장교들, 많은 피노체트의 비밀경찰들, 그리고 그의 개인적인 여러 조언자는 카라디마의 교구를 정기적으로 방문했다. 또한, 훌륭한 가톨릭 신자들인 피노체트의 장관들과 장군들 역시 그곳 미사에 참여했다.

우리는 심지어 1970년대와 80년대에 엘 보스케는 그 독재자의 교구 교회가 되었고, 파시스트들의 만남의 장이 되었다고 말할 수도 있다. 그들이 대단히 많았고, 그들은 용서를 받아야 하는 너무 많은 범죄와 비행을 저질렀기 때문에 사람들은 그들이 어떻게 성찬을 할 수 있으며 또한 어떻게 연옥에 들어가기를 바랄 수 있는지 궁금했다!

그러나 페르난도 카라디마 사제는 그들에게 그 교황 대사의 축복으로 천국을 약속하는 것 같았다.

모든 목격자에 따르면, 안젤로 소다노는 엘 보스케의 모든 곳에서 나타났고 항상 카라디마와 나타났으며 가끔 함께 미사를 집행했다고 한다. 특별한 행사 때에는 교황 요한 바오로 2세의 그 특사는 피노체트 곁에 서서 나타났다. 그는 자기 남은 삶을 친(親) 파시스트로서 보내었고 또한 맹렬하게 반공주의 편에 섰다.

그는 종교 문제들을 조용히 감시하는 세르지오 릴론과 직접 접촉하였고 또한 그 독재자의 특별 고문이었던 프란시스코 하비에르 쿠아드라(Francisco Javier Cuadra)와도 접촉했다. 쿠아드라는 나중에 그 독재자의 장관이 되고 바티칸 주재 대사가 될 것이다(기밀 해제된 CIA 보관 문서와 우리가 인터뷰를 했던, 피노체트와 친밀한 고문인 오스발도 리베라는 이 정보를 확인해 준다).

소다노는 이런 파시스트 환경에 있으면서 마음이 편했던 것 같다. 피노체트의 개인 경호원은 그 명목상의 대주교 소다노를 자기 사람 중에 하나로 삼았는데, 그 이유는 그가 이념적으로 믿을만하고 결코 입을 다물고 있었기 때문이다. 또한, 그는 요한 바오로 2세와 연결되어 있었고 장래 추기경이 될 것으로 믿어졌기 때문에 그 교황 대사는 피노체트의 전반적인 계획에 있어서 중요한 포석이었다.

한편, 소다노는 바라던 것을 얻은 자랑스러움에 그의 사대주의와 욕망을 키웠다. 루스벨트가 종종 말했던 것처럼, 자신을 과대평가하는 사람을 결코 과소평가해서는 안 된다!

교황 대사 중에 가장 허영심이 많은 장래 '추기경단 단장'은 한없는 교만으로 가득한 사람이었고 너무 큰 자아를 가진 사람이었다.

그러므로 야심 찬 소다노는 제자리에 있지 않기 위해 서로 다른 네트워크를 결합했다. 그는 여러 정체성을 갖고 움직였다. 그의 삶은 너무 다양했기에 칠레에서의 그의 삶을 알아내기는 쉽지 않다.

그의 기괴함은 극에 달했다. 칠레에서는 내성적이고 심지어 알 수 없던 인물이었는데, 나중에 로마에서는 신중하고 분별이 있는 말 없는 사람으로 자신을 드러냈다. 물론, 그렇게 할 수 없는 때도 있었다. 예를 들어, 로드리고 세라노 봄발(Rodrigo Serrano Bombal)과의 기이한 관계다.

봄발!

얼마나 신기한 이름인가!

얼마나 대단한 혈통인가?

또한, 얼마나 대단한 이력을 가졌는지!

예비역 해군 장교이며 피노체트의 첩보부의 일원으로 알려진 그는 엘 보스케의 단골 방문자였다(모니카 곤잘레스 기자는 그가 참조할 수 있던 봄발의 약속 기록을 통해 그가 비밀 정보국 DINA의 비밀경찰인 사실을 알아냈다고 말했다).

* * *

우리는 이런 정보를 신뢰할 수 있는지 어떻게 알 수 있는가?

이 모든 정보는 카라디마 '사건'에 대한 증인들의 진술과 사건 파일에 의해 확인된다. 적어도 페르난도 카라디마는 1984년 이래로 성폭행으로 여러 차례 고소를 당했다. 그 당시 정기적으로 그를 방문했던 안젤로 소다노가 웃고 넘어가려 해도 이 사실을 모를 리 없었다.

> 페르난도 카라디마는 가정에서 문제가 있는 소년들을 찾아내서 그 교구에 충성하게 했어요. 그는 점차로 그들을 그들의 가족으로부터 떼어놓더니 마침내 그들을 학대했습니다. 하지만 그의 체계는 위험했어요. 그 이유는 이 소년들은 일반적으로 칠레의 엘리트 가정에 속해 있었거든요.

몇몇 희생자들의 변호사인 후안 파블로 에르모실라가 말한다.

그 사제의 행동은 1980년대와 90년대에 내내 격분을 일으켰지만, 피노체트의 게이 수행단과 칠레의 주교단은 카라디마를 보호했고 모든 사건을 은폐시켰다. 한편 안젤로 소다노가 국무원장이 된 바티칸 역시 카라디마를 감쌌으며 심지어 칠레 교회에 그를 비난하지 말라고 지시했다(공식적인 보고에 따르면, 바티칸은 소다노가 국무원장 자리에서 물러난 2010년까지 카라디마 사건에 대해 아무런 보고를 받지 못했다고 한다. 단지 산티아고의 추기경인 프란시스코 하비에르 에라주리즈가 수년 동안 아무런 조처하지 않고 혼자 보관하고 있던 파일을 뒤늦게 교황청에 보냈다고 한다. 한편, 칠레 사법부는 카라디마를 기소했다).

소다노가 이 소아성애자 사제를 보호해 준 이유는 아직도 수수께끼로 남아 있다. [물론 에라주리즈 추기경과 2006년에 소다노를 대치하여 국무원장이 된 베르토네 추기경도 그 사제를 보호해 주었다.]

모든 상황을 보면, 이는 성폭행으로 고발된 사제를 감싸는 문제만이 아니라 교회와 피노체트의 독재정권이 밀접하게 연관된 전체적인 체제 문제였다. 즉, 소다노가 입을 열기 시작했다면 교회의 전체적인 체제는 많은 것을 잃었을 것이다. 아무튼, 소다노는 교회 체제에 대한 충성심 때문에, 교회를 유지하고 그의 친구들을 막아주고 아마도 자기 자신을 보호하기 위해, 성폭행으로 기소된 사제들을 항상 보호하려고 했을 것이다.

재판에 나온 14명의 증인과 50여 건의 등록된 고소에 따르면 성폭행은 1960년대 후반부터 시작하여 2010년까지 지속하였다. 카라디마는 약 50년 동안 12세에서 17세 사이의 수십 명의 소년을 성폭행하였는데, 그들 대부분은 백인이고 금발이었다.

2004년에 그 독재정권이 몰락하고 나서야 카라디마의 활동에 대한 공식적인 조사가 이루어졌다. 2011년이 되어서야 4개의 구체적인 고발이 받아들여져서 재판을 받았다. 그때는 바로 교황 베네딕토 16세가 소다노 추기경을 제거하고 바티칸이 교회법에 따라 재판을 명령한 때였다. 카라디마 신부는 미성년자 성폭행으로 유죄 판결을 받고 교황으로부터 처벌을 받았다. 내가 받은 정보에 따르면, 그는 오늘날 80세로서 아무런 종교 활동을 하지 못하고 칠레의 고립된 비밀 장소에서 살고 있다고 한다.

[교황 프란치스코는 2018년 9월에 마침내 그의 신분을 평신도로 축소했다.]
2010년 이후 칠레의 교회는 대체로 신용을 잃었고 파블로 시모네티의 표현으로 하면 "이 사건으로 위신을 잃었다." 신자들의 수는 바닥을 쳤고, 가톨릭에 대한 신뢰도는 50%에서 22% 이하로 떨어졌다.

2018년에 있던 프란치스코 교황의 방문은 오래된 상처를 다시 건드렸다. 프란치스코는 카라디마와 가까운 사제 하나를 보호했던 것 같다. 그런데 우리는 그 실수를 그의 잘못된 행동으로 보기보다 어쩌면 카라미다의 전체 체제와 소다노 및 프란시스코 하비에르 에라주리즈 추기경에게까지 연결되었던 그의 공모자들이 완전히 붕괴된 것은 아니라는 사실을 보여주려는 필사적인 시도로 보아야 할지도 모른다.

교황은 광범위한 조사 이후 마침내 "상황 판단에 있어서 심각한 실수를 저질렀고, 특히 신뢰할만하고 균형 잡힌 정보가 부족하였기 때문에 그러했다"라고 하며 공개 서신을 통해 사과했다. 그는 분명하게 그에게 그릇된 정보를 주었던 사람들을 언급했다. 칠레 언론에 따르면, 그릇된 정보를 주었던 자들은 안젤로 소다노와 가깝던 세 사람인데, 교황 대사 이보 스카폴로(Ivo Scapolo), 그리고 프란시스코 하비에르 에라주리즈와 리카르도 에자티(Ricardo Ezzati) 추기경이다.

그 이후로 칠레의 모든 주교가 사임하였고 그 사건은 국제적인 양상을 띠었다. 칠레 법원은 성폭행 혐의로 기소된 사제들과 관련하여 에자티와 에라주리즈를 포함한 여러 추기경을 조사했다. 폭로되어야 할 것들이 아직 많이 있다. [이 장에서 나는 그 재판 및 후안 카를로스 크루즈를 포함한 목격자들의 진술을 증거로 사용하였으며, 또한 나의 조사를 도와준 그들의 수석 변호사인 후안 파블로 에르모실라가 내게 보내 준 문서를 사용했다. 카라디마와 가까운 사제인 사무엘 페르난데즈(Samuel Fernández)는 참회를 한 후 고백하기로 동의했다.]

*　　*　　*

이처럼 안젤로 소다노는 칠레에 머무는 수년 동안 부지런히 피노체트와 엘 보스케 교구와 교제했다.

그는 정확히 무엇을 알고 있었을까?

그의 동기는 무엇이었을까?

여기서 우리는 카라디마 재판 중에나, 혹은 산티아고에서 내가 행한 수십 번의 인터뷰 중에서, 소다노는 엘 보스케에서 저질러진 미성년자 성폭행과 전혀 무관하다는 것을 분명히 해야 한다. 이 사실은 후안 파블로 에르모실라도 분명히 확인해 준다.

> 우리는 카라디마와 교황 대사 소다노의 관계를 토대로 카라디마의 성폭행에 소다노가 개인적으로 연루되어 있는지를 심도 있게 조사했습니다. 하지만 그가 이런 범죄에 가담한 사실을 알려주는 증거나 증인의 진술을 전혀 얻지 못했습니다. 나는 카라디마가 성폭행을 저지를 때 소다노가 그 자리에 있었다는 말을 어디서도 들은 적이 없습니다. 내 생각에는 그런 일은 없었습니다. 시간이 지나면 더 분명히 알게 될 것입니다.

그러나 희생자들의 변호사가 덧붙여 말한다.

> 하지만 카라디마의 성범죄의 심각성과 빈번함과 오랫동안 돌았던 소문들을 고려할 때, 특히 희생자들 대부분이 신학생이었다는 것을 근거로 할 때, 소다노

가 그 당시 발생하고 있던 일을 몰랐다는 것은 거의 불가능합니다.

하지만 한 가지 수수께끼가 남는다. 그 교황 대사와 피노체트의 수행단 사이의 친밀한 관계다. 1980년대에 동성애에 대한 가톨릭교회의 입장을 생각한다면, 이런 친밀한 관계, 즉 소다노와 실제 게이 마피아와의 관계는 여전히 수상하다.

심지어 (인터뷰를 통해 여러 사람이 내게 준 정보에 따르면) 피노체트와의 이상한 관계 때문에 그 교황 대사에게는 '피노체테'라는 별명을 줬다. 안젤로 소다노를 옹호하는 자들은 (교황 대사 프랑수아 바케를 포함해서) 바티칸의 외교관이 독재정권 하에 반체제 인사로 활동하는 것은 어려웠을 것을 지적한다. 피노체트의 수행원과 결탁하는 것은 어쩔 수 없었던 일이고, 그를 반대했다면 바티칸과의 외교 관계 중단과 교황 대사의 추방, 그리고 아마도 사제들의 체포로 이어졌을 것이라고 주장한다. 이런 주장은 어느 정도 타당성이 있다.

유사하게, 내가 로마에서 인터뷰를 가진 추기경들은 소다노가 1978년에 칠레에 도착한 이래로 그의 주요한 외교적 성공을 상기시킨다. 그들에 따르면, 소다노는 티에라델푸에고(Tierra del Fuego) 근처, 즉 남미의 남부 끝에 있는 칠레와 아르헨티나 국경과 관련하여 두 가톨릭 나라 사이에 분쟁이 있을 때 그 두 나라의 중재에 있어서 중대한 역할을 했다(하지만 다른 믿을 만한 증인들에 따르면, 소다노는 처음부터 바티칸의 중재를 반대했었다고 한다. 그래서 교황은 처음에 분쟁의 중재자로 그 나라에 라울 실바 엔리케스[Raúl Silva Henríquez] 추기경과 이탈리아 교황 대사 안토니오 사모레[Antonio Samorè] 보냈었다).

그들은 또한 요한 바오로 2세가 피노체트를 비판하는 것을 꺼리지 않았다는 사실을 강조하는데, 적어도 대단히 중요했던 그의 대중 연설 하나만 보아도 그러한 것을 알 수 있다. 1987년, 교황은 여행 중에 미사를 집전하는 동안, 정치적인 반대자들과 반체제 인사들이 그의 옆에서 독재정권을 향해 목소리를 높이며 검열과 고문과 정치적인 암살에 대해 비판하는 것을 허락했다. 그 여행은 그 나라가 1990년부터 민주주의를 향하여 나아가도록 하는 데 있어서 지속적인 영향을 미칠 것이다.

"요한 바오로 2세는 피노체트에게 민주주의적인 압력을 넣었고 그것은 성과를 거두었어요. 교황이 방문한 후 1년 뒤에 국민 투표는 민주주의로 향하는 길을 열었답니다."

칠레의 성 소수자 협회 회장인 루이스 라레인(Luis Larrain)이 설명한다. 그의 아버지는 그 독재자 밑에서 장관이었다.

그렇다면 소다노와 관련해서 피노체트의 정치 경찰들은 무슨 일을 했을까? 수상한 냄새가 난다.

그 독재자의 범죄에 대해 상당히 많은 글을 쓴 칠레 기자 하나가 말한다.

> 1980년대의 상황에서 피노체트는 바티칸과의 외교 관계가 매우 중요하다고 생각했습니다. 소다노가 대통령 부부에게 공개적으로 환영을 받고 칠레 비밀 경호원들은 그를 개인적으로 안내했습니다. 더 이상한 것은 그가 맺은 비정상적인 관계입니다. 그는 그 정권 내에서 가장 높은 서열에 속한 그 독재자의 경호원들과 자문위원들과 친밀한 관계를 맺었습니다.

피노체트의 공무원 중에 적어도 4명 이상이 개인적으로 소다노를 '안내했다.' 우선, 대통령궁 모네다 궁전 1층에 사무실을 둔, 독재자의 측근이자 종교 문제 '비밀' 요원인 세르지오 릴론 대위가 있다.

"그는 극우였고 심지어 '국가 사회주의자'였습니다. 그는 피노체트의 정신적 지주 중 한 사람이었으며 강경파를 대표했습니다."

산티아고의 기자 알레한드라 마투스(Alejandra Matus)가 말한다.

릴론은 카라디마와 소다노와 매우 친한 사이라고 알려져 있었다.

"릴론은 피노체트의 가장 가까운 사람 중 하나였습니다. 또한, 그는 소다노의 가장 가까운 사람 중 하나였지요."

산티아고 슐러가 내게 말한다.

다음으로 오스발도 리베라가 있다. 그는 자칭 피노체트를 위해 일하는 세계적인 문화 전문가이며 모네다 궁전의 높은 층에 출입할 수 있는 자격을 갖고 있다.

> 리베라는 자신을 '문화의 황제'로 내세웠어요. 하지만 그는 피노체트를 위한 텔레비전 검열의 최고 담당자였습니다. 우리는 그가 극우와 게이 환경에서 활동하고 있는 것을 알고 있었어요.

파블로 시모네티가 진술한다. 리베라는 여성형 축약 이름인 '라 푸리'(La Puri)라는 별명을 얻었는데, 이는 '청교도 사람들'을 조롱하는 이름이다.

오늘날 질문을 받은 오스발도 리베라는 안젤로 소다노를 매우 분명하고 기억한다. 그는 심지어 그 주제에 대해 떠들썩하게 말한다. 리베라는 칠레에서의 소다노의 삶을 펼치면서 우리에게 많은 정보를 준다. 그는 소다노가 "부요한 건달들에 둘러싸여 위스키를 마시고 있더니" 그 다음은 '많이 취해서' 친한 호위병 한 사람과 집으로 가던 것을 회상한다.

마지막으로, 소다노는 피노체트의 잡역부이며 그의 대변인이고, 바티칸의 장래 장관이며 대사인 프란시스코 하비에르 에라주리즈와도 친했다. 이혼을 했고 8살 난 아이의 아버지인 에라주리즈 역시 소설과 같은 화려한 삶을 살았다.

안젤로 소다노가 정기적으로 사귀었던 피노체트의 남자들과는 별도로 두 명의 다른 불안정한 인물들을 여기서 언급할 필요가 있다. 그 이유는 그들 역시 그 독재자에게 모인 동일한 '마피아'에 속하였기 때문이다.

첫 번째 사람은 아란치비아 클라벨(Arancibia Clavel)인데 그는 '밀실'의 동성애자이지만 절제가 없는 사람이었다. 그는 그 독재자 및 군대와 가까웠다. 그는 정치적인 대적들을 물리적으로 제거하는 작전을 책임지고 있었다. 그는 한 '소년 남창'에게 살해되기 전에 범죄 때문에 중형을 받았다.

두 번째 사람은 제이미 구즈만(Jaime Guzman)인데, 그는 피노체트 정권의 공론가 중 하나였다. 오스카르 콘타르도(Óscar Contardo)가 쓴 그의 책 『칠레의 드문 게이 역사』(*Raro, Una historia gay de Chile*)에 따르면, 이 완고하고 급진적인 가톨릭 법대 교수는 DINA 파일 안에서 '동성애 성향'(*homosexualismo*)이라는 라벨 아래 그의 이름이 있었다. 그는 1991년에 극좌파에게 살해당했다. 두 사람 모두 소다노를 알고 있었다.

피노체트의 동성애적 네트워크는 묘사된 적이 없다. 때가 되면 그 네트워크도 많은 칠레 사람들 앞에서 드러날 것이다. 연구자들과 언론인들은 현재 피노체트와 바티칸 사이의 모순된 관계들과 재정 관계를 조사하고 있다. [특히 그 독재자가 릭스(Riggs) 은행의 비밀 계좌에 숨겨 놓은 특별 자금을 조사하고 있고, 또한 그 자금이 폴란드 노동조합 솔리다르노시치와 연결된 반공산주의 사무소를 지원했을 가능성을 조사하고 있다.] 우리는 몇 년 내로 이런 모든 관계에 대해 더 많은 것이 폭로되기를 기대한다.

이 모든 사건에 있어서, 그 정치적이고 성적인 공모는, 오스카 와일드가 말하였고 TV 드라마 「하우스 오브 카드」(House of Cards)에서 반복되었던 한 유명한 문구에 의미를 부여한다.

"이 세상의 모든 것은 섹스에 대한 것이며 오직 섹스이다. 섹스는 권력과 연관되어 있다."

우리는 교황 대사 안젤로 소다노가 동성애와 관련된 자들과 사귀면서 왜 그렇게 즐거워했는지를 알 필요가 있다.

요한 바오로 2세가 동성애를 가증스러운 죄이며 절대 악이라고 선언하던 바로 그때 왜 그가 그 그룹 안에서 활동했을까?

결론적으로 우리는 세 가지 가설을 제시할 수 있다.

첫째, 안젤로 소다노는 칠레의 비밀경찰에게 계속 감시를 당하며 조종당했고, 그의 대사직은 그의 순진함과 경험 부족, 그리고 그의 인간관계 때문에 침투를 당했다고 보는 것이다.

둘째, 안젤로 소다노가 취약하였다는 것이다. 예를 들어, 만일 그가 동성애자였다면 그의 비밀을 보호받기 위해 정권과 타협할 수밖에 없었을 것이다. 분명한 것은 피노체트의 정치 경찰은 소다노의 직업 및 사적인 삶을, 그것이 무엇이든 상세하게 알고 있었다는 사실이다.

아마도 심지어 그를 협박하지 않았을까?

셋째, 가설은 피노체트의 고문들과 동일한 정치사상 및 도덕성을 가진 위대한 조작자 안젤로 소다노는 그와 잘 맞는 환경 속에서 자유롭게 활동했다는 것이다.

10
그리스도의 군단
(The Legion of Christ)

마르씨얼 마시엘은 아마도 지난 50년간 가톨릭교회가 낳아서 키운 가장 극악무도한 인물일 것이다. 비상식적일 정도로 부를 축적하고 성폭력을 방치하는 프로그램을 감독했던 그는 수십 년간 요한 바오로 2세와 교황의 개인 비서인 스타니스와프 지비스, 그리고 바티칸의 '총리'가 된 국무원장 추기경 안젤로 소다노의 보호를 받았다.

내가 멕시코, 스페인, 로마에서 인터뷰한 모든 사람은 마르씨얼 마시엘이 로마로부터 누린 지원에 대해 어리둥절해 한다. 단지 그 당시 교황의 '내무부 장관'이던 조반니 바티스타 레 추기경만은 그 지원에 동참하지 않은 희귀한 인물이다. 레 추기경은 바티칸에 있는 그의 개인 아파트에서 우리와 대화를 하는 중 이런 이야기를 했다.

> 요한 바오로 2세는 1979년 멕시코를 방문하면서 마르씨얼 마시엘을 만났지요. 새 교황으로 선출된 직후 처음 있던 국제 방문이었습니다. 그리스도의 군단은 새로운 신학생들을 대거 모집하고 있었어요. 그 수도회는 매우 효율적인 조직이었습니다. 하지만 우리는 소아성애에 대한 사실에 대해서는 모르고 있었어요. 우리는 요한 바오로 2세의 교황직이 마칠 때야 소문을 듣고 의심하기 시작했지요.

요한 바오로 2세 치하에서 외무부 '장관'이던 장루이 토랑 추기경도 비아 델라 콘칠리아치오네에 있는 그의 사무실에서 네 번의 대화를 하는 동안 내게 말했다.

우리는 마르씨엘 마시엘에 대해 알지 못했어요. 우리는 그런 사건들에 대해 아무것도 몰랐답니다. 극단적인 경우지요. 참으로 상상조차 할 수 없을 정도의 정신분열증 환자입니다.

마르씨엘 마시엘 드골라도(Marciel Maciel Degollado)는 1920년 멕시코 서부 미초아칸(Michoacán) 주의 코타자 데 라 파즈(Cotija de la Paz)에서 태어났다. 1944년 그의 삼촌은 그를 사제로 서품하였고, 그 무렵 마시엘은 가톨릭 자선 교육 기관인 그리스도의 군단(the Legion of Christ)을 설립했다.

예수를 섬기는 멕시코 교회의 전형적인 파생과는 거리가 먼 이 교육 기관은 처음에는 그 기관이 지닌 분파적인 특성 때문에 바티칸과 멕시코 양측으로부터 의심의 눈초리를 받았다. 하지만 마시엘의 특별하게 넘치는 에너지 덕분에 초기 단계부터 불확실한 재정 상태임에도 불구하고 몇 년 안에 셀 수 없이 많은 학교와 대학들, 그리고 자선단체들을 세우고 그 대표가 되었다.

1959년에 그는 그리스도의 군단의 평신도 지국(支局)인 레늄 크리스티(Regnum Christi)를 설립했다. 여러 기자(이탈리아 기자 잔솔라티 프랑카[Franca Giansoldati], 멕시코 기자 카르멘 아리스테기[Carmen Aristegui], 그리고 두 미국 기자 제이슨 베리[Jason Berry]와 제럴드 레너[Gerald Renner])는 마르씨엘 마시엘의 깜짝 놀랄만한 흥망성쇠의 이야기를 들려주었다. 여기서 나는 이 조사로부터, 그리고 또한 멕시코로 네 번 여행하며 가진 수십 번의 인터뷰를 통해 큰 그림을 그리게 될 것이다.

그 '군대'의 선두에 선 마시엘 사제는 교황에 대한 충성심이 만투라의 수준까지 올라가 있었다. 그는 개인적으로 교황에게 광신적인 헌신을 보여주며 수천 명의 신학생을 모집하고 거금의 기금을 모금했다. 이로써 그는 그의 체제를 가톨릭 기금 마련 및 바오로 6세와 특히 요한 바오로 2세의 꿈과 일치하는 새로운 복음 전도 모델로 변화시켰다.

여기서 우리는 누가복음에서, 어떤 마귀 들린 자가 그리스도가 그의 이름을 물을 때 대답한 이미지를 빌릴 수 있다.

"나의 이름은 군대(군단)입니다. 이는 우리는 많은 마귀이기 때문입니다."

마르씨얼 마시엘은 그의 악마의 군대를 만들 때 이 이미지를 생각했던 것일까?

아무튼, 그 멕시코 사제는 남다른 성공을 누렸다. 그는 엄격하고 광적인 단체조직을 의지할 수 있었는데, 그 조직 내에서 신학생들은 정절을 맹세하였고 또한 궁핍을 맹세하였다(그들의 재물과 소유와 심지어 성탄에 받은 돈까지 그리스도의 군단에 바쳤다).

게다가, 마르씨얼은 교회법에 반하는 헌신을 추가했다. 그것은 '침묵의 맹세'였다.

이 맹세는 상급자들을 비판하는 것을 엄중하게 금하였고, 특히 그들이 '우리 아버지'(nuestro padre)라고 불러야 하는 마시엘 신부를 향해 더욱 금지되었다. 그 단체조직은 성추행을 위한 기관이 되기 전부터 도덕적 학대의 사업체였다. 심지어 마시엘 신부에 대한 그들의 복종은 상상조차 할 수 없는 가학 피학성(被虐性) 변태 성욕의 형태로서 심지어 성적 학대 이전부터 있었다. 그들은 모두 어떤 희생을 치르든 상관없이 그들의 아버지에게 사랑받기 위해 안간힘을 썼다.

그 단체 조직에 새로 가입한 젊은 회원들은 여름에는 반바지를 입고 겨울에는 이중 단추와 빳빳한 칼라가 달린 더블코트를 입고 둘씩 대열을 지어 다닌다. 그 구루(guru)는 젊은 그들을 통제하기 위해 어마어마한 내부 감시 시스템을 갖추었다. 그들의 서신 내용을 읽고, 전화 통화 기록을 점검하며 그들의 친구 관계도 살펴보았다.

마르씨얼 마시엘이 사랑하는 그의 측근은 가장 똑똑하고 잘 생긴 운동선수 같은 젊은 신학생들로 구성되었다. 그들의 아름다움은 장점이었고 토착의 특징들은 불리한 조건이 되었다. 만일 멋진 악기를 연주한다면 그것은 대단히 많은 추가 점수를 얻었다. 만일 아프다면 베르나노스의 소설에 나오는 젊은 시골 사제처럼 그것은 흠이 되었다.

기본적으로는, 몸이 지성보다 더 중요했다. 이 사실은 내가 마드리드에서 인터뷰했고, 또한 멕시코에서 오래 산 영국 사제 제임스 앨리슨의 훌륭한 표현으로 요약될 수 있다.

> 그리스도의 군단은 책을 읽지 않는 오푸스 데이회다.

*　　*　　*

교황청이 주장했던 것과는 반대로, 그 군단장의 이중생활은 초기부터 비난을 받았다. 마르씨얼 마시엘은 1940년대에 신학교에서 성(性)과 관련한 말썽을 일으켜서 그의 상급자가 그를 두 번이나 퇴학시켰다. 성 학대의 첫 사례는

1940년대 및 50년대로 거슬러 올라가는데 그 사건은 당시 멕시코 주교들과 추기경들에게 공식적으로 보고되었다. 마르씨얼 마시엘의 성학대 기간에 수반된 심각한 물질 중독에 대한 보고는 로마에까지 이르렀다. 1956년, 마시엘은 발레리오 발레리(Valerio Valeri)의 명에 따라 바티칸으로부터 정직을 당했다(증거가 필요하다면 그 사건 파일은 1950년 이후로부터 잘 알려져 있다).

그러나 이 화려한 거짓말쟁이이며 날조범인 마르씨얼 마시엘은 사면을 받아냈다. 이런 일은 그의 삶에 여러 차례 발생할 것이다. 1958년 말 클레멘테 미카라(Clemente Micara) 추기경은 마시엘의 기록을 말끔히 씻어버렸다. 1965년, 교황 바오로 6세조차 공식적으로 그리스도의 군단이 교황청과 직접 연결되어 있다고 인정했다. 1983년에는 요한 바오로 2세가 그 군단의 헌장이 교회법과 심각하게 모순됨에도 불구하고 정당하다고 인정함으로써 마르씨얼 마시엘의 분파는 재합법화된다.

한 가지 추가로 더해야 하는 것은, 그 무렵 그리스도의 군단은 그 창립자에 대한 골치 아픈 소문이 심해지고 있음에도 모든 곳에서 찬사와 칭찬을 받아내는 큰 병력이 되어있었다. 이 시점에서 마르씨얼 마시엘은 자선단체는 말할 것도 없고, 15개의 대학, 50개의 신학교와 고등학교, 177개의 중학교, 불우한 아이들을 위한 34개의 특수학교, 125개의 종교 회관, 200개의 교육 센터, 그리고 1천 2백 개의 성당과 예배당을 포함한 하나의 제국의 우두머리였다. 그는 그 자리를 인생 마칠 때까지 지켰다. 그 군단의 깃발은 모든 곳에서 바람에 나부끼며 그 문장(紋章)을 펼쳐 보였다.

바오로 6세와 요한 바오로 2세가 그리스도의 군단은 아무런 문제가 없다며 다시 합법화하자 마르씨얼 마시엘 신부는 힘을 내어 그의 운동을 전개해 나갔고, 성폭력 사제로서 그의 굶주림을 달래기 시작했다.

한편, 그 컴파치코스(comprachicos, 훔쳐온 아이들을 매매하는 사람)는 멕시코 통신계를 꽉 잡은 카를로스 슬림(Carlos Slim)과 같은 극도로 부유한 사람들과 특권 관계를 맺었다. 마시엘 신부는 슬림의 결혼을 주례하였고 그를 그리스도의 군단의 자선가 중 하나로 만들었다. 마르씨얼 마시엘은 그의 소유와 재단을 통해 멕시코, 스페인, 로마에 다수의 부동산을 축적했고, (뉴욕 타임스에 따르면) 그의 비밀 계좌에는 수억 달러의 유동 자산을 모아놓았던 것으로 추정된다. 돈은 분명히 마시엘 체제의 열쇠 중 하나였다.

한편, 그는 고해 성사 동안 이뤄진 교류와 다수의 어린 신학생들에 대한 자료 파일을 통해 동성애 행위에 가담한 자들을 갈취하고 무차별적으로 학대했다. 결국, 성폭력자 마시엘은 수십명의 아이들과 셀 수 없이 많은 신학생을 성적으로 학대한 것으로 알려졌다. 아마도 희생자들은 총 100명 정도가 된다.

그의 생활방식은 사제로서, 그리고 그 시대에 있어서 매우 이례적이었다. 공공연히 철저한 겸손과 모든 경우에 소박함을 보여준 그 신부는 사적으로는 경호원들로 무장된 아파트에서 살고 있었고, 해외여행 때는 고급 호텔에 머물며 상상을 초월하는 비싼 스포츠카를 몰았다. 그는 또한 가짜 신분증들을 가지고 있었고 적어도 두 명의 여자를 통해 네 명의 아이를 낳았다. 그중 두 명의 아들을 학대하였고, 그 후 그 두 아들은 그를 고소했다.

그는 1970년대와 80년대, 그리고 90년대 로마를 자주 방문했는데, 그때마다 교황 바오로 6세는 그를 교회의 겸손한 종으로 환영하였고, 그의 '개인 친구'인 요한 바오로 2세는 그를 특별 손님으로 환영했다.

1997년이 되어서야 새로운 신빙성 있는 충분한 근거가 있는 고소가 교황 사무실에 올라왔다. 그 고소는 이전에 그 군단의 신학생들이었던 7명의 사제가 올린 것으로써 마시엘에게 성폭행을 당했다는 내용이었다.

* * *

그들은 복음을 지키겠다는 서약 하에 고소하였고 유명한 학자들이 그들을 지지했다. 그 편지는 국무원장 안젤로 소다노와 교황의 개인 비서 스타니스와프 지비스의 지시에 따라 '더 이상의 조치 필요 없음'이라는 이름의 서류에 보관되었다.

그들은 그 편지를 교황에게 전했을까?

우리는 모른다.

이 일에 놀랄 것은 전혀 없다. 우리가 본 바와 같이 안젤로 소다노의 방책은 성폭행 혐의가 있더라도 언제나 사제들을 보호하는 것이었다. 그의 방책은 내가 사도궁의 라파엘로 방(Raphael Rooms)에서 본 유명한 라틴어 인용 문구, "주교들을 판단하는 것은 사람이 아니라 하나님이 하신다"(*Dei Non Hominum Est Episcopos Iudicare*)를 따른 것이다. 그러나 그 추기경은 더 나아가 부활절 기념식에서 공개적으로 아동 성폭력에 대한 고소들을 '최근의 풍문'이라고 일축했다. 나중에 그는 자기 전임자 한스 헤르만 그뢰어(Hans Hermann Gröer)의 성범죄를 은폐한 것 때문에 용기 있고 친절한 또 다른 추기경인 비엔나의 대주교 크리스토프 쉰보른(Christoph Schönborn)에 의한 강력한 도전을 받게 될 것이다. 쉰보른은 구체적으로 그의 이름을 거론하며 도전할 것이다. 이에 동성애자인 그뢰어는 오스트리아 내에서 스캔들이 터짐으로써 사임할 수밖에 없었다.

> 안젤로 소다노의 원칙은 사제가 최악의 죄로 고소당해도 사제를 절대 버리지 않는 것이었어요. 그는 그 노선에서 벗어난 적이 없답니다. 그에게 있어서 그 원칙은 교회의 분열을 피하고 적들이 교회를 손상하는 것을 절대 허용하지 않은 방법이었지요. 돌아보면, 우리는 이런 자세가 잘못이라는 것을 알지만, 소다노 추기경은 1920년대의 과거 세대에 태어난 사람이었습니다. 그가 이 원칙을 마르씨얼 마시엘에게 적용한 것은 심각한 잘못이었지만 같은 논리를 따랐던 것이랍니다.

소다노를 잘 아는 어떤 은퇴한 대주교로부터 들은 말이다.

국무원장 안젤로 소다노가 교황을 위해 마르씨얼 마시엘의 옹호자가 되는 것으로 만족하지 못한 것은 사실이다. 그는 또한 교황 대사로서, 그리고 그다음 바티칸의 외교부 수장으로써 라틴 아메리카의 그리스도 군단의 주요 '개발자'였다. 그 기관은 소다노가 등장하기 전에는 칠레에 존재하지 않았다. 그는 마시엘과의 접촉을 발전시켰고 칠레 나라 전체에, 그다음은 아르헨티나에, 그리고 아마도 곧바로 콜롬비아에 그 기관을 설립하도록 그를 격려했다.

내가 부에노스아이레스에서 인터뷰한 아르헨티나의 학자이며 가톨릭교에 전문가인 솔 프리토(Sol Prieto)는 소다노의 합리적인 동기를 설명하고자 했다.

> 안젤로 소다노의 논리 전체가 그가 좌파로 의심하는 예수회, 도미니크회, 베네딕토회, 그리고 프란체스코회와 같은 전통적인 수도회를 약화시키는데 있습니다. 그는 오푸스 데이회, 친교와 해방(CL: Communion & Liberation), 성육신한 말씀회(the Order of the Incarnate Word) 및 그리스도의 군단과 같은 평신도 운동이나 보수적인 모임을 선호했지요. 그에게 교회는 전쟁 중이었고 이에 수도승이 아니라 군사들이 필요했습니다!

얼마 후, 소아성애에 대한 새로운 고소가 당시 라칭거 추기경이 담당하고 있는 로마의 신앙교리성에 올라왔다. 1990년대 말과 2000년대 초에 수많은 강간 사건이 보도되었고, 시간이 흐르면서 이런 강간 사건은 일련의 격리된 행위였을 뿐만 아니라 실재하는 악한 체제에 의한 것임이 드러나기 시작했다. 1997년, 하나의 완벽한 사건 파일 전체가 개방되었는데 바티칸은 그 성폭행범의 악한 행동에 종지부를 찍어야 한다는 것을 깨달았다.

  2003년, 마르씨얼 마시엘의 개인 비서는 직접 로마로 와서 요한 바오로 2세와 스타니스와프 지비스, 그리고 안젤로 소다노에게 그의 상관의 범죄 증거를 전함으로 바티칸에 알렸다. 이때 그들은 그의 증언을 듣기를 거절했다(이 사실은 교황 베네딕토 16세에게 전달되었던 문서 하나를 기자 지안루이지 누찌(Gianluigi Nuzzi)가 폭로하게 되면서 확인되었다).

  이 새로운 혐의들은 어디론가 없어져 버리더니 다시 한번 "더 이상의 조치가 필요 없음"이라는 도장이 찍혔다. 라칭거 추기경은 어떤 종류의 절차도 시작하지 않았다. 베네딕토 16세의 전 대변인인 페데리코 롬바르디에 따르면, 라칭거는 계속 교황 바오로 2세에게 마르씨얼 마시엘의 범죄를 알려주며 그를 직무에서 해임하고 평신도의 지위로 격하시킬 것을 제안했지만, 소다노 또는 지비스로부터 단호한 거절을 받았다고 한다.

  그런데도 라칭거 추기경은 요한 바오로 2세의 완강한 입장에도 불구하고 그 사건을 심각하게 받아들이고 그 파일을 닫지 않았다. 그는 마시엘의 새로운 파일을 열어 그에 대한 증거를 모집하기 시작했다. 하지만 사실 그는 대단히 신중한 사람이었기에 안전등이 켜져 있을 때만 움직였다. 그가 요한 바오로 2세 곁에서 행동을 개시하려고 하면 항상 빨간 불이 켜있는 것을 인식하지 않을 수 없었다. 교황은 그의 '친구' 마르씨얼 마시엘을 불안하게 만드는 일을 단호하게 거절했다.

  우리는 그 당시 사람들 사이에 널리 퍼져 있는 심리 상태를 알기 위해, 라칭거의 대리인이고 베네딕토 16세의 장래 국무원장인 타르치시오 베르토네가 2003년 말 출간된 마르씨얼 마시엘의 책 『나의 생명은 그리스도』(*My Life is Christ*)에 서문을 쓰고 서명한 사실을 상기해야 할 것이다(그 책을 위해 마시엘과 인터뷰를 한 스페인 '기자'의 정체는 사실 마시엘의 미동[美童] 중 한 명으로 추정된다). 그 당시 「로세르바토레 로마노」는 마시엘을 칭찬하는 기사를 냈는데, 이는 악을 덕으로 가장한 실례(實例)였다.

마찬가지로, 같은 기간 동안에 슬로베니아인 프랑크 로드(Franc Rodé) 추기경은 그 군단의 창설자를 지지하면서 "그리스도를 따르는 신부 마시엘의 본"이라며 환호했다(내가 로드를 인터뷰했을 때 그는 자기는 '몰랐다'고 장담하면서 마시엘은 교황 비서 스타니스와프 지비스의 지원을 받고 있었다는 사실을 알려주었다. 그는 "지비스가 추기경으로 서임되었을 때 나도 서임을 받았는데 그 군단이 그를 위해 거대한 파티를 열어주었지요. 나를 위해서는 그렇게 하지 않았고요"라고 말했다).

현재 주교성 장관인 마르크 우엘레트(Marc Ouellet) 추기경의 경우, 그는 마시엘이 성직자였고 그에게 보고할 책임이 없었다는 사실을 근거로 그를 처벌하지 않았다. 그는 또한 마시엘이 주교로 임명되거나 추기경으로 서임된 적이 없었는데 그 사실은 마시엘이 의심의 눈초리를 받아왔다는 증거라고 지적했다.

마지막으로 요한 바오로 2세가 2004년 11월에 최종적으로 마시엘을 공개 지지했는데 우리는 이 사실에 대해 무엇이라고 말할 수 있을까?

교황은 그 사제의 서품 60주년 기념행사에 직접 찾아와 아름다운 예식을 거행하며 마시엘에게 작별을 고했다. 교황이 죽음의 문턱에 서 있는 상태에서 두 사람이 다정하게 포옹하고 있는 사진은 전 세계에 퍼졌다. 멕시코에서 그 사진은 불신과 불안을 야기하면서 여러 신문의 1면 기사에 실렸다.

요한 바오로 2세가 2005년에 죽은 후에야 새로 선출된 교황 베네딕토 16세가 마시엘 파일을 재개하였다. 새 교황은 바티칸의 보관 기록물을 열도록 명령하였고 이에 조사가 진행되었다. 또한, 그 군단은 '침묵의 맹세'에서 자유롭게 되어 입을 열 수 있게 되었다.

"역사는 베네딕토 16세가 성 베드로의 보좌에 오른 직후 소아성애를 비난하고 마르씨얼 마시엘을 수배한 첫 번째 사람이라고 인정할 것입니다."

베네딕토 16세의 전 대변인 겸 현재 라칭거 재단의 회장인 페데리코 롬바르디가 말한다.

2005년, 베네딕토 16세는 마르씨얼 마시엘의 모든 직무를 박탈했고 또한 그에게 공적인 삶에서 은퇴할 것을 강요했다. '참회의 침묵'을 하도록 격하된 그는 당연히 성직(*divinis*) 정지를 당했다.

그러나 베네딕토 16세는 공식적인 제재 하에 다시 한번 그 사제를 살려주었다. 마시엘은 그의 남은 평생 성례를 집행할 수는 없을 것이다. 하지만 그의 처벌은, 진보적인 사상을 옹호한 것 외에 다른 범죄가 없음에도 처벌을 받은, 레오나르도 보프 또는 어윈 드레베르만과 같은 위대한 신학자들에게 부과된 처벌과 비교할 때 여전히 꽤 관대한 것이었다. 교회는 마르씨얼 마시엘을 법에 넘기지 않았다. 그는 파문을 당하거나 체포되거나 옥에 갇히지 않았다. 심지어 '나이가 많고 허약한 건강 때문에' 교회법에 따른 재판조차 없었다.

2005년과 2007년 사이에 '기도와 참회의 삶'을 권면 받은 마시엘은 이집 저집, 멕시코에서 로마로 계속 여행을 다니며 그의 무한한 자금을 사용했다. 그는 행여 있을 재판을 피하여 미국으로 건너갔다.

그는 "가련한 멕시코, 하나님과는 거리가 멀고 미국과는 대단히 가깝다"는 유명한 말을 삶으로 구현했다. 췌장암을 앓던 그는 결국 은퇴를 한 후 플로리다의 호화로운 집에서 살다가 2008년 88세의 나이로 호사롭게 사망했다.

그다음 해인 2009년이 되자, 베네딕토 16세는 그리스도의 군단과 연결된 모든 조직과 그 조직의 평신도 지국인 레늄 크리스티를 조사할 것을 명했다. 다섯 개의 대륙을 아우르는 이 조사를 위해 5명의 주교가 세워졌다. 그들의 조사 결과는 2010년 비밀리에 교황에게 전달되었는데 범죄가 너무 중했던 것 같다.

이에 바티칸은 결국 공동성명을 통해 마르씨얼 마시엘의 '객관적으로 부도덕한 행위'와 '실제 범죄 행위들'을 인정했다.

하지만 알고 그런 것인지 모르고 그런 것인지 로마는 일부 판정만을 내렸다. 로마는 검은 양떼를 비난하면서 간접적으로는 마시엘의 대리인들이던 루이스 가르자 메디나(Luis Garza Medina) 신부와 알바로 코르쿠에라(Álvaro Corcuera) 신부로부터 시작해서 그의 수행단을 살려주었다. 2017년, 국제탐사보도언론인협회 패러다이스 페이퍼스(Paradise Papers)는 20명의 군단 사제들의 이름을 발표하면서 그들 중 메디나와 코르쿠에라는 베네딕토 16세의 명령에 방해받지 않고, 버뮤다, 파나마, 영국령 버진 아일랜드 등을 경유한 재외 자금 조달을 힘입어 비밀 자금을 즐겼다는 사실을 노출할 것이다.

또한, 그리스도의 군단의 창설자뿐만 아니라 그 군단에 속한 35명의 다른 사제들 역시 성폭행 스캔들과 연루되었다는 사실이 밝혀질 것이다. 교황 베네딕토 16세가 그 군단을 바티칸의 감독 아래 두고 임시 행정관(벨라시오 데 파올리스 추기경(Velasio De Paolis))을 임명하기까지는 또 몇 년이 걸릴 것이다. 그 이후로 그 학교의 벽에서 그 구루의 무수한 초상화를 떼어내고 그의 책을 금지한 후, 마치 아무 일도 없었던 것처럼 그의 흔적을 다 지울 것이다. 지금 그의 파일은 다 마무리된 것처럼 보이고 그 군단의 회원들은 평범한 삶을 재개한 것처럼 보인다.

최근에 새로운 사건이 터졌다. 전 세계로부터 모인 약 백여 명의 신학생들이 사는 로마의 마리아 마테 에클레시아에(Maria Mater Ecclesiae)로 불리는 교황청군단국제대학(Pontifical International College of Legionnaires)의 총장 오스카르 투리온(Óscar Turrión)은 한 여자와 몰래 살면서 두 자녀를 가진 것을 인정했다. 그는 사임해야 했다.

심지어 오늘날에도 멕시코는 물론, 스페인과 로마에서도 그 군단의 평신도 지국인 레늄 크리스티와 일탈의 조짐을 보여 온 그들의 교황 대학 아테네오 폰티치오 레지나 아포폴로룸(Ateneo Pontificio Regina Apostolorum)에 대한 소문이 나돌고 있다. 가톨릭교회의 전문가인 멕시코 기자 에밀리아노 루이즈 파라(Emiliano Ruiz Parra)는 내가 멕시코에서 그와 인터뷰를 할 때 그의 좌절감을 고백했다.

베네딕토 16세든 프란치스코든 둘 다 그 현상의 정도가 어떤 것인지 파악하지 못했습니다. 그래서 그 문제는 그대로 있지요. 바티칸은 더 이상 그 군단에 대한 통제권을 갖고 있지 않으며, 이에 그 군단은 원래의 못된 습관으로 되돌아간 것 같습니다.

* * *

후안 산도발 이니구에즈(Juan Sandoval Íñiguez) 추기경은 멕시코의 과달라하라(Guadalajara)의 위성 도시인 틀라크파케(Tlaquepaque)에서 지명도 높은 가톨릭 관저에 살고 있다. 그 관저는 칼 모렐로스(Calle Morelos) 선상에 있고, 나는 그를 방문하기 위해 그의 전화번호를 알아낸 나의 안내자이며 지역 조사원인 엘리에제(Eliezer)와 함께 간다. 그 추기경은 바로 그날 저녁에 자기 집에서 만나자고 하며 지체하지 않고 인터뷰에 응했다.

그가 사는 명예퇴직 대주교 관저는 열대 지방에 있는 호화로운 작은 낙원으로써 두 명의 멕시코 무장 경찰이 지키고 있다. 나는 벽과 창살 뒤로 그 추기경의 영역을 발견한다. 세 개의 밝은 색의 큰 집이 있고 개인 예배당이 있으며 차고가 있다. 차고 안에는 번쩍이는 4인용 포드 자가용이 몇 대 주차되어 있다. 개가 4마리, 앵무새가 6마리와 원숭이가 한 마리 있다. 과달라하라의 대주교는 얼마 전에 은퇴했지만 일정은 아직 많은 것 같다.

멕시코의 가톨릭교회는 부요했지요. 하지만 지금은 가난합니다. 당신은 1억 2천만 주민이 살고 있는 이 나라에 오직 1만 7천명의 사제가 있다는 사실을 알아야 합니다. 우리는 박해를 받았지요.

그 고위 성직자는 주장한다.

후안 산도발 이니구에즈는 멕시코에서 게이를 가장 반대하는 추기경 중 하나다. 그는 동성애자들을 묘사하기 위해 "마리콘"(maricón, 남성 매춘부)이라는 용어를 자주 사용하면서 콘돔 사용을 맹렬히 비난한다. 그는 동성애자들의 '사탄주의'에 반대하는 미사를 드리기도 했고, 가장 중요한 것은 멕시코 정부에 반대하는 시위를 주동하면서 멕시코에서 동성결혼 반대 운동을 고취한 배후 세력이었다. 그가 가까이했던 그리스도의 군단은 종종 대규모의 모임과 거리 시위를 조직했다. 내가 멕시코에 머무는 동안 게이 결혼을 반대하는 "가족을 위한 대행진"(marcha por la familia)을 목격할 수 있었다.

"그 행진은 자발적으로 동원된 시민운동이지요."

그 추기경이 언급한다.

"나는 개인적으로 관여하지 않지만, 당연히 자연의 이치는 성경이지요."

그 고위 성직자는 매력적인 사람이다. 그는 프랑스어로 여러 시간 동안 내게 말한다. 때때로 그는 자기주장을 강조하기 위해 친절하게 내 손을 잡는다. 엘리에제에게 조언을 구하거나 그의 삶에 대해 질문할 때는 스페인어로 부드럽게 말한다.

좀 이상하면서도 나를 놀라게 한 것은 게이를 반대하는 이 대주교는 게이 문제에 사로잡혀 있다는 사실이다. 우리가 나누는 대화는 거의 이 주제밖에 없었다. 그는 대화 속에서 암암리에 교황 프란치스코를 비난한다. 그는 교황이 게이들에게 호의적인 표시를 한다며 비난한다. 그는 언뜻 보기에는 지나가는 말로 하지만, 교황의 수행단에 속한 몇 명의 주교들과 추기경들의 이름을 대면서 비슷한 동성애 취향을 가진 것 같다고 알려준다.

"아세요? 프란치스코가 '내가 누구를 판단하리요?'

이렇게 말할 때 그는 동성애자들을 보호한 것이 아닙니다. 그는 자기 동료 중 하나를 보호한 것이에요. 이는 매우 다른 이야기지요!

언론은 모든 것을 함부로 멋대로 바꾸어 놓아요."

나는 추기경의 허락을 받은 후 그의 도서관을 둘러본다. 그는 내게 그의 보물을 보여주고 싶어서 자리에서 일어난다. 문학을 좋아하는 그 고위 성직자는 여러 책을 썼는데 그것들을 내게 보여주며 즐거워한다.

얼마나 놀랐는지!

후산 산도발 이니구에즈는 책장 전체를 게이 문제에 관한 책들로 가득 채워 놓았다. 나는 동성애 죄를 다룬 책들과 레즈비언 문제, 그리고 게이를 이성애자로 회생시키는 치료 요법에 관한 책들을 본다. 친(親) 게이 및 반(反) 게이 서적으로 가득 찬 도서관은 그 추기경이 항상 주장했던 책 태우기 운동과 무관했던 것 같다.

혹시 그 추기경은 그가 불태우고 싶었던 책들에 매료되었던 것은 아니었을까?

갑자기 나는 그 유명한 『리베르 고모리아누스』(Liber Gomorrhianus)의 영문판, 『고모라의 책』(The Book of Gomorrah) 몇 권이 누구나 볼 수 있도록 잘 보이는 곳에 꽂혀 있어서 놀랐다.

"이 책은 중세시대의 위대한 책이지요. 제가 여기 새 번역본에 서문을 쓴 것이 보이지요?"

추기경은 자랑스럽게 말한다.

얼마나 신기한 책인가!

나중에 성 피터 다미안(Saint Peter Damian)이 된 이탈리아 사제가 1051년부터 쓴 이 유명한 수필!

그 성직자는 교황 레오 9세에 보내는 이 긴 글에 당시의 성직자들 사이에 동성애가 매우 널리 퍼져 있는 것을 말하면서 동성애적 성향을 비난했다. 그는 또한 사제들이 그 성향을 감추기 위해 자기들끼리 고해성사를 했던 나쁜 습성에 대해 손가락질을 했다. 그는 심지어 그 용어가 만들어지기 오래전에 그 시대의 몇몇 원로 로마 고위 성직자들을 '동성애자로 드러냈다'. 하지만 교황은 피터 다미안의 말을 부인하였고 그가 요구한 어떤 제재도 고발된 고위 성직자들에게 가하지 않았다.

이 이야기를 말해준 존 보스웰에 따르면, 교황은 심지어 추기경단이 그 당시 매우 심각하게 동성애 행위를 자행하고 있었기 때문에 그의 책을 몰수했다고 한다!

하나님이 소돔을 벌하신 것은 성경이 제시하는 것처럼 손님 대접의 문제로 보아야 하는데, 그 책은 '남색'의 죄로 재해석하게 된 11세기의 출판물이기에 상당한 역사적인 중요성을 지닌다. 이때부터 동성애는 가증스럽게 되었다!

이제 우리는 후안 산도발 이니구에즈 추기경에게 동성애자들과 소아성애자들을 (그가 보기에는 동성애자들과 별다를 것이 없다) '완화하기' 위해 존재하는 치료들에 관해 이야기한다. 또한, 가장 치료가 불가능해 보이는 소아성애자들을 위한 전문 진료소에 대해 언급한다. 하지만 그 추기경은 대화 주제를 바꾸며 동성애 주제를 더 이상 확대하지 않는다.

그러나 나는 이 관저가 어떻게 존재하게 되었는지를 안다. 이 관저는 '카사 알베리오네'(Casa Alberione, 알베리오네의 집)이라고 불리는데 1989년에 이곳 틀라크파크 교구 추기경의 뜻과 자금으로 세워졌다. 소아성애 문제를 매우 잘 아는 누군가의 말처럼 "마치 핵폐기물처럼 이 나라에서 저 나라로 보내진" 해외 소아성애 사제들은 이 '재활' 진료소에서 치료를 받았다. 그들은 이 진료소에서 사제로 머물면서 법의 개입을 피할 수 있었다.

교황 베네딕토 16세가 소아성애자들이 교회의 보호를 받지 못하도록 한 이후인 2000년대 초반부터 카사 알베리오네는 존재할 이유를 잃었다. 후안 산도발 이니구에즈 추기경은 멕시코 일간지 「엘 인포마도르」(*El Informador*)와 인터뷰를 한 후, 그 관저는 그리스도의 군단원들을 받아들여 온 사실을 인정했지만 "2001년에 소아성애 사제들을 받아들이는 것을 중단했다"고 주장했다. [칠레에도 "클럽"(The Club)이라는 유사한 기관이 있었는데 파블로 라라인(Pablo Larraín)은 그 기관에 대한 영화를 만들었다].

"안녕하세요!"

그 추기경과 엘리에제와 내가 공원에서 걷고 있는데 갑자기 뒤에서 외치는 소리가 들여왔다. 깜짝 놀라서 돌아보지만, 로빈슨 크루소가 섬에서 앵무새가 말하는 것을 처음 들을 때처럼 기겁하지는 않는다. 커다란 새장 안에 있는 그 잘 생긴 잉꼬(*perico*)는 나와 대화를 시작했다. 이놈이 내게 비밀을 말할까?

멕시코에서 이런 종류의 새를 '과카마요'라고 부르고 영어로는 '팝핀제이', 그러나 프랑스어로는 '파페게이'(게이 교황)라고 부른다.

우리는 공작들과 수탉들 사이를 걷는다. 추기경은 행복해 보이며 천천히 시간을 보낸다. 그는 나와 나의 멕시코 조사자인 엘리에제(Eliezer)에게 숨이 막힐 정도로 친절하다.

'오소'('곰'이라는 뜻이다)라는 이름을 가진 개가 우리와 함께 있는 것을 좋아한다. 갑자기 우리는 (추기경과 오소와 엘리에제와 필자) 4인 경기 풋볼을 하게 되고, 그 추기경을 위해 요리를 하고 청소하고 설거지를 하는 다섯 수녀가 우리를 보고 재미있어한다.

나는 후안 산도발 이니구에즈에게 묻는다.

"여기서 외롭지 않으세요?"

내 질문은 그에게 흥미를 불러일으킨 것 같다. 그는 자기 풍성한 사회생활을 설명한다. 나는 그를 위해 장자크 루소(Jean-Jacques Rousseau)를 인용하여 말한다.

"독신 서약은 자연에 반(反)하는 것이지요."

"당신은 결혼한 성직자들 또는 이맘들(힌두교 예배 인도자)이 덜 외로울 것이라고 생각합니까?"

추기경이 질문으로 대답한다.

그는 손으로 수녀들을 가리키며 말을 더한다.

"보이지요. 나는 이곳에서 외롭지 않아요."

추기경은 내 팔을 꽉 잡고 한참 동안 말이 없다.

"그뿐만 아니라 여기에는 젊은 사제가 하나있어요. 매일 오후마다 옵니다."

벌써 오후 늦은 시간인데 나는 아직 그 젊은 사제를 보지 못했기에 의아해하고 있는데 추기경이 덧붙인다. 아마도 정직한 고백이었던 것 같다.

"오늘 밤 10시에 와요."

* * *

마르씨엘 마시엘이 로마에서 누렸던 보호는 오늘날 꽤 잘 알려져 있다. 후안 산도발 이니구에즈 추기경은 그 소아성애자 사제를 고발하지 않은 것 때문에 여러 희생자로부터 비난을 받아왔다. 그는 또한 그의 사제 중 일부를 카사 알버리오네에서 '재교육' 받도록 했다는 혐의를 받고 있다(추기경은 어떤 잘못이나 책임도 부인하고 있다).

비슷한 비판이 멕시코 대주교 노베르토 리베라(Norberto Rivera) 추기경에게 쏟아졌다. 그는 산도발 이니구에즈처럼 비정상적일 정도로 게이를 반대하며 "항문은 성행위를 위한 구멍이 될 수 없다"라는 반(反) 게이 연설을 했다. 그는 "하나님은 그들을 용서해 주셨던 적이 있다"는 또 다른 유명한 말을 하면서 멕시코에는 많은 게이 사제들이 있다고 인정했다. 심지어 최근에는 "아버지가 동성애자이면 아이가 그 아버지에게 성폭행을 당하기 쉽다"고 선언했다.

전문적인 기자들은 마르씨얼 마시엘의 지지자 중 하나인 노베르토 리베라가 마시엘의 범죄를 철저하게 부인했고 또한 특정 고발을 바티칸에 전달하지 않은 것 같다고 넌지시 말한다.

이런 모든 이유와 또한 고소자들을 공개적으로 에둘러 해산시킨 것 때문에 그 멕시코 추기경은 이제 성폭행과 관련한 그의 태만과 침묵 때문에 비난의 대상이 되었다. 언론은 그를 정기적으로 비난하고 있으며 수만 명의 멕시코 사람들은 여론을 동원하여 그가 교황을 뽑는 콘클라베에 참여하지 못하도록 탄원서에 서명했다. 그는 또한 사제들에게 성폭행을 당한 자들의 미국인 생존자들 네트워크(SNAP: American Survivors Network of those Abused by Priests)가 발행한 "더러운 12명"의 목록의 맨 위에 올라있다. 그 12명은 소아성애 사제들을 감싼 혐의를 받는 12명의 추기경이었다.

요한 바오로 2세는 아마도 안젤로 소다노 또는 스타니스와프 지비스의 추천으로 산도발 이니구에즈와 리베라를 추기경으로 서임했을 것이다. 그 둘은 해방 신학과 동성 결혼을 강렬하게 반대하는 자들이었다. 동성애 혐오증 때문에 리베라 추기경을 날카롭게 비판했던 교황 프란치스코는 멕시코 교회에 게이들을 향한 적대행위를 중단할 것을 엄중하게 요구하였고, 서둘러 리베라 사건에서 벗어나기 위해 리베라가 2017년 나이 제한에 이르자마자 그를 은퇴시켰다. 내가 멕시코에서 인터뷰한 어떤 사제에 따르면, 이 조용한 결정은 "즉각적인 임시적 효과를 나타낸 신적인 제재"였다고 한다.

> 우리는 마르씨얼 마시엘을 지지하거나 게이 결혼을 대항하여 반대 시위를 하는 수많은 성직자가 동성애자들이라는 것을 압니다. 참으로 믿을 수 없는 일이지요.

문화부 장관 라파엘 토바 이 드 테레사(Rafael Tovar y de Teresa)가 멕시코의 그의 사무실에서 인터뷰 중에 내게 말한다.

잘 알려진 그 장관은 나의 멕시코 편집자인 마르셀라 곤살레스 두란(Marcela González Durán) 앞에서 더하여 말한다.

"멕시코의 종교적인 기관은 게이고, 계급제도도 게이고, 추기경들도 게이입니다. 참으로 믿을 수 없는 일이지요."

그 장관은 내가 나의 책의 주제를 말하자, 멕시코 정부는 이 '반(反) 게이 게이들'에 대한 정확한 정보를 갖고 있다고 확인시켜 준다. 그러면서 그들 수십 명 중 몇 사람의 이름을 알려준다.

그 다음 날 그는 공화국 대통령(당시 엔리케 페냐 니에토[Enrique Peña Nieto]이다)과 내무부 장관에게 나의 조사에 대해 알려주어 그들이 추가적인 정보를 알려주도록 하겠다고 덧붙인다. 나는 계속해서 토바 이 드 테레사와 몇 번의 교류를 더 할 것이다.

[나는 또한 현재 외무부 장관인 마르셀로 에브라드(Marcelo Ebrard) 및 멕시코 전 시장과 인터뷰를 할 수 있었는데, 에브라드는 그 나라가 게이 결혼을 승인하도록 하는 계획을 짠 주요 설계자였다.

그는 가톨릭 신자들이 그의 법적인 계획을 반대하였다는 것도 알고 있었다. 억만장자 크를로스 슬림 주니어(Carlos Slim Jr), 지식인 엔리케 크라우제(Enrique Krauze), 주요 텔레비전 채널인 「텔레비사」의 여러 감독과 대통령 엔리케 페냐 니에토(Enrique Peña Nieto)의 영향력 있는 고문, 그리고 전 외무부 장관 호세 카스타녜다(José Castañeda)를 포함한 여러 개인도 나에게 정보를 제공할 것이다.

나는 멕시코 시티와 그 나라의 8개의 마을들과 도시들을 네 차례 방문하면서 12명의 게이 작가들과 활동가들로부터, 특히 기예르모 오소르노(Guillermo Osorno), 안토니오 마르티네스 발라스케스(Antonio Martínez Velázquez), 펠리페 레스트레포(Felipe Restrepo)의 지원과 정보를 받았다. 나의 멕시코 조사원 루이스 추마케로(Luis Chumacero)와 과달라하라에 있는 엘리에제 오제다(Eliezer Ojeda)도 이 이야기에 기여했다.]

*　　*　　*

멕시코 성직자들의 동성애 삶은 잘 알려져 있고 지금쯤 문서로 충분히 입증된 현상이다. 멕시코 추기경과 대주교, 그리고 주교들의 3분의 2가 동성 성행위를 즐기고 있는 것으로 추정된다. 주요 동성애 기관인 FON은 심지어 38명의 가톨릭 지도자들의 이름까지 공개하면서 동성애자들임을 밝혔다.

이 비율은 고위 성직자들과 '그 나라의 토착' 주교들에게는 별 의미가 없다고 한다. 몬시놀 바르톨로메 카라스코 브리세뇨(Bartolomé Carrasco Briseño)가 바티칸에 전한 공식적인 보고에 따르면, 아메리카 원주민들이 대다수인 오악사카(Oaxaca), 이달고(Hidalgo), 치아파스(Chiapas) 주(州)에 사는 교구 사제들의 75퍼센트가 동거 또는 몰래 결혼을 해서 여자와 함께 살고 있다고 한다. 요약하면, 멕시코 성직자들은 시골에서는 이성애를 행하고, 도시에서는 동성애를 행하고 있다고 한다!

가톨릭교회를 전문으로 하는 여러 기자는 이런 성향을 확인시켜 준다. 이런 경우로는 이 주제에 관해 여러 책을 쓴 저자이며 일간 신문 「레포르마」(*Reforma*)에 종교 문제를 보도했던 전직 기자 에밀리아노 루이즈 파라(Emiliano Ruiz Parra)가 해당한다.

> 만일 최소한의 수치를 바란다면, 나는 멕시코에 있는 사제 중에 50퍼센트가 게이라고 말하고 싶고, 더욱 실제적인 수치를 바란다면 75퍼센트라고 말하고 싶습니다. 동성애자들이 신학교들을 운영하고 있고, 멕시코 가톨릭의 성직자들은 거의 게이들입니다.

루이즈 파라는 멕시코에서는 교회에서의 게이가 전혀 문제가 되지 않는다고 덧붙인다. 그것은 심지어 신참과 그의 스승 사이의 통과 의례이며, 승진 요소이고 정상적인 '권력 관계'라고 말한다.

> 교회 내에는 교회 밖에서 말로 할 수 없을 정도의 많은 관용이 있지요. 물론 이 비밀을 지키기 위해 성직자들은 공개적으로 동성애 혐오감을 나타내며 게이들을 공격합니다. 그것이 비결이지요. 혹은 속임수고요.

그리스도의 군단과 마르씨얼 마시엘을 조사했던 에밀리아노 루이즈 파라는 특히 과거나 현재나 바티칸에 대해 특별히 비판적이며, 그 성폭력자가 멕시코에서 기댈 수 있었던 많은 지지 자원들에 대해서도 비판적이다. 그는 다른 많은 사람과 마찬가지로, 핵심적인 요소들은 마시엘 지지자들의 일부가 동성애자들이라는 사실이며 또한 재정적인 부패와 뇌물이라고 넌지시 말한다.

"만일 마르씨얼 마시엘이 입을 열었다면, 멕시코 교회 전체가 무너졌을 것입니다."

* * *

그의 경력을 시작하게 하고 그의 원래의 비열함을 가려준, 마르씨얼 마시엘의 초기 거대 자선 사업 중 하나는 로마에 과달루페의 성모 교회를 지어준 것이었다. 그것은 매해 수백만 명의 순례자들을 맞이하는, 이 세상에서 가장 거대한 성당 중 하나인 멕시코에 있는 동일한 이름의 유명한 성당을 축소 복제한 것이라고 한다.

두 경우 모두 고풍스러운 건축과 매우 분파적인 의식으로 유명한 헌신 장소들이다. 나는 멕시코의 대성당을 방문할 때마다 땅에 꿇어 엎드린 헌신적인 군중을 보며 깜짝 놀란다. 나는 프랑스인으로서 내 조국의 지적인 가톨릭에 익숙하다. 파스칼의 『팡세』(*Pensées*)나 보쉬에(Bossuet)의 장례 연설 또는 샤토브리앙의 『기독교의 정신』(*Genius of Christianity*)의 분위기에 물든 나는 이런 열정과 대중적인 종교성을 이해하는 데 어려움이 있다.

> 과달루페의 성모 없이는 멕시코 가톨릭은 상상할 수 없습니다. 성모에 대한 사랑은 어머니의 사랑처럼 전 세계에 빛납니다.

몬시뇰 몬로이(Monroy)가 설명한다.

전 멕시코 시티의 대성당 교구 신부 몬로이는 내게 두 개의 대성당뿐만 아니라 종교 단지를 구경시켜 주었다. 그 단지는 수녀원, 박물관, 상점들을 포함하고 있는데, 내게는 관광 사업처럼 보인다. 몬시뇰 몬로이는 또한 온갖 종류의 사제복을 입고 있는 그의 많은 사진을 보여주었다(그 사진 중에는 내가 멕시코 북서부 산티아고 데 퀘레타로에서 인터뷰를 했던 게이 예술가 라파엘 로드리게스[Rafael Rodriguez]와 찍은 멋진 사진도 포함되어 있었다).

몇몇 기자들에 따르면, 과달루페의 성모는 그곳 몇몇 사제들의 '게이 우애' 때문에 수많은 성 추문의 현장이 되었다. 로마에서처럼 멕시코 시티에서도 그러하다.

바티칸 서쪽의 비아 아울렐리아(Via Aurelia)에 있는 그리스도의 군단의 공식 이탈리아 본부는 1950년대 초부터 젊은 마시엘로부터 자금을 지원받았다. 멕시코와 스페인과 로마에서 거두어들인 어마어마한 자금 덕분에 1955년 교회와 교구가 세워지기 시작했고, 1958년 말 이탈리아 추기경 클레멘테 미카라

(Clemente Micara)가 낙성식을 열었다. 동시에 비오 12세와 요한 22세 사이의 공백기 동안에 마르씨얼 마시엘의 마약 중독과 동성애에 관한 중요한 서류가 바티칸에서 조용히 사라졌다.

과달루페의 성모의 순결 그늘서 나타난 마시엘 현상을 이해하려면, 우리는 멕시코와 로마에서 이 방대한 스캔들을 가능하게 만든 보호 체제를 이해해야 한다. 몇 세대에 걸친 멕시코 주교와 추기경들, 그리고 로마 교황청의 수많은 추기경은 20세기의 가장 악한 소아성애자 중 한 명에게 그들의 눈을 감았든지 또는 알면서도 옹호했다.

* * *

우리는 마르씨얼 마시엘 현상에 대해 무엇을 말할 수 있는가?

그는 병적이고 마귀적인 도착자인, 비정상적인 거짓말과 과장된 말을 하는 허언증 환자인가?

아니면 그는 어떤 체제의 산물인가?

고립된 우연한 인물이었는가 아니면 집단적인 문제의 전조였는가?

아니면, 다르게 표현하면, 이는 그 기관을 탓하지 못하도록 몇몇 사람들이 제시한 어떤 개인의 이야기인가, 아니면 정절의 맹세와 비밀스럽지만, 교회 내의 널리 퍼진 동성애 때문에 생겨난, 거짓말과 침묵의 규칙을 따르는 관리 모델의 산물인가?

내가 인터뷰를 한 증인들에 따르면, 칠레의 카라디마 사제 사건과 라틴 아메리카의 여러 나라에서 발생한 많은 사건에 대한 설명은 다섯 가지 요소로 귀결된다. 여기에 나는 여섯 번째 요소를 추가할 것이다.

첫 번째 요인은, 성공에서 비롯되는 맹목이다. 그리스도의 군단의 눈부신 성공은 오랫동안 바티칸을 매료시켰는데, 그 이유는 세계 어디에서도 그렇게 인상적일 만큼의 신학생들을 모집했던 일이 없었고, 사제들의 소명도 그토록 열광적이었던 때가 없었으며, 재정적인 이익도 그렇게 어마어마하게 거둔 때가 없었기 때문이다.

1979년, 요한 바오로 2세가 멕시코를 처음 방문했을 때, 마르씨얼 마시엘은 겸손하고 신중한 자세를 유지하며 그의 조직 능력과 정치력 및 언론 매체의 힘, 그리고 자기 밑의 부제들과 함께 가장 사소한 세부 사항들을 정리하는 그의 능력을 보여주었다. 요한 바오로 2세는 참으로 놀랐다. 그는 매번 '친애하는 친구' 마시엘의 실력에 매료되어 네 차례나 멕시코를 방문했다.

두 번째 요인은, 요한 바오로 2세와 극우적이고 강렬한 반공 기관인 그리스도의 군단 사이의 이념적인 근접성이다. 극보수주의자인 마르씨얼 마시엘은 멕시코에서, 그다음은 라틴 아메리카와 스페인에서 마르크스 정권 및 해방 신학의 추세와 대항하여 싸운 선봉장이었다.

반공주의에 사로잡히되 심지어 과대 망상적이던 마시엘은 교황의 기대를 앞질렀고, 교황은 당연히 그를 공산주의에 반대하는 그의 강경노선의 옹호자로 생각했다. 이에 영리한 마시엘 신부는 심리적인 요소와 이념적인 요소를 결합해 요한 바오로 2세의 긍지를 부추겼다. 증인들이 사적으로 묘사한 신비주의적인 교황은 대단히 허영심이 많은 여성 혐오주의자였다.

세 번째 요인은, 앞에 있는 것과 연결되는데, 요한 바오로 2세는 반공주의 운동을 위해 돈이 필요했다. 특별히 폴란드를 위해 그러했다. 지금은 교황청은 부인하지만, 그런데도 마르씨얼 마시엘이 솔리다르노시치 조합의 자금을 조달하기 위해 자금을 빼돌린 것이 분명해 보인다. 내가 멕시코에서 대화를 나눈 한 장관과 한 고위 외교관에 따르면, 이런 자금 이체는 '교회'의 배경 속에서 지속되었다. 바르샤바와 크라쿠프의 기자들과 역사학자들은 바티칸과 폴란드 사이에 재정적인 관계가 있었다는 사실을 확인시켜 준다.

"돈은 분명히 유통되었습니다. 그 돈은 노동조합과 교회의 통로를 거쳤습니다."

로마의 오랜 특파원이자 네 권으로 된 교황 요한 바오로 2세의 전기를 쓴 저자인, 폴란드 바티칸 전문기자 야체크 모스와가 말한다.

그러나 바르샤바에서 나눈 동일한 그 인터뷰에서 모스와는 바티칸이 직접 관여한 사실에 대해서는 부인했다.

"많은 사람이 바티칸 은행 또는 이탈리아 방코 앰브로시아노(the Italian Banco Ambrosiano)가 기부를 했다고 말하지만 나는 그것은 사실이 아니라고 생각합니다."

이와 마찬가지로 바르샤바의 가톨릭 미디어 서비스 WIEZ의 대표인 즈비니예프 노소스키(Zbigniev Nosowski) 기자는 이 재정 마련에 대한 논평에 있어서 매우 유보하는 태도를 보였다.

"바티칸에서 솔리다르노시치로 돈이 이체될 가능성은 없습니다."

하지만 원칙을 위태롭게 하는지는 모르지만, 다른 소식통들은 그 반대를 암시한다. 솔리다르노시치의 이전 대표였던 레흐 발레사(Lech Walesa)는 폴란드 공화국의 대통령이 되었는데, 적절한 때 그의 조합이 바티칸으로부터 돈을 받았다고 인정했다. 많은 신문과 책들 역시 이 사실을 확인해 주었다. 그 지불은 마르씨얼 마시엘의 그리스도의 군단의 회원들에게서 왔고 솔리다르노시치는 실제로 돈을 받았다.

라틴 아메리카에서는 많은 사람이 심지어 칠레 독재자 아우구스토 피노체트뿐만 아니라 (알폰소 로페스 트루히요 추기경의 사무실을 통해) 콜롬비아로부터 마약 밀매업자들이 (교황 대사, 안젤로 소다노의 개입 덕분에) 그 지불에 어느 정도 기여했다고 확신한다. 이 시점에서 이런 가설들이 모두 가능하지만, 그 가설들은 의심이 사라질 만큼 확인된 적은 없었다. 그 서류를 조사한 사람 중 한 명은 "좋은 목적을 위한 더러운 돈인가?"라고 의아해한다. 그 지불의 출처는 신비에 가려있지만, 그 목적은 다름 아닌 ….

우리는 직접적인 목격자들을 통해 교황 바오로 2세의 개인 비서인 몬시뇰 지비스가 성직자든 일반 회원이든 상관없이 현금이 담긴 봉투를 폴란드 방문자들에게 나눠주는 습관이 있었다는 것을 확인했다. 이때는 1980년대로서 솔리다르노시치 조합은 폴란드에서 법으로 금지되어 있었다. 지비스는 그의 폴란드 방문객들에게 "어떻게 도와드릴까요?"라고 묻곤 했다. 자금 부족은 항상 첫 번째 목록이었다.

"그때 발생했던 일은 교황의 그 비서가 옆방으로 갔다가 두툼한 봉투를 갖고 돌아오는 것이었지요."

내가 바르샤바에서 인터뷰한 아담 쇼스트키에비치(Adam Szostkiewicz)가 증언했다(주간지 「폴리티카」의 영향력 있는 기자 쇼스트키에비치는 폴란드 가톨릭 교회를 오랫동안 관찰한 사람이었다. 그 자신도 솔리다르노시치의 회원이었고 공산당 정권에 의해 6개월 동안 투옥되었다).

쇼스트키에비치에 따르면 식량, 의약품, 그리고 어쩌면 돈가방까지 건넬 수 있는 폴란드 접근 수단들이 많이 있었다. 이 접근 수단들은 본질에서 '교회적인 것'이었다. 그 도움은 사제들과 그리고 연방 독일을 통해서 들어오는 인도주의적인 호송차들을 통해 이루어졌다. 돈은 절대로 RDA나 불가리아를 통해서는 오지 않았다. 그 이유는 그런 지역에서는 검사가 극도로 엄격했기 때문이었다.

이처럼 가톨릭 사람들은 다른 사람들에게는 허락되지 않는 자유로움이 있었다. 폴란드 당국은 그들의 활동을 허용하였고 그들의 물품 검사는 참으로 엉성했다. 더욱이 "성직자들은 얼마든지 쉽게 비자를 얻을 수 있었습니다"라고 쇼스트기에비치가 덧붙인다(이탈리아 기자 파비오 마르체스 라고나(Fabio Marchese Ragona)는 그의 최근 저서『마르킨쿠스 사건』(Il Caso Marcinkus)에서 바티칸은 솔리다르노시치에게 백만 달러 이상을 송금했을 가능성이 높다고 밝히고 있다. 미국 대주교 폴 마르킨쿠스와 스타니스와프 지비스는 이런 극도로 복잡한 처리 방식에서 가장 중요한 요원들이었다. 현재 우크라이나의 대주교로 있는, 미에텍(Mietek) 신부로 알려져 있는, 교황의 제 2 비서인 폴란드 사제 미에츠와프 모키키(Mieczysław Mokrycki) 역시 이 모든 일에 예수회 사제 카시미로 프르지데크(Casimiro Przydatek)와 마찬가지로 핵심적인 역할을 했다. 그 두 사람은 지비스와 절친한 친구였다. 이 모든 것에 대해 기자들의 조사가 수행되었고, 조사 결과는 일간신문『가제타 위보르차』(Gazeta Wyborcza)에 실렸다. 이 문제에 대해 앞으로 몇 달, 몇 년 동안 더 많은 폭로가 뒤따를 가능성이 높다).

더러운 돈 가방은 요한 바오로 2세의 교황직에서는 가능한 사실이었다. 누군가는 이 모든 일에 대해 다소 문제가 된다고 생각하겠지만, 폴란드에서 공산 정권이 붕괴하고 그 후 베를린 장벽과 소련 제국의 붕괴는 이런 거룩한 돈을 사용한 것에 대해 정당성을 부여할 수 있다.

네 번째 요인이 있는데, 그것은 개인적인 뇌물이다. 우리는 이 용어를 사용해야 한다. 마르씨얼 마시엘은 교황청에 있는 고위 성직자들에게 정기적인 기부를 했다. 그 사이코패스는 그의 로마의 보호자들에게 보상을 했고 그들은 상상할 수 없을 만큼 부요하게 되었다. 그는 그의 '군단'을 위한 세력과 호의를 얻기 위해, 그리고 그의 범죄를 은폐하기 위해, 그들에게 고급 승용차를 사 주었고 호화로운 해외여행을 할 수 있도록 해 주었으며 지폐로 가득 찬 봉투를 주었다.

이런 사실들은 오늘날 정확하게 알려져 있으며, 이런 부패에 가담한 고위 성직자 중 그 누구도 파문을 당하기는커녕 당국으로부터 어려움을 당한 일도 없었다!

그들 중 몇몇은 더러운 돈을 거절했고 특히 라칭거 추기경은 총각의 청빈함으로 그 돈을 거절했다. 그는 멕시코에서 지폐 봉투를 받았지만, 그 봉투를 보낸 사람에게 돌려보냈다고 한다. 베르고글리어 추기경은 언제나 마르씨얼 마시엘의 원수로서 일찍이 그를 비난했다. 이는 마시엘이 해방 신학의 '빨갱이 사제들' 뿐만 아니라 예수회 사람들을 미워했기 때문인 것 같다.

다섯 번째 요인은, 도덕적인 측면과는 별도로, 바티칸이 취하게 되는 재정적인 위험은 또 다른 요인이다. 이는 교회의 침묵을 설명해 준다. 교회는 증거를 인정하더라도 그 값을 치르기를 원하지 않는다!

미국에서는 1980년 이후 발생한 성폭행 사건들 때문에 적어도 8천 6백 명의 피해자들의 재판, 보험, 배상금을 충당하기 위해 이미 38억 달러 이상의 비용이 들었다. 바티칸이 실수를 인정하는 것은 재정적인 책임을 받아들이는 것이다. 보상비용에 대한 문제는 모든 성폭행 사건의 핵심 부분이다.

여섯 번째 요인으로, (여기서 우리는 생각하기 힘든 부분을 다루게 되는데) 마르씨얼 마시엘이 멕시코와 스페인과 바티칸에서 받은 지원 중에는 내가 정중히 '밀실 안의 성직'이라고 언급하고 싶은 부분이 있다. 그것은 여섯 번째 요인으로써, 우리가 납득 하지 못하는, 어쩌면 가장 고통스럽고 또한 가장 깊은, 혹은 가장 중요한 단서인 뭔가를 알 수 있도록 돕는다. 사실 요한 바오로 2세 주변의 많은 추기경은 이중생활을 했다. 확실한 것은 그들 중에 소아성애자들은 거의 없었다. 반면, 그들 대부분은 동성애자들이며 이중적인 인생을 살았다.

이들 추기경 중 몇몇은 정기적으로 남성 매춘부를 방문하고 그들의 성향을 만족하게 하려고 의심스러운 재정을 의존해왔다. 바티칸 내의 모든 사람이 동의하는 것처럼, 어둠의 영혼인 마르씨얼 마시엘은 용인할 수 있는 선과 합법적인 선을 훨씬 넘어선 것은 확실하지만, 그의 심리적인 성향을 비난하는 것은 그들 자신의 성향에 대해 의문을 품는 것을 의미했을 것이다. 그것은 또한 그들 자신의 동성애를 폭로할 가능성에 자신을 노출하는 것을 의미했을 것이다.

다시 강조하지만, 이 부분이 다음 사실에 대한 설명이 될 수 있겠다. 즉, 멕시코와 로마에 있는 사제들과 주교들과 추기경들의 동성애를 보호하는 데 필요하게 된 비밀 문화는(특히 교황의 직속 수행단 안에 있는 고위 성직자들 사이에서) 소아성애자 마시엘에게 그가 원하는 대로 행할 수 있는 자유와 그리고 안전하게 보호받을 수 있는 자유를 허락했다. 이는 그가 성직 문화를 기묘하게 강탈함으로 얻은 것이다.

일단 소아성애와 동성애를 동일시하기 시작하면(많은 추기경이 그 둘을 동일시하는 경향을 보여주었다), 그 차이는 모호해진다. 만일 성폭행과 죄, 소아성애, 동성애, 매춘 등 모든 것을 섞어 버리면, 범죄의 정도 차이만 다를 뿐, 본질에 있어서 달라지는 것이 없게 된다.

그렇다면 누가 처벌을 받아야 하는가?
이 부분에서 사제들이 혼동을 겪는다.
무엇이 위고 무엇이 아래인가?
선, 악, 본성, 문화는 어디에 있는 것인가?
나에게 적용되는 규칙은 무엇이고 다른 사람에게 적용되는 규칙은 무엇인가?

마르씨얼 마시엘과 약간 비슷한 어떤 사람이 성적인 거짓말을 하는 것에 사로잡혀 있다가 자신은 '본질에서 정신적인 장애자'라고 하며 처벌을 피한다면, 마시엘이 그의 성범죄 때문에 파문을 당하는 것은 모순이 된다. 남의 성폭행을 비난하는 것은 결국 자기 자신에게도 불리하게 되고 아마도 비슷한 비난을 받을 위험을 무릅쓰게 될 것이다.

여기서 우리는 마시엘 사건의 비밀과 모든 드러난 소아성애 범죄, 그리고 앞으로도 바티칸과 가톨릭 성직자들 사이에서 계속 노출될 소아성애 범죄의 중심부에 서 있다. 그 중심부에는 범죄 옹호자들과 무수한 변명들과 끝없는 침묵이 있다.

11

정욕의 고리
(The ring of lust)

"바티칸에서 그의 별명은 플라티네트(Platinette)로 알려져 있고 모든 사람은 그의 대담함에 감탄합니다."

프란체스코 레포레가 말한다. 그 별명은 이탈리아 텔레비전에서 백금색 가발을 쓰고 나오는 어떤 유명한 여장(女裝) 게이에서 유래한 것이다.

나는 몇몇 추기경들과 고위 성직자들에게 이런 별명이 주어지는 것에 대해 재미있어한다. 교회 외부보다 내부의 비열함이 더 잔인한 사실은 내가 만들어 낸 것이 아니라 여러 교황청 사제들이 알려준 것일 뿐이다.

한 영향력 있는 외교관은 '라 몽골피에라'(La Mongolfiera, 열기구)라는 별명을 가진 또 다른 추기경에 대해 말한다. 왜 이런 별명을 갖게 되었을까?

내 소식통은 그 사람의 오만과 허영을 강조하면서 그는 "색종이처럼 겉모양은 화려하지만, 아무것도 실을 수 없는 텅 빈 열기구 같아요"라고 설명한다.

추기경 플라티네트와 라 몽골피에라는 요한 바오로 2세와 매우 친한 사이로 알려져 있고 그의 치하에서 영광을 누렸다. 그들은 교황 주변에서 가장 가까운 '정욕의 고리'에 속한 자들이었다. 교회 계급에서 좀 더 낮은 계층에도 동성애 행위를 자행하는 또 다른 음란한 조직도 존재했다. 요한 바오로 2세와 가깝던 자 중에는 이성애자들은 드물었고, 정절을 지키는 자는 더더욱 드물었다.

앞으로 더 나가기 전에, 추기경들의 사악함에 대해 좀 더 구체적으로 살펴보도록 하자.

내가 누구를 판단하겠는가?

다시 한번 말하는 것은, 나는 '비판적이지 않으려고' 노력하고 있다. 그리고 나는 어떤 체제를 묘사하려는 것 외에 살아있는 사제 중에 누가 동성애자인지를 드러내는 일에 관심이 없다. 따라서 이 고위 성직자들을 익명으로 남겨두려고 한다. 나는 이런 추기경들, 주교들, 사제들은 연인들을 취할 권한이 있으며 후천적이든 선천적이든 자신들의 성향을 탐구할 권한이 있다고 본다. 가톨릭에 속하지 않은 나는 그들이 정절의 맹세를 깨뜨리든, 교회의 규칙을 위반하든, 별로 개의치 않는다.

성직자 그룹에 대단히 자주 발생하는 매춘은 이탈리아에서는 합법적이며 또한 교황청의 치외법권에서 발생한 일에 대해 교회법이 매우 관용한 것은 분명하다!

하지만 이런 성직자들의 끝없는 위선은 문제가 될 수 있다. 바로 그것이 이 책의 주요 주제이다. 우리는 교황의 수행단의 도덕적인 문제를 다룰 뿐, 교황의 무오류성에는 해를 끼치지 않는다.

여기서 나의 관심은 이런 이중세계를 알아내고 요한 바오로 2세 치하 때의 그 세계에 대해 안내하는 것이다. 라 몽골피에라와 플라티네트는 나중에 다루기로 하고, 먼저 폴 마르싱쿠스(Paul Marcinkus)를 논하는 것으로 시작하자. 그는 가톨릭교회의 재정과 비밀스러운 임무의 배후 인물이었고 교황을 위해 바티칸 시국을 관리하는 임무를 맡은 자 중 하나였다.

외교관, 경호원, 영어 통역사, 골프 선수, 비밀 자금 전달자, 사기꾼 등, 이런 모든 뒤섞인 역할을 하는 미국 대주교 마르싱쿠스는 요한 바오로 2세가 선출되었을 때 이미 바티칸에서 오랜 경력을 갖고 있었다. 마르싱쿠스는 바오로 6세의 경호원이었을 뿐만 아니라 핵심 영어 통역사였다. 그는 심지어 바오로 6세를 향한 암살 시도를 막아냈고, 로마에서 화려한 승진을 시작하기 전부터 교황 대사로서 여러 직책을 차지했다.

마르싱쿠스는 요한 바오로 2세가 교황직을 맡는 때부터 신기한 이유로 총애를 받는 사람이 되었다. 여러 소식통에 따르면, 교황은 논란이 많은 이 교황청 인물에 대한 '진정한 애정'을 가지고 있었다. 마르싱쿠스는 어느새 그 이름난 바티칸 은행장으로 임명되었고, 그가 은행장으로 있는 동안 그 은행은 무수한 재정적인 음모와 여러 깜짝 놀랄 스캔들과 연루되었다. 그 고위 성직자는 부정으로 고소를 당하였고 이탈리아 법원에서 유죄 판결을 받았다.

하지만 그는 오랫동안 바티칸 외교 면책 특권을 누렸다. 그는 심지어 교황직을 맡자마자 원인 불명으로 한 달 만에 죽은 요한 바오로 1세를 포함한 여러 살인 사건의 배후에 있던 것으로 혐의를 받았다. 하지만 이런 소문들은 한 번도 입증되지 못했다.

반면에 마르싱쿠스의 동성애는 잘 알려져 있다. 그와 연관된 십여 명의 교황청 고위 성직자들은 그는 왕성한 욕구를 지닌 모험가였다고 확인시켜 준다.

> 마르싱쿠스는 동성애자였습니다. 그는 스위스 근위대에게 약했어요. 그는 종종 그들에게 멋진 가죽 인테리어로 된 그의 차 메탈릭 그레이 푸조 504를 빌려주었지요. 어느 때인가 그가 어떤 스위스 근위대원과 밖으로 나가더니 한참 동안 있더군요.

나의 소식통 중 하나이며, 그 당시 바티칸에서 일했던 그 대주교와 친밀했던 (지금도 마찬가지이다) 일반인 한 사람이 내게 확실하게 말한다.

우리는 또한 마르싱쿠스의 또 다른 관계에 대해서도 알고 있다. 그 관계는 그가 어떤 스위스 신부와 맺은 관계다. 그 신부는 나의 소식통 중 한 사람에게 그들의 밀통에 관해 확인해 주었다. 마르싱쿠스는 이탈리아 법원에서 유죄 판결을 받고 바티칸 밖으로 벗어날 수 없도록 명령을 받았지만, 그는 뻔뻔스럽게도 계속 성적 대상을 찾아 나섰다. 그 후 그는 자기 비밀을 감추고 미국으로 건너가서 은퇴 생활을 했다.

그 미국 대주교는 아리조나의 선 시티(Sun City)의 호화로운 집에서 2006년에 사망했다(나는 다니엘레와 함께 두 차례 교황 요한 바오로 2세의 '의전 총괄'이던 피에로 마리니[Piero Marini]와 인터뷰를 하였는데, 그는 숨김없이 마르싱쿠스가 '그의 직원들'과 '대단히 친밀했다'는 사실을 강조했다. 오랫동안 교황청의 재산을 관리하는 ASPA의 비서였고 바티칸 네트워크에 매우 정통한 평신도 피에르 블랑샤르[Pierre Blanchard]는 내게 다른 정보를 주었다).

요한 바오로 2세의 수행원 중에는 논란이 많은 마르싱쿠스 외에도 직속 비서들과 관리직원 중에 동성애 애호가들이 포함되어 있었다. 이들 중 첫 번째는 아일랜드 신부 몬시뇰 존 매기(John Magee)였다.

그는 바오로 6세의 개인 비서 중 하나였고 나중에 잠깐 요한 바오로 1세의 개인 비서였으며 요한 바오로 2세 치하에서도 그 직위를 유지했다. 아일랜드 코크(Cork) 주의 클로인(Cloyne) 교구 주교로 임명받은 그는 그 나라를 흔들어 놓는 여러 성폭행 사건을 제대로 다루지 못한 것 때문에 논란의 중심에 서게 되었다.

한 젊은 신학생이 더블린 대교구조사위원회(Dublin Archdiocese Commission of

Investigation)에 (이런 성폭행 사건들과 관련해서) 콜로인 교구를 조사하도록 증언하였는데 그는 그 주교가 그를 꽉 껴안고 그의 이마에 키스했다고 진술했다. 그의 진술은 조사 위원회가 발행한 콜로인 보고서를 통해 공개되었다. 결국, 베네딕토 16세는 몬시뇰 매기를 강제 사임시켰다.

요한 바오로 2세의 비서 중 또 다른 사제는 동성 성관계를 적극적으로 행하였으며, 청년들을 유혹하기 위해 (내가 알기로는 동의할 수 있는 나이를 넘은 청년들이다) 자금을 빼돌렸다. 그는 또한 스위스 근위대원들과 신학생들을 열정적으로 좋아했고 교황의 해외여행 기획 팀의 한 사람과 동성애적인 성향을 함께 나누었다.

볼로냐(Bologna) 출신의 한 젊은 신학생은 이런 사건을 경험한 후 여러 인터뷰 과정을 통해 그의 불운에 대해 상세하게 말해주었다. 1997년 9월, 교황이 그 도시를 방문한 기간 교황의 여행을 담당하고 있던 두 명의 고위 성직자들은 어떻게든 그곳 신학생들을 만나고자 했다. 그들은 당장 그들 중 잘 생기고 여성스러운 그 당시 24세인 어떤 청년을 발견했다.

> 그들은 차례대로 우리를 살피더니 갑자기 나를 가리켰습니다. 그들은 '너 이리 와봐'라고 말했지요. 그리고 그들은 그들과 함께 가자고 하면서 나를 보내주지 않았어요. 그들은 항상 나를 보고 싶어 했습니다. 그들은 매우 강권적으로 집요한 구애를 했습니다.

그 당시 신학생이었던 어떤 사람이 내게 말한다. [그 사건 이후 내가 20년 후 그를 만나는데, 그는 여전히 매우 매력적이었다.]

요한 바오로 2세의 방문 기간 교황과 가까운 그 동료들은 이 신학생을 앞에 세우고 그를 애무하며 지나친 애정 표현을 했다. 그들은 교황에게 직접 그를 만나보게 하였고, 세 번이나 교황과 함께 무대에 오를 것을 요구했다.

그가 덧붙여 말한다.

> 나는 그들이 사냥을 하러 그곳에 왔다는 것을 알게 되었어요. 그들은 그 청년들 가운데 성적 대상을 찾아 나선 것이고 나를 보자 거침없이 구애한 것이랍니다. 여행이 끝날 때 그들은 내게 로마로 와서 그들과 함께 지내자고 초청했어요. 그들은 나를 바티칸에 추천하여 교황의 직원이 될 수 있도록 호의를 베풀 수 있다고 말했어요. 나는 그들이 내게 원하는 것이 무엇인지 알고 있었고, 나

는 그들의 구애에 응답하지 않았습니다. 그래서 직업을 놓쳤지요. 그렇지 않았다면, 나는 지금 주교가 되어있을 겁니다.

* * *

이 사람들의 무분별함은 끝이 없었다. 교황에게 충실한 다른 두 동료(교황에 조언했던 대주교와 매우 주목을 받아온 교황 대사)는 믿을 수 없을 정도로 지나치게 그들의 성적인 욕구를 드러내었다. 우리가 아직 만나지는 못했지만, 곧 친분을 갖게 될 콜롬비아 추기경도 마찬가지였다. 이 '마귀적인 교사'는 요한 바오로 2세가 바티칸의 가족 정책을 맡긴 사람인데, 그는 밤마다 규칙적으로 남성 매춘부를 찾아다녔다.

교황의 직속 수행단 중에는 집단으로 행동할 뿐만 아니라 방법에서도 상당히 탁월했던 세 명의 주교가 있었다. 여기서 나는 이 주제에 대해 한마디 해야겠다. 그들은 교황 주변으로 또 다른 음란한 고리를 형성했다. 내가 언급한 묵직한 추기경들 및 고위 성직자들에 비하면 교황을 위해 일하는 이 동성애 탐험자들은 평범하다고 할 수 있다. 그들은 또한 안전하게 행동했다.

그 세 주교 중 첫째는 항상 성자의 얼굴을 한 천사처럼 나타나는 대주교다. 그의 아름다움은 혀를 휘두르게 할 정도다. 거의 30년인 지난 오늘날, 나는 그를 만나보았는데 여전히 잘 생긴 사람이었다.

그가 소다노 추기경과 친했을 때 그는 또한 교황의 총애를 받고 있었다. 그의 성향은 많은 소식통에 따라 확인되었고, 그는 심지어 '흑인과 침대에 있는 것을 들킨 후에' 바티칸 외교부에서 제명되었다. 이는 문제의 그 대주교와 여러 차례 잠을 잔, 국무원에 있는 사제 하나가 내게 말해 준 내용이다.

요한 바오로 2세와 친밀했던 두 번째 주교는 교황 의식을 준비하는 데 있어서 중요한 역할을 했다. 사진에서도 교황 옆에 그가 서 있기도 하다. 가학피학성 변태 성욕자로도 알려진 그는 로마에서 성적 대상을 찾는 클럽인 스핑크스를 드나들 때(그 클럽은 지금은 문을 닫았다) 온 몸에 끼는 가죽 옷을 입었다고 한다. 그에 대해서 '낮에는 레이스로, 밤에는 가죽으로'라는 표현이 생겨났는데 그 표현은 바티칸에서 유명해졌다.

그 집단의 세 번째 주교는 특별한 변태였다. 그는 수많은 의심스러운 금융 거래 및 소년들과의 관계에 연루되어 있었다. 이탈리아 언론은 그의 정체를 오래전부터 알고 있었다.

　이렇게 이 세 명의 주교는 요한 바오로 2세 주변의 두 번째 "정욕의 고리"에 속해 있다. 그들은 첫 번째 서열에 있지는 않고 두 번째 서열에 있었다. 교황 프란치스코는 오랫동안 이 악당들을 잘 알고 있었기에 그들을 추기경으로 세우지 않고 그의 눈 밖에 있게 했다. 오늘날 그들은 모두 "밀실에 숨은 자들"이며, 직업 때문에 이중으로 숨은 자들이다.

　이 세 명의 비밀 색욕 조직원들은 요한 바오로 2세의 대변인, 종복, 집사, 재정 출납, 행사 담당, 축제 담당, 의전(儀典) 회원과 담당자로 섬겼다. 그들은 필요에 따라 언제든지 순응할 수 있는 자들이기에 때때로 가장 높은 지위에 있는 추기경들에게 '봉사'를 했고, 나머지 시간은 그들 자신을 위해 악에 탐닉했다.

　[훗날 교황 프란치스코 치하의 내무 '장관'인 안젤로 베추 추기경의 수행단 중 누군가가 일련의 녹음 인터뷰를 하는 과정에서 이 주교들의 이름을 내게 확인시켜 줄 것이다.]

　나는 나의 이탈리아 조사원인 다니엘레와 함께 이 삼총사 중 두 명과 긴 회의를 했다. 첫 번째 사람은 신사와 주교로서의 인상을 충실히 보여주었다. 그는 동성애자로 드러나는 것이 두려워서 그의 명백한 동성애를 감출 수 없음에도 불구하고 경계를 하고 있었다. 우리가 바티칸 궁, 즉 '치외법권' 영역에서 여러 차례 만난 두 번째 사람은 실제로 우리를 당황스럽게 했다. 그 사제는 그가 여러 추기경과 함께 사용하는 거대한 건물 안에서 마치 우리가 『베니스의 죽음』(Death in Venice!)에 나오는 타지오(Tadzio)인 것처럼 휘둥그레진 눈을 하고 우리를 반겼다!

　죄에 물든 사악한 그는 아무런 예비 단계 없이 다니엘레에게 구애하였고 내게는 온갖 칭찬을 떠벌렸다(이 만남은 우리와 처음 만남이었다).

　그는 우리에게 신체적 접촉을 하였고 우리는 다시 방문하겠다고 약속했다(우리는 그 약속을 지켰다). 몇 개의 문이 열리고 우리는 교황의 의전(儀典)부와 바티칸 은행으로 들어갈 수 있었다. 그곳은 이 삼인조가 많은 접촉을 했던 곳이다. 다니엘레는 불편함을 느꼈고, 특히 내가 화장실에 가느라고 그를 몇 분 동안 홀로 두었을 때 그러했다. 우리가 그곳을 떠날 때 그는 내게 큰 웃음과 함께 털어놓았다.

　"추행당할까 봐 두려웠어요!"

*　　*　　*

　요한 바오로 2세와 가까운 사람들의 성적인 관계와 성 파트너를 찾는 방법은 다양하다. 어떤 추기경들과 주교들은 모험을 무릅쓰고, 다른 추기경들과 주교들은 더욱 신중히 처리한다. 나중에 추기경이 된 어떤 프랑스 대주교는, 그의 전 보좌관에 따르면, 처음에는 성공회 사제와 그다음은 이탈리아 사제와 안정된 관계를 누렸다. 또 다른 이탈리아 추기경은 그의 동료와 함께 산다.
　그 추기경은 내게 그 동료를 '그의 작고한 누이의 남편'이라고 소개하였지만, 바티칸에 있는 모든 사람은, 그에 대해 내게 말했던 스위스 근위대원들을 비롯하여 그들의 진짜 관계가 무엇인지 다 알고 있다. 세 번째로, 미국인 추기경 윌리엄 바움(William Baum)의 습관은 온 세상에 알려져 있는데 그도 역시 로마에서 그의 비서 하나와 연인으로 살았다.
　요한 바오로 2세와 가깝고 내가 여러 번 만났던, 프랑스어를 말하는 또 다른 추기경은 약간 이상한 악습을 갖고 있다고 알려져 있는데, 그의 방법은 그의 아파트로 신학생들 또는 교황 대사 훈련생들을 점심에 초대한 후 식사가 끝날 때 피곤하다고 하면서 그들에게 낮잠을 함께 자자고 제시하는 것이다. 그 후 그 추기경은 그 젊은 신참들이 함께 눕기를 바라며 자기 침대에 누운 후 아무 말도 하지 않는다. 호혜(互惠)주의에 물들어 있는 그는 거미줄을 쳐 놓고 한가운데서 꼼짝 않고 있는 거미처럼 끈기 있게 기다리곤 했다.
　요한 바오로 2세의 추기경 중 또 다른 추기경은 바티칸 외부로, 특히 캄피돌리오(Campidoglio) 주변의 공원에서 성 파트너를 찾아 나서는 것으로 알려져 있다(그와 함께 일한 두 명의 사제가 직접 증언했다). 내가 이미 언급한 것처럼, 그는 특별한 자유를 누리기 위해 그의 관용차를 바티칸 외교 등록 번호로 등록하지 않았다.
　요한 바오로 2세의 '장관'으로서 중요한 지위를 차지하고 있던 또 다른 추기경 역시 돈으로 어떤 스위스 근위병을 사서 성 스캔들을 일으킨 후 잔인하게 자기 나라로 쫓겨났다. 그는 나중에 성폭행 사건을 은폐한 것으로 고소당했다.
　요한 바오로 2세의 수행단 내의 영향력 있는 다른 사제들은 동성애 애호가들이지만 매우 신중했다. 교황의 개인 신학자 중 한 명인 도미니크회 수사 마리오 루이지 시아피(Mario Luigi Ciappi)는 그의 삶을 그의 조수와 나누었다(시아피의 이전 비서에 따르면) 교황의 고해 신부 중 한 신부 역시 신중한 동성애 애호가였다.

다시 몽골피에라와 플라티네트 추기경이 속해 있는 첫 번째 '정욕의 고리'로 돌아가자. 그들은 그 조직 안에서 핵심 회원이고 다른 스타 추기경들이 그들 주변으로 모여든다. 이 위대한 인기 스타들에 비하면 두 번째 계열과 다른 주변 추기경들은 참으로 흐릿하다. 더욱이, 첫 번째 고리의 추기경들은 그들의 '극악무도한 사랑'과 그들의 '지옥의 콘서트' 때문에 매우 특별하다!

그들의 부제들과 협력자들, 그리고 동료 추기경들이 소년들을 찾아 헤매는 그들의 탈선을 말해 주었다. 나는 교황청에서 플라티네트와 인터뷰를 하면서 그들이 얼마나 대담한지 확인할 수 있었다. 그는 내 어깨와 내 팔뚝을 과감하게 꽉 움켜쥐고 꼼짝 못 하게 했지만, 더 이상 다른 짓을 하지는 않았다.

자, 악이 도를 넘는 만큼 벌을 받는 이 이중세계 속으로 들어가 보자.

영국인들이 "그들은 네모난 곳에서 살고 삼각형 속에서 사랑했다"는 아름다운 표현을 만든 것은 이런 이중적인 삶을 위한 것일까?

아무튼, 라 몽골피에라와 플라티네트 추기경은 그들에게 가입한 또 다른 주교(불쌍히 여기는 마음으로 이 주교의 별명을 말하지 않겠다)와 함께 로마의 남성 매춘부들을 규칙적으로 찾아가서 네 명이 함께 관계를 갖는다.

방탕한 삶의 회오리바람에 휘말린 라 몽골피에라와 플라티네트는 상당한 위험을 감수하고 있었던 것일까?

우리는 그렇다고 상상할 수도 있다. 하지만 그들은 추기경으로서 외교 면책 특권을 누렸고 또한 교황의 친구이며 장관으로서 바티칸의 최고 수준의 보호를 받았다.

더욱이 누가 말을 하였겠는가?

바티칸은 아직 성 추문 때문에 피해를 보지 않은 상태였다. 이탈리아 언론은 이런 주제를 거의 다루지 않았고, 목격자들은 침묵했으며, 추기경들의 사생활은 건드릴 수 없었다. 대중 매체의 지형을 변화시킬 소셜 네트워크는 아직 존재하지 않았다(요한 바오로 2세가 죽은 이후에야 나타날 것이다). 오늘날이라면, 의심을 초래하는 비디오와 노골적인 사진들이 아마도 트위터, 인스타그램, 페이스북, 또는 유튜브에 게재될 것이다. 그러나 그 당시는 위장이 충분히 가능했다.

라 몽골피에라와 플라티네트는 소문이 나는 것을 피하고자 예방책을 마련했다. 그들은 세 겹의 필터를 통해 성 파트너를 구하는 정교한 체제를 갖추었다. 그들은 그들의 요구를 '교황의 신사'라고 불리는 일반인에게 알렸다. 그 일반인은 결혼한 이성애자이며 이런 요구를 하는 그의 의뢰인들과는 달리 동성애보다는 다른 것을 더 원하는 사람이었다. 그는 의심스러운 수많은 금융 거래에 깊게 관련되었고, 그가 그의 수고의 보상으로 바란 것은 교황청 정상에서의 든든한 지원과 방문 카드였다.

가명으로는 네그레토(Negretto)이고 나이지리아 출신의 가수이자 바티칸 합창단의 회원이었던 이 '교황의 신사'는 상당한 배려 덕분에 수년에 걸쳐 게이 신학생들과 이탈리아의 성 파트너들, 그리고 외국인 남성 매춘부들로 구성된 풍부한 네트워크를 구축했다. 러시아 인형들처럼 서로 잘 어울리는 실제 성매매 시스템을 구축한 네그레토는 홍보 및 중개에 대해서는 제3의 어떤 중개인에게 부탁했다.

그들은 모든 방면에서 회원을 모집했고, 특히 거주 허가가 있어야 하는 이주민들 가운데 모집했다. 만일 모집된 자들이 '상황을 이해했다'고 판명되면, 이 신사는 그들에게 필요한 서류를 얻을 수 있도록 중재하기로 약속했다(이 정보는 이탈리아 경찰이 건네준 전화 통화 기록 및 이 사건으로 인한 재판 기록에서 취한 것이다).

그 시스템은 교황 요한 바오로 2세 및 베네딕토 16세의 초기 임기 아래 수년 동안 지속될 것이고 라 몽골피에라와 플라티네트 추기경들과 그들의 주교 친구뿐만 아니라 네 번째의 고위 성직자를 위해서도 서비스를 제공할 것이다(네 번째 고위 성직자가 누군지는 알아내지 못했다).

두 목격자에 따르면, 그와 같은 서비스는 바티칸 밖의 여러 저택, 특히 수영장이 있는 고급 별장이나 로마 중심부에 있는 몇몇 호화로운 아파트, 그리고 카스텔간돌포에 있는 교황의 여름 저택에서 행하여졌다고 한다. 교황의 여름 저택이 자리 잡고 있는 곳은 내가 바티칸에서 온 대주교와 함께 방문했던 곳인데, 이탈리아에 속하지 않은 교황청 소유지로서 치외법권 지역이라 안전한 곳이다. 이에 이탈리아 경찰은 그곳에서 발생하는 일에 대해 간섭할 수 없다(그들이 내게 확인해 주었다). 고위 성직자는 감시하는 눈이 없는 그곳에서 개를 산책시킨다는 구실 아래 그가 좋아하는 자들을 계속 올 수 있도록 할 수 있다.

여러 소식통에 따르면, 이 쾌락의 성 파트너 알선 네트워크의 가장 중요한 부분은 자금조달 방법이었다. 추기경들은 그들의 성욕을 채우기 위해 남성 매춘을 의지했을 뿐만 아니라(공적으로는 심한 동성애 혐오증을 옹호했지만, 그들 자신은 동성애자들이었다) 그들의 남창들에게 직접 지불하지 않도록 신경을 썼다!

사실, 그들은 그들의 중개인에게 지불하기 위해 바티칸의 돈궤를 건드렸다. 턱없이 비싸지는 않더라도 상당한 대가를 지불해야 하는 성 파트너들처럼 중

개인들에게 지불해야 하는 시간당 가격 역시 만만치 않았다(이탈리아 경찰이 이 사건을 조사하면서 알아낸 정보에 따르면, 비싼 성 파트너들과 하룻밤을 보내는 데는 2천 유로[약 280만원]가 든다).

몇몇 바티칸 몬시뇰은 이 사실과 관련한 일들을 알게 되면서 근검절약하는 이 고위 성직자들을 위한 조롱석인 별명을 만들어내었다. 그 별명은 'ATM 사제들'이다.

결국, 이탈리아 사법 제도는 이 매춘 네트워크와 관련된 여러 심각한 부패 사례들을 이유로 그 시스템 배후에 있는 몇몇 사람들을 체포하게 되면서 의도치 않게 그 네트워크를 종식했다. 그 중개인 중 두 명 역시 전화 통화 중에 신원이 확인되어 구속되었다. 결국, 그 매춘 네트워크의 규모를 알게 된 경찰은 그것을 폐쇄했다. 그러나 그들은 주요 고객들을 기소할 수는 없었는데, 이는 그들이 바티칸의 면책 특권을 누렸기 때문이었다. 바로 추기경 라 몽골피에라와 플라티네트였다.

나는 로마에서 이탈리아의 한 경찰서장과 인터뷰를 했는데, 그의 증언은 이러하다.

> 분명히 그 추기경들의 신원이 확인되었지만, 그들의 외교 면책 때문에 우리는 그들을 소환할 수 없었고 따라서 심문도 할 수 없었습니다. 모든 추기경은 면책 특권을 누리지요. 그들은 스캔들에 연루되자마자 보호를 받았습니다. 그들은 교황청의 성벽 뒤로 숨었지요. 마찬가지로, 심지어 마약밀수 혐의가 있어도 우리는 그들의 가방을 뒤질 수도 없고 심문을 위해 소환할 수도 없어요.

그 경찰서장은 계속 이어서 말한다.

> 이론적으로는 이탈리아 당국과는 무관한 바티칸 경찰이 그 추기경들을 문책하여 처벌할 수 있었을 것입니다. 하지만 교황청이 허락해야지요. 그 추기경들은 분명히 교황청의 가장 높은 관리들과 연결되어 있어요.

경찰의 도청에 따르면 그들의 요구는 대단히 창의적이었다. 하지만 나는 그 추기경들의 활동에 대해서는 자세히 설명하지는 않겠다. 그들은 성 매매자에 대해 '파일'과 '자리'라는 용어를 사용하여 요구한다. 중개인들은 키와 몸무게로 성 매매자 각 개인을 적절히 묘사한다. 다음은 (재판 기록물에서) 그들의 대화에서 몇 부분을 뽑아낸 것이다.

> 더 이상 말할 것은 없고요, 키가 2미터이고 몸무게는 이러저러합니다. 그는 33세에요. 나폴리에 한 자리가 있어요. … 뭐라고 말해야 할지 모르겠네요. 아무튼, 놓치면 안 되는 자리입니다. 32세고요. 1미터 93, 매우 잘 생겼습니다.
> 쿠바 자리가 하나 있어요.
> 방금 독일로부터 독일사람 하나가 도착했습니다.
> 두 흑인이 있습니다.
> 시간을 낼 수 있는지 묻는 크로아티아 친구가 하나 있습니다.
> 축구 선수가 생겼습니다.
> 아브루초(Abruzzo)에서 온 남자가 있습니다.

*　　*　　*

때때로 이런 대화 중에는 기독교 용어와 비아그라 용어가 섞여 사용되는데, 이는 이 사례가 어떤 경우인지를 매우 정확하게 묘사한다.

오랜 재판과 여러 법적인 개입 이후에 우리의 '신사'는 부패 혐의로 형을 받았다. 바티칸 합창단은 해산되었다. 네그레토는 현재 이탈리아 외곽에 있는 한 가톨릭 관저에서 살고 있고, 사람들은 그의 입을 다물게 하려고 그의 욕구를 채워주는 듯하다. 내가 아는 다른 중개인들이 어떻게 되어있는지는 추적할 수 없었다. 연루되었던 추기경들은 선고는커녕 심문조차 받지 않았을뿐더러 그들의 실명은 재판 기록에도 나타나지 않았다.

교황 요한 바오로 2세가 만일 이 사건을 통보받은 적이 있더라도 그는 자기 측근 가운데 알곡과 가라지를 갈라낼 수는 없었을 것이다. 그 이유는 갈라내는 그 과정에 너무 많은 사람이 연루될 것이 분명하기 때문이다. 교황 베네딕토 16세는 이 사건 파일에 대해 알고 있었고, 그는 그 핵심 주역들을 밀어내기 위해 모든 노력을 다했다. 처음에는 성공적이었다.

그러나 우리가 살펴보겠지만 그 과제가 결국 실패로 마치게 되면서 교황 베네딕토 16세는 몰락했다. 프란치스코 역시 이 사건에 대해 상세히 보고를 받았고 연루되었던 그 주교를 추기경으로 임명하지 않음으로써 응징했다. 사실 그 주교는 전 국무원장으로부터 추기경이 될 것을 약속받은 바 있었다.

현재, 플라티네트는 처벌을 피해 조용히 살고 있다. 그 네트워크의 대표이자 접선 담당이었던 라 몽골피에라는 추기경으로 멋지게 퇴직했다. 그는 여전히 호화롭게 살고 있으며 그의 연인과 함께 산다고 한다. 물론 이 고급 성직자들은 현재 프란치스코 교황을 대항하는 편에 서 있다. 그들은 프란치스코가 동성애자들에게 유리한 제안을 하면 거칠게 비난하며, 또한 그들 자신은 정절을 지키지 않으면서도 더 강력한 정절을 요구하고 있다.

*　　*　　*

만일 위 사건이 로마 교황청에서 자주 반복되는 행동의 유형이 아니라면 사소한 뉴스 기사일 것이다. 하지만 이 사건들은 결함으로 인한 것이 아니라 체제로 인한 문제다. 그 고위 성직자들은 아무도 그들을 건드릴 수 없다고 느끼면서 그들의 외교 면책 특권을 철저히 누렸다. 하지만 오늘날 증인들이 비록 그들의 입을 막으려는 외부 압력이 있었음에도 그들의 입을 엶으로써 우리는 그들의 문제와 사악함을 알게 되었다.

여기서 우리는 지루하더라도 몽골피에라 사건과 밀접하게 얽힌 깜짝 놀랄 이야기를 다시 살펴보아야 한다. 얼마나 깜짝 놀랄 사건인지!

그 시인은 이 사건을 실제적인 "천재의 음모"라고 불렀을 것이다. 이 이야기는 국무원에서 부서장을 맡은 신중한 고위 성직자 몬시뇰 체사레 부르고치(Cesare Burgazzi)에 관한 것으로서 그 사건은 공개되었다(부르고치는 내 질문에 대답하기를 거부했기 때문에 그 사건의 이야기를 위해 나는 그의 두 명의 동료 사제들의 상세한 진술과 경찰이 제공한 증거, 그리고 재판 결과의 기록을 참조했다).

2006년 5월 어느 날 밤, 몬시뇰 부르고치는 보르게세 공원 근처 발레 줄리아(Valle Giulia)에서 차에 탄 채 경찰에게 잡혔다. 그곳은 성 파트너 만남 및 남성 매춘 장소로 잘 알려진 로마의 한 지역이다. 그의 차는 포드 포커스(Ford Focus)였는데 그 지역을 여러 차례 맴도는 것을 경찰이 목격하고 잡은 것이다.

경찰이 그를 연행하려고 하는데 좌석을 접은 어두운 그 차 안에서 그림자들이 움직이는 것을 포착했다. 그들은 관음증이든 또는 공중도덕을 어겼든 그 불운한 고위 성직자를 체포하려고 하는데 그는 차를 탄 채 도주했다. 로마를 가로지르는 20분 동안의 추격전은 마치 할리우드 영화에서처럼 큰 충돌과 함께 끝났다. 경찰차 2대가 파손되었고 세 명의 경찰이 부상을 입었다.

"너희들, 내가 누군지 알아?"

당신들이 지금 누구를 상대하고 있는지 알아?"

부르고치는 체포될 때 그의 눈 주위는 시퍼런 멍을 하고 있었고 경찰의 범퍼카들을 세게 치면서 고함을 질렀다.

이 사건은 본질에서 별로 대수롭지 않고 바티칸에서 자주 발생하는 일이라 그리 큰 관심사가 아닌 것처럼 보인다. 전 세계적으로 경찰 파일에 묻혀 있는 사제들과 고위 성직자들, 심지어 추기경들과 관련된 그런 경우들은 수없이 많다. 하지만 이 사건의 경우는 그리 간단하지 않다.

경찰 배지를 보여주었다고 말한 경찰의 진술에 따르면, 몬시뇰 부르고치의 차 안에서 콘돔과 사제복이 발견되었고 그 사제는 사복 차림으로 있었다고 한다. 마지막으로, 그 경찰은 그 고위 성직자에게 전화를 달라고 한 후 거기서 '웰링턴이라는 이름을 가진 브라질 성전환자'에게 전화한 사실을 알아냈다.

이에 대해 체사레 부르고치는 경찰이 사복 차림이었고 그들의 차는 경찰차 표시가 없었다고 주장했다. 그는 그들이 그를 강탈하려는 줄로 착각했고 그래서 심지어 여러 차례 비상 기관에 전화했다고 했다. 그 고위 성직자는 또한 성전환자인 웰링턴과 접촉한 것과 그의 차 안에 콘돔을 갖는 것을 부인했다. 그는 (법원은 항소를 동의할 것이기 때문에) 경찰의 여러 진술이 허위라고 주장했고 그들의 부상은 그들이 주장한 것보다 덜 심각하다고 주장했다. 결국, 부르고치는 강도를 만난 줄 알고 두려워하여 도망치려 했을 뿐이라고 맹세했다.

고속도로 강도로 가장한 경찰이든, 경찰로 가장한 고속도로 강도든 그의 논리는 터무니없어 보인다. 하지만 그 고위 성직자는 너무 자주 반복해서 말했고 경찰은 그 반대를 입증할 수 없었다. 이에 재판은 예상보다 오래 지속하였다. 처음에 부르고치는 경찰의 진술이 애매한 것을 알고는 안심했다.

그러나 그가 항소하자, 검찰도 항소했다. 그는 완전하게 무죄가 되기를 바랐고 경찰은 그에게 형을 선고하기를 바랐다. 이때 법원은 경찰의 진술을 받아들여 부르고치에게 형을 선고했다. 그러자 부르고치는 그 사건을 최종 법원인 파기원(破棄院)으로 가져갔고 그 사건 발생 후 8년 만에 모든 혐의에 대한 최종적인 무죄 판결이 나며 마무리되었다.

판결은 분명했어도 적어도 그 사건의 경위는 모호한 채로 남았다. 다른 가설 중에는 부르고치가 덫에 빠졌을 가능성을 배제하지 않는다. 이런 생각은 그 사건을 잘 아는 몇몇 사람들이 제시한 것인데, 부르고치는 신중한 사람이고 정보에 밝은 사람이라는 것을 기억해야 한다는 것이다.

바티칸에서의 그의 역할을 고려해 보면, 그는 교황 요한 바오로 2세의 직속 수행단으로부터 몇몇 추기경들의 그릇된 재정 관행과 동성애적인 이중생활을 발견했다고 한다. 즉, 바티칸 은행으로부터 빼돌린 돈과 이중 은행 계좌들과 성매매 네트워크가 서로 황당하게 묶여 있는 것을 알게 된 것이다. 신중하고 청렴한 용기 있는 부르치고는 심지어 모든 서류를 복사하여 그의 금고에 보관한 후 그의 변호사에게만 비밀번호를 알려주었다고 한다.

그 후 그는 용기를 내어 관련된 추기경 중 가장 영향력 있는 추기경과 개인적인 만남을 요구하였고, 그에게 그가 발견한 것들을 알려주면서 설명을 요구하였다고 한다. 우리는 그들의 논의 결과를 알지 못한다. 반면에 우리가 아는 것은 부르고치는 논의 내용을 언론에 알리지 않았다는 사실인데, 이는 교회에 대한 그의 충성심과 스캔들에 대한 그의 혐오를 동시에 보여주는 증거라는 것이다.

부르고치의 협박은 보르게세 공원에서의 깜짝 놀랄 사건과 관련이 있었을까?
그 사건과 연루된 영향력 있는 그 추기경이 겁을 먹고 그 고위 성직자를 제압하려고 했을까?
그 추기경이 부르고치와 타협하고 그의 입을 막기 위해 이탈리아 경찰과 가까운 사람들 또는 어쩌면 실제 경찰관들의 도움을 받아서 부르고치가 빠질 함정을 파놓았던 것일까?(해당 경찰서장은 의문의 그 추기경과 가까운 것으로 알려져 있다)
그들은 그가 폭로할지 모를 비밀들이 신뢰를 얻지 못하도록 그를 불명예스럽게 하려고 했던 것일까?

이 모든 질문은 아마도 오랫동안 풀리지 않을 것이다.
그러나 그 이후 사법 절차가 오랫동안 진행되는 중에 교황 베네딕토 16세가 교황으로 선출되었고 그는 부르고치가 국무원의 원래 지위로 복귀되어야 한다고 주장했다(부르고치로부터 이 이야기를 들은 어떤 증인에 따르면) 교황은 심지어 미사 중에 그를 만나 "나는 모든 것을 알고 있습니다. 계속 나아가기 바랍니다"라고 말했다고 한다.

교황이 직접 나서서 보여준 뜻밖의 지지는 그 사건이 바티칸에 가져온 염려를 가리키는 것으로서 조작의 가설에 신빙성을 부여한다. 그 이유는 법원이 단호하게 거부한 경찰관들의 불안한 진술과 그들의 의심스런 증거는 너무 이상해서 놀라지 않을 수 없기 때문이다.

조작되었다면 무엇을 목표로 한 것일까?
배후의 누구를 위한 조작일까?
체사레 부르고치는 그의 동료 중 하나가 그의 입을 막기 위해 또는 협박하기 위해 계획한 음모의 희생자였을까?

이탈리아의 최종 법원인 파기원의 형사 재판소가 최종적으로 경찰관들이 제시한 진술에 이의를 제기하고 부르고치를 무죄로 판결한 것은 이런 가설들에 신빙성을 부여했다.

*　　*　　*

그러므로 바티칸 내에서 흔히 밀접하게 연결된 돈과 도덕과 관련된 사건들은 『바티칸의 불편한 진실』을 여는 열쇠 중 하나다. 이런 재정 스캔들에 대해 가장 잘 아는 사람 중 하나인 라파엘레 파리나 추기경은 (프란치스코의 요청에 따라 그는 바티칸 은행 개혁을 위한 위원회를 맡고 있다) 이런 교차의 궤도 위에 나를 올려놓은 첫 번째 사람이었다.

그는 교황청에 있는 그의 집에서 나의 이탈리아 조사원 다니엘레가 있는 가운데 나와 두 번의 오랜 인터뷰를 했는데, 이런 있을 수 없을 법한 공모에 대해 셰익스피어의 표현을 빌려 "자기들의 목적을 위해 맹세의 멍에를 맨 두 마귀"와 같다고 묘사했다.

물론 이 추기경은 그 둘의 이름을 말하지는 않았지만, 그 증거를 갖는 자로서 확신 가운데 바티칸에서는 소년들을 향한 사랑과 금송아지 숭배가 함께 간다는 사실을 강조한다. 이때 그와 나는 그 묘사가 누구를 암시하고 말하는 것인지 서로 알고 있었다.

파리나가 개괄적으로 알려주고 바티칸 내 여러 다른 추기경들과 주교들과 전문가들이 확인해 준 설명은 사실 사회적인 규칙들이다. 무엇보다 우리가 통계적으로 표현한다면 로마 교황청 내에서 동성애자들의 높은 비율은 그들 중 여럿이 재정 스캔들의 중심에 서 있다는 사실을 설명하여준다.

여기에 더하여, 스위스 근위대와 많은 비밀을 아는 경찰에 둘러싸인 그런 폐쇄적이고 통제된 세상에서 관계를 유지하려면 대단히 신중해야 한다. 이를 위해서는 오직 네 가지 방안이 있다. 첫째는 고위 성직자 중 상당수가 선택한 방안인데 한 사람만과 관계를 갖는 것이다. 그들은 다른 방안을 취한 자들보다 훨씬 안전하다. 만일 그 동성애자들이 안정된 커플 상태가 아니라면, 그들은 좀 더 복잡한 삶을 살게 되며 세 가지 선택 사양 중 하나를 취하게 된다.

첫째, 성적인 자유를 찾아 밖으로 나가는 것이다 (우리가 살펴보겠지만, 교황 대사들과 국무원의 부제들이 주로 사용하는 왕실의 길이다).
둘째, 전문 상업 술집에 가는 것이다.
셋째, 남성 매춘부를 방문하는 것이다.

이 세 가지 경우 모두 돈이 필요하다. 하지만 사제의 임금은 보통 매달 1,000에서 1,500유로 사이에 있고 종종 추가로 연금과 업무 보조금이 있다. 하지만 그 총액은 복잡한 욕구를 충족시키는 데는 턱없이 부족하다. 바티칸의 사제들과 주교들은 자금이 풍부하지 않다. 말하자면, 그들은 '왕자처럼 사는 최저 임금 소득자들'이다.

결국, 바티칸에서 동성애자들의 이중생활은 사생활에 대한 매우 엄격한 통제 및 비밀 문화와 재정의 필요를 암시한다. 그리고 이 모든 필요는 위장과 거짓말을 부추긴다. 이런 사실들은 부패의 대명사가 된 도시에서 돈과 성 사이의 위험한 연관성을 설명하여주며 재정 스캔들과 동성애적인 음모들, 그리고 요한 바오로 2세 시대에 발전한 정욕의 고리들을 설명하여 준다.

12

스위스 근위대
(The Swiss Guard)

나타나엘(Nathanaël)은 바티칸에서 두 가지 문제에 직면했다. 소녀들과 동성애자들이다. 전자는 거의 드물고, 후자는 사방에 있다.

나는 바티칸에 머물게 되면서 우연히 스위스 근위대 한 사람을 만났다. 나는 미로 같은 계단에서 길을 잃었고 그가 내게 길을 안내해 주었다. 그는 낯을 가리지 않았고 우리는 대화에 빠졌다.

처음에 나는 나타나엘이 바티칸 내에서 무엇이든 수리가 필요할 때 찾아와서 돕는 계약직 직원 중 한 명이라고 생각했다. 그날 그가 입은 파란 멜빵바지 때문에 일반 이탈리아 노동자로 본 것이다. 그래서 며칠 후에 빨갛고 노랗고 푸른 '갈라' 제복을 입고 있는 그를 보았을 때 나는 깜짝 놀랐다.

그는 스위스 근위병이었다!

공구 상자를 들고 일하던 스위스 근위병이라니!

나는 얼마 후 로마에 다시 머물게 되면서 나타나엘에 연락을 했고 그는 정중히 그러나 단호하게 다시는 나를 만나지 않겠다고 거절했다. 나중에 내가 알게 된 사실은 이는 스위스 근위대의 규칙 중 하나였다. 나는 그가 있는 곳으로 가지 않을 것이라고 하니, 그는 결국 나를 만나 대화하기로 했고, 우리는 스위스 근위대 막사에서 걸어서 몇 분 떨어지지 않은, 그러나 몬시뇰이나 관광객들이 자주 다니는 곳과는 거리가 먼, 보르고 내의 카페 마카사르(Café Makasar)에서 만나는 습관을 길렀다. 그런 신중한 만남은 우리에게 잘 맞았다.

키가 크고 얼굴이 길고 매력이 넘치는 나타나엘은 분명히 매우 사교적이었다. 우리의 처음 만남에서 그는 내게 그의 이름(이 책에서는 가명 사용)과 전화번호를 알려주었다. 그의 성(姓)은 잠시 후에 고의 아니게 드러나 내가 알게 되었다. 이에 나의 스마트폰에 그의 이름과 전화번호를 넣으니 그 정보와 맞는

구글+ 계정이 자동으로 '맞추어졌다.'

*　　*　　*

하지만 나타나엘은 인스타그램이나 페이스북에도 없고, 구글 이미지에도 그의 사진은 하나도 없었다. 이는 스위스 근위대에 대한 최대한의 신중함을 요구하는 엄격한 바티칸 규칙에 따른 것이었다.

"소셜 미디어에는 셀카 사진들도 없고 프로필도 없습니다."

나타나엘이 확인시켜 준다.

이미 언급한 것처럼 스위스 근위대가 교황청에서 접하는 두 가지 문제는 소녀들과 동성애자들이다. 그는 그 직업을 갖게 되면서 그럭저럭 '열 명의 소녀들'과 잠을 잤다고 말하지만, 엄격한 독신 의무 규칙은 성가신 것이다.

> 우리는 자정 전에 막사에 있어야 합니다. 절대로 외박할 수 없어요. 결혼은 상급 장교들에게만 주어진 권한이고, 우리는 동거조차 금지되어 있지요. 물론 소녀들을 막사로 데려오는 것도 엄격히 금지되어 있고요. 심지어 시내에서 그들을 만나는 것도 꺼려진답니다. 가끔 알려지면 비난이 대단하거든요.

바티칸의 늙은 망령난 사람들의 점잔빼는 집착 때문에 괴로워하는 나타나엘은 근위대의 최고 임무와 관련된 본질적인 문제들, 즉 교황의 안전에 관한 문제들이 고려되고 있지 않은 사실 때문에 고민하며 많이 아쉬워하고 있다. 나는 로마에 있는 성 베드로대성당 왼편에 있는 시계 밑의 가장 신비로운 아르코 델레 캄파레(Arco delle Campare) 문을 통해 어떤 종류의 신분증도 보여주지 않고, 가방도 수색받지 않고 바티칸에 자주 돌아갔던 사실을 그에게 말한다.

그것이 가능했던 이유는, 그 안에 사는 어떤 추기경 또는 사제가 나와서 나를 안으로 데려갔기 때문이었다. 나는 내가 가지고 있던 열쇠 하나를 그에게 보여주었는데, 그 열쇠는 내가 머물고 있던 아파트로 돌아갈 때 조사를 받지 않고도 바티칸 안으로 들어갈 수 있게 했던 열쇠였다. 그 스위스 근위대원은 내가 경험한 이야기를 듣고는 고민하는 표정을 지었다.

카페 마카사르에서 열두 번 정도의 비밀 만남을 갖는 동안, 그는 바티칸에서 정말로 괴로운 이유를 말했다. 그것은 특정 추기경들이 지속해서 또는 때때로 적극적으로 그에게 구애하기 때문이었다.

"만일 그들 중 하나라도 나를 건드리면, 나는 그의 얼굴을 박살 내고 사표를 내려고 해요."

그는 분명한 어조로 말한다.

나타나엘은 게이도 아니고 심지어 동성애자에게 호감을 느끼지도 않는다. 그는 그에게 동성애를 시도했던 몇몇 추기경들과 주교들에 대한 혐오감을 말한다(물론 그들의 이름도 알려주었다). 그는 바티칸에서 이중생활, 성적인 구애, 심지어 성추행을 알게 되면서 충격을 받았다.

내가 알게 된 그 사실들 때문에 혐오감을 느껴왔어요. 아직 극복하지 못했어요. 교황을 위해 필요하다면 '내 목숨을 바치겠다'고 서약을 했는데!

하지만 처음부터 그 사과에 벌레가 있지 않았을까?

스위스 근위대는 1506년에 양성애자로 확인된 교황 율리우스 2세가 창설하였다. 세계에서 가장 작은 군대의 제복은 전설에 따르면 미켈란젤로가 디자인했다고 하는데, 르네상스의 무지개 깃발 모양의 재킷과 백로의 깃털로 장식된, 두 끝이 뾰족한 비늘창병의 모자로 되어있다.

로마의 한 경찰서장은 스위스 근위대는 직업상 엄격하게 비밀을 지킨다고 말한다.

절대로 비밀을 말하지 않지요. 그들은 국가와 교황을 위해 거짓말을 하도록 배웠지요. 추행이나 성폭행 사례들이 많지만, 그들은 쉬쉬한답니다. 스위스 근위대는 발생한 일들에 대해 간접적으로 책임을 지게 되거든요. 그들은 입을 열면 다른 직장을 구할 수 없다는 것을 잘 알고 있어요. 하지만 얌전하게 굴면 그들이 스위스의 시민 생활로 돌아갈 때 취업하는 데 도움을 받지요. 그들의 장래 경력은 그들의 침묵에 달려 있습니다.

*　　*　　*

나는 조사를 하는 과정에서 11명의 스위스 근위병들과 인터뷰를 했다. 로마에서 정기적으로 만났던 나타나엘 외에 나의 대부분의 만남은 루르드(Lourdes)

로 군인 성지 순례 행사 동안에 연결되었고, 또는 스위스에서는 전직 근위병들을 만났다. 나는 전직 근위병들을 만나기 위해 취리히, 바젤, 세인트 갈렌, 루체른, 제네바와 로잔에서 30번 이상 머물렀다. 그들은 예상대로 그들에게 추파를 던졌던 많은 추기경의 이중생활과 교황청의 도덕성에 대해 알려주었고 그 내용은 이 책의 믿을 만한 정보의 출처가 되었다.

나는 베르사유에서 알렉시스(Alexis)를 만났다. 매년 대규모 순례길에 오른 수천 명의 경찰관과 세계 각지에서 온 무장대원들, 모든 독실한 가톨릭 신자들이 피레네(Pyrenees) 산맥의 프랑스 도시 루르드에서 만난다. 전통적으로 스위스 근위대의 모임도 그곳에서 있게 되는데 알렉시스는 내가 그곳에 갔던 해에 그들 가운데 있었다(이 책에서 그의 이름은 가명을 사용한다).

"마침내 스위스 근위대가 왔습니다."

식당 주인 티에라(Thierry)가 그 밝은 색깔의 군인들을 보고 기뻐하며 탄성을 지른다. 그들이 오면 고객이 붇어나고 그의 매상이 높아지기 때문이다.

루르드 군인 성지 순례 행사는 수십 개의 나라를 대표하는 카키색과 다양한 색깔의 축제다. 그 축제에서 당신은 형광 깃털이 달린 모자, 번쩍이는 날카로운 칼, 방울술 폼폼, 짧은 치마 차림의 남자들, 모든 종류의 브라스 밴드를 볼 수 있을 것이다. 그들은 열렬히 기도하고, 술에 심하게 취하는데 특히 퐁 뷰(Pont Vieux)를 마시고 취한다. 그곳에서 나는 수백 명의 가톨릭 군인들이 노래하고 춤추고 수다를 떠는 것을 본다. 여자들은 거의 없고 동성애자들은 밀실에 있다. 그 축제는 가톨릭 신자들을 위한 폭음의 기회다!

이 거대한 술잔치에서 스위대 근위대는 최고의 매력이라고 한다. 이는 루르드 순례에 참가하도록 나를 도와준 이탈리아 헌병 카라비니에리(carabinieri) 중령이 말해 준 것이다. 그는 이런 말도 했다.

> 알게 되겠지만, 스위스 근위대원들은 로마에서 멀리 있을 때 긴장을 풀어요. 바티칸 안에서보다 압박이 덜하고 장교들의 통제도 느슨하지요. 그리고 술을 먹다보면 교류가 자연스러워지면서 그들은 입을 열기 시작하지요.

알렉시스는 정말로 느긋해졌다.

"루르드에서는 우리는 갈라 제복을 입지 않아요."

그 젊은이는 브라세리 베르사유(Brasserie Versailles)에 도착하자마자 내게 말한다.

"지난밤 우리는 사복을 입고 있었어요. 우리가 붉고, 노랗고 푸른 제복을 입은 상태로 술에 취해 비틀거린다면 우리의 이미지가 위험해지겠지요!"

알렉시스는 나타나엘처럼 게이를 좋아하지 않는다. 그는 교황의 스위스 근위대가 대단히 높은 비율의 동성애자들로 구성되었다는 통념에 대해 격렬하게 부인한다. 그는 자기 동료 중 네다섯 명이 '아마도 게이일 것'이라는 생각에 대해 의심한다.

물론 그는 교황 바오로 6세의 스위스 근위대 고위 장교 중 하나가 동성애자이며 현재 로마 교외에서 그의 파트너와 살고 있다는 소문을 들었다. 그는 또한 모든 사람처럼 여러 추기경과 주교들이 스위스 근위대원과 커플을 이룸으로 바티칸 내 스캔들을 일으켰다는 사실도 알고 있다. 그리고 물론 그는 바티칸 내에서의 삼중 살인 이야기도 알고 있다. 즉, 근위대의 젊은 병장 세드릭 토네이(Cédric Tornay)가 그의 스위스 근위대 지휘관과 그의 아내를 '순간적으로 미쳐서' 살해했다는 보도도 들어 알고 있다.

"그것은 공식적인 보도이지만 근위대 사람들은 아무도 그 보도를 믿지 않아요."

알렉스가 말한다.

"사실 세드릭의 자살은 꾸며진 것입니다. 그는 자기 지휘관 및 그의 부인과 함께 살해되었어요. 그러나 그 후 세드릭이 두 사람을 살해한 후 그도 자살했다고 믿게 만드는 섬뜩한 장면이 연출된 것이지요."

희귀한 가설들과 연관된 이 극적인 연출에 대해서는 다른 곳에서 이미 충분히 다루어져 있으므로 나는 이곳에서 길게 논하지 않겠다. 그 젊은 병사와 그의 지휘관의 관계에 대한 가설 중 우리의 밀실 주제와 관련된 가설을 하나 언급하자면 (물론 이 가설 역시 아무도 이해시키지는 못했다) 그들의 관계가 실제이든 지어낸 것이든 범행의 또 다른 동기를 감추기 위해 이용당했다는 것이다. 어느 경우든 수수께끼는 풀리지 않는다. 공의를 위해 교황 프란치스코는 이 침울한 사건 기록을 다시 열 것이다.

나타나엘과 마찬가지로 알렉시스는 수십 명의 추기경과 주교들로부터 너무 많은 추파를 받게 되면서 근위병에서 물러날 생각을 할 정도였다.

추파가 너무 완강해서 나는 곧장 집으로 가야겠다고 중얼거렸어요. 우리 중 많은 근위병은 추기경들과 주교들의 다소 무분별한 구애에 격분하고 있답니다.

알렉시스에 따르면, 그의 동료 중 한 명은 한밤중에 어떤 추기경으로부터 정기적으로 전화를 받았는데, 그 추기경은 자기 방에서 그가 필요하다고 말했다고 한다. 다른 비슷한 사건들이 언론에 공개되었는데, 방문 카드와 함께 스위스 근위대의 침대에 남겨진 야릇한 선물에서부터 추행 또는 성폭행이라고 불릴 수 있는 더 진보된 추파에 이르기까지 다양했다.

우리가 바티칸에서 스위스 근위대를 신선한 고기로 여기는 안달 난 남자들에게 둘러싸여 있다는 것을 깨닫는 데는 오랜 시간이 걸렸어요. 그들은 우리에게 독신을 강요하지요. 또한, 우리를 자기들 것으로 삼고 싶어서 우리가 결혼하는 것을 허락하지 않지요. 바로 그겁니다.
그들은 너무 여성 혐오적이고 성도착이 심해요!
그들은 우리가 그들처럼 되기를 원하고 있어요.
즉, 드러나지 않은 비밀스러운 동성애자들이 되기를 바라는 것이지요!

알렉스, 나타나엘, 그리고 내가 스위스에서 인터뷰를 가진 세 명의 전직 근위대원에 따르면, 훈련 기간에 동성애에 대한 언급은 없지만, 동성애에 관한 내부 규칙은 대단히 까다롭다고 한다. 스위스 근위대는 추기경들, 주교들, '그리고 모든 몬시뇰'에게 '매우 훌륭한 예의'를 보여줄 것을 권유받는다. '신참'으로 간주하는 근위대원들은 친절할뿐더러 극도로 공손할 것을 요구받는다.
그들은 절대로 예하 또는 각하를 비난해서는 안 되며 뭐든 거절해서도 안 된다. 결국, 추기경은 이 땅에서 그리스도의 사도가 아닌가!
하지만 근위대의 불문율에 따르면 이 예의는 형식일 뿐이다. 어떤 추기경이 젊은 병사에게 그의 전화번호를 주거나 커피 한잔하자고 제안하면 그 스위스 근위병은 감사해야 하지만 시간이 없다고 정중하게 말해야 한다. 만일 그 추기경이 끈덕지다면 그는 매번 같은 답변을 해야 한다. 그 근위병을 협박하며 만나러 나오라고 요구하여도 경비 임무와 관련한 여러 구실로 그 만남을 취소시켜야 한다.
가장 명백한 추행의 경우, 스위스 근위대는 그들의 상관에게 보고할 것을 권유받는다. 하지만 어떤 상황에서도 그들은 고위 성직자에게 대답하거나 비난하거나 보고해서는 안 된다. 그 사건은 거의 항상 비밀에 부쳐진다.

알렉시스는 다른 스위스 근위대원들처럼 바티칸에 대단히 많은 동성애자가 있다는 사실을 확인하여준다. 그는 '권세', '편재함', '지고'와 같은 강한 용어를 사용한다. 이런 게이 상태가 알려지자 내가 만났던 근위대 대다수가 매우 놀랐다.

나타나엘은 그의 병역 임기가 끝나고 그의 '해방'이 성취되면 '나의 아내와 휴가를 보내는 것 외에는' 다시는 바티칸에 발을 들여놓을 생각이 없다. 바셀에서 인터뷰한 또 다른 스위스 근위대원은 추기경들과 고위 성직자들의 동성애는 막사에서 가장 많이 논하는 주제 중 하나라고 확인하여준다. 그들이 그들의 동료로부터 들은 이야기는 그들이 직접 당한 경험을 더욱 부연하여 준다.

우리는 나타나엘과 다른 스위스 근위대원들, 그리고 알렉시스와 대화하면서 정확한 이름을 언급하고 그들에게 추파를 던졌던 추기경들과 주교들의 명단을 확인했는데 버크 추기경의 카파 마그나처럼 그 명단이 길었다. 내가 이 문제에 대해 알고 있음에도 불구하고 그 명단은 나를 여전히 놀라게 한다. 그 명단에 실린 당선자들의 수는 내가 생각한 것보다 훨씬 많았다.

왜 그들은 그렇게 쉽게, 그리고 자신들의 대담함에 놀랄 정도로 그들 스스로 내게 말해주려고 했던 것일까?

몇몇 추기경들과 주교들처럼 질투와 허영심 때문이 아니었고, 바티칸 내에서 내가 접촉한 대부분 게이처럼 대의명분을 돕기 위함도 아니었다. 그들은 환상을 잃어버린 사람들처럼 실망했기 때문에 입을 연 것이다.

그리고 이제 알렉시스는 또 다른 비밀을 내게 말한다. 내가 말했듯이, 장교들이 동성애자들이 아닐지라도 스위스 근위대 주변의 고해 신부들과 지도 신부들, 그리고 사제들도 마찬가지라고 말할 수는 없다.

알렉시스가 말한다.

> 우리는 우리를 위해 마련된 예배당에 가서 일주일에 적어도 한번 죄를 고해하라는 요청을 받습니다. 하지만 나는 스위스 근위대의 지도 신부 중에 그렇게 많은 동성애자가 있는지 전혀 몰랐습니다.

그 젊은이는 그가 믿기에 동성애자들인 그 근위대의 두 지도 신부와 고해 신부들의 이름을 내게 알려준다.

[그의 정보는 알라만족(Alemannic)의 스위스 근위병과 교황청 사제 하나가 확인해 주었다.]

나는 또한 에이즈로 죽은 어떤 사목의 이름도 들었다(스위스 기자 마이클 마이어(Michael Meier)는 일간지 「타게스안자이거」(Tages-Anzeiger)에 기고한 내용에서 그 남자의 이름을 언급한다).

나는 수년 동안 매달 방문했던 스위스에 여러 차례 머무는 동안 전문 변호사들과 몇몇 인권 협회(가령, 스위스의 SOS 인종 차별주의 및 차별(Racisme and Diskriminierung in der Schweiz)과 같은 협회들이다) 위원들을 만났다. 그들은 바티칸의 근위병들을 모집하는 과정에서부터 적용 선행 지침에 이르기까지 스위스 근위대가 받는 차별이 어떤 종류의 것인지 내게 말해주었다.

스위스의 한 변호사에 따르면, 스위스 연방에서 장래의 스위스 근위대원을 모집하는 그 협회의 지위는 모호하다고 한다.

그 지위는 스위스 법에 속하는가?
아니면 이탈리아 법에 속하는가?
혹은 참으로 교황청의 교회법에 속하는가?

바티칸은 그 모호함을 그냥 두고 세 가지 차원에서 그 협회를 이용한다. 하지만 스위스 시민을 모집하는 것은 스위스에서 하므로 그 국가의 노동법을 따라야 한다. 그 원칙은 그곳의 해외 기업에도 적용된다. 그러므로 그 근위대원들을 위한 모집 규칙은 차별적인 것으로 간주하였다.

[스위스 군대는 여성을 받아들임에도] 여성이 금지되었고, 결혼한 젊은이 또는 어떤 관계에 있는 남자는 그 근위대에 지원할 수 없고 오직 총각들만 받는다. 모집에 합격하려면 '책망받을 만한 것이 없어야 하고', '도덕적으로 흠이 없어야!' 한다.

[이 표현은 게이들뿐만 아니라 성전환자들도 배제하기 위해 고안된 것이다.] 교황 프란치스코가 매우 소중히 여기는 이주민들 역시 그 모집에 지원할 수 없다. 마지막으로, 그 규칙 내용은 분명하게 명시하지는 않았지만, 장애인이나 유색인종, 흑인 또는 동양인들은 선발 과정에서 배제되는 것으로 보인다.

내가 자문했던 변호사들에 따르면, 근위대원들의 결혼을 금하는 것은, 결혼을 격려하고 결혼 밖의 모든 성관계를 금하는 교회의 원칙과 상반되는 것은 물론이고 그 자체가 완전히 불법이다.

나는 이런 법적 변칙에 대해 변호사를 통해 독일어로 스위스 근위대의 대장들에게 질문하게 했는데 그들의 답변이 주목할 만했다. 그들은 군사적인 제약은 일정 규칙을 부과할 수 있다는 사실에 근거하여 그런 제약은 차별이 아니라고 답변했다. [하지만 그런 제약은 모집에 있어서 나이나 신체 상태와 관련된 군사적 세부 사항을 고려한 스위스군의 특정 법률과 상반된다.] 그들은 동성애에 대해서는 서면으로 우리에게 답변했다.

"게이라는 사실은 단지 너무 '공개적으로 게이'거나, 너무 눈에 띄거나, 너무 여성스럽지만 않다면 모집과 관련해서 문제가 되지 않습니다."

마지막으로, 스위스 근위대의 훈련 기간 중 발표된 구두 규칙과 행동 지침(내가 손에 넣은 그 행동 지침은 『교황청 스위스 경비대의 규정』(Regolamento della Guardia Svizzera Pontificia)인데, 소다노 추기경이 서문을 쓴 2006년 버전이다) 역시 차별과 노동법과 추행과 관련해서 부조리한 내용을 담고 있다.

스위스, 이탈리아, 또는 유럽의 법의 관점에서 볼 때 부조리는 법적으로 문제가 될 뿐만 아니라 도덕적으로도 문제가 된다. 그런 부조리는 명백히 비정상적인 한 국가의 특이함에 대해 많은 것을 말해준다.

13

게이들과 싸우는 십자군 전쟁
(The crusade against gays)

교황 요한 바오로 2세가 마르씨얼 마시엘을 보호하고 그의 수행단 일부가 스위스 근위대에서 성 파트너를 찾거나 일반적인 정욕에 몸을 내맡기고 있는 때 바티칸은 동성애자과 큰 전쟁에 착수했다.

이 전쟁에는 새로운 것이 전혀 없었다. 남색을 반대하는 열광은 중세부터 존재해왔지만 비오 12세와 요한 23세를 포함한 수십 명의 교황은 동성애 성향을 갖고 있다는 의심을 피할 수 없었다. 이에 그들은 외적으로는 강력하게 남색을 비판하였지만, 내적으로는 많은 관용을 베풀었다. 따라서 교회는 항상 말로는 동성애를 혐오했지만, 성직자들의 관행은 그렇지 않았다.

그러나 가톨릭의 공적인 강화(講話)는 1970년대 후반에 강경해졌다. 가톨릭 교회는 1960년대에 기대하지도, 이해하지도 못했던 도덕 혁명이 발생하자 곤경에 빠졌다. 이 문제에 대해 명확한 입장을 취하지 않았던 교황 바오로 6세는 1975년에 그 유명한 '선언문'인 페르소나 휴마나(*Persona Humana*, 개인생활)를 선포했다.

이는 회칙(回勅)『휴마네 비테』(*Humanae vitae*, 인간의 생명)의 핵심 내용 중 일부다. 그 선포는 사제의 독신과 정절에 대한 가치를 분명하게 하였고, 성관계를 금지하였으며 동성애를 격렬하게 거부했다.

대체로, 그 뒤를 이어 교황이 된 요한 바오로 2세(1978~2005) 역시 교리적 차원에서 같은 노선을 취하였다. 그러나 동성애 혐오적인 강화가 급속하게 증가하면서 상황은 악화하였고, 교회의 수행원들은 게이들을 대적하는 새로운 십자군 전쟁에 몸을 던졌다(그들 중 안젤로 소다노, 스타니스와프 지비스, 요제프 라칭거, 레오나르도 산드리, 알폰소 로페스 트루히요가 그 책동에 관여했다).

요한 바오로 2세 교황은 그가 선출되던 해부터 그 논쟁을 금지했다. 그는

1979년 10월 5일 시카고에서 모든 미국 주교들 앞에서 행한 연설에서 '자연법칙에 어긋나는' 행위를 말하며 그것을 정죄하라고 권했다.

> 긍휼히 많은 목자로서 여러분은 마땅히 '동성애 성향과 구별되는 동성 성행위에 대해 도덕적으로 악하다'고 말해야 옳습니다. 여러분은 이 진리를 분명히 함으로 그리스도의 참된 사랑을 증거하여 왔습니다.
> 여러분은 동성애 때문에 도덕적으로 고통을 당하는 사람들을 속이지 않았습니다. 만일 이해와 연민의 이름으로, 또는 다른 이유로 우리의 형제자매들에게 그릇된 소망을 제시했다면 여러분은 그들을 속이는 자들이 되었을 것입니다(여기서 또는 다른 이유로라는 표현을 주목하라. 이는 이미 알려진 미국 성직자들의 도덕성에 대한 암시일 수 있다).

요한 바오로 2세는 왜 그의 교황직의 맨 초기에 교회 역사상 가장 동성애 혐오적인 교황 중 하나로 드러나기를 택하였을까?

로마에 사는 바티칸 전문가 미국인 로버트 칼 미켄스(Robert Carl Mickens)에 따르면 거기에는 두 가지 필수적인 요소가 있다.

> 그는 민주주의를 전혀 알지 못했던 교황이었기에 그의 번뜩이는 직관과 그의 낡은 폴란드-가톨릭의 편견을 갖고 혼자 모든 결정을 내렸지요. 그는 물론 동성애에 대한 편견도 갖고 있었습니다. 또한, 그의 작업 방식(modus operandi)이 특별했는데 교황으로 있는 동안 내내 동일한 노선을 취하였어요. 그는 분열된 교회는 약한 교회라고 믿었습니다. 그는 교회의 하나 됨을 보호하기 위해 대단한 엄격함을 강요하였고 그 나머지는 교황 무오교리가 해낸 것이지요.

크라쿠프와 로마에서 교황 요한 바오로 2세와 그의 여성혐오증 및 동성애 혐오증을 잘 아는 사람들은 가끔 그의 낮은 수준의 민주주의 문화를 언급했다. 그러나 교황은 그의 수행원 내 동성애자들이 많은 것에 대해서는 용인하는 것 같았다. 그의 장관들과 부제(副祭) 중에는 동성애자들과 동성애 행위를 하는 자들이 너무 많아서 교황은 그들의 '성향'은 물론이고 그들의 삶의 방식을 몰랐을 리가 없었다.

그런데 왜 그런 모순된 입장을 견지하는 것일까?
왜 그런 위선적인 체제가 뿌리를 내리도록 내버려 두는 것일까?
왜 공개적으로는 비타협적이면서 사적으로 관용을 하는 것인가?
왜 그런가?
왜요?

그러므로 요한 바오로 2세가 게이들과 콘돔과 동성 결합에 반대하기 위해 착수한 십자군 전쟁은 새로운 배경 가운데 등장한다. 우리는 그 전쟁을 설명하기 위해 바티칸 조직 안으로 들어가 볼 필요가 있다. 그렇게 하는 것이 바티칸의 폭력과 그 배후에 있는 뿌리 깊은 심리적인 충동들(그 충동들 배후에서 강력한 숨은 모터 역할을 하는 것은 자기 혐오이다), 그리고 결국 그 전쟁의 실패를 이해할 수 있는 유일한 방법이다. 이는 그 전쟁에서 요한 바오로 2세가 패배했기 때문이다.

나는 무엇보다 이 이야기를 전 몬시뇰 크리스토프 하람사(Krzysztof Charamsa)의 경험을 통해 말할 것이다. 그는 선전 조직의 톱니 같은 존재였는데 자신이 동성애자라는 사실을 드러내면서 이 이야기의 어두운 면을 우리에게 보여 주었다. 그다음으로 나는 교황청에 있는 추기경 알폰소 로페스 트루히요에게 관심을 돌릴 것이다. 그는 그 싸움의 핵심 관계자 중 하나였다. 그는 콜롬비아와 그리고 대부분 라틴 아메리카에서, 그 후 이탈리아에서 활약하였는데 나는 그 부분을 상세하게 다루겠다.

*　　*　　*

내가 처음으로 크리스토프 하람사의 이름을 알게 된 것은 그가 보낸 이메일을 통해서였다. 신앙교리성에서 일하는 그 고위 성직자가 내게 연락했다. 그 폴란드 사제는 나의 책 『세계적인 게이』(Global Gay)를 즐겁게 읽었다고 하며, 이제 곧 자기가 게이라는 사실을 언론을 통해 드러내려고 하는데 그 일을 도와달라고 부탁한다. 다만 그 사실을 비밀로 해 달라고 당부했다.

나는 그가 영향력 있는 고위 성직자인지 아니면 사기꾼인지 그 당시로써는 알 수 없는 상태였기에 「라 레푸블리카」에서 기자로 일하는 나의 이탈리아 친구 파스쿠알레 콰란타에게 그의 경력에 대해 문의했다.

일단 그의 말이 사실로 확인되었다. 이에 나는 몬시뇰 하람사와 이메일을 여러 번 주고받았고, 그에게 몇몇 기자들의 이름을 추천해 주었다. 그리고 2015년 10월, 가족에 관한 주교 총회가 열리기 바로 직전, 그의 유명한 커밍아웃이 신문에 실리면서 전 세계에 알려졌다.

그 후 몇 달 후 나는 바르셀로나에서 크리스토프 하람사를 만났다. 그는 바티칸으로부터 직무를 박탈당한 후 그곳으로 망명해 있었다. 카탈로니아(Catalan) 독립을 위해 호전적인 게이 활동가가 되었던 그는 내게 꽤 좋은 인상을 주었다. 우리는 그의 남자친구 에두아르(Eduard)와 함께 저녁 식사를 했고, 나는 그가 에두아르를 바라보는 표정에서 그의 "원맨 스톤월"(One-Man Stonewall), 즉 마치 홀로 작은 혁명을 감행한 사람이 갖는 그런 자부심을 느꼈다.

>그가 무슨 짓을 했는지 알겠지요?
>대단한 용기입니다!
>그는 사랑 때문에 모든 것을 할 수 있었어요.

파스쿠알레 콰란타가 내게 말했다.

우리는 그다음 해에 파리에서 다시 만났고, 다양한 인터뷰를 했다. 하람사는 그의 이야기를 들려주었고, 그 이야기는 그의 책, 『첫 번째 돌』(The First Stone)로 나오게 될 것이다. 과거에 사제였던 그는 그의 인터뷰와 글에서 항상 신중함과 절제를 유지하면서 모든 사실을 충분히 다 말하지 않았다. 하지만 만일 그가 어느 날 참으로 다 쏟아낸다면 그의 증언은 대단히 중요할 것이다. 그 이유는 하람사는 바티칸의 동성애 혐오 전쟁의 중심에 서 있었기 때문이다.

비참하게도 신앙교리성은 오랫동안 그 유명한 종교 재판(Inquisition)과, 검열 또는 금지된 책들의 목록을 담은 '장서목록'(Index)을 담당했던 종교 재판소(the Holy Office, 검사 성성(檢邪聖省))로 불리었다. 이 바티칸 '사역'은 그 이름이 제시하듯 계속 교리를 고치고 선과 악을 정의한다.

요한 바오로 2세 때에는 요제프 라칭거가 국무원 다음으로 의전(儀典) 관련한 일을 담당하던 이 전략적인 재판소를 운영했다. 라칭거는 동성애를 반대하는 대부분 문서를 만들어 선포했던 사람이었고, 교회 내의 대부분의 성 학대 파일들을 검사했다.

크리스토프 하람사는 신앙교리성에서 국제신학위원회(International Theological Commission)의 고문과 부의장으로 일했다. 나는 그의 진술과 함께 다른 4명의 내부 증인들의 진술을 보완했다. 그 4명은, 또 다른 고문 한 명, 위원회 위원 한 명, 전문가 한 명, 그리고 그 교리성의 의회 의원인 어떤 추기경이다. 나 자신도 지각 있는 사제들의 환대 덕분에 많은 밤을 가장 거룩한 곳에서 보낼 기회가 있었다. 그곳은 산타 마르타 광장 근처의 바티칸 아파트인데 종교 재판소의 궁에서 몇 미터 되지 않는 곳에 있다. 나는 그곳에서 현대 종교 재판소에 속한 소수의 판사를 만났다.

신앙교리성은 일반적으로 '관리자, 기록자, 조례자'(*ufficiali, scrittori, ordinanze*)로 알려진 매우 정통적인 신앙을 갖는 충성스럽고 신뢰할 수 있는 약 40명의 영구적인 유급 사제들로 구성되어 있다(하람사는 그들을 "종교재판소의 공무원들"이라고 부른다).

그들 대부분은 종종 교회법 또는 철학뿐만 아니라 신학을 포함한 많은 학위를 가지고 있다. 그들은 대략 30명 정도의 외부 고문들(*consultori*)의 도움을 받는다.

일반적으로 말하면, 모든 '종교 재판 소송'(오늘날은 모든 '교리의 논점'이라고 말할 것이다)은 직무 담당자들이 조사하고, 그 후 전문가들과 고문들이 논의하며, 그다음은 인준을 위해 추기경 협의회에 제출된다. 사실, 재판 소송은 대단히 수평성을 유지하지만, 수직성은 감추어져 있다. 사실, 오직 한 사람만 그 판결문을 해석하고 '그' 진리를 선포할 권한을 가지고 있다. 이는 교리성 담당 고위 성직자(요한 바오로 2세 때에는 요제프 라칭거가, 베네딕토 16세 때에는 윌리엄 러베이다[William Levada]와 게르하르트 뮐러였다. 이 두 사람은 라칭거가 교황이 되기 전에 그의 아래 있었다)가 모든 서류에 대한 완벽한 권한을 갖고 있기 때문이다.

그는 그 자료를 제안하고 수정하고 검증한 후 비공식적인 만남을 통해 교황에게 제출한다. 그러면 교황은 최종 발언을 한다. 여기서 우리는 니체 이래로 알고 있는 바와 같이 도덕은 언제나 지배의 수단인 것을 알 수 있다.

교리성은 위선과 매우 잘 맞는 영역이다. 우리는 현재 신앙교리성의 절차를 담당하고 있는 20명의 추기경 중에 10명 정도가 동성애 애호가 또는 동성애를 행하는 자들이라고 생각한다. 적어도 5명은 남자친구와 함께 살고 있다. 3명은 남성 매춘부를 정기적으로 만난다(몬시뇰 비가노는 그의 『증언』에서 이 추기경 중 7명을 비판한다).

그러므로 교리성은 흥미로운 임상 사례이고 바티칸 위선의 심장부다. 하람사는 이렇게 말한다.

그들 중 많은 사람이 동성애자들이고 그 성직자들은 동성애자들을 향한 증오를 보이는데 이는 피학대 성욕 도착증에서 나오는 자기 혐오입니다.

크리스토프 하람사와 다른 내부 증인들에 따르면, 라칭거가 담당 고위 성직자로 있던 때 동성애 문제가 유해할 정도로 망상이 되어있었다고 한다. 소돔에 대해 기록한 구약성서의 몇 구절을 읽고 또 읽는다. 다윗과 요나단의 관계는 바울이 '육체의 가시' 때문에 괴로워한 사실을 인정하는 신약성서의 구절과 함께 끝없이 재해석된다(하람사는 바울이 동성애를 말하고 있다고 생각한다).

그리고 갑자기, 우리는 가톨릭의 황폐함과 쓸쓸함, 그리고 거기서 빠져나갈 길도 없는 삶인 것을 알게 되고, 이 결점 때문에 실성한 사람처럼 된다. 그리고 누군가는 몰래 울기 시작한다.

신앙교리성에 있는 이 학식 많은 이 게이 혐오자들은 그들 자신의 SWAG 암호(Secretly We Are Gay, 비밀리에 우리는 게이다)를 가지고 있다. 이 사제들은 자기들끼리 '예수의 사랑 받던 제자', '다른 제자들보다 더 사랑받았던 요한', '예수께서 그를 보신 후에 사랑하셨던' 사도 요한에 대해 비밀스러운 은어로 말하면서 서로 무엇을 의미하는지 매우 잘 안다.

그들이 '주님께 가까웠던" 젊은 백 부장의 종이 예수에게 치료를 받은 이미지를 떠올릴 때는, 성인(Saint) 누가의 복음에서 강하게 강조된 암시들을 기억하며, 그 의미가 어떤 의미인지 확신하다. 그들은 자신들이 저주받은 사람들에게 속하지만 택함 받은 사람이라는 것을 안다.

바르셀로나와 파리에서 갖게 된 만남에서 하람사는 이 비밀스러운 세계를 상세하게 묘사했다. 그는 사람들의 마음속에 완벽하게 자리 잡은 법, 그리고 규칙이 되어버린 고도의 위선, 그 외 이중적인 말, 세뇌 등 여러 가지를 묘사했다. 그는 이 모든 이야기를 마치 『장미의 이름』(The Name of the Rose)의 결말을 폭로하듯 (이 책에서 수도승들은 서로 구애를 하고 사랑을 나누지만, 회한에 가득 찬 어떤 젊은 수도승이 탑에서 몸을 던진다) 내게 고백하는 어조로 말했다.

나는 항상 책을 읽거나 일을 했어요. 그것이 전부였지요. 나는 훌륭한 신학자였어요. 바로 그래서 제가 게이라는 것을 드러냈을 때 교리성의 관리자들이 너무 놀랐던 것이지요. 그들은 다른 사람들이라면 몰라도 나는 게이가 아닐 것으로 생각했던 것이지요.

그 폴란드 사제가 내게 말한다.

정통파인 하람사는 오랫동안 아무런 이의 없이 명령에 순종했다. 그는 심지어 특이한 열정으로 동성애에 대해 '객관적으로 볼 때 질환'이라는 교리 판결문을 쓰는 것을 도왔다. 요한 바오로 2세와 라칭거 추기경 휘하에서 그 판결문은 완전히 축전이었다. 그 교리 판결문은 게이들에 대해 지나치게 가혹한 단어를 사용하지는 않았다. 동성애 혐오는 구역질이 날 만큼 수십 개의 선언문, 권고문, 편지, 지시문, 고려사항, 주의사항, 자의교서(motu proprio), 교황 회칙(回勅)을 통해 퍼져나갔다. '교황 칙서들'이 너무 많아서 그것들을 이곳에 전부 나열하는 것은 어려울 것이다.

바티칸은 동성애자들이 신학교에 들어오는 것을 금하려고 노력했다(이렇게 하면 사제 지원자들이 크게 줄어들 것을 깨닫지 못했다). 또한, 그들이 군에 들어가지 못하도록 법을 정했다(이때는 미국이 "묻지도 말하지도 말라"라는 규정을 보류하기를 원하던 때였다). 바티칸은 신학적으로 동성애자들이 그들의 직장에서 받는 차별을 정당화시켰다. 물론 바티칸은 동성 결합과 동성 결혼을 정죄했다.

로마에서 열린 세계 게이 프라이드(World Gay Pride) 행사 다음 날인 2000년 7월 8일, 요한 바오로 2세는 전통적인 삼종 기도를 드리며 '잘 알려진 시위'를 비난하는 말을 하였고 '2000년 대희년에 대한 모독'이라며 그의 비통함을 표현했다. 하지만 그 주말에 모인 신자들의 수는 로마 거리를 행진했던 20만 명의 게이에 비하면 매우 적었다.

> 교회는 언제나 선한 것과 악한 것을 말할 것입니다. 아무도 자연법과 복음의 법에 거스르는 것을 요구해서는 안 됩니다.

안젤로 소다노 추기경은 게이 프라이드 행사를 계기로 입을 열며 모든 수단을 동원하여 성 소수자 행렬을 막고자 했다. 우리는 동시에 '거룩한 주간 동안'에 있었던 이 시위를 못마땅하게 여긴 장 루이 타우란 추기경의 비난과, '나는 진리의 길을 택하였다'라는 좌우명을 가진 로마 부주교인 몬시뇰 리노 피셸라(Rino Fisichella)의 비난을 주목해야 한다. 하지만 그들의 비난은 세계 게이 프라이드 행사를 비판하기에 충분한 거친 말들은 아니었다.

따라서 곧바로 바티칸 내에서는 이 세 명의 호전적인 입장에 대한 농담이 떠돌았다. 즉, 추기경들은 게이 프라이드 퍼레이드에 분개했는데 그 이유는 그 퍼레이드의 장식 차량을 차지하지 못했기 때문이라는 것이다!

크리스토프 하람사는 너무 요란하게 그리고 너무 늦게 동성애자라는 것을 드러낸 것 때문에 교황청 및 이탈리아 게이 단체로부터 비난을 받고 있다. 그 고위 성직자는 순식간에 내면화된 동성 혐오자로부터 자신을 과장하는 사람으로 변했다. 그 후 뭔가 불안한 사실들이 드러났다. 예를 들어, 신앙교리성에서 그가 해고된 것은 그가 바라던 승진을 얻지 못한 사실과 연관되어 있다고 들었다. 공식적인 정보에 따르면, 그가 수년 동안 그의 남자친구와 살았던 것 때문에 그의 동성애가 들통났다는 것이다.

그 사건을 잘 알고 있고 자기 자신도 동성애자인 교황청의 어떤 고위 성직자는 이렇게 설명했다.

> 하람사는 바티칸의 동성애 혐오 조직의 중심에 있었습니다. 그는 이중생활을 했지요. 그는 공적으로는 게이들을 비난했고, 사적으로는 그의 연인과 살았습니다. 그는 오랫동안 이 체제에 적응한 상태로 교황청의 좌익 세력을 곤경에 빠뜨리면서 계속 정죄했어요. 주교 총회가 있기 바로 전까지 그렇게 한 것이지요. 문제는 그는 진보적인 노선의 추기경 월터 카스퍼나 매우 온건한 쇤보른과도 함께 할 수도 있었다는 사실입니다.
> 사실 그는 수년 동안 그들을 비난하고 공격했거든요. 내게는 하람사는 수수께끼로 남아있어요 (바티칸이 벌인 반대 캠페인에 있어서 전형적인 것은 이런 엄중한 평가들이다. 이런 평가는 하람사의 이야기와 상충하지 않는다. 그는 자신이 종교 재판소의 담당 고위 성직자가 되기를 꿈꾸었다는 사실과 또한 그는 실제로 양심의 고통 가운데 있었다는 사실을 인정했다).

반면, 하람사의 아웃팅은 이탈리아 게이 단체로부터 아무런 지지를 받지 못했는데, 그 단체는 그의 '핑크 세척'(pink-washing)을 비난했다. 즉, 바티칸의 삶에 대해 입을 다문 것이다. 또 다른 운동가가 이를 확인해 준다.

> 그의 인터뷰와 그의 책을 살펴보면 그는 그 체제를 전혀 설명하지 않았어요. 그는 단지 자신에 대해 말하였고 자신의 용기 없음에 대해 말하였지요. 그의 고백은 아무런 도움이 되지 않지요.
> 그가 2015년에 커밍아웃했을 때는 50년이나 늦은 것이지요!

만일 그가 솔제니친(Solzhenitsyn)처럼 그 체제의 내부에 대해 솔직하게 묘사했더라면, 참으로 도움이 되었을 것입니다.

비록 하람사가 몇몇 사람들이 바랐던 것처럼 바티칸의 게이 솔제니친이 되지 않은 것은 분명하지만, 아마도 이런 판단은 가혹한 것 같다.

*　　*　　*

요한 바오로 2세 때의 동성애 반대 십자가 전쟁은 전 사제 하람사보다 더 영향력 있는 또 다른 고위 성직자가 수행하였다. 그는 추기경이었고 요한 바오로 2세와 가장 가까운 사람 중 하나였다. 그의 이름은 알폰소 로페스 트루히요이고, 그의 직함은 교황청 가정 협의회(Pontifical Council for the Family) 회장이었다.

여기서 우리는 바티칸의 최근 역사 중 가장 어두운 역사의 장으로 들어가는데, 나는 이 이야기를 너무 신속히 마치기를 원하지 않는다. 나는 너무 예외적인 이 사건을 위해 많은 시간을 들여 말하겠다.

알폰소 로페스 트루히요는 어떤 사람이었을까?

이 특이한 사람은 1946년 콜롬비아 톨리마(Tolima) 지역의 빌라헤르모사(Villahermosa)에서 태어났다. 그는 25세에 보고타(Bogotá)에서 사제 서품을 받았고, 10년 후 같은 도시의 보조 사제가 되었다가 43세에 메데인으로 돌아와 대주교가 되었다. 이런 경로는 좋은 가정에서 태어나 돈이 많은 사제에게는 전형적인 경로다.

알폰소 로페스 트루히요의 괄목할만한 경력은, 1968년 8월 콜롬비아를 공식 방문했을 때 일찌감치 그를 발견한 교황 바오로 6세의 도움 때문이고, 심지어 교황직을 시작할 때부터 라틴 아메리카에서 그를 오른팔로 삼은 요한 바오로 2세의 더 큰 도움 때문이다. 이 위대한 우정의 이유는 단순했는데, 그 폴란드 교황이 교황 대사 안젤로 소다노와 반공주의자 마르씨얼 마시엘 신부와 가졌던 우정의 이유와 같았다.

지금은 은퇴한 알바로 레옹(Alvaro Léon)은 오랫동안 베네딕트회의 수도사였다. 그가 젊은 신학생이었을 때는 메데인에 있는 알폰소 로페스 트루히요의 '의전관'이었다. 나는 나의 콜롬비아 담당 '조사원' 에마뉘엘 네이사(Emmanuel Neisa)와 함께 메데인에 가서 잘생겼지만 지친 얼굴을 한 이 늙은이를 만난다. 알바로 레옹은 내 책에 실명으로 언급되기를 바라면서 "나는 이 말을 하기 위해 수년 동안 기다려 왔습니다. 당장 용기를 내어 정확하게 말하고자 합니다"라고 말한다.

우리는 메데인 성당 근처 식당에서 함께 점심을 먹는다. 알바로 레옹은 오랜 시간 긴장감을 발산하며 그 대주교와 함께했던 자신의 삶에 대해 말해준다. 우리는 저녁까지 함께 있으면서 그 도시와 카페들을 둘러볼 것이다.

로페스 트루히요는 이곳 출신이 아닙니다. 그는 메데인에서 공부했고 그의 사제직 소명은 늦게 왔어요. 처음에는 심리학을 공부했고요. 그가 이 도시에서 신학생이 된 것은 그 이후였습니다.

사제가 되기를 갈망했던 젊은 로페스 트루히요는 안젤리쿰에서 철학과 신학을 마치기 위해 로마로 갔다. 그는 박사 학위를 받고 마르크스주의를 충실히 알게 된 덕분에 좌익 신학자들과 대등한 조건으로 싸울 수 있었다. 그의 여러 저서가 입증하는 것처럼 비록 그는 극우는 아닐지라도 우파의 관점에서 그들을 공격할 수 있었다.

보고타로 돌아온 로페스 트루히요는 1960년에 사제 서품을 받았다. 이미 정통파에 속하여 있던 그는 여러 싸움을 치르면서 10년 동안 어둠 속에서 사역했다.

그에 대한 소문이 매우 빠르게 퍼지기 시작했어요. 그가 1971년에 보고타의 보조 주교로 임명되었을 때 평신도와 사제로 구성된 어떤 그룹은 심지어 그의 극단주의를 규탄하는 탄원서를 내고 그 도시 성당 앞에서 그의 임명을 반대하는 시위를 했어요!

그때부터 로페스 트루히요는 완전히 편집증적인 증상을 보였습니다.

알바로 레옹이 말한다.

내가 콜롬비아에서 심문했던 모든 증인에 따르면, 로페스 트루히요의 경력에 있어서 의외의 승진은 라틴아메리카주교협회(CELAM)와 함께 시작되었다.

그 협회는 남미에서 가톨릭교회의 방향을 결정하기 위해 라틴 아메리카의 주교들이 정기적으로 만나는 모임이다.

사실 창립총회는 1968년에 메데인에서 개최되었다(첫 번째 총회는 1955년에

브라질의 리우데자네이루에서 열렸다).

그해 유럽과 미국에서는 대학 캠퍼스들이 분노를 내뿜고 있었고 가톨릭교회는 제 2차 바티칸 공의회로부터 이어진 커다란 흥분 상태에 있었다. 교황 바오로 6세는 CELAM 협의회를 열기 위해 콜롬비아에 들렀다.

이 성대한 모임은 결정적인 모임으로 드러났다. 그 모임은 곧 페루 사제 구스타보 구티에레스에 의한 '해방 신학'이라는 이름을 갖게 될 진보적인 조류의 등장이었다. 그것은 라틴 아메리카의 교회 대부분이 '빈곤층을 위한 우선적 선택'의 필요성을 외치기 시작한 새로운 방향이었다. 많은 주교가 '억압된 민족의 해방'과 탈식민지화를 옹호했고 극우 성향의 군사 독재정권을 비난했다.

어느새 그 소수의 무리는 친(親)게바라나 친(親)카스트로 사제들과 함께 좌익주의로 빠져들었고 콜롬비아인 카밀로 토레스 레스트레포(Camilo Torres Restrepo)나 스페인 출신 마누엘 페레즈(Manuel Pérez)와 같은 극소수의 사람들은 재정을 지지하며 게릴라들 편에서 무기를 들었다.

해방 신학 전문가이며 CELAM 회원이고 보스턴대학의 신학 교수인 베네수엘라 사람 라파엘 루시아니(Rafael Luciani)에 따르면, "로페스 트루히요는 메데인에서 열린 주교 회의에 대항하면서 진정한 모습을 드러냈다"고 한다. 루시아니는 나와 여러 차례 만나며 만찬을 하는 중에 CELAM에 대한 많은 정보와 그 장래 추기경이 그 안에서 어떤 역할을 했는지를 알려주었다.

로페스 트루히요가 단순한 사제로서 흥미를 갖게 된 메데인 주교 회의에서의 토론과 선언은 그에게 전환점이 되었다. 그는 라틴 아메리카 교회에 냉전이 이르렀다는 것을 알게 되었다. 독서를 통한 그의 지식은 이것 아니면 저것이었기 때문에 그는 진영을 택하기 위해 그의 직감을 따라야만 했다.

최근에 선출된 그 젊은 주교는 CELAM의 운영위원이 되었다. 그는 처음에는 조심스레 해방 신학 및 그것의 빈민 선호적 선택에 대항하는 투쟁을 시작했다. 그리고 우파적인 정치적 세력을 위해 내부 로비를 시작했다. 그의 프로젝트는 CELAM이 보수적인 가톨릭과 새롭게 연결되는 것이었다. 그는 7년 동안 그 직책에 머물 것이다.

그는 이 방해 작업을 하기 위해 로마와 연줄이 있었던 것일까?

그것만큼은 분명한데, 그 이유는 그는 바티칸과 영향력 있는 이탈리아 추기경 세바스티아노 바조(바조는 전 브라질 주재 교황 대사였고 주교회의의 의장이 되었다)의 지지 덕분에 CELAM에 지명되었기 때문이다. 하지만 그 콜롬비아 사람 트루히요는 1979년 멕시코의 푸에블라(Puebla) 회의 후에 요한 바오로 2세의 반(反)해방 신학 대책의 선봉으로 설 것이다.

> 푸에블라에서는 로페스 트루히요가 매우 영향력이 있었고 매우 강했습니다. 나는 매우 분명하게 기억하지요.

브라질 추기경 오질루 셰레르(Odilo Scherer)가 상파울루에서 가진 인터뷰에서 내게 말했다.

> 해방 신학은 1960년대의 제 2차 바티칸공의회의 … 또한, 1968년 프랑스에서의 … 결과였어요(그는 웃으며 말한다). 그 신학은 때때로 너무 정치화되면서 교회가 해야 할 진정한 일을 포기했던 것이지요.

그해 푸에블라에서는 지금은 대주교가 된 로페스 트루히요가 직접 행동에 들어갔다.
"폭격기를 준비하라."
그는 그 회의 전에 한 동료에게 편지를 썼다. 그는 그 행동을 세세하게 조직하였고, 적어도 그 모임을 준비하기 위해 보고타와 로마를 39차례나 여행했다.
구스타보 구티에레스와 같은 신학자들이 주교가 아니라는 이유로 그 회의 장소에 참여하지 못하도록 한 것은 바로 그였다.
CELAM 회의가 멕시코에서 열렸을 때, 요한 바오로 2세가 취임사를 하게 되었는데, 그는 이 일을 위해 특별히 그곳까지 왔다. 그 자리에서 로페스 트루히요는 정확한 전투 계획을 세웠고, 그의 의도는 진보 진영으로부터 권력을 되찾아 그 조직을 우파로 기울게 하려는 것이었다. 그의 표현처럼 '싸우기 전에 권투 선수처럼' 훈련을 받은 그는 '좌파' 사제들과 교전할 준비가 되어있었다.
이 사실에 대해서는 브라질의 유명한 도미니크회 수사 프레이 베토가 리우데자네이루에서 있었던 인터뷰에서 확인해 주었다.

> 그 당시 대부분 주교는 보수적이었습니다. 하지만 로페스 트루히요는 단순한 보수주의자가 아니었어요. 그는 극우파였습니다. 그는 공공연히 거대 자본의 편에 섰고 빈민을 착취하는 편에 섰습니다. 그는 자본주의를 교회의 교리보다

더 옹호했지요. 그는 냉소주의로 기울어졌어요. 푸에블라에서 열린 CELAM 회의에서는 어떤 추기경의 뺨도 때렸답니다.

로페스 트루히요의 전 동료인 알바로 레옹은 이어서 말한다.

푸에블라의 결과는 로페스 트루히요에게는 혼합된 것이었어요. 그는 간신히 권력을 되찾고 자기가 CELAM의 의장으로 선출되지만 많은 주교를 매혹한 해방 신학을 제거하지는 못했습니다.

이제 권력을 갖게 된 알폰소 로페스 트루히요는 자신의 정치 전략을 다듬고 그의 영향력을 공고히 하기 위해 인습타파적인 방법을 사용할 수 있었다. 그는 1979년에서 1983년 사이에 무자비한 정책으로 CELAM을 운영했고, 로마는 마르씨얼 마시엘의 조직처럼 그의 조직 역시 '지역'에 속해있기 때문에 그의 전투적인 태도에 더욱 감사했다.

라틴 아메리카에서 공산주의와 전쟁을 하기 위해 더 이상 이탈리아 추기경들에게 낙하산을 타고 뛰어내리거나 교황 대사들을 사용할 필요가 없었다. 그들이 해야 할 일은 '일을 완수하도록' 선하고 복종적인 라틴계 사람들을 영입하는 것이었다.

참으로 헌신적이고 열정적인 알폰소 로페스 트루히요는 메데인, 보고타, 그리고 곧 라틴 아메리카 전역에 걸쳐 해방 신학을 근절하는 임무를 수행했다.

「이코노미스트」에 실린 풍자적인 그의 초상화는 빨간 추기경의 모자를 쓴 모습인데 마치 유명한 베레모를 쓴, 체 게바라처럼 보일 것이다!

새로운 교황 요한 바오로 2세와 이제 극보수 추기경들의 전사인 로페스가 트루히요가 이끄는 교황 수행단은 해방 신학의 추세를 완전히 꺾는 일에 매진할 것이다. 이는 또한 미국 행정부가 취한 노선이기도 했다. 닉슨 대통령의 요청으로 제작된 록펠러 위원회의 보고서는 1969년 이래로 해방 신학은 공산주의보다 더 위협적인 존재가 되었다고 평가했다. 1980년대 레이건 대통령 때의 CIA와 국무부는 이 '붉은' 라틴 아메리카 사제들의 전복적인 사상을 계속 조사했다. 교황은 이를 위해 1980년대와 1990년대 동안 라틴 아메리카에서 우익 및 극우 주교들을 상당히 많이 임명할 것이다.

요한 바오로 2세 교황 재임 중 라틴 아메리카에서 임명된 대부분 주교는 오푸스 데이회와 가까운 사이였습니다.

CELAM 회원인 학자 라파엘 루시아니가 진술한다.

그 당시에 신앙교리성의 수장이 된 요제프 라칭거 추기경은 해방 신학의 사상가들은 "마르크스주의 개념"을 사용한다고 비난하면서 그들과의 사상투쟁을 주도했다. 그리고 그들 중 여럿을 가혹하게 처벌했다(로페스 트루히요는 1984년과 1986년에 라칭거가 선포한 두 개의 해방 신학 반대 문서를 쓴 사람 중 한 명이었다).

10년도 채 되지 않아 대부분의 CELAM 주교들은 우익이 되었다. 해방 신학은 1990년대의 회의에서는 소수 집단의 추세가 되었다. 그리고 5번째 CEL-AM 회의가 브라질의 아파레키다(Aparecida)에서 열렸을 때, 비로소 로페스 트루히요 노선을 반대하는 새로운 온건한 추세가 아르헨티나의 추기경 호르헤 베르고글리오에게서 구현되어 다시 나타날 것이다.

* * *

2017년 10월 어느 날 저녁, 나는 보고타에서 과거에 신학생이었고 오랫동안 메데인에서 로페스 트루히요와 일하며 함께 지냈던 모르가인(Morgain)을 만났다. 그 사람은 믿을 만한 사람이다. 그의 증언은 반박의 여지가 없다. 그는 여전히 콜롬비아 교구를 위해 일하고 있으므로 공개적으로 그의 이름을 말하기는 어렵다(이곳에서 그의 이름은 가명이다).

그러나 내가 가명으로 그의 말을 인용할 것이라는 사실을 알고는 그는 안심하며 처음에는 작은 소리로, 다음에는 큰 목소리로 스캔들을 말하기 시작한다. 그도 역시 너무 오랫동안 이 정보를 비밀로 해왔기 때문에 나의 콜롬비아 조사원이 함께하는 긴 시간의 만찬 동안 수많은 상세한 내용과 함께 그 모든 것을 공개하고 싶어 한다.

나는 그 당시 메데인의 대주교 로페스 트루히요와 함께 일했습니다. 그는 풍요로운 환경에서 살았고 왕자처럼, 아니 오히려 실제 '세뇨라'(señora, 부인 마님)처럼 돌아다녔어요. 한번은 주교 심방을 위해 그의 고급 승용차 중 하나를 타고 도착하더니 우리에게 레드 카펫을 깔라고 하더군요.

그리고 차에서 내리기 위해 다리를 밖으로 뻗는데 가장 먼저 보인 것은 그의 발목이었고 그 후 영국 여왕처럼 카펫에 발을 디뎠답니다!

우리는 모두 그의 반지에 입을 맞추어야 했고 그는 그의 주위로 온통 구름처럼 향을 피우게 했어요. 우리에게 이런 사치, 이런 쇼, 향, 카펫은 매우 충격적이었습니다.

오랜 과거 시대에 속한 이런 삶의 방식은 진보적인 사제들을 향한 실제 사냥과 병행되었다. 모르가인에 따르면(그의 증언은 다른 사제들의 증언에 따라 확인되었다), 알폰소 로페스 트루히요는 그의 여가수 같은 여행 중에 해방 신학에 친밀한 사제들을 찾아낸 다음 그들을 조직적으로 '제거'한다. 그 사제 중 몇몇은 사라졌거나 대주교 방문 직후 불법 무장 단체에 살해되었다.

1980년대 메데인은 세계적인 범죄 도시가 되었다. 마약 밀매자들, 특히 마약왕 파블로 에스코바르(Pablo Escobar)의 그 유명한 범죄 조직 메데인 카르텔(Medellín cartel)은 (미국으로 들어가는 코카인 시장의 80%가 이 조직이 관리하는 것으로 알려져 있다) 공포의 세력을 떨쳤다. 폭력이 폭발적으로 증가하자 (마약 전쟁, 게릴라들의 세력 강화, 경쟁 카르텔 조직들 사이의 대치 상황 등) 콜롬비아 정부는 비상사태(*estatuto de seguridad*, 보안 법령)를 선포했다. 하지만 정부의 무력함은 명백했다. 1991년에만 6천명 이상의 살인 사건이 메데인에 기록되었다.

이런 극악무도한 상태가 악순환되자, 도시 내에는 시민을 보호하기 위한 불법 무장 단체들이 형성되었다. 때로는 공적이고 때로는 사적인 이 단체들이 정부를 위할지, 카르텔 조직들을 위할지, 혹은 자신들을 위할지 아무도 알 수 없었다. 결국, 이 악명 높은 '불법 무장 단체들'은 도시에 공포를 심었고 자신들도 활동 자금을 마련하기 위해 마약밀수에 관련했다.

파블로 에스코바르는 자신의 불법 무장 단체인 DOC(Departamento de Orden Ciudadano, 시민질서부서)를 보강했다. 결국에는 마약 밀매자들과 게릴라들, 군대와 불법 무장 단체들 사이의 경계가 흐려졌고, 메데인과 콜롬비아 전역은 실제 내전으로 넘쳐났다.

우리는 이런 배경 가운데 로페스 트루히요의 삶을 평가해야 한다. 메데인의 그 대주교를 조사한 기자들과 (특히 『로페스 트루히요 추기경의 비밀 전쟁』(*La Guerra secreta del cardenal López Trujillo*)을 쓴 헤르난도 살라자르 팔라시오(Hernando Salazar Palacio)와 『마피아의 비밀 고백』(*El Confidente de la Mafia se Confesia*)을 쓴 구스타보 살라자르 피네다(Gustavo Salazar Pineda)) 그 나라의 에마뉘엘 네이사가 나를 위해 수행했던 조사에 따르면, 그 고위 성직자는 마약 밀매자들과 연관된 불법 무장 단체들과 친했다고 한다.

그는 이 단체들로부터 풍부한 재정을 공급 받았고(아마도 자신을 독실한 가톨릭 신자라고 말하는 파블로 에스코바르가 직접 공급했을 것이다) 그 대신 그들에게 정기적으로 메데인 교회 내의 좌익 활동의 정보를 주었다. 특히 구스타보 살라자르 피네다 변호사는 그의 책에서 로페스 트루히요가 파블로 에스코바르로부터 돈 가방을 받았다고 진술한다. 하지만 그 대주교는 그를 만난 적이 없다고 부인한다(우리는 「뉴요커」를 위해 존 리 앤더슨(Jon Lee Anderson)이 행한 상세한 조사로부터 파블로 에스코바르가 그를 지지했던 사제들에게 여행 가방에 돈을 가득 채워서 주는 습관이 있다는 것을 알고 있다).

그 당시 그 불법 무장 단체들은 진보적인 사제들을 한층 더 치열하게 박해하였는데 그 이유는 해방 신학과 친밀한 이 사제들은 콜롬비아의 세 개의 주요 게릴라 그룹(FARC, E.L.N. 그리고 M-19)과 협력하고 있다고 믿었기 때문이었다. 그러나 사실은 그렇게 믿을만한 근거가 전혀 없었다.

> 로페스 트루히요는 그 불법 무장 단체들의 회원들과 여행을 했어요(의전 담당으로 여러 차례 트루히요의 여행에 동반했던) 알바로 레옹이 말했다.
> 그는 스페인어권 지역들과 빈민촌에서 사회 활동을 수행하고 있는 사제들을 지목했어요. 그러면 그 불법 무장 단체들은 그들을 찾아냈고 때로는 그들을 살해했지요. 그러면 그 사제들은 종종 그 지역이나 나라를 떠나야 했답니다(말도 안 되는 듯한 이 이야기는 기자 헤르난도 살라자르 팔라시오와 구스타보 살라자르 피네다가 쓴 책에 인용된 정보와 증언에 따라 확인되었다).

부패한 로페스 트루히요가 몇몇 좌익 사제들을 고발한 것으로 여겨지는 장소 중 하나는 메데인의 가장 위험한 지역 중 하나인 산토도밍고의 파로키아 산토도밍고 사비오(Parroquia Santo Domingo Savio)라고 알려진 교구다. 내가 알바로 레옹과 에마뉘엘 네이사와 함께 그 교회를 방문하였을 때, 우리는 그의 무자비한 행동에 대한 정확한 정보를 받았다. 그곳에서 빈민들과 함께 일하던 선교사들은 살해당하였고 같은 해방 신학 조류에 속한 카를로스 칼데론(Carlos Calderón) 사제는 로페스 트루히요에게 직접, 그다음은 그 불법 무장 단체로부터 박해를 받은 후 그 나라를 떠나 아프리카로 도망쳐야 했다.

"나는 이곳 산토도밍고에서 로페스 트루히요의 여행을 담당했어요."
알보로 레옹이 파로키아 산토도밍고 사비오의 교회 계단에서 내게 말한다.

그는 보통 서너 대의 차의 호위를 받으며 도착하곤 했는데, 사방으로 경호원들과 무장 단체들이 있었지요. 그의 수행단은 매우 인상적이었습니다! 모든 사람은 매우 잘 차려입고 있었어요. 그가 리무진에서 내릴 때는 교회 종소리가 울렸고 그는 그를 위해 깔려있는 레드 카펫을 걸었지요. 그러면 사람들은 그의 손에 입맞춤했어요. 음악과 합창단도 준비되었고, 아이들은 미리 짧게 이발했고, 흑인은 절대 없었습니다. 이 방문 기간에 진보적인 사제들이 색출되어 무장 단체들에게 고발되었지요.

1979년부터 1990년 사이에 보고타 주재 교황 대사로 있었던 몬시뇰 안젤로 아체르비(Angelo Acerbi)는 트루히요가 은퇴한 바티칸 내의 성녀 마르타호텔에서 나와 인터뷰를 할 때 트루히요에 대한 비난을 반대했다.

로페스 트루히요는 훌륭한 추기경이었습니다. 그는 메데인에서 무장 단체들 및 게릴라들과 조금도 결탁하지 않았음을 제가 보증할 수 있습니다. 사실 그는 게릴라들에게 심각한 위협을 받았지요. 심지어 체포되어 투옥되기도 했습니다. 그는 매우 용감한 사람이었습니다.

오늘날 로페스 트루히요는 진보적인 신념을 가졌다는 이유만으로 제거된 수십 명의 사체와 주교들의 죽음에 대해 직접 또는 간접적으로 책임을 져야 한다.

그 평화 정착 과정의 정당성이 대중의 인정을 받으려면 희생자들의 이야기를 듣는 것은 중요합니다.

희생자 협회 "아들들과 딸들"(Hijos e Hijas)의 대변인이고 그의 아버지가 암살당한 호세 안테케라(José Antequera)가 보고타에서 여러 차례 나와 대화하는 중에 말했다.

우리는 그 기간 그 대주교가 쌓아놓은 엄청난 부(富)를 잊어서는 안 된다.

몇몇 증인들의 진술에 따르면 그는 자신의 지위를 남용하여 그가 방문한 교회들로부터 보석, 은잔, 그림 등 모든 귀중한 물건들을 징발했다고 한다.

그는 교구로부터 모든 귀중한 물건들을 징발하여 팔거나 또는 로마 교황청의 추기경들에게 그것들을 주어 환심을 샀습니다. 언제부턴가 어떤 사제가 그 모든 절도 물품의 세부목록을 작성해 놓았지요.

알바로 레옹이 말한다.

지난 몇 년 동안 콜롬비아에서는 참회하는 마피아 단원들 또는 그들의 변호사들이 증언하였는데, 그 증언들은 불법 무장 단체들과 연관된 마약조직들과 그 추기경 사이의 연관성을 확인시켜주었다. 이런 소문들은 오래되었지만, 몇몇 콜롬비아 주요 보도 기자들의 조사에 따르면, 그 추기경은 특정 마약 밀매상들로부터 자금 지원을 받았다고 한다. 이 사실은 그의 개인의 부와 그의 삶과 고급 자동차 수집에 대한 설명을 돕는다.

그리고 어느 화창한 날, 로페스 트루히요는 사라졌지요.

모르가인이 말한다.

그는 증발했어요. 그는 떠났고 다시는 콜롬비아에 발을 들여놓지 않았습니다.

* * *

로마에서 메데인의 그 대주교의 새 삶이 시작되었다. 콜롬비아 극우파를 효과적으로 지지했던 트루히요는 이제 도덕과 가정에 대한 요한 바오로 2세의 보수적인 강경 노선을 구체화하는 일에 착수했다.

그는 1983년 이래로 추기경이었는데, 1990년에 교황청가정협의회 의장으로 임명되는 것을 계기로 스스로 교황청으로 망명했다. 요한 바오로 2세 교황이 당선 직후 세운 이 새로운 '사역'은 교황의 가장 중요한 사업 중 하나였다.

이 시기를 시작으로 하여, 그리고 교황 바오로 2세가 (또한, 그의 가까운 친구들, 곧 안젤로 소다노, 스타니스와프 지비스와 요제프 라칭거도 마찬가지로) 그에게 실어 준 큰 신임 때문에 이미 가관인 그의 자만은 걷잡을 수 없게 되었다. 이제 그는 분노와 파문 그리고 광란으로 가득한 채 구약의 한 인물을 닮기 시작했다.

사제로서는 상상도 할 수 없는 삶을 계속 누려온 그는 이제 추기경이 되었다. 풍문이 돌고 때로는 사제들이 그에 대해 이상한 이야기를 했다.

그가 맡은 가정 '사역'은 '전략 회의'로 바뀌었다. 그는 그 '사역'의 수장으로서 온 힘을 다해 낙태를 정죄하고 결혼을 옹호하며 동성애를 비난했다. 모든 증인에 따르면, 무섭도록 여성 혐오적이었던 이 남자는 또한 성별 이론과의 전쟁을 고안했다. 여러 관찰자에 따르면 '일 중독자'인 그는 혼전 성관계와 게이 권리를 막기 위해 전 세계를 다니며 강연을 했다. 그는 여러 포럼에서 과학적인 '피임 방법들'(interruptors of pregnancy)에 대해 과장된 언변으로 반대하며 명성을 떨쳤다. 그는 체외 인공 수정은 죄를 짓는 것이고, 결혼 전에 금욕보다는 콘돔 사용을 옹호하는 의사들은 가증한 사람들이라고 비난했다.

이제 세계적인 재앙인 에이즈는 로페스 트루히요에게 새로운 강박관념이 되었다. 그는 아무런 제재 없이 자신의 편견을 전개했다.

"콘돔이 해결책은 아닙니다."

그는 아프리카에서 추기경으로서의 권위를 행사하면서 이 말을 되풀이했다. 즉, 콘돔은 단지 '성적인 문란'을 조장할 뿐이고, 정절과 결혼만이 그 유행병에 적절한 대응이라는 것이다.

그는 가는 곳마다 (아프리카, 아시아, 그리고 물론 라틴 아메리카) 정부와 유엔 기관들에게 '거짓말'에 굴복하지 말 것을 간청했고, 그곳 국민들에게는 콘돔 사용을 자제할 것을 촉구했다. 그는 심지어 2000년대 초 BBC와의 인터뷰에서 콘돔은 에이즈 바이러스를 통과시키는 '매우 작은 구멍으로' 가득하다고 선언하기도 했다.

그는 에이즈 바이러스는 "정자보다 450배 더 작다"고 주장했다!

만일 에이즈의 주제가 그렇게 심각하지 않다면 우리는 한 프랑스 장관의 그 유명한 논평으로 답변할 수 있을 것이다.

"그 추기경은 콘돔을 이해하지 못하고 있습니다. 그는 콘돔을 그의 금기 목록에 둔 것입니다."

1995년, 로페스 트루히요는 『가정에 관한 모호한 용어 사전』(*Dictionary of Ambiguous Terms about the Family*)을 썼는데 그 책에서 그는 '안전한 섹스', '성별 이론', 그리고 '가족계획'이라는 표현을 금하려고 했다. 그는 '피임의 식민정책'(contraceptive colonialism)과 '범(汎)성애주의'(pan-sexualism)과 같은 자기 나름대로의 남다른 여러 표현을 고안해 내었다.

그의 반(反)동성애 집착은 (바티칸 내에서는 이미 도에 지나쳤고) 평균과 기준을 넘어섰기 때문에 곧 의심을 불러일으켰다. 그의 십자군 전쟁의 내면을 보면 놀라웠다.

그 추기경은 자기 내면의 무엇을 감추려고 그토록 황당하고 호전적인 자세를 취했던 것일까?
왜 그는 그렇게 도발과 주목받는 일에 열심을 냈던 것일까?
왜 그는 그토록 '흑백' 논리로 가득 찼을까?

바티칸 내에서는 일부 사람들이 그의 지나친 행위를 조롱하기 시작했고, 이 쓸데없이 따지는 추기경에게 '성교 중절'(性交中絶)이라는 별명을 지어주었다.
밖에서는, 액트 엎(Act Up) 협회가 그를 "혐오스런 짐승"(bêtes noires) 중 하나로 만들었다. 즉, 그가 어디선가 연설을 하려고 하면 그 즉시 거대한 콘돔으로 분장하거나 또한 검은색 바탕에 분홍색 삼각형이 그려진 노골적인 티셔츠를 입은 투사들이 나타나 골탕을 먹였다. 그러면 그는 연설을 막는 이 신성모독적인 소돔 사람들을 정죄했다. 그러면 그들도 게이를 십자가에 못 박고 싶어하는 이 구약 예언자를 정죄했다.
역사는 알포스 로페스 트루히요를 가혹하게 심판할 것이다. 하지만 로마에서는 요한 바오로 2세와 베네딕토 16세가 이 영웅적인 투사를 섬김의 본으로 삼았고, 국무원장 안젤로 소다노와 타르치시오 베르토네는 풍자가 될 정도로 그를 환호했다.
교황 요한 바오로 2세가 사망했을 때, 그는 교황직에 출마할 수 있는 '교황 후보감'(papabile)이었다고 한다. 그리고 확인된 것은 아니지만, 그 교황은 2005년 사망 직전 그를 잠정 후계자 명단에 올렸다고도 한다. 선풍적인 인기를 끄는 이 사도는 많은 좌익 가톨릭 신자들을 향해 격노하며 저주를 퍼부었고, 심지어 이혼한 부부와 자연법칙에 어긋난 성행위 및 악에 대해 더욱 맹렬한 비난을 퍼부었다. 하지만 갑자기 요한 바오로 2세가 물러가고 베네딕토 16세가 등장하는 사이에 그는 (커다란 착각으로 인해) 어떤 기반과 반응과 혹은 열광적인 지지자들을 발견했다. 그런데 그것은 독이든 선물이었다.
로마에서 로페스 트루히요는 복잡한 존재로, 많은 사람에게는 수수께끼 같은 인물로 남아있다.

로페스 트루히요는 마르크스주의와 해방 신학에 반대했어요. 그 반대 정신이 그에게 힘을 불어넣은 것이지요.

요한 바오로 2세의 전 내무부 '장관'인 조반니 바티스타 레가 바티칸 아파트에서 인터뷰하는 중에 말한다.

트루히요를 이어서 '교황청가정협의회'의 의장이 된 대주교 빈첸초 파글리아(Vincenzo Paglia)는 더욱 내성적이다. 파글리아는 바티칸에서 우리와 대화할 때 신중하게 말하기를, 프란치스코 치하에서 가정에 대한 그 추기경의 강경 노선은 더 이상 인기가 없었다고 한다.

오늘날 사회 문제에 대한 진보주의와 보수주의 사이의 논쟁은 더 이상 관심거리가 아닙니다. 우리는 혁신적인 방법으로 선교사가 되어야 합니다. 나는 동성애에 대해서 언급하는 것을 멈추어야 한다고 생각합니다. 가정에 대해 말하는 것은 규칙을 정하는 것을 뜻하지 않습니다. 오히려 가족들을 돕는 것을 뜻합니다(파글리아는 그의 예술적 성향에 있어서 조롱을 받아왔다. 그는 이 인터뷰를 하는 동안 테레사 수녀를 대중 예술로 바꾼 그의 장치를 보여준다. 캘거타의 성인(saint)은 줄무늬 청색 플라스틱(아마도 라텍스 같다)을 입고 있고 파글리아는 그 장치가 움직이도록 스위치를 켠다. 그러자 갑자기 선명한 청색 옷을 입은 마더 테레사가 빛을 내며 번쩍이기 시작한다...).

여러 소식통에 따르면, 로마에서 로페스 트루히요의 영향력은 돈의 힘이었다고 한다. 그는 멕시코의 마르씨얼 마시엘을 모델로 하여 여러 추기경과 고위 성직자에게 '보답했다'고 한다.

로페스 트루히요는 네트워크와 돈을 가진 사람이었습니다. 그는 폭력적이고 성마르고 엄한 사람이었습니다. 로페스는 베네딕토 16세를 '만든' 사람 중 하나인데, 그는 그가 당선시키기 위해 많은 돈을 썼습니다. 재정 지원이 막강한 매우 조직적인 캠페인을 벌였던 것이지요.

바티칸 전문기자 로버트 칼 미켄스가 진술한다.

* * *

    이 이야기는 '해피엔딩'으로 마무리될 것이다. 이제 신격화된 그를 드러내기 위해 나는 메데인으로 다시 돌아가 그 대주교의 관할교구로 간다. 전에 로페스 트루히요의 공식 행사 담당이었던 알바로 레옹은 나와 에마뉘엘 네이사를 인도하여 그 교구의 성당 주변의 골목길로 인도한다. 메데인의 이 중심 지역은 비야누에바(Villa Nueva)라고 불리는 곳이다.
    그곳은 야릇한 지역으로서 파르케 볼리바르(Parque Bolivar)와 카레라(Carrera) 50번 길 사이에 있으며, 칼레(Calle) 55, 56, 57번 길로 불리는 거리가 그 주변으로 있다. 그곳에는 가톨릭 물품들과 사제들의 옷을 파는 수십 개의 종교 상점이 늘어서 있고, 게이 바들은 하이힐을 신은 괴상하고 야한 트랜스젠더들의 사진으로 장식되어 있다. 신성하고 불경스러운 두 세계, 플라스틱 십자가와 싸구려 사우나, 그리고 사제들과 매춘부들이 놀랄 정도로 즐거운 분위기 가운데 한데 엉켜있다.
    이런 분위기는 콜롬비아에서는 매우 전형적이다. 페르난도 보테로(Fernando Botero)의 조각상처럼 보이는 성전환자가 대담하게 다가온다. 그녀 주변에는 남성 매춘부들과 이성의 복장을 한 성도착자들이 있다. 그들은 취약하며 부서지기 쉽다. 민속이나 영화감독 펠리니가 보여주는 친숙한 예술적인 이미지와는 거리가 멀다. 그들은 가난과 착취의 상징이다.
    우리는 조금 더 가서 성직자들과 신학생들이 설립한 성 소수자 센터인 메데인 디베사 코모 보스(Medellín Diversa como Vos)를 방문한다. 관리자 글로리아 론도뇨(Gloria Londoño)가 우리를 반긴다.

> 우리는 전략적인 장소에 위치하고 있습니다. 왜냐하면, 메데인의 게이 삶 전체가 이곳, 성당 주변에 있기 때문입니다. 매춘부들과 성전환자들, 그리고 여장도착자들은 매우 취약한 특정 계층의 사람들이지요. 그들은 이곳에서 그들의 권리를 찾도록 도움을 받고 있습니다. 콘돔 역시 이곳에서 나누어주고 있어요.

    론도뇨가 설명한다.
    우리는 그 센터를 떠나 칼레 57번 길로 가다가 우연히 남자친구와 함께 있는 한 사제를 만난다. 그들을 알아본 알바로 레옹은 조심스럽게 그들에 대해 말한다. 우리는 계속 앞으로 나아가 게이-가톨릭 거리를 방문하게 되고, 갑자기 우리는 칼레 55번 길로도 알려진 루 볼리비아(Rue Bolivia) 길에서 어떤 멋진 건물 앞에 선다. 알바로 레옹은 한 아파트를 가리키며 말한다.

저곳에서 모든 일이 일어났어요. 로페스 트루히요는 그곳에 비밀 아파트를 가지고 있었는데 신학생들과 청년들, 그리고 매춘부들을 그곳으로 데리고 갔지요.

알폰소 로페스 트루히요 추기경의 동성애는 수십 명의 증인이 내게 알려준 공공연한 비밀이다. 또한, 그 사실은 심지어 여러 추기경이 확인해 주었다. 그의 '범(汎)성애주의'(그가 만든 사전에서 인용한 용어이다) 실태는 메데인, 보고타, 마드리드, 로마에서 잘 알려져 있었다.

그 남자는 이론과 실행, 마음과 몸 사이에 커다란 틈을 만드는데 전문가, 즉 위선의 대가였다(이 사실은 콜롬비아 내에서 잘 알려져 있다). 그 추기경과 가깝던 구스타보 알바레즈 가르데자발(Gustavo Álvarez Gardeazábal)은 심지어 로페스 트루히요의 이중생활을 비난하기 위해 『로마의 미사가 끝났다』(roman-à-clef, La Misa ha terminado)라는 책을 쓰기까지 했는데, 그 책에서 로페스는 주인공이며 가명으로 언급되어 있다.

내가 콜롬비아를 네 차례 방문하여 보고타에서 심문했던 수많은 동성애자 투사들은(특히 여러 명의 변호사를 포함한 콜롬비아 디버사(Colombia Diversa) 협회의 투사들) 대단히 많은 목격 진술들을 수집하여 놓았는데 그 정보를 넘겨주었다.

베네수엘라 학자인 라파엘 루치아니(Rafael Luciani)는 알폰소 로페스 트루히요의 집착적인 동성애에 대해 "라틴 아메리카 교회 당국과 일부 CELAM 고위 대표들이 잘 알고 있었다"고 말했다. 더욱이 몇몇 사제들이 공동으로 서명한, 로페스 트루히요 추기경의 이중생활과 성폭력에 관한 책이 준비 중이라고 보도되었다. 로페스 트루히요의 부제(副祭)였던 신학생 모르가인은 그의 삐끼들과 연인들 몇 명의 이름을 말해주는데, 그들 중 다수는 자신들의 경력을 망치지 않기 위해 대주교의 욕구를 충족시켜 줄 수밖에 없었다.

처음에 나는 그가 무엇을 원하는지 이해하지 못했어요.
보고타에서 저녁을 먹을 때 모르가인이 말한다.
나는 순진했고, 그의 구애는 내게 통하지 않았어요. 하지만 차츰 그의 체계를 이해하게 되었지요. 그는 교구로, 신학교로, 종교 단체로 가서는 소년들을 찾아낸 후 매우 난폭하게 불러 세우곤 했어요. 그는 그들이 자신을 바랄 것으로 생각했어요. 신학생들에게 그의 구애를 받아들이도록 강요했지요. 그가 전문적으로 노린 대상은 초년생들이었답니다. 가장 연약하고, 가장 젊은, 가장 취약한 자들을 노린 것이지요. 하지만 사실 그는 아무하구나 잤어요. 그는 또한 많은 매춘부와도 관계를 가졌어요.

모르가인은 로페스 트루히요와 함께 자는 것을 거부했기 때문에 그의 서품이 막혔다는 사실을 내게 설명한다.

로페스 트루히요는 섹스를 갖기 위해 권력을, 권력을 얻기 위해 섹스를 추구했던 자였다. 그의 전 공식 행사 담당이었던 알바로 레옹 자신도 무슨 일이 일어나고 있었는지 이해하는 데 한참 걸렸다.

이런 상황들을 잘 알고 있는 사제들은 내게 말했어요. '너는 대주교가 좋아하는 그런 아이란다.' 하지만 나는 그들이 무엇을 암시하는지 이해하지 못했지요. 로페스 트루히요는 어린 신학생들에게 철저하게 사제들과 주교들에게 복종할 것을 요구했어요. 그들은 철저하게 면도를 해야 했고 '그를 기쁘게 하기 위해' 완벽하게 옷을 입어야 했습니다. 많은 빈정거림이 있었지만 나는 처음에 그 상황을 이해하지 못했어요. 나는 그의 여행을 책임지고 있었고, 그는 종종 내게 그와 함께 외출할 것을 부탁했습니다. 그는 어떤 식으로든 나를 사용해서 다른 신학생들을 접촉했고요. 그의 목표물은 파란 눈을 가진, 특히 금발의 백인 젊은이들이었습니다. 하지만 지나치게 토착적인 '라틴계들', 예를 들면 멕시코 타입은 별로 안 좋아했어요.
물론 흑인들은 당연히 거절하고요!
그는 흑인을 싫어했습니다.

로페스 트루히요의 체제는 잘 확립되어 있었다. 알바로 레옹은 계속 이어간다.

대주교는 대부분 시간을 '삐끼들', 'M', 'R', 'L' 그리고 심지어 '라 갈리나'(암탉)라는 별명을 가진 주교와 보냈어요. 사제들은 그를 위해 소년들을 찾아내려고 거리로 나가 헤매었고, 찾으면 그의 비밀 아파트로 데려왔지요. 이는 어쩌다 그렇게 된 일이 아니라 제대로 준비된 작업이었어요(나는 적어도 다른 소식통에 의해 확인된 이 '삐끼들'의 이름과 위치를 감추고 있다. 나의 콜롬비아 조사원 에마뉘엘 네이사가 그 삐끼들을 각각 조사했다).

이 증인들은 로페스 트루히요의 고삐 풀린 삶을 증언할 뿐만 아니라, 그의 폭력에 대해서도 말한다. 그는 신학생들을 언어적으로, 육체적으로 학대했다. "그는 그들에게 욕하며 수치를 주었지요."
알바로 레옹이 말한다.
이 모든 증거는 그 추기경이 로마에 있는 대부분 그의 동료들과는 달리 조용한 동성애 생활을 하지 않았다는 것을 나타낸다. 그에게 동성애는 죄에 뿌리를 둔 변태였고, 그는 육체적 폭력을 통해 그의 변태성향을 떨쳐버리려 했다.
그것이 그가 그의 '히스테리의 매듭'에서 벗어나려는 악한 방법이었을까?
그 대주교는 매춘부들을 줄지어놓고 있었다. 사람의 몸뚱이를 돈 주고 사는 그의 성향은 메데인에서 악명 높았다.

로페스 트루히요는 매춘부들을 매질했어요. 그것이 그의 성적인 표현이었지요. 그는 그들에게 돈을 지불했지만, 그들은 보답으로 그의 구타를 받아들여야 했어요. 그것은 성행위 중에 발생한 것이 아니라 항상 마지막에 발생했어요. 그는 가학성(加虐性) 변태 성욕을 채우기 위해 그들을 구타함으로써 성관계를 끝냈던 것이지요.

알바로 레옹이 계속 말한다.
이 정도 수준의 변태는 그의 욕망에 뭔가 이상한 점이 있음을 알려준다. 이런 성적인 무절제, 즉 매춘부들에 대한 가학성 변태 성욕은 정상과는 거리가 멀다. 로페스 트루히요는 그가 돈 주고 빌린 몸뚱이들에 대해 아무런 배려를 하지 않았다. 그는 심지어 최저가로 몸뚱이를 사기 위해 흥정을 세게 했고, 뻔뻔한 얼굴을 하고 자신의 심부름꾼들에게 형편없이 지불하는 것으로 명성이 자자했다. 이 책에 등장하는 한심한 인물이 있다면 바로 로페스 트루히요다.
물론 이 '교활한 영혼'(louche soul)의 일탈은 콜롬비아 국경에서 멈추지 않았다. 그의 삶의 방식은 로마에서 계속되었는데 그는 로마 테르미니역에서 성

파트너를 찾아다녔고, (한 증인에 의하면) 곧 세계 도처에서 반(反) 게이 연설가 겸 백만장자로 화려한 경력을 쌓았다.

　로페스 트루히요는 교황청을 대신하여 콘돔 반대 선전 대장으로 활동하며 끊임없이 여행하면서 (최소한 두 명의 교황 대사의 진술에 의하면) 그 여행을 이용하여 소년들을 찾아냈다. 그 추기경은 백 개가 넘는 나라들을 방문하였는데 아시아 대륙에서 몇 가지 좋아하는 것들이 생기면서, 특히 방콕과 마닐라에서 성적인 매력을 발견한 후 그곳을 자주 방문했다. 그는 콜롬비아나 이탈리아에 비해 자신이 덜 알려진 곳인 세계 반대편으로 셀 수 없이 여행하였다. 하지만 이 순회 추기경은 자기 사업에 신경 쓰느라 (그의 사업은 '소년 남창들'과 '소년 성 파트너들'과의 동성애 관계였다) 신학교와 미사에서 정기적으로 사라졌다.

*　　*　　*

　개방된 도시 로마여!

　왜 너는 아무런 말을 안 했는가?
　자기만 사랑하는 이 변태적인 사람이 회칠한 무덤처럼 거룩하게 행세한 사실이 드러나고 있지 않은가?

　바티칸의 모든 사람, 또는 거의 모든 사람이 알고 있듯이, 로페스 트루히요는 극악무도한 마르씨얼 마시엘처럼 그의 삶을 믿을 수 없을 정도로 가장했다고 한다. 나는 많은 추기경과 로페스 트루히요에 관해 대화했지만 한 번도 그의 고상한 면을 말하는 것을 들어본 적이 없다. 그 누구도 내가 알려주는 정보를 듣고 깜짝 놀라며 "고해 성사 때 새 출발을 했을 텐데!"라고 말하는 추기경이 없었다. 그 대신 내가 만났던 모든 사람은 말없이 얼굴을 찌푸리며 싫은 얼굴을 하고 두 팔을 허공으로 올리거나 특유의 언어로 대답하는 것을 선호했다.
　오늘날, 소문은 더 새어나가고 있지만, 이 사건의 '은폐 공작'은 잘 되어있었다. 교황 프란치스코의 가장 신뢰받는 사람 중 하나가 되기 전, 라틴 아메리카에서 오랫동안 교황 대사로 있던 로렌조 발디세리 추기경은 로마에서 두 번 인터뷰하는 동안 나에게 그의 정보를 알려주었다.

나는 로페스 트루히요가 콜롬비아에서 교황 총대리로 있을 때 그를 알게 되었습니다.
그는 매우 논란이 많은 인물이었어요.
그는 이중인격을 가지고 있었습니다.

교황 프란치스코와 가장 가까운 사람 중 한 명인 후안 카를로스 스캐논 신학자는 아르헨티나에서 나와 인터뷰를 했다. 그는 상당히 신중한 사람인데, 내가 로페스 트루히요의 이중생활을 언급했을 때 놀라지 않았다.

그는 음모자였어요.
베르고글리오 추기경은 그를 별로 좋아하지 않았어요.
나는 베르고글리오가 그를 만난 적이 없다고 생각합니다(나의 소식통에 따르면, 교황이 되기 전 베르고글리오는 CELAM에서 로페스 트루히요를 만났다).

베네딕토 16세의 통신 국장으로 지냈고 그 후 교황 프란치스코의 라틴 아메리카 대사였던 대주교 클라우디오 마리아 첼리(Claudio Maria Celli)는 로페스 트루히요를 잘 알고 있었다. 그는 로마에서 나와 함께 대화하는 중 신중한 문구로 그 사람에 대해 평가한다.
"로페스 트루히요는 절대로 성인(saint)이 아니었어요."
교황 대사들도 알고 있었다. 그들의 임무는 게이 사제가 주교가 되지 않도록 하고 소년 남창들을 좋아하는 주교가 추기경이 되지 않도록 하는 것을 포함하고 있지 않은가?
그런데 1975년 이래로 보고타의 주교직을 계승한 사람들, 특히 에두아르도 마르티네즈 소말로(Eduardo Martínez Somalo), 안젤로 아체르비(Angelo Acerbi), 파올로 로메오(Paolo Romeo), 베니아미노 스텔라(Beniamino Stella), 알도 카발리(Aldo Cavalli), 그리고 에토레 발레스트레로(Ettore Balestrero)는 모두 안젤로 소다노와 친했는데, 이들 모두가 이런 이중생활을 몰랐을 수 있었다는 것인가?
성직자성(Congregation of the Clergy) 장관인 콜롬비아 추기경 다리오 카스티론 호요스(Darío Castrillón Hoyos)는 로페스 트루히요와 너무 많은 비밀을 서로 나누었다고 하는데, 그렇다면 그의 도덕성을 알고 있었을 것이다!
그는 자기 도덕적인 방탕을 철저하게 잘 알고 있었을 텐데, 그런데도 끊임없이 그를 도와준 사람 중 한 명이었다. 마침내 로마에서도 로페스 트루히요를 보호하는 일이 생기게 되는데 이탈리아 추기경 세바스티아노 바조의 도움 역시 결정적이었다. 전 이탈리아 스카우트 연맹의 지도 신부였던 바조는 라틴 아메리카 전문가였다. 그는 엘살바도르, 볼리비아, 베네수엘라, 그리고 콜롬비아에서 교황 대사로 일을 했다. 그는 쿠데타 직후인 1964년 브라질 주재 교황 대사로 임명되었다.

그는 군대와 독재 정권을 향해 상당히 우호적인 것으로 드러났다(내가 브라질리아, 리오, 상파울루에서 수집한 진술에 따르면 그러하다. 반면, 바로 이 주제에 대해 인터뷰하게 된 상파울루 대주교 추기경 오질루 셰레르(Odilo Scherer)는 그를 '브라질을 위해 많은 일을 한 위대한 교황 대사'라고 언급했다).

예술 애호가이며 예술 수집가 세바스티아노 바조는 로마로 돌아와서 바오로 6세에 의해 추기경으로 서임되었고, 주교성 대표 및 라틴 아메리카 교황 위원회의 위원장으로 승진했다. 요한 바오로 2세 교황은 바조를 또 다시 그 자리에 임명하고 그를 미국 아(亞)대륙의 특사로 삼았다. 역사학자 데이비드 얄롭(David Yallop)은 바조를 '극보수권'의 '반공주의자'로 묘사한다.

오푸스 데이회와 가까운 이 남자는 로마에 있으면서 CELAM을 감독했고, 특히 1979년 푸에블라에서 열렸던 논란 많은 회의에 교황 요한 바오로 2세와 함께 참석하여 많은 영향력을 끼쳤다. 목격자들은 바조를 로페스 트루히요와 함께 교회의 좌익을 향해 맹렬하게 대항하는 '노골적이고', '폭력적인' 반공주의자라고 묘사한다.

요한 바오로 2세가 개인 재무관(camerlengo)으로 임명한 바조는 바티칸에서 엄청난 권력을 휘두르며 그의 '훌륭한 친구' 로페스 트루히요의 이중생활에 대한 수없이 많은 풍문에도 불구하고 그를 지키려고 할 것이다. 바조 자신 역시 동성애를 '행하여 온 것'으로 알려져 있다. 브라질과 로마에서 수집된 10개가 넘는 진술에 따르면, 바조는 라틴계 남자들과 우정을 맺는 것으로 유명했고, 또한 신학생들에게 접근하여 그들을 만지면서 속 팬츠 또는 국부보호대만 입은 상태로 그들을 맞이하기를 좋아했던 것으로 잘 알려져 있었다!

> 로페스 트루히요의 무절제한 삶은 일반 사람들이 생각하는 것보다 훨씬 더 잘 알려져 있었습니다. 모든 사람이 그의 방탕함을 알고 있었지요.
> 그런데 어떻게 그는 주교로 임명되었을까요?
> 어떻게 CELAM의 대표 자리에 설 수 있었던 것일까요?

어떻게 그는 추기경으로 서임되었을까요?
어떻게 교황청 가정 협의회 의장으로 임명되었던 것일까요?

알바로 레옹은 의아해한다.
로페스 트루히요와 연관된 교황청의 한 고위 성직자가 소견을 말한다.

> 로페스 트루히요는 요한 바오로 2세의 친구였습니다. 그는 소다노 추기경과 교황의 개인 비서인 스타니스와프 지비스의 보호를 받았지요. 그는 또한 라칭거 추기경에게 많은 인정을 받았습니다. 그래서 라칭거는 2005년에 교황으로 당선된 후 그에게 새로운 임무를 맡기기 위해 '교황청가정협의회'의 의장으로 임명한 것이에요. 하지만 모든 사람은 그가 동성애자라는 것을 알고 있었습니다. 그는 우리와 함께 이곳 산칼리스토궁(Palazzo di San Calisto)의 4층에서 살았는데 900평방미터의 큰 아파트랍니다.
> 차도 여러 대 있었는데 페라리(Ferrari) 스포츠카였어요!
> 그는 매우 특이한 삶을 살았지요(로페스 트루히요가 살던 화려한 아파트에는 현재 미국 추기경 피터 턱슨(Peter Turkson)이 살고 있다. 그 층에는 내가 방문했던 푸파르, 에체가라이, 스태포드 추기경의 아파트도 있는데 피터 턱슨은 그들과 즐겁게 지내고 있다).

스페인에서 가톨릭의 주요 웹사이트를 운영하는 라틴 아메리카 전문가이며 기자인 호세 마누엘 비달(José Manuel Vidal)은 이렇게 회상한다.

> 로페스 트루히요는 이곳 스페인에 자주 왔어요. 그는 마드리드의 추기경 로우코 발레라(Rouco Varela)의 친구였지요. 그는 또한 그의 연인 중 한 명과 함께 오곤 했어요. 잘생긴 폴란드 사람 하나와 필리핀 사람 하나가 기억나는군요. 로페스는 여기에서 '라틴 아메리카의 교황'으로 여겨졌기에 사람들은 그가 하는 대로 내버려 두었어요.

마지막으로 나는 요한 바오로 2세와 베네딕토 16세의 대변인이었던 페데리코 롬바르디와 메데인의 그 추기경에 대해 솔직한 대화를 나눈다. 그는 예기치 못한 질문에 당황하며, 거의 반사적으로 두 손을 들어 올리며 경악과 공포를 나타낸다.

* * *

하지만 그들은 그 악마를 기렸다. 2008년 4월에 로페스 트루히요가 예기치 않게 (공식적인 발표에 따르면) '폐 감염'으로 사망하자, 교황청은 그에 대한 많은 찬사를 했다. 교황 베네딕토 16세는 한 추기경의 우스꽝스러운 모순된 삶을 기리기 위해 소다노 추기경의 동의를 얻어 교황 미사를 드렸다.

하지만 그의 죽음에 대해 소문이 돌기 시작했다.

첫째는 그가 에이즈로 죽었다는 소문이고,
둘째는 고국에 묻힐 수 없어 로마에 묻혔다는 소문이었다.

"로페스 트루히요가 죽었을 때, 그는 콜롬비아에 묻힐 수 없었기 때문에 로마에 묻기로 결정되었습니다."

로렌초 발디세리 추기경이 말한다.

"그는 죽어서도 조국으로 돌아갈 수 없었던 것이지요!"

그 이유가 무엇일까?

내가 메데인에서 모은 진술에 따르면, 그가 불법 무장 단체들과 가까웠기 때문에 현상금이 걸려 있었다는 것이다. 그런 이유로 그가 죽은 후 거의 10년, 즉 2017년이 되서야 교황 프란치스코는 그의 시신을 콜롬비아 본국으로 송환할 것을 명했다. 이 갑작스러운 본국송환에 관여했던 어떤 사제는 내게 넌지시 말했다.

교황은 그 추기경의 이중생활에 대한 스캔들이 드러날 경우를 대비하여 로페스 트루히요의 유해가 로마에 있어서는 안 된다고 생각했던 것은 아닐까?

아무튼, 나는 메데인의 거대한 성당의 십자 석 서쪽 동(棟)의 예배당에서 그의 무덤을 볼 수 있었다. 그 추기경은 꺼지지 않는 깜박이는 촛불에 둘러싸인 채, 새하얀 돌 밑에 있는 이 지하에 누워있다. 그 십자가 뒤에는 악마가 있다.

일반적인 규칙에 따르면 영안실은 쇠창살로 폐쇄됩니다. 그 대주교는 공공 기물 파손을 대단히 두려워하지요. 그는 로페스 트루히요의 희생자들 가족이나 이를 가는 매춘부가 그의 무덤을 훼손될까 봐 두려워합니다.

알바로 레옹이 말한다.

그런데 메데인의 게이 영역의 중심부인 이곳에 신비하게 위치한 이 성당에서 나는 그리 어리지 않은 몇몇 청년들이 성 상대자를 찾기 위해 서성거리는 것을 보며 이상스레 여긴다. 그들은 성당을 보러 온 관광객들 사이에서 성경책을 부둥켜안고 있는 교구민들 사이에 상당히 공개적으로 서 있다. 나는 그들이 탐색을 위해 교회의 회중석 사이로 천천히 움직이는 것과 성당의 동쪽 벽에 기대어 앉는 것을 본다. 그래서 마치 게이들의 거리가 거대한 교회를 관통하는 것 같이 보인다.

내가 알바로 레옹과 에마뉘엘 네이사와 함께 그들 옆으로 지나가자 그들은 예하 알폰소 로페스 트루히요에게 마지막 경의를 표하듯 우리에게 공감을 표하는 작은 윙크를 던진다. 트루히요는 오랜 과거 스타일의 훌륭한 여성 복장을 한 성도착자였으며 성구(聖具) 보관실의 훌륭한 여왕이었다. 그는 최근 가톨릭 내에서 흥행을 몰고 다녔던 디바(Diva)였으며 마귀 같은 교사였고, 적그리스도였다.

*　　*　　*

결론적으로 말하면, 내가 대답할 수 없는 마지막 질문이 하나 있다. 그 질문은 많은 사람을 힘들게 할지도 모른다. 그 질문은, 모든 것을 돈으로 살 수 있다고 생각했던 로페스 트루히요는, 폭력 행위와 가학피학성(加虐被虐性) 변태 행위까지 돈으로 샀다.

혹시 그는 콘돔 없이 삽입하는 행위까지 돈으로 샀던 것일까?

공식적으로 로페스 트루히요의 죽음은 당뇨병과 연결되어 있지만, 그가 에이즈로 죽었다는 소문이 파다하며 매우 강합니다.

라틴 아메리카의 가톨릭교회에 대해 가장 뛰어난 전문가 중 하나가 내게 말한다.

과거에 신학생이었던 알바로 레옹과 모르가인 역시 그 소문을 듣고 그럴 가능성이 있다고 생각한다.

이 콘돔 반대주의 추기경은 그가 몇 년 동안 치료를 받아왔던 에이즈와 관련한 합병증으로 사망한 것일까?

나는 그 소문을 자주 들었지만, 확인도 부정도 할 수 없다. 분명한 것은 그는 바티칸의 비공식적인 병원인 로마의 제멜리 폴리클리닉(Gemelli Polyclinic)에서 에이즈 병을 치료받다가 2008년에 사망한 사실이다. 그런 치료는 로페스처럼 대단히 돈이 많은 추기경에게나 가능했을 것이다.

그의 사망 날짜는 에이즈 전염병의 상태와 대조된다.

아마도 그는 자기 병을 부인하며 치료받기를 거절했던 것은 아닐까?

또는 적어도 너무 늦게 치료를 받았던 것은 아니었을까?

그럴 수도 있지만, 가능성은 희박하다. 이 시점에서 나는 그 추기경이 에이즈로 죽었다는 소문은 그의 불규칙한 삶 때문에 생겨난 거짓 소문이라고 생각하게 된다. 내가 아는 바로는 로페스 트루히요는 에이즈로 죽지 않은 것이 분명하다.

* * *

그러나 만일 그가 그 병으로 죽었더라도 로마 가톨릭 내에서의 로페스 트루히요 추기경의 선종은 전혀 특이하지 않았을 것이다. 바티칸과 이탈리아 주교회에서 수집한 10여 건의 증언에 따르면, 에이즈는 1980년대와 90년대 동안 교황청과 이탈리아 주교단을 황폐하게 했다. 이 사실은 오랫동안 침묵으로 지켜온 비밀이었다.

많은 사제와 몬시뇰들, 추기경들이 에이즈로 죽었다. 일부 환자들은 (성 베드로대성당의 고해 사제 중 한 사람이 이름을 언급하지 않고 나에게 확인해 준 것처럼) 고해성사를 통해 자신이 감염된 것을 '시인하였다.'

다른 사제들은 바티칸 직원들에게 있는 의무적인 연례 혈액 검사를 통해 진단을 받았다(그러나 이 의무는 몬시뇰, 교황 대사, 주교, 추기경에게는 적용되지 않는다). 이 검사는 에이즈 검사를 포함한다. 내 소식통에 따르면, 일부 성직자들은 양성 판정을 받은 후 해임되었다.

가톨릭 체계 내에서 에이즈에 걸린 사람들의 비율이 상당히 높다는 사실은 가톨릭 사제들의 사망 진단서에 기초한 미국 내의 통계 조사에서 확인된다. 그 통계 조사에 따르면 가톨릭 체계 내에서 에이즈로 인한 사망률은 일반 사람들 사이에서의 에이즈로 인한 사망률보다 4배가 높다고 결론지을 수 있다.

1990년대 초, 65명의 로마 신학생에 대해 익명으로 검사를 해 본 결과에 따르면, 그들 중 38 %가 매독 양성 반응을 보였다. 이 두 조사에서 나타난 높은 수치를 수혈, 마약 중독 또는 이성애자 관계 때문이라고 설명할 수 있겠지만, 그러나 사실 아무도 그 설명에 속아 넘어가지 않는다.

바티칸에는 침묵과 부인이 만연하다. 전 교황청 사제 프란체스코 레포레는 시성성(Congregation for the Causes of Saints)의 한 회원이 에이즈로 죽은 사실을 내게 말한다. 이탈리아 추기경 주세페 시리(Giuseppe Siri)와 가까운 이 남자는 에이즈로 죽었는데 "그의 상관들이 모른 척했기 때문"이라고 하며 "추문을 막기 위해 새벽에 신중하게 묻혔다"고 한다. 요한 바오로 2세와 가까운 네덜란드의 추기경도 에이즈 바이러스로 사망했다. 그러나 추기경이나 주교의 사인(死因)이 공식적으로 에이즈로 알려진 적은 없었다.

> 우리의 내부적인 논의에 따르면, 바티칸의 많은 사람이 HIV 양성자이거나 에이즈로 앓고 있습니다.

또 다른 몬시뇰이 나에게 확인시켜 준다.

> 하지만 HIV 양성 사제들은 바보들이 아닙니다.
> 그들은 바티칸 약국에서 치료를 받으려고 하지 않습니다!
> 그들은 로마에 있는 병원으로 갑니다.

나는 바티칸 약국(Farmacia Vaticana)을 여러 번 방문했다. 바티칸의 동쪽 동(棟)에 있을법하지 않은 기관이다. 그것은 단테의 지옥 모양처럼 10개의 계단 서랍을 가진 사업체인데 젖병, 더미, 고급 향수도 판매한다. 사제가 에이즈 치료제 트루바다(Truvada)를 사려고 그곳에 들어가는 것은 상상하기 어렵다.

그래서 나는 나의 로마 조사원 다니엘레와 여러 사회복지사와 이탈리아 에이즈 예방 협의의 회원들(특히 COROH 프로젝트 협회와 오래된 프로그램 "나는 활발하게 행동한다"(Io faccio activo)의 회원들)과 함께 이탈리아 수도에서 조사를 수행했다. 우리는 성 베드로 성당 근처 비아 카톤 상에 있는 무료 및 익명의 에이즈 검진 센터 ASL 로마(ASL Roma)뿐만 아니라 산 갈리카노 피부연구소(ISG, San Gallicano Dermatological Institute), 그리고 바티칸과 연결된 제멜리 폴리클리닉에 여러 번 갔다.

마시모 줄리아니(Massimo Giuliani) 교수는 산 갈리카노 피부연구소에서 성(性)질환과 에이즈 전문가다. 다니엘레와 나는 그를 만나서 두 번의 인터뷰를 하게 된다.

우리는 산 갈리카노에서 오랫동안 성병, 특히 매독을 연구해왔기 때문에 1980년대에 에이즈 환자가 처음 발생했을 때 즉각 동원되었답니다. 우리는 이곳 로마에서 이런 종류의 환자들을 치료하는 최초의 병원 중 하나가 되었지요. 그 당시, 그리고 1997년까지 이 연구소는 바티칸에서 그리 멀지 않은 로마의 지역인 트라스테베레에 있었어요. 지금 우리는 로마 남쪽에 있는 이 단지 안에 들어와 있습니다.

여러 소식통에 따르면, 산 갈리카노 피부 연구소는 1970년대 성병에 걸린 사제들에게 총애를 받았다. 사제들은 익명성 때문에 바티칸과 연결되어 있던 제멜리 폴리클리닉 보다는 이 연구소를 더 선호했다.

에이즈가 나타나자 산 갈리카노는 매우 자연스럽게 에이즈 바이러스에 감염된 사제들, 몬시뇰들, 그리고 주교들을 위한 병원이 되었다.

우리는 HIV 양성 판정을 받은 사제들과 신학생들이 여기에 오는 것을 보았습니다.
마시모 줄리아니 교수가 말한다.
우리는 교회 내에 매우 큰 에이즈 문제가 있다고 생각합니다.
자, 우리는 판단하지 않습니다.
다만 중요한 것은 그들이 검사를 받으러 병원에 와서 직접 치료를 받아야 한다는 것입니다.
하지만 사제들이 부인하고 있기 때문에 교회의 상황이 우리가 이미 알고 있는 것보다 더 심각하게 될까 두렵습니다.

사제들이 부인하는 문제는 문서로 잘 입증되어 있다. 그들은 걱정하지 않는다는 이유로 일반인보다 검사받기를 거절한다. 심지어 그들이 무방비 상태로 남성들과 성관계를 가질 때조차도 자신들의 비밀이 탄로 날까 두려워 검사받기를 거절한다.

마시모 줄리아니 교수가 말한다.

> 남성 가톨릭 공동체 내의 에이즈 감염 위험은 높다고 생각합니다. 그 이유는 부인하는 것 때문이고 또한 콘돔 사용률이 낮기 때문이지요. 우리의 용어로 말하자면, 사제들은 에이즈 예방의 관점에서 볼 때 가장 큰 위험 부담을 지닌 사회적 범주에 속하며 또한 가장 연락이 되지 않는 부류에 속합니다. 우리는 특히 신학교에서 성병 및 에이즈의 전염과 치료에 관해 대화 및 교육을 시도했지만, 여전히 매우 어렵습니다. 에이즈의 위험에 대해 말하는 것은 사제들이 동성애 행위를 한다는 것을 인정하는 의미가 되지요. 이에 교회는 그 논쟁에 관여하기를 분명하게 거절하는 것입니다.

내가 로마 테르미니역의 남성 매춘부들과 나눈 대화에 따르면 (나폴리의 고급성 파트너 프란체스코 망지아카프라와 함께 나눈 대화도 포함된다) 그들과의 성행위에서 사제들이 가장 신중하지 못한 고객들이라고 한다.

> 대체로 사제들은 성병을 두려워하지 않아요. 성병이 그들을 건드릴 수 없다고 느끼지요. 그들은 자신들의 지위와 권력을 너무 확신하기 때문에 다른 고객들과는 달리 이런 위험을 고려하지 않는답니다. 그들은 현실 감각이 전혀 없어요. 그들의 세계에는 에이즈가 없을 것이라고 착각하는 것이지요.

프란체스코 망지아카프라가 설명한다.

* * *

알베르토 보르게티(Alberto Borghetti)는 로마의 제멜리 폴리클리닉의 전염병 전문 의사다. 그는 하급 의사 겸 연구원인데 우리의 조사를 도와주기를 원하는 그 부서의 책임자인 전염병 학자 시모나 디 지암 베네데토(Simona Di Giambenedetto)의 요청에 따라 나와 다니엘레를 영접한다.

제밀레 폴리클리닉은 전 세계의 가톨릭 병원 중 가장 가톨릭스럽다.

의학적인 면에서, 가장 거룩한 분위기의 병원이다!

추기경, 주교, 바티칸 직원들과 많은 로마 사제들이 그곳에서 치료를 받으며 우선적으로 치료를 받는다. 물론 이곳은 교황들의 병원이기도 하다. 요한 바오로 2세는 제밀레에서 가장 유명한 환자였다. 텔레비전의 카메라는 그의 병이 음산한 버저소리와 함께 악화하는 과정을 비꼬듯이 지켜보았다. 그 교황은 그가 너무 자주 입원했던 제멜리 클리닉에 '제3의 바티칸'이라는 이름을 붙여주고 밝은 얼굴을 하였다고 한다.

나는 그 병원 및 그곳의 여러 부서를 방문하고 여러 다양한 의사들과 의료진을 만나면서 로마 내에서의 소문과는 전혀 다른 현대 시설을 발견하게 된다. 나는 제밀레 클리닉은 바티칸 부속 병원이기 때문에 성병 또는 에이즈에 걸린 사람들을 별로 안 좋게 본다는 말을 들었다.

하지만 그 하급 의사인 알베르토 보르게티는 그의 전문성과 에이즈 전염병에 대한 상세한 지식으로 이런 의혹을 반박한다.

> 우리는 에이즈에 관한 한 다섯 개의 최첨단 로마 병원 중 하나입니다. 우리는 모든 환자를 치료하지요. 또한, 이곳 밀라노의 성심 가톨릭대학에 부속된 과학동(棟)에서는 에이즈 질병에 대한 이탈리아의 주요 연구 센터 중 하나입니다. 이곳에서는 다양한 항바이러스 요법의 부작용 및 부수적인 효과에 관해 연구합니다. 우리는 의학적인 상호작용과 HIV 양성 반응자들에게 백신이 미치는 영향에 관해 연구합니다.

나는 내가 방문하는 그 감염병 부서의 포스터와 명부를 보며 이곳에서 성병 환자가 치료를 받는 것을 알게 된다. 보르게티는 큰 확신을 하고 말한다.

> 우리는 이곳에서 모든 성병을 치료합니다. 박테리아로 인한 임질, 매독, 클라미디아, 그리고 바이러스에 의한 포진, 유두종 바이러스, 그리고 물론 간염도 치료합니다.

내가 로마에서 대화를 나눈 또 다른 에이즈 치료 전문 의학 교수에 따르면, 제멜리 폴리클리닉은 성병 및 환자의 익명성을 둘러싼 갈등을 경험했다고 한다.

알베르토 보르게티는 이 정보에 이의를 제기한다.

일반적으로 말하면, 에이즈 바이러스와 관련된 검사 결과는 치료를 담당하는 의사에게만 알려질 뿐, 폴리클리닉의 다른 보건 전문가들은 접근할 수 없습니다. 환자들은 제멜리에서 그들의 파일의 익명성을 요청할 수 있기 때문에, HIV 양성자들의 익명성은 더욱 보장되지요.

제멜리를 잘 아는 한 사제의 말에 따르면, 이 익명성은 감염된 성직자 환자들의 신뢰를 얻기에는 충분하지 않다고 한다.

그들은 익명성을 보장받기 위해 모든 방법을 동원하지만, 거기서 치료를 받는 주교나 사제들은 그들을 아는 사람들과 쉽게 부딪치지요. '감염병 부서'는 다 알게 되는 투명한 곳입니다!

나와 말을 나눈 로마의 한 피부과 의사는 이렇게 말한다.

일부 사제들은 주사기나 오래된 수혈에 접촉하여 감염되었다고 말합니다. 그러면 우리는 그들의 말을 믿는 척하지요.

알베르토 보르게티는 특히 사제들에게는 두려움과 부인이 있을 수 있다는 것을 확인시켜 준다.

우리는 때때로 이곳에서 에이즈의 심각한 단계에 이른 신학생들 또는 사제들을 맞이합니다. 그들은 이민자들과 동성애자들처럼 아마도 진단 검사를 받기를 싫어하는 부류에 속할 것입니다. 그들은 두려워하거나, 그렇지 않으면 부인합니다. 정말 유감스러운 일이지요. 만약 그들이 뒤늦게 진단을 받고 치료를 받게 되면, 종종 심각한 질병 상태에서 뒤늦은 치료를 받게 되는데, 그때는 효율적인 면역 체계를 회복하지 못할 위험에 처하게 되는 것이지요.

* * *

요한 바오로 2세는 1978년부터 2005년까지 교황이었다. 그의 교황 임무가 시작된 후 1981년에 나타난 에이즈는 그 이후 그의 임무 기간 약 3천 5백만 명

이상의 에이즈 사망자를 냈다. 오늘날에도 전 세계적으로, 3천 7백만 명의 사람들이 여전히 HIV와 함께 살고 있다.

요한 바오로 2세 때 바티칸은 모든 자원과 외교 네트워크의 힘을 이용해 콘돔 사용을 거부했지만, 콘돔 사용은 에이즈 전염병을 퇴치하는데 가장 효율적인 방법으로 남아있다. 심지어 무증상 결혼 부부들도 사용한다. 매해 콘돔과 항바이러스 치료 덕분에 수천만 명의 생명이 보호를 받고 있다.

회칙(回勅)『인간의 생명에 관하여』가 출판된 이래로 교회는 생명의 전파를 막는다는 이유로 피임약 또는 콘돔과 같은 모든 예방적 또는 화학적 수단을 정죄했다. 그러나 프랑스의 바티칸 전문기자 앙리 틴크(Henry Tincq)가 강조한 것처럼 "죽음의 전파를 막는 수단과 생명의 전파를 막는 수단이 혼동되어야만 하는가?" 하는 것이다.

전 세계적인 에이즈 대유행이 퍼지는 동안, 콘돔 사용을 절대적으로 거부하는 이런 세계적인 정책을 정하고 실행하는 주요 인물들은 요한 바오로 2세 외에 누가 또 있는가?

그들은 성관계를 갖지 않기로 정절을 맹세한 12명의 충성스럽고 헌신적이며 정통적인 남성들로 이루어진 집단이다. 나의 조사 결과에 따르면, 그리고 이 책을 위해 행해진 수백 번의 인터뷰에 근거하면, 나는 이들 고위 성직자들의 대다수가 동성애 애호가들이거나 또는 동성애를 행하는 자들이라고 진술할 수 있다 (나는 12명 중 8명을 만났다).

판사와 배심원으로 임명된 이 모든 남자가 콘돔과 이성애자들에 대해 무엇을 알고 있겠는가?

추기경으로 서임된 이 12명의 남자는 개인 비서 스타니스와프 지비스, 국무원장 아고스티노 카사롤리와 안젤로 소다노, 장래의 교황 요제프 라칭거, 국무원의 장관들인 조반니 바티스타 레, 아킬레 실베스트리니, 레오나르도 산드리, 장루이 토랑, 도미니크 맘베르티(Dominique Mamberti), 그리고 교황 대사 레나토 라파엘레 마르티노와 로저 에체가라이, 그리고 그 당시 영향력이 매우 컸던 추기경, 예하 알폰소 로페스 트루히요다.

14

교황 대사들
(The poe's diplomacy)

"아, 기자세요?"
몬시뇰 바티스타 리카는 불안하지만 약간의 부러운 기색을 띠고 나를 쳐다본다.
"저는 기자들과 사이가 좋지 않습니다."
그는 내 눈을 응시하며 덧붙인다.
"그는 프랑스 기자야."
방금 우리를 소개한 프랑수아 바케 대주교가 자신 있게 말한다.
"아!"
리카는 안도하며 한숨을 쉰다. 그는 계속 말한다.
"제가 불편하게 여기는 기자들은 이탈리아 기자입니다. 그들은 머리가 텅 비었어요.
아무것도 없어요!
그들은 지능이 전혀 없지요.
하지만 프랑스인이라면, 다를 수도 있겠네요!
잘 될 거예요."
내가 바오로 6세 국제 하우스에 머물도록 초대를 받은 때는 내가 이 책을 이미 시작한 후 한창 조사를 하고 있던 때였다. 그 전에는 로마에서 에어비앤비에서 임대한 아파트에서 살았는데 대부분 로마 테르미니역 주변이었다.
은퇴한 프랑스 교황 대사인 프랑수아 바케 대주교는 어느 날 바오로 6세 국제 하우스에 내 방을 예약해야 한다고 알려주었고, 그렇게 해서 일이 시작되었다. 나는 그의 추천 덕분에 결국 바티칸 외교 건물인 국제 하우스에서 살 수 있게 되었다.

그 국제 하우스는 로마의 비아 델라 스크루파(Via della Scrofa) 70번 길에 있다. 교황청의 이 관저는 이탈리아 외곽에 있는 '치외법권' 장소로서 경찰이 그곳에 들어갈 수 없다. 만일 절도, 강간, 다른 범죄가 발생하면 그것을 책임지는 것은 바티칸의 작은 경찰서로서 매우 별 볼 일 없는 교황청의 법률 기관이다.

카사 델 클레로(Casa del Clero, 성직자의 집)라고도 알려진 이 외교 관저는 나보나(Navona) 광장과 판테온(Pantheon) 사이에 이상적으로 위치하고 있다. 판테온은 로마에서 가장 아름다운 장소로 알려진 이교도 사원이다. 그것은 공화국에 속한 것이 아닐지라도 교회에 속하지 않은, 오히려 모든 믿음과 모든 신에게 바쳐진 '시민' 종교의 예외적인 상징이다. 그것은 이탈리아 가톨릭이 '문화적 전유'의 공격 대상으로 삼기 전에 성 소수자 황제 하드리아누스가 새롭게 만든 것이었다.

바오로 6세 국제 하우스는 교황청 안에서 대단히 중요한 곳이다. 그러므로 바티칸 기관의 중심부에 머무는 것은 내게 큰 기회였다. 여기서 나는 더 이상 외부에서 온 사람으로서가 아니라 친구로서 대접을 받는다. 무엇보다도 이곳은 바티칸 외교관들, 즉 그 유명한 교황 대사들이 로마에 있게 될 때 그들이 머무는 호텔이다. 때때로 외국의 추기경들과 주교들이 성녀 마르타호텔보다는 이곳에 거주한다. 호르헤 베르고글리오 추기경이 로마를 지날 때 이곳에 머물렀다. 전 세계를 다니며 여행을 하는 동안 하얀 사제복을 입고 호텔 사용료를 내는 그의 모습을 담은 사진들이 있다.

카사 델 클레로는 추기경들과 지나가는 외교관들 외에도 여러 은퇴한 교황 대사들, 실직한 주교들, 또는 교황청에서 명성 있는 지위를 가진 몬시뇰들을 위한 영구 거주지다. 그들 중 다수가 1일 3식, 또는 1일 2식의 숙박을 받는다. 나는 커피 자판기 옆에서 대화한다. 텔레비전 앞에서 긴 시간의 저녁을 함께 나누는 것은 말할 것도 없고, 1층 응접실에서 아침 식사를 하며, 큰 레스토랑에서 함께 점심을 먹는다.

나는 이런 과정에서 이들 교황 대사들과 교황청 외교관들, 국무원의 부제들과 주교회의 서기를 알게 될 것이다. 카사 델 클레로의 웨이터들은(그들 중 하나는 『대언자』(The Advocate)의 표지에 걸맞은 플레이보이이다) 그들의 자리에 서 있어야 한다. 혈기 왕성한 교황 대사들과 몬시뇰들이 던지는 의미 있는 표정은 그들을 당황하게 하기에 충분할 것이다!

카사 델 클레로의 침실들은 스파르타풍이다. 일반적으로 오랜 전구 하나가 십자가상 옆에 있는 침대를 향해 강렬한 빛을 비춘다. 바티칸 아파트에서 내가 자주 보았던 사제들의 좁은 침대들은 그 크기 때문에 보수성을 띤다. 침대 옆에는 오래되고 낡은 식탁 서랍이 있고 그 안에는 성경이 놓여 있다. 욕실에는 비오 12세의 시대로 거슬러 올라가는 네온 불빛이 **전자레인지처럼 빛을 발한다.** 비누는 그램 단위로 빌려준다(당신은 비누를 다시 돌려주어야 한다).

가톨릭의 삶은 공포라고 누가 말했던가?

내가 여러 차례 거기에 머무는 동안, 한번은 4층에 운 좋은 이웃이 있었다. 그 이웃은 카사에 일 년 내내 살게 된 것이다. 어느 날 나는 국무원의 이 탁월한 부제(副祭)를 우연히 만남으로 그 관저의 구석 끝에 있는 그의 큰 아파트를 들여다볼 기회를 얻었다. 펠리니 영화에서는 어울리지 않았을 매우 멋진 밝은 빨간색 더블 침대를 보고 내가 얼마나 놀랐을지 상상해 보라.

비밀스러운 만남의 장소인가?

그곳에서 멀지 않은 곳에 424호가 있는데 그 방은 한때 장래 교황 요한 23세가 된 안젤로 론칼리(Angelo Roncalli)가 머물렀던 방이다.

아침도 빈약하다. 나는 나를 끈질기게 초대하는 사제들을 기쁘게 해 주려고 함께 한다. 하지만 정성이 없다. 빵은 구운 빵이 아니라 십자 모양으로 잘라놓은 빵이고, 요구르트는 한 다스씩 사놓은 플레인 요구르트다. 커피는 이탈리아 커피와는 무관한 리필 커피이며, 가톨릭 분위기와는 전혀 안 맞는 콘플레이크가 놓여 있다. 유일한 예외가 있다면 키위 과일인데, 매일 아침 얼마든지 먹을 수 있다.

그러나 왜 키위일까?

왜 사람들은 복숭아처럼 껍질을 벗기고 아보카도처럼 둘로 자를까?

프랑수아 바케는 그 질문은 카사에서 많은 논쟁을 일으킬 것이라고 말한다. 나는 그중 네 개를 먹는다. 카사 델 클레로에서의 아침 식사는 사설 양로원의 아침 식사와 비슷하다. 그곳 거주자들은 덜 늙은 고위 성직자들을 위해 빨리 식사를 하고 떠나라는 공손한 부탁을 듣는다. 바티칸이라는 거대한 양로원에는 고위 성직자들로 가득 하다.

바오로 6세 국제 하우스의 1층에는 열람실이 있다. 나는 그곳에서 프란치스코의 추기경 협의회 회원인 킨샤사(Kinshasa) 출신의 저명한 콩고 추기경 로랑 몬생고 파신야(Laurent Monsengwo Pasinya)를 알게 되었다. 그는 교황을 만나기 전에 카사 델 클레로에 오기를 좋아하는데 "그 이유는 바티칸에서보다 더 큰 자유를 누리기 때문"이라고 말한다.

'카사'(카사 델 클레로)와 모든 바티칸 거주지를 담당하는 몬시뇰 바티스타 리카도 그곳에 살고 있다. 내가 알기에는 그의 밀폐된 거대한 아파트는 중이층(中二層) 건물 왼쪽의 100호다. 리카는 '카사'에서 정기적으로 검소하게 그의 가까운 친구 둘과 가족처럼 점심 식사를 하는 데, 다른 사람들과 약간 떨어진 테이블에서 한다. 우리는 여러 차례 1층 응접실 텔레비전 앞에서 만났는데, 어느 날 저녁 나는 리카에 그가 진심으로 감사할 그 유명한 '흰 책'을 준다.

나는 이곳 국제 하우스에서는 오랫동안 살아온 프란치스코 교황의 개인 비서 파비안 페다치오와 마주치게 된다. 그는 주교성 서기인 브라질 주교 일손 데 예수 몬태나리(Ilson de Jesus Montanari)와 또는 주교 총회의 제안자 중 하나인 몬시뇰 파비오 파베네(Fabio Fabene)와 함께 조용히 일할 수 있는 방을 하나 갖고 있다고 한다.

성하(聖下) 몬시뇰 마우로 소브리노(Mauro Sobrino) 역시 그곳에 산다. 우리는 많은 비밀을 교환했다. 레이디 가가의 '태어난 대로'(*Born this Way*)를 끝없이 듣는 이상한 소년 커플들도(한쪽은 맞벌이 부부의 남자 역할을 하는 딩키들(dinkies), 그리고 남자면서도 신체적으로 여성 역할을 하는 바이오퀸들(bio-queens)) 여기에 산다. 나는 밤에 그들과 사랑스러운 대화를 몇 번 나누었다. 바스크(Basque)의 한 사제 역시 그의 표현에 따르면 이 '마법 서클' 안에서 즐거운 관계들을 갖는다.

프랑수아 바케 대주교 역시 그의 외교관 경력을 마친 후에 이곳에서 살고 있다. 이 몰락한 귀족은 여전히 추기경이 되기를 기다리고 있다. 그는 또 다른 프랑스 사람 장루이 토란 추기경에게 보르도 출신답게 큰 소리로 물어보았던 것 같다. "너는 귀족이 아닌데 어떻게 추기경이 되었고, 나는 귀족 출신인데 왜 안 된 것이냐?"(이것은 토란의 부제가 나에게 말한 것이다).

카사 델 클레로에서는 이런 부류의 몇몇 실례들을 그룹으로 찾아볼 수 있다. 그곳에서는 야심 찬 젊은이들은 큰 희망을 품고, 실추되어 은퇴한 성직자들은 그들의 멍든 자아를 돌본다. 쇠퇴하는 가톨릭의 마지막 일면을 보여주는 '카사'는 신기하게도, 떠오르는 영적인 귀족들과 쇠퇴하는 영적인 귀족들을 함께 모은다.

카사 델 클레로의 2층과 3층에 있는 세 개의 예배당은 누구나 자신이 선택한 시간에 미사를 드릴 수 있다는 것을 의미한다. 때때로 게이 단체가 거룩한 예식에 참여하곤 한다(어떤 사제가 서면 진술로 내게 알려주었다). 객실을 위한 세탁 서비스가 있는데 이는 교황 대사들이 직접 세탁을 할 필요가 없다는 것을 의미한다. 모든 것이 싸지만 현금으로 지급한다. 내가 계산을 하려고 할 때 국제 하우스의 카드 지급기는 '이상하게' 고장이 나 있다. 그리고 내가 머물 때마다 같았다.

마침내 어떤 거주자가 이 기계는 "항상 고장이 나 있고 수년 동안 그러했다"고 알려준다(내가 로마 사제의 호텔에 머물 때도 여러 번 이런 불행한 기술적 결함이 있었다).

아마 이런 고장은 현금이 돌도록 하려는 확실한 방법이 아닐까?

카사 델 클레로 사람들은 일찍 일어나기 때문에 늦게까지 있지 않다. 그러나 가끔 예외가 있다. 어느 날 잠이 안 와서 잠을 자려고 애쓰다가 잠이 들었는데 청소하는 아주머니들이 시끄럽게 떠들며 짜증을 내는 것을 듣고 깨어났다. 하마터면 기상 규칙을 깨뜨릴 뻔한 것이었다. 더욱이 카사 델 클레로의 문은 한밤에 닫히고 모든 밤샘하는 교황 대사들과 시차 적응으로 잠 못 자는 외교관들은 열람실에 모여 새벽까지 지새운다. 이는 구식의 통행금지법이 가져다주는 역설적인 이점이다.

* * *

나는 4륜 마차가 들어가는 이중 대문에 매료되었다. 그 대문에는 지드를 상기시키는 뭔가가 있다. 그 저자는 『죽더라도』(If It Die)에서 사회적으로 높은 지위를 표시하는 이런 종류의 대문은 중산층 가정에 꼭 필요한 것이었다고 썼다. 예전에는 그런 대문 앞에 마차와 말을 세워둘 수 있었다. 오늘날 카사 델 클레로에 마차와 말을 세워놓는다면 참으로 멋질 것 같다!

산타고스티노(Sant'Agostino) 19번지에 있는 바오로 6세 국제 하우스의 뒤로 연결된 그 대문에는 알려지지 않은 조심스러운 쪽문이 있다. 황갈색으로 칠해진 그 쪽문은 두 개의 판자로 되어있지만, 계단이나 문턱은 없다.

그 쪽문의 가운데에는 큰 판자에서 작은 판자를 도려내어 만든 틈이 있는데 밤에 보행자들이 그 틈을 통해 조심스레 들어갈 수 있다. 보도는 활 모양으로 경사져 있고, 관저까지 이어진 벽은 깎아서 만든 하얀 마름돌로 되어있다. 그 대문에는 눈에 보이는 못들과 평범한 철제 손잡이가 있는데, 낮에도 많은 사람이 들어오고 밤에도 많은 방문객이 있어서 지금은 많이 닳아 있다.

오, 고대의 우아한 문아!
너는 그런 이야기들을 할 수 있겠지!

나는 그 이중 대문으로 들어오고 나가며 그 아름다운 현관 사진을 찍는 사람들을 보면서 많은 시간을 들여 연구했다. 그 문은 깊이가 있다. 도시풍의 닫힌 문들을 바라보는 것에는 일종의 관음증도 있는데, 그 매력은 아마도 문들을 찍어 놓은 예술작품이 왜 인스타그램에서 그렇게 인기가 많은지를 설명해 준다. 그런 사진들은 해시태그 #doortraits에서 찾아볼 수 있다.

회랑과 방범 창살 문을 지나면 안마당이 있는데 그곳은 사람들이 사라지는 또 다른 소실(消失) 선이다. 내가 자주 다녔던 내부 계단을 따라가면 엘리베이터 C에 닿는다. 거기서부터는 경비원의 숙소나 접수창구 곁을 지날 필요 없이 거주지의 침실로 바로 갈 수 있다. 그리고 좋은 열쇠가 있으면 누구든지 방범 창설문 및 그 대문으로 들어오고 나갈 수 있다. 따라서 자정 통행금지에서 벗어날 수 있다.

얼마나 큰 복인가!

이런 사실은 누구든 과거에 그 대문으로 4륜 마차가 지나가던 시절을 그리워하게 만드는 데 충분하다.

나는 바티칸의 많은 비밀을 지켜주는 그 이중 문이 의심스럽다.

그 문은 어느 날 그 비밀들을 말할까?

그 건물의 이중 문 쪽으로는 편리하게도 경비원이 없다.

또 다른 축복이다!

2018년 8월의 어느 일요일, 나는 국무원의 한 몬시뇰이 빨간 반바지에 파란 상의를 입고 그곳에서 그의 잘 생긴 성 파트너를 기다리는 것을 보았고, 길거리와 카페에서 그를 감미롭게 껴안고 있는 것을 보았으며, 그 후 카사로 그를 데리고 오는 것을 보았다!

나는 한 수도승이 어떤 절박한 필요 때문에 그 대문의 바로 맞은편에 있는 산타고스티노교회의 아침 기도회를 인도하기 위해 밤에 나가는 날들을 상상한다. 또한, 어떤 여행하는 교황 대사가 카라바조의 화려한 그림인 '순례자의 마돈나'(Madonna of the Pilgrims)를 보고 싶은 충동을 느끼고 즉흥적으로 밤에 성 파트너를 찾아 나서는 것을 상상한다.

이름에 걸맞게 이상적인 환경을 제시하는 아르카디아(Arcadia) 지역 역시 그 대문을 마주 보고 있다. 로마에서 가장 아름다운 도서관 중 하나인 안젤리카 도서관(Biblioteca Angelica)도 마찬가지다. 한 성직자가 갑자기 몇몇 고판본(古版本) 및 또는 유명한 코덱스 안젤리쿠스(Codex Angelicas)의 해설 페이지를 참조할 필요가 생기면 언제든지 그 도서관에 갈 수 있다. 그다음으로는 카사 델 클레로와 북서쪽으로 인접한 곳에 오푸스 데이회대학으로 알려진 성 십자가대학교 (Università della Santa Croce)가 있다.

옛날에는 머리 위로 지나는 통로를 통해 성직자의 거주지인 카사에서 직접 그곳으로 갈 수 있었다. 하지만 지금은 사용 금지가 되었다. 참으로 부끄러운 일이다. 오늘날, 당신이 라틴어 수업을 받거나 오푸스 데이회의 젊고 강한 신학생과 멀리서 만나기를 원한다면 밤에 그 마차대문의 쪽문으로 빠져나가야 한다.

카사 델 클레로의 예외적인 면은 그 거대한 건물의 서쪽으로 있는 친쿠에 루네 광장(Piazza delle Cinque Lune)에 맥도널드 식당이 있는 것이다. 우리가 알다시피, 바티칸은 그곳 건물들을 유지하기에는 너무 가난하다. 이에 바티칸은 양보하고 미국 쓰레기 음식(junk food, 정크 푸드)의 상징인 맥도널드를 받기로 동의해야만 했다. 내 소식통에 따르면, 몬시뇰 리카는 아무런 압박 없이 새로운 임대 계약서에 서명했다고 한다.

맥도널드가 교황청에 속하지 않은 바티칸 근처 건물 내에 자리를 잡은 것에 대해서는 큰 논란이 있었다. 하지만 로마의 바티칸 거주지에 허가되는 것에 대해서는 당연하게 생각했다.

> 그들은 지금 맥도널드가 사용하는 입구 곁에 있던 작은 성모 제단만 간단하게 옮겨서 비아 델라 스크루파 상에 있는 카사 델 클레로의 대문 곁에 두었어요.

카사에 세 들어 사는 사람 하나가 말한다.

사실 나는 일종의 파랗고 빨간, 노랑색 제단 하나를 볼 수 있었는데, 거기에는 가여운 처녀가 그녀의 뜻에 반하여 못으로 박혀 있었다. 그 제단은 아무렇게나 그 관저 입구의 현관 아래로 옮겨졌다.

맥도널드는 성모가 맥도널드 맥너겟(McNuggets)에서 멀어지도록 압력을 행사했던 것일까?

그 제단은 대문과 현저하게 대조되었다.

야간 통행금지와 함께 꽉 닫히는 엄중한 대문!

많은 열쇠가 있어야 그 문 밖으로 나갈 수 있는 놀라운 이중 문의 마차대문!

그 대문 앞에 놓인 아베 마리아!

이것이 가톨릭의 노골적인 실제 모습이다. 교황은 카사 델 클레로의 구석구석을 다 알고 있다. 그는 그곳에 너무 오랫동안 살았기 때문에 모를 리가 없다.

화창한 어느 날, 신비한 이 피난처가 이사를 한다. 나는 큰 관심을 갖게 된다. 그 후 바오로 6세 국제 하우스는 휴양지가 된다. 이제 교황 대사들의 젊은 비서들이 로만 칼라를 벗어 놓고 꽉 끼는 베이지색 티셔츠와 빨간 반바지를 차림으로 통금 시간 전에 방범 창살 문 곁에서 이야기를 한다. 또한, 자정이 되기 직전에는 개발도상국들로부터 온 교황 대사들이 DYMK("Does Your Mother Know") 파티를 위해 그곳 'YMCA'를 떠나는 모습이 보인다.

그들은 로마의 EUR 지역에서 열린 게이 빌리지 판타지아 축제(Gay Village Fantasia festival)에서 (나는 그 축제에서 우연히 그들과 부딪혔다) 성 세례 요한처럼 그들의 왼손 가운데 손가락을 하늘로 향하게 하고 춤을 추며 '나는 살아남으리라' 또는 '나는 나다'라는 노래를 목이 쉬도록 부른 후 이른 시간에 돌아올 것이다.

"내 시대에는 저런 빨간 반바지를 입고 다니는 사제는 전혀 없었습니다."

카사 델 클레로 밖에서 일종의 행복한 시간(Happy Hour)을 보낸 듯 보이는 형형색색의 모습을 한 그 부류들이 지나가는 것을 보고 대주교 프랑수아 바케가 소스라치며 말한다.

* * *

위대한 가톨릭 작가 쥘리앵 그린은 "혼자 여행하는 것은 악마와 함께 여행하는 것이다!"라고 썼다. 그것은 아마도 내가 서서히 비밀을 알아낸 교황 대사들의 삶의 원칙 중 하나일 것이다.

내가 조사를 시작했을 때, 교황청 주재 대사 한 사람이 나에게 경고했다.

바티칸에는 당신이 알 듯 게이들이 많습니다.
50%, 60%, 또는 70%일까요?
아무도 모르지요. 하지만 교황 대사들 사이에서는 그 비율이 아찔할 정도로 더 높아집니다!

바티칸은 이미 게이가 대부분이고 교황 대사들은 가장 높은 게이 비율을 차지하고 있습니다!

내가 그 폭로에 놀라자 그 대사는 웃는다.

"아세요?

'동성애자 교황 대사'라는 표현은 일종의 중복 표현이라는 것을!"

이 역설을 이해하기 위해서, 세계의 반대편에 홀로 있으면서 얻게 되는 기회들을 생각해 보자. 그들이 고향을 멀리 떠나면 너무 사랑스럽게 기회가 찾아온다. 모로코와 튀니지에서는 기회가 너무 많다. 타이베이에서처럼 방콕에서도 쉽다. 아시아와 중동은 선교지로서, 방탕한 성향을 가진 교황 대사들에게는 참으로 약속의 땅이다. 나는 그들이 바티칸에서 멀리 떨어진 이런 곳에 와서 실제로 어떤 삶을 사는지 끊임없이 발견하게 된다. 그들은 그들이 좋아하는 것에 둘러싸여 점잔을 빼거나 또는 지나치게 흥분한 상태로 있다.

아, 저 일꾼!

아, 저 나룻배 사공!

아, 저 낙타 운전사!

아, 저 인력거 끄는 사람!

시인 폴 베를렌(Paul Verlaine)의 감동적인 표현처럼 '남성적인 흥분을 불태우기 위해 여행을 하는' 교황 대사들은 자연스레 준비된 사람들을 이용한다. 즉, 신학생들, 초년 학생들, 젊은 수도사들이 그들이다. 그들은 로마보다는 제3세계에 더욱 접근하기 쉽다.

"그들은 내가 외국으로 여행할 때, 그리스도의 군단을 빌려줍니다."

다른 대주교가 내게 말한다(그는 그 문구로 어떤 것도 암시하고 있지 않지만, 그가 '이전 식민지'로 갈 때 군단을 데리고 있음을 짐작하게 한다).

"'바'(술집)와 '휴일캠프'라는 말은 유럽을 여행하는 자들의 귀에 잘 들리지요. 그런 말은 많은 사제를 뜨겁게 만들어요!"

해외 선교부에서 일하며, 내가 파리에서 여러 번 인터뷰를 한 프랑스 사람인 어떤 사제가 여느 때와 다른 솔직함으로 말해주었다(나는 이 조사를 하는 동안, 아시아, 아프리카, 마그레브, 중남미에서 현장에서 일하는 많은 선교 사제들을 만났다. 나는 이 책을 위해 20명의 교황 대사와 외교관들이 그들의 친구와 동일 신앙인들의 습관에 대해 진술된 말을 사용하고 있다).

사실 이것은 또 다른 공공연한 비밀이다. 사제들은 어디에나 흔적을 남긴다. 내가 대만, 하노이, 또는 후에(Hue)에서 인터뷰한 게이 술집 매니저들은 이 충실하고 진지한 고객들에 대해 실컷 칭찬한다.

도쿄 신주쿠 니쵸메(Shinjuku Ni-chōme) 지역의 술집 웨이터들은 그들의 단골들이 누구인지 내게 집어주었다. 방콕의 게이 전문기자들은 한 고위 성직자가 밀입국한 아시아 청년 하나를 이탈리아로 데려가기를 원할 때 '도덕' 및 비자 문제와 관련한 몇몇 사건들을 조사했다. 어디에나 유럽의 사제들, 수도승들, 성직자들이 있다는 사실이 입증된다.

현 필리핀 대통령 로드리고 두테르테(Rodrigo Duterte)는 이런 독특한 관광이 있다는 것을 알아차리고, "대략 성직자의 90%가 게이다"라고 말하며 교회가 동성애를 인정할 것을 요구했다.

여행이 그들의 사업 거래의 근간인 교황 대사들뿐만 아니라, 교황청 사제들 역시 휴일을 이용하여 바티칸에서 멀리 떨어진 곳으로 혁신적인 성적인 탐험을 한다. 물론, 이 몬시뇰들은 밖에서나 그리고 마닐라나 자카르타에 있을 때, 그들의 신분을 과시하는 일은 거의 없다. 그들은 성직자 복장을 하지 않는다.

"그들은 본성보다 더 강한 원칙을 포용해 왔고 오랫동안 그들의 욕망을 승화시켜왔기 때문에, 해외에 나가면 폭발하지요."

해외 선교부의 그 프랑스 사제가 말한다.

요즘 베트남은 특히 각광을 받는다. 공산주의 정권과 언론 검열은 성직자의 스캔들이 발생할 경우 보호를 한다. 하지만 태국의 경우, 모든 것이 언론에 보도된다.

"성 관광이 이동하고 있습니다."

휴에에 있는 두 개의 게이 바의 매니저인 미스터 동(Mr Dong)이 내게 말한다.

"태국이나 마닐라 등 각광 받는 나라에서 이제는 언론 보도가 적은 나라들, 즉 인도네시아, 말레이시아, 캄보디아, 버마, 베트남 등으로 이동하고 있지요." (내가 후에에서 방문한 미스터 동의 업소 중 한 업소의 이름은 흥미롭다. 그 업소 이름은 루비(Ruby)인데 이는 베를루스코니(Berlusconi)의 붕가붕가(bunga bunga) 파티에서 고급 여창이었던 소녀의 이름과 같다).

아시아만이 이 사제들의 유일한 목적지는 아니다. 그러나 아시아는 표준적인 성생활을 할 수 없는 모든 사람에게 가장 각광을 받는 곳 중 하나다. 이는 아시아가 제공하는 익명성과 신중함은 타의 추종을 불허하기 때문이다.

이런 열성적인 사제들은 아프리카, 남아메리카(예를 들어, 도미니카 공화국이다. 어떤 폴란드 책에 따르면 이곳에 게이 사제들을 위한 중요한 네트워크가 있다고 한다)와 동유럽에도 있지만, 모든 1인 스톤월 항쟁가의 견본인 미국에는 당연히 많다.

당신은 그 사제들이 '파인스'(Pines) 또는 에어비앤비를 통해, 미국의 헬스 키친(Hell's Kitchen), 보이스타운(Boystown) 또는 포트로더데일(Fort Lauderdale) 등 게이들이 모여 사는 주변으로 방갈로를 빌린 후 프로빈스타운(Provincetown)의 해변에서 살갗을 태우는 것을 볼 수 있다. 한 프랑스 게이는 포스트-게이 시대(게이 단체에 합류하는 것보다 개인적으로 게이 상태를 즐기는 시대)의 이런 자유분방한 미국 지역을 체계적으로 방문한 후, 그들의 '지나치게 뒤섞인 질'과 '게이 특성'의 부족이 아쉽다고 말한다.

그의 말이 맞는다. 오늘날 동성애자들의 비율은 아마도 포스트-게이 시대의 샌프란시스코의 카스트로(Castro)보다 밀실의 바티칸 안이 더 높을 것이다.

몇몇 사제는 베를린의 게이클럽을 다 돌아보기 위해, 암스테르담에 있는 더 처치(The Church)에서 S&M 나이트에 참가하기 위해, 이비자(Ibiza)에서 열리는 클로징 파티(Closing Party, 마무리 파티)를 놓치지 않기 위해, 또는 바르셀로나에서 '생일 기념 주간'이 되도록 자신들의 생일을 축하하기 위해, 결국 유럽 여행을 선호한다(여기서 성 관광을 하는 교황 대사들 또는 사제들과 관련된 내용은 내가 현장에서 직접 들은 실제 사례들이다).

그래서『바티칸의 불편한 진실』의 새로운 법칙이 열한 번째로 등장한다.

> 11. 대부분의 교황 대사들은 동성애자들이지만 그들의 외교는 본질적으로 동성애 혐오적이다. 그들은 동성애자인 자기 자신을 비난하고 있다. 추기경, 주교, 사제들의 경우, 더 많은 여행을 할수록, 더욱 의심스럽다!

* * *

내가 이미 언급한 교황 대사 라 파이바도 이 법칙에서 예외가 아니다. 그도 역시 잘생긴 종자에 속한다. 그런 종자들이란!

대주교인 그는 항상 자신을 드러낸다. 그리고 복음을 전한다. 그는 황폐한 기차의 칸막이나 텅 빈 버스에 혼자 앉아 여행하는 잘생긴 젊은이를 보면 그의 곁으로 가서 그를 신앙으로 이끌려는 사람 중 하나다.

그는 또한 내가 본 것처럼 거리를 활보하는 것을 좋아하는데, 비록 그가 페르난도 보테로 화가가 그린 그 유명한 교황대사를 닮았더라도 (뚱뚱하고 둥그렇고 매우 붉은 교황 대사이다) 신학생과 대화를 할 수 있게 되면 갑자기 그를 원할 것이다.

또한, 그는 반발 기질을 갖고 있음에도 불구하고 승부욕이 강한 인물이다. 우리가 로마의 한 식당에 갔을 때, 밖이 30도나 되는데, 그는 내가 셔츠와 웃옷을 입기를 원했다. 어느 날 저녁, 그는 심지어 야단법석을 떨었다. 그는 나를 보며 지저분하다고 하면서 면도를 하라고 호통을 친다.

나는 요즘 젊은이들이 왜 수염을 기르는지 이해할 수가 없어요(나는 라 파이바가 나를 젊은이라고 부를 때 기분이 좋다).
예하, 나는 수염을 기르지 않습니다. 심하게 면도를 하지도 않고요. 소위 3일에 한 번 면도하지요.
그냥 게으름인가요?
그것이 전부인가요?
그것이 더 멋있다고 생각할 뿐이지요. 저는 3일 또는 4일에 한 번 면도합니다.
알다시피, 나는 깨끗이 면도한 자네가 더 좋아요.
주님도 수염이 있었지요?

나는 렘브란트(Rembrandt)의 「그리스도의 초상화」(Christuskopf, 내가 베를린의 게멜데갈레리(그림 갤러리)에서 본 작은 유화)를 생각하고 있다. 아마도 그 그림은 가장 사랑스런 초상화일 것이다. 그의 얼굴은 곱고 연약하다. 그는 길고 터분한 머리와 헝클어진 긴 수염을 가지고 있다. 그는 사실 허술한 그리스도이기에 거의 찢어진 청바지를 입을 수 있었을 것이다!

렘브란트는 익명의 실제 모델을 세워놓고 그리스도를 그렸는데, 그것은 그 당시 기독교 그림에서 새로운 착상이었다(아마도 그 모델은 암스테르담의 유대인 공동체에 속한 젊은 남자일 것이다).

그는 그런 식의 그림으로 그리스도의 인간성과 소박함을 그렸을 것이다. 그리스도의 연약함은 프랑수아 모리아크를 감동시켜듯이 우리를 감동하게 한다. 프랑수아 모리아크는 그 그림을 너무 사랑한 나머지 그 초상화와 사랑에 빠졌다.

* * *

내가 바오로 6세 국제 하우스에서 함께 교제했던 교황 대사들과 외교관들, 그리고 주교들은 전 세계 퍼져 있는 교황의 군사들이다. 요한 바오로 2세가 선출된 이래로 그들의 국제적인 관여는 주요 국가들의 정책과 병행하여 혁신적이었다. 특히 그들은 인권, 사형제 폐지, 핵군축 및 평화 협상을 지지했다. 바로 최근에 프란치스코가 최우선 과제로 삼은 것이 있는데 그것은 환경 보호, 미국과 쿠바의 관계 발전, FARC(the Revolutionary Armed Forces of Colombia, 콜롬비아무장혁명군)의 평정이었다.

  그것은 인내의 외교입니다. 바티칸은 절대로 내버려 두지 않습니다. 심지어 다른 군사들이 떠나더라도 남습니다. 예를 들어, 전쟁 때문에 모든 사람이 한 나라를 떠날 때 교황 대사는 폭탄을 맞더라도 그곳에 남습니다. 우리는 이라크에서 그런 사실을 보았고 최근에는 시리아에서도 보았습니다.

  교황청 주재 전 프랑스 대사 피에르 모렐(Pierre Morel)이 강조하며 말한다.
나는 파리에서 모렐과 몇 차례 인터뷰했는데, 그는 그 과정에서 바티칸의 외교 활동에 대해 자세히 설명해 준다. 교황 대사들과 국무원, 동양 교회성, '붉은' 교황(제3 세계의 "백성을 복음화"하는 책임을 맡고있는 추기경)과 '검은' 교황(예수회 최고 사령관)의 역할, 그리고 마지막으로 '평행 외교 정책들'에 대해 하나씩 알려준다. 국무원은 전체 네트워크를 조정하고 전반적인 방향을 정한다.
  이 효율적이고 오해의 소지가 있는 외교 기구들 역시 요한 바오로 2세와 베네딕토 16세 때 초보수적이고 동성애 혐오적인 십자군 전쟁에 투입되었다. 이 이야기를 하려면 유엔의 바티칸 상임 참관자였던 두 명의 교황 대사의 경력을 말해야 한다. 그 두 명은 지금은 추기경이 되어있는 대주교 레나토 마르티노와 교황 대사 실바노 토마시(Silvano Tomasi)다.

*   *   *

  나는 바티칸에서 조금 떨어진 로마의 비아 파이퍼(Via Pfeiffer)에 있는 레나토 라파엘레 마르티노의 집에 도착했다. 그러자 아마도 20대 또는 30대의 아시아미의 정석인 필리핀 사람 하나가 활짝 웃으며 문을 연다. 그는 잠자코 나를 추기경의 응접실로 인도하고, 그 고위 성직자가 나를 맞이한다.
  갑자기 나는 한 명의 레나토 마르티노가 아니라, 10명 정도의 마르티노와 마주하게 된다. 말 그대로 그의 아파트는 실제 크기의, 온갖 종류의 모양을 하는 때때로 판넬 전체를 가득 채운, 그 추기경의 초상화들로 둘러싸여 있다. 그 교황 대사는 그 초상화들을 그의 아파트의 모든 벽과 구석구석에 배치해 놓았다.

86세 나이의 그 추기경은 위대한 아고스티노 카사롤리로부터 주교 서품을 받은 이후 자신의 경력에 대해 자부심을 갖고 있다. 그는 자신에 대해 어느 정도 뿌듯하게 여긴다. 결국, 그는 다섯 개의 대륙에서 에이즈와의 전쟁을 방해하는 데 어느 정도 성공하지 않았던가!

그런 일은 아무나 이룰 수 없다. 하지만 자기 초상화를 그렇게 한꺼번에, 그렇게 두드러지게, 그렇게 눈길을 끌도록, 많은 조각상처럼 사방으로 둔 것은 우스꽝스러운 짓이 아닐 수 없다!

그는 우리의 만남을 그런 맥락에서 이끌어간다. 그 늙은이는 나무랄 데 없는 불어로 말하지만 정작 내 질문에는 대답하지 않고 그저 집 구경만 시켜 준다. 마르티노는 교황 대사로 오래 있으면서 195개국을 방문했다고 한다. 그는 각 나라를 방문하며 셀 수 없이 많은 물건을 가져왔다고 한다. 그러면서 그는 그 물건들을 그의 식당에서, 그의 개인 예배당에서, 그의 지루한 복도에서, 10개 정도가 되는 방에서, 그리고 심지어 가톨릭적인 로마를 내려다볼 수 있는 멋진 전망의 파노라마식의 테라스에서까지 내게 보여준다. 그의 아파트는 프란치스코 교황의 아파트보다 적어도 15배는 크다.

그의 아파트는 박물관이다. 참으로 진기한 물건들로 가득 차 있었다. 아마도 그의 아파트는 장신구들로 채워진 캐비닛이라 하겠다. 그 추기경은 나에게 그의 38개의 훈장과 그의 이름이 새겨진 200개의 훈장, 14개의 명예(*honoris causa*) 박사 학위들과 16개의 자기 초상화를 하나씩 차례로 보여준다.

나는 또한 문장(紋章)이 새겨진 손수건, 패물, 작은 코끼리 조각, 멋진 식민지 개척자의 파나마모자를 본다. 그리고 벽에는 "가장 뛰어난 예하"에게 수여된 증명서들이 걸려 있다. 그 증명서에는 내가 모르는 어떤 기이한 기사도 수도회(아마도 성 제뉴어리(St January) 수사회인 것 같다)의 표시가 찍혀 있다. 그리고 우리가 이 유물과 주물(呪物)들 주변으로 돌아다니는 동안, 나는 그 필리핀 사람이 실망 및 냉담한 표정을 지으며 멀리서 우리를 지켜보고 있는 것을 알아차렸다. 그는 이렇게 구경하는 행렬을 참으로 많이 보았을 것이다.

그 아파트에 있는 난장판과 같은 대단한 물건들 사이에서 나는 그 추기경이 어떤 잘생긴 젊은 남자와 함께 코끼리 등에 앉아 있는 사진을 발견한다. 그 사진과 함께 있는 사진들을 보니, 이쪽 사진에는 그가 태국인 동반자와 태연하게 포즈를 취하고 있고 저쪽 사진에는 젊은 라오스인들, 말레이시아인들, 필리핀인들, 싱가포르인들 또는 태국인들과 함께 있다(그들은 그가 부(副) 교황대사, 교황 대사 대리, 또는 교황 대사로 있었던 나라들을 멋지게 대표하고 있다). 마르티노가 아시아를 좋아하는 것은 확실하다. 코끼리에 대한 그의 열정은 그의 아파트 구석구석에 잘 나타나 있다.

두 외교 소식통에 따르면, 요한 바오로 2세가 마르티노를 추기경으로 서임하는 과정은 여러 함정 때문에 오랜 시간이 걸렸다고 한다.

그에게 원수들이 있었던 것일까?
'정상적인 성향'이 부족했던 것일까?
그의 지출이 너무 사치스러웠던가?
그의 행실에 대한 나쁜 소문이 너무 많았는가?

어떤 경우든, 그는 몇 차례의 추기경 회의를 계속 기다려야 했다. 그리고 연기가 하얗게 변하지 않을 때마다 마르티노는 낙심했다. 특히 낙심이 컸던 이유는 그는 심지어 추기경으로 서임 받기 전부터 큰돈을 들여 베레타(毛冠), 반구모(半球帽), 붉은 모제타, 사파이어 반지를 사놓았기 때문이다.

이 사람의 코미디는 몇 년 동안 계속되었고 거의 71세의 나이로 마침내 추기경으로 서임 받을 때 그의 금실로 엮은 무아레와 다마스크직 실크 스카프는 애처롭게도 초췌하게 보이기 시작했다(몬시뇰 비가노는 그의 『증언』에서, 마르티노가 교황청의 "동성애에 대한 가톨릭 교리를 뒤엎는데 찬성하는 동성애 기류"에 속해있다고 의심하면서 그를 '동성애자라고 폭로'한다. 그러나 마르티노의 친구들은 신속하게 그 폭로를 부인하는 성명을 발표했다).

나는 이번에는 그의 예배당에서, 술로 수놓은 커튼으로 조심스럽게 태양 빛을 차단한 마르티노의 영광스러운 초상화들과 부적들 사이에서, 삼인조의 성소수자 예술가들을 발견한다. 그 예술가들은 레오나르도 다 빈치, 미켈란젤로, 그리고 카라바조다. 나는 동성애자들로 알려진 그들의 대표적인 작품을 본다.

우리는 잠시 그의 필리핀 일꾼에 관해 이야기한다. 하지만 마르티노는 내가 무슨 의도로 말하는지 알아채지 못하는 것 같다.

그는 그 소년의 목가적인 모습들을 묘사하면서 상상 속으로 떠내려간다. 그는 사실 '두 명의 필리핀 사람'이 그를 섬기고 있다고 알려주면서 전통적인 수녀들보다 그들을 더 많이 선호한다고 말한다. 우리는 무슨 말인지 서로 이해한다.

*　　*　　*

모든 사람이 알다시피, 구약성서는 신약성서보다 더욱 파란만장하고 더욱 모험적이며 더욱 극악무도한 인물들로 채워져 있다. 레나토 마르티노 추기경은 그의 방식대로라면 구약성서에 나오는 어떤 인물과 비슷하다. 지금도 그는 영국인 벤자민 한웰이 운영하는 극우 정치 로비단체이자 극우 가톨릭 협회인 인간 존엄 연구소의 명예회장이다. 이 책에서, 구조적으로 동성애 혐오적인 조직이 있다면 바로 이 연구소인데, 레나토 마르티노가 그 진가를 구현한다.

레나토 마르티노는 그가 방문한 195개국에서 교황 대사로 있었고, 1986년부터 2002년까지 16년간은 유엔에서 바티칸 '상임 참관자'로 있었다. 그는 인권의 위대한 옹호자였고, 호전적인 반(反)낙태주의자였으며, 게이 권리와 콘돔 착용을 맹렬하게 반대하는 자였다.

레나토 마르티노는 유엔에서 요한 바오로 2세의 수석 대변인이었기 때문에 그 교황의 노선을 따라야 했다. 모든 외교관들이 그렇듯이 그의 운신의 폭은 당연히 제한적이었다. 그러나 세 명의 전직 유엔 대사들의 진술을 포함하여, 뉴욕, 워싱턴, 제네바에서 수집된 20개 이상의 진술에 따르면, 마르티노는 그의 사명에 대해 지나친 반(反)게이 편향성 및 개인적인 악감을 드러냈기에 도리어 그의 증오가 의심을 받게 되었다고 한다.

> 마르티노는 평범한 외교관이 아니었어요.
> 뉴욕에서 그를 상대했던 대사가 말한다.
> 나는 그렇게 이중적인 사람을 본 적이 없어요. 유엔 주재 교황청 상임 참관자인 그는 두 얼굴을 하고 있었고, 그의 정치 노선은 분명히 이중 잣대를 사용했습니다. 그는 인권에 대해서는 교황청의 전형적인 입장대로 인본주의적인 접근을 했고 항상 매우 중도적인 입장을 취했지요. 그리고 내가 기억하는 것은, 그는 정의와 평화를 지지하면서, 특히 팔레스타인들의 권리를 옹호하던 자였어요. 그런데 갑자기 에이즈 및 낙태와의 싸움, 그리고 동성애의 비(非)처벌화에 대한 문제가 불거지자, 그는 무슨 감동이나 받은 듯 강박적이고 보복적인 자세를 가진 마니교도(Manichean)가 되어 버렸습니다. 그는 인권에 대해서는 스위스

나 캐나다 사람처럼 어느 정도 비슷한 의견을 말했지만, 게이 문제 및 에이즈에 대해서는 갑자기 우간다와 사우디 아라비아 사람처럼 말하더군요. 더욱이, 우리가 보건대, 그 후 바티칸은 동성애자들의 권리문제에 대해서는 시리아와 사우디 아라비아와 부자연스러운 동맹을 맺고 밀고 나갔습니다. 마르티노는 지킬 박사와 하이드 씨였던 것이에요!

*　　*　　*

바티칸의 두 번째 외교관인 실바노 토마시는 스위스에서 비슷한 역할을 한다. 유엔과 유엔 안전보장이사회의 유명한 상임 대표가 뉴욕에 있는 동안, 인권 문제와 에이즈와의 싸움에 개입한 대부분의 유엔 기관들은 제네바에 있었다. 그 기관들로는 인권 위원회, 세계보건기구(WHO), UNAIDS, 에이즈 퇴치를 위한 세계 기금, 그리고 물론 유엔 인권 이사회가 있다. 바티칸은 바티칸을 대표하는 한 사람을 이 모든 기관에 '상임 참관자'로 보내지만, 투표권은 없다.

나는 바오로 6세 접견실(the Paul VI Audience Hall)에서 열리는 국제회의의 전날 밤에 실바노 토마시를 만난다. 그 고위 성직자는 바티칸에서 나를 맞이하며 나와 많은 시간을 갖지 못하는 것에 대해 사과한다. 결국, 우리는 한 시간 이상 이야기를 할 것이고, 그는 나와 함께 하기 위해 그가 참가하기로 했던 모든 모임을 놓치게 될 것이다.

"최근 교황 프란치스코는 우리에게 교황 대사들에 대해 말하면서 우리의 삶은 '집시'의 삶이 되어야 한다고 했어요."

토마시가 영어로 내게 말한다.

그래서 토마시는 모든 외교관이 그러하듯 연예인으로서, 유목민으로서, 어쩌면 자유분방한 사람으로서 세계를 여행했다. 그는 이주민 및 떠돌이 민족의 목가적 관리를 위한 '교황청협의회'(the Pontifical Council for the Pastoral Care of Migrants and Itinerant People)를 책임지기 전에 에티오피아, 에리트레아, 지부티의 바티칸 대사로 있었다.

난민, 이주민들은 프란치스코 교황이 우선적으로 다루는 사항이지요. 그는 변두리에 있는 사람들과 사회의 가장 자리에 있는 사람들, 그리고 난민들에게 관심이 많습니다. 그는 소리를 낼 수 없는 사람들을 위한 소리가 되기를 원하는 것이지요.

토마시가 말한다.
이상하게도, 그 교황 대사는 세 개의 국적을 가지고 있다. 그는 1940년 베니스 북쪽에서 태어난 이탈리아인이고, 교황 대사로서 바티칸 시국의 시민이며, 미국인이다.

나는 18살에 뉴욕으로 갔어요. 나는 미국의 가톨릭 학생이었고, 뉴욕의 뉴 스쿨(the New School)에서 논문을 썼으며, 오랫동안 그리니치 빌리지(Greenwich Village)의 사제로 있었습니다.

젊은 실바노 토마시는 19세기 말에 세워진 세인트 찰스 보로미오(Saint Charles Borromeo) 선교회의 사제로 서품을 받았으며, 그의 주된 목표는 신세계(the New World)의 복음화였다. 그는 1960년대에 뉴욕에 살고 있는 이탈리아 이민자들을 위한 교구에서 그의 사역을 수행했다. 그 교구의 성당은 폼페이의 성모 교회(Our Lady of Pompeii)인데 블레커가(Bleecker)와 6번가에 있는 '그' 빌리지(the Village)에 있다.

나는 맨해튼에서 몇 년 동안 살았기 때문에 그 지역을 잘 안다. 그곳은 스톤월 여관에서 걸어서 5분 거리에 있다. 젊은 실바노 토마시가 이 지역으로 이주한 1969년 6월, 미국의 동성애 운동이 밤중의 폭동과 함께 시작된 곳이 바로 그곳이었다. 매년, 전 세계에서, 그 사건은 게이 프라이드(Gay Pride)라는 이름으로 기념되고 있다.

1970년대에 그리니치 빌리지는 동성애 해방의 상징적인 장소가 될 것이며 히피족, 이성 복장을 한 성도착자들, 그리고 게이 활동가들은 폭풍처럼 그 지역을 점령할 것이다. 바로 그곳에서 그 젊은 고위 성직자가 복음의 선교사명을 수행한 것이다.

우리는 인터뷰 동안 그 '빌리지'와 성소수자 무리들에 대해 이야기한다. 단추처럼 귀여운 실바노 토마시는 자신을 억제하고 절제하며 표현한다. 이에 그는 얼굴을 찡그릴 수밖에 없었다.

토마시는 꽤 즐거운 듯 웃으면서 계속 이야기한다.

"자! 우리는 친구처럼 대화를 하고 있네요. 당신은 내게 뭔가 말을 하게 할 것이고 그 후 다른 기자들처럼 내가 교회에 대해 말한 것 중 교회에 불리한 것들만 취하겠지요"(이 인터뷰는 바티칸 언론국을 통해 공식적으로 준비되었고 나는 눈에 띄는 나그라를 사용하고 있었기 때문에 그 고위 성직자는 그 인터뷰가 녹음되는 것을 알고 있었다).

토마시는 많은 여행을 한 후, 제네바에 있는 유엔에서 교황청을 위한 '상임 참관자'가 되는 것으로 그의 경력을 마친다. 그는 2003년부터 2016년까지 그곳에서 교황 요한 바오로 2세와 베네딕토 16세의 외교 정책을 구축했다.

이리하여 10년 넘게 유엔에서 교황청의 최고 외교관으로 있던 그는 그리니치 빌리지에 대해 매우 잘 알고 있음에도 불구하고 그의 동료 레나토 마르티노가 뉴욕에서 대표했던 것과 마찬가지로 비정상적일 정도로 반(反)게이 정책을 시행했다. 그 두 교황 대사는 동성애 국제 비(非)처벌화 및 콘돔 사용 발의를 차단하는 일에 온 힘을 다 쏟았다.

그들은 OMS, UNAIDS 또는 에이즈 퇴치를 위한 세계 기금 마련 프로젝트를 방해하기 위해 수없이 개입했다. 이 사실은 UNAIDS의 사무총장 미셸 시디베(Michel Sidibé)을 포함한, 제네바에 있는 몇몇 유엔 기관의 위원들이 내게 확인해 준다.

동시에 이 두 교황 대사는 그 기간 동안에 터진 수천 건에 달하는 사제들의 성폭행 사례에 대해 항상 매우 신중했다. 간단히 말하면, 융통성이 있는 도덕성을 발휘했다.

> 훌륭한 외교관은 자기 정부를 잘 대변하는 외교관입니다. 그렇다면 당연히, 바티칸을 위한 훌륭한 교황 대사는 교황과 그의 우선 과제들에 충실한 사람이지요.

토마시가 간단이 요약하며 제네바에서의 그의 행동과 요한 바오로 2세의 노선에 철저하게 순종한 것을 정당화한다.

＊　　＊　　＊

　1989년, 교황 요한 바오로 2세는 처음으로 바티칸에서 박사들과 과학자들이 모인 자리에서 에이즈 문제에 관한 연설을 했다. 그는 이미 1987년에 로스앤젤레스에서 바이러스 때문에 사형 선고를 받은 한 아이에게 입맞춤을 하거나, 1988년에 크리스마스 메시지를 통해 에이즈 전염병 희생자들에 대한 연민을 호소하는 모습을 보였었지만, 이 연설 전까지는 공개적으로 이 문제에 대해 자기의 생각을 밝힌 적이 없었다. 이때 요한 바오로 2세는 이렇게 선언했다.

　　　인간의 참된 성 감각을 침해하는, 그리고 개인과 사회의 책임에 대한 쟁점을 일으키는 이런 깊은 고민거리를 해소해주는 수단 및 치료로서 에이즈 예방책을 진전시키는 것은 인간의 존엄성에 해가 되며 이에 도덕적으로 불법이라고 여겨집니다.

　교황은 그런 예방책으로 '콘돔'을 언급하지는 않았지만(결코 그 단어를 말하지 않을 것이다), 이 최초의 선언은 전 세계에 소요를 불러일으켰다. 그는 1990년 9월과 1993년 3월에 아프리카 땅에서, 그리고 에이즈 전염병에 가장 큰 타격을 입은 두 나라인 탄자니아와 우간다에서, 또다시 그런 연설을 하였는데 "정절을 통한 성적인 제약만이 에이즈라는 끔찍한 고통을 종식시킬 수 있는 가장 안전하고 고결한 유일한 방법입니다"라는 말을 덧붙였다.
　교황은 비록 그 당시 우간다인 8명 중 한 명이 감염되었음에도 불구하고, 또한 무증상의 결혼한 부부들(배우자 중 하나가 HIV 양성)의 경우까지도 정절의 그 규칙 외에 다른 방법을 용납하지 않았다.
　이 입장은 과학계와 의학계뿐만 아니라 카를로 마리아 마르티니와 고드프리드 다넬스(Godfried Danneels) 같은 영향력 있는 추기경들의 강력한 이의 제기를 받게 될 것이다(파리의 대주교 장마리 뤼스티제(Jean-Marie Lustiger)는 비길 데 없는 뛰어난 궤변으로 예외적인 경우의 '차악(次惡)'을 제안하면서 요한 바오로 2세의 입장을 옹호할 것이다).
　레나토 마르티노는 유엔에서 '안전한 섹스'와 콘돔 사용을 반대하는 맹렬한 캠페인을 시작했다. 1987년, 미국 주교위원회가 대중에게 자신을 보호하는 방법을 알릴 필요가 있다는 문서를 발행했을 때 마르티노는 그 문서 내용을 파문하기 위해 높은 차원에서 방해했다.

그 후 그는 그 어떤 유엔 문서나 선언서에 에이즈 예방에 관한 내용이 나타나지 않도록 큰 노력을 했다. 얼마 후 그는 로페스 트루히요 추기경이 대규모로 배포한 소위 과학적이라고 하는 기사를 사용하여 '위험이 없는 섹스'의 위험들을 고발하면서 안전장치로 보호받는 성관계를 통해 걸린 많은 감염 사례를 선언했다. 마르티노는 그의 임기가 종료되기 직전인 2001년, 남아공에서 열린 주교 총회가 무증상 부부들의 경우에 대해 콘돔 사용을 정당화하는 목회 서한을 발표하자, 또다시 사람들을 동요시켜 남아공 주교들의 입을 막으려고 노력했다.

* * *

"콘돔은 에이즈 문제를 악화시킨다."

이 문구는 교황 베네딕토 16세가 말한 가장 유명한 표현 중 하나다. 물론 이 표현은 종종 왜곡되었다. 이 표현의 문맥과 또한 정확하게 무슨 말을 했는지 간단히 상기해 보자. 2009년 3월 17일, 교황 베네딕토 16세는 아프리카를 향한 그의 첫 번째 여행에서 카메룬(Cameroon)의 야운데(Yaoundé)로 향하고 있었다. 그는 알리탈리아(Alitalia) 여객기에서, 면밀하게 계획된 기자 회견에서 말했다.

프랑스 기자 한 사람이 미리 계획된 질문을 했다. 베네딕토 16세는 아프리카에서의 에이즈와의 투쟁에서 가톨릭 신자들의 업적을 환호한 후, 그 병은 돈만으로는 퇴치할 수 없다고 덧붙였다.

> 만약 퇴치의 의도가 전혀 없다면, 만약 아프리카인들이 서로 돕지 않는다면, 콘돔을 나누어 주어도 이 재앙을 물리칠 수 없을 것입니다. 그와 반대로, 콘돔 사용은 그 문제를 악화시킬 위험이 있습니다.

베네딕토 16세의 대변인인 페데리코 롬바르디가 시인한다.

> 우리가 정직하다면, 우리는 교황의 답변이 전반적으로 상당히 논리 정연하다는 것을 인정해야 합니다. 문제가 되는 것은 단지 한 가지 표현인데, 콘돔은 '더 나

쁘다'라고 말한 부분, 즉 콘돔은 에이즈 문제를 '악화시킨다'라고 말한 부분입니다. 그 말만 유일하게 잘못된 표현입니다(그 비행기에서 교황과 함께 있던 롬바르디는 에이즈에 대한 질문은 사전에 결론을 내린 후 준비되어 있었다고 나에게 확인시켜준다).

이 표현은 즉시 5개 대륙에서 격렬한 항의를 일으켰다. 베네딕토 16세는 비난과 조롱을 받았고 웃음거리까지 되었다. 많은 나라의 대통령과 총리와 셀 수 없이 많은 세계적인 명성을 가진 박사들이 (그들 중 많은 사람이 가톨릭 신자들이다) 처음으로 그의 '무책임한 말'을 비난했다. 몇몇 추기경들은 그 표현을 심각한 '실수' 또는 '오류'라고 시인했다. 액트 엎(Act Up)과 같은 여러 협회는 교황이 일종의 '범죄자'가 되었다고 비난했다.

이미 콘돔 반대 언어를 사용한 주교들과 사제들은 베네딕토 16세의 표현에 힘입어 자신들이 정당하다고 생각했습니다. 그래서 그들은 그들의 교회에서 에이즈 투쟁을 반대하는 설교를 수없이 하였지요, 물론 그들 중 일부는 그 병이 동성애자들에 대한 하나님의 징벌이라고 주장했습니다.

교황청으로부터 파견된 외교관(내가 로마의 보르고에 있는 한 카페에서 우연히 만난 사람이다)인 아프리카 사제가 말했다.
종종 이런 가톨릭 주교들과 사제들은 동성애자 혐오 미국인 목사들, 복음주의자들 또는 이맘들과 함께 공동 전선을 세워 게이의 권리 및 에이즈 퇴치 방법으로서의 콘돔 사용을 반대했다.
이 바티칸 외교관에 따르면, 현장에 있는 교황 대사들은 아프리카 주교들을 지켜보며 그들이 동성애와 에이즈에 대해 엉뚱한 말을 하지 못하도록 감시하는 임무를 받았다고 한다. 그들은 조금이라도 '벗어난 것'이 있으면 교황청에 보고해야 했다. 요한 바오로 2세와 베네딕토 16세 때에는 그 어떤 사제라도 콘돔 배포를 승인하거나 또는 동성애를 선호하는 것처럼 보이면 주교가 될 가망이 전혀 없었다.
유명한 변호사 앨리스 은콤(Alice Nkom)은 내가 조사를 추진했던 그녀의 나라 카메룬에 '동성애자들에 대한 실제 마녀사냥'이 있었다고 설명했다. 그녀는 주교 사무엘 케다(Samuel Kéda)가 동성애를 범죄로 보는 견해에 찬성했고 에이즈에 걸린 사람들을 처벌하려 했다고 주장한다. 우간다에서는 한 동성애 운동가가 암살되었는데, 가톨릭 대주교 시프리안 랑가(Cyprian Lwanga)는 동성애자 처벌을 지지했다. 말라위, 케냐, 나이지리아에서는 가톨릭교회의 대표들이 동성애 혐오와 콘돔 반대 연설로 두각을 드러냈다(이는 2013년에 프란치스코 교황에게 전달된 국제 인권 단체(Human Rights Watch)의 상세한 보고에서 확인된 사실이다).

내가 제네바에서 유엔 기구 UNAIDS의 의장인 말리 사람 미셸 시디베(Michel Sidibé)와 인터뷰했는데, 그는 생산적인 결과가 전혀 없는 부당한 도덕적인 정책에 대해 말했다.

> 사하라 사막 이남의 아프리카에서 에이즈 바이러스는 주로 이성 관계를 통해 전염됩니다. 그러므로 우리는 (우리와 같은 의견을 가진 자들이 많은데) 동성애자 혐오법은 인권에 대한 공격일 뿐만 아니라 전혀 쓸모가 없다고 단언할 수 있습니다. 동성애자들이 숨으면 숨을수록 그들은 더 취약해집니다. 결국, 동성애자들에 대한 낙인찍기를 강화함으로 에이즈와의 전쟁을 중단시키고 취약계층의 에이즈 감염을 증가시킬 위험이 있습니다.

많은 동성애 혐오적인 아프리카 고위 성직자들 가운데 두 명의 추기경이 두드러지게 눈에 띈다. 그들은 콘돔과 동성애를 반대하는 연설로 지난 몇 년간 관심을 끌었다. 남아공 사람 윌프리드 네이피어(Wilfrid Napier)와 기니 사람 로버트 사라(Robert Sarah)인데, 그들은 게이를 반대하는 것이 이력서에 플러스가 되던 시기에 요한 바오로 2세와 베네딕토 16세에 의해 추기경으로 서임되었다. 그 후 프란치스코 때 이 두 사람은 모두 변두리로 밀려났다.

* * *

윌프리드 네이피어는 동성애 혐오자가 되기 전에 오랫동안 인권 옹호자였다. 그의 경력은 그 자체를 말해준다. 현재 항구 도시 더반(Durban)의 대주교인 네이피어는 남아공의 흑인 운동과 민주화 과정을 지지하는 전투적인 사람이었다. 그는 남아공 주교 회의의 의장으로 있으면서 그 당시 인종 차별 정책을 종식시키기 위한 협상에서 큰 역할을 했다.

하지만 네이피어는 넬슨 만델라(Nelson Mandela)가 제시한 의견인 동성애에 대한 비(非)처벌화, 국가 헌법에 '성적 지향'이라는 개념의 도입, 그리고 동성 결혼에 반박했다.

내가 요하네스버그(Johannesburg)와 소웨토(Soweto), 그리고 프레토리아(Pretoria)에서 모은 여러 증인의 진술에 따르면, 네이피어는 '실제적인 동성애 혐오자'이며 '급진적인 콘돔 반대 투사'라고 한다. 2013년, 더반의 그 대주교는 전 세계로 퍼져나가고 있는 게이 결혼 지지를 위한 상정안을 비난했다.

"이는 새로운 형태의 노예제도입니다. 미국은 우리가 콘돔을 보급하고 동성애를 합법화하기 전에는 재정적 지원은 없을 것이라고 합니다"(게이 결혼이 미국보다 먼저 남아공에서 채택된 것을 잊지 말자).

이런 개입은 격렬한 반응을 불러일으켰다. 노벨평화상 수상자인 성공회 대주교 데스몬드 투투(Desmond Tutu)는 심각한 에이즈 전염병이 퍼지고 있을 때 '동성애에 집착하는' 교회들을 비난하면서 네이피어를 정면으로 대항했다(그의 이름을 언급하지는 않았다).

투투는 여러 차례 동성애 혐오증을 인종차별주의에 비유하였고 심지어 "만일 일부 사람들이 주장하는 것처럼 하나님이 동성애를 혐오한다면 나는 그런 하나님께 기도하지 않을 것입니다"라고까지 말했다.

더반 영화제의 책임자인 피터 매컨(Peter Machen) 작가 역시 네이피어 추기경을 심하게 비꼬며 비판했다.

"대주교님!

당신의 동료들이 다들 드레스를 입을 때, 누가 게이인지 알기가 좀 어렵지 않나요?"

네이피어는 점점 더 많은 반(反)동성애 선언을 했다. 예를 들어, 그는 교회 내에서의 '동성애 활동'을 비난했다. 그의 견해에 따르면, 동성애는 성폭행의 원인이다. 그는 "하나님의 법으로부터 멀어지는 것은 항상 불행으로 이어진다"라고 주장했다.

네이피어의 극단적인 동성애 혐오는 남아공 교회의 신자들로부터 저항을 받았다. 요하네스버그의 예수회 회원들은 그 교황 대사와의 사적인 논쟁에서 그 추기경의 입장을 비난하였다(직접들은 정보에 따른 것이다). 그리고 내가 확실히 아는 것은, 그들은 눈을 딱 감고 암묵적으로 콘돔 배포를 인정했다고 한다.

에드윈 카메론(Edwin Cameron) 판사는 동일하게 네이피어에게 비판적이었다. 넬슨 만델라의 친구인 카메론은 (그는 에이즈로 아들을 잃었다) 남아공에서 가장 존경받는 인물 중 하나다. 흑인 운동의 투사였던 그는 인종차별정책을 대항하는 흑인 해방 조직인 ANC(African National Congress)에 가입했는데, 이는 백인으로는 드문 일이었다. 현재 남아공 대법원 판사인 그는 공개적으로 자신이 HIV 양성이라고 발표했다. 나는 요하네스버그에서 몇 차례 그를 인터뷰했는데, 카메론은 윌프리드 네이피어에 대해 조심스럽게 말하며 판단을 내렸다.

> 아프리카에서의 에이즈 참사를 막고자 하는 자들과, 이 대륙의 성소수자들을 보호하려고 하는 사람들은 윌프리드 네이피어 추기경이라는 무자비한 적수를 만나게 되지요. 그들은 그런 적수의 말을 들으면서 괴로움과 절망 가운데 주저하게 된답니다.
> 그 추기경은 로마 가톨릭교회의 고위 성직자로서 상당한 권력을 사용하여 여성의 권리와 콘돔 사용, 그리고 동성애자들에 대한 모든 법적 보호를 반대하였어요. 그는 성인 남녀가 동의한 성관계뿐만 아니라 동성 커플에 대해 범죄로 여겨야 한다는 운동을 벌였지요. 그는 이런 집착을 보이면서도 자기가 아는 동성애자들은 하나도 없다고 주장했습니다.
> 이렇게 그는 우리를 보이지 않게 만들어 놓고는 우리를 판단했던 것이지요! 우리는 우리나라 역사에서 이런 유감스러운 이야기와 아프리카 가톨릭교회의 흑역사가 프란치스코 교황직과 함께 끝나기를 바라고 있어요.

한편, 윌프리드 네이피어 추기경은 남아공의 가톨릭교회 내에서 수십 명의 사제와 관련하여 발생한 성폭행에 대해서는 거의 아무런 대처를 하지 못했다. 더반의 그 대주교는 BBC와의 인터뷰에서 소아성애자들은 "환자이지 범죄자가 아니기" 때문에 "처벌받아서는" 안 된다는 주장도 했다. 그의 말 때문에 추문이 발생하자 추기경은 자신도 오해를 받고 있다고 주장하며 사과했다. 그는 오히려 거꾸로 말하기를 "동성애자들을 한 사람도 알지 못하는 내가 동성애 혐오자로 비난받는 것은 있을 수 없습니다"라고 했다.

* * *

로버트 사라는 다른 종류의 동성애 혐오자다. 나는 강의가 끝난 후 그와 격식 없이 이야기를 나누었다. 하지만 몇 번의 요청에도 불구하고 그와 공식적으로 인터뷰를 하지는 못했다. 한편, 나는 그의 협력자들, 특히 그의 책의 공동저자인 니콜라스 디아트(Nicolas Diat)와 몇 차례 이야기를 나눌 수 있었다.

바티칸에서 아프리카 문제를 담당하고 있는 페르난도 필로니 추기경과, 그리고 사라가 인류복음화성(the Congregation for the Evangelization of Peoples)의 서기였을 때 사라와 함께 살았던 한 신부가 내게 말해주었다.

로버트 사라는 가톨릭 신자로 태어나지는 않았다. 그는 개종했다. 기니(Guinea)의 수도인 코나크리(Conakry)에서 오지 택시(bush taxi)로 15시간 걸리는 코니아구이(Coniagui) 부족에서 자라난 그는 그들의 편견, 의식, 미신, 심지어 주술사와 마녀 의사들의 문화까지도 잘 알고 있다. 그의 가족은 정령(精靈) 숭배자들이다. 그의 집은 그가 잤던 곳의 흙을 이겨 만들어졌다. 그 부족의 추장이던 사라의 전설은 서서히 시작된다.

가톨릭으로 개종한 다음 사제가 되겠다는 생각을 한 것은 성령 사역 선교사들과 만나면서 비롯됐다. 그는 코트디부아르(the Ivory Coast)의 작은 신학교에 입학했고 그 후 1969년에 코나크리에서 사제 서품을 받았다. 그때는 기니의 권력을 쥔 독재자 세쿠 투레(Sékou Touré)가 가톨릭 신자들을 사냥하는 조직을 만들고 있던 시기였다. 1979년, 그 도시의 대주교가 투옥되자 로마는 그 자리에 사라를 임명했다. 이에 그는 세계 최연소 주교가 되었다. 그 고위 성직자는 새로운 독재자와 맞섰고 그와 대결하기 시작했다. 그 독재자는 그를 독살 대상 목록에 넣었다.

내가 심문한 대부분 증인은 사라가 독재 정권하에서 보여준 용기에 대해 진술한다. 또한, 그가 권력 관계를 얼마나 잘 알고 있었는지를 증언한다. 그 고위 성직자는 사치스런 자신의 모습을 감추고 겸손을 드러냈다. 이로써 요한 바오로 2세의 보수적이며 동성애 애호적인 수행단원들에게 주목을 받게 된다. 그들은 공산주의 독재에 대한 그의 대항과 성도덕 및 사제의 독신에 대한 엄격한 주장, 나아가 동성애 및 콘돔 사용에 대한 엄격한 반대 입장에 감탄했다.

2001년, 요한 바오로 2세는 사라를 불렀고 그는 아프리카를 떠나 '로마인'이 되었다. 이 사건은 그의 인생의 전환점이었다. 그는 아프리카를 담당하는 바티칸의 주요 사역 부서인 인류복음화성의 서기가 되었다.

> 나는 로버트 사라가 로마에 도착했을 때 그를 알게 되었어요. 그는 성서학자였습니다. 그는 겸손하고 신중했지만, 당시 추기경인 크레센치오 세페에게 알랑거리며 아첨했어요. 그는 매우 열심히 일했습니다.

프로파간다 피데 궁전(Palazzo di Propaganda)에서 사라와 친했던 아프리카 전문가인 한 사제가 내게 말한다.

몇몇 관찰자들도 크레센치오 세폐와 로버트 사라로 구성된 것이 있을 법하지 않은 팀을 보고 너무 이상한 짝이라 놀랐다. 그 젊은 주교는 눈 하나 깜빡하지 않고 '붉은 교황'으로 알려진 추기경을 섬겼는데, 그 추기경은 화려한 삶을 즐기고 있었다. 그 추기경은 교황 베네딕토 16세 때에 로마로부터 먼 곳으로 파병될 것이다.

> 사라는 대단한 신비주의자입니다. 그는 마치 주문에 걸린 사람처럼 끊임없이 기도합니다. 그를 보면 무서워요. 정말 무섭습니다.

한 사제가 자기의 견해를 말한다.

로버트 사라의 경력에는 다소 믿을 수 없을 만큼 애매한 부분들이 있다. 예를 들어, 1988년에 요한 바오로 2세 교황이 파문한 몬시뇰 르페브르(Lefebvre)의 극우 사상과의 연관이 종종 드러난다. 사라는 르페브르의 이름으로 선교학교를 하나 설립했고, 그 후 프랑스에서 근본주의자로 등장한다.

사라가 가톨릭의 극우파와 친밀했던 것은 젊은 시절의 단순한 가벼운 죄일까, 아니면 그의 생각을 영구히 구체화 시킨 것일까?

또 다른 회색 영역은 라틴어로 '애드 오리엔템'(ad orientem, 동쪽을 향하는 미사) 미사를 드릴 때 그 추기경의 언어적, 신학적 능력이 필수적인 수준에 미치지 못하는 점이다. 즉, 초엘리트주의자(서툰 라틴어라도 그 언어를 말하면서 자신을 일반 사람들로부터 단절시키는 것을 의미한다)이고 교양 없는 무지한 자라는 것이다.

성 아우구스티누스와 성 토마스 아퀴나스에 대한 그의 글은 비난을 받아왔다. 한 신학자에 따르면, 계몽주의 철학자들에 대한 그의 폭언은 "미신으로 이성을 덮는 고어"였다고 한다. 그 신학자는 "중세까지 쭉 갈 수 있는데 왜 제2차 바티칸 공의회 이전으로 돌아가는지!"라고 덧붙인다.

로마에 살고 있는 또 다른 프랑스 학자이자 신학자는 가톨릭에 관한 많은 중요한 책을 출판한 적이 있는데, 세 번의 인터뷰 과정을 통해 내게 말한다.

> 사라는 가장 수준 낮은 신학자입니다. 그의 신학은 매우 유치하지요. 즉, '나는 기도한다, 그러므로 나는 존재한다'라는 식입니다. 그는 권위 있는 주장들을

남용합니다. 그러나 신학자다운 신학자는 그를 진지하게 받아들일 수 없을 것입니다.

사라와 함께 여러 권의 책을 쓴 보수주의 우파에 속한 프랑스 기자 니콜라스 디아트는 파리에서 우리가 함께 가진 세 번의 점심 식사 중에 그 추기경을 변호한다.

사라 추기경은 사람들이 주장하는 것처럼 '전통주의자'가 아니라, 보수주의자입니다. 맨 처음에 그는 추장이었다는 사실을 잊어서는 안 됩니다. 내게는 그는 엄청난 경건함을 지닌 성인(聖人)입니다.

대인 관계 기술, 생활방식, 아프리카에서의 연고 관계 등을 놓고 일부 사람들이 비판하고 있는 성인!
아프리카 대륙을 무조건 옹호하던 사라는 공개적인 성명에서 특정 아프리카 고위 성직자들의 행위에 대해 말을 아꼈다. 예를 들어, 말리의 주교 회의에 속한 고위 성직자들의 행위 및 바마코(Bamako)의 대주교 추기경이 스위스에 거액을 숨겨둔 행위 등(그리고 스위스리크스 스캔들[SwissLeaks scandal]에 따라 밝혀진 사건들)이다.
이것 말고도 내가 알아낸 이상한 출판 비밀이 더 있다. 사라 추기경이 쓴 책의 서점 판매량은 인용된 수치와 거의 일치하지 않는다. 분명히, 작가가 허영심에서 그의 판매 수치를 '부풀리는' 일은 흔한 일이다. 그렇다 하더라도 언론에 발표된 '25만 부'는 실제 서점 판매량보다 10배 가까이 높다. 그 추기경의 '전례가 없는 성공'은 과장을 넘어선다. 사라 추기경의 책 판매량은 단지 프랑스 평균에 불과하다.
2018년 말, 『디우 오우 리엔』(*Dieu ou rien*, 하나님 아니면 아무 것도 아님)은 원래의 대형 판본에서 9,926권이 팔렸고, 『라 포스 뒤 사일런스』(*La Force du silence*, 침묵의 힘)는 은퇴한 교황 베네딕토 16세의 기묘한 서문에도 불구하고 16,325권이 팔렸다(이 수치는 프랑스 출판 데이터베이스 이디스타트(Edistat)에 따른 것이다).
아마존에서의 판매도 마찬가지로 부진하다. 우리가 출판 통계에서 항상 고려되지 않는 교구들 및 신학교에서 배포된 책들과 염가 보급판(『라 포스 뒤 사일런스』는 겨우 4,608부가 판매되었다)을 더한다고 해도, 저자가 말한 '수십만 부'와는 거리가 멀다. 해외에서도 동일하게 부진한데, 특히 번역본의 수가 일부 기자들이 주장했던 것보다 더 적기 때문에 그러하다.

이 '차이'를 어떻게 설명할 수 있을까?

나는 사라의 출판사 내에서 조사를 수행함으로써 마침내 비밀을 알 수 있었다. 이런 미묘한 부분에 대해 잘 아는 두 사람에 따르면, 그의 후원자들과 재단들이 수만 부, 어쩌면 수십만 부에 달하는 그의 책들을 대량으로 구입된 다음 무료로, 특히 아프리카에서 무료로 배포하였다는 것이다. 이런 '대량 판매'는 전적으로 합법적인데 인위적으로 판매 수치를 '부풀리는' 역할을 하면서 출판사와 작가 모두를 기쁘게 한다. 대량 판매는 배급사들과 서점들을 거치지 않기 때문에 출판사에게 상당한 수익을 가져다준다.

작가들은 총판매에서 일정 비율로 지급받기 때문에 더 많은 수익을 얻는다 (어떤 경우는, 처음 출판 계약에 병행 판매가 고려되어 있지 않을 경우, 그 계약에 추가 조항을 더한 후 재협상을 할 수 있다). 사라의 책의 영문판은 아마도 비슷한 방법으로 그의 반(反)동성애 노선과 일치하는 보수적인 가톨릭 출판사인 샌프란시스코의 이그나티우스 프레스(Ignatius Press)를 통해 출판된다.

외교 소식통들 역시 사라의 책들이 아프리카에서 (예를 들어, 베냉(Benin)에서) 무료로 배포된 사실을 확인하였다. 나는 한 프랑스 외교 문화 센터에서 그 추기경의 책 수백 권이 비닐로 덮인 채 쌓여 있는 것을 본 적이 있다.

누가 사라 추기경의 캠페인을 지지하고, 적절한 곳에 그의 책을 배포하는가? 그는 유럽이나 미국으로부터 재정적 지원을 받고 있는가?

한 가지는 확실하다. 로버트 사라는 극보수 가톨릭 협회들, 특히 인간 존엄 연구소와 접촉을 유지하고 있다(그 연구소 소장인 벤자민 한웰이 나에게 확인해 주었다). 사라는 미국에서 종교 자유 베켓 기금(the Becket Fund of Religious Liberty), 콜럼버스의 기사단(the Knights of Columbus), 그리고 그가 강연 한 '국립가톨릭조찬기도회'(the National Catholic Prayer Breakfast) 등, 세 개의 재단들과 관계를 맺고 있었다. 유럽에서도 로버트 사라는 콜럼버스 기사단의 지원을 받고 있었는데, 특히 프랑스의 콜롬버스 기사단이 있었고, 또한 우리가 방문한 후 이 책에 이미 언급한 한 억만장자의 호의를 의지할 수 있었다. 그 억만장자는 지극히 부유한 독일 왕실주의자 글로리아 폰 트룬 운트 탁시스 공주다. 공주 '글로리아 TNT'는 베이언(Bavaria)의 레겐스부르크에 있는 그녀의 성에서 나에게 다음과 같이 확인해 주었다.

우리는 항상 성직자들을 이곳에 초대해왔지요. 그 관습은 우리의 가톨릭 유산의 일부입니다. 나는 로마에서 오는 연사를 맞이합니다. 나는 가톨릭교회에 매우 깊게 관여하고 있으며, 로버트 사라 추기경 같은 연사들을 초대하기를 좋아합니다. 그는 이곳 레겐스부르크에서 그의 책 출판을 제안했고 나는 기자들을 초대했어요. 우리는 멋진 저녁을 보냈지요. 그런 것이 다 나의 사회생활의 일부이지요.

이 고급 사회의 파티 사진을 보면 루트비히 뮐러 추기경, 빌헬름 임캄프 신부, 그리고 교황의 형 게오르크 라칭거(사라의 독일판 책에는 게오르크 겐스바인이 쓴 서문이 들어있다)뿐만 아니라 로버트 사라와 니콜라스 디아트에 둘러싸인 공주를 볼 수 있다. 요컨대, 이들은 소위 "레겐스부르크 네트워크"(das Regensburger Netzwerk)의 핵심 인물들이다.

로버트 사라는 또한 마거리트 피터스(Marguerite Peeters)의 단체와 연결되어 있는데, 피터스는 벨기에 사람으로서 동성애 혐오자이며 반(反)여성운동주의자이고 전투적인 극단주의자다. 사라는 성별 이론을 반대하는 피터스의 작은 책자에 서문을 썼는데 그 책은 거의 전적으로 작가의 비용으로 출판되었다. 그 책에서 사라는 다음과 같이 썼다.

> 부부와 가족생활에 있어서 동성애는 터무니없는 것이다. 인권의 이름으로 그것을 추천하는 것은 적어도 유해한 것이다. 그것을 도입하는 것은 인류에 대한 범죄다. 서방 국가들과 UN 기관들이 비(非)서구권 국가들에게 동성애 및 모든 도덕적인 일탈을 요구하는 것은 받아들일 수 없다. .... 심지어 아프리카, 아시아, 오세아니아, 또는 남미 지역에서 '성적 성향'의 다양성을 장려하는 것은 전 세계 인류 및 도덕을 붕괴시키는 것이며 또한 인간의 타락과 멸망을 앞당기는 것이다!

사라는 어떤 재정 지원을 누리고 있는 것일까?
우리는 모른다. 아무튼 교황 프란치스코는 교황청 내의 특정 추기경들을 마음에 두고 "하나님이 있고 또한 돈의 신도 있다"라고 말했다.
마지막 미스터리가 하나 있다. 추기경의 수행단은 관찰자들을 쉬지 않고 놀라게 한다. 사라는 게이들과 함께 여행도 하고 일도 한다고 한다. 사라와 가까운 협력자 중 한 명은 극우 동성애자인데 노골적인 구애를 하는 것으로 잘 알려져 있다. 사라가 인류복음화성의 비서로 있었을 때, 장관들의 아파트 중 한 곳에서 상류 동성애자들의 파티가 준비된 적이 있었다. 그 파티에는 '사설 무용수들'과 '광란의 마약 상태', 그리고 '마약 그룹 섹스'가 있었는데, 바티칸 내의 사람들은 그 '붉은 교황'의 부서 내에서 발생했던 그 특이한 시기에 대해 여전히 농담을 하고 있다.

사라는 알고 있었을까?

그가 알고 있었다는 증거는 없다.

"사라가 자신이 살며 일하던 건물에서 열리고 있던 외설스러운 파티들과 그 부서에서의 어떤 사제들의 방탕한 생활을 모르고 있었을 가능성이 있었을까요?"

그 당시 사라와 함께 살았던 그 성(省)의 어떤 사제가 큰 충격을 받은 상태에서 의아해하며 말한다(나는 벨기에에서 그와 인터뷰했다).

오늘날, 교황청을 잘 알고 있는 사람들은 사라가 남성 매춘부 알선 스캔들에 휘말린 어떤 몬시뇰과 가깝다는 것을 알고 있다. 이 고위 성직자는 언론의 조롱을 받았고 그 후 동성애 매춘 네트워크에 속하여 있다는 고발을 받았다. 교황에게 처벌을 받은 그 몬시뇰은 사라지더니 바티칸의 사라의 팀에서 기적적으로 다시 등장한다(그의 이름은 아직도 교황청 연감(*Annuario Pontifico*)에 버젓이 있다).

> 로마 교황청에서 게이를 가장 반대하는 그 추기경이 동성애자들에게 둘러싸여 있답니다. 그는 그들과 함께 소셜 미디어에 나타납니다. 또한, 그가 종종 여행하는 로마 또는 프랑스에서 실제 동성애를 행하는 분잡한 동성애자들의 무리 안에 그가 있는 것도 보이구요.

그를 잘 아는 한 프랑스 기자가 목멘 목소리로 말한다.

프란치스코 교황도 사라를 안다. 왜냐하면, 사라 추기경은 공개적으로 교황에 대한 찬사를 외치면서도 사석에서 그를 신랄하게 비판하기 때문이다. 그가 강연할 때, 그의 수행원들은 대중을 끌어들여 그의 책을 판다. 이때 그 수행원은 사라가 "교황과 가장 가까운 고문 중 한 명"이라고 제시한다. 하지만, 사실 그는 교황과 화해할 수 없는 가장 큰 원수 중 한 명이다. 아첨하는 궁인 및 뻔뻔스러운 위선자들에게 결코 속은 적이 없는 프란치스코는 규칙에 따라 그를 잔인하게 처벌한다. 벌써 사라가 바티칸에서 그의 성스러운 냄새를 풍기지 못한 지 오래되었다.

> 사라를 다루는 교황의 기술은 내가 중국의 물고문이라고 부르고 싶은 그런 것입니다. 당장 해고하지 않고, 조금씩 모욕하고, 자금을 빼앗지요. 그의 협력자들을 제거하고 그를 변두리로 밀어냅니다. 그러면서 그의 생각이나 의견 청취를 거절하지요. 그러다가 어느 날 그로 하여금 할복(割腹)하게 만드는 것입니다. 그 기술은 [레이몬드] 버크와 [루트비히] 뮐러를 다룰 때 더 다듬어졌어요. 때가 되면 사라의 차례가 올 것입니다.

필로니 추기경의 수행원으로 있는 교황청 사제 하나가 내게 말한다.

그 중국 고문은 이미 작동 중이다. 2010년에 베네딕토 16세가 추기경으로 서임한 로버트 사라는 가톨릭 자선 단체를 관리하는 강력한 교황 회의 코르 우눔(Cor Unum, 한 마음)의 대표를 맡았다. 그는 종파심을 입증했고, 박애보다는 복음화에 더 신경을 썼다. 프란치스코 교황은 선출된 후에 사라가 덜 자비로운 방법으로 자선 사역을 수행했다는 이유로 그를 그 직위에서 물러나게 했다. 그 중국 고문의 1단계: 교황은 그를 해고하기보다는 교황청을 재정비하고 교황 회의 코르 우눔을 완전히 해체했다.

따라서 사라의 지위는 박탈되었다. 그 유명한 '꼭두각시' 기술을 사용하여 위로의 표시로 그 추기경은 경신성사성(the Congregation for Divine Worship and the Discipline of the Sacraments)의 장관이 되었다. 거기서 그는 계속 실수를 하며 라틴 의례와 애드 오리엔템(ad orientem) 미사를 무조건적인 전투 자세로 밀고 나갔다. 즉, 그 사제는 얼굴을 동쪽으로 향하고 회중에게 등을 보이며 미사를 드렸다. 이에 교황은 그에게 규칙을 지킬 것을 명령했다. 이것이 그 중국 고문의 2단계다. 3단계는, 프란치스코는 당장 로버트 사라의 고문팀인 30명의 추기경 중 27명을 제거했다. 심지어 교황은 사라와 아무런 상의도 없이 자기 사람들을 그 자리에 임명하여 앉혔다.

4단계는, 프란치스코는 사라가 그의 부제들을 거느리지 못하게 했다. 겉으로 보기에는 거의 변한 것이 없었다. 사라는 여전히 그 자리에 있었다. 하지만 그 추기경은 그의 부서의 중심 자리에서 소외되어 아무런 영향력을 발휘할 수 없었다.

오랫동안 그늘에 있던 사라가 자신의 진면목을 드러낸 것은 프란치스코가 그를 불러 가정에 대해 열리는 주교 총회에 참석하게 했을 때였다. 그는 주저함이 없이 이혼을 추문이라고 부르고 재혼을 간통이라고 불렀다. 2015년, 그는 마치 자신이 그의 정령(精靈) 숭배자들의 마을에 아직 있는 것처럼 '계시록의 짐승'(사탄이 교회를 파괴하려고 보낸 7 머리와 10 뿔 달린 짐승)을 공격하는 히스테리성의 연설을 했다.

교회를 위협하는 이 마귀 같은 짐승은 무엇이었을까?

사라의 2015년 연설은 '성별 개념'과 동성애자 결합, 그리고 게이 로비활동에 대해 명백하게 드러났다. 그 추기경은 더 나아가 성 소수자 로비 활동을 이슬람 테러주의와 비교했다. 그가 보기에는 이 둘은 동전의 양면이며 "계시록의 두 짐승"인 것이다(나는 내가 찾아내어 얻은 공식 녹취록에서 인용하였다).

사라는 동성애자들을 다에쉬(이슬람 수니파 극단주의 무장단체)와 비교하면서 돌이킬 수 없는 선을 넘어버렸다.

"우리는 광신자를 상대하고 있습니다."

교황과 가까운 한 추기경이 비공개적으로 거세게 말한다. 주교 총회에 참가했던 한 사제가 내게 말한다.

> 그의 연설은 더 이상 종교에 대한 것이 아니라 전형적인 극우파의 연설이었습니다. 몬시뇰 르페브르의 연설과 다르지 않지요. 우리는 그의 연설의 출처를 더 이상 찾아볼 필요가 없습니다. 사라는 아프리카화된 르페브르입니다.

여기서 이상한 것은 동성애에 대한 사라의 집착이다.

얼마나 완고한지!

이 '계시록의 묵시'에 무슨 정신병이 생긴 것인지!

이 반(反)계몽주의 추기경은 수십 차례의 인터뷰에서 동성애자들을 정죄하거나 그들은 정절을 지켜야 한다고 간청한다. 너그럽게도 그는 그들 중 가장 조신하는 자들에게 '회생 치료 요법'을 제안하기도 한다!

그 치료는 그들을 '치료'해 줄 뿐만 아니라 이성애자로 만들어준다고 하는데, 종종 사제 겸 심리분석가인 토니 아나트렐라(Tony Anatrella)와 가짜 묘약 장사꾼들이 옹호하는 치료 방법이다. 만약 어떤 동성애자가 금욕을 할 수 없다면 회복 요법은 그들을 도울 수 있다고 한다.

"많은 경우, 동성애 행위가 아직 굳어지지 않았다면, [이런 동성애자들은] 적절한 치료 방법에 긍정적으로 반응할 수 있습니다."

이런 배경을 가지고 있음에도 그 추기경의 입장에 모순이 없는 것은 아니다. 그는 프랑스에서 그의 '반(反)성별 이론'을 지지하는 자들의 일부가 2017년 대선에서 미란 르 펜(Marine Le Pen)을 지지했던 순수 인종주의자들이라는 것을 모르고 '매니 푸 투스'(Manif pour tous, 모두를 위한 데모) 운동을 지지했다. 따라서 가정에 대한 절대론자의 비전을 옹호하는 추기경이 '프랑스 본토박이'만을 위해 가족수당을 주겠다고 하는 자들과 또한 아프리카 부모들과 그들의 자녀들의 가족적인 재결합을 반대하는 자들을 지지하는 자로 드러났다.

경솔한 행동인가,
아니면 도발적인 행동인가?

로버트 사라는 심지어 다니엘 맷슨(Daniel Mattson)이 쓴 『왜 나는 나를 게이라고 부르지 않는가』(Why I Don't Call Myself Gay)라는 책의 서문을 썼다. 현기증 나게 하는 제목이 붙은 이 책에서 저자는 동성애자들에게 '자애'도 '동정'도 아닌 철저한 금욕을 제안한다는 점에서 의미가 크다.

사라는 "배설을 자제하는 한 동성애는 죄가 아니다"라고 제안한다.

"간음한 여자와 마주하였을 때 예수께서는 '나는 너를 정죄하지 않는다. 가서 더 이상 죄를 짓지 말라'고 말하지 않았는가?"

이것이 사라의 메시지인데, 이 메시지는 이상하게도 동성애 성향을 따르지 않기 위해 정절의 가치를 강조해 온 많은 동성애 가톨릭 작가들과 사상가들의 주장과 다르지 않다.

사라는 의식적이든 아니든 이런 종류의 진술로, 자신들의 성향을 금욕주의나 신비주의로 승화시키거나 억눌러온 가장 희화화된 동성애 애호가들에게 가까이 가게 된다. 그 고위 성직자는 이 '병'에 대해 상당히 많은 책을 읽었고, 로마에서 동성애 질문과 관련한 강연에 참여했으며 특히 성 토마스아퀴나스교황청대학에서 강연들을 들었다(이는 다니엘 맷슨의 책 『왜 나는 나를 게이라고 부르지 않는가』에 그가 쓴 서문에서 밝힌 내용이다).

그는 그 서문에서 이렇게 썼다.

"(동성애자들의 강연을 들으면서) 나는 그들이 하나님의 자녀로서의 참된 정체성에 반대되는 삶을 추구함으로 겪게 되는 외로움, 고통, 불행을 느꼈다."

"오직 그들은 그리스도의 가르침에 합당한 삶을 살았을 때에야 그들이 찾고 있던 평강과 기쁨을 누릴 수 있었다."

* * *

사실 로버트 사라의 세계는 허구다. 서구의 근대성이 아프리카의 이상과는 반대가 되는 것처럼 비판한 그의 말은 아프리카를 모르는 사람들에게만 그럴 듯하게 들릴 것이다.

"아프리카의 현실은 순수한 관념만을 따르는 사라의 주장과는 어떤 면에서도 일치하지 않습니다."

바티칸에서 그와 함께 일해 온 아프리카 외교관이 내게 말한다.

사라의 착각은 특히 세 가지 문제에서 두드러진다. 사제의 독신주의, 에이즈, 그리고 소위 아프리카의 동성애 혐오증이다. 전 아프리카 세계은행 대변인을 지낸 캐나다 경제학자 로버트 칼데리시(Robert Calderisi)는 나와 인터뷰할 때 그 대륙의 대부분 사제는 조심스럽게 여자와 살고 있으며, 다른 사제들은 일반적으로 동성애자여서 유럽으로 망명하려 한다고 설명한다.

"아프리카 사람들은 사제들이 자기들처럼 결혼해서 아이를 갖기를 바란답니다."

칼데리시는 덧붙여 말한다.

내가 이 조사를 위해 인터뷰를 한 모든 교황 대사들과 외교관들, 그리고 내가 방문했던 아프리카 국가들, 즉 카메룬, 케냐, 남아공에서 만났던 모든 사람은 아프리카의 가톨릭 사제들은 이성애든 동성애든 흔한 이중생활을 하고 있다고 확인시켜 준다.

> 사라는 상당수의 아프리카 가톨릭 사제들이 여자와 함께 살고 있다는 것을 매우 잘 알고 있습니다. 더욱이 만약 그 사제들이 이성애의 관행을 보여주지 않는다면, 그곳 마을에서 합법적으로 살 수 없어요!
>
> 로마로부터 멀리 떨어져 있는 사제들은 때때로 마을 교회에서 결혼하지요. 현재 사라가 말하는 정절과 금욕은 아프리카 사제들의 삶을 잘 아는 우리에게는 황당무계한 이야기일 뿐입니다. 그것은 신기루입니다.

아프리카를 전문으로 연구하고 사라 추기경을 잘 아는 한 사제가 말한다.

이 고위 성직자 사라는 또한 동성애가 서아프리카 부족들, 특히 기니에서 전통적인 통과 의례 중 하나임을 잘 알고 있다. 그 추기경이 이런 아프리카의 생활 특징을 모를 리 없다.

오늘날, 아프리카의 신학교들 역시 1950년대의 이탈리아 신학교처럼 동성애자들의 장소이며 게이들의 보호 공간이다. 여기서 다시 말하지만, 이것은 사회학적 법칙 또는, 감히 말한다면, 다원주의의 관점에서 볼 때 일종의 '자연 선택'이다. 교회는 아프리카의 동성애자들을 낙인찍음으로써 그들을 숨도록 만든다. 그들은 자신들을 보호하기 위해 신학교로 피신하고 결혼을 할 필요도 없게 된다. 그들은 할 수 있다면 유럽으로 피신한다. 그곳 이탈리아, 프랑스, 스페인 주교들은 그들이 그곳의 교구를 다시 채워줄 것을 호소한다. 그렇게 되면 모든 것이 원점으로 돌아오는 것이 된다.

로버트 사라의 연설은 아프리카를 떠난 이후 더욱 강경해졌다. 주교는 사제보다 더 정통하고 추기경은 주교보다 더 정통하다. 그는 아프리카에서는 많은 비밀에 눈을 감아주었지만, 로마에서는 그 어느 때보다도 비협조적이었다. 이제 동성애자들은 그의 눈앞에서 에이즈, 성별 이론, 게이 로비와 같은 모든 것들과 함께 희생양이 되었다.

로버트 사라는 아프리카에서 콘돔 사용에 가장 큰 반대 목소리를 낸 추기경 중 한 명이었다. 그는 콘돔 사용을 선전하고 장려하는 국제개발 원조를 거절했고, 교회에 콘돔과 관련한 그 어떤 사회적 사명도 허락하지 않았으며, 콘돔을 유통한 카리타스(Caritas) 네트워크와 같은 협회들을 처벌했다.

> 아프리카에서는 종종 교회의 이념적 연설과 실용적인 현장 사역 사이에 큰 간격이 있답니다. 나는 수녀들이 그곳 어디에서나 콘돔을 나눠주는 것을 보았어요.

서아프리카 세계은행의 전 대변인인 캐나다 경제학자 로버트 칼데리시가 말한다.

사라는 동성애에 대해 또 다른 역사적인 오류를 범한다. 여기서 그가 사상의 견본으로 취한 것은 제3의 신세계주의(neo-Third-Worldist)다. 그는 때때로 서양인들은 인권을 통해 자신들의 가치를 강요하려고 한다고 말한다. 서양인들은 동성애자들의 권리를 인정해주지만, 대륙 민족들의 '아프리카적인 특성'

을 부정하고 싶어 한다는 것이다. 그러므로 사라는 아프리카의 이름으로 병든 서방과 맞서겠다는 것이다(그를 비방하는 자들은 그가 아프리카를 떠난 지 오래 되었다는 사실을 지적한다).

그에게 있어서는 성 소수자의 권리는 보편적일 수 없다.

사실, 내가 인도에서 발견했듯이, 현재 아시아와 아프리카의 국가 중에는 동성애 혐오법이 형법의 일부로 되어있다. 이 혐오법은 1860년경에 빅토리아 영국이 영연방의 식민지와 피보호국들 내에서 제정한 것이다(최초의 형법 견본은 인도의 형법 377조다. 그 후 보츠와나, 감비아, 케냐, 레소토, 말라위, 나이지리아, 소말리아, 스와질란드, 수단, 탄자니아, 잠비아… 등에서 같은 번호로 형법이 만들어졌다).

더욱이 북아프리카와 서아프리카에도 그런 법이 존재하는데, 그것은 프랑스 식민주의의 잔재다.

그러므로 동성애를 처벌하는 것은 아프리카 민족과는 전혀 무관하며 단지 식민주의의 잔재일 뿐이다. 이에 소위 '아프리카적인 특성'은 식민지 개척자들이 원주민 아프리카인들을 '문명화' 시키고, 그들에게 동성애 관행을 정죄하며 '훌륭한' 유럽 모델을 가르치기 위해 내렸던 어떤 명령에서 생겨난 것으로 추정된다.

이런 식민지 역사의 동성애 혐오적인 면을 고려한다면 우리는 사라 추기경의 연설이 얼마나 편중되었는지 알 수 있다. 그가 "아프리카와 아시아는 자신의 문화와 가치를 절대적으로 보호해야 합니다"라고 주장하거나, 교회가 "가족에 대한 서구적인 시각"을 가져서는 안 된다고 주장할 때, 그 추기경은 자신의 편견과 사욕에 눈이 먼 채 신자들을 학대하고 있다. 여기서 그의 연설은 아프리카 독재자이며 전 짐바브웨(Zimbabwe) 대통령이었던 로버트 무가베(Robert Mugabe)가 동성애는 "반(反)아프리카적 서구적 관행"이라고 말했던 연설, 동성애는 "아프리카 전통과 반대됩니다"라고 반복하며 말했던 케냐와 우간다의 독재 대통령들의 연설과 유사하다.

결론적으로 말하면, 만일 로버트 사라나 윌프리드 네이피어 같은 추기경들이 자신들에게 진실하다면 그들은 진정한 아프리카의 전통으로 되돌리겠다는 생각 가운데 반(反)식민주의라는 이름으로 아프리카에서의 동성애의 비(非)처벌을 요구할 것이다.

＊　　　＊　　　＊

　프란치스코 교황의 때가 되어서야 콘돔에 대한 교회의 의견은 누그러졌거나, 적어도 불투명해졌다. 교황은 2015년 아프리카를 여행하면서 콘돔은 에이즈와의 전투에서 '살아날 수 있는' 방법의 하나라고 분명하게 인정했다. 그는 예방에 대해 말하기보다 에이즈 전염병 치료에 대한 교회의 주요 역할을 강조할 것이다. 이에 카리타스 인터내셔널리스(Caritas Internationalis, 국제 자선)와 같은 가톨릭 네트워크뿐만 아니라 수천 개의 병원, 약국, 고아원들이 병자를 치료하고 그들을 위한 항바이러스 요법을 찾을 것이다. 그 와중에, 에이즈는 전세계 및 특히 아프리카에서 3천 5백만 명이 넘는 사망자를 냈다.

15

이상한 잠자리 동료들
(Strange househoid)

요한 바오로 2세의 추기경들과 교황 대사들은 아프리카에서 콘돔 사용에 반대하는 투쟁을 벌인 후 시민 결합(civil unions)을 금하려고 노력했다. 이제 우리는 이 책에서 가장 놀라운 에피소드 하나를 말할 것이다. 동성애 애호가들과 동성애자들이 게이 결혼에 대항하여 전투를 벌이는 에피소드다.

2001년 4월 1일, 동성 커플 결혼에 대한 깜짝 놀랄 소개 행사로 논쟁이 시작된 것은 네덜란드에서였다. 게이 단체는 대담하게도 암스테르담에서 그 행사를 축하했다. 이 사건은 국제적으로 발전했다. 새로운 법 조항은 다음과 같이 꽤 간단하게 쓰였다.

"결혼 서약은 성별이 다른 두 사람 또는 동성끼리 맺어질 수 있다."

교황청의 일부 분석가들은 경고 신호가 뜨는 것을 발견했고, 프랑수아 바케처럼 각 나라에 주재하는 교황 대사들은 수없이 많은 경보 차원의 외교 전보를 로마로 보냈다. 그러자 바티칸은 이 엄청난 네덜란드의 결정을 제 2의 인류의 타락으로 받아들였다.

그 당시 교황 요한 바오로 2세는 건강 때문에 활동하지 못하고 있었다. 이에 국무원장이 충분한 소동을 일으켰다. 한 목격자에 따르면, 국무원장 안젤로 소다노는 말 그대로 '당황'과 '당혹함'을 숨기지 못하였고, 그런데도 확고부동한 차분함을 유지하는 가운데 그 당황함과 곤혹스러움을 그의 팀과 분명하게 나누었다고 한다. 그는 교황청 전체와 함께 서유럽에서 발생한 이 전례를 받아들이기를 거부했을 뿐만 아니라, 네덜란드의 결정 때문에 다른 나라들도 한꺼번에 그런 결정을 내릴까 봐 우려했다.

소다노는 바티칸의 외교 '장관'인 프랑스 사람 장루이 토랑에게 그 사건을 맡아서 일하도록 하고 이미 칠레에서 그의 대리인이었던 교황 대사 바케의 지원을 받도록 했다. 그 직후, 그는 다각적 차원에서 그 논쟁을 지켜보도록 그가 과거에 직접 서임한 실바노 토마시를 제네바 주교로 임명했다. 베네딕토 16세의 외교 '장관', 도미니크 맘베르티(Dominique Mamberti)도 이 일에 중요한 역할을 할 것이다(이 이야기를 위해 나는 토랑, 바케, 토마시, 맘베르티 등 4명의 핵심 관계자들과 대화했고, 10명의 다른 바티칸 외교 소식통과 대화했다. 나는 또한 바티칸의 입장을 유엔에 알리는 유엔 주재 외교관들로부터 수십 통의 기밀 전보 사본을 입수했다. 마지막으로 나는 몇 명의 외국 대사들, 즉 프랑스 외무장관 버나드 쿠치너(Bernard Kouchner), UNAIDS 사무총장 미셸 시디베(Michel Sidibé), 그리고 뉴욕의 유엔에서 '핵심 그룹'을 감독하는 장모리스 리퍼트(Jean-Maurice Ripert) 대사와 이야기를 나누었다).

2001년(네덜란드의 '충격'적인 결정이 있던 해)과 2015년(미국에서 '동성 결혼'이 대법원에 따라 승인되어 교황청의 영구적인 패배를 확인하여준 해) 사이에 셀 수 없이 많은 교황 대사들과 주교들 가운데 전례 없는 전투가 펼쳐질 것이다. 바오로 6세 때에는 교황 대사가 73명에 불과했으나, 요한 바오로 2세의 교황직이 끝날 무렵에는 178명(오늘날 183명이 있다)에 이르렀다. 곳곳에서 시민 결합과 게이 결혼을 반대하는 운동을 여는 것이 바티칸의 가장 우선된 일 중 하나가 될 것이고, 고위 성직자들의 목소리가 커질수록 그들의 이중생활에 대한 침묵은 더욱 깊어만 갈 것이다.

프랑수아 바케는 네덜란드에서 주교들과 가톨릭 협회들을 동원해 거리로 나서라는 요청을 받았다. 그렇게 해서 그 정부가 그 결정을 되돌리도록 해보라는 것이었다. 그러나 그 교황 대사는 로마가 임명한 추기경들(게이를 강력하게 반대하는 빌렘 제이콥스 아이크['Wim' Eik] 포함)을 제외하고는 네덜란드의 주교들 대부분이 자유주의적이지는 않더라도 온건파라는 사실을 재빨리 깨달았다. 교회의 저변은 진보적이었으며, 오랫동안 사제의 독신주의 종식, 이혼한 부부에게 성찬식 개방, 심지어 동성 결합의 인정까지 요구해 왔었다. 즉, 네덜란드에서의 전투는 이미 패배한 상태에 있었다.

'핑크(동성애) 물결'에 대한 저항은 유엔 인권 이사회에서 더 가망 있어 보였다. 이슬람 나라들과 몇몇 아시아의 나라들의 철저한 반대를 고려할 때 그 결혼 문제는 토론의 자리까지 나올 가망도 없었다. 하지만 소다노는 스위스에 막 도착한 교황 대사 토마시에게 전력을 다해 동성애의 비(非)범죄화를 막아야 할 것이라고 주의를 주었다. 그렇지 않으면 나쁜 본보기가 생겨나고 그 효력은 눈덩이처럼 커지면서 게이 커플을 인정하는 길을 열어줄 것이라고 했다.

유엔 차원에서 동성애를 비(非)범죄화하자는 제안은 이미 있었다. 보리스 디트리히(Boris Dittrich)가 암스테르담에서 인터뷰하며 설명한 것처럼, 브라질, 뉴질랜드, 노르웨이는 2003년부터 이 주제를 끄집어내기 위해 몇몇 조심성 있는 시도를 했다.

> 나는 오랫동안 전투원이며 정치가였습니다. 나는 네덜란드의 법을 바꾸는 것을 도운 후, 우리가 국제적인 차원에서 이 싸움을 계속해야 한다고 생각했습니다.

전직 치안판사였던 이 네덜란드 국회의원은 그 나라에서 게이 결혼을 고안한 자였다.

한편, 로마에서는 베네딕토 16세가 선출되었고 바티칸의 우두머리 자리에 있던 소다노는 그의 바람과는 달리 타르치시오 베르토네로 교체되었다. 한편, 새 교황은 동성 결혼에 대한 그의 반대 입장을 우선순위로 삼았으며 아마도 개인 문제로까지 삼은 것 같다.

사실, 교황 대사 토마시가 아직 모르는 것과 바티칸의 추기경들이 그들의 편견 때문에 눈이 가려서 과소평가한 것은, 2000년대 중반에 세상이 급변하고 있다는 사실이었다. 친(親) 게이적인 역동성은 유럽 연합의 회원들인 많은 서방 국가들 가운데 이미 거세게 일어났고 그 국가들은 심지어 네덜란드 모델을 모방하기를 원했다.

프랑스가 유럽연합(EU)의 총재를 맡게 되면서 동성애의 비(非) 처벌화를 우선시하기로 하자 유엔에서도 힘의 균형이 바뀌었다. 아르헨티나와 브라질 등 중남미의 여러 나라도 공세에 나섰다. 크로아티아와 일본은 물론 아프리카 국가인 가봉 역시 이 '핵심 그룹'에 합류하였다. 따라서 이제 곧 제네바와 뉴욕에서는 이 문제로 전투가 있을 것이다.

바티칸은 이런 상황을 모른 채 국가 간의 교류에 한 번도 관여하지 못했다. 그 사이 수개월 동안 국가들은 비밀 협상을 마무리하고, 2008년 12월 뉴욕에서 열릴 예정인 유엔 총회에 한 가지 제안을 제시하기로 했다. 제안을 통한 '권고'는 다수 유권자의 찬성을 받아야 하는 '결의'와는 달리 구속력은 없다. 하지만 상징성은 그만큼 강력할 것이다.

"나는 우리가 과반수 득표를 확신하지 못한다면, 결의안을 제시해서는 안 된다고 생각했습니다."

디트리히가 확실하게 말한다.

"결의안을 냈다면, 동성애자들의 권리를 반대하는 유엔의 공식결정이 났을 위험이 있었을 것이고, 그렇게 되었다면 우리는 오랫동안 싸워온 그 싸움에서 졌을 것입니다."

그 제안이 단지 서구만을 위한 것처럼 보이지 않도록 하고, 또한 북방 나라들과 남방 나라들 사이에 괴리가 생기는 것을 막기 위해 그 '핵심 그룹'의 외교관들은 아르헨티나를 초청해 공식 선언을 하도록 했다. 그렇게 하여 그 제안은 보편적이며, 모든 대륙에서 옹호를 받게 될 것이다.

실바노 토마시는 2007년까지도 그 위협을 심각하게 받아들이지 않았다. 그러나 로마에서는 베네딕토 16세의 새로운 외교 '장관'인 프랑스 사람 도미니크 맘베르티가 동성애를 둘러싼 여러 문제에 대해 매우 잘 알고 있었는데 그 프로젝트에 대한 소문을 듣게 되었다. 교황 대사들은 일반적으로 정보에 밝다. 그리고 그 정보는 곧 교황청에 이르렀다. 맘베르티는 교황과 베르토네 추기경에게 위험을 알려주었다.

자신의 삶에 있어서 동성애의 어떤 부분도 인정하지 않은 교황 베네딕토 16세는 상황을 알고는 절망했다. 2008년 4월 18일, 뉴욕 유엔본부를 직접 방문한 그는 반기문 사무총장과 사적으로 만나 그에게 강화(講話)를 했다. 교황은 그 사무총장에게 어떤 형태로든 동성애자들의 권리를 수용하지 않도록 부드럽지만 강한 표현으로 말했다. 그는 자신의 절대적인 적대감을 드러냈다. 반기문 총장은 열변을 토하는 교황에게 경의를 표하며 경청했다. 하지만 얼마 지나지 않아 그는 게이 권리 보호를 그의 우선 과제 중 하나로 삼았다.

교황청은 2008년 여름 이전부터 친(親) 성 소수자 선언이 유엔에 제출될 것을 알고 있었다. 교황청의 반응은 두 방향으로 나타났다.

첫째, 무엇보다 교황 대사들은 국가 정부들이 돌이킬 수 없는 일을 저지르지 못하도록 정부에 개입하라는 요청을 받았다. 그러나 매우 빠르게, 바티칸은 모든 유럽 국가들이 예외 없이 그 선언문에 투표하리라는 것을 알게 되었다. 요한 바오로 2세의 폴란드와 베를루스코니의 이탈리아까지 투표할 것이다!

이제 그 사건을 맡고 있던 타르치시오 베르토네 국무장관은 이탈리아 주교회의와 연락하면서 끙끙 고민하게 되었고, 팔라초 키지(the Palazzo Chigi) 및 의회에서 그의 모든 정치적 연줄들을 이용했지만, 여전히 이탈리아 정부 태도를 바꾸어 낼 수는 없었다.

둘째, 바티칸은 호주, 이스라엘, 일본 등의 모든 곳에서 흔들릴 가능성이 있는 몇몇 나라들을 시험해 보았다. 하지만 각국 정부들은 그 선언문에 서명할 준비를 하고 있었다. 특히 라틴 아메리카에서는 스페인어와 포르투갈어를 사용하는 거의 모든 나라가 같은 방향으로 가고 있었다. 아르헨티나의 크리스티나 키르치네르 대통령은 그 선언문을 공개할 준비가 돼 있음을 확인해 주었고, 아르헨티나 주교 회의 의장으로 있던 호르헤 베르고글리오 추기경도 어떤 형태의 차별에도 반대한다는 소문이 돌았다.

이에 바티칸은 "그 누구도 동성애 때문에 처벌 대상이 되거나 죄인 취급을 받아서는 안 된다"는 허울 좋은 주장을 내놓으며 복잡한 태도를 보였다. 물론 그 주장은 거짓된 주장이 아니었고 그 주장에 선 바티칸의 입장 역시 궤변을 부리는 태도는 아니었다. 하지만 바티칸은 그런 주장과 입장에 서서, 인권에 관한 기존의 문헌들은 '충분하다'고 설명하면서 계속 친(親)성소수자 선언을 반대했다. 바티칸은, 불의와 싸운다는 구실로 새로운 것을 만드는 것은 '새로운 형태의 차별'을 만들 위험을 무릅쓰는 것이라고 주장했다.

마침내 바티칸 외교관들은 '성적 지향'과 '성 정체성'이라는 표현에 맞서 싸웠는데, 그들의 관점에서 볼 때 그런 표현들은 국제법상 아무런 가치도 없다는 것이었다. 그런 표현들을 인정하는 것은 일부다처제나 성적 학대의 정당화로 이어질 수 있다고 주장했다(여기서 나는 외교 전보에 나타난 표현을 인용하고 있다).

> 바티칸은 동성애의 비(非)처벌화를 막기 위해 감히 소아성애에 대한 두려움을 불러일으켰어요!
> 정말 말도 안 되지요!
> 그 주장은 우리가 소아성애 사제들과 관련된 사건들의 수를 알고 있다는 사실을 감안할 때 매우 그럴듯했어요.

그 교섭에 참여했던 한 프랑스 외교관이 강조한다.

베네딕토 16세 교황의 바티칸은 인권이 동성애자에까지 확장되는 것을 반대하면서 국제법에 대한 오랜 가톨릭의 의혹을 다시 끄집어내었다. 요제프 라칭거가 보기에는, 교리로 바뀐 규범들은 본질에서 신성한 것이다. 그러므로 그 규범들은 국가법보다 우월하기에 국가에 강요되었다는 것이다. 이 교황권 절대주의는 곧바로 시대착오적인 모습으로 드러났다. 프란치스코는 당선 후 '성직자주의'(clericalism)에 대해 깊은 적대감을 드러낼 것이며, 최선을 다해 베네딕토 16세의 낡은 관념을 떨쳐버리고 교회를 다시 세계 질서 가운데로 돌아오게 할 것이다.

이런 라칭거식의 전략이 실패하자 교황청은 방법을 바꾸었다. 더 이상 '부유한' 나라들의 입장을 흔들어 놓을 수 없었기 때문에 이제는 '가난한' 나라들을 흔들어 놓아야 할 때가 왔다고 보았다. 이에 제네바에 주재하는 실바노 토마시는 무슬림 출신, 아시아 출신, 특히 아프리카 출신의 동료들에게 경각심을 불러일으키면서 유엔의 진행을 저지하고자 했다(그는 아디스 아바바[Addis Ababa]에 있을 때 아프리카 연합의 참관자로 있으면서 아프리카의 국가들에 대해 잘 알게 되었다).

뉴욕의 유엔에서는 레나토 마르티노를 이어 그의 동료이며 교황 대사인 셀레스티노 미글리오르(Celestino Migliore)가 활동하고 있었다. 로마에서는 베네딕토 교황이 걱정 가운데서도 다소 일들을 잘 풀어가고 있었다.

실바노 토마시가 유엔 선언에 반대하는 가톨릭교회 입장을 설명하며 내게 말했다.

> 우리의 외교 노선은 내가 이성과 상식의 목소리라고 부르고 싶은 선상에 있었습니다. 우리는 특별한 관심사가 아닌 보편적인 관심사에 찬성을 하는 것이지요.

그때 바티칸이 오류를 범했다. 바티칸은 새로운 십자군 전쟁을 준비하기 위해 몇몇 이슬람 독재국가의 신권 정치에 동의하는 안을 쳤다. 외교에서는 이를 '전도(顚倒)된 동맹'이라고 부른다. 이 오류는 많은 서방 외교관들이 역사적 잘못으로 여기는 오류였다.

이렇게 하여 바티칸은 이란, 시리아, 이집트, '이슬람국제회의기구'(the Organization of the Islamic Conference), 그리고 심지어 외교 관계조차 없었던 사우디아라비아와 교섭하면서 이질적인 응급 연합에 가입했다!

확증된 소식통에 따르면, 이런 응급 연합이 없었더라면 교황 대사들은 사형제도, 종교의 자유, 그리고 인권의 전반적인 문제들에 대해 갈등을 빚었을 나라들이었는데, 이제는 그 나라들의 수장들과 수많은 대화를 나누게 되었다.

아르헨티나는 계획대로 2008년 12월 18일 유엔 총회에서 '성적 지향과 성 정체성에 관한 선언'을 옹호했다. 그 발의는 66개국의 지지를 받았다. 유럽연합의 모든 나라가 서명했고, 아프리카 6개국, 아시아 4개국, 중남미 13개국과 이스라엘, 호주, 캐나다도 예외 없이 서명했다. 유엔 역사상 처음으로, 모든 대륙의 나라들이 성적 지향에 근거한 인권 침해를 반대하는 목소리를 냈다.

"매우 감동적인 역사적인 순간이었습니다. 거의 눈물을 쏟을 뻔했지요."

'핵심 그룹'을 창설했던 유엔 주재 프랑스 대사 장모리스 리퍼트가 내게 자백한다.

예고된 대로, 시리아는 같은 때 59개의 다른 나라들의 이름으로 '성적 지향과 성 정체성이라는 추정된 개념들'이라는 반대 선언문을 낭독했다. 그 선언문은 '사회의 자연적이고 근본적인 요소'로서의 가정을 보호했고 '새로운 권리'와 '새로운 기준'의 창설은 유엔의 정신을 저버린 것이라고 비판했다.

특히, 그 선언문은 '성적 지향'이라는 표현을 정죄하면서 그것은 '소아성애 등 수많은 개탄스러운 행위'를 합법화시켜주는 길을 열어주는 것이며 또한 국제법상 아무런 근거를 갖지 못하고 있다고 비난했다. 31개의 아프리카 국가들, 아시아 여러 나라, 그리고 물론 이란뿐만 아니라 거의 모든 아랍 국가들은 이 반대 선언을 지지했다. 서명자 중에는 베네딕토 16세의 바티칸도 있었다.

"바티칸은 이란과 사우디아라비아와 전혀 어울리지 않는 제휴를 하였습니다. 적어도 기권했을 수도 있었는데요."

이탈리아 급진당과 가까운 게이협회 세르티 디리티(Certi Diritti, 특정 권리) 회장 세르히오 로바시오(Sergio Rovasio)가 피렌체에서 가진 인터뷰에서 말한다.

더욱이 중국, 터키, 인도, 남아공, 러시아와 같은 68개 '중립' 국가들은 아르헨티나가 제시한 선언문이나 시리아의 반대 성명에 자신들을 결부시키기를 거부했다. 결국, 바티칸도 그들처럼 중립을 지킬 수 있었던 것이었다.

내가 바티칸의 입장에 대해 교황 대사 실바노 토마시에게 질문하자, 그는 이번 선언이 "인권에 대한 전반적인 의제 안에서 게이 권리를 통합하려는 국제 사회와 유엔 차원에서 운동"의 시작점이라며 유감을 나타냈다. 그의 말은 상당히 정확하다. 네덜란드가 동성 결혼을 채택한 해인 2001년에서 베네딕토 16세의 교황직이 마치던 해인 2013년 사이에 게이 문제에 대한 국제적인 '추진력'은 크게 발전했다.

미국 국무장관 힐러리 클린턴(Hillary Clinton)은 2011년 12월 제네바에서 유엔에 똑같이 선언했다.

"어떤 이들은 게이 권리와 인권은 별개이며 구별되는 것이라고 주장해 왔지만, 사실 그것들은 하나이며 똑같은 것입니다. … 게이 권리는 인권이며, 인권은 게이 권리입니다."

바티칸의 외교관들은 오늘날 대부분의 서방과 라틴 아메리카 정부들이 채택된 이 메시지(인권을 전부 포용하는 것이 아니면 전혀 포용하지 않는 것이다)를 묵묵히 들었다.

하지만 베네딕토 16세는 교황직이 끝날 때까지 자기의 생각을 내려놓지 않았다. 그는 시민 결합과 게이 결혼을 반대하는 싸움을 벌이곤 했다. 사실, 교황은 또다시 그 싸움을 하는 것을 자신의 원칙으로 삼았다.

그러나 그는 이 전투가 이전 전투와 마찬가지로 이미 패배한 사실을 알고 있었을까?

> 베네딕토 16세와 같은 사람에게는 동성애와의 싸움은 언제나 그의 삶의 대의였지요. 그는 게이 결혼이 합법화되는 것을 상상조차 할 수 없었답니다.

교황청의 한 사제가 나에게 확인시켜 준다.

이 어두운 순간에, 비록 패배를 의미한다고 해도 물러설 마음이 없었다! 그래서 그는 어떻게 되든 최초의 기독교인들처럼 맹목적으로 자기 자신을 사자 굴에 던졌다!

게이 결혼에 대항하여 끝까지 싸우겠다는 이 정신 나간 비이성적이고 아찔한 역사는 이 책에서 중요한 내용이다. 왜냐하면, 그것은 동성애 애호 사제들과 밀실에 숨은 동성애 고위 성직자들의 군대가 매일같이 '공개된 게이' 운동가들의 군대에 대항하는 싸움을 보여주기 때문이다. 게이 결혼에 대한 전쟁은 그 어느 때보다도 동성애자들 사이의 싸움이었다.

다음 몇 장에서 스페인과 이탈리아를 장황하게 다루기 전에, 나는 3개국, 즉 페루, 포르투갈, 콜롬비아의 현장에서 가진 인터뷰를 바탕으로 이 전투의 이야기를 시작하겠다.

* * *

짧고 하얀 턱수염을 하고, 큰 시계를 찬 채, 갈색 가죽 웃옷을 입은 카를로스 브루스(Carlos Bruce)는 라틴 아메리카의 성 소수자 단체에서 놓칠 수 없는 인물이다. 나는 온건 우파 정부의 장관을 두 번 지낸 이 국회의원을 2014년과 2015년에 걸쳐 리마에서 여러 차례 만났다. 그는 남미 대륙에서의 게이 권리에 대한 일반적인 우호적인 상황을 나에게 설명했다.

물론 페루에서처럼 각국의 특성은 따로 역동적으로 작용할 것이다. 내가 관찰한 바에 따르면, 리마에서는 활발한 동성애 활동을 볼 수 있다. 현재 동성애에 대한 관용은 증가하고 있다. 그러나 게이 커플의 권리, 시민 결합, 그리고 게이 결혼에 대한 인정은 가톨릭교회의 반대에 부딪혔다. 소아성애 사례가 증가함으로 교회의 도덕적인 실패가 입증되었음에도 교회는 동성애의 그 어떤 진전도 가로막았다.

이곳의 후안 루이스 치프리아니(Juan Luis Cipriani) 추기경은 노골적인 동성애 혐오자입니다. 그는 동성애자들에 대해 '질이 나쁜 손상된 상품들'이라고 말하는데, 그에게 동성애는, 그의 말로는, 대학살과 비교될 정도지요. 하지만 아야쿠초(Ayacucho) 지역에서 주교가 성폭행으로 고소를 당하자, 치프리아니는 그를 변호하고 나섰습니다.

카를로스 브루스가 뚜렷하게 역겨워하며 말한다.

오푸스 데이회 회원인 치프리아니는 교황청 국무원장 안젤로 소다노의 적극적인 지지에 힘입어 요한 바오로 2세 때 추기경으로 서임되었고, 그는 소다노와 마찬가지로 극우와의 연고와 해방 신학에 대한 그의 반감 등으로 비판을 받아왔다. 한편, 이런 해방 신학에 물든 어떤 사제들은 페루 공산당 샤이닝 패스(Shining Path)와 같은 마오쩌둥주의(Maoist)의 게릴라와, 또는 보수적인 성직자들을 공포에 떨게 했던 게바라주의자들의 MRTA(Túpac Amaru Revolutionary Movement, 투팍 아마루 혁명 운동)와 함께 하였던 것은 사실이다.

아무튼, 이런 지역적 특성과는 별개로, 그 추기경은 그와 동일한 신앙을 가진 수많은 사람처럼 불가능한 일을 해내는 데 성공했다. 즉, 동성 결혼을 강력하게 대적하면서도 (아직까지 페루에는 시민 결합마저 허락되어 있지 않다) 소아성애 사제들을 비난하지 않는 데 성공했다.

2000년대 동안, 치프리아니 추기경은 너무 많은 동성애 반대 연설을 했기 때문에 리마의 새 시장인 수잔 빌라란(Susana Villarán)은, 비록 그녀가 확실한 가톨릭 신자라 할지라도, 그 추기경을 반박하였고 또한 공개적인 책임을 추궁했다.

그녀는 게이 권리를 반대하면서도 소아성애 사제들에 대해서는 머뭇거리는 치프리아니 추기경의 이중 잣대를 보고 격분하면서 그와 전쟁을 벌였다. 그녀는 게이 프라이드 행사에 나타나서 그 악귀 같은 추기경을 조롱했다.

> 여기서, 게이 권리를 가장 반대하는 세력은 가톨릭교회입니다. 라틴 아메리카라면 어디서나 마찬가지겠지요. 그 동성애 혐오자들은 이곳에서 설 자리를 신속히 잃고 있어요. 이곳 사람들은 게이 커플을 보호하는 문제에 있어서 매우 분명하게 지지하거든요.

카를로스 브루스가 더하여 말한다.

이런 판단은 내가 리마에서 여러 번 만난 영향력 있는 문화 평론가이자 기자인 알베르토 세르바트(Alberto Servat)가 주장한 것과 같다.

> 교회에서 반복되는 이런 성 추문들은 대중에게 매우 큰 충격을 주고 있습니다. 치프리아니 추기경은 성적 학대를 막기 위한 시도를 전혀 하지 않고 있다는 인상을 주었습니다. 피소된 사제 중 한 명은 바티칸으로 망명하여 그곳에 살고 있답니다.

그리고 카를로스 브루스는 구체적인 제안을 하면서 결론을 내렸는데, 그 결론은 치프리아니에 대한 명백한 거부를 의미했다.

> 나는 교회가 도덕적 실패의 모든 결과를 감수해야 한다고 생각합니다. 교회는 성인(成人)들의 동의한 동성애 관계를 비난하는 것을 멈추고 동성 결혼을 허가해야 합니다. 그 후 성폭행에 대해 침묵해서는 안 되며, 성 학대에 대해 일반화되고 제도화된 은폐전략을 철저히 버려야 합니다. 마지막으로, 이런 식으로 문제 해결을 하려면, 성 학대 문제의 핵심은 성직자의 독신이기 때문에 독신 제도를 종식해야 합니다.

*　　*　　*

내가 이 조사를 위해 2016년과 2017년, 두 번 포르투갈을 방문했는데, 그곳에서의 게이 결혼 논쟁은 페루나 나머지 유럽에서의 논쟁과 정반대였다. 왜냐하면, 그곳의 가톨릭 성직자들이 로마의 지시를 따르지 않았기 때문이다. 예를 들어, 프랑스, 스페인, 이탈리아에서는 추기경들이 베네딕토 16세의 입장을 지지했던 반면, 포르투갈의 주교들은 오히려 편견을 내려놓았다. 2009-10년 당시, 포르투갈 추기경은 리스본의 대주교였던 호세 폴리카르포(José Policarpo)였다.

> 폴리카르포는 온건파였어요. 그는 로마가 시키는 대로 한 적이 없습니다. 그는 게이 결혼에 관해서는 로마가 계획한 법에 반대한다는 조용한 소리를 냈지만, 주교들이 거리로 나서는 것에 대해서는 허락하지 않았어요.

폴리카르포와 함께 책 한 권을 공동 집필한 종교 전문가이며 기자인 안토니오 마루조(António Marujo)가 내게 서술한다.

1974년 이전, 독재 정권과 타협했던 포르투갈 교회는 이제는 가톨릭의 극우와 거리를 두고 있다고 해야 할 것이다. 그 교회는 정치적인 문제에 관여하지 않고, 국회 토론에 관여하지 않는다. 이 사실은 포르투갈 국회 부의장인 호세 마누엘 퓨레자(José Manuel Pureza)가 확인시켜 준 것인데, 그는 좌파 연합 정당인 블로코 데 에스커다(Bloco de Esquerda)와 함께 하는 국회의원이며 독실한 가톨릭 신자로서 동성 결혼 법률을 고안한 자 중 한 명이었다.

> 독재 정권하에서 민주주의에 우호적이었던 추기경으로 알려진 폴리카르포는 동성 결혼에 대해 중립을 택했습니다. 그는 원칙과 가정의 도덕성 차원에서는 로마가 계획한 법에 반대했지만, 매우 신중했지요. 그 교회는 낙태에 대해, 그리고 동성 커플의 입양에 대해 온건한 태도를 보였습니다(이 분석은 내가 리스본에서 인터뷰했던, 게이 결혼을 지지했던 세 명의 주요 정치인들의 분석과 같다. 그 지성인들은 프란시스코 루사[Francisco Louçá], 블로코 데 에스커다 정당 대변인 캐터리나 마틴스[Caterina Martins], 총리 안토니우 코스타[António Costa]의 여성 대변인 아나 카타리나 멘데스[Ana Catarantina Mendes]다).

내가 이 작은 가톨릭 국가를 여행하는 동안, 나는 그 국가의 중도적인 정치 성향에 충격을 받았다. 사회적 질문들은 정중하게 논의되고 동성애는 교회에서조차 조심스럽게 논쟁거리가 되지 않는 것처럼 보인다. 때때로 여자들은 사제들의 수가 너무 적기 때문에 성례를 제외한 모든 일을 떠맡고 있고, 심지어 사제들의 일부 기능을 맡기도 한다. 많은 가톨릭 사제들이 결혼한 상태였는데, 특히 로마교회에 가입하기 전에 이미 결혼 관계에 있었던 개종한 성공회 사제들이 그러했다.

나는 또한 몇몇 동성애 사제들과 수도승들을 만났는데, 그들은 그들의 독특한 삶을 평화롭게 사는 것처럼 보였고, 특히 수도원에서 그렇게 보였다. 리스본의 중심부에 있는 산타 이사벨(Santa Isabel) 교구는 모든 커플과 모든 성별을 환영한다. 성경을 포르투갈어로 번역한 최고 번역가 프레데리코 루렌소(Frederico Lourenso)는 공개적으로 그의 파트너와 결혼했다.

이 유연한 자유주의는 로마의 관심에서 벗어나지 못했다. 사회 문제에 대한 리스본 주교단의 중립적인 태도는 로마의 경악을 불러일으켰다(동성 결혼 법률 제정을 막아내려는 동원 역시 낮은 수준이었다).

이에 로마는 발을 들여놓기를 기다리고 있었는데 폴리카르포 추기경은 구실을 제공했다.

폴리카르포가 지나치게 자유주의적이었다고 판단된 인터뷰를 한 이후(특히 여성 서품 문제에 대해) 타르치시오 베르토네 국무원장은 교황 베네딕토 16세의 요청에 따라 그를 로마로 소환했다. 확증된 정보에 따르면(그리고 푸블리코(*Público*)의 기자 안토니오 마루조(António Marujo)가 그 주제를 자세하게 조사한 바에 따르면), 베르토네는 추기경을 질책하였고, 그는 공개적으로 그의 중도적 입장을 삼가겠다는 공식 성명을 발표해야 했다. 교황은 가능한 한 빨리 폴리카르포 사건을 마무리하기를 원했다.

이 시기에 포르투갈에서 베네딕토 16세의 중심인물이었던 사람은 리스본의 부주교이며 가톨릭 대학의 부총장이던 카를로스 아제베도(Carlos Azevedo)였다.

특히 동성 결혼 법률을 저지하려는 목적으로 하게 된 2010년의 교황 여행을 기획하면서 아제베도는 포르투갈 교회에서 떠오르는 인물이 되었다.

교황 베네딕토 16세는 그 제자를 향한 큰 야망을 갖게 되었다. 그는 그를 추기경으로 서임한 후 통제되지 않는 폴리카르포 대신 그를 리스본 총대주교로 임명할 계획이었다. 오랫동안 병원의 지도 신부였던 아제베도는 실제로 진보적이

지도 않았고 완전히 보수적이지도 않았다. 그는 지성적으로 모든 사람에게 존경받았고, 한번 교황의 눈에 띈 후 그의 승진은 막힐 것이 없을 것 같았다.

"칼로스 아제베도 주교는 많은 사람이 경청하고 존경하는 분이었습니다."

전임 장관 길헤르메 돌리베이라 마틴스(Guilherme d'Oliveira Martins)가 강조하며 말한다.

그러나 베네딕토 16세는 다시 한번 자신이 '밀실에 갇힌' 성직자인 사실을 알게 되었다!

아제베도는 이중생활로 계속 '들통나는' 동성애자들을 자기도 모르게 자기 주변에 둘 수 있는 전문적인 기술을 가진 남자였다. 어느새 아제베도의 동성애에 대한 소문은 무성했고, 또 다른 밀실의 고위 성직자가 질투 때문에 그 사실을 사방으로 소문냄으로써 사태는 매우 심각해졌다. 이는 마치 교회 내에서의 '복수의 포르노'와 같았다. 그 소문은 너무 심해서 아제베도의 경력은 위태로워졌다.

행위를 하든 안 하든 동성애 성향을 지닌 고위 성직자들을 향해 관대했던 라칭거파 성직자들은 무심코 덫에 걸린 아제베도를 풀어주기 위해 그를 포르투갈에서 뽑아내어 로마로 오도록 했다. 그 상태를 아는 지안프랑코 라바시(Gianfranco Ravasi) 추기경의 큰 배려 덕분에, 그 불행한 고위 성직자를 위한 직책이 만들어지고 조정된 후 직함이 주어졌다.

그 추방된 주교는 로마에서 문화를 위한 교황 평의회의 '델레가토'(delegato, 대표)로 임명되었다. 이 성공적이고 창의적인 추출 직후 포르투갈의 주요 주간지 「비사오」(Visão, 시력)는 아제베도가 포르투갈에 살았던 때의 동성애에 대한 자세한 조사 내용을 실었다.

포르투갈의 최근 역사에서는 처음으로, 한 주교의 동성애 가능성이 공개되었는데, 그 공개는 스캔들을 일으키기에, 충분했고, 가련한 그 고위 성직자는 철저한 배척을 받게 되었다. 아제베도는 그의 모든 포르투갈 친구들로부터 버림을 받았고, 교황 대사에게 거절당했으며, 폴리카르포 추기경에게 버림받는 운명에까지 이르렀다. 이는 그를 돕는 것은 자신도 의심을 받게 될 위험이 따랐을 것이기 때문이다.

사실, 아제베도의 '스캔들'은 엉뚱한 곳에서 터졌다. 즉, 그 스캔들은 한 주교의 동성애의 가능성에 대한 것이 아니라, 그가 협박에 굴복한 데 있었다. 그리고 이 때문에 그의 성향을 함께 나누었던 몇몇 고위 성직자들이 그를 버린 것이었다.

아제베도는 공갈 및 복수의 피해자였습니다. 그러나 그는 기대와는 달리 주교단의 변호를 받지 못했던 것이지요.

일간지 푸블리코(*Público*)의 설립자인 호르헤 베만스(Jorge Wemans)가 확증하며 말한다.

나는 로마에서 그 포르투갈 주교 아제베도와 여러 차례 인터뷰했다. 그는 내게 그의 인생, 그의 실수, 그리고 그의 불행한 유배에 대해 말해주었다. 그는 현재 그의 나날을 문화를 위한 교황 평의회에서 보내며, 오후에는 바티칸 도서관에서 고대 포르투갈의 종교 인물을 연구하며 보낸다. 그는 온건하고 관대하고 세계교회주의의 전문가다. 그는 지식인이다. 바티칸 안에는 그런 사람들이 많지 않다.

나는 이 글을 쓰면서 경력이 단절된 이 지성적인 주교를 떠올린다. 그는 자신을 방어할 수 없었다. 그는 리스본에 있는 이탈리아 교황 대사 앞에서 공식적으로 자신을 변론할 수 없었는데 그 이유는 그 대사는 완고하고 교만한 간교한 보수주의자로서 그의 위선은 도무지 믿을 수 없을 정도였기 때문이다. 매우 고상한 아제베도는 자신의 비극에 대해, 특히 문제의 그 남자의 '영적인 감독'이 된 후 더욱 쓰라렸던 비극에 대해 공개적으로 말한 적이 없다. 그는 더하여 말한다.

"그 '소년'은 아이가 아니라 어른이었고, 어떤 성 학대도 없었습니다."

결론은, 로마교회는 희생자였던 그 주교를 변호해야 했지 않았을까?

그리고 결국, 프란치스코 교황의 교회에 도덕이 있다면, 카를로스 아제베도는, 내가 포르투갈에서 만난 대부분의 가톨릭 사제들과 기자들이 기대하는 것처럼, 게이 결혼이 2010년에 단번에 영원히 채택된 나라에서, 이제 리스본의 총대주교이자 추기경이 되어야 하지 않을까?

* * *

게이 결혼에 반대하는 싸움의 세 번째 예는 콜롬비아다. 우리는 알폰소 로페스 트루히요 추기경이라는 인물을 통해 이미 이 나라에 대해 잘 알고 있다. 보고타에서 가장 동성애 혐오적인 동성애자 추기경의 선종으로 가톨릭교회의 동성애 반대 강박관념은 사라지지 않았다. 이는 예상치 못한 불화를 야기했고 프란치스코 교황을 곤경에 빠뜨렸다.

지난 2015-16년, 바티칸은 50년 넘게 지속하여온 FARC(콜롬비아무장혁명군) 게릴라들과의 무력 충돌을 종식하려는 대규모의 정치적인 무도의 중심에 서 있었다. 700만 명의 이재민이 발생했고, 적어도 25만 명이 내전이라고 할 수밖에 없는 전쟁에서 살해되었다.

바티칸은 베네주엘라와 노르웨이와 함께 쿠바에서 진행된 장기간의 콜롬비아 평화 협상에 관여했다. FARC 대표들은 예수회신학교에 수용되었다. 국무원의 외교관들뿐만 아니라 쿠바의 수도 아바나의 오르테가(Ortega) 추기경, 쿠바 주교회, 콜롬비아, 베네수엘라, 쿠바 주재의 교황 대사들이 콜롬비아 정부와 게릴라들의 협상에 참여했다. 프란치스코 교황은 배후에서 활동하며, 2016년 9월 카르타헤나(Cartagena)에서 그 협상에 서명한 평화 교섭의 주요 참가자들을 접견했다.

그러나 며칠 후 평화협정을 확정해야 했던 국민 투표가 부결됐다. 그리고 추기경들과 주교들을 앞세운 콜롬비아 주교회는 '반대' 진영에서 외쳤고 또한 맹렬한 극단적인 가톨릭 신자이자 반공주의자였던 우리베(Uribe) 전 대통령에게 집결했었다는 사실이 밝혀졌다. 그들은 "우리는 평화를 원하지만 이런 평화를 원하는 것은 아니다"라는 슬로건을 내걸고 반대 운동을 했던 것이다.

그런데도 가톨릭 당국이 반대 운동을 한 이유는 그들이 틀어지게 만들어 버린 평화 교섭과는 아무런 관련이 없었다. 그들에게 중요한 것은 게이 결혼과 낙태를 탄핵하는 것이었다. 사실, 가톨릭교회는 콜롬비아 대법원이 동성 간의 결혼과 입양을 공인했던 터라, 평화 교섭에 관한 국민 투표가 현 정권을 잡은 권력자들에게 유리하게 되면 그 정책이 틀림없이 합법화될 것으로 생각했다. 따라서 교회는 보수적인 입장을 옹호하기 위해 선거를 기회로 삼아 국민 투표를 방해했다.

그와 동시에, 공개적으로 레즈비언이며 콜롬비아 교육부 장관인 지나 패러디(Gina Parody)는 학교 내 성 소수자 사람들과 관련해서 반(反)차별 정책을 도입할 것을 제안함으로 가톨릭교회를 더욱 불안에 떨게 했다. 콜롬비아교회는 그 제안을 '성별 이론'을 수업에 도입하려는 시도로 해석했다. 이에 교회 대표자들은 만일 평화로운 국민 투표가 채택된다면 동성애 옹호도 채택될 것이라고 말하면서 본질에서 기권이나 '반대' 표결을 요구했다.

콜롬비아교회는 항상 이 나라에서 가장 어두운 세력, 특히 불법 무장 단체들과 동맹을 맺어 왔습니다. 이런 일은 알폰소 로페스 트루히요 추기경 시절에도 있었고, 오늘날에도 마찬가지입니다. 그런 동맹은 게이 결혼과 성별 이론을 막기 위한 것일 뿐이었어요. 또한, 불법 무장 단체들도 그리고 콜롬비아교회도 평화에 기여하고 싶지 않았기 때문에 그들은 '반대' 투표를 요구했던 것입니다. 그리고 그 이유로 그들은 프란치스코 교황을 대항하는 자리까지 갔습니다.

내가 보고타에서 만난 한 예수회 사제가 분노하며 말했다.
이제 우리는 중요한 유럽 국가인 스페인과 이탈리아에서 한없이 깊어지는 이중적인 말과 이중적인 게임에 관심을 두고자 한다.

16

로우코
(Rouco)

'게이 결혼'과의 싸움은 남아공이나 라틴 아메리카 같은 먼 지역에서만 펼쳐진 것은 아니었다. 그 싸움은 종종 개신교가 주류를 이루는 북유럽 국가에 국한되지 않았다. 이는 그나마 바티칸에 작은 위로가 되었다. 로마가 더욱 걱정한 것은 요한 바오로 2세의 교황직 말기에 이 논쟁이 가톨릭의 중심부를 건드렸다는 점이다.

기독교 역사에서 매우 중요한 스페인, 그리고 마침내 교황 제도의 심장이며 요충지이며 중심부인 이탈리아 자체가 이 싸움에 휘말렸다.

2005년, 끝없이 길었던 교황직의 말미에, 이제는 병들고 무기력해진 요한 바오로 2세는 동성 결혼에 대한 논쟁이 스페인에서 시작되는 것과 여론의 변화를 목격했다. 2013년, 베네딕토 16세는 그의 교황직의 말미에 더욱 무기력한 상태에서 프랑스가 게이 결혼에 관한 법률을 채택할 준비를 하고 있다는 사실을 목격할 수밖에 없었다.

그리고 그가 퇴위한 직후에는 이탈리아가 시민 결합에 관한 법률을 채택할 준비를 했다. 이제 곧 동성 결혼도 이탈리아에서 허락될 것이다.

2005년과 2013년의 이 두 기간 사이에서 동성 결합은 대부분의 유럽 지역에서 받아들여졌다. 모든 나라에서 다 합법화된 것은 아니지만, 적어도 사람들의 마음속에 받아들여졌다.

* * *

"절대 통과돼서는 안 됨!"(¡*No pasarán*!)

로마에서 온 메시지는 분명했다. 로우코(Rouco) 추기경은 그 메시지를 분명하게 받았다. 사실, 그는 많은 질문이 필요 없었다. 그의 친구 안젤로 소다노는 교황 요한 바오로 2세가 병들었기에 국무원장으로서 여러 면에서 교황 대행을 하고 있었다. 그가 로우코에게 어떻게 하든 '게이 결혼'을 막아달라고 부탁했을 때는, 로우코는 이미 '저항'의 선두에 있었다. 로마로서는 스페인이 게이 결혼을 허락하지 않도록 하는 것이 급선무였다. 만일 그곳에서 게이 결혼이 합법화된다면, 그 상징은 대단히 강력할 것이며, 그 영향은 또한 매우 상당할 것이기 때문에, 라틴 아메리카 전체가 곧 무너질 수도 있을 것이다.

'절대 통과돼서는 안 됨!'은 사실 로우코의 입장은 아니다. 이 가톨릭 신민족주의자(neo-nationalist)는 스페인 공화당의 사상보다 독재자 프랑코(Franco)의 사상을 더 따랐다. 하지만 그는 로마에서 온 메시지를 이해하였고, 베르토네 추기경이 소다노를 대신하게 되었을 때도 로우코는 베르토네처럼 그 메시지를 반복하며 강력하게 확장할 것이다.

나는 스페인에 다섯 번을 갔는데 동성 결혼을 둘러싼 싸움 전과 중간과 이후에 갔다. 2017년, 내가 마드리드와 바르셀로나에서 마지막 인터뷰를 하려고 스페인으로 왔을 때, 스페인 주교회의 의장 선거가 한창 진행되고 있었다. 게이 결혼을 둘러싼 싸움이 있은 지 10년이 넘었지만, 상처는 여전히 치료되지 않은 것 같았다. 그 싸움을 하는 선수들은 동일했다. 폭력과 완고함, 그리고 이중생활도 마찬가지였다. 마치 가톨릭 국가인 스페인이 그 자리에서 조깅을 하는 것 같았다. 그리고 거기에는 끈을 잡아당기고 있는 로우코 추기경이 있다. 스페인어로, 그 단어는 '티티리테로'(*titiritero*)인데 그 뜻은 꼭두각시 조종사다.

안토니오 마리아 로우코 바렐라(Antonio María Rouco Varela)는 산티아고 데 콤포스텔라(Santiago de Compostela)의 '카미노'(camino)에서 태어났다. 그는 스페인의 북서쪽 갈리시아(Galicia)에 있는 빌랄바(Villalba)에서 자라났다. 그 마을은 오늘날까지도 수십만 명의 신자들이 위대한 순례를 하는 곳이다. 그가 1936년 8월에 태어났을 때, 스페인에서는 내전이 막 시작되고 있었다. 그 후 수십 년에 걸쳐 형성된 그의 권위주의적인 성향은 그 당시 프랑코의 독재를 지지했던 많은 사제의 성향과 같다고 하겠다.

로우코의 가정은 수수한 가정이었지만 어머니와 아버지가 병에 들어 일찍 세상을 떠남으로 그는 고아가 되었다. 하지만 젊은 로우코는 특이할 정도로 사회적인 승진을 누렸다. 그를 잘 아는 한 사제의 말에 따르면, 소학교에서 받은 그의 교육은 엄격하고 보수적이었으며 심지어 '중세'적이었다고 한다. 그는 덧붙여 말한다.

"그 당시 스페인 가톨릭 학교의 어린 소년들은 자위행위가 가증스러운 죄라고 듣고 배웠습니다. 로우코는 이런 구약성서의 신화와 함께 자라나면서 동성애자들은 지옥불에 타죽는다고 믿었던 것이지요!"

1959년, 22세의 나이로 사제 서품을 받은 하급귀족(hidalgo) 로우코는 이미 보라색 십자가의 문장을 새긴 방패와 성 야고보의 군령을 새긴 붉은 피의 칼을 들고 이교도와 싸우는 기사가 되는 꿈을 꾸고 있었다. 이 모습은 오늘날에도 프라도(Prado, 스페인의 마드리드에 있는 국립 미술관)에서 볼 수 있는데 이 세상에서 가장 멋진 그림 중 하나인「라스 메니나스」(Las Meninas. 시녀들)에 등장하는 벨라스케스(Velázquez) 화가 자신의 가슴에서 볼 수 있다.

로우코의 전기 작가들은 그가 그 후 독일에서 보낸 10년에 대해 거의 알지 못하는데, 1960년대 그는 철학과 신학, 특히 진보적인 예수회 카를 라너(Karl Rahner)와 함께 공부했다. 이 기간 동안 그는 다소 온건한 성직자로 있으면서 사회적으로 불편을 느끼며, 허약한 체격에, 나약하고, 우울하고, 의문이 많은 사람이었던 것으로 묘사된다. 어떤 사람들은 심지어 그가 진보적이었다고도 생각한다.

다시 스페인으로 돌아온 로우코는 살라만카(Salamanca)에서 7년을 보냈다. 그는 바오로 6세 때 주교로 선출되었다. 그는 1980년대 동안에는 마드리드의 대주교 앙헬 수키아 고이코에체아(Ángel Suquía Goicoechea)와 친하게 지냈다. 고이코에체아는 요한 바오로 2세가 택한 자로서, 프랑코를 반대하는 진보주의자 비센테 타란콘(Vicente Tarancón)의 뒤를 이을 보수주의자였다. 아마도 로우코는 이념보다는 전략적인 이유 때문에 마드리드와 바티칸에서 그 새로운 노선에 합류했을 것이다. 그리고 그것은 결실을 맺었다. 그는 47세의 나이에 산티아고 데 콤포스텔라의 대주교로 임명되었다. 그는 10년 후 마드리드 대주교로 임명되었고, 이후 요한 바오로 2세가 그를 추기경으로 서임하였다.

*　　*　　*

나는 마드리드의 로빈 후드(Robin Hood) 레스토랑에서 호세 마누엘 비달(José Manuel Vidal)을 만난다. 그 식당 이름은 스페인어가 아닌 영어로 쓰여 있다. 이 자유무역 간이 식당은 산 안톤(San Antón)에 있는 파드레 앵겔(Padre Ángel, 앵겔 신부) 교회의 사회 센터에서 운영하는데, 이 교회는 노숙자들과 '니뇨스 데 라 칼레'(*niños de la calle*, 거리의 아이들)를 받는다. 13년 동안 사제였던 비달은 그 사회 센터를 지원하기 위해 그곳에서 식사한다. 거기서 우리는 여러 번 만날 것이다.

여기에요. 점심시간에는 이 식당도 여느 식당과 다름없지요. 하지만 저녁에는 가난한 사람들에게 무료입니다. 그들은 우리와 똑같은 것을 먹습니다. 우리가 점심시간에 돈을 지불하면 그들이 저녁에 무료로 먹을 수 있게 되는 것이지요.

비달은 설명한다.
제2차 바티칸 공의회 이후로 평인이 된 예수회 신자 호세 마누엘 비달도 이 대가족의 일원인데, 이 대가족은 1970년대와 1980년대 사이에 많은 사람의 눈에 띄지 않고 흐르는 안정되지 못한 긴 강으로서, 결혼을 위해 교회를 떠난 사제들로 구성되어 있다. 나는 이제 일반적으로 5명 중 1명의 사제가 여자와 결혼하지 않는다고 하는 나라에서 비달의 개방성을 보며 그를 존경한다.
"내가 젊었을 때인 1950년대에는 나 같은 농민의 아들에게 교회는 유일한 상승 경로였지요."
그는 말한다.
성직을 박탈당한 그 평인은 스페인 교회의 내부를 잘 알고 있다. 그는 교회의 음모를 파악할 수 있으며 모든 각도에서 그것을 안다. 그는 알모도바(Almodóvar)의 영화 「나쁜 교육」(*Bad Education*)에서처럼 '무시무시한 청결함' 배후에 있는 매우 작은 비밀을 탐지해낼 수 있다. 엘 문도(El Mundo)에서 기자 생활을 한 후, 스페인어로 만들어진 전 세계적인 최고의 가톨릭 웹사이트를 운영하는 온라인 미디어 회사 릴리전 디지털(Religion Digital)의 대표였던 비달은 안토니오 마리아 로우코 바렐라 추기경의 전기를 출판했다. 그 전기의 제목은 마치 요한 바오로 2세나 프랑코 등의 유명 인사의 전기처럼 큰 대문자로 "로우코"(ROUCO)였다.

나는 과거에 사제였기 때문에 내부 정보를 알게 된 것이지요. 현재 평인으로 있는 저는 스페인 성직자들로서는 누릴 수 없는 그런 자유를 누리고 있습니다.

비달은 그 상황을 전문적으로 요약하며 내게 말한다.

626쪽에 달하는 호세 마누엘 비달의 조사는 1940년대부터 현재까지의 파시스트 독재자와의 협력, 공산주의에 대항하는 전투, 돈의 지배와 성직자들을 감염시킨 부패, 독신주의의 황폐함과 성폭행 등, 가톨릭 국가 스페인의 흥미를 돋우는 스냅 사진이다. 하지만 비달은 하나님을 믿고 동료들을 사랑하는, 그리고 자신도 속해 있는 이 사제들에 대해 여전히 따스한 소망이 있다.

로우코 추기경은 20년간, 즉 1994년에 마드리드 대주교로 부임한 뒤 프란치스코 교황의 지시로 2014년에 퇴임할 때까지, 스페인 가톨릭교회에서 가장 영향력 있는 인물이었다.

> 로우코는 매우 교활한 사람입니다. 그는 스페인 교회를 통제하기 위해 일생을 바쳤습니다. 그는 자기 멋대로 할 수 있는 실제 법정을 갖고 있었지요. 돈도 엄청 많았고, 병사들, 병력과 실제 군대를 갖고 있었습니다.

비델이 특이한 억양으로 설명한다.

그의 전기 작가의 표현으로 '고대 정권'(*ancien régime*)의 인물인 로우코 바렐라는 스페인에서 매우 시대착오적인 인물이다. 내가 마드리드에서 인터뷰한 예수회 소속 페드로 미겔(Pedro Miguel) 신부에 따르면, 로우코는 제2차 바티칸 공의회와 스페인의 민주적 과도기를 거쳤던 비센테 엔리케 이 타란콘(Vicente Enrique y Tarancón) 추기경과 같은 그의 전임자들과는 달리 "프랑코주의와 깨끗이 결별한 것 같지 않았던 것 같다"고 한다.

비달은 로우코가 '완고한 기회주의자'이기에 스페인보다 로마를 선택했다고 말한다. 로우코는 가톨릭 신자들이 정치에 관여하는 것을 말리지 않았다. 그는 호세 마리아 아자르(José María Azar)당의 우익인 인민당(빠르티도 포뿔라)의 과격파를 지원하기 위해 주교단을 동원하였고, 곧 스페인 교회 전체를 동원했다.

로우코의 권력은 네 개의 네트워크의 결합을 토대로 하고 있는데, 그 네 개의 네트워크는 오푸스 데이회, 그리스도의 군단, 키코스 부류들(the Kikos), 그리고 친교와 해방 단체다.

오푸스 데이회는 1928년에 이 비밀 결사대가 구성될 때 스페인에서 항상 중요한 역할을 했다. 몇몇 확실한 증언에 따르면, 로우코는 '그 과업'을 총괄하

긴 했어도 아마도 오푸스 데이회의 회원은 아닐 것이라고 한다. 학식의 부족으로 쉽게 영향을 받는 그리스도의 군단은 로우코의 측근 그룹을 형성했다(그 추기경은 마르씨엘 마시엘의 강간과 소아성애가 처음으로 폭로되었음에도 불구하고 그를 지지하였다).

로우코의 세 번째 네트워크는 스페인에서 "로스 키코스"(Los Kikos, 키코스 사람들)라는 이름으로 알려져 있다(또한 네오카테추메네이트[The Neocatechumenate, 새로운 구도자] 운동의 이름으로도 알려져 있다).

이 운동은 고대 기독교의 본질로 돌아가자는 가톨릭 청년운동으로써, 전 세계로 퍼지고 있는 세속화와 대항하여 싸우고자 하는 운동이다. 마지막으로 친교와 해방 단체인데, 이 단체는 이탈리아에서 생겨난 대규모 보수성향의 가톨릭 운동으로서 스페인에서 강한 존재감을 느끼고 있다(2005년 이후로는 이 단체의 회장은 스페인 사람이었다).

이 네 우익 단체는 로우코 권력의 사회적인 기반을 형성합니다. 그들이 그의 군대를 구성하지요. '장군' 로우코는 그가 원할 때마다 그의 군대를 거리로 내보낼 수 있었고, 그 네 단체는 마드리드의 큰 광장을 채울 수 있었습니다. 그것이 그가 일하는 방식이었지요. 그가 게이 결혼에 반대하는 투쟁을 시작했지만, 우리는 게이 결혼의 일을 해내고 말았습니다.

비달이 설명한다.

게이 결혼 논쟁 후, 로우코는 1989년에 산티아고 데 콤포스텔라 시에 열린 세계 청년 대회(World Youth Days)를 주최하고 그 기간 동안 그의 재능을 보여주었다. 그 대주교는 그 대회에서 최선을 다했고, 그의 재능은 교황 요한 바오로 2세에게 깊은 인상을 남겼다. 이에 교황은 그의 첫 연설을 들은 후 공개적으로 그를 축하했다. 로우코는 52세의 나이에, 다른 사람들이 평생 기다려온 영광과 특권의 시간을 누렸다(로우코는 2011년에 마드리드에서 열린 세계 청년 대회 때에도 베네딕토 16세에게 이런 매력적인 공세를 반복할 것이다).

지성적으로, 로우코의 사고방식은 교황 요한 바오로 2세의 사고방식에 바탕을 두고 있었는데, 교황은 나중에 그를 추기경으로 추대하게 된다. 가톨릭은 적에게 포위되어 있으므로 반드시 방어 태세를 갖추어야 한다. 몇몇 증인들에 따르면, 그 추기경의 완고함, 그의 권위주의적인 성향, 그의 지시에 따라 거리로 동원되는 군대, 그리고 지나친 권력과 통제에 대한 그의 취향은 요새와 같은 교회를 세우려는 이런 바위처럼 강한 비전으로 인한 것이라고 한다.

동성애 문제에 대한 로우코의 입장 및 그의 실제적인 집착은 폴란드 교황과 같은 선상에 있었다. 즉, 동성애자들이 금욕을 택한다면 아무도 비난하지 않는다. 그러나 그렇게 하지 못한다면 완벽한 정절을 이루기 위해 이성애자로 변할 수 있는 '회생 치료'를 받아야 한다.

로우코는 스페인의 주교 회의 의장으로 네 번 선출하고 계속 재선되면서 12년 동안 의장으로 있었다. 이 임기 기간은 자신의 꼭두각시들을 세운 후 공식적으로는 아무런 권력을 갖고 있지 않지만 계속 조종했던 기간(지금도 여전히 그렇게 하고 있다)은 고려되지 않은 것이다. 로우코는 그와 떼려야 뗄 수 없는 그의 비서와 또한 그가 '우나 블리시마 퍼소나'(여성형으로서 '어여쁜 사람'이라는 뜻이다)로 부르며 항상 같이 있는 그의 미용사가 함께 지내며 더욱 교만해져 갔다. 로우코는 또 다른 소다노가 되었다!

*   *   *

로우코 바렐라의 권력은 스페인에서도 나타나지만, 로마에서도 나타난다. 사상적인 성향과 순수하고 단순한 성향 때문에, 그는 항상 바티칸에서 신성함의 냄새를 피웠다. 로우코는 항상 그를 지지하는 요한 바오로 2세와 친했고, 안젤로 소다노 추기경 및 타르치시오 추기경과도 매우 가까웠다. 권력은 권력을 만들기 때문에, 로우코는 스페인에서의 모든 임명에 대해 엄격한 통제를 했고, 그 때문에 승진한 사제들과 주교들은 그에게 빚을 지게 되었다. 교황 대사들은 그의 모든 필요를 충족시켜주었다. 그리고 스페인에서와 마찬가지로 교회 역시 전적으로 로마와 마드리드의 관계 측면에서 권력을 측정하기 때문에, 그는 이제 '부(副) 교황'으로 불리게 되었다.

> 로우코는 공포와 거래를 통한 영향력으로 지배했습니다. 사람들은 그를 '트라피칸테 드 인플루언시아'(*raficante de influencias*, 영향력 있는 장사꾼)라고 불렀지요.

마드리드의 한 사제가 내게 말한다.

로우코는 그의 무기들을 펼쳐놓고 힘을 발휘했다. 그는 왕을 웃게 만든 광대들이 스페인의 궁정에 있게 된 것처럼 그의 '쾌락의 남자들'(hombres de placer)을 곁에 두었다.

그의 누이의 아들 알폰소 카라스코 로우코(Alfonso Carrasco Rouco)가 주교로 임명되자 족벌주의 논란이 일어났다. 사람들은 이 카라스코 로우코에 대해 '추기경의 조카'라고 말하기 시작했고, 이것은 불행한 기억을 되살려냈다.

아, 정말 많은 돈!

로페스 트루히요 추기경처럼, 또한 안젤로 소다노 국무장관이나 타르치시오 베르토네 장관처럼, 로우코는 나름대로 부호 정치가였다. 이런 부(富) 덕분에 (그리고 아마도 스페인 주교회의 부(富) 덕분에) 그는 로마에서 그의 권력을 키울 수 있었다.

스페인에서도 마드리드의 이 대주교는 2004년에 수백만 유로를 써서 '아티코'(ático, 옥상주택)를 복원하고 그곳에서 왕자처럼 살았다. 오래된 명화가 그려진 이 옥상 주택 아파트(penthouse flat)는 다소 부적절하게 이름이 붙여진 팔라시오 데 산 주스토(Palacio de San Justo)의 상층부에 있었는데, 18세기의 타운 하우스(town house)로서 웅장했으며, 기분을 전환하는 후기 바로크 양식의 로코코(rococo) 스타일이었다(나는 로이코의 후계자 오소로(Osoro) 추기경을 방문했을 때 이 궁전을 보았다).

"프란치스코의 당선 때문에 스페인 주교회가 얼마나 큰 충격을 받았는지는 해외에서 가늠할 수 없었을 것입니다."

비달이 설명한다.

> 이곳의 주교들은 선하든 악하든 왕자처럼 살았어요. 이곳의 모든 교구는 웅장한 궁전들이며, 마드리드, 톨레도, 세비야, 세고비아, 그라나다, 산티아고 데 콤포스텔라 등의 모든 스페인 교회는 상상을 초월하는 재산을 갖고 있습니다. .... 그런데 프란치스코가 그들에게 가난해질 것을 요구하며 그들의 궁전을 떠나 목회적 가치관과 겸손으로 돌아오라고 한 것이지요. 이 새로운 라틴계 교황의 등장과 함께 이곳에서의 문제는 교리가 아니랍니다. 그들은 교리 면에서는 잘 해왔지요. 그들에게 문제는 사치를 버리고 왕자의 삶을 멈추는 것이에요. 또한, 궁전을 버려야 하는 것도 문제고요.
> 가장 큰 공포는 가난한 자들을 섬기기 시작해야 한다는 것이지요!

만약 프란치스코의 당선이 스페인 교회에 충격이었다면, 로우코에게는 비극이었다. 라칭거와 친구였던 그는 악몽에서조차 상상도 못 했던 라칭거의 교황직 포기에 깜짝 놀랐다. 그리고 새 교황이 당선된 때로부터 마드리드의 그 대주교 추기경은 언론 보도와 같이 "콘클라베가 우리를 피하였다"라는 극적인 말을 내뱉었다.

그는 아마도 어떤 일이 벌어질지 알고 있었을 것이다!

프란치스코 교황은 몇 달 내로 로우코에게 은퇴를 명령했다. 교황은 그를 주교회의에서 제명하는 것으로부터 시작했는데, 그 지위는 모든 스페인 고위 성직자들의 임명을 결정할 수 있는 최고 지위였기 때문이었다. 바티칸에서 변두리로 밀려난 로우코는 나이 제한을 무시하고 아직까지 붙들고 있던 마드리드의 대주교직에서 떠나라는 요청도 받았다.

이에 그는 자신을 배반한 모든 사람을 맹렬히 비난하면서, 그의 후계자를 선택할 수 있게 해달라고 필사적으로 요구했다. 그러면서 스페인 주재 교황대사로 자격 조건이 되는(*sine qua non*) 세 사람의 이름을 제안했다. 그러나 로마로부터 돌아온 명단에는 네 사람의 이름이 있었지만 로우코가 제시했던 사람들의 이름은 하나도 없었다!

그러나 가장 힘든 일이 곧 임했다. 교회의 이 왕자가 전혀 생각지도 못한 처벌은 가장 높은 상층부로부터, 즉 로마로부터 직접 온 것인데, 마드리드의 그의 옥상 주택 아파트에서 떠나달라는 요청이었다.

로마의 안젤로 소다노와 타르치시오 베르토네가 그와 비슷한 상황에서 행한 것처럼, 그도 역시 단호하게 거절했고, 어떻게 일이 전개되든 내버려 두었다. 교황 대사에게 압박을 받은 로우코는 그의 후임자는 그가 사는 곳의 아래층에서 살아야 한다고 제안했다. 이 제안은 그가 그의 궁전에서 머물 수 있도록 해달라는 요구였다. 하지만 교황청은 또다시 거절했다. 로우코는 그곳을 떠나야 했고, 팔라시오 데 산 주스토(the Palacio de San Justo)에 있는 자신의 호화 아파트를 마드리드의 새 대주교인 카를로스 오소로에 넘겨야 했다.

* * *

오늘날 일부 스페인 사람들이 주장하는 것처럼, 이런 경우는 로우코 추기경의 탈선과 사치스런 생활방식을 사람들이 잊도록 그를 쫓아내어야만 했던 예외적이고 극단적인 경우였을까?

그렇게 생각하면 좋을 수도 있겠지만, 그보다는 이 사악한 천재는 요한 바오로 2세 교황이 만들어 놓은 체제의 산물이라고 보아야 할 것이다. 그 체제에서는 사람들이 권력과 나쁜 습관에 도취되더라도 그들의 일탈을 막을 수 있는 반대 세력이 없다. 이 점에서, 로우코는 로페스 트루히요나 안젤로 소다노와 크게 다르지 않았다. 로마는 그의 능숙한 기회주의와 권모술수를 장려하지는 않았을지라도 용인했다.

여기서 언급된 체제는 다시 세 가지 면을 지닌다. 그것은 이념적, 재정적, 동성애 애호적인 면이다. 로우코는 오랫동안 요한 바오로 2세와 베네딕토 16세와 보조를 맞추었다. 그는 보이티와(요한 바오로 2세)가 포고한 공산주의와의 전쟁과 해방 신학과 투쟁에 그의 삶을 던졌다. 그는 라칭거(베네딕토 16세) 교황의 반(反)게이 사상을 지지했다.

그는 그 교황들의 유명한 개인 비서인 스타니스와프 지비스와 게오르크 겐스바인과 친한 관계를 맺었다. 로우코는 스페인에서의 그들의 정책들을 위한 필수적인 연결고리였고, 그들의 협력자였다. 또한, 그는 바르셀로나 남부 토토사(Tortosa)에 있는 호화 별장에서는 그들의 종이요 그들의 주인이었다(이 내용은 세 사람의 직접적인 증언에 따른 것이다).

그의 수행원은 동성애 애호가였고 그의 친구 관계들은 특별했다. 여기서 다시, 우리는 이탈리아와 전 세계의 많은 나라에서도 볼 수 있는 하나의 견본을 발견한다. 1950년대와 1960년대에 스페인의 동성애자들은 그들의 상황 또는 박해를 피하고자 종종 신학교를 선택했다. 로우코 주변에는 자신의 정체를 숨기고 교회에서 피난처를 찾은 많은 비밀 게이들이 있었다.

> 외관상으로는 매우 경건하고 매우 가톨릭적인 독재자 프랑코 휘하에서는 동성애는 범죄였습니다. 동성애들은 체포되고 징역을 선고받고 노동 수용소로 보내졌습니다. 그래서 많은 젊은 동성애자들에게는 성직자가 되는 것이 박해를 피할 수 있는 유일한 해결책처럼 보였던 것이지요. 많은 사람이 사제가 되었습니다. 그것이 열쇠이고 규칙이고 모델이었어요.

비달이 설명한다.

내가 바르셀로나에서 인터뷰한 또 다른 예수회 사제는 이렇게 말했다.

"그들의 마을 거리에서 '마리콘'(*maricón*, 남성동성애자)으로 불렸던 모든 사람이 결국 신학교에 들어가게 되었습니다."

산티아고 데 콤포스텔라의 길을 따라 있는 이 고난의 길(the Stations of the Cross)을 로우코도 취했던 것인가?

그는 마리탱의 스타일처럼 동성애 애호가의 승화된 모습이었을까 아니면 알폰소 로페스 트루히요(로우코의 가까운 친구로서 마드리드에 있는 그를 자주 보러 왔다)의 스타일처럼 내면화된 동성애 혐오자였을까?

우리는 모른다.

"나는 그 주제를 자세히 조사했습니다."

비달은 계속 말한다.

> 로우코는 여자애들에게 관심을 가진 적이 없었습니다. 그의 눈에는 여자들이 보이지 않았던 것이지요. 그의 여성혐오증은 심했습니다. 그래서 여자와의 정절 서약은 그에게는 문제가 되지 않았지요. 남자와 관련해서는, 그의 주변에는 많은 게이가 있었고 여러 가지 골치 아픈 일도 많았지만, 그가 동성애 성향이 있는 흔적은 전혀 없었어요. 내 생각에는 로우코는 철저한 무성애자입니다.

* * *

이런 배경하에 로우코는 2004년과 2005년 사이에, 요한 바오로 2세의 교황직 끝부분에서 게이 결혼에 대항하는 스페인 전투에 뛰어들었다.

비달은 계속 말한다.

> 우리는 스페인에서 게이 결혼을 지지하기 위해 상정된 법안이 즉각 소다노에게, 그다음으로 라칭거와 베르토네에게 엄청나게 위험한 것으로 보였다는 사실을 알아야 해요. 그들은 라틴 아메리카 전체에 게이 결혼이 눈덩이처럼 불어날까 봐 두려워했습니다. 그들에게는, 게이 결혼이라는 전염병이 사방으로 퍼지기 전에, 이곳 스페인에서 중단되어야만 했던 것이지요. 그들은 도미노 효과에 겁을 먹었습니다. 그들이 염려하던 그 때 필요했던 남자가 로우코였어요. 그는 게이 결혼을 당장 완전히 막을 수 있는 유일한 사람이었지요.

로우코는 그들을 실망하게 하지 않을 것이다. 사파테로(Zapatero) 총리가 2004년 게이 결혼을 찬성하는 발언을 하자마자(그는 동성 결혼에 대한 믿음을 갖고 있던 것은 아니었고, 다만 자신이 당선될 수 있다는 생각도 하지 못한 채 그 조건을 선거 프로그램에 넣었다), 그는 자기 길을 막고 있는 로우코 바렐라를 발견했다. 로우코는 한 마디의 경고 없이 그의 권력을 당장 과시했다. 그 추기경은 그의 '키코 사람들'과 그의 그리스도의 군단, 그리고 오푸스 데이회의 도움을 받아 일반인들이 시위하도록 선동했다. 수십만 명의 스페인 사람들이 '가족은 중요하다'(la familia sí importa)라는 이름으로 마드리드 거리에 나타났다. 20명의 주교가 이 기간에 게이 결혼에 반대하는 군중들과 함께 행진했다.

첫 번째 성공을 거둔 로우코는 그의 전략이 옳았다고 느꼈다. 로마는 크게 박수를 쳐주었다. 2004년에는 더 많은 시위가 있었고, 여론에 의심이 생기기 시작했다. 교황 라칭거는 그의 개인 비서 게오르크 겐스바인을 통해 로우코에게 축하를 보냈다. 로우코는 내기에서 이겼다. 사파테로 정부는 막다른 골목에 처했다.

"로우코는 그 순간 정말로 우리의 혐오 대상(bête noire)이 되었습니다. 그는 주교들을 거리로 나가게 했습니다. 이것은 우리에게 있어서 터무니없는 일이었지요."

정치적 좌파에 가까운 사람이며, 스페인의 성소수자 협회들의 연합 회장인 예수 제네렐로(Jesus Generelo)가 내게 말한다.

그러나 2005년 봄에 상황이 바뀌었다.

주교들이 너무 나섰던 것일까?
거리에 있는 현수막들이 너무 높이 걸려 있었던 것일까?
그런 종교적인 동원은 시민들에게 가족과 가톨릭의 가치관을 위해 싸울 것을 주장했던 프랑코주의를 상기시켰던 것일까?

"로우코의 주된 실수는 주교들을 거리로 불러들인 것입니다. 프랑코도 그런 실수를 했었지요. 스페인 사람들은 당장 그 메시지를 파시즘의 회귀라고 보고 망연자실했습니다. 이에 여론은 바뀌게 되었어요.

호세 마누엘 비달이 설명한다.

몇 달 동안 지속한 기이한 투쟁을 마친 후, 언론은 게이 결혼을 선호하는 쪽을 택했다. 신문들은 (그중에는 주교회와 관련이 있던 신문사들도 있었다) 시위를 비난하기 시작했고 그 시위의 지도자들을 풍자하기 시작했다.

로우코 추기경은 기자들이 선호하는 표적이 되었다. 그 시위를 불러일으킨 그의 열정 때문에 그는 심지어 사제들 사이에서도 '로우코 시프레디'(Rouco Siffredi, 이탈리아의 포르노 배우 로코 시프레디의 이름을 따라 지음)라는 불량스런 별명을 얻게 되었다(사제 중 한 사람의 증언에 따른 것이다).

인터넷 상에서는 그 추기경이 끝없이 회화화되었다. 그는 라 무비다(La Movida) 운동의 유명한 가수이며 가끔은 여성 복장의 성도착자로 항상 사치스럽게 옷을 입던 밤의 여왕인 배우 파코 클라벨(Paco Clavel)을 빗대어, 낮의 여왕이라는 뜻의 '로우코 클라벨'(Rouco Clavel)이 되었다.

"그는 낮에는 로우코 바렐라이고, 밤에는 파코 클라벨이다."

이 말은 유행을 타는 구호가 되었다. 교회는 젊은이들과 대도시들의 지지를 잃고 있었다. 그 국가의 엘리트들과 사업가들 역시 사회 변화에 관심을 보이며 움직이고 있었다. 곧, 여론 조사는 스페인 사람의 3분의 2가 게이 결혼을 위해 상정된 법안을 지지한다는 것을 보여주었다(이 수치는 현재 약 80%다).

로마는 날마다 토론을 쫓아다니면서 상황이 바뀌는 것을 보고 경악하기 시작했다. 로우코는 너무 지나쳤다는 비난 및 격분한 주교들이 도를 넘어서게 했다는 비난을 받았다. 급하게 마드리드로 달려온 타르치시오 베르토네 신임 국무원장은 사파테로를 만났고 로우코에게는 '잠잠히 있을 것'을 요구했다. 매우 동성애 혐오적이고 교황 베네딕토 16세의 가장 가까운 협력자요 바티칸의 새로운 강자인 베르토네가 로우코에게 잠잠하라고 한 것은 매우 특이한 상황이었다.

격렬하게 게이 결혼을 반대하는 현수막과 호전적인 구호의 배후에 있던 스페인 주교회는 사실 로마의 지시를 받아들였다기보다는 그것 때문에 분열되었다고 말할 수밖에 없다. 로우코는 그의 교회의 지지를 잃었다. 새 추기경 카를로스 아미고(Carlos Amigo)와 빌바오(Bilbao)의 주교 리카르도 블라스케스(Ricardo Blázquez)(그는 2015년에 프란치스코에 따라 추기경으로 서임될 것이다)는 그의 노선을 반박했다. 좌익의 고위 성직자이자 진지한 신학자이며 타란콘(Tarancón) 추기경의 이전 서기관이었던 팸플로나(Pamplona)의 대주교 페르난도 세바스티안

(Fernando Sebastián)(프란치스코는 또한 그를 2014년에 추기경으로 임명할 것이다)도 심지어 로우코의 전략을 옛 정권 즉, 프랑코주의로 돌아가는 것과 유사하다며 정면으로 공격했다.

물론 세바스티안, 아미고, 블라스케스는 사파테로가 지지한 동성결혼을 반대했지만, 그들은 거리에서 주교들이 동원된 것에 대해 이의를 제기했다. 그들은 비록 교회가 사회적 문제에 대한 윤리적 관점을 줄 수 있다 하더라도, 교회는 정치에 관여하지 않아야 한다고 생각했다.

로우코 추기경은 그의 부관 두 명의 지지를 받는 가운데 스페인 주교회의 내에서 권력투쟁을 벌였다. 프란치스코가 직위에서 물러나게 한 스페인 교회의 주요 인물인 이 두 사람의 경우를 잠시 살펴보도록 하자. 왜냐하면, 스페인 외의 그 어디에서도 라칭거파와 프란치스코파 사이의 그렇게 치열한 투쟁은 있을 수 없었기 때문이며, 그 어디에서도 '이중생활을 영위하는 강퍅한 사람들'을 그렇게 의존하는 곳은 없을 것이기 때문이다.

첫 번째 부관은 스페인의 수석(首席) 대주교이고 톨레도의 대주교인 안토니오 카니자레스다. 로우코의 이 친구는 또한 라칭거 추기경과도 가까운 사이였기 때문에 스페인에서는 '작은 라칭거'로 알려져 있다(베네딕토 16세는 2006년에 그를 추기경으로 서임할 것이다). 카니자레스는 미국의 버크 추기경처럼 추기경들의 신부 드레스인 카파 마그나를 즐겨 입었다. 그 드레스는 쭉 빠진 베일로 덮여 있고 길이는 수 미터까지 될 수 있는데, 주요 행사 때 입는 것으로서 합창단 소년들 및 잘 생긴 신학생들이 그 드레스를 뒤에서 붙들고 따라온다.

"카니자레스는 매우 작기 때문에 긴 드레스를 입은 그를 보면 우스꽝스러워 보인답니다. 마치 마리 바볼라(Mari Bárbola)처럼 보입니다!"

한 유명한 기자가 내게 말한다(「라스 메니나스」의 난쟁이를 지칭하는 말로서 다른 몇몇 사람들도 내 앞에서 반복하며 말한 나쁜 농담이었다).

카니자레스에 대한 비판적인 진술들과 그의 수행단의 위선에 대한 풍문들이 많았다. 국회의원들과 성소수자 협회는 그의 동성애 혐오적인 발언과 '증오를 부추기는 행위'에 대해 몇몇 불만을 제기했다. 사람들은 그 추기경이 기독교의 대의명분을 섬겼는지 아니면 그것을 희화화 했던 것인지를 알고자 노력한다. 어쨌든, 프란치스코는 당선 직후 그를 로마에서 제거하기로 했다.

이에 카니자레스는 경신성사성(Congregation for Divine Worship and the Discipline of the Sacraments)의 장관 자리를 내려놓고 스페인으로 가게 되었다. 그는 마드

리드의 대주교로 임명될 것을 강력하게 요구했지만, 프란치스코는 그를 명단에서 삭제하고 그를 발렌시아(Valencia)로 보냈다.

그 추기경의 오른팔이던 주교는 더욱 희화화되었다. 그는 가능하기만 하다면 더욱 극단주의자가 되었다. 후안 안토니오 레이그 플라(Juan Antonio Reig Pla) 주교는, 바르셀로나의 탈의실로 들어가는 여장을 한 남자처럼, 자신만의 교묘한 방식으로 게이 결혼 반대 전투를 벌였다. 게이 결혼과 '성별 이론'에 격분한 레이그 플라는 계시적인 언어폭력으로 동성애자들을 비난했다. 그는 '회생 치료 요법'으로 '치료된' 사람들의 증언을 발표했다. 그는 동성애를 소아성애에 비유했다. 나중에 그는 황금시간대의 텔레비전에서 "동성애자들은 지옥에 갈 것입니다"라고 주장할 것이다.

> 레이그 플라 주교는 참으로 우스꽝스러운 사람입니다. 그는 게이 결혼을 위한 투쟁을 한다고 하지만 도리어 게이 운동의 최고의 동맹자였어요. 그가 입만 열면 사람들은 더 우리를 지지하게 되었지요. 우리는 그와 같은 적들을 두고 있어서 운이 좋았어요!

마드리드 게이 협회의 이사 중 한 명이 내게 말한다.

스페인에서 이들 6명의 추기경과 고위 성직자들 사이의 영적 전투와 남성들의 전투, 즉 로우코-카니자레스-레이그 대 아미고-블라스케스-세바스티안의 전투는 2000년대 가톨릭 국가 스페인에 가장 깊은 상처 자국을 남겼다. 그 투쟁은 베네딕토 16세와 프란치스코 사이의 단층선을 노출했고, 그 선은 오늘날에도 너무 강해서 스페인 주교회 안에 존재하는 대부분의 긴장 관계의 요인이다(내가 마드리드로 돌아온 날에 스페인 주교회의에서 마지막 선거 중이었는데, 블라스케스가 또다시 의장으로, 카니자레스가 부의장으로 재선되었다. 이는 프란치스코의 반대 세력과 친 세력 사이의 균형을 보존하는 방법이다).

*　*　*

로우코 바렐라 추기경의 예외적인 동원에도 불구하고, 2005년 7월 2일에 스페인은 전 세계에서 네덜란드와 벨기에에 이어 모든 동성 커플들에게 결혼을 개방한 세 번째 나라가 되었다. 7월 11일, 첫 번째 결혼식이 거행되었고, 거의 5천

쌍의 커플들이 그다음 해에 결혼하게 되었다. 이는 스페인 주교회의 보수파에게는 엄청난 패배였다(스페인 인민당[Partido Popular]에서 고안하고 교회가 지지한 개헌 제안이 곧바로 상정되었다. 그러나 대법원 재판관들의 결정은 논쟁의 여지가 없이 8대 3으로 게이 결혼 지지자들에게 결정적인 승리를 안겨주었다).

그 날 이후로, 게이 결혼에 대한 문제는 스페인 교회 내의 주요 구분 선으로 남게 되었다. 그러나 그 상황을 이해하기 위해서는 일반적인 통념으로 대해서는 안 된다. 즉, 게이 결혼을 옹호하는 측에는 '게이' 주교들이 있고, '이성애적인' 고위 성직자들은 게이 결혼을 적대했을 것으로 생각해서는 안 된다. 그 법칙은 언제나 그렇듯이 오히려 그 반대다. 즉, 일반적으로 게이로 의심받는 자들이 가장 시끄럽고 가장 반(反) 게이적이다.

스페인 주교회도 다른 나머지 주교회와 마찬가지로 동성애자의 밀도가 높다. 현재 그 나라 현장 사정을 아는 사람들은 추기경 13명(당선인 4명, 80세 이상의 비당선인 9명) 가운데 대부분이 동성애 애호가들이고 적어도 5명은 동성 성행위를 행하는 자들로 추정한다. 한편으로는 로우코-카니자레스-레이그가 있고, 다른 편으로는 아미고-블라스케스-세바스티안이 있는 진영 사이에서 게이 결혼을 놓고 전투를 벌여온 6명의 핵심 선수 중 적어도 4명이 동성애 애호가들이다(마드리드와 바르셀로나에서 내가 가진 약 100여 건의 인터뷰와는 별도로, 여기서 나는 오소로 추기경과 가까운 어떤 사람의 증언을 사용하고 있고, 또한 스페인 주교회의 위원 중 한 사람이 건네 준 정보를 사용하고 있다).

하지만 프란치스코 교황은 스페인 주교회에 속한 주교들의 열광과 사기 행각들과 그들의 연인들에 대해 매우 잘 알고 있었고, 그들의 암호 코드를 파악한 상태에 있었다. 그래서 그는 2013년에 교황으로 당선된 이후 스페인에서 대대적인 청소에 나설 것이다.

그가 서임한 온건파 추기경 3명(오소로, 블라스케스, 오멜라)은 교황이 그 문제를 제어한 사실을 확인해 준다. 프란치스코는 교황 대사 프라티노 렌조(Fratino Renzo)의 삶의 방식과 골프 파티, 그리고 그의 교제 생활에 실망하였기 때문에 그를 철저히 무시했다(그리고 그의 해고는 이미 계획되어 있었다). 추기경이 되기를 기다리고 있던 엉터리 가짜 '회생' 치료 요법의 행상인 레이그 플라 주교는 계속 기다리고만 있다.

"우리는 새로운 전환의 시작 지점에 와 있습니다!"

스페인 주교 회의의 학술지인 「비다 누에바」(Vida Nueva, 새로운 삶)의 편집장인 호세 벨트란 아라고네스(José Beltran Aragoneses)가 내게 말한다.

바르셀로나의 신임 대주교인 후안 호세 오멜라(Juan José Omella y Omella)는 카탈로니아 대성당 옆에 있는 그의 아름다운 사무실에서 나를 맞이하며 신중하고 사교적이면서도 약간 특이한 억양을 사용하여 나에게 전선(戰線)의 변화를 확인시켜 준다.

> 그 회의 이후 스페인 주교회는 교훈을 얻었습니다. 우리는 정치인이 아니라는 것이지요. 우리는 비록 도덕적인 관점에서 우리의 생각을 표현할 수는 있을지라도 정치에 개입하기를 원하지 않는다는 것입니다. ... [하지만] 나는 우리는 사람들의 관심사에 민감해야 한다고 생각합니다. 정치적 차원에서는 관여하지 않더라도 적어도 관심을 갖는 자세는 있어야 한다고 봅니다. 호전적인 태도나 싸우려는 태도가 아니라, 관심을 두는 자세이지요.
> [반대로] 프란치스코가 [내가 누구를 판단하리요?]라고 말하며 우리를 상기시켜 준 것처럼, 우리는 판단하는 태도가 아니라 환영하는 태도, 대화하는 태도를 갖출 필요가 있습니다. 우리는 항상 가장 가난한 사람들을 염두에 두고 더 나은 사회를 건설하기 위해, 또한 문제를 해결하기 위해 도와야 합니다.

그의 말은 능숙하며 뼈가 있었다. 로우코의 시절은 지나갔다. 이전에 자이르(Zaire) 선교사였던 오멜라가 스페인의 가톨릭에서 새로운 강자가 되었다. 동성 결혼을 반대하는 시위에 동참하지 않았던 그를 프란치스코가 추기경으로 세운 것이었다. 그는 주교성에서 다른 곳으로 옮겨진 보수파 카니자레스를 대신하여 그 성(省)에 자리 잡게 될 것이다. 오멜라는 사제들에 의한 성폭행에 대해 비타협적인 태도를 취하며 이중생활에 대해 더욱 미심쩍어하고 게이들에게는 더 관대하다.

'스페인주교회의'(CEE, Conferencia Episcopal Española)에서 새 의장 선출을 놓고 주교들이 찢기고 있을 때 나는 마드리드를 또 다시 방문하던 중이었다. 그때 중요한 성소수자 협회 하나가 스페인의 '오비스포스 로사'(obispos rosa, 핑크 주교들)의 명단을 발표하겠다고 협박했다. 약속된 그 '아웃팅'은 아무런 반응을 끌어내지 못했다. 스페인의 모든 사람은 오랫동안 지역 언론을 통해 어떻게 될지 알고 있었다!

대부분 사람은 어떤 상황이 벌어져도 동성애자 중 한 사람이 주교 회의에서

의장으로 선출될 것을 짐작하고 있었다!

어느 날 저녁 나는 스페인 주교 회의가 소유한 인기 라디오 방송국인 COPE의 스튜디오에서 열린 생방송에 참석했다. 나는 CEE 신임 의장 선출이 (프랑스에서는 이 일에 아무런 관심을 보이지 않았다) 스페인의 국가 행사처럼 여겨진 사실에 놀랐다. COPE의 종교 프로그램 편집장인 파우스티노 카탈리나 살바도르(Faustino Catalina Salvador)는 친 프란치스코 진영인 블라스케스 추기경의 승리를 예측했고, 라칭거파 및 친(親)로우코 측의 참여자들은 카니자레스 후보가 승리할 것으로 예상했다.

나는 방송이 끝난 후 조금 전의 토크쇼의 기자들 몇 사람과 대화를 이어갔다. 나는 사람들이 어떤 스페인 추기경과 다른 어떤 추기경에 대해 '옷장 안에'(en el armario) 또는 '밀실 안에'(enclosetado) 있는 자라고 말하는 것을 듣고 놀랐다. 모두가 그 사실을 알고 있었고, 특정 고위 성직자들의 동성애에 대해 거의 공공연히 언급했다. 게이 문제는 심지어 주교 회의의 새 의장 선출에서 밑바탕에 깔린 주제이며 쟁점인 것처럼 보였다!

> 사람들은 스페인에서 프란치스코의 남자는 오소로라고 생각합니다. 그러나 그렇지 않습니다. 프란치스코의 남자는 오멜라입니다.

나와 몇 번 저녁을 나눈 CEE의 한 중요한 동성애자 임원이 말한다.

*   *   *

이런 모든 논쟁과는 약간 별개로, 자기주장이 뚜렷한 마드리드의 대주교 카를로스 오소로는 이번 CEE 선거에서 큰 패자였다.

나는 인터뷰를 위해 오소로를 만나면서, '우파' 출신이지만 프란치스코와 동맹을 맺고 있는 이 복잡한 남자가 자기 자리를 찾으려고 하는 것을 알게 된다. 새롭게 개종한 모든 사람이 교황에게 하듯, 그는 그를 추기경으로 만든 프란치스코 교황에게 신임을 얻기를 원한다. 그리고 그는 목회적 돌봄의 선상에서 로마에 호의의 뜻을 표하기 위해 추에카(Chueca)의 게이 구역에 있는 '가난한 자들'의 파드레 앵겔의 교회를 찾아갔다.

내가 그곳에 갔던 날은 노숙자들로 가득 차 있었는데, 그들은 화장실, 뜨거운 커피, Wi-Fi, 그리고 그들의 개들을 위한 비스킷 등을 무료로 얻을 수 있는 곳을 찾게 되어 기뻐했다.

"빈민을 위한 레드 카펫이지요. 동성애자들도 이 교회에 다닙니다. 이 교회는 그들을 잘 대해주는 유일한 교회지요."

나와 함께 간 CEE 사제가 말한다.

이전에, 산안톤의 그 교회는 스페인의 많은 고립된 작은 가톨릭교회들처럼 폐쇄되고 버려졌다. 성직의 부름이 사라지는 위기는 경각심을 불러일으킨다. 모든 곳에서 교구민들이 점점 줄어들고 있다(인구학자들의 말에 따르면 스페인 사람들의 12퍼센트 미만의 적은 사람들이 여전히 독실한 신앙이 있다).

교회는 비어있다. 그리고 많은 성폭행 사례들이 주교단 안으로 파고들고 있다. 스페인의 가톨릭교회는 한때 가장 큰 영향을 끼쳤던 이 세상의 나라 중 하나였지만 이제는 쇠퇴의 위기에 처해 있다.

오소로 추기경은 교회 문을 닫기보다 그것을 파드레 앵겔에게 주었지요. 그것은 기발한 생각이었습니다. 그 이후로 그 교회는 다시 살아났어요. 그 교회에는 언제나 동성애자들과 게이 사제들이 마드리드의 노숙자들 및 가난한 사람들과 항상 섞여 있어요. 파드레 앵겔은 게이들과 트랜스젠더들에게 그들을 환영한다고 말했고, 그 교회는 그들의 집이라고 말했어요. 그래서 그들은 그곳에 왔답니다!

그 사제는 말을 이어간다.

여기서 우리는 프란치스코 교황에게 소중한 '변두리 사람들'이 '모두의 집'(*la casa de todos*)이라고 불리는 도시 중심의 교회에서 재통합하는 것을 보게 된다. 이제 게이를 지지하는 오소로 추기경은 그곳에 모이는 크리즘홈(Crismhom) 협회 회원들과 악수까지 했다(내가 확인할 수 있듯이 현재 마드리드에서는 동성애자들을 위한 미사가 거행되고 있다). 몇몇 목격자들에 따르면, 그 추기경은 약간 긴장했지만 '그 일을 해냈다'고 한다.

"우리는 몇 마디를 섞었고 전화번호를 교환했습니다."

그 교회의 한 정회원이 확인해 준다.

나는 오소로의 부제(副祭)를 만났는데, 그는 "추기경이 모든 사람들에게 자신의 번호를 알려주고 있었습니다. 마드리드에 사는 절반의 사람들이 그의 휴대폰 번호를 가지고 있어요. 오소로는 나에게도 자기 번호를 주었답니다"라고 말하면서 걱정이 많이 된다고 말했다.

파드레 앵겔은 심지어 그의 교회에서 페드로 제롤로(Pedro Zerolo)의 장례식도 치렀습니다. 그것은 매우 감동적이었습니다. 그 교회에서 매우 가까운 곳에 있는 게이 사회 전체, 즉 추에카의 사분의 일이 무지개 깃발을 들고 장례식에 왔습니다.

CEE의 그 스페인 사제가 말을 이어간다.
마드리드에 있는 성소수자 협회의 사무실에서 내가 자주 본 사진의 주인공인 제롤로는 스페인의 게이 운동의 아이콘으로 꼽힌다. 그는 게이 결혼의 고안자 중 한 사람이었고, 암으로 죽기 몇 달 전에 그의 파트너와 결혼했다.
그 사제는 더하여 말한다.
"그의 장례식은 훌륭했고 매우 감동적이었습니다. 그러나 그날 오소로 추기경은 다소 짜증이 난 듯 파드레 앵겔에게 자신이 어쩌면 도를 넘은 것 같다고 말했습니다."

17

이탈리아 주교 회의
(CEI)

갑자기 이탈리아 추기경 안젤로 바냐스코가 오른쪽 약지 손가락에서 반지를 빼어 자연스레 내게 준다. 이 굽어진 작은 남자는 보석 상인처럼 꼼꼼하게 손바닥 위에 반지를 놓고 내밀고, 나는 움푹 파인 나의 손바닥으로 반지를 받는다. 나는 그 반지에 감탄한다. 이 장면은 우리가 추기경들의 의상과 반지에 대해 이야기하다가 대화를 마치면서 펼쳐졌다. 그 주교의 반지는 교황이 끼고 있는 '어부의 반지'와는 달리 신자들과의 관계에 있어서 특권을 표시하는 반지다. 그것은 아마도 양 떼와 결혼했다는 표시일 것이다.

바냐스코 추기경은 발가벗겨진 느낌으로 주교직을 상징하는 그 반지를 내게 준 것일까?

안젤로 바냐스코의 시계는 사치스럽다. 그의 목걸이에 걸린 가슴 십자가 역시 고급스러운 귀금속으로 되어있었다. 하지만 그의 반지는 내가 상상했던 것보다 간단했다. 내가 만나보았던 많은 추기경과 대주교들의 약지 손가락에는 자수정 초록색, 노란색 루비, 보라색 에메랄드 색상의 너무 귀한 보석들로 된 반지가 끼어있는데, 나는 그것들이 혹시 마라케시(Marrakes)의 투명한 석영 조각에 색을 칠해놓은 것들은 아닌지 궁금했다.

나는 휘어진 손가락에 끼인 반지들을 보았는데, 밀실의 추기경 손가락에는 황옥을 홈에 박은 반지를 끼고 있었고, 동성애 애호적인 추기경들은 석류석 반지가 마귀를 막아준다고 말하며 석류석 반지를 끼고 있었다. 아무튼, 보석을 박은 반지들이라니!

그들은 그 반지들을 엄지손가락에 끼거나 검지 손가락에 끼는 것은 실수라는 것을 잘 알고 있다!

모든 로만 칼라와 사제복은 똑같아 보인다. 로마의 판테온 근처에서 사제복을 파는 유명한 가게인 드 릿티스(De Ritis)의 판매 여성인 마리아가 사제복들은 절단과 모양에 있어서 차이가 있다고 설명해도 나와 같은 비전문가의 눈에는 그 탁한 옷들이 다 똑같아 보인다.

사제들의 복장은 다양성이 많지 않고, 모든 추기경은 예하 레이몬드 버크만큼 대담하지 않기 때문에 최고 고위 성직자들은 보석으로 자신들을 드러낸다.

어떤 보석들인가!

한 시인이 쓴 것처럼, 실제 '다이아몬드'다!

다이아몬드의 크기와 종류와 색상은 대단히 많고 그 우아함과 스타일과 기호도 마찬가지다!

사파이어, 자수정, 발라이(Balay) 루비 등, 이런 보석들은 너무 멋지고 잘 다듬어져 있어서 그것을 착용하는 '보석과 같은 사람들'에게 완벽하게 어울린다.

이런 보석에 얼마나 많은 가치가 집중되어 있는지, 점잖게 절도 행각을 하는 많은 죄인을 안전하게 믿을 수 있는 금고처럼 만들어 버린다.

때때로 나는 예의범절에 엄격한 고위 성직자들이 다이아몬드가 새겨진 화려한 가슴 십자가를 걸고, 성서에 나오는 생물들처럼 함께 얽어맨 모습을 하고 다니는 것을 보곤 하는데, 마치 핀란드 톰의 만화에서 나온 사람들처럼 보인다. 그리고 보석으로 된 커프스 단추의 다양성은 대단히 눈에 띄기 때문에, 그 고위 성직자들은 자신도 모르게 대담해지는 것에 놀라면서, 혹시 자신들의 속내를 들킬까 두려워 그것들을 입기를 꺼린다.

안젤로 바냐스코의 반지는 간단하고 아름답다. 그의 반지는 교황 베네딕토 16세가 끼고 있던 눈부신 사각형 반지 또는 다이아몬드를 둘러싼 금반지와 같지 않다. 이런 사람에게 그런 소박함이 있다는 것은 놀라운 일이다.

> 추기경들은 반지를 고르는 데 많은 시간을 소비합니다. 종종 그들은 치수에 맞게 반지를 만들지요. 그들에게 반지를 고르는 것은 중요한 단계이며 때로는 상당한 재정을 투자해야 하지요. 로마에 있는 비아 산타 카테리나 다 시에나(Via Santa Caterina da Siena)에서 제의(祭衣)와 가슴 십자가와 반지를 파는 유명한 가게인 바르비코니(Barbiconi)의 한 판매원이 말한다. 그는 가게 주인처럼 덧붙인다. 사제가 되면 반드시 반지를 사야해요!

내가 장루이 토랑 추기경을 만나보았을 때, 그는 그의 성공회 사제 친구가 준 주교 십자가를 매고 있었고 카르티에(Cartier) 반지를 끼고 있었다. 또한, 그는 자기 오른손 약지 손가락에 녹색과 금색으로 된 보석 하나를 박은 고상한 반지를 끼고 있었다.

"당신이 보는 이 반지는 내게는 매우 큰 의미가 있어요."

토랑이 말했다.

"나는 아버지와 어머니의 결혼반지를 합쳐서 반지를 하나 만들었는데 보석상이 그것으로 나의 추기경 반지를 만들어주었지요."

내가 조사하는 과정에서 알게 된 것은, 어떤 고위 성직자들은 반지가 하나뿐이라는 사실이었다. 그들은 겸손한 마음으로 그 반지 표면에 그리스도의 모습이나, 성자 또는 사도의 형상을 새긴다. 그들은 때때로 십자가나 그들의 수도회의 십자가를 더 선호하기도 한다. 반지의 뒷면에는 주교 문장(紋章)을 볼 수 있고, 추기경의 경우 그를 추기경으로 서임한 교황의 문장이 새겨져 있다. 다른 추기경들은 여러 개의 반지를 끼고 있는데, 참으로 가관이다. 그들은 행사에 따라 반지를 바꾸어 끼며 더불어 사제복도 바꾸어가며 입는다.

이런 기이한 행동은 쉽게 이해된다. 그런 아름다운 진주를 착용하는 주교들은 내가 이란이나 카타르, 아랍에미리트나 사우디아라비아에서 보았던 베일을 쓴 여성들을 떠올리게 한다. 머리카락뿐만 아니라 히잡의 굵기와 넓이, 셔츠 소매나 드레스의 길이까지 제한하는 이슬람의 엄격함은 여성의 우아함을 베일로 전달하게 하는데, 그 화려한 색채와 유혹적인 모양과 캐시미어, 순 실크나 앙고라 원단의 사치스러움이 바로 그 세계의 엄격함의 역설적인 결과다.

이 사실은 가톨릭 주교들에게도 마찬가지다. 그들은 플레이모빌 제의(祭衣), 로만 칼라, 검은 구두에 제약을 받지만 그들의 상상력은 반지와 시계와 커프스 단추를 통해 파격적으로 나타난다.

* * *

바냐스코 추기경은 정장을 하고 완벽하게 머리를 빗질한 상태로 비아 피오 8세(Via Pio VIII) 상에 있는 그의 사저에서 나를 맞이한다. 그곳은 로마에 있는 성 베드로 광장에서 걸어서 20분 정도 걸리는데 바티칸 뒤편에 위치한 막다른 골목이다. 길은 가파르고 햇볕이 내리쬐는 가운데 나는 늦게 도착했다. 더욱이 그 추기경은 종종 고위 성직자들이 그러하듯, 우리 만남 시간을 다소 절박하게 정하여 놓고 어떤 대안도 제시하지 않은 채 자기 스케줄만 강요하기에 그 약속시간을 조정할 수 있는 여지가 없었다.

아마도 이탈리아 장관들이라도 그보다는 더 친절하게 호의를 베풀 것이다!

이런 이유로 나는 약간의 땀을 흘리며 만남에 늦게 도착한다. 추기경은 나를 보자마자 그의 화장실을 사용하라고 권한다. 그리고 나는 화장실에 들어가는 순간, 짙은 향기를 맡게 된다.

그는 세련되고 명랑하다. 머리에는 포마드를 멋지게 발랐다. 나는 바냐스코 추기경의 향수(나무, 호박, 삼나무 또는 레몬 냄새)에 대해 들었었는데 이제 그 이유를 알게 되었다.

그 향수는 샤넬의 에고이스트(Egoiste)일까?

이브 생로랑의 라 누이트 드 롬므(La Nuit de L'homme)일까, 게를랭의 베티버(Vétiver)일까?

어쨌든 추기경은 향수를 뿌리는 것을 좋아한다.

라블레(Rabelais)는 이탈리아 고위 성직자들의 거만함을 비웃곤 했다!

그는 언젠가 우리가 그들을 향해 여가수들 같은 냄새가 난다고 조롱할 것이라고는 상상 못 했을 것이다!

본질적으로 향수는 거의 반지와 같은 기능을 한다. 향수는 성직자의 복장이 획일적일 때 독특함을 허용한다. 호박향, 제피꽃향, 사향, 챔팩나무향 등, 나는 바티칸에서 이 모든 향수 냄새를 맡았다.

얼마나 오일이 많은지!

온갖 향내가 얼마나 많은지!

향수는 얼마나 분방한지!

그러나 아편을 복용하는 것은 어느새 중독을 허용하는 것이 되지 않는가?

안젤로 바냐스코는 이탈리아 교회에서 오랫동안 가장 강력한 최고 고위 성직자였다. 그는 그 나라의 어느 주교보다도 '스파게티 가톨릭'(이탈리아 가톨릭을 교황의 가톨릭과 구별하기 위해 사용한 용어이다)의 거장이었다. 그는 경력을 쌓아 성공하기도 하고 물러나기도 하더니 교황과 함께 추기경들을 서임하는 자리에 앉았다.

2003년, 그는 군대의 대주교로 임명되었다. 그의 직책은 그에 말에 따르면 '이탈리아 전역의 군사들을 복음화하고 심지어 해외 군사 선교 사역까지' 포함한 '거대한 교구'를 관리하는 것이었기에 잔뜩 겁을 먹었다고 한다. 2006년에는 제노바 대주교로 임명되어 타르치시오 베르토네를 대신하여 베네딕토 16세의 국무원장이 되었다. 그때 바냐스코는 교황과 친분이 있었기에 추기경으로 임명되었다고 한다. 가장 중요한 것은 그는 2007년부터 교황 프란치스코가 그를 물러나게 한 2017년까지, 약 10년 동안 그 유명한 'CEI'(Conferenza Episcopale Italiana), 즉 이탈리아주교회의의 의장을 지냈다는 사실이다.

그는 배척 및 추방을 당하면서 강제퇴직을 하게 된다. 하지만 프랑스 작가이며 저자인 어떤 사람이 그를 찾아온 사실로 그의 마음은 따뜻해졌다. 그는 대다수 추기경과는 달리 외국어를 하지 않는다. 프랑스어, 영어, 스페인어, 또는 어떤 외국어도 말하지 않는다. 하지만 나의 이탈리아 연구원 다니엘레가 통역하자 그는 자신에 대해 최선을 다해 설명한다.

바냐스코 추기경은 시간을 아끼기 위해 종이 껍질을 벗기지 않은 설탕 덩어리를 커피에 넣는 사람이다. 그를 알고는 있지만 그를 좋아하지 않는 사람들은 그를 성마르고 복수심이 강한 사람, 아주 교활하고 '수동적인 권위주의자'라고 묘사했다. CEI에서 그를 잘 알던 어떤 사제에 따르면, 바냐스코는 미끼를 번갈아 바꾸어 끼우며 자신의 견해를 고집스럽게 강요한다고 한다. 하지만 그는 우리에게 예의 바르고 인내심이 있다. 바냐스코는 계속 그의 발을 점점 빠르게 가볍게 두드린다.

지루해서일까?

아니면 교황을 욕하고 싶지만 억누르고 있기 때문일까?

바냐스코는 퇴위한 이후 새로운 낙원을 찾고 있다. 베네딕토 16세 및 베르토네 추기경과 불편한 관계를 가졌던 그는 이제 그들이 교회를 내팽개치고 프란치스코에게 넘긴 사실에 대해 비아냥거리며 질책한다. 그는 그 둘을 전혀 칭찬하지 않는다.

물론, 반지를 끼고 커프스 단추가 있는 사제복을 입은 그 추기경은 우리에게 말을 할 때 교황은 말할 것도 없고 동일 종교인들을 거의 비판하지 않는다. 그러나 그의 표정은 그의 생각을 드러낸다. 그래서 내가 월터 카스퍼 추기경의 이름과 그의 지정학적인 사상을 언급했을 때 바냐스코는 나의 말을 막으며 경멸스런 표정을 지었다. 그는 자기 대적자 중 가장 진보적인 사람의 이름을 듣자 무심코 얼굴을 찡그리는데 마치 원숭이 얼굴과 같았다.

"그는 외교를 아는 사람이 아닙니다."

바냐스코가 간단명료하게 말한다.

그리고 우리가 이탈리아 주교 회의 내의 긴장과 그곳의 지배권을 되찾으려는 베르토네 추기경의 시도에 관해 이야기를 시작할 때 바냐스코는 다니엘레를 향해 돌아서서 나에 대해 이탈리아어로 말하면서 분위기를 불편하게 만든다.

'일 라가조 에 벤 인포나토!'(Il ragazzo è ben informato, 이 녀석이 잘 알고 있군!)

바냐스코는 나에게 의미심장한 표정을 짓는다. 이상하고, 확고한, 전혀 다른 표정 중 하나다. 내게 여러 번 발생했던 것처럼, 어떤 추기경의 눈이 내 눈과 마주치는 순간에 짓는 그런 표정이다. 그들은 나를 응시하고, 나를 연구하며, 나를 꿰뚫어 본다. 잠깐, 일 초뿐이 걸리지 않지만 무슨 일이 발생한다. 바냐스코 추기경은 의아해하며, 나를 쳐다보고, 머뭇거린다.

추기경은 눈을 아래로 내리고 말을 아낀다.

> 베르토네 추기경은 교회와 이탈리아 정부의 관계를 다루기를 원했어요. 그러나 나는 나의 길을 계속 갔지요.
> 이탈리아 주교 회의(CEI)는 이탈리아 정부와 관련된 문제들을 담당합니다. 그 일은 바티칸의 일이 아니지요!
> (이 사실은 내가 피렌체에서 인터뷰한 전 CEI 사무총장인 주세페 베토리[Giuseppe Betori] 추기경에 의해 확인되었다.)

그리고 잠시 뜸을 들인 후, '교황 후보'가 되기를 꿈꿨지만 야망을 낮춰야만 했던 그 추기경은 특히 베르토네를 겨냥해서 덧붙인다.

"교황청에 있을 때, 즉 바티칸에 있을 때는, 더 이상 CEI에 있는 것이 아니지요. 그리고 교황청에서 지내면서 임무를 마치면 CEI로 돌아갈 수 없습니다. 끝난 것이에요."

이제 우리는 동성애자들의 결합에 관해 이야기한다. 그 와중에 나는 바냐스코 추기경이 이탈리아에서 동성 결합을 반대한 주동자였다는 것을 알게 된다. 나는 대담한 척하며 이탈리아 교회의 입장이 프란치스코 교황과 함께 발전하였는지를 묻는다.

"시민 결합에 대한 우리의 입장은 10년 전이나 오늘이나 똑같습니다."

바냐스코가 날카롭게 답변한다.

이제 바냐스코는 자신의 지위가 얼마나 든든한 토대 위에 서 있는지를 설명한다. 그는 마치 CEI가 바티칸으로부터 독립되어 있기라도 한 것처럼, 이탈리아 교회가 지지한 동성애 차별을 정당화하기 위해 긴 설명을 시작한다. 평범한 신학자요 형편없는 철학자인 그는 복음서와 가톨릭 교리서를 인용하여 자신의 주장을 지지하고(어느 정도 적절하게) 철학자인 하버마스(Habermas)와 존 롤스(John Rawls)의 사상에 의존한다(그는 수치심 없이 말을 바꾸어 인용한다).

나는 대부분 추기경과 마찬가지로(카스퍼는 예외이다) 그의 사상의 철학적 평범함에 놀랐다. 그는 작가들을 도구로 사용하고 있으며, 글을 왜곡되게 읽었으며, 시대착오적인 추론으로부터 몇 가지 사상적인 주장만 고집한다. 이에 나는 그가 내가 그의 거실에 있는 서재에서 본 『종의 기원』으로부터 진화를 바탕으로 하여 그 책을 인용해서 게이 결혼을 반대할 것 같은 느낌을 갖게 된다!

약간 움츠렸지만 나름대로 교활해진 나는 이제 바냐스코 추기경에게 질문을 던진다. 방금 나누던 대화에서 부드럽게 그를 벗어나게 하여 프란치스코의 임용과 그의 개인적인 상황에 관해 이야기하게 만든다.

베네딕토 16세 밑에서 추기경이 되기 위해서는 반(反) 게이가 되어야 하지만 프란치스코 밑에서는 친(親) 게이가 되어야 한다는 사실에 대해 그는 어떻게 생각할까?

이탈리아에서 반(反) 게이 시위를 지원하는 큰 재정 지원자가 나를 쳐다본다. 그는 이를 악물고 웃는다. 바냐스코는 내 질문에 놀란 것 같지만 비밀을 누설하지는 않는다. 대신 그의 몸짓이 그를 대변한다. 우리는 다시 만나기로 약속하고 좋은 관계로 헤어진다. 항상 뭔가 쫓기는 그는 우리 이메일 주소와 다니엘레의 휴대폰 번호를 재차 받아간다.

* * *

이탈리아 주교 회의(CEI)는 제국 내의 제국이다. 오랫동안, 그것은 심지어 왕국 그 자체였다. 폴란드인 보이티와의 당선 이후, 독일인 라칭거와 아르헨티나인 베르고골리오가 당선되면서 이탈리아인 교황들은 오랫동안 없었다. 이에 CEI는 구시대 신권 정치인 바티칸의 대기실로 남아있다. 이는 지정학 및 세계적 균형의 문제다.

만일, 그런 문제가 아니라면, CEI의 추기경들이 안젤로 소다노와 타르치시오 베르토네와 함께 너무 경솔하게 권력을 행사함으로 권력으로부터 쫓겨난 것일까?

혹은 그들은 그들의 위선적인 생활양식과 그들의 무시무시한 앙갚음으로 이탈리아의 가톨릭을 부패시키고 요한 바오로 1세의 생명과 베네딕토 16세의 교황직을 희생시킨 것에 대한 대가를 지금 치르고 있는 것일까?

CEI가 더 이상 교황을 배출하지 않고 추기경 수도 점점 줄어들고 있는 것은 사실이다. 그 현상은 어느 날 바뀔지는 모르지만, 현재로선 이탈리아 주교회 자체가 그 나라에 국한되어 있다. 거의 위로할 방법이 없는 이 추기경들과 주교들은 그런데도 고국에서 이루어야 할 많은 일 때문에 위안을 얻는다. 할 일이 너무 많다. 우선, 게에 결혼에 대항해서 싸워야 한다.

베네딕토 16세가 선출된 직후 바냐스코는 CEI 의장으로 선출된다. 그 후 시민 결합은 이탈리아 주교단의 주요 관심사가 되었다. 스페인의 로우코처럼, 프랑스의 바르바린(Barbarin)처럼, 바냐스코는 권력투쟁을 선택했다. 그는 거리로 나가 군중들을 동원하기를 원했다. 그는 로우코보다 영리하고 바르바린보다 더 완고하지만 순조롭게 밀고 나갔다.

CEI는 자산과 언론과 사회적인 영향력과 도덕적인 지배권을 가지고 있다고 말할 수밖에 없다. 또한, 가장 작은 마을에서 임명된 주교와 사제들까지 포함하고 있는 CEI는 이탈리아에서 엄청난 권력을 행사한다. 그것은 상당한 정치적 무게를 지니고 있으며 종종 그 나라의 모든 남용과 내부적 영향과 밀접하게 연결된다.

> CEI는 항상 이탈리아 정치에 개입해 왔습니다. 그것은 돈도 많고 힘도 셉니다. 이탈리아에서는 사제와 정치가가 맞물려 있는데 그들은 여전히 돈 카밀로(*Don Camillo!*, 가상의 작은 세계)에 갇혀 있지요!

전 교황청 주재 프랑스 대사 피에르 모렐(Pierre Morel)은 비꼬며 말한다.

내가 인터뷰한 모든 증인들(주교단, 이탈리아 의회, 총리 내각에 속한 자들)은 CEI가 이탈리아의 공적인 생활에 미치는 이런 중대한 영향력을 확인시켜 준다. 특히 바냐스코의 전임자인 카밀로 루이니 추기경이 요한 바오로 2세 휘하에서 주교회의 의장이었던 때 그러했다. 그때는 CEI의 황금기였다.

루이니 추기경은 요한 바오로 2세의 이탈리아 대변인이었고 그는 이탈리아 의회를 쥐고 있었습니다. 그 당시는 CEI가 대단히 힘차게 활동하던 시기였지요. 베네딕토 16세 휘하의 바냐스코 이후 그 힘은 줄어들었어요. 프란치스코 때에는 완전히 사라졌고요.

CEI의 두 이전 의장들을 알고 있으며 바티칸에서 사는 한 고위 성직자가 내게 말한다.

CEI의 위원 중 한 명이기도 했던 리노 피셀라(Rino Fisichella) 대주교는 두 번의 인터뷰 과정에서 나에게 이 점을 확인시켜 준다.

루이니 추기경은 사목이었습니다. 그는 심오한 지성과 분명한 정치적 이상을 가지고 있었지요. 요한 바오로 2세는 그를 믿었습니다. 루이니는 이탈리아 문제에 관한 한 요한 바오로 2세의 최고 협력자였습니다.

바티칸 체제에 정통한 로마의 한 외교관은 하나씩 확인하여준다.

요한 바오로 2세가 교황직을 시작할 때 루이니 추기경이 그에게 명맥하게 말했지요
'나는 당신을 도와서 이탈리아의 문제들을 해결하여주겠지만, 사실 전부를 다 맡고 싶습니다.'
그는 원하는 것을 얻어서 그 일을 했어요. 심지어 아주 잘 해냈지요.

*　　*　　*

카밀로 루이니 추기경의 식당에서 보이는 바티칸 정원의 풍경은 장관이다. 우리는 바티칸 변두리의 고급 옥상 아파트인 폰티피시오 세미나리오 로마노 미노레(Pontificio Seminario Romano Minore) 1층에 있다.

이곳은 제게는 정말 멋진 곳이지요. 바티칸을 내려다볼 수 있지만, 그 안에 있지는 않지요. 그 옆에 있고, 아주 가깝지만, 바티칸 밖에 있어요.

루이니는 정색을 하고 말한다.

나는 88세의 추기경을 만나기 위해 수없이 많은 편지를 보냈고 수많은 전화를 걸었지만 다 헛수고였다. 계속 답장이 없는 것은 교회 내에서 다소 특이한 일로서 나는 다소 당황했지만 결국 그 은퇴한 추기경에게 줄 선물로 아파트 수위실에 '흰 책'를 남기고 짧은 쪽지를 덧붙였다. 결국, 그의 조수가 나를 위해 만남을 주선해 주었고, "파란 만년필로 쓴 당신의 글의 아름다움 때문에 예하께서는 당신을 받기로 동의하셨습니다"라고 덧붙였다. 이처럼 그 추기경은 예술적이었다!

"나는 21년 동안 CEI의 의장으로 있었습니다."

루이니가 훌륭한 프랑스어로 내게 말한다.

> 사실 감사하게도 상황이 호전된 덕분에 나는 CEI를 중요한 조직으로 만들 수 있었어요. 요한 바오로 2세는 나를 믿었지요. 그는 항상 나를 믿었습니다. 그는 내게 아버지와 할아버지였어요. 그는 하나님의 힘과 지혜와 사랑의 본이었습니다.

한 프랑스 작가와 대화를 나누며 기뻐하는 이 연로한 추기경은 시간을 끈다(그리고 내가 인터뷰를 마치고 떠날 때 그는 내게 또 오라고 격려하며 작은 종이에 그의 개인 전화번호를 적어줄 것이다).

한편, 루이니는 그의 삶을 말해준다. 어떻게 어릴 때 신학자가 되었는지, 자크 마리탱과 프랑스 사상가들에 대한 열정, 요한 바오로 2세의 중요성, 로마의 교황 대리로서 전통 법칙에 따라 요한 바오로 2세의 죽음을 '특별한 선언'으로 가장 먼저 발표한 일(보결(補缺)자 레오나르도 산드리가 성 베드로 성당에서 공식적인 발표를 하기 전이다).

CEI의 역사와 그의 '문화 프로젝트'(Progetto Culturale)에 대해 말해준다. 또한, 이탈리아교회의 영향력을 현저히 약화시킨 탈종교화 및 세속화에 대해 말해준다. 그는 표독스러움이 없이, 그러나 어느 정도 울적하게 가톨릭의 과거의 찬란함과 오늘날의 쇠퇴에 관해 이야기했다.

"시대가 바뀌었지요."

그는 약간의 슬픔을 띠며 말한다.

나는 추기경에게 CEI의 영향과 그의 역할에 대해 질문한다.

나는 내 강점은 다스리는 기술이라고 생각합니다. 나는 항상 결정을 내릴 수 있었고, 방향을 잡고 앞으로 밀고 나갈 수 있었지요. 그것이 나의 강점이었습니다.

우리는 CEI의 영향력의 열쇠인 돈에 대해 자주 이야기했다.
"CEI는 돈입니다."
바티칸의 한 고위 인사가 나에게 확인시켜 준다.
루이니는 주저 없이 "이탈리아 국가와 교회의 정교(政敎) 협약에 따라 정부는 CEI에 많은 돈을 주었어요"라고 인정한다.
우리는 또한 정치에 관해 이야기하는데, 그 추기경은 자기는 좌파 로마노 프로디(Romano Prodi)와 우파 실비오 베를루스코니(Silvio Berlusconi)뿐만 아니라 기독교 민주주의와도 연결되어 있다고 주장한다. 수십 년 동안 그는 이탈리아 의회의 모든 의장을 알고 지냈다!

이탈리아 교회와 이탈리아 정치 사이에는 실제적인 관입(貫入)이 있었지요. 그것이 문제이고 그것이 모든 것을 망쳐놓았어요.

CEI의 핵심에 있었던 이탈리아 사제 중 한 명인 메날케(Ménalque)(실명이 아닌 가명 사용)가 내게 설명한다.

*　　*　　*

메날케는 내가 이 책을 준비하면서 만난 가장 흥미로운 사람 중 한 명이었다. 이 사제는 카밀로 루이니 추기경과 그다음으로 안젤로 바냐스코 추기경이 의장으로 있던 기간에 CEI 체제의 중심에 있었다. 그는 맨 앞줄에 있었다. 오늘날, 메날케는 성직주의를 반대하지는 않더라도 바티칸의 당혹스러운 규칙 때문에 빚어진 복잡하고 독한 모습의 사제다. 그는 나에게 CEI의 일을 자세히 묘사하기로 마음먹었다.
그는 왜 입을 열었을까?
이 책의 여러 증인과 마찬가지로 그에게도 몇 가지 이유가 있다.
첫째로, 그가 받아들인 자신의 동성애 때문이다. 동성애자로 자신을 드러낸 후로 그는 CEI의 동성애 혐오증을 용납할 수 없게 된 것이다. 그 후 그는 누구보다 잘 알고 있는 CEI 내의 많은 고위 성직자들과 추기경들의 위선, 즉 공적으로는 반(反) 게이이고 사적으로는 동성애자들인 그들의 위선을 비난한다, 그들 중 많은 사람이 그에게 추파를 던졌었다. 그는 CEI 내의 영주의 초야권(droits de seigneur)에 대한 칙칙한 암호 코드와 규칙을 알고 있다. 메날케가 처음으로 입을 연 이유는 믿음을 잃었기 때문이고, 해고로 인한 무거운 대가를 치렀기 때문이며, 등을 돌린 친구들 때문에 고립감과 배신감을 느꼈기 때문이다.

나는 로마에서 멀리 떨어진 곳에서 몇 달 간격으로 세 차례 열 시간 동안 그와 인터뷰를 했다. 그러면서 이 불행한 사제에게 애착을 갖게 되었다. 그는 내가 상상 못 했을 비밀을 가장 먼저 털어놓았다. 그리고 여기에 비밀이 있다. 그의 견해에 따르면, CEI는 본질적으로 게이가 지배하는 조직이다.

> 많은 이탈리아 사제들처럼, 나도 성적인 면에서 문제가 있었기 때문에 신학교에 들어갔습니다.
>
> 메날케는 함께 점심 식사하는 중에 내게 말한다.
>
> 나는 그것이 뭔지 몰랐고, 그것을 알아내는 데 오랜 시간이 걸렸습니다. 그것은 억제된 동성애였고, 말로 표현할 수 없을 정도로 강력한 내부적인 억압이었습니다. 나도 이해하지 못하던 것이었지요. 그리고 대부분 사제처럼, 여자애들에게 수작을 걸 필요가 없고, 결혼도 하지 않아도 되는 것이 내게는 정말 안심이 되는 일이었어요. 동성애는 내가 사제의 길로 가도록 만든 발판이었습니다. 사제의 독신은 이성애 사제에게는 문제겠지요. 하지만 나와 같은 젊은 게이들에게는 축복이고 해방이었습니다.

그 사제는 살아오면서 이 어두운 부분에 대해 말한 적이 없었다. 그는 내게 이 말을 한 후 안도감을 갖게 되었다고 한다.

> 내가 사제로 서품을 받은 지 약 1년 만에 문제가 생겼어요. 그때가 25살이었지요. 나는 잊으려고 노력했습니다. 나는 나 자신에게 나는 여성스럽지 않으며 그런 성향에 해당하지 않고 또한 동성애자일 리 없다고 말했어요. 이런 식으로 나는 몸부림쳤답니다.

그것은 평탄하지 않은 몸부림이었다. 고통스럽고, 말도 안 되는 폭풍우였다. 그것은 자살로 이어질 수도 있었지만, 그 대신 가톨릭 성직자들의 내면화된 동성애 혐오증의 전형적인 본보기인 자기 혐오로 수렴되었다.

그 후 이 젊은 사제는 두 가지 해법을 갖게 되는데, 같은 신앙을 가진 대부분 신도처럼 동성애를 인정하고 교회를 떠나는 방법이 있고(그때 그가 가지고 있던 유일한 것은 일터에서 별로 쓸모없는 그의 신학 학위가 전부였다), 또는 숨겨진 이중생활을 시작하는 것이었다. 쉽게 말하면, 떠나든지 혹은 밀실의 삶을 사는 것이다.

독신주의와 이성애적인 정절에 대한 교회의 엄중한 요구는 이탈리아에서는 '성향'에 대한 큰 관용으로 이어진다. 질문을 받았던 증인들은 이탈리아 신학교와 교회와 CEI가 오랫동안 동성애를 묵인한 사실을 확인해 주었는데, 그 문제가 신중하게 사적인 영역에 국한되기만 한다면 문제가 없다는 것이다.

동성 간의 성행위는 영적으로는 아니겠지만 적어도 문자적으로는 이성적인 독신주의 신성불가침의 규칙을 깨뜨리는 것은 아니다. 그리고 빌 클린턴이 말한 "묻지 마라. 말하지 마라"라는 표현은 벌써 오래전에 동성애에 대한 이탈리아 가톨릭의 규칙이었으며 바티칸 밀실 세계의 약효였다.

CEI의 대부분 위원에게 적용되어온 오랜 전통을 따라, 메날케 역시 게이-사제의 잡류가 되었다.

교회의 큰 강점은 모든 문제를 다룬다는 것이지요. 사람들은 그곳에서 안전과 보호를 느낍니다. 그래서 떠나는 것이 어렵지요. 그래서 저도 남았습니다. 나는 이중생활을 시작했고, 소문이 나지 않도록 교회 안이 아닌 바깥에서 성 파트너를 찾는 쪽을 택했습니다. 이 선택은 내가 섣불리 한 것이었고, 많은 사람은 나와는 반대로 교회 안에서 성 파트너를 찾는 것을 선호합니다. 게이 사제로 사는 내 삶은 단순하지 않았습니다. 내 자신과 싸움이었지요. 고립되고 외로운 이 싸움의 한복판에 서 있는 내 자신을 볼 때 오늘도 절박감을 느낍니다. 나는 나의 주교 앞에서 소리치며 울었지만, 그는 전혀 이해하지 못하더군요. 나는 두려웠고 겁을 먹게 되었어요. 꼼짝달싹 못 하게 갇힌 것이지요.

그때 그 사제는 이탈리아 교회의 주된 비밀을 알게 되었다. 즉, 동성애는 너무 일반적이고 매우 보편적이어서 대부분의 승진이 그것에 의존한다는 사실이었다. 담당 주교를 잘 선택하고 올바른 노선을 따라 움직이고 좋은 친구 관계를 쌓고, '밀실 게임'을 잘 하면, 계급의 굴레를 벗어나 신속하게 위로 오른다는 사실이었다.

메날케는 나에게 그를 '도와준' 주교들, 즉 그에게 부끄러움 없이 구애한 추기경들의 이름을 알려주었다. 우리는 그가 '세속적인 투쟁'이라고 말하는 CEI의 선거에 관해 이야기한다. 카밀로 루이니 추기경과 안젤로 바냐스코 추기경이 이룬 제국의 힘에 대해 말하고, 안젤로 소다노와 타르치시오 베르토네 국무원장이 바티칸에서 행한 교활한 역할에 관해 이야기한다. 우리는 이탈리아를 책임지고 있는 교황 대사 파올로 로메오에 대해 말하는데, 그는 소다노의 친밀한 동료로서 장차 베네딕토 16세가 그를 팔레르모의 대주교로 임명할 것이며 추기경으로 서임할 것이다.

우리는 또한 CEI의 파벌 논리에 따라 세워졌다고 하는, 나폴리의 추기경 크레센치오 세페, 로마의 아고스티노 발리니(Agostino Vallini), 플로렌스의 주세페 베토리의 임명에 관해서도 이야기한다.

이와 대조적으로 메날케는 CEI의 영향력 있는 주교들이지만 프란치스코 교황의 '임명 거절' 및 '비공천'으로 추기경이 되지 못한 사람들에 대해 그 이유를 설명해 준다. 그래서 처벌 때문이든 참회 때문이든, CEI의 몇몇 주요 인물들은 여전히 '보랏빛으로 승격되기'를 기다리고 있다.

토리노(Turin)의 체사레 노시글리아(Cesare Nosiglia) 대주교도, 리노 피시첼라(Rino Fisichella) 대주교도 추기경이 되지 못했다. 한편, 코라도 로레페이스(Corrado Lorefice)와 마테오 주피(Matteo Zuppi)(그는 산테기디오의 공동체에서 인정 많은 '돈 마테오'로 알려져 있다)는 각각 팔레르모 대주교와 볼로냐 대주교로 임명되었고, 프란치스코의 노선에 서서 가난한 자, 소외된 자, 매춘부, 이주민들과 가까이 지내고 있다.

여기 사람들은 내가 추기경이 아닌데도 '예하'라고 부릅니다!
볼로냐의 모든 대주교는 항상 추기경이었기 때문에 관습이 된 것 같아요.

마테오 주피가 볼로냐에 있는 그의 사무실에서 나를 맞이하며 말한다. 그는 게이를 긍정하고, 느긋하며, 따뜻하고, 수다스럽다. 그는 방문객들을 환영하며, 위선적인 대화를 피하고, 성 소수자 협회들과 정기적으로 대화를 한다. 이런 모습이 마테오 주피의 진정한 모습인지 아니면 전략적인 모습인지는 알 수 없지만, 아무튼 그는 자기 전임자 카를로 카파라 추기경과는 정반대다. 카파라 추기경은 위선적이고 병적으로 지배적이고 맹렬한 동성애 혐오자이며 밀실에 숨어 있던 자였다.

메날케는 차분하고 정확하다. 그는 반(反) 게이 성향이 있는, 그가 잘 아는 이탈리아 추기경 살바토레 드 기오르기(Salvatore de Giorgi), CL(친교와 해방)의 깊은 비밀들, CEI의 유명한 문화 프로젝트(Progetto Culturale)에 대해 내게 말한다.

대화 과정에서 한 가지 스캔들이 떠오른다. 그것이 내가 이제 곧 논의할 보포(Boffo) 사건이다.

메날케는 스캔들을 일으키지도 않고 또한 자신의 동성애의 정체를 드러내지 않았음에도 CEI를 떠났다. 그는 그곳을 떠나 자유를 찾을 필요를 느꼈다.

나는 어느 날 떠났고, 그것이 전부였어요. 내가 사제로 있을 때 친구들이 나를 많이 좋아했지만 내가 사제직을 그만두자 그들은 미련 없이 나를 버렸답니다. 그들은 나에게 전화한 적이 없어요. 나는 전화 한 통도 받지 못했습니다.

사실, CEI의 위원들은 메날케를 그 체제 내부에 두기 위해 모든 수단을 동원했다. 너무 많은 것을 알고 있는 그가 떠나는 것은 너무 위험했다. 그들은 그에게 거절하기 어려운 제안을 했다. 하지만 그 사제는 자기의 입장을 고수하고 그의 결정을 바꾸지 않았다.

교회를 떠나는 것은 편도 여행이다. 그 선택을 할 때, 다시는 돌아갈 수 없다. 한번 떠나면 영원히 떠나는 것이다. 이 전임 대수도 원장에게 그 희생은 엄청났다.

나는 더 이상 친구도, 돈도 없었습니다.
그들은 모두 나를 버렸지요.
그것이 교회가 가르치는 것인가요?
나는 그들 때문에 슬픕니다. 만약 과거로 돌아갈 수 있다면, 나는 분명히 사제가 아닌 다른 길을 택할 것입니다.
왜 그들은 남아있는 것인가요?
왜 남아있냐고요?
두렵기 때문이지요. 갈 곳이 없기 때문입니다. 시간이 지날수록 떠나기가 더 힘들어지지요. 오늘 나는 그곳에 남아있는 내 친구들이 불쌍하다고 느낍니다.

당신은 아직도 가톨릭 신자인가요?

그 질문은 하지 말아주세요. 교회가 날 대했던 방식, 그 사람들이 날 대했던 방식을 '가톨릭'이라고 부를 수는 없습니다. 나는 그곳을 떠나 그곳의 밖에 있다는 것이 너무 행복할 뿐이에요!

'교회를 떠나' '공적으로 게이'로 살아가니 이제 숨을 쉴 수 있습니다. 생활비를 벌어서 살고 나 자신을 재건하기 위해 매일 싸우지만 나는 자유롭습니다. 나는 자유로워요!

* * *

CEI는 회원들이 주로 동성애자들이기 때문에 그 조직은 게이가 주도하는 권력 구조의 조직이다. CEI는 상황에 따라 돌발적으로 권력 관계가 만들어진다. 동성애 문제는 그 관계에 있어서 결정적이다. 왜냐하면, 동성애 문제는 승진 또는 퇴위를 좌우할 수 있고, 서로 대결하고 있는 네트워크들의 중심에 있으면서 압박을 위한 무기로도 사용될 수 있으며 또한 그 조직을 작동시키는 열쇠로써 권력을 유지하기 때문이다.

"모든 사제처럼 나도 파솔리니의 열렬한 팬입니다. 그리고 나는 CEI가 어떤 점에서는 섹스뿐만 아니라 권력을 도구로 사용한 사데의 공작(the Marquis de Sade)의 소설책을 영화로 만든 파솔리니 감독의 영화「살로 또는 소돔의 120일」(Salò or the 120 days of Sodom)을 닮았다고 말하고 싶습니다. 사제들은 가톨릭 계급 체계에서 위로 올라갈수록 권력의 난폭함이 끝이 없다는 사실을 알게 되면서 더 충격을 받게 되지요."

메날케가 설명한다.

2000년대 후반에 베네딕토 16세의 국무원장인 베르토네 추기경은 CEI를 조종해 보려고 간단한 시도를 했지만 CEI는 방심하지 않고 항상 나름대로의 자치권을 지켜왔다. CEI는 바티칸의 간섭 없이 스스로 경영을 도모하며, 가톨릭교회와 이탈리아 정치 상황과의 관계를 직접 다룬다. 전 대수도원장 메날케의 용어를 빌려 말하면, 이 '관입(貫入)'은 정부의 반쪽 '합의', 많은 타협, 높은 수준의 긴장, 그리고 수많은 음모를 야기했다.

"우리는 항상 매우 자율적이었습니다. 베르토네 추기경은 CEI를 되찾으려 했지만 참패하였지요. 베르토네와 바냐스코의 갈등은 매우 크고 고통스러웠습니다. 그것은 극도로 심각한 피해를 가져왔어요. 그러나 바냐스코는 저항했답니다."

카밀로 루이니 추기경이 설명한다(그는 문제의 참사가 게이 문제를 중심으로 전개된 보포 사건[the Boffo affair]이었다는 사실에 대해 언급하지 않는다).

오랫동안 CEI는 기독민주당과 가까웠는데, 그 당은 일종의 사회주의 기독교 및 강력한 수준의 반공주의를 중심으로 한 중도 우파 이탈리아 정당이었다. 그러나 CEI는 항상 기회를 타서 권력을 잡은 측에 어떻게든 가까이했다. 1994년에 실비오 베를루스코니(Silvio Berlusconi)가 처음으로 이탈리아 정부의 총리가 되었을 때, CEI의 대다수는 우파 세력을 더욱 강력하게 하기 위해 총리가 속한 정당인 포르차 이탈리아(Forza Italia)에게 추파를 던지기 시작했다.

물론 CEI는 '정치를 위한' 정치를 한 것은 아니며 또한 정쟁에 휘말리지 않을 것이다. 그러나 로마 및 약 열다섯 개의 이탈리아의 마을과 도시에서 행해진 60여 회에 걸친 인터뷰를 통해 명백하게 드러나듯, CEI가 베를루스코니에 대해 추파를 던진 것은 다 아는 비밀이었다. 1994년부터 2011년까지 지속한 베를루스코니의 3선의 임기 동안, 요한 바오로 2세와 베네딕토 16세가 교황직에 있었는데, 추기경 임명에 관한 것 등 여러 심의에 있어서 양측은 부자연스러운 관계에 있었다.

피렌체 대주교 주세페 베토리 추기경은 델 두오모(del Duomo) 광장에 있는 그의 거대한 궁전에서 나를 맞이했다. 그는 그 당시 CEI의 사무총장으로서 루이니 추기경과 가까운 사이였다. 얼굴이 동그란 이 유쾌한 추기경은 나의 조사원 다니엘레가 함께 있는 자리에서 녹음 허락으로 대화를 하며 CEI의 이야기를 자세히 들려주었다.

우리는 CEI가 바오로 6세와 함께 생겨났다고 말할 수 있습니다. 그 이전에는 CEI가 존재하지 않았거든요. 첫 번째 비공식 모임은 1952년 플로렌스에서 있었는데, 바로 이 사무실에서 모였지요. 그 자리에는 한 교구를 이끄는 이탈리아 추기경들이 모였습니다. 꽤 수수한 모임이었어요.

베토리는 CEI의 '마리탱' 특성을 주장하는데, 이는 프랑스 철학자 자크 마리탱의 뒤를 잇는 사상이다. 이 특성은 교회의 민주적인 선택으로 해석될 수도 있고, 무솔리니의 파시즘 및 반유대주의와의 결별로 해석될 수도 있다. 그러나 그것은 일종의 프랑스의 '정교분리'(laïcité)의 이탈리아 버전으로서 정치 영역과 종교 영역의 분리 추구와 연관될 수도 있다(사실, 라이시테는 결코 CEI의 사상은 아니었다).

그 특성은 또 다르게 해석될 수 있는데, 비밀 약호와 공동 선택권이 있는 가톨릭 프리메이슨주의라는 것이다.

"처음부터, CEI는 이탈리아와 관련된 모든 일과 이탈리아 정부와의 관계는 바티칸이 아니라 CEI를 거쳐야 한다는 것을 철저히 강조했습니다."

그 추기경이 더하여 말한다.

베토리는 CEI 사무총장으로서 이탈리아 가톨릭의 힘이 어떠한지 가늠할 수 있는 위치에 있었다. 그는 2007년에 시민 결합에 반대하는 시위를 이끈 배후 주동 세력이었으며, 주교들이 거리로 나서도록 선동했던 주인공이었다.

그 당시 게이 반대 시위를 하려면 두 개의 구조가 필수적이었다.

첫째, 지적인 것.
둘째, 정치적인 것.

내가 언급한 것처럼, 교황 요한 바오로 2세와 소다노 추기경과 가깝던 CEI 의 의장 카밀로 루이니는 그 투쟁이 성도덕에 관한 것이 될 것이라고 예상했다. 확실한 정치적 감각을 가진 루이니는 CEI의 유명한 문화프로젝트(Progetto Culturale)를 생각해 내었다. 이 이념적인 연구소는 가정과 에이즈, 그리고 곧바로 동성 결합에 대한 CEI의 노선을 규정했다. 이를 준비하기 위해 루이니 추기경, 그의 사무총장 주세페 베토리, CEI 저널 편집장 디노 보포, 일반인 위원 비토리오 소치(Vittorio Sozzi)가 비밀스러운 모임을 했다.

"우리는 평신도, 문인, 과학자, 철학자, 그리고 주교와 사제가 함께 했던 그룹이었습니다. 우리는 이탈리아 문화에서 가톨릭의 존재가 어떤 것인지에 다시 한번 생각해 보기를 원했습니다. 내 생각은 엘리트들을 되찾고 문화를 되찾자는 것이었습니다. 이 일을 위해 주교 베토리, 피시첼라, 스콜라가 함께 했고 그리고 기자 보포도 도왔습니다."

카밀로 루이니가 내게 설명한다(나는 페이스북에서 보포와 교류를 해 왔었고 소치와는 전화로 교류했다. 하지만 그들은 몬시뇰 베토리, 피시첼라, 루이니와는 달리 공식적인 인터뷰를 거절했다. 마지막으로, 현재 티볼리의 주교인 루이니 추기경의 전 개인 비서 마우로 파르메기아니(of Mauro Parmeggiani)의 수행원의 말은 CEI에 관한 이 이야기에 결정적이었다).

"CEI의 게이 결혼 반대 전략이 생겨난 것은 이 호기심 많은 모임 안에서였습니다. 루이니는 보포의 영향을 받아 그람스식 논리(Gramscian logic)를 따라 그 전략을 떠올렸지요. 즉, 문화를 통해 가톨릭 대중을 되찾자는 것이었어요."

이 모임에 여러 번 참석한 그 수행원이 말한다.

이 실제 '문화 전쟁'의 모형은 1980년대에 미국의 신(新)우익파가 정치적인 그람시주의를 추가하면서 실시한 '문화 전쟁'을 떠올리게 한다.

루이니에 따르면 교회가 그 영향력을 나타내려면 시민 사회와 지식인들, 그리고 문화대표자들을 통해 '문화적 패권'을 다시 취하여야 한다는 것이다. 이 '모조 그람시주의'를 한 마디로 요약하면, 정치적인 싸움에서 승리하려면 사상싸움을 통해야 한다는 것이다. 하지만 그들의 사상싸움의 요인이 그람시주의라는 것은 얼마나 이상한가!

이탈리아 교회의 보수파가 한 마르크스주의자의 사상을 주장하며 이런 식으로 그를 희화화한다는 것은 항상 뭔가 구린 구석이 있는 것이다.

(두 번의 인터뷰 동안 CEI의 중심인물인 리노 피시첼라 대주교는 나에게 '문화 프로젝트'의 신그람시아적인 특성을 확인시켜 주었지만, 나는 별다른 바가 없다는 것을 느꼈다).

아무튼, 루이니 추기경은 베토리, 보포, 파르메기아니, 소찌와 함께 냉소와 위선으로 사상전을 벌임으로써 이탈리아인들에게 믿음을 다시 갖게 할 수 있다고 상상했다. 그들에게 진심은 다른 차원의 문제였다.

"CEI의 '문화 프로젝트'는 그 이름이 암시하는 바와 달리 문화 프로젝트가 아니라 이념적인 프로젝트였습니다. 그것은 루이니의 발상이었고 그 프로젝트는 그가 떠날 때 끝나면서 아무런 결실이 없었습니다."

교황청의 문화 '부서'의 책임자가 된 이탈리아 사제 파스쿠알레 이아코보네(Pasquale Iacobone) 신부가 말한다.

따라서 메날케는 CEI는 문화적이지도 않고 지적이지도 않다고 판단한다.

문화적이요?

지적이요?

그것은 대부분 이념적인 것이었고 일자리에 관한 것이었어요.

CEI의 의장(최초 의장은 3명의 성직 수임(授任) 명령을 받은 루이니였고, 그다음으로는 2

명의 성직수임[授任] 명령을 받은 바냐스코였다)은 어떤 사제가 주교가 되고 어떤 주교가 추기경이 될 것인지를 결정했습니다. 그들은 그 명단을 바티칸의 국무원장에게 전하고 그들과 대화를 나누면 그렇게 진행되었어요.

이 게이 반대 운동 시위에 두 번째 역할을 한 단체는 바로 CL(친교와 해방)이었다. 엘리트들 및 종교적인 구조를 가진 CEI와 그것의 문화 프로젝트와는 달리 'CL'은 수만 명의 회원을 가진 평신도 조직이다. 1954년에 이탈리아에 창설된 이 보수주의 운동은 현재 스페인, 라틴 아메리카 등, 여러 나라에 지부를 두고 있다.

1970년대와 80년대 동안 CL은 줄리오 안드레오티(Giulio Andreotti)의 기독민주당과 가깝게 되었고, 그 후 순수한 반공산주의에서 나온 이탈리아 사회당과 연계를 맺었다. 1990년대에 사회당과 기독민주당의 기세가 꺾이자, 그 운동의 위원들은 실비오 베를루스코니의 우파 정당과 협상을 시작했다. 그것은 CL이 큰 대가를 치르게 될 편의적인 선택이었고, 그 선택 때문에 쇠퇴가 시작될 것이다.

동시에, CL은 이탈리아 고용주 협회들과 사회의 가장 보수적인 세력들에게 접근하면서 본래의 바탕과 사상으로부터 멀어졌다. 이런 강경한 태도의 배후에는 장차 밀라노 추기경이 될 안젤로 스콜라가 있었는데, 그도 역시 2007년에 시민 결합과 대항하는 전투를 계획한 자 중 한 명이 되었다.

좌파가 집권한 후, 정부의 새로운 우두머리가 된 로마노 프로디(Romano Prodi)는 동성 커플을 위한 법적 지위를 허용하겠다는 의사를 밝혔다. 이는 일종의 시민 결합을 지지한 것이었다. 그리고 이 프로젝트의 이름은 미국 용어인 '시민 결합'(civil union) 대신에 이탈리아식으로 이상한 새로운 이름인 DICO(DIRitti e doveri delle persone stabilizatione COnviventi, 생존자의 권리와 의무)라고 지었다.

로마노 프로디의 공식 공약 발표가 있은 후 이탈리아 정부가 그 법의 초안을 채택하자, 2007년에 CEI와 CL이 움직이기 시작했다. 우선 루이니 추기경은(그는 프로디의 친구임에도 불구하고) 이탈리아 교회를 동원했다. 베를루스코니와 냉소적인 관계에 있던 스콜라 추기경도 동일한 일을 했다. 베를루스코니는 이탈리아 추기경들이 여러 가지로 부족해도 그들의 반(反)게이 정서를 공유했다.

그는 "게이보다는 아름다운 여자들에게 흥분하는 것이 낫다"고 말했다. 그의 지지는 CEI에게 좋은 징조였다. 그는 믿을 만한 협력자가 되었다.

> 사실, 프로디는 내 친구였어요.
> 하지만 시민 결합은 아니었어요!
> 그 프로젝트는 취소되었답니다.
> 내가 그의 정부를 무너뜨렸어요!
> 프로디를 쓰러뜨린 것이지요!
> 시민 결합, 그것은 나의 전쟁 대상이었습니다.

카밀로 루이니 추기경이 열정적으로 말한다.

따라서 프로디 정부를 겨냥한 수많은 문서와 목회 서신, 그리고 쏟아지는 고위 성직자들의 인터뷰가 빗발치듯 쏟아질 것이다. 가톨릭 연합 단체들이 만들어졌고 때로는 인위적으로 생겨났다. 친(親)베를루스코니 단체들도 움직이기 시작했다. 사실, 교회는 강요가 거의 필요 없었다. 교회는 스스로, 양심적으로, 그리고 내부적인 이유로 자연스레 동원되었다.

"DICO에 대항해서 가장 적극적으로 활동한 주교와 추기경들은 동성애 고위 성직자들이었는데 그들은 동성애자로 의심받고 싶지 않아서인지 더욱 소란을 떨었어요. 그것은 매우 고전적인 현상이지요."

내가 로마에서 인터뷰한 CEI의 다른 사제가 의견을 말한다.

이 설명은 분명히 CEI의 부분적인 면만 말한 것이다. 계속 터지는 일련의 불행한 사건들은 전례 없는 주교들의 동원과 그들의 비행을 설명해 준다. 사실, DICO 프로젝트에 대한 첫 번째 심의가 진행되고 있었을 때 CEI에서는 새로운 의장의 임명 절차가 진행되고 있었다. 그래서 몇몇 잠재적 후보들 사이에 격렬한 경쟁이 벌어지고 있었다. 퇴임하는 대표 루이니와, 두 명의 대주교 볼로냐의 카를로 카파라와 제노바의 안젤로 바냐스코가 그 자리를 놓고 싸우고 있었다.

이탈리아의 상황이 로마의 상황과 맞지 않은 점도 추가로 있었다. 다른 주교 회의와는 달리 CEI 의장은 전통적으로 이탈리아 주교들이 올린 명단에서 교황이 임명한다. 루이니는 요한 바오로 2세가 임명하였지만, 2007년에는 베네딕토 16세가 의장을 임명하게 되었다. 이 사실은 프로디의 프로젝트가 법적으로 겪게 될 엄청난 공세를 부분적으로 설명해 준다. 그 공세는 동성애 혐오증에서 나오는 공세였다.

이 무렵, 루이니 추기경은 게이 커플을 반대하는 폭력적인 글을 썼는데 너무 거칠어서 바티칸이 그에게 어조를 낮추라고 부탁할 정도였다(CEI 내의 두 내부 집단에 따른 정보이다). 또한, '밀실'의 카파라는 "동성애자 결혼을 받아들이는 국회의원은 가톨릭 신자로 간주할 수 없기 때문"에 의회에서 게이 로비를 할 수 없다고 비난하면서 언론에서 게이들을 반대했다(카파라는 CEI의 의장 후보에서 완전히 배제될 때에야 그의 어조를 누그러뜨릴 것이다).

그 어느 때보다 더욱 비타협적인 바냐스코는 게이에 대한 압박을 높여 반대했고, 이 논쟁이 한창일 때인 2007년 3월에 마침내 CEI의 의장으로 임명되었다. 그는 그를 임명한 베네딕토 16세를 기쁘게 하려고 DICO 반대 운동 본부장이 되었다.

네 번째 남자가 로마에서 적극적으로 활동하고 있었다. 그는 자신이 교황 베네딕토 16세와 국무원장 타르치시오 베르토네의 명단에 올라가 있다고 생각했기에 이 사건을 열심히 쫓고 있었다.

그는 의사 표시를 하고 있었던 것일까?
아니면 누군가가 그에게 캠페인을 벌이도록 부추겼던 것일까?
허영심으로 싸움에 뛰어들었던 것일까?

안젤로 소다노와 가까운 유명한 이탈리아 주교 리노 피시첼라는 교황청 라테란대학교의 교장이었다(나중에 베네딕토 16세는 그를 평생 그 아카데미의 회장으로 임명할 것이고 그 후 '새복음화추진을위한교황청위원회'[The Pontifical Council for the Promotion of the New Evangelization]의 의장이 될 것이다).

> 신자이면서 이교도로 살 수는 없습니다. 무엇보다 생활습관을 우선시해야 합니다. 신자들의 생활방식이 신앙 고백과 일관되지 않다면 문제가 있는 것이지요. 리노 피시첼라는 그의 사무실에서 다니엘레가 함께하는 자리에서 나와 인터뷰를 할 때 말을 더듬거나 얼굴을 붉히지 않고 말했다(그의 동의하에 인터뷰 내용이 녹음되었다).

그다음, 피시첼라는 그의 믿음과 생활방식을 일치시키기 위해 나름의 캠페인을 시작했다. CEI의 공론가인 그는 '믿음의 교리'를 위한 위원회를 주도하면서 동성애 문제에 대한 엄격한 접근을 고수하였는데, 이는 시민 결합에 대항하는 시위의 선두에 그가 선 것을 볼 때 알 수 있다.

"나는 15년 동안 이탈리아 의회의 지도 신부였어요. 그래서 나는 의원들을 아는 것이지요."

피시첼라가 내게 확신하고 말한다.

이탈리아 교회의 이 게릴라 투사는 정치에 큰 영향을 끼칠 것이다. 과학 기술 분야에서는 뛰어나지만, 정치적으로는 약한 프로디 정부는 곧 게이 결혼 문제 및 다른 여러 문제 때문에 나뉠 것이고, 급속히 약해져서 분열되더니, 마침내, 그 정부가 세워진 지 2년 내로 무너질 것이다. 베를루스코니는 2008년에 세 번째 당선 기회를 얻기 위해 다시 돌아올 것이다.

CEI는 그 전투에서 이겼다. DICO는 죽어서 땅에 묻혔다.

하지만 교회가 너무 지나쳤던 것은 아니었을까?

의심의 소리가 생겨나기 시작했다. 특히 교황 베네딕토 16세가 시위에 대한 답례로 추기경으로 서임한 안젤로 바냐스코 대주교가 어떤 설교를 한 후에 더욱 그러했다(그 설교는 지금은 유명해졌다). 그날 바냐스코는 동성 커플을 인정하는 것은 근친상간과 소아성애를 합법화하는 것과 같다고 비유했다. 그의 설교는 일반 사람들과 이탈리아 정치인들의 분노를 불러일으켰다. 그 설교는 또한 그에게 죽음의 위협을 가져다주었다. 제노바에 있는 경찰이 이런 위협을 그다지 심각하게 받아들이지 않았지만, 그는 압박을 가하여서 건장한 보디가드를 요청해서 허락받을 것이다.

* * *

이 기간에 카를로 마리아 마르티니 추기경은 주교단의 '좌파' 세력을 구현했다. 그는 침묵을 깨고 루이니, 스콜라, 피시첼라, 바냐스코의 노선을 반대하기 시작할 것이다. 밀라노의 전 대주교였던 마르티니는 이탈리아 교회에서 가장 '게이 친화적'인 인물 중 하나로 여겨진다. 그는 요한 바오로 2세 휘하에서 가장 소외된 사람 중 한 명이다. 그는 토리노에서 태어난 진보적인 예수회 수사이고, 사회 문제에 대해 공적인 글들을 여러 편 썼으며, 동성애자들에게 호감을 보이고 사람들의 주목을 받기 위해 로마의 전임 시장(市長)과 인터뷰를 했다.

그는 다른 글에서도 성도덕의 문제와 관련해 교회의 깊이 있는 개혁을 단행할 '제3의 바티칸 공의회'를 열자는 생각을 옹호했고, 시민 결합을 둘러싼 논쟁을 열어두었지만 격려하지는 않았다. 마지막으로, 그는 베네딕토 16세의 생각을 명백하게 반대하면서 정면으로 그와 부딪혔고, 특정한 상황에서는 콘돔을 사용해야 한다고 주장했다. 마침내, 그는 일간 신문「코리에르 델라 세라」(Corriere della Sera)에 정기 칼럼을 쓰게 되면서 여성 사제와 기혼 남성의 서품에 대한 토론을 열었다.

"이탈리아 교회는 마르티니에게 빚을 졌어요. 그의 통찰력, 주교로서의 방식, 선택의 깊이, 모든 사람과 대화에 임하려는 의지, 그리고 그의 용기는, 간단히 말하면, 가톨릭에 대한 현대적 접근의 표지였지요."

프란치스코 교황과 가까운 남자인 마테오 주피 대주교가 볼로냐에 있는 그의 사무실에서 나와 인터뷰를 하며 말한다.

1986년부터 1993년까지 카를로 마리아 마르티니가 의장으로 있던 새로운 모임이 하나 있었다. 그 모임은 유럽주교회협의회(the Council of European Episcopal Conferences)에서 갈라져 나온 모임이었는데 스위스 도시 이름을 따서 '세인트 갈렌 그룹'(St Gallen Group)이라고 하였다. 이 그룹에 카를로 마리아 마르티니가 속하게 되고, 1995년부터 2006년 사이에 독일인 월터 카스퍼, 칼 레만, 이탈리아인 아킬레 실베스트리니, 벨기에인 흡후리드 다넬스(Godfried Danneels), 그리고 영국 추기경 코맥 머피 오코너(Cormac Murphy-O'Connor)를 중심으로 한 여러 온건파 추기경들이 그 도시에서 몇 년간 사적으로 만나며 요한 바오로 2세 이후의 진보적인 후계자를 제시하고자 했다. 물론, 그 후계자로는 카를로 마리아 마르티니가 고려되었다.

> 그 그룹의 주도권은 마르티니에게 있었지요. 첫 번째 모임은 독일의 나의 교구에서 열렸고 그 후 모든 모임은 세인트 갈렌에서 열렸답니다,

몇 번의 대화중에 월터 카스퍼 추기경이 말한다.

> 실베스트리니는 매번 참석했고, 그는 주요 인물 중 하나였지요. 그러나 다넬스 추기경이 넌지시 말한 것처럼 그 모임은 '마피아'는 아니었어요. 절대 그런 경우는 아니었습니다!
> 우리는 그 당시 절대로 이름들을 밝히지 않았어요. 우리는 결코 콘클라베에 관심에 두고 행동한 적이 없습니다. 우리는 사목들과 친구들의 모임이지 음모의 집단이 아니었습니다(사실 '밀실에' 있던 다넬스가 '마피아'라고 말한 것은 그 비공식 집단의 구

성원들이 동성애 성향을 지닌 자들임을 고려할 때 '게이 마피아'로 해석될 수 있을 것이다).

요제프 라칭거의 당선과 마르티니의 병환 이후로 그 단체는 목적(*raison d'être*)을 잃고 점차 해체되었다. 하지만 우리는 그 구성원들이 비록 프란치스코를 위해 모인 것은 아니었을지라도 그가 당선될 것을 예상했을 것이라고 상상해 볼 수 있다.

사실 그 단체에서는 유럽 주교회 협의회의 사무총장이며 세인트 갈렌에 자리를 잡은 세인트 갈렌 주교 이보 퓨러(Ivo Fürer)가 실세(實勢)였다(이 비공식 단체에 관한 이야기는 이 책의 범위를 벗어나지만, 그곳에서 정기적으로 게이 문제가 논의되었다는 것은 흥미롭다. 88세의 몬시뇰 이보 퓨러와 85세의 다넬스 추기경은 요즘 둘 다 매우 아프지만, 나는 세인트 갈렌과 브뤼셀에 있는 그들의 동료들을 인터뷰할 수 있었다. 그들은 그 단체의 네트워크가 분명히 라칭거를 반대하는 자들이었고 그들 중 몇몇 회원들은 동성애 애호가들인 것을 확인해 주었다).

카를로 마르티니는 요한 바오로 2세의 보수적인 노선과 베네딕토 16세의 억압적인 정책에 반대하며 2012년 85세의 나이로 사망할 때까지 개방적이고 온건한 교회의 모습을 구현했다. 그가 죽은 지 몇 달 후, 프란치스코가 당선되면서 그의 일을 이어갈 최고의 대변인이 등장하게 된다(마르티니 지지자들의 표는 2005년 콘클라베 때에도 베네딕토 16세의 당선을 저지하기 위해 이미 베르고글리오에게로 갔던 적이 있다. 물론 그때는 뜻을 이루지는 못했다).

* * *

CEI가 시민 결합의 합법화를 막고 또한 이단적인 마르티니를 무력하게 만들려고 노력하는 동안, CEI가 열쇠를 쥐고 있는 또 다른 터무니없는 전투가 벌어졌다.

단호하게 우파로 기울어지고 있던 이 주교 조직(CEI)이 사실 다수의 동성애자로 구성되어 있다는 사실이 밝혀질까?

가톨릭 액션(Catholic Action) 및 CL(친교와 해방)과 함께 하는 투사이며 일반인인 디노 보포(Dino Boffo)는 1980년대 초부터 장차 추기경이 될 CEI의 의장인 카밀로 루이니와 가까운 동료였다. 루이니의 측근이며 친한 동료이자 대필자요 멘토인 그는 CEI의 신문인 「애브베니레」(*Avvenire*)의 기자로 있다가 1990년대 초에 부국장으로 승진했고 1994년에는 국장으로 승진했다.

몇몇 소식통에 따르면, 바냐스코가 CEI 의장으로 선출된 후 보포는 그 새로운 추기경과 친해졌다(이 조사를 위해 나는 보포의 페이스북을 통해 대화를 나누었는데, 그는 맘껏 대화를 나누었고 마지막으로 그의 메시지를 '잘 가요'(ciaoooo)라는 잊을 수 없는 말로 남겼다. 그러나 그는 대화 기록을 거절했고, 반면 내가 로마에서 함께 일했던 기자 하나가 그를 공원에서 만나 그와 대화할 수 있었다. 그 대화에서 보포는 이 책의 내용 일부를 확인해 주었다).

한편, 디노 보포는 2009년 직전에 총리 실비오 베를루스코니를 공격하기 시작했는데 그 이유는 그와 정치적으로 의견이 달랐고 또한 그가 콜걸(call-girl) 스캔들에 연루되었기 때문이었다.

보포는 스스로 행동한 것일까, 아니면 명령을 받은 것일까?

그는 여전히 루이니를 의존하고 있었을까?

아니면 지금 CEI의 새로운 의장이며 또한 「애브베니레」의 편집국장이었던 바냐스코의 사람이 되었을까?

다른 행동 대원들은 추기경 루이니 및 바냐스코와 가까운 보포를 통해 그 추기경들과 타협하려고 했던 것일까?

우리는 보포가 교황 요한 바오로 2세의 개인 비서인 스타니스와프 지비스와 날마다 교제한 것을 알며, 그로부터 명령을 받았으며, 그와 절친한 친구였다는 사실을 알고 있다.

그의 보호자가 그에게 베를루스코니를 공격하라는 글을 쓰라고 부추겼을까?

어쨌든, 보포는 아마도 순진하게 베를루스코니의 성적인 악행을 고발하는 강도 높은 일련의 기사를 연재했다. 그 글이 이탈리아 주교들의 공식적인 신문에 실린 것으로 볼 때 그 공격은 분명히 공개적이었다. 이는 베를루스코니에 대한 전쟁 선포로 해석될 수 있는데 외교에서는 이를 '전도(顚倒)된 동맹'이라고 부른다.

'그 총리'의 반응은 그리 오래지 않았다. 2009년 여름 말, 베를루스코니 가문에 속한 일간지 「일 조르날레」(Il Giornale)는 '추행으로 선고를 받았던' 보포가 베를루스코니에게 도덕적인 강의를 했다는 것과 또한 그가 동성애자라는 격렬한 공격 기사를 실었다(그에 대한 경찰기록 사본이 공개되었다).

보포 사건은 몇 년 동안 지속되며, 여러 재판을 받게 될 것이다. 그 사이에 보포는 교황 베네딕토 16세의 수행단의 명령에 따라 CEI의 「애브베니레」에서 해고되었다. 하지만 공개된 경찰 기록 사본이 위조이고 그가 추행으로 형을 선고받은 적이 없다는 것이 입증되자 이탈리아 주교회는 다시 그를 부분적으로 고용하게 된다.

디노 보포는 허위 해고로 보상을 받았고, 현재는 CEI 또는 그 부서 중 한 곳의 직원이 되기로 되어 있다. 결국, 이 사건 때문에 여러 사람이 형을 선고받았다. 「일 조르날레」에 실린 기사는 명예훼손으로 드러났다.

이 아찔한 보포 사건을 잘 아는 사람들에 따르면, 이 사건은 베를루스코니 문제를 둘러싼 바티칸과 CEI의 동성애파 간의 연속적인 정치적인 앙갚음이라고 말한다. 여기에 이탈리아 총리가 속한 당과 이탈리아 교회 사이에서 교류 역할을 했던 CL(친교와 해방)이 불안한 역할을 하고 있었다고 한다.

교황 요한 바오로 2세의 개인 비서 스타니스와프 지비스와 루이니 추기경은 안젤로 소다노 추기경과 레오나르도 산드리 추기경, 그리고 타르치시오 베르토네 국무원장처럼 이 전투의 중심에 서 있었지만, 반드시 같은 편일 필요는 없었다. 어울리지 않는 그릇된 연합이 너무 깊어졌다.

> 바티칸에서 그들은 루이니의 영향력에 종지부를 찍거나, 최소한 그것을 약화시키고 싶어 했습니다. 특히 동성애 문제에 대해 구체적으로 그렇게 하기로 결정했지요. 전 CEI 사제 메날케는 그의 소견을 말한다(지안루이지 누찌가 쓴 『수아 산티타』(Sua Santità)의 폭로에 따르면, 보포는 게오르크 겐스바인에게 보낸 비밀 편지에서(현재는 공개된 상태이다) 베르토네를 자신을 공격한 배후로 지목하여 고발했다. 그러나 그 책은 동성애 문제를 명확하게 다루지 않기 때문에 이런 네트워크를 이해하지 못하는 사람들에게는 이해하기가 어렵다).

결국, 보포는 권모술수적인 반대와 연속적인 비난에 휘말렸다고 한다. 소문이 난 그의 동성애는 바티칸이 베를루스코니의 신문에 유출한 것으로 전해지는데, 아마도 타르치시오 베르토네 국무원장의 팀이나 바티칸 경찰, 또는 「로세르바토레 로마노」의 국장 조반니 마리아 비앙에 의해서일 것이다.

물론 2010년 2월, 교황청은 성명을 통해 이런 소문들에 대해 단호히 부정하였고 CEI도 그 성명에 함께 가담했다(나는 베르토네와 친분이 있고 루이니와 보포의 적이었던 조반니 마리아 비앙을 다섯 번이나 만나서 인터뷰했고 그의 동의하에 우리의 대화를 녹음했는데, 그는 이 사건의 '간첩'이 아니라고 단호히 부정했다. 그러나 그는 내게 뭔가를 알려주는 단서들을 주었다. 나와도 인터뷰를 한 루이니 추기경은 보포와 지비스를 옹호했다).

"보포 사건은 CEI와 바티칸의 몇몇 게이 파벌들 사이에서의 앙갚음이었습니다."

이탈리아 총리의 고문이었던 로마 가톨릭의 한 전문가가 키지궁에서 확신하며 말한다.

여기서 우리는 '밀실'의 또 다른 12번째 법칙을 발견한다.

12. 즉, 추기경이나 고위 성직자의 동성애에 관한 소문들은 종종 같은 밀실에 있는 동성애자들이 퍼뜨린 것이고, 그들의 진보적인 반대자들을 공격한다. 그런 소문들은 바티칸 내에서 게이가 게이를 대항하여 사용되는 필수적인 무기들이다.

첫 번째 상정 법안이 부결된 지 10년이 지난 2015년 말, 국회에서는 시민 결합의 제2차 전투가 시작되었다. 몇몇 사람은 2007년과 같은 똑같은 곡예를 예상했지만, 사실 시대가 바뀌어 있었다.

10년 전부터 이 법안의 발의에 반대해 온 마테오 렌치(Matteo Renzi) 신임 총리도 이 프로젝트를 반대하기 위해 거리로 나섰었지만, 마음이 바뀌어 있었다. 그는 심지어 2014년에 취임 연설에서 시민 결합에 관한 법률을 약속했다.

확신 때문에?
계산 때문에?
기회주의?

아마도 이 모든 이유 때문이었을 것이다. 그러나 가장 중요한 이유는 민주당의 좌익과 그의 다수 지지자를 만족하게 하기 위해서였다. 그 지지자들은 이전의 공산주의자들과 그리고 구 기독민주당 출신의 정통 좌파와 온건파들이 다 섞여 있었다.

마테오 렌치의 중도 우파 각료 중 한 명인 마우리치오 루피(Maurizio Lupi)는 보수적인 가톨릭 CL 운동과 가까운 사이였다(이 새로운 전투의 이야기를 말하기 위해 나는 여러 이탈리아 의원들과 원로들과 함께하며 나눴던 인터뷰들과 마테오 렌치 총리의 주요 고문 5명[필리포 센시, 베네데토 자크치로리, 프란체스코 니코데모, 로베르타 마조, 알레시오 데 조르지오]과의 인터뷰를 참조했다).

마테오 렌치는 시민 결합의 문제를 심각하게 받아들였고, 그럴 만도 했다. 그것은 그의 정부의 멋진 운영에 문제를 일으켰던 화두였다. 그는 심지어 총리 자신이 발의하지 않은, 하지만 본질에서는 언급하였던, 이 상정된 법안 때문에 그의 다수 지지 세력을 잃을 수도 있었다. 그럼에도 그는 의회가 어떤 안건이든 합의할 수 있다면 그는 그 법안을 옹호할 준비가 되어있었다.

2014년, 이탈리아는 여전히 이성애자든 아니든, 결혼 없이 함께 사는 커플들, 즉 '사실 상의 한 쌍'(coppie di fatto)을 위한 보호법이 없는 몇 안 되는 서구 국가 중 하나였다. 그 나라는 서유럽에서 뒤처져 있었고, 국제적으로 조롱을 받았고 정기적으로 유럽인권재판소(the European Court of Human Rights)로부터 비난을 받았다. 이탈리아의 헌법재판소는 의회에 법률을 만들어달라고 요청했다. 마테오 렌치는 2014년 9월에 안건을 상정할 것을 약속하면서 그의 3년짜리 일지에 이 문제를 써 놓았다. 그러나 그는 그 약속을 잊었다.

그러나 현지에서 압력이 거세지고 있었다. 로마 시장, 이그나지오 마리노(Ignazio Marino)는 곧 16건의 동성결혼이 해외에서 맺어진 사실을 알게 되었고 그 사실을 이탈리아 민법으로 넘기며 다수의 활발한 논쟁을 불러일으켰다. 밀라노, 토리노, 볼로냐, 플로렌스, 나폴리 등 15개 도시의 시장들도 똑같이 행동했다. 이 움직임을 종식하고자 하는 렌치의 내무장관 앙헬리노 알파노(Angelino Alfano)(신 중앙 우파에 해당)는 이런 '문서들'은 불법이며 법적 효력이 전혀 없다고 선포했다. 그는 농담으로 말하길, 시장들이 동성 커플들에게 '서명 권리'를 주었다고 했다.

내가 2014년 말에 볼로냐에 갔을 때 분위기가 강렬했다. 볼로냐의 시장인 버지니오 메롤라는 방금 내무장관에게 '이요 논 오비디스코'(o non obbedisco)(나는 복종하지 않을 것이다)라고 말했다. 그리고 트윗을 통해, 그는 "민권을 지지하는 선두에 선 볼로냐!"라고 발표하기도 했다. 특히 잘 조직된 게이 단체가 그들의 시장 배후에 있었다.

비슷한 시기에 나는 팔레르모(Palermo)에서 아르키게이(Arcigay) 협회 회장인 미르코 안토니노 페이스(Mirko Antonino Pace)를 만났다. 그는 내게 도덕적인 면에서 매우 보수적이라고 여겨지는 지역인 시칠리아에서조차 유례없는 변화가 있다고 묘사해 주었다.

그는 내게 말했다.

"경선 때 후보자 중 마테오 렌치는 성 소수자 권리에 가장 소심했어요. 그는 게이 결혼에 대해 확고하게 '반대'하는 것에는 반대했지만 이전 총리들과는 달리, 그는 뭔가를 하고 싶어 하는 것 같았어요."

나는 이번 2015년 봄에 나폴리, 플로렌스, 그리고 로마에 가서 게이 이탈리아 투사들을 만나보았다. 나는 성소수자 운동이 압력밥솥처럼 폭발 직전에 있다는 느낌을 받았다. 곳곳에서 투사들이 함께 만나서 시위를 하며 움직이고 있었다.

이탈리아는 점점 변하고 있어요. 아일랜드에서 국민 투표가 있은 후 뭔가 발생했지요. 이탈리아는 스스로 움직이고 있는 것이 아닙니다. 이탈리아는 변화하도록 강요를 받고 있고 또한 부추김을 받고 있어요. 이탈리아에 동성애 커플을 옹호하는 법이 없다는 사실을 어떻게 정당화할 수 있습니까?
모든 사람은 우리가 더 이상 이런 상태를 정당화할 수 없다는 것을 깨닫고 있어요. 변화를 바란다면 변화를 믿어야만 합니다!

내가 2015년 3월에 나폴리에서 만난 기자 지안루카 그리말디(Gianluca Grimaldi)로부터 이야기를 듣는다.

총리를 여전히 걱정시키는 것은 그 일정이었는데, 그는 이 무렵 그의 팀에게 '우리는 가톨릭 표를 잃을 위험이 있다'고 털어놓았다. 그 후 그는 얼버무리며 시간을 벌려고 했다. 사실 교황은 2015년 10월에 바티칸에서 제2차 가족에 관한 주교 총회를 소집했다. 그 날짜 이전에 이탈리아에서 시민 결합에 관한 토론을 여는 것은 불가능했다. 그래서 총리 팀은 모니카 치린나(Monica Cirinnà)를 시작으로 해서 조급함을 느끼는 위원들을 만나며 조금 더 기다려야 할 것이라고 말했다.

나는 시민 결합을 지지하는 안건을 낸 첫 번째 동의자인 모니카 치린나(Monica Cirinnà) 상원의원을 인터뷰했다. 그녀는 상정된 법안으로 야기된 내부 긴장을 절묘하게 요약했다. 나는 그것이 어려운 법이 될 것을 알고 있었고, 그것이 나라를 분열시키리라는 것도 알고 있었어요. 그 법은 민주당 내에서 문제를 일으킬 것이며 이탈리아 내에서 보수와 진보를 심각하게 분열시킬 것입니다. 그러나 그 논쟁은 결코 일반인들과 가톨릭 신자들 사이의 문제는 아니었습니다. 그런 분석은 잘못된 분석이에요. 그 갈등은 우파든 좌파든, 보수 측이든 진보 측이든 모두를 갈라놓았지요.

교회는 최종 발언을 하지 않았다. 그 대신 교회는 선출된 정치인들, 심지어 좌파 사람들에게도 계속해서 영향력을 행사했다. 여전히 CEI의 의장으로 있는 바냐스코 추기경은 주교들과 정치인들을 거리로 내보내며 정부를 다시 무너뜨리겠다고 약속했다.

치린나가 확실하게 말한다.

우리는 극보수주의자로 알려진 바냐스코 추기경이 이탈리아 주교들을 동원하여 의회 안팎에서 그 법이 허용되지 못하도록 그들의 모든 하원을 움직이고 있다는 것을 알고 있었습니다.

가톨릭 스카우트 출신인 마테오 렌치는 교회 내부의 상황 및 특정 고위 성직자들과 관련된 개인적인 문제들에 대해 잘 알고 있었다. 내각의 수반인 이탈리아 총리의 집무실이 있는 키지궁(宮)(Palazzo Chigi)에서 일하는 베네데토 자키롤리(Benedetto Zacchiroli)는 과거에 신학생이며 부제(副祭)였다. 그는 공개적으로 동성애자인데 비공식적으로 CEI와의 관계를 담당하고 있었다. 그는 시민 결합과 관련한 사건을 매우 면밀하게 추적해 왔다. 보수적인 우파는 가톨릭과의 관계를 담당하는 사람이 게이라는 사실을 알고는 여러 차례 마테오 렌치를 공격한 적이 있었다!

예를 들어, 볼로냐와 나폴리에서 좌파 정치인들이 반격했다. 그 '협상'에 참여했던 두 명의 증인에 따르면, 볼로냐의 대주교 카를로 카파라 추기경은 그의 소문난 동성애 혐오증 때문에 '교섭 요청'을 받았다고 한다. 긴장된 회의가 열렸고 카파라는 그의 이중생활과 그의 동성애 수행단에 대한 소문이 돌고 있다는 말을 듣게 된다.

그러면서 만약 그가 시민 결합에 반대하는 동원을 한다면 이번에는 게이 운동가들이 그들이 알고 있는 정보를 퍼뜨릴 것이라는 말을 들었다. … 카파라 추기경은 소스라치게 놀라며 귀를 기울였다. 그 뒤 몇 주 동안 처음으로 카파라 추기경은 자세를 낮추는 듯했고, 그의 동성애 혐오 열정을 누그러뜨렸다(이제 카를로 카파라가 죽었기 때문에 나는 그에 대해 지역 의원들, 고위 경찰관, 총리의 내각, 그리고 볼로냐의 그의 후계자인 마테오 주피 대주교에게 이야기했다).

나폴리에서는 다른 종류의 협상이 크레센치오 세페 추기경과 체결되었다. 인류복음화성의 이 전 장관이었던 세페는 교묘한 소문을 내는 사람으로 알려져 있다. 그는 성격이 쾌활하며 레이스를 좋아한다. 요한 바오로 2세의 측근인 그는 2006년에 나폴리에서 대주교로 임명된 후 그곳에서 게이 프라이드를 폭력적으로 공격함으로 두각을 나타냈다. 시민 결합에 대한 논쟁이 벌어지자 동성애 투사들은 조심스럽게 그를 만나서 말을 자제할 것을 요청했다.

그의 재정 운영과 그의 수행원들에 대한 소문이 그의 명성을 손상하고 로마에서의 그의 자리를 잃을 수 있으므로, 세페는 덜 엄격해진 것으로 확인되었다. 그는 2007년에 대단히 거세게 게이를 반대했지만 2016년에는 거의 동성애자들과 친하게 되었다. 그 추기경은 어쩌면 스캔들이 두려워서인지 심지어 게이 운동가들에게 교황을 만나게 해 주겠다는 초청까지 제시했다(몬시뇰 세페는 내가 여러 차례 요청을 했음에도 불구하고 나를 만나보고 싶어 하지 않았다. 두 명의 게이 투사, 즉 나폴리에 본부를 둔 외교관 한 사람과 기자 한 사람이 이 정보를 확인해 주었다).

이 논쟁의 단계에서 마테오 렌치는 레이스를 무척 좋아하는 주교들을 만족하게 하려고 그가 상정한 법안을 포기하거나 또는 교회를 반대할 의도가 없었다. 그래서 2015년 말에 그는 현재 '매'와 '비둘기'를 가진 CEI의 온건파와 협약을 맺기로 했다. 과거에 요한 바오로 2세와 베네딕토 16세 휘하에서 CEI는 브레주네프(Brezhnev) 유형의 거대한 돌덩이었다. 그러나 이제 CEI는 고르바초프(Gorbachev) 유형의 교황 프란치스코 휘하에 있고, 논쟁의 장이다. 따라서 합의할 수 있다.

프란치스코와 가깝고 상냥한 CEI의 신임 비서 몬시뇰 난시오 갈란티노(Nunzio Galantino)와 이탈리아의 다수당 사이에 고위급 대화가 진행되었다. 나의 소식통에 따르면, 그 주교가 이탈리아 언론에 추기경들의 묵주가 노출되고 있다는 생각을 하고 당황했을 수는 있지만, 결코 그 대화 가운데 협박은 없었다. 키지궁이 동원하고 지원하는 의원들은 좌파 내에서 사용하는 고전적인 변증법으로 CEI의 '온건파들'에게 간단한 대안을 제시했다.

개혁을 통과시키기 위해 극좌파의 위협과 공포를 높이는 것은 좌파의 상투적인 언어다. 그 거래는 분명했다. 입양권이 없는 시민 결합을 제시하는 정부를 받아들이든지, 아니면 강경 좌파, 게이 운동가들, 그리고 대법원을 상대하면서 입양권이 있는 게이 결혼으로 향하든지, 그것은 이제 CEI의 선택에 달려있다.

다수당과 CEI의 고위대표들 간의 이런 만남뿐만 아니라, 내가 여기서 밝힐 수 있는 것처럼, 마테오 렌치와 교황 사이의 비밀 만남이 있었다. 이 만남에서 시민 결합 문제에 대해 긴 시간 동안 솔직하게 논의된 것으로 여겨진다. 전통적으로, 이탈리아 총리들은, 바티칸의 조언을 비공식적으로 구하기 위해, 어떤 유명한 표현대로, 항상 '티베르 강 건너편'과 대화를 해왔다.

그러나 이번에는 마테오 렌치가 손수 그 문제를 해결하기 위해 교황을 찾아가 직접 만났다. 프란치스코와 총리 사이에, 그리고 항상 밤에, 심지어 양측의 고문들이 배석하지 않은 채 여러 차례의 최고 기밀 회의가 열렸다(이 비밀회의는 적어도 두 차례가 넘었을 것이라고 마테오 렌치의 수석 고문 중 한 명이 내게 확인해 주었다).

이런 비밀 만남의 취지를 정확하게 다 아는 것은 불가능하다. 그러나 세 가지는 확실하다. 프란치스코 교황은 2000년대 초 이미 아르헨티나에서 시민 결합에 우호적이라는 것을 증명했다. 하지만 동성 결혼에 대해서는 반대해 왔다.

따라서 그와 같은 노선을 따르는 마테오 렌치와의 합의가 가능하다. 그 후 프란치스코는 2015-16년에 시민 결합에 반대하는 목소리를 내지 않았고 이탈리아 정치 논쟁에도 관여하지 않았다. 그는 침묵을 지켰다. 우리는 예수회 회원들에게는 침묵 역시 입장 채택이라는 것을 잘 알고 있다!

가장 중요한 것은 CEI가 2007년 때와는 전혀 다르게 2016년에는 시민 결합에 반대하는 시위를 동원하지 않았다는 사실이다. 나의 소식통에 따르면, 교황은 충실한 몬시뇰 난시오에게 CEI를 맡기면서 저자세를 취할 것을 부탁했다고 한다.

사실, 그들은 키지궁(宮)에서 하는 일에 교회가 '명목론자'(nominalist)가 될 수 있다는 사실을 입증한 셈이다. '명목론자'라는 용어는 움베르토 에코(Umberto Eco)의 『장미의 이름』(The Name of the Rose)에서 나오는데 아비뇽의 교황들과 프란치스코회 수도사들, 그리고 그들의 수사들이 사용했던 용어다.

"CEI는 명목론자가 되었어요. 내가 말하는 뜻은, '결혼'이나 성례를 언급하지 않는 한, 우리는 아무 말도 하지 않고 내버려 둘 준비가 되어있었다는 것을 의미합니다."

렌치의 또 다른 고문이 내게 말한다.

키지궁(宮)의 의원들은 그 비밀스러운 합의 이후 CEI의 내부 대립을 조심스레 살펴보며 즐거워했다. 이성애파, 비밀 결탁 게이파, 동성 성향을 가지고 있지만 정조를 지키는 파, 밀실파 사이의 거친 대립이 생겨났다. CEI의 보수파는 시민 결합을 성사시키려는 듯이 보이는 교황의 지시가 난시오 갈란티노를 통해 전달되자 즉시 격렬하게 반발했다. 갈란티노는 당선되자마자 프란치스코로부터 사무총장으로 추대 받았으나 전권을 가진 것은 아니었다. 안젤로 바냐스코 추기경은 임기가 얼마 남지 않았을지라도 2014년부터 2016년까지는 의장이었다(교황은 그를 2017년에 제거할 것이다).

"우리는 2007년과 정확히 같은 방법으로 2016년에 상정된 법안에 반대하기 위해 동원하였어요."

바냐스코가 나와 대화 도중 거듭 주장했다.

가톨릭의 투쟁을 지지하는 바냐스코 추기경은 언론과 의회, 그리고 물론 이탈리아 주교들을 접촉하여 동원했다. 또한, 시민 결합을 호전적으로 반대하는 「애브베니레」 신문은 여러 차례 반대 성명을 발표했다. 마찬가지로, 2015년 7월, "이치를 깨달으라"는 긴 글이 국회의 모든 의원들에게 보내졌다. 바냐스코는 2007년의 전성기 때처럼 모든 전선에서 활약했다.

하지만 시대의 정신은 바뀌어 있었다. 시민 결합에 대해 가장 첫 번째로 상정된 법안에 반대하기 위해 CEI의 부탁을 받고 500여 개 협회가 동원되었던 '패밀리 데이'(Family Day)는 2007년 2월과는 달리, 2015년 6월에는 성공을 거두지 못했다.

"이번에 그들은 다 실패했어요."

상원의원 모니카 치린나가 내게 말한다.

그 운동은 힘이 빠져 가고 있었다. 사실, 프란치스코의 노선은 누구든지 알 수 있었다. 그가 게이 결혼을 반대하기 위해 시민 결합을 지지한 것은 중대한 결정이었다. 교황은 추기경들과 주교들을 임명한다. 따라서 교황에게 맞선다는 것은 그 사람의 미래기 손상된다는 사실은 말할 것도 없다. 동성애자 혐오는 요한 바오로 2세와 베네딕토 16세 휘하에서는 성직의 조건이었다. 하지만 프란치스코 휘하에서는 이중생활을 하는 '엄격한' 성직자들은 더 이상 성스러운 냄새를 풍길 수 없게 되었다.

> 바냐스코는 이미 쇠퇴하고 있었어요. 그는 심각하게 쇠약해졌고, 더 이상 교황이나 교황청의 지지를 받지 못했습니다. 그도 상정된 법안에 대해 너무 크게 소리를 높였기 때문에 그의 몰락을 재촉한 것을 알고 있었어요.

마테오 렌치의 한 고문이 나에게 털어놓았다.

"교구들은 동원되지 않았어요."

한 보수적인 추기경이 유감스럽게 소견을 말했다.

CEI가 택한 최종 선택은 '더 큰 선한 목적을 위한 희생'이라고 요약될 수 있다. CEI는 시민 결합의 법안 초안에는 반대한다는 사실을 분명하게 했지만, 2017년에는 대조적으로 그 반대를 완화시켰다. 2007년의 매가 2016년의 비둘기가 되었다. 하지만 입양에 대해서는 굴복하지 않았다. CEI는 심지어 법안 초안에서 동성 커플들에게 제시되는 입양 권리를 철회하도록 비밀 로비 활동을 했다(이 역시 교황을 따른 노선일 것이다).

CEI는 이런 많은 싸움을 벌이다가 예상치 않게 베페 그릴로(Beppe Grillo)의 오성운동(the Five Star Movement)의 협력을 얻게 된다. 이탈리아 언론과 나의 소식통에 따르면, 밀실의 동성애자들이 여럿 포함된 인민 정당(the populist party)은 바티칸 및 CEI와 교활한 조약을 협상한 것으로 알려졌다. 그 조약은 입양에 대해 의원들이 기권을 행사하는 대신 교회는 로마 의회 선거에서 그들을 지원하는 것이다(이 지원으로 2016년 6월에 비르지니아 라지(Virginia Raggi)가 실제로 시장이 되었다).

오성운동의 원로 3명은 교황의 내무 '장관' 몬시뇰 베추와 또한 어쩌면 CEI 내에서 매우 큰 영향력을 오랫동안 행사해 온 주교 몬시뇰 피셀라와 함께 이 주제에 대해 여러 만남을 가졌고, 그 중 한번은 바티칸에서 만났다(이 만남들은 일간 신문「라 스탐파」(La Stampa)의 보도를 통해 공개되었고, 이는 CEI 내부 소식통에 의해 확인되었다. 그 만남들은 프란치스코 교황의 어떤 이중성을 보여주고 있는지도 모른다. 이런 사실들에 대해 몬시뇰 피셀라에게 묻자 그는 그런 만남에 참여한 것을 부인했다).

마테오 렌치의 신중한 계산과 오성운동의 비밀조약 때문에 새로운 타협안이 만들어졌다. 상정된 법안에서 입양권이 철회되었다. 이런 상당한 양보로 그 논쟁은 잠잠해졌다. 5000여 건의 반대 수정 조항이 수백 개로 축소됐다. 이제 이 법안을 상정한 상원의원의 이름을 딴 '치린나' 법이 이번에는 채택됐다.

이 법은 정말로 이탈리아 사회를 변화시켰습니다. 첫 번째 동성 결합 사례들은 파티와 함께 축하를 받았고, 때로는 대도시 시장들이 직접 파티를 열고 대중을 초청하여 동성 커플들을 축하하도록 하였습니다. 이 법이 채택된 후 처음 8개월 동안, 이탈리아에서는 3천 건 이상의 시민 결합이 거행되었습니다.

이 법을 위해 싸워 이김으로 이탈리아 게이들의 우상이 된 민주당 상원의원 모니카 치린나가 내게 말한다.

*   *   *

따라서 프란치스코 교황은 CEI를 깨끗이 정리했다. 예수회 출신의 외고집인 교황은 가장 먼저 직접 바냐스코 추기경에게 이탈리아 주교 회의의 재정적 비리와 권력 남용에 대한 정리 작업을 부탁했다. 교황은 더 이상 지역 권력과 기득권 단체주의로 구성된 위선적인 (겉으로는 동성애 혐오를 표현하지만, 밀실에서 동성애 행위를 하는 동성애자를 뜻한다) 이탈리아 교회를 원하지 않았다.

교황이 이탈리아의 대도시에서 조사를 실시하는 곳마다 그는 종종 주요 주교협의 의장 자리에 동성애 애호가들 및 '밀실의 동성애자들'이 앉아있는 것을 발견했다. 현재 CEI에는 샌프란시스코 시청에 있는 '동성애를 행하는' 동성애자들보다 더 많은 동성애자가 있다.

가장 중요한 것은, CEI는 성폭행을 저지른 혐의를 받는 사제들을 경찰과 법원에 고발하지 않는 것을 원칙으로 삼아왔었는데, 프란치스코 교황은 바냐스코에게 성폭행과 관련해서 과감한 조처를 하라고 요구한 사실이다. 사실, 교황의 이런 요구는 현실과 동떨어져 있었다. 2014년의 내부 문서의 폭로를 통해 우리가 알게 된 것은 사제들에 대한 CEI의 실제적인 보호 체제는 루이니 추기경과 바냐스코 추기경이 조직했다는 사실이다.

그 보호 제체에 따르면 주교들은 그들이 알고 있는 정보를 법에 전달해야 할 어떤 의무도 없었으며 심지어 피해자들의 말을 듣는 것도 거부할 수 있다. 1990년대와 2000년대에 이탈리아에서는 아동 성폭행과 관련한 많은 사건이 있었다. 하지만 이런 사건들은 항상 CEI에 의해 사소한 사건으로 바뀌었다(전 코모[Como]의 주교 알레산드로 막지올리니[Alessandro Maggiolini]의 사례는 이런 현상을 보여준다. 극도의 동성애 혐오자이며 '밀실' 동성애자인 이 고위 성직자는 어떤 소아성애자 사제를 보호했다는 혐의를 받았지만 CEI는 그 주교를 옹호했다).

교황은 바냐스코에게 그가 원치 않는 일을 부탁하고, 또한 그가 원치 않는 부관(난시오 갈란티노 주교)을 그에게 붙인 후, 마침내 바냐스코 추기경을 제거했다.

"이는 고전적인 예수회의 기법입니다. 프란치스코는 갈란티노를 부관으로 임명하고, 갈란티노는 그의 상관 바냐스코를 대신하여 모든 결정을 내리기 시작하지요. 그러다가 어느 날 그는 자기 상관을 대신하여 모든 결정을 하게 되고 바냐스코는 무용지물이 되는 것입니다."

바티칸 전문가인 한 프랑스인이 내게 말한다. 그녀는 다음과 같이 덧붙인다.

"교황은 사라 추기경, 뮐러 추기경, 버크, 펠에게 사용했던 동일한 마키아벨리 수법을 적용했답니다!"

교황이 이탈리아 교회를 팔아 가난한 사람들을 돕자고 제안했을 때 바냐스코는 "농담이겠지요"라고 비아냥거림으로써 교황과 말다툼을 하게 되었다. 이로 인해 둘 관계는 더욱 긴장되었고 바냐스코는 이미 자신이 함정에 빠진 것을 알았을 것이다.

프란치스코는 먼저 바냐스코를 모든 고위성직자들을 임명하는 중요한 주교회의에서 배제했다. 교황은 전통을 거스르는 일이지만 사무총장을 그의 자리에 임명했다. 그 추기경이 소아성애의 비중을 경시하고 사석에서 교황을 폄하하며 계속 개혁을 미루자 프란치스코는 때를 기다렸다. 교황은 바냐스코의 정상적인 임기 말에 연임할 기회를 주지 않고 바냐스코의 뒤를 이을 후계자를 임명했다.

프란치스코는 2014년에 동성애 시민 결합을 찬성했던 베르고글리아파 주교 구알티에로 바세티(Gualtiero Bassetti)를 추기경으로 서임하였고 (이 교황 직위 기간에 추기경으로 서임된 몇 안 되는 이탈리아인 중 한 명이다), 2017년에는 CEI 의장으로 임명했다.

다른 수뇌들도 몰락할 것이다. CEI에서 추기경으로 서임 받을 것으로 기대하며 영향력을 떨쳤던 교황청 주교 리노 피시첼라(Rino Fisichella)는 후보 명단에서 제외됐다. 그 다음에 밀라노의 강력한 추기경이자 보수적인 CL 운동의 수호적인 인물이던 안젤로 스콜라(Angelo Scola)는 프란치스코에 의해 조기 은퇴했다. 교황은 라칭거측의 대표인 스콜라로 하여금 그의 정치적인 공작과 베를루스코니와의 냉소적인 관계, 그리고 사제들의 성폭행에 대한 그의 침묵에 대가를 치르게 한 것이다.

그와 동시에 프란치스코는 CEI 조직 내의 동성애 혐오팀인 문화프로젝트에 제동을 걸었는데, 특히 비토리오 소치를 제거하고 디노 보포를 소외시켰다.

프란치스코의 노선은 분명했다. 그는 그의 주교들에게 "결국 당신은 이탈리아를 대표할 뿐"이라고 말하는 듯, CEI를 정상화한 후에 다시 이탈리아화하기를 원했다.

바티칸의 오랜 퇴출 규칙은 점잖은 완곡어로 '꼭두각시'인데, 제거하기 위해 승진시키는 것이다. 한 고위 성직자가 그와 전혀 맞지 않는 자리로 새로 임명되었다가 제거된다. 이제 프란시스코는 발 벗고 나섰다. 그는 예고도 없이, 갈 곳도 마련해 주지 않고, 사람들을 해고했다.

"프란치스코는 참으로 교활한 외고집을 갖고 있습니다. 그는 남성 매춘부를 찾는 주교를 대신하여 매춘과 대항하는 주교를 이탈리아 도시에 임명했지요!" 한 대주교가 말한다.

가장 많은 정보를 가진 교황청의 한 사제는 교황의 몇몇 고위 성직자들과 몇몇 측근들이 말한 분석을 내게 알려준다.

"상황을 잘 아는 약삭빠른 프란치스코가 이탈리아 주교회가 동성애화된 사실을 알고는 당황했을 것입니다. 그는 처음에는 교황청과 CEI로부터 동성애 추기경들, 주교들, 고위 성직자들을 '제거'할 수 있을 것이라고 생각했을지 모르겠으나, 지금 그는 어찌하든 그들과 함께 할 수밖에 없습니다.

이성애자 후보자들의 부족 때문에, 그는 동성애자로 여겨지는 추기경들로 자신을 둘러싸게 할 수밖에 없습니다. 그는 더 이상 기존의 정세를 바꿀 수 있다는 환상을 갖고 있지 않습니다. 그는 단지 그 현상을 '포용'할 수 있을 뿐입니다. 그가 하려는 것은 '포용' 정책입니다."

그런 유의 포용 정책은 여전히 진행 중이다.

18

신학생들
(Seminarians)

몇 달 동안 다니엘레는 로마의 신학교와 대학을 조사하고 있었다. 우리는 수년에 걸쳐 '주요' 로마 신학교들에 대한 정보를 줄 수 있는 '정보자'들을 찾아내었다. 우리는 그들을 통해 약 12개의 교황청 시설을 접촉했다. 성 토마스 아퀴나스의 도미니카대학(일명 안젤리쿰), 우르바니아대학, 라테란대학, PNAC(미국대학), 그레고리대학(예수회), 에티오피아대학, 프랑스신학교와 독일 게르마니쿰, 성 안셀렘(베네딕토회) 교황청대학, 성 십자대학(오푸스 데이회), 그리고 심지어 그리스도의 군단의 사도들의 모후대학(Athenaeum Regina Adopholorum)도 접촉했다.

이 '대표자들' 덕분에 우리는 로마에 있는 50명 이상의 게이 신학생들을 만나볼 수 있었고, 서서히 다른 나라들에 있는 수십 개의 대학도 접할 수 있었다. 특히 프랑스, 스페인, 스위스, 라틴 아메리카에서 접했다. 이렇게 하여 나는 교회 중심에 있는 동성애 '문제'를 조사할 수 있었다. 그것도 사제들의 모교(alma mater)에서 말이다.

나는 로마의 성 소수자마리오미엘리협회(LGBT Mario Mieli association)의 이사인 마우로 안젤로찌(Mauro Angelozzi)가 소개한 두 명의 신학생을 알게 되었다. 우리는 이 문화 센터의 본부에서 비밀리에 만났다. 그 후 나는 그 신학생들을 다시 만났고 그들 덕분에 초기의 네트워크를 설립할 수 있었다. 한편, 마우로는 로마에서 유명한 무카사시나(Muccassassina, '살인적인 젖소') 게이 단체를 조직한 사람이었다. 나는 그와 매주 금요일 저녁 로마에서 저녁을 같이 했는 데 어느 날 그와 함께 일했던 동료 한 명을 소개받았다. 마우로는 소개를 마치면서 "그 사람도 신학생입니다!"라고 내게 말했다.

* * *

"저 많이 변했지요?"

나에게 이렇게 말하는 소년은 내가 로마에서 가장 좋아하는 레스토랑 중 하나인 트라토리아 몬티(Trattoria Monti)의 웨이터다. 그 레스토랑은 산타 마리아 마지오레 교회 근처에 있다.

"보세요, 나는 예전처럼 어리지 않아요!"

오래전에 잘생긴 신학생들의 유명한 달력에서 포즈를 취했던 그 웨이터가 덧붙인다.

사실 나는 몇 달 동안 로마의 거리에서 볼 수 있고, 심지어 바티칸의 정문에서도 파는 그 달력에 흥미를 느끼고 있었다. 가격은 10유로이고, 매년 12명의 신학생과 젊은 사제들이 사진을 찍는다. 목에 로만 칼라를 찬 잘생긴 젊은이들의 흑백사진은 매우 유혹적이며, 그 젊은 성직자 중 몇몇은 너무 섹시해서 사람들은 교회가 「글리」(Glee) 출연진에 걸맞은 남자들을 나란히 모아 놓았다고 생각할 수도 있다. 일부 추기경들은 매년 그 달력을 반드시 구입한다고 한다. 하지만 나는 바티칸의 어느 사무실에서도 그 달력이 걸려 있는 것을 본 적이 없었다.

내가 진실을 발견한 것은 그때였다. 내 앞에 있는 웨이터는 정말 유명한 그 『로마 달력』(Calendario Romano)에서 포즈를 취했던 젊은이였다. 그는 의심할 여지 없이 게이다. 하지만 그는 한 번도 신학생인 적이 없었다!

꿈은 산산조각이 났다. 이미 이 신비로운 달력을 조사해 왔던 바티칸 전문 기자 로버트 미켄스(Robert Mickens)는 트라토리아 몬티에서 나와 저녁을 먹으며 이 비열한 속임수를 알려준다. 사실 그 달력은 가짜다. 그 젊은이들이 아무리 야해도 베네치아 사진작가 피에로 파지(Piero Pazzi)의 렌즈 앞에서 포즈를 취하고 있는 그 젊은이들은 신학생도 아니고 젊은 사제들도 아니다. 단지 이 작은 사업 아이디어를 생각해 낸 게이 우호적인 회사가 뽑은 모델들이다. 그리고 그 아이디어는 효과를 보았다!

2003년 이후 매년 새로운 판이 발행되고 있으며, 종종 똑같은 사진을 사용하곤 한다. 연간 10만 부(출판사에 따르면, 그 수치는 확인이 불가능하다고 한다)를 판매하는 것으로 추정된다.

모델 중 하나는 게이 바 매니저고, 또 다른 하나는 나와 대화를 나누는 그

웨이터인데, 그는 "당연히 저는 신학생이 아니에요. 신학교에 가본 적도 없어요. 오래 전에 돈 좀 버느라 포즈를 취했던 것이에요"라고 말한다.

그는 사제가 되려는 꿈을 한 번도 가진 적이 없었다.

"제가 볼 때 교회는 동성 혐오가 너무 심합니다."

그가 웃으며 확실하게 말한다.

소개를 잘못 받았다. 로마의 게이 신학생들을 조사하기 위해서는 다른 방법을 모색해야 했다.

* * *

2005년, 교황 베네딕토 16세는 교육성(Congregation for Catholic Education)이 발표한 중요한 지시를 승인하면서 더 이상 '동성애적 성향이 깊은' 후보자들을 서품하지 말라고 요구했다. 그 문서에 대해서는 2016년에 성직자성(Congregation of the Clergy)이 확인해 주었다. 그 내용은 성직자로 서품을 받기 위해서는 먼저 자신의 감정적인 문제를 정돈해야 한다는 것이었다!

이처럼 교회는 성적인 금욕 의무를 재차 강조하면서 '뿌리 깊은 동성애 성향을 드러내면서 동성애를 행하거나, 소위 게이 문화를 유지하는 자'에게는 사제직이 금지된다고 규정했다. 그 문서는 신중하게 '동성애 성향이 일시적으로 나타나는' 사람들에 대해서는 '예외'라는 말을 덧붙였다.

가령, 예를 들면, 사춘기가 끝나지 않은 경우다. 마지막으로 그 문서는 '성숙하고 안정적이며 자유로운 감정 상태를 이루지 못한 사람, 정결과 독신에 충실하지 못한 사람'을 신학교에 받아들이는 것은 '엄청나게 경솔한 짓'이라는 점을 상기시킨다.

베네딕토 16세가 동기를 불어넣고 승인한 이 문서는 가톨릭 교육성을 담당한 고위 성직자이며 폴란드 추기경인 제논 그로콜레스키(Zenon Grocholewski)가 작성한 것이다. 더욱이 그는 전 세계의 모든 주교에게 보낸 문서에서(나는 그 문서를 간신히 구했다) 이 규칙은 앞으로 사제가 될 사람들에게만 국한된다고 주장했다.

그 지시는 이미 서품을 받은 동성애적 성향을 가진 사제들의 서품 및 지위의 타당성에 대해서는 의문을 제기하지 않는다.

그로콜레스키는 그 주제를 매우 잘 알고 있는데 이는 그가 마르그리트 유케나르(Marguerite Yourcenar)의 『심연』(The Abyss)에 나오는 양성애 영웅의 이름을 갖고 있기 때문만은 아니다. 그의 친구들이 그에게 이미 서임을 받은 동성애 사제들에 대해 의문을 제기한다면 아마도 교회는 결코 주워 담을 수 없는 그런 피바다가 될 것이라고 경고했기 때문이다.

로마에는 그 어떤 추기경도 없을 것이고, 교황청에도 아무도 없을 것이며 심지어 어쩌면 교황도 사라질 것이다!

전 이탈리아 의원이자 게이 운동가인 프랑코 그릴리니(Franco Grillini)는 종종 반복하며 말했다.

"만약 가톨릭교회 내의 모든 게이가 당장 떠난다면 (우리가 매우 바라는 것이지만) 교회는 심각한 운영상의 문제를 겪게 될 것입니다."

바티칸에서 이 폴란드 추기경 그로콜레스키는 개인적인 성향과 직업적인 집착 때문에 사제들과 주교들의 성생활에 큰 관심을 가져왔다. 그와 함께 일했던 한 사제를 포함한 두 명의 소식통에 따르면, 그는 심지어 몇몇 추기경들과 주교들의 성향에 관한 서류들을 모았다고 한다. 그들 중 한 주교는 요한 바오로 2세 때에, 마치 마차와 말이 함께 하는 것처럼, 자금 횡령과 매춘으로 부패한 유명한 조직에 속하여 있었는데, 아직도 여전히 추기경 모자를 쓸 날을 기다리고 있다고 한다!

라칭거 추기경이 공표한 정확한 지침과는 별도로, 상황이 악화함에 따라 그로콜레스키는 나쁜 폐단을 추방하기 위한 공식 지침을 세우게 되었다. 동성애는 말 그대로 신학교 안에서 '통제 불능'의 상태에 있었다. 전 세계적으로 심각한 추문들과 성폭행이 이어졌다. 그러나 이런 불법 행위들은 더욱 절박한 바티칸의 현실에 비하면 아무것도 아니었다. 교황 대사들과 대주교들로부터 드러나는 서류들은 사실 동성애가 표준이 된 것을 증명했다. 신학생들은 거의 일반적으로 커플 생활을 했고, 가톨릭 시설 내에서는 성 소수자 지지 모임이 열렸다. 저녁에는 허가된 관행은 아닐지라도 적어도 시내의 게이 술집으로 외출 나가는 것이 가능했다.

2005년, 그로콜레스키가 회람(回覽) 공문 썼을 때, 그는 미국으로부터 신학교의 동성애화 대처에 도움을 달라는 요청을 받았다. 일부 신학교는 '동성애자 모집 전문가'라고 했다. 오스트리아에서도 마찬가지였는데, 산크트-폴텐(Sankt-Polten) 신학교가 그 유형의 모델이었다. 언론에서 뜬 사진들을 보면 그

가톨릭 기관의 원장과 부원장이 학생 사제들에게 키스하고 있다(그 이후 그 신학교는 폐쇄되었다).

"그것은 바티칸에서 매우 큰 스캔들이었습니다."

과거에 사제였던 프란체스코 레포레가 확실하게 말한다. 그 사진들은 정말 충격적이었다. 그러나 그것은 가장 특이하고 극단적인 경우였다. 내가 알기로는, 신학교의 원장이 그런 비행에 관여했다는 것은 유일하다. 하지만 젊은 게이들이 신학교에서 대다수를 이루고 있다는 사실은 이제 꽤 진부해 졌다. 그들은 그들의 동성애를 정상처럼 경험하고 있으며 큰 어려움 없이 조심스럽게 게이 클럽에 나간다.

이런 종류의 스캔들을 고려한 미국 주교단은 56명의 신학생을 조사하라고 지시했다. 그 지시는 미국 군대를 맡는 대주교인 미국인 에드윈 오브라이언(Edwin O'Brien)에게 맡겨졌다. 그것은 몇몇 사람들이 보기에는 이상해 보이는 선택이었다. 나중에 몬시뇰 비가노의 『증언』은 오브라이언이 '동성애'에 속한 사람인 것을 드러낼 것이다.

그로콜레스키가 잘 알고 있는 또 다른 징후적인 사건은 그가 태어난 폴란드의 신학교의 사건이었다. 포즈나뉴 대주교 율리우스 패츠(Juliusz Paetz)가 신학생들을 성추행한 혐의로 고발당한 것이다. 그는 혐의를 부인했지만, 대주교 자리에서 물러나야 했다.

우리는 또한 독일의 예수회신학교, 프랑스의 도미니크회신학교, 이탈리아와 영국의 베네딕토회신학교에서 많이 회자 되어온 수많은 무분별한 사건들을 열거할 수 있다. 브라질의 경우는 수백 명의 신학자와 사제들, 심지어 주교들까지 웹캠 채팅을 통해 최고 모델을 촬영했고 심지어 카메라 앞에서 자위행위를 하는 장면까지 촬영했다(데네르 조반니(Dener Giovanini)가 연출한 유명한 다큐멘터리 「거룩한 사랑」(Amores Santos)이 될 수도 있을 정도였다).

바티칸은 이 모든 추문에 대해, 그리고 교회가 대처하기에는 힘이 달려서 다룰 수 없는 덜 악명 높은 추문들에 대해서까지 조처를 했다. 하지만 내가 인터뷰한 추기경들에 따르면, 이 조치는 세 가지 이유로 아무런 효능이 없었다고 한다.

첫 번째 이유는, 수십 년 동안 교회의 신학생 모집의 기반은 동성애였다는 것이다. 그런데 교회가 성직자를 절실히 필요로 하는 때 그 조치는 불가피하게 교회가 성직 소명을 박탈하게 된다는 것이었다. 우리는 심지어 유럽의 성직 소명의 위기가 이 현상과 관련이 있다고 생각할 수 있다. 게이 해방은 동성애자들에게 사제가 되도록 권장하지 않는다. 특히 교회가 희화화될 정도로 동성애를 혐오하게 되면 그들은 더욱 배척받는 느낌을 받으며 사제가 되려 하지 않을 것이다.

두 번째 이유는, 그 조치들 때문에 그 종교 기관에 머물러왔던 동성애 신학생들은 더욱 숨을 것이기 때문이다. 그들은 전보다 훨씬 더 '밀실의' 이중생활을 하게 될 것이다. 신학교 내에서 그런 억압과 내부의 동성애 혐오로 심리적 영향을 받게 되면 신학생들은 큰 혼란에 빠지게 될 것이며 그것은 심각한 실존불안, 자살, 그리고 도착(倒錯)으로 이어질 수 있다. 따라서 그로콜레스키의 회람(回覽) 공문은 문제를 저지하기보다 오히려 더 악화시킬 뿐이었다.

세 번째 이유는, 법적인 문제다. 후보자의 미확정된 성적 취향을 이유로 신학교 입학을 금지하는 것은 차별이다. 물론, 그런 차별은 많은 나라에서 불법이다. 프란치스코 교황은 2018년 12월에 다음과 같이 말했다.

"성직자 간의 동성애는 성직 및 종교 생활의 후보자들 사이에 분별해 내어야 할 매우 심각한 문제입니다."

그러나 그는 "그런데도 동성애는 부정할 수 없는 가톨릭의 현실입니다. 이에 나는 많은 고민을 하고 있습니다"라고 말했다.

교황은 이 말을 한 후 심한 비난을 받았다.

여기서 우리는 그로콜레스키의 회람(回覽) 공문에 영감을 준 사람 중 어떤 한 사람에 대해 언급할 가치가 있다. 그는 심리분석자 토니 아나트렐라(Tony Anatrella)인데 프랑스 사람이다. 그는 가정과 건강에 관한 교황협회(the pontifical councils on the family and health)의 고문이다. 그 당시 로마에서 영향력이 컸던 라칭거 추기경과 친하던 아나트렐라는 2005년에 이렇게 말했다.

"어떤 동성애자가 금욕을 통해 정절을 지키면 아무런 문제가 없을 것이며 따라서 사제로 서품을 받을 수 있다고 생각한다면 그는 그런 착각에서 벗어나야 합니다."

아나트렐라는 동성애를 행하는 자들만 제거될 것이 아니라, 또한 동성애를 행하지 않더라도 '성향'과 경향을 가진 사람들도 제거되어야 한다고 고집스럽게 주장했다.

몇몇 소식통들은 몬시뇰 아나트렐라가 그로콜레스키에게 영감을 주었을 뿐만 아니라 회람 공문을 작성할 때에도 함께했다고 진술했다. 그로콜레스키는 그를 여러 차례 만나 상의했다고 한다. 그의 수행원에 따르면, 그로콜레스키는 심리분석 사제인 아나트렐라의 주장과 비난에 감명을 받았다고 하는데, 그는 게이 사제들의 '자기애적인 목표' 및 '유혹'에 대한 집착에 대해 심리 분석을 내놓았다고 한다. 교황 베네딕토 16세도 결국 정절에 대한 아나트렐라의 분석에 납득되어 그에게 박수를 보내며 그를 가톨릭이 따라야 할 모델이자 듣고 배워야 할 지성으로 삼았다고 한다.

몬시뇰 아나트렐라가 진정으로 원하는 것은 무엇일까?

그는 프랑스에서 많은 관심을 얻어왔다.

나는 잠시 이 사상가에 대해 말해야 할 것 같다. 게이 결혼을 반대하는 시위자들의 광고 모델이며 라칭거 추기경의 절친한 동료인 토니 아나트렐라는 가정과 건강을 담당하는 교황협회의 바티칸 자문위원으로 임명되었다. 그 후 그는 이런 로마의 인정 덕분에 점점 근본주의자가 되어가면서 게이 문제에 대한 교회의 준(準)공식적인 목소리가 되었다.

아나트렐라는 2000년대 중반부터 프랑스 주교회로부터 게이 결혼에 반대하는 그들의 정책 문서 초안을 작성해 달라는 부탁을 받았다. 그의 문서와 기사들, 그리고 곧 그의 책들은 게이 결혼에 대한 반대뿐만 아니라 더욱 넓게는 동성애자들에 대해 점점 더 폭력적으로 변해갔다. 이 심리요법 사제는 온 힘을 다해, 그리고 모든 언론을 통해 '동성애에 대한 법적인 승인'마저 거부했다(프랑스에서는 나폴레옹 이후 동성애는 처벌 대상이 되지 않았음에도 불구하고 이런 주장을 하였다).

그는 신학교의 동성애화를 비난했고, 따라서 동성애 성향이 있는 개인들은 신학교에서 배척되어야 한다고 요구했다. 아나트렐라는 관대하게 자기 자신을 '회생 치료 요법'의 대변자로 자칭했는데, 그의 견해로는 이 요법으로 동성애자들이 그들의 동성애 상태에서 벗어날 수 있다고 보았다.

그 사제는 또한 심리분석가였기 때문에 (사실 그는 그 어떤 심리분석협회에 소속되어 있지 않았다) 환자들에게, 특히 남성 환자들에게 전문 상담을 통한 '전환'(轉換) 면담 진료를 제시했다. 그는 의심으로 가득 찬 젊은 신학생들과 성 정체성에 문제가 있는 가톨릭 중산층 가정의 소년들을 받았다.

하지만 아나트렐라 박사는 환자들이 이 '악'을 치료받으려면 옷을 벗은 상태에서 그가 그들의 자위를 해 주어야 한다고 했다!

우리는 이 사실에서 그의 의도를 알지만, 그는 환자들에게 그의 의도를 숨겼다!

이 돌팔이 사기꾼은 수년 동안 그렇게 일했고 마침내 그의 환자 중 세 명이 성폭행과 반복적인 추행에 대해 고소장을 제출했다.

언론에 노출된 이 스캔들은 국제적인 사건이 되었고, 특히 아나트렐라가 로마, 즉 교황 요한 바오로 2세와 베네딕토 16세와 가까웠기에 더욱 그러했다(몬시뇰 아나트렐라는 그 고소를 부인했다. 비록 법정 제한 기간 때문에 결국 이 사건은 취하되었지만 그럼에도 그 사건은 사실로 입증되었다. 몬시뇰 아나트렐라는 직무 정지를 당했고, 파리의 추기경은 교회 재판을 시작했다. 2018년 7월, 이 종교 재판의 마지막에, 파리의 신임 대주교인 몬시뇰 오프티(Aupetit)는 그 사제를 징계하고 공적인 사제직을 수행하지 못하도록 정직시켰다).

* * *

이디에(Ydier)와 악셀(Axel)은 내가 마리오 미엘리(Mario Mieli) 문화센터에서 만나는 두 명의 신학생들이다(실명이 아닌 가명을 사용했다).

> 우리 신학교에는 스무 명 정도의 신학생이 있어요. 7명은 틀림없는 게이고요. 다른 6명 정도는 아마 성향이 있다고 할 수 있어요. 이 숫자는 일반 비율과 거의 같습니다. 즉, 60에서 70퍼센트의 신학생이 게이지요. 때때로 그 비율이 75%나 된다는 생각도 듭니다.

악셀이 내게 말한다.

그 청년은 교황청 내의 세 개의 재판소 중 하나인 로타(Rota)에 합류하고 싶어 한다. 그는 이를 목적으로 신학교를 다니게 되었다. 이디에는 교사가 되기를 원한다. 그는 셔츠에 흰 십자가를 달고 눈부신 금발을 하고 있다. 나는 그의 금발에 대해 말한다.

"가짜 금발이에요!

가짜에요!

내 머리카락은 갈색입니다."

이디에가 말한다.

그 신학생은 계속 말한다.

"우리 신학교의 분위기 역시 동성애가 강합니다. 그러나 미묘하지만 중요한 차이가 있어요. 실제로 동성애 행위를 하는 학생들이 있어요. 물론 안 그러는 학생들도 있고 아직은 기다리는 학생들도 있고요. 정말 정절을 지키는 동성애자들도 있어요. 또한, 여자가 없으므로 여자 대신 동성애를 하는 이성애자들도 있답니다. 물론 비밀리에 동성애 생활을 하는 학생들도 있고요. 이처럼 우리 학교 분위기는 매우 독특합니다."

그 두 신학생은 다소 같은 분석을 내어놓는다. 청년 중에는 자신의 성향에 대해 애매한 상태에서 독신주의 규칙과 그리고 서로 함께 살 수 있다는 기대 때문에 가톨릭 시설에 들어가게 된다. 그들은 처음으로 고향을 멀리 떠나게 되고 가족도 없는 상태가 된다. 그들은 철저하게 남성들만 있는 환경과 강력한 동성애 세계 속에서 자신들의 독특함을 이해하기 시작한다.

종종, 사제 서품 후보자들은 (심지어 오랜 후보자들도) 신학교에 입학할 때 아직 동정남(童貞男)인 경우가 많다. 그들의 성향은 다른 소년들과 접촉하면서 드러나거나 집중된다. 그러면 그 신학교는 장차 '동성애자로 폭로될 수 있는' 사제들을 키우는 곳이 되고 또한 신학생들이 동성애의 첫 경험을 갖게 되는 무대가 된다. 즉, 그 신학교는 실제 통과 의례 과정이다.

과거의 미국 신학생 로버트 미켄스(Robert Mickens)의 이야기는 많은 사람이 걸어온 길을 요약한다.

"내가 태어난 오하이오주의 털리도 같은 미국 도시에서 내가 다른 '감각'을 가지고 있다는 것을 발견했을 때 해결책은 무엇이었습니까?

어떤 선택이 있었습니까?

내게는 신학교에 가는 것은 나의 동성애를 다루는 한 방법이었습니다. 내 마음 안에는 나 자신으로 인한 갈등이 많았지요. 나는 그 문제를 미국에서 직면하고 싶지 않았습니다. 나는 1986년에 로마로 떠났고, 교황청 북미대학(the Pontifical North American College)에서 공부했습니다. 25세가 되던 신학교 3학년 때, 나는 한 소년과 사랑에 빠졌습니다"(미켄스는 사제로 서품을 받은 적이 없다. 그는 라디오 바티칸(Radio Vatican)의 기자가 되어 그곳에서 11년 동안 일했고, 그 후 「태블릿」(*The Tablet*)에서 일하였으며 지금은 「라크루아 인터내셔널」(*La Croix International*)의 편집장으로 있다. 그는 로마에 살고 있는데, 거기서 나는 그를 여러 번 만난다).

또 다른 신학생은 내가 리스본에서 만난 포르투갈인인데 그는 미켄스의 이야기와 매우 비슷한 이야기를 들려준다. 그는 용기를 내어 부모에게 자신이 동성애자인 사실을 실토했다. 그의 어머니가 대답했다.

"적어도 우리 집안에 사제가 생기겠구나"(그는 신학교에 들어갔다).

또 다른 예로, 현재 로마의 한 신학교에서 가르치고 있는 약 30세의 라틴 아메리카 사제인 라파디오(Lafcadio)의 이야기이다(가명을 사용하겠다). 그는 나의 통역사 중 한 사람의 연인이 되었다. 그 후 나는 프로파간다(Propaganda) 레스토랑에서 그를 만났다. 더 이상 그는 자신의 동성애를 감출 수 없게 되어 나와 솔직하게 대화하기 시작했고, 우리는 이번 조사 기간 다섯 번이나 만나 저녁 식사를 했다.

이디에, 악셀, 로버트처럼 라파디오는 그의 인생 진로를 자신의 동성애와 연결시켰다. 그는 라틴 아메리카의 오지에서 힘든 청소년기를 보냈다. 비록 감정적 게으름과 무한한 권태감이 (그 당시 그는 왜 그러했는지 이유를 알지 못했다) 그의 결정에 한몫했을지도 모르지만, 초기에 그는 자신의 성에 대해 아무런 의심 없이, '진정한 소명으로' 신학교에 들어가는 것을 선택했다. 그는 서서히 자신의 으스스한 느낌에 이름을 붙일 수 있게 되었다. 바로 동성애였다. 그 후 갑자기 우연한 사건이 발생했다. 버스에서 한 소년이 그의 허벅지에 손을 얹은 것이다. 라파디오는 나에게 말한다.

나는 갑자기 얼어붙었습니다. 어떻게 해야 할지 몰랐어요. 버스가 멈추자마자 나는 도망쳤지요. 그러나 그날 저녁 나는 그 작은 촉감에 사로잡혀 버렸습니다. 나는 그 느낌을 끊임없이 기억했어요. 그것은 끔찍할 정도로 좋았고, 나는 또다시 그 일이 일어나기를 바랐습니다.

그는 점차로 자신의 동성애를 발견하고 받아들였다. 그리고 로마신학교가 '전통적'이라는 사실을 알고 이탈리아로 떠났다. 그는 "그곳은 라틴 아메리카의 민감한 소년들이 가게 되는 곳"이라고 말한다. 그는 이탈리아의 수도 로마에서 절도 있는 삶을 시작했으며, 그가 머물게 된 신학교에서 벗어나 밤을 보낸 적이 없었다. 그리고 현재 그는 그곳에서 중요한 책임을 맡고 있다.

그는 내게 자신이 '공공연한 게이'라고 말하며, 자신의 강박관념과 강렬한 성적 욕구에 관해 이야기한다.

"저는 자주 성적인 흥분을 느낍니다."

"너무 많은 밤을 닥치는 대로 아무하고 잤습니다. 심지어 너무 할 일이 많을 때도 통금 시간 전에 신학교로 돌아가겠다고 다짐하며 그 짓을 했지요!"
라파디오는 그의 동성애를 인정하면서 교회를 다른 시각으로 보기 시작했다.

그때부터 나는 상황을 파악하는데 능숙해졌습니다. 때때로 나는 바티칸에서 나에게 추파를 던지는 몬시뇰, 대주교, 추기경들을 발견했습니다. 전에는 그들이 나에게 무엇을 원하는지 알지 못했습니다.
그러나 지금은 잘 알지요! (라파디오는 젊고 잘생겼기 때문에 로마 교황청 내에서 긴밀한 연줄을 갖고 있다. 그는 여러 추기경, 주교, 심지어 교황의 수행원 중 '전례 여왕' 이 보내는 애정 어린 간청과 반복적인 시시덕거림을 당했기 때문에[그는 내게 이런 여러 만남을 묘사하여 주었다] 나의 소중한 소식통 중 하나가 되었다).

내가 인터뷰한 여러 신학생처럼, 라파디오는 교회에 널리 퍼져 있는 또 다른 현상을 내게 설명해 주며 그 현상은 '고해 성사를 통한 유혹'(crimen sollicitationis)이라는 이름이 붙어 있다고 말한다. 신학생들이 그들의 사제나 영적인 인도자에게 자신들의 동성애를 고해할 때 그 고해는 노출된 상태로 남는다.
"내가 나의 의심이나 유혹받는 일을 사제들에게 고해하였을 때 많은 사제가 내게 구애를 했어요."
그가 말한다.
종종 이런 구애들은 성과가 없다. 하지만 어떤 다른 때는 동의를 받고 관계를 맺게 된다. 때때로 커플로 이어지기도 한다. 하지만 다른 때는 이런 고해 성사는 (비록 이것이 성례일지라도) 신체 접촉, 추행, 협박 또는 성적인 공격으로 이어진다. 신학생이 자신이 받은 유혹 및 성향을 고해하는 것은 위험을 무릅쓰는 것이다. 어떤 경우는, 전 사제 프란체스코 레포레가 성 십자가 교황 대학(the Pontifical University of the Holy Cross)에서 경험한 것처럼 고해한 후에 그의 상사에게 매도되기도 한다.

나는 고해하는 과정에서 오푸스 데이회의 한 사목에게 나의 내적인 갈등을 언급했어요. 나는 솔직했고 약간 순진했지요. 내가 몰랐던 것은 그가 나의 신뢰를 저버리고 주위의 모든 사람에게 알릴 것이라는 점이었지요.

다른 신학생들은 그들의 고해 성사를 자신들에게 불리하게 사용하는 덫에 걸려 신학교에서 쫓겨나기도 한다. 고해 성사에서의 비밀은 절대적인 비밀이기 때문에 그 비밀을 누설하는 것은 교회법의 엄격한 불법이며 따라서 이는 파문을 의미하는 것임에도 이런 일이 발생한다.

> 여기서 또다시 교회가 이중 잣대를 갖고 있음을 드러냅니다. 교회는 고해 중에 자신이 동성애자라고 인정한 자들을 사제들이 고발하는 것에 대해서는 가만히 있지만, 교회는 고해하는 사람들이 성폭행에 대해 말한 비밀에 대해서는 사제들이 그 비밀을 누설하지 못하도록 합니다.

한 신학생이 탄식한다.

몇몇 증인들에 따르면, 사제들이 고해 성사 때 성 파트너를 찾는 일들은 특히 신학생 첫해에 '분별' 또는 '예비지식'을 갖추도록 하는 처음 몇 달의 훈련 기간 동안 자주 발생하지만 부제직에 들어가면 그런 구애는 거의 없다고 한다.

일반 성직자 중에 도미니크회 수사들, 프란체스코회 수사들, 그리고 베네딕토회 수사들은 신참일 때 이런 '통과 의례'를 지났다는 사실을 내게 확인시켜 주었다. 동의하던 동의하지 않던 구애가 던져지는데, 이런 구애는 성경적인 변명에 따라 정당화된다. 욥기에서, 유죄 당사자는 유혹자가 아니라 유혹에 굴복하는 사람이다. 그렇다면, 신학교에서는 유죄 당사자는 궁극적으로는 항상 신학생이고 성 추행 상급자가 아니다. 여기서 우리는 교회가 지속해서 유지하고 있는 뒤바뀐 선과 악의 가치에 부닥치게 된다.

* * *

신학교는 단지 가톨릭 체제의 대기실이라는 것을 이해하려면 우리는 '밀실'의 또 다른 암호 코드를 풀어야 한다. 즉, 밀실의 우정, 보호책, 보호자들의 암호 코드를 파악해야 한다. 내가 인터뷰한 대부분 추기경과 주교들은 그들의 부제 또는 대리에 대해 말했는데 그들은 그들의 제자들이라 한다. 아킬레 실베스트리니는 아고스티노 카사롤리 추기경의 제자였다.

스타니스와프 지비스의 일반인 디노 보포, 안젤로 소다노 추기경의 파올로 로미오(Paolo Romeo)와 조반니 라졸로(Giovanni Lajolo), 레 추기경의 지안파올로

리조티(Gianpaolo Rizzotti), 타르치시오 베르토네 추기경의 돈 레흐 피에초타(Don Lech Piechota), 페르난도 필로니 추기경의 돈 에르메스 비알레(Don Ermes Viale), 장루이 토랑 추기경의 대주교 장루이 브루게스, 또한 토랑 추기경의 제자들인 장차 추기경이 될 피에트로 파롤린과 도미니크 맘베르티, 마우로 피아첸차 추기경 및 그다음의 크레센치오 세페의 교황 대사 에토레 발레스트로, 조반니 안젤로 베추(Giovanni Angelo Becciu) 추기경의 패브릭 리벳 등이다.

'수호천사'와 '가장 좋아하는 천사', 그리고 때때로 '악한 천사'의 개념을 극화한 이런 종류의 관계는 수백 개가 넘을 것이다. 이런 '특별한 우정'은 동성애 관계로 바뀔 수 있지만, 대부분의 경우 그렇지는 않다. 일반적으로 그 관계들은 당파, 파벌, 때로는 '카마릴라'(camarillas, 비밀 결사단)로 이어질 수 있는 고도로 잘 나눠진 계층적 결연 체제다.

그리고 사회의 공동체와 마찬가지로, 뒤집어지고, 선회하고, 충성을 배반하는 경우들이 있다. 때때로 양 측을 '묶어주는' 이 이중 관계들은 법을 어기는 실제적인 연합을 이루는데, 이는 특정 재정 비리 또는 바티리크스 사건들을 이해하도록 돕는 열쇠가 된다.

이 '보호자'와 '제자' 모델은 클로드 레비스트로스(Claude Lévi-Strauss)가 연구한 어떤 토착 부족들을 떠오르게 하는데, 이 모델은 신학교로부터 추기경단까지 교회의 모든 계층에서 찾아볼 수 있다. 또한, 그 관계는 일반적으로 그들의 암호 코드를 파악할 수 없는 외부인들에게는 이해되지 않는 임명 및 불투명한 계급 체계를 만든다. 아마도 그들 관계의 복잡성을 파악하려면 인류학자가 필요할 것이다!

로마의 성 세인트안셀름대학(the Saint Anselm University)의 위원이었던 어떤 베네딕토회 수사는 암묵적인 규칙에 대해 내게 설명해준다.

> 전반적으로 수도원에서는 들키지만 않는다면 자기가 좋아하는 것을 할 수 있어요. 그리고 비록 현행범으로 잡힐지라도, 고치겠다는 자세를 보여주면 상급자들은 모르는 척합니다. 세인트 안셀름과 같은 교황청 대학에서는 교수진의 대다수가 동성애자라는 것도 명심해야 할 것입니다.

랭보는 '사제복 속의 심장'이라는 글에서 그의 15년 동안의 환상 고지로부터 '신학생들의 친밀함', '성스러운 옷으로 덮인' 그들의 성적 욕망, '신학생

모자' 아래로 발기된 성기, '신뢰'를 저버린 '무례함', 그리고 '비만 때문에 눈이 뛰어나온' 상급 신부의 학대를 묘사했다. 그 시인은 나중에 그 주제를 나름대로 요약할 것이다.

"나는 아주 어렸다. 그리스도는 내 숨을 헐떡이게 하셨다."

프란치스코 교황은 "고해실은 고문실이 아닙니다"라고 말했다.

교황은 이렇게 덧붙일 수도 있었을 것이다.

"그리고 그곳은 성폭행 장소가 되어서는 안 됩니다."

* * *

내가 인터뷰한 대부분 신학생은 내가 파악하지 못한 어떤 것을 이해하는 데 도움을 주었다.

> 그리고 로마의 거리에서 우연히 만난 한 젊은 독일인이 그것을 매우 멋지게 요약해 주었다. 나는 동성애를 이중생활로 보지 않습니다. 이중생활은 뭔가 비밀스럽고 숨겨진 것을 말하지요. 그러나 나의 동성애는 신학교 내에서 잘 알려져 있습니다. 그것은 시끄럽지도 않고, 호전적이지도 않지만 잘 알려져 있습니다. 그러나 참으로 금지된 것은 자신을 옹호하기 위해 호전적이 되는 것입니다. 하지만 신중하게 행동하는 한 모든 것이 괜찮습니다.

"묻지 마라. 말하지 마라."

이 규칙은 다른 곳에서처럼 교회 내에서도 뛰어난 역할을 해낸다. 동성애 행위는 드러나지 않는 한 신학교 내에서 허용된다. 그러나 추문을 일으키는 자에게는 재앙이 있을 것이다!

"유일하게 금지된 것은 이성애자가 되는 것입니다. 여자 친구를 만들고, 여자아이를 다시 데려오는 것은 즉각적인 축출을 의미합니다. 성직자의 정절과 독신은 주로 여성에 대한 것입니다."

그 독일 신학생이 활짝 웃으며 덧붙인다.

취리히에 사는 과거 신학생 한 사람이 자기 생각을 말한다.

"본질에서 교회는 항상 이성애자 사제보다 게이 사제를 선호해 왔습니다. 교회는 게이를 반대하는 회람 공문을 보내면서 교회가 약간 변화되고 있다고 주장하지만, 하나의 회람 공문으로 현실을 바꿀 수는 없습니다!

사제들의 독신주의가 그대로 유지되는 한, 교회는 이성애자 사제보다 게이 사제를 더 환영할 것입니다. 그것이 현실이고, 교회가 이에 대해 할 수 있는 것은 아무것도 없습니다."

내가 인터뷰한 신학생들은 또 다른 점에 동의한다. 이성애자는 가톨릭 신학교에서 전혀 편한 마음을 가질 수 없다는 것이다. 왜냐하면, (그들이 사용하는 표현을 그대로 사용하겠다) 신학교 내에서의 '표정', '특별한 우정', '브로맨스', '소년을 따라다님', '감성', '유연성', '부드러움' 등, '일반화된 동성애 욕정(homoerotic)' 때문이다. 아마 게이가 아니라면 누구든 당황할 것이다.

"모든 것이 동성애 분위기입니다. 전례(典禮)도, 관습도 동성애 분위기입니다. 미켈란젤로는 말할 것도 없고 그 소년들 역시 동성애적입니다."

과거에 신학생이었던 로버트 미킨스(Robert Mickens)가 말한다.

그리고 또 다른 신학생은 내가 여러 번 들어본 똑같은 말을 되풀이한다.

"예수님은 동성애를 한 번도 언급하지 않았습니다. 만일 그것이 그렇게 끔찍한 일이라면 왜 예수님은 그것에 대해 말하지 않았을까요?"

잠시 멈춘 후, 그는 계속 말한다.

"신학교에 머무는 것은 「블레이드 러너」(Blade Runner)에 있는 것과 다소 비슷합니다. 누가 사람이고 누가 복제된 사람인지 아무도 모르지요. 일반적으로 이성애자들이 이를 알아보기에는 모호합니다."

그 신학생은 마치 자신의 운명에 대해 생각하는 것처럼 갑자기 말을 이어간다.

"잊지 말아야 하는 것은 많은 사람이 동성애를 포기한다는 사실이에요!"

파스쿠알레 콰란타 기자는 그들 중 하나다. 그 역시 그의 신학생 시절에 대해 들려준다. 지금은 「라 레푸블리카」의 편집장이 된 콰란타는 발행인 카를로 펠트리넬리와 젊은 이탈리아 작가 한 명과 함께 나를 설득하여 이 책의 프로젝트를 시작하도록 만든 세 사람 중 한 명이다. 로마에서 수십 번의 저녁 및 식사 중에, 그리고 파솔리니의 마지막 순간들을 추적하기 위해 페루기아나 오스티아까지 여행하면서, 그는 나에게 자신의 이야기를 해주었다.

파스쿠알레의 아버지는 프란치스코회 수도사였는데 자기 어머니와 결혼하기 위해 교회를 떠났다. 파스쿠알레는 처음에 사제의 길을 선택했다. 그는 8년 동안 교훈과 교리 문답에 헌신 된 성직자 모임인 '성흔'(The Stigmatines)과 함께 했다.

　　말하자면, 저는 훌륭한 교육을 받았지요. 나는 나를 신학교에 보내준 나의 부모님께 매우 감사했어요. 그들은 『신곡』에 대한 열정을 내게 물려주었답니다!

　동성애가 이 성직의 비밀스러운 동력 중 하나였을까?
　파스쿠알레는 그렇게 생각하지 않는다. 그는 너무 어린 나이에 미성년 신학교에 입학했기 때문에 동성애의 영향력을 받지 않았다. 그러나 어쩌면 그렇기 때문에 그가 그의 성직을 포기했는지도 모른다.
　그가 자신의 동성애를 발견하고 아버지에게 이야기하자, 그들의 극히 좋았던 관계는 순식간에 허물어졌다.

　　아버지는 다시는 내게 말을 걸지 않았어요. 우리는 더 이상 만나지 않았지요. 그는 깊은 상처를 입었습니다. 처음에 그는 그 문제가 나 때문이라고 생각했지요. 그다음 그 문제는 자기 때문이라고 생각하게 되었어요. 몇 년 동안 지속한 긴 대화 기간 우리는 점차 화해했습니다. 한편, 나는 사제직을 포기했고, 내가 나를 좀 더 온전히 받아들이도록 도와준 사제와 함께 동성애에 관한 책 한 권을 쓰게 되었습니다. 그때 아버지는 그 책이 출판되기 전에 교정해 주었는데 임종의 자리에서 해 주었습니다.

　　　　　＊　　＊　　＊

　동성애를 포기하지 않은 게이 신학생들이 행복하고 쾌활할 수 있을까?
　내가 이 점에 관해 물어보면, 그들의 얼굴은 굳어지고 미소는 사라지며 의심을 하기 시작한다.
　"자신의 삶을 기뻐한다."
　이는 남미 사람 라파디오뿐만 아니라 나머지 신학생들도, 조금씩 숨기고 침묵하게 되는 '회색 영역'에 대한 불안감과 함께 장래 교회 생활에서 나타날지 모를 동성애의 위험을 강조한다.
　많은 사람에게 신학교는 '자신의 동성애를 알게 하는' 기회지만 곤경을 깨닫게 되는 곳이기도 하다. 대부분 사람은 이런 배경에서 억압이 되어버린 자신들의 동성애와 싸운다. 그 시인의 글처럼,

"성년이 지난 후 내 몸 안에 고통의 뿌리를 뻗쳐온 그 악, 하늘로 솟아올라 나를 때리고 넘어뜨리고 나를 끌고 가는 그 악에 눌려있다."

그들은 그들의 삶을 잃을까 두려워하고, 서로 너무 닮은 사람들 사이에서 시대에 뒤진 화석이 될까 두려워한다. 신학교에서는 삶이 온통 흐려진다. 그들은 사제로서 삶이 어떠할지를 발견한다. 거짓말과 환상에 휩싸인 외롭고 위선적인 얀센주의자(Jansenist)의 가혹한 삶, 촛불의 불꽃처럼 깜박거리는 삶을 발견한다. 눈으로 볼 수 있는 한, 오직 고통, 침묵, 상상, 가책받는 부드러운 행위들, '허위 감정', '사로잡는 아름다움들' 그리고 무엇보다도 '사랑의 황무지'다. 세월이 지나면서 젊음은 퇴색되고 일찍 늙는다는 망령이 따라다닌다. 또다시 그 시인의 글처럼 사방이 '슬픔의 낙원'이다.

신학생들은 '야간 자원'을 처음으로 사용하기도 전에 그것이 없어질 것이라는 생각에 사로잡혀 있다. 게이 세계에서는 이를 일반적으로 '게이 죽음'이라고 말한다. 동성애자의 '만료 기한'은 성 파트너를 쉽게 얻을 수 있는 기간의 끝을 알리는 30세 나이로 정해져 있다!

그 끝이 오기 전에 짝을 찾으면 그나마 다행이다. 하지만 그 끝이 오기 전에 그들의 욕정을 자유롭게 풀어놓지 못했던 많은 사제는 종종 그들의 '성적인 시장 가치'가 하락하는 나이에 밖으로 나가기 시작한다. 그러므로 신학생들은 그사이에 잃는 시간을 보충해야 한다는 강박적인 불안감이 있다. 이런 불안 때문에 켐섹스(약물 복용 상태의 성관계)와 엉덩이 때리기 파티를 하게 된다.

신학교 안에 숨겨져 있는 그들은 뒷방에서 철들 때까지 30살이 되기를 기다려야 할까?

가톨릭 사제들이 그토록 자주 내게 언급해온 이 딜레마는 10배로 늘었다. 1970년대 이전의 교회는 교회 밖에서 차별을 당한 사람들의 피난처였다. 하지만 그 이후로 교회는 그곳에 와서 머무는 사람들을 위한 감옥이 되었다. 바깥의 게이들은 자유로운데, 신학생들은 답답한 곳에 감금된 느낌이 든다. 그 시인이 다시 말한다.

"오, 그리스도여!
에너지를 앗아가는 영원한 도둑이로구나."

내게 자학과 자기 형벌 또는 신체적 학대에 대해 말해주었던 더 나이 먹은 다른 신학생들과는 달리 어디에, 악셀, 라파디오는 그런 극심한 고통을 겪지 않았다. 그러나 그들 역시 그들 나름대로 눈물을 흘려왔다. 그들은 마치 피학대 동성 음란 행위를 행한 것과 같은 그들의 삶과 고통을 저주했다. 그들은 자신들은 달랐기를 너무 바랐었다. 그러나 결국 안드레 지드의 끔찍한 외침을 되풀이한다.

"나는 다른 사람들과 달라!

난 다른 사람들과 달라!"

이제 자위행위 문제가 남는다. 내가 인터뷰한 몇몇 사람들에 따르면, 사제들은 경험적으로 자위가 그들의 눈을 멀게 만들지 않는다는 것을 잘 알고 있을지라도, 자위에 대한 교회의 집착은 오늘날의 신학교에서 절정에 이르렀다.

물론 오늘날 행동을 통제하고 제한하려는 그런 과도한 시도는 아무런 효과가 없다. 우리는 '임시적인 자위에 굴복했던' 신학생들이 건강을 잃을까 두려워하고 또한 '유황 냄새를 맡도록' 설득되었던 그런 과거 시대와는 멀리 떠나왔다(이 문구 인용은 내 기억에 남아있는 안젤로 리날디의 표현이다).

과거 한때 금기시되었던 자위행위는 이제 교사들이 자주 언급하는 주요 주제다. 자위행위에 대한 교회의 이 허황한 집착은, 생식을 목적으로 하지 않는 (이것이 자위행위를 금하는 공식적 이유이다) 어떤 형태의 성(性)을 거부하는 것이 목표가 아니라, 가족과 몸을 빼앗긴 신학생 개인을 전체주의적 통제에 두려는 것이 목표다. 이는 실제로 집단을 위해 각 개인을 비인격화하는 것이다.

오늘날 미친 듯이 너무 자주 반복되고 있는 이데이 픽스(*idée fixe*, 강박관념)는 수음을 동성애 정체성의 이중 잠금 형태인 '밀실' 안의 또다른 종류의 '밀실'로 만들고 있다. 한편, 사제들은 맹렬하게 수음을 하는 동안 자유로운 '달콤한 타오름'의 꿈을 꾼다.

> 신학생들에게 여전히 자위는 죄악이라고 가르치는 것을 생각해 보세요.
> 그것은 중세 시대적 발상입니다!
> 그리고 자위가 소아성애보다 더 논의되고 더 경멸 대상이 된 사실은 가톨릭교회에 대해 많은 것을 말해 줍니다.

로버트 미켄스가 내게 말한다.

*　　*　　*

또 다른 날, 내가 바티칸에서 돌아올 때, 한 젊은이가 오타비아노 메트로 (Ottaviano Metro) 역 근처에서 나를 뚫어지게 쳐다본다. 티셔츠 위에 커다란 나무로 된 십자가를 걸고 있는 그는 늙은 사제와 동행하고 있었는데(나중에 그는 내게 이야기할 것이다), 어색한 순간이 지나자 내게로 다가온다. 그의 이름은 안드레아(Andrea)이고, 수줍게 내 전화번호를 물어본다. 그의 팔 아래에는 프랑코 만지(Franco Manzi)가 편집한 신학 입문서 『아사지 비블리치』(AsSaggi biblici, 성경의 맛) 한 권이 있었고 나는 그에게서 눈을 떼어 그 책을 보며 그에게 관심을 끌게 된다. 나는 갑자기 대화를 시작한다.

그날 저녁이 끝날 무렵, 우리는 로마의 술집에서 커피를 마신다. 그는 급히 내게 가짜 이름을 알려주었다고 말하며 자기는 신학생이라고 인정한다. 우리는 몇 번이고 다시 이야기할 것이고, 장차 사제가 될 다른 신학생들처럼 안드레아는 그의 세계를 내게 묘사한다.

내게 자신의 동성애를 공개한 안드레아는 예상과는 달리 베네딕토 16세의 추종자다.

"나는 베네딕토를 좋아했습니다. 나는 프란치스코를 좋아하지 않아요. 나는 이 교황을 좋아하지 않습니다. 내가 정말 원하는 것은 제2차 바티칸 공의회 이전의 교회와 다시 연결되는 것입니다."

그는 어떻게 자신의 게이 생활과 신학생의 삶을 조화시킬까?

안드레아는 눈에 띄게 괴로워하며 그 상반되는 양면성 때문에 낙담하며 고개를 가로젓는다. 그는 자존심과 자학 사이에서 대답하기를 망설였다.

"사실, 나는 훌륭한 기독교인은 아닙니다. 노력했지요. 하지만 육체는 어떻게 할 수 없더군요. 나는 내가 사귀는 신학생들 대부분이 나와 같다고 스스로 말하면서 기운을 냅니다."

"당신이 게이라서 신학교를 선택한 건가요?"

"저는 그런 식으로 생각하지 않아요. 신학교는 처음에는 임시적인 해결책이었어요. 나는 동성애가 나에게 지속하는지 알고 싶었어요. 그 후 신학교는 타협안이 된 것이지요. 우리 부모님은 내가 동성애자인 것을 믿기 싫어한답니다. 그들은 내가 신학교에 있다는 사실을 좋아해요. 어떤 면에서는 신학교는 내가 내 취향에 따라 살도록 해 준 것이지요. 쉽지는 않지만, 그 길이 더 나아요. 성에 대해 의심이 생기면, 그리고 주변 사람들이 내가 동성애자라는 것을 알게 되는 것을 원하지 않는다면, 어머니에게 상처를 주고 싶지 않다면, 신학교에 가야지요!

내 경우, 내가 신학교에 가게 된 가장 주된 이유가 분명히 동성애 때문입니다. 물론 원래부터 분명히 의식할 수 있었던 것은 아니고요. 신학교에 입학한 후에야 비로소 내 동성애에 관해 확인할 수 있었습니다."

안드레아는 사회학적인 면에서 다음과 같이 덧붙인다.

"나는 그것이 일종의 규칙이라고 생각합니다. 대다수 사제는 동성애의 욕정을 불러일으키는 철저하게 남성적인 신학교의 소년들에게 매력을 느끼지요. 이탈리아 지방에 있는 학교에 있을 때는 내가 좋아하는 동성애자들을 만날 확률이 매우 낮아요. 또한, 항상 꽤 위험하고요. 그 후 로마의 신학교로 가면 거기에는 거의 소년들만 있고, 거의 모든 사람이 동성애자이고, 젊고, 잘생겼어요. 그러면 나는 나도 그들과 같다는 것을 알게 되고요."

우리가 대화하는 동안, 그 젊은 신학생은 나에게 신학교의 분위기에 대해 자세히 설명해 준다. 그는 종종 두 개의 앱을 사용하여 가톨릭의 매일 일과를 수행한다. 그 두 앱은 그린더(Grindr)와 ibreviary.com 인데, 이는 게이 네트워킹 도구이고 스마트폰에서 5개 언어로 무료로 이용할 수 있다. 그 앱들은 그의 삶을 완벽하게 요약해준다!

스무 살의 안드레아는 이미 50여 명의 많은 연인을 두었다.

"저는 그들을 그린더 또는 신학생 중에서 만납니다."

그는 자신의 이중생활을 자책하며 성자(saint)가 되지 못한 것에 대한 실망을 덜기 위해 선한 양심을 지키고자 한다. 그는 이를 위해 작은 규칙들을 만들어 왔다. 예를 들어, 그는 그린더를 통해 만나게 된 첫 만남에서는 성관계를 갖지 않는다고 한다. 항상 적어도 세 번째 만남이 되기만을 기다린다!

"그것이 제 방법입니다. 내 나름대로 라칭거 성향이지요."

그가 역설적으로 말한다.

나는 그가 성직자가 되고자 하는 이유를 계속 묻는다. 매혹적인 그 청년은 망설인다. 그는 정말 모른다. 그는 잠시 생각하다가 "하나님만이 아십니다"라고 말한다.

* * *

　내가 여러 로마 교황청 대학에서 모은 많은 진술에 따르면, 신학생들의 이중생활은 지난 몇 년 동안 인터넷과 스마트폰 때문에 상당히 진화했다. 한밤중에 로마에서 우연한 만남을 바라며, 디아볼로 23, 케이-멘스(K-Men's) 게이, 벙커(Bunker) 또는 사악한 클럽(the Vicious Club)으로 외출했던 사람들 상당수가 이제 그들 자신의 집에서 편안하게 성 상대를 찾을 수 있다. 그린더, 틴더(Tinder), 호넷(Hornet) 등과 같은 앱과, 게이로미오(GayRomeo, 지금의 PlanetRomeo이다), 스크럽프(Scruff, 더 성숙해진 남성들과 '곰들'을 위한 사이트이다), 대디헌트(Daddyhunt, '아빠들'을 좋아하는 사람들을 위한 사이트이다), 또는 레콘(Recon, 야릇한 성적인 도구에 집착하는 극단적인 성관계를 원하는 자들을 위한 사이트이다)같은 중개 사이트 덕분에 그들은 더 이상 움직일 필요도 없고, 너무 많은 위험을 감수할 필요도 없다.

　나는 로마에 있는 나의 조사자들과 함께 인터넷의 마법을 사용하여 몇몇 신학생들, 사제들, 교황 주교들의 동성애를 알아낸다. 우리가 그들을 바티칸에서 만났을 때, 그들은 종종 공손함 때문에, 또는 연루된 일 때문에 우리에게 이메일 주소나 휴대폰 번호를 알려주었다. 우리가 지메일(Gmail) 주소록이나 스마트폰에 정말로 아무런 악의가 없이 그 정보를 올려놓으면 조금 후에 왓츠앱(WhatsApp), 구글플러스(Google+), 링크드인(LinkedIn) 또는 페이스북(Facebook)에 그 주소 및 휴대폰 번호와 관련된 다른 계정들과 이름이 자동으로 떴다. 종종 그 이름은 가명이었다!

　이런 가명으로 시작하는 이들 신학생들과 사제들과 교황 주교들의 이중생활은 매우 신중하기는 하지만 충분히 엽기적이지 못하기에, 마치 성령의 개입이 나타난 것처럼 이런 네트워킹 사이트에서 드러났다(여기서 나는 십여 건의 정확한 사례들, 특히 우리가 이미 이 책에서 만났던 여러 몬시뇰을 생각하고 있다).

　오늘날, 그들 중 많은 이는 게이로미오, 틴더, 스크럽프 또는 베네라빌리스(Venerabilis)에서 저녁을 보낸다. 하지만 대부분은 그린더에서 보낸다. 내 경우는 이런 비인간적이고 반복적인 앱을 좋아한 적은 없지만, 그 앱들의 원리를 알고 있다. 즉, 그 앱들은 지리적 위치와 실시간을 사용하여 주변에서 만날 수 있는 모든 게이를 알려준다.

　이는 극악무도한 짓이다!

몇몇 성직자들의 말에 따르면, 그린더는 신학교와 사제들의 모임 가운데 매우 널리 퍼진 현상이 되었다고 한다. 이 앱 사용이 교회에 큰 골칫덩어리가 된 이유는 여러 큰 스캔들을 일으켰기 때문이다(예로, 아일랜드 신학교에서 발생했다). 종종 사제들은 다른 동성애 사제가 몇 미터 안 되는 곳에 있다는 것을 알게 되면서, 의도하지 않게 서로를 발견한다. 우리 팀과 나는 그린더가 바티칸 시국 안에서 매일 저녁 그 일을 한다는 것도 결국 증명해 내었다.

게이들이 주변에 있는 것을 확인하는 데 있어 오차범위가 매우 낮다는 것을 알아내는 데 필요한 것은 이 작은 가톨릭 국가의 양쪽에 두 대의 스마트폰을 설치하는 것이었다. 우리가 그 실험을 수행했을 때 바티칸에서는 그리 많지 않은 횟수인 두 번만 연결되었지만, 여러 내부 접촉자들에 따르면 그린더에서의 바티칸 교류는 자주 격렬하다고 한다.

베네라빌리스 사이트는 그 자체로 이야기를 나눌 가치가 있다. 2007년에 만들어진 이 온라인 플랫폼은 전적으로 '동성애' 사제들을 위한 것으로서 사제들은 채팅방에 광고를 올리거나 메시지를 주고받았다. 교류와 공급의 장소인 이 사이트는 실생활 토론 그룹들을 만들었는데, 한동안 이들 모임은 라르고 토레 아르헨티나(Largo Torre Argentina) 광장의 그 유명한 펠트리넬리(Feltrinelli) 서점에 있는 카페에서 그들의 일정과 시간에 따라 만나기도 했다.

그 사이트 관리자 중 한 명은 타르치시오 베르토네와 친한 몬시뇰 토마소 스테니코(Tommaso Stenico)다. 그는 교황청 내에서 동성애자로 알려지긴 했으나 바티칸 밖에서 동성애 행위를 하고 있었다(그는 이탈리아 텔레비전 프로그램에서 동성애자로 드러난 후에 바티칸 직무에서 해임되었다).

시간이 흐르면서 베네라빌리스는 성직자들이 성 파트너를 찾는 사이트로 발전했고, 보수적인 가톨릭 언론의 비난을 받은 후 폐쇄되었다. 우리는 웹 아카이브와 '딥 웹'에 그 사이트의 흔적을 가지고 있지만, 더 이상 검색 엔진에 의한 접근이나 색인은 가능하지 않다.

성 파트너를 찾기 위해 많이 사용되는 또 다른 사이트인 페이스북에서는 회원들의 다양성 때문에 게이 사제나 신학생들을 쉽게 찾아낼 수 있다. 예를 들어, 로마에서 우리가 쫓아가 보았던 몇몇 고위 성직자들이 그러했다. 그들 대부분은 소셜 네트워크의 기밀 프로토콜에 익숙하지 않았고, 그들의 친구 목록은 누구나 볼 수 있도록 열려 있었다.

당신은 어떤 사제가 동성애자인지 아닌지를 '공통 친구'로부터 판단할 수 있는데 이를 알려면 그 도시의 동성애자 커뮤니티 내에 들어와 있는 로마 게이들의 몇몇 계정만 보면 된다. 타임라인에 게이 메시지가 하나도 없어도 상관없다. 페이스북이 동작하는 방식은 페이스북 친구들이 게이인지 알 수 있도록 거의 자동으로 정보를 누설한다.

당신은 트위터, 인스타그램, 구글+ 또는 링크드인에서 그것들을 페이스북과 상호 연결함으로써 꽤 합법적으로 같은 종류의 연구를 할 수 있다. 말테고(Maltego), 브랜드와트(Brandwath), KB 크롤(KB Crawl)과 같은 전문 도구 덕분에 누구든지 어떤 사제와 소셜 네트워크로 접촉하면서, 그의 친구, 그가 좋아하거나 공유하거나 게시한 내용, 심지어 그의 서로 연결된 다른 계정들(종종 다른 이름 아래 있기도 하다)까지 모두 분석할 수 있다. 나는 이런 종류의 고성능 소프트웨어를 사용해서 한 개인이 웹에 남긴 공공 정보에 근거하여 소셜 네크워크 상에서의 그의 모든 교류를 도표로 그린 적이 있다.

그 결과는 인상적이었다. 왜냐하면, 그 사람의 완전한 프로 파일은 그가 기억조차 하지 못한 채 이런 네트워크상에서 교류했던 수천수만의 데이터에서 나오기 때문이다. 만일 그 사람이 동성애자라면, 대부분은, 그에 대한 정보는 거의 착오가 없이 드러난다. 만일 이런 종류의 자동 분석을 피하고 싶다면, 당신은 당신의 삶을 구획할 필요가 있다. 즉, 별도의 네트워크를 사용하고 절대로 최소한의 개인 정보마저도 공유하지 않는 것이다. 하지만 이 정도까지 하는 것은 거의 불가능하다.

따라서 스마트폰과 인터넷은 신학생들과 사제들의 삶을 더 좋게 하든 더 열악하게 하든 계속 변화시킨다. 나 역시 이 조사 과정에서 새로운 디지털 도구들을 상당히 활용했고, 에어비앤비(Airbnb)에서 아파트를 빌리고, 웨이즈(Waze)를 이용하여 위치를 알아내고, 유버스(Ubers)를 통해 차를 타고 돌아다니고, 링크드인이나 페이스북에서 사제들과 접촉하고, 포켓(Pocket), 원더리스트(Wunderlist) 또는 보이스 레코드(Voice Record)에 중요한 문서나 녹음물을 보관하고, 스카이프(Skype), 시그날(Signal), 왓츠앱(WhatsApp), 또는 텔레그람(Telegram) 상에서 많은 사람과 비밀리에 교류했다. 오늘날 기자들은 정말로 디지털 방식이고 나는 실제로 디지털 방식의 작가다.

* * *

    나는 이 책에서 신학생들과 사제들의 삶을 동성애, 난교, 자위, 온라인 포르노로 요약하려는 것이 아니다. 물론 '금욕주의자'라고 불릴지도 모를 어떤 성직자들도 있다. 그들은 성에 관심이 없고 침착하게 정절을 받아들이는 사람들이다. 그러나 증인들에 따르면, 독신 서약에 충실한 사제들은 소수라고 한다.
    사실 바티칸에서의 사제들의 동성애와 이중생활을 폭로하는 것은 이제 시작에 불과하다. 스마트폰의 대중화는 모든 일이 촬영되고 녹화될 수 있다는 것을 의미한다. 소셜 네트워크의 성장으로 모든 것이 드러나면서 바티칸의 비밀은 점점 더 지켜지기 어려워질 것이다. 사람들의 입은 자유를 얻었다. 이제 전 세계의 용감한 기자들은 성직자들의 일반화된 위선을 조사하고 있고 증인들이 입을 열기 시작했다.
    내가 대화를 나눈 몇몇 추기경들은 "이런 질문들은 필수적이지 않다."
    "너무 많은 말이 만들어졌다."
    "우리는 성적인 문제에 대한 논쟁에 관심 없다"라고 말한다. 그들은 다른 주제로 넘어가고 싶어 한다.
    하지만 나는 정반대로 생각한다. 나는 우리가 거의 그 주제에 손을 대지 못하였다고 믿는다. 그리고 이 책에서 내가 말하는 모든 것은 긴 이야기의 첫 페이지일 뿐이다. 나는 내가 실제 사실에 한참 미치지 못하고 있다는 의심마저 든다. 거의 탐험 되지 않은 『바티칸의 불편한 진실』 세계의 비밀에 대한 폭로와 발각과 이야기는 이제 시작에 불과하다.

제4장
베네딕토

베네딕토 16세
BENEDICT XVI
2005-2013 교황

윌리엄 레바다
WILLIAM LEVADA
|신앙교리성 Congregation for the Doctrine of Faith|

게오르크 겐스바인
GEORG GÄNSWEIN
|개인 비서 Personal Secretary|

타르치시오 베르토네
TARCISIO BERTONE
|국무원장 Secretary of State|

페르난도 필로니
FERNANDO FILONI)
|내무부 장관 Secretary of Internal Affairs|

도미니크 맘베르티
DOMINIQUE MAMBERTI
|국무부 장관 Secretary for Relations with States|

가브리엘 카치아
GABRIELE CACCIA
피터 웰스
PETER WELLS)
|관리부장 Assessor|

에토레 발레스트레로
ETTORE BALESTRERO
|차관 Under Secretar|

# 19

수동적인 교황
(Passivo e bianco)

로마에 있는 라칭거 재단(the Ratzinger Foundation) 본부에서는 전쟁이 끝났다. 이제 역사만이 판단할 것이다. 그리고 하나님이 자비 가운데 심판하실 것이다. 그 재단 본부의 벽에는 베네딕토 16세를 보여주는 많은 사진과 그림들이 있다. 이쪽 그림에는 그가 추기경이던 때의 모습이 있고, 저쪽 그림에서는 이미 은퇴한 '명예' 교황이 있다.

그 두 그림 사이에서 나는 눈에 띄도록 훤히 전시된 큰 초상화를 보고 놀란다. 그 초상화는 교황직에 있던 베네딕토 16세 교황의 그림이었다. 금색 자수로 두룬 흰 예복을 입은 교황은 붉은색과 금색으로 된 매우 높은 교황 의자에 장엄하게 앉은 상태에서 미소를 짓고 있다. 도도한 모양을 띤 황옥의 노란색 미트라를 쓴 교황 모습은 더욱 높아 보이고 그의 삶보다 더 크게 보인다. 나무로 된 의자 팔걸이에는 곱슬머리의 천사들과 목신(牧神), 프시케 또는 큐피드가 새겨져 있다. 성좌에 앉은(ex cathedra) 교황의 주홍빛 안색은 무지개색과 레이스의 화려한 불꽃 가운데 두드러진다. 베네딕토 16세는 왕처럼 앉아있다. 그 사진은 그의 영광의 절정을 보여준다.

나는 시대를 초월하는 그 초상화를 가까이 바라보면서 벨라스케스(Velázquez)가 그린 교황 인노첸시오 10세(Innocent X)와 비슷하다는 것을 발견한다. 인노첸시오 10세는 초상화 속에서 주름 장식과 화려한 장식으로 된 황갈색 예복을 입고 머리 위에는 진홍색 모자를 쓰고 손가락에는 번쩍이는 반지를 끼고 베네딕토처럼 위엄스럽게 앉아있다.

(장엄한 이 「인노첸시오 10세의 초상화」(Portrait of Innocent X)는 로마의 도리아 팜필리 미술관[Galeria Doria Pamphilj]에 있다).

나는 다시 한번 베네딕토 초상화를 자세히 보면서 인노첸시오 10세의 초상화와는 대단히 큰 차이가 있는 것을 느낀다. 뚜렷한 변형이 있다. 이제 나는 바티칸 박물관에 전시되어 있는 한 작품에서 인노첸시오 10세 교황의 얼굴을 보는데, 그 작품은 프란치스코 베이컨(Francis Bacon)이 재현한 「벨라스케스를 따른 교황 2세 습작」(Study of a Pope II, after Velázquez)이다.

인노첸시오 10세의 입체적 얼굴은 완전히 일그러져 있다. 탈을 쓴 것처럼 보이고, 코는 뒤틀린 채 거의 없고, 눈은 구멍이 나 있다.

교황은 격노하고 있는 것일까, 아니면 비밀을 숨기고 있는 것일까?
그는 비뚤어진 자아도취자인가, 아니면 이 세상의 순수의 화신인가?
그는 욕망 때문에 찢겨져 있는 것인가, 아니면 잃어버린 젊음을 생각하는 것인가?
그는 울고 있는가?
운다면 왜 울고 있는가?

철학자 질 들뢰즈(Gilles Delleuze)가 언급한 바와 같이 프란치스코 베이컨이 그 교황의 불안의 요인을 알려주지 않기에 우리는 알 수 없다. 라칭거 재단 본부에는 더 이상 사람들이 찾아오지 않고 버려진 채 있다. 그럼에도 벨라스케스와 베이컨의 그림에서와 같이, 라칭거의 큰 초상화는 비록 훨씬 낮은 수준의 재능으로 그려진 작품이지만 아무도 보지 못하는 라칭거의 비밀을 드러내고 있다. 즉, 말로는 표현할 수 없는 진실함과 이해할 수 없는 착잡함이 있다.

베네딕토 16세는 교황직을 수행하다가 은퇴한 최초의 현대 교황이다. 건강상의 이유였다고 한다. 물론 건강 문제는 여러 이유 중 하나였다. 그의 짧은 교황직 기간에 그가 거친 14개의 고난 중 하나였다. 사람들은 베네딕토가 게이 로비의 희생자라고 추측하지만, 그것은 사실이 아니다. 하지만 그의 비운에 인을 치고 그의 몰락을 재촉한 비아 돌로로사(골고다까지의 십자가의 길)의 14개의 단계 중 아홉 단계는 동성애와 관련이 있다.

*　　*　　*

라칭거 재단을 방문하면, 그곳에는 아무도 없다. 내가 로마의 비아 콘칠리아치오네(Via Conciliazione) 길 상에 있는 바티칸 공식 업무 장소인 이 유령 사무실에 가서 페데리코 롬바르디 신부를 만날 때마다, 그는 혼자였다. 그는 비서도 없고, 부제도 없다. 아무도 없다. 심지어 누가 그 재단에 와도 술에 취해 있는 뚱뚱한 수위는 방문자들을 확인하지 않는다. 방문자도 매우 적다.

내가 벨을 울리니 페데리코 롬바르디가 직접 나와서 문을 연다.

충성스럽고 꼼꼼하며 부드럽게 말하는 그는 언제든지 만나볼 수 있다. 롬바르디는 신기한 사람이다. 그는 세 명의 교황과 가장 가까운 동료였고 베네딕토 16세가 골고다의 긴 여정을 가는 동안 그의 대변인으로 기자들의 기억 속에 남아있다.

그는 누구인가?

그는 자주 많은 대변을 했지만 우리는 그에 대해 아무것도 모른다.

한편, 그는 일반적으로 존경받고 사랑받는 매우 겸손한 예수회 수사다. 초연한 가운데 극기와 독서로 일관된 그의 자기 부인(否認)적인 삶은 그가 섬겼던 교황들의 수행원들의 삶과 대조된다. 그 수행원들은 분수에 넘치는 삶을 살며 사치와 돈세탁과 섹스 스캔들에 둘러싸였다. 하지만 롬바르디는 자신의 분수보다 낮은 삶을 선택했다.

오늘날에도 그를 만나면 그는 보르고에 있는 예수회 본부로부터 걸어서 온다. 그는 그 본부 안에 있는 스파르타 풍의 작은 방에서 살고 있다. 그는 아마도 바티칸 생활의 세 가지 서약(가난, 순결, 하나님께 대한 복종)을 진정으로 귀하게 여기는 몇 안 되는 사람 중 하나일 것이다. 더욱이 그는 네 번째 서약을 추가했는데, 그의 성(省)에 속한 모든 신도처럼 교황에 대한 특별한 순종을 맹세했다.

반면 페데리코 신부는 '빠피망'(*papimane*, 교황의 광팬)이다. 이 표현은 라블레가 교황을 찬미하며 살아가는 고위 성직자들을 묘사하기 위해 만든 너무 멋진 표현이다. 이 로욜라(Loyola, 예수회 수사)는 교황에 대한 복종을 절대화시켰다. 즉, 절대복종을 진리보다 훨씬 더 높은 가치로 두었다.

"교회가 그렇게 말한다면 나는 검은색이 백색이라고 해도 믿겠다"는 격언은 모든 예수회 사람들에게 적용되어왔다.

페트리코 역시 예외가 아니었다. 라칭거 밑에서 색맹이 된 롬바르디는 검은 연기를 종종 흰색으로 착각했다. 그래서 기자들은 그의 이중적인 발언에 대해 자주 비난했다. 그는 교황의 임기 기간에 예측할 수 없는 수많은 소아성애 스캔들이 터짐에도 그것을 경시하였다. 이에 그는 진실을 왜곡한 대변인으로 알려지면서 '프라우다'(Pravda, 옛 소련 공산당 중원 위원지의 기관지)라는 별명을 얻었다. 예수회 사람들을 좋아하지 않았던 파스칼(Pascal)은 "우리는 거짓된 것을 말할 수 있고 또한 그것이 사실이라고 믿을 수 있지만, '거짓말쟁이'라는 용어는 거짓말을 하려는 의도를 포함한다"라고 했다.

롬바르디와의 다섯 번의 긴 만남 동안, 이 사제는 사람을 끄는 태도로 나의 질문에 침착하게 대답하며 내가 잘못 해석하는 것을 재치 있게 바로잡아주었다.

나는 진리와 교황에 대한 복종 사이에는 모순이 없다고 생각합니다. 물론, 예수회 신자인 나는 교황의 메시지를 긍정적으로 해석하지요. 나는 그 부분에 열정을 쏟는답니다. 하지만 나는 항상 내 생각을 말해 왔습니다.

바티칸 전문기자인 미국인 로버트 칼 미켄스는 사건들에 대해 이렇게 재해석하는 것에 대해 전혀 수긍하지 않고 혹독하게 비판한다.

가톨릭교회는 분명히 진리에 대해 가장 많이 말하는 조직입니다. 항상 교회의 입에서는 진리의 말이 나옵니다. 교회는 영원히 '진리'를 주변에 퍼뜨립니다. 하지만 동시에 교회는 이 세상에서 가장 많이 거짓말을 하는 조직입니다. 요한 바오로 2세의 대변인 요아킨 나바로발스(Joaquín Navarro-Valls)와 베네딕토 16세의 대변인 페데리코 롬바르디는 진리를 말한 적이 없었습니다.

베네딕토 16세가 교황으로 있는 동안 실패와 오류와 스캔들과 관건들과 논쟁이 끊임이 없었다. 이에 투사 롬바르디는 많은 경우 전면에 나설 수밖에 없었다. 변명의 여지가 없는 사람들을 변호하기 위해 무수히 많은 권모술수를 행해야 할 때, 이 나이든 사제는 앞장섰다. 이제 그는 은퇴 생활을 하고 있다.

* * *

페데리코 롬바르디는 25여 년 전, 요한 바오로 2세가 교황으로 있을 때 바티칸으로 와서 라디오 바티칸(Radio Vatican)을 맡았다. 그 직책은 전통적으로 예수회 수사들을 위해 마련된 것이었다. 그런데도, 내가 인터뷰한 그의 친구들과 전 동료들에 따르면, 롬바르디는 결코 요한 바오로 2세나 베네딕토 16세의 강경 노선을 취하지 않았다. 그는 오히려 이탈리아 사회주의 가톨릭에 친근감을 느끼면서 좌파에 섰다. 사실, 롬바르디 신부는 고정된 틀과 항상 맞서 싸워 왔다. 그는 자신과 매우 상이한 교황들을 섬겼고, 결국 예수회 사람 프란치스코에 의해 해고되었다. 그는 프란치스코의 사상을 따르고 있었기 때문에 교황이 좀 더 잘 했더라면 '그의' 교황이 되었을 것이다.

"성좌에 앉은 교황을 섬기는 것이 내게는 최우선이었어요. 예수회 신자는 교황의 노선을 지지하고 동일시하지요. 나는 독일에서 공부했기 때문에 라칭거의 신학과 그의 균형에 대해 대단히 감탄했었습니다."

그는 말한다.

롬바르디는 다른 교황 대사들처럼 교황청의 계단을 오르면서 요한 바오로 2세 때 승진을 했다. 그는 바티칸 언론국(통신총국)(the Vatican press office)의 담당자로 임명되었다가 베네딕토 16세가 선출된 직후 교황의 대변인이 되었다.

그는 오푸스 데이회와 좋은 관계를 갖고 있던 스페인계 요아킨 나바로발스의 뒤를 이어 교황 대변인의 일을 하게 되었다. 그가 어렸을 때, 사람들은 그가 섹시하다고 생각했다.

"왜 주님은 못생긴 사람들만 부르시겠어요?"

이 말은 교황 요한 바오로 2세가 사람들이 그의 수행원들에 대해 칭찬을 할 때 롬바르디를 두고 말했던 것으로 추정된다!

신기하게도 나바로발스는 강요를 당하지 않음에도, 자크 마리탱이나 장 기통이 그들의 당대에 그랬던 것처럼, 이성애적인 정절을 맹세했던 독신주의 평신도였다.

나는 바티칸에서 '여성들'에 무관심하고 결혼하는 것을 두려워하는 이 정숙한 '뉴머러리'(numerary, 오푸스 데이회의 회원 종류로서 독신주의를 맹세한 평신도 부류이다. 정식 명칭은 성 십자가와 오푸스 데이 Sacerdotal de la Santa Cruz Del Opus Dei이며 오푸스 데이회라고한다. 로마 교황청이 승인한 성직자 자치단으로 오푸스 데이는 하느님의 사업 또는 신의 사역을 뜻하는 라틴어이다) 평신도 때문에 항상 웃는다!

왜 아무도 그들이 취할 것이라고 예상하지 않는 독신 서약을 하는 것일까?

그들이 결혼하지 않았다면 의심이 생긴다. 그리고 그들의 삶에 여자를 취한 일이 없었다는 사실이 드러나면 더 분명해진다. 하지만 페데리코 롬바르디는 사제다.

그리고 이제 지난 세 명의 교황의 대변인이 우리와의 여러 대화를 통해 수많은 비교를 하기 시작한다. 그는 미묘하고, 항상 분별력이 있다.

요한 바오로 2세는 백성의 사람이었어요. 프란치스코는 가까운 사람들의 사람이지요. 베네딕토 16세는 사상가였습니다. 나는 무엇보다도 그의 명확한 사상을 기억합니다. 베네딕토 16세는 요한 바오로 2세 및 오늘날의 프란치스코와는 달리 인기를 끄는 소통가가 아니었어요. 예를 들어, 그는 박수갈채를 좋아하지 않았지만, 보이티와(요한 바오로 2세)는 좋아했어요. 베네딕토 16세는 위대한 학자였습니다.

롬바르디가 말한다.

*　　*　　*

지식인!
내가 인터뷰한 많은 추기경은 전부 요한 바오로 2세는 영적이며 신비로웠고, 베네딕토 16세는 뛰어난 신학자였다고 말한다. 몇몇 추기경들은 베네딕토가 교황이 되지 말았어야 했다고 주장하며 이 사실을 내세운다.
"그는 우리 시대의 가장 위대한 신학자입니다."
조반니 바티스타 레 추기경이 내게 설명한다.
폴 푸파르 추기경은 좀 더 자세히 설명한다.
"나는 25년 동안 라칭거의 동료였어요. 어떻게 말할 수 있을까, 통치는 그의 특기가 아니었다고 봅니다."
교황은 물러나면서 그의 신학 연구의 힘을 친히 주장했지만, 자신의 행정 능력의 약점을 인정했다. 베네딕토 16세는 그의 저서 『마지막 증언』(*Last Testament*)에서 "통치는 사실 나의 특기가 아니며 분명히 나의 약점이었다고 말하고 싶다"라고 썼다.
라칭거가 지식인일까?
의심할 여지가 없다. 그 신학자는 가톨릭교회를 위해 인상 깊은 지적인 업적을 남겼다. 지금은 그를 '사상가 추기경'이라고 부르며 너무 높이 평가하는 사람들과 또한 그를 단지 "훌륭한 교사일 뿐 그 이상은 아니라"고 말하며 그의 업적을 깎아내리는 사람들이 그의 업적을 논한다.
내 책의 목적은 장래의 교황 베네딕토 16세의 삶, 또는 심지어 지적인 삶을 되짚어보는 것이 아니다. 나의 주제를 위해 단지 몇몇 연대들과 몇 가지 주요 사실에 집중할 뿐이다. 우선, 젊은 라칭거의 바이에른(Bavarian)에서의 어린 시절을 알아보자. 그의 어린 시절은 소박하고 사랑스러운 시골 가정의 삶인데, 믿음과 독일 고전 음악과 책으로 가득 찼었다. 그 당시의 사진들을 보면, 요제프는 이미 통통한 분홍빛의 얼굴을 하고 있고, 여성스러운 미소와 강직함, 그리고 뻣뻣한 몸을 가지고 있다. 우리는 교황이 된 그를 볼 때도 어린 시절의 그 모습을 볼 수 있다.

그의 어린 시절에서 호기심을 끄는 내용은 (다른 아이들은 인형을 갖고 놀 때) 그는 "사제에게 장난치는 것을 좋아했다"고 한다. 다른 하나는, 그의 어머니는 소유욕이 강하였고 아이를 사랑했다. 또한, 그는 권위와 엄격함을 지닌 경찰 조사관의 아들이었다. 하지만, 그의 아버지는 히틀러를 반대하는 사람이었다. 나중에 요제프 라칭거는 독일의 히틀러 유스(Hitler Youth) 회원이었다는 비난을 받게 될 것이고, 일부 사람은 그를 '아버지와 아들 그리고 제 3 독일 제국의 이름으로' 축복할 '아돌프 2세' 교황이라고 부르며 모욕할 것이다.

그의 히틀러 유겐트(Hitlerjugend, 독일 나치당의 청소년단) 회원 자격은 잘 알려져 있으며, 라칭거 교황은 그 주제에 대해 오랜 시간 자신을 변명해 왔다. 그는 1930년대 중반에 대다수의 젊은 독일인처럼, 14세에 히틀러 유스(Hitler Youth)에 가입했다. 그의 가입은 그의 사상이 필연적으로 나치주의라는 것을 반영하는 것은 아니다. 그 후 요제프 라칭거는 베흐마흐트(Wehrmacht, 세계 2차 대전 시의 독일군)에서 탈영하게 되는데, 그가 자주 되풀이 하여 말한 것처럼, 그는 그 독일군에 강제로 입대하였다고 한다(베네딕토 16세의 전기는 그가 교황으로 당선되었을 때 이스라엘에서 자세히 연구되었는데, 그가 과거에 나치와 관련되었다는 추정은 틀린 것으로 확인되었다).

괴테(Goethe)와 라틴-그리스 고전의 신봉자이며 렘브란트의 그림에 애정을 가진 어린 라칭거는 시를 쓰고 피아노를 배웠다. 그는 일찍이 반인륜주의로 이어지는 사상인 독일철학 하이데거와 니체의 사상을 배웠다. 라칭거는 사실 매우 '반(反)계몽주의'(anti-Enlightenment) 입장이다. 그는 또한 시인 폴 클라우델을 시작으로 프랑스 사상가들의 글들을 읽었고, 심지어 (푸파르 추기경이 내게 말한 것처럼) 원작으로 클라우델을 읽을 수 있기 위해 프랑스어를 배웠다. 라칭거는 『광택이 나는 슬리퍼』(The Satin Slipperthat)를 쓴 저자 클라우델에게 감명을 너무 받아서 그의 글을 통해 자신의 신앙 고백을 다시 점검하게 될 정도였다.

하지만 그는 클라우델이 성직의 권력을 반대하는 젊은 동성애자이며, 신비주의자인 아르튀르 랭보(Arthur Rimbaud)가 '흉포한 상태'에서 쓴 『지옥에서의 한 계절』(A Season in Hell)을 열정적으로 읽다가 영감을 받고 개종한 사실에 대해서는 대충 건너뛰었다. 라칭거는 또한 자크 마리탱을 읽었는데, 몇몇 진지한 연구들은 라칭거의 논문 중 일부가 마리탱의 논문과 매우 유사한 사실을 보여준다. 특히 정절, 사랑 그리고 커플에 대해 그러했다. 하지만 장래의 교황은 순진하고 연약한 면도 있었다. 그는 『어린 왕자』(The Little Prince)의 열렬한 독자였다.

그 장래 교황이 사제직을 택한 것과 그 결과로 지켜야 하는 독신주의는 그의 사색적인 성격과 잘 어울린다. 하지만 젊은 신학생 라칭거의 성직 과정과 관련해서는 그의 일화들과 자서전 외에는 다른 정보가 없다. 아마도 그 어두운 부분과 혼동의 과정은 철저하게 통제되어 감추어진 것 같다. 그는 1961년 6월 29일 사제 서품을 받았다. 그때 찍은 사진은 레이스를 입은 행복하고 자랑스러운 그의 모습을 보여준다. 그는 꽤 잘생긴 남자다. 그는 아직도 '합창대 소년'이라는 별명을 갖고 있다.

'진리의 협력자'

이 표어는 요제프 라칭거가 1977년 주교가 되었을 때 선택한 좌우명이었다.

그러나 그는 진리에 이끌렸을까?
그는 왜 사제가 되었을까?
우리는 그를 믿고 따라야 하는가?

베네딕토 16세는 우리가 모두 그렇듯이 자주 거짓말을 한다. 때로는 그가 거짓말을 하도록 내버려 둬야 한다. 이는 사제직과 독신주의의 경우, 젊은 라칭거의 삶은 스위스 시계의 복잡한 장치처럼 복잡한 '혼동'이 있었을 것을 추측할 수 있기 때문이다.

그에게 사춘기는 막간의 과정으로써, 의심과 무질서의 기간이었으며, 어쩌면 잊고 싶은 아찔함과 잠 못 이루는 밤의 시간이었을 것이다. 그의 전기 작가들에 따르면, 이 소년은 프랑수아 모리아크처럼 목소리가 작았고 청소년 기간에 혼란스러웠으며 감정적인 어려움에 부딪혔던 것으로 보인다.

그는 자기 선생님들을 경이로움으로 가득 채우면서도 술집에 있는 소녀에게 어떻게 말을 걸어야 할지 모르는 그런 작은 신동이었을까?
정절을 피난처로 삼았던 그는 그 상처를 치료받았을까?

우리는 모른다. 우리는 전쟁(1947년에 라칭거는 20세였다) 직후에 한 젊은 청년이 자신의 '성향'을 추측하거나 또는 자신이 '동성애 애호가'라는 것을 아는 것은 대단히 어려웠다는 것을 잊지 말자.

한편, 요제프 라칭거는 비교적 그와 같은 세대에 속했던 이탈리아 영화감독 피에르 파올로 파솔리니(Pier Paolo Pasolini)처럼 조숙하고 용기 있는 사람이었다. 그는 한창 젊었을 때인 1950년의 편지에서 다음과 같이 쓸 수 있었다.

"나는 평온하고 안정되고 정상적인 사람이 되기 위해 태어났다. 나의 동성애는 뜻밖이었고 벗어난 것이었으며 나와는 무관했다. 나는 언제나 동성애를 내 곁에 있는 원수처럼 여겼다."

내적인 '적'으로서의 동성애 애호는 라칭거의 내면적인 체험이었을까?

고민이 많고 '불안한' 이 교황은 '상세한 내용을 말할 수는 없습니다'라고 덧붙이지만, 그의 동성애 애착은 그의 '큰 약점', '거룩한 걱정', 근본적인 '부적절함', 그리고 '다른 차원, 다른 형태'의 비밀스러운 사랑이었을까?

우리가 어떻게 알겠는가?

아무튼, 요제프 라칭거는 수줍은 아가씨 같았다. 그는 요한 바오로 2세나 프란치스코와는 달리 전혀 이성에 끌린 적이 없었다. 그의 삶에는 어떤 소녀나 여자에 대한 언급이 전혀 없다. 그에게 중요한 사람은 그의 어머니와 여동생뿐이다. 더욱이 마리아는 항상 집을 책임졌었다. 몇몇 증인은 그의 여성 혐오는 세월이 흐르면서 굳어졌음을 확인해 준다. 우리는 또한 교황의 공식 회견 기자인 피터 시발트(Peter Seewald)가 교황의 고별 책을 준비하려고 교황과 대화하던 중, 요제프가 신학교에 들어가기 전 뒤늦게 한 여성에게 딱 한 번 육적인 충동을 느꼈다는 사실을 기적적으로 발견한 것을 주목할 필요가 있다.

이 '위대한 사랑'은 젊은 라칭거에게 많은 걱정을 끼쳤고 독신 서약을 한 그의 결정에 갈등을 빚었다고 한다. 그러나 시발트는 이 정보에 대해 그다지 납득이 되지 않아 명예 교황의 고별 책에 싣지 않았고, 라칭거는 '지면 부족'이라고 말할 것이다. 결국, 시발트가 그 사실을 「디 차이트」(Die Zeit, 시간) 신문에 폭로할 것이고, 그 정보는 신중히 독일 독자층에 국한될 것이다. 교황은 거의 90세의 나이에 갑자기 '추문'을 생각해내었다!

그는 암시적으로 그리고 스스로 갑자기 자신이 한 번(물론 정절을 맹세하기 전에) 한 여자와 사랑에 빠졌었다는 것을 밝혔다!

사제복 밑에 숨겨져 있는 마음!

누가 그 말을 믿겠는가!

사실 아무도 믿지 않았다. 그 마지막 고백은 너무 거짓말 같아서 그 당시 독일 언론은 즉시 교황이 그의 동성애 소문을 잠재우기 위한 시도를 했으나 실패했다고 분석했다. 앞뒤가 맞지 않는 이 비밀 사랑에 대한 고백은 어쩌면 그의 고해였을 수도 있다.

교황의 그 여인은 진짜 목동들이었던 버질(Virgil)의 양치기 여자 중 하나일까? 그 여인은 『잃어버린 시간을 찾아서』(In Search of Lost Time)에 나오는 그 유명한 인물인 알베르탱(Albertine)이었을까?

알베르탱의 정체는 콧수염을 기른 프루스트의 운전사였다. 교황의 그 일화는 사람들의 의심을 더욱 불러일으키는 역설적인 효과를 나타냈을 정도로 날조되고 모조된 이야기로 보였다. 데 레츠(de Retz) 추기경은 바티칸의 모든 사람에게 적용되는 문구인 "자신에게 손해가 되는 애매모호한 말만 남기는군요!"라고 말하곤 했다.

한 가지는 확실하다. 요제프 라칭거는 사제직을 절반밖에 하지 못한 것이다. 그는 사제가 되지만 교수도 된다. 그는 교황이 되지만 때때로 카스텔간돌포에 가서 하루 종일 휴가를 보내며 글을 쓰곤 했다. 그런데도 비길 데 없는 지능과 많은 일을 감당할 수 있는 역량 덕분에 그는 신속히 업무를 감당해 나갔다. 그는 서품을 받자마자 교사가 되었고, 주교가 되자마자 추기경이 되었다. 요한 바오로 2세가 죽자마자 순조롭게 베드로의 왕위에 오르도록 선출되었다.

그는 진보적이었을까 아니면 보수적이었을까?

이 질문은 요제프 라칭거는 항상 교회의 우익과 연관되어 왔기 때문에 이상하게 들릴지도 모른다. 오늘날의 상황에서는 분명하지만, 그가 젊을 때는 그 대답은 어려웠다. 그 사이에 그에게 붙여진 별명인 '장갑차-카르디날', '하나님의 경찰견', '독일 셰퍼드'와는 달리, 젊은 때의 라칭거는 제2차 바티칸 공의회의 석학자로서 (그는 신학 고문 또는 전문가로 참여했다) 교회의 좌익 측에서 경력을 쌓기 시작했다. 당시 그를 알고 있던 추기경들과 내가 베를린, 뮌헨, 레겐스부르크에서 질문을 해왔던 증인들은 그는 생각이 복잡하고 매우 타협적인 진보주의자라고 말해 왔다.

요제프 라칭거는 꽤 개방적이고 자비로운 사람이었다. 그는 교회와 의견을 달리하는 자마다 루터교도나 무신론자들로 귀결된다고 생각하지 않았다. 논쟁이 벌어지면 그는 주저했고, 거의 수줍어하는 것처럼 보였다. 그는 한 인터뷰에서 '라칭거에 속한 자들은 그다지 열광적인지 않아요'라고 말했다. 그는 결코 자신의 관점을 강요하지 않았다.

하지만 요제프 라칭거는, 그의 친구였던 신학자 한스 큉(Hans Küng)과 그의 동료였던 추기경 월터 카스퍼가 택한 길과는 달리, 점차로 제2차 바티칸 공의회의 내용을 제한적으로 취하기 시작했다. 그 공의회에 관여했던 사람이기에 진보주의자였던 그는 그 공의회를 정통적으로 수호하는 까다로운 사람이 되었고, 더 이상 자신의 해석 외의 다른 어떤 해석도 받아들일 수 없게 되었다. 제2차 바티칸 공의회의 중요성을 이해했었고 그 현대성을 환영했던 사람이 그 공의회의 영향을 조종하기 위해 계속 노력할 것이다. 그 당시는 60년대였고 1968년 5월에 그 공의회가 있었는데, 요제프 라칭거는 겁을 먹고 있었다.

> 라칭거는 겁이 많았던 신학자입니다. 그는 제2차 바티칸 공의회를 두려워했고, 해방 신학을 두려워했으며, 마르크스주의를 두려워했고, '60년대'를 두려워했으며, 동성애자를 두려워했지요.

내가 세인트 갈렌에서 인터뷰한 독일의 영향력 있는 신학자 아른 뷩커(Arnd Bünker) 교수가 말한다.

요제프 라칭거는 그의 전후 어느 교황보다도 '슬픔의 열정'으로 가득 찼었다. 평소에는 참로 평온했던 그는 '성 해방론자들'의 원수였다. 그는 어딘가에서 누군가가 쾌락을 누리고 있을지도 모른다는 두려움에 시달렸다. 그는 '허무주의자의 일탈'(1968년 5월을 의미함)에 대한 그의 집착을 회람 공문으로 바꾸었다. 그의 죄책은 교황 칙서가 되었다.

엄격한 정통을 정착시킨 베네딕토 16세의 교황직은 그의 반대자들이 볼 때 '복고'처럼 보였다. 베네딕토 16세 자신도 신권 왕정 복귀와 동의어인 이 단어를 사용해 논란을 일으켰다.

"그가 제2차 바티칸 공의회를 냉동실에 처넣은 것은 사실입니다."

이전 교황과 가까웠던 한 추기경이 시인한다.

이 시기에 요제프 라칭거는 사회 문제와 특히 동성애에 대해 어떤 생각을 했을까?

그는 적어도 독서를 통해 그 문제들에 대해 알고 있었다. 그가 존경했던 몇몇 가톨릭 작가들(자크 마리탱, 프랑수아 모리아크)은 동성애에 사로잡혀 있었고,

그 주제는 또한 폴 클라우델을 놀라게 했었다.

장래 교황 베네딕토 16세는 그 당시의 시대가 어떠한지를 짐작하도록 만드는 일종의 자기 검열의 표현을 사용하여 '존경할 만한 작가들'의 글만을 읽었다고 주장했다. 그는 분명히 랭보, 베를렌, 앙드레 지드 또는 쥘리앵 그린을 마주쳤을 것이고 그래서 아마도 그들의 책을 읽었을 텐데, 그의 평생 그들의 이름을 단 한 번도 언급한 적이 없었다. 그 이유는 정확하게 그 작가들의 고백 때문이었다. 한편, 그는 그 당시 아직 성향이 폭로되지 않은 '존경할 만한' 프랑수아 모리아크와 자크 마리탱에 대한 열정을 드러낼 수 있었다.

마지막으로, 우리는 요제프 라칭거가 니체의 철학 중 "음악이 없다면 인생은 실수일 것이다"라고 말한 부분을 붙든 것을 인정해야 할 것이다. 우리는 심지어 장래 교황의 삶 자체가 "멋진 오페라"였다고 말할 수도 있다. 그는 바흐에서 베토벤까지 독일 음악에 열광했고, 동성애 애호가 헨델을 너그럽게 받아 주었다. 그리고 가장 중요한 것은 모차르트다. 그는 어렸을 때 이미 그의 형과 함께 피아노로 모차르트를 연주했었다(라칭거는 젊은 시절을 돌아보며 "키리에(Kyrie, 자비송)가 시작되었을 때 하늘이 열리는 것 같았어요"라고 말했다).

모차르트의 오페라는 그를 매혹했지만, 이탈리아 오페라는 그를 지루하게 했다(한 유명한 표현에 따르면, 이탈리아 오페라는 "테너와 소프라노가 졸지 못하도록 한 명의 바리톤이 부르는 노래"라고 한다).

요제프 라칭거의 성향은 지중해풍(風)이 아니라 독일풍(風)이었다. 그는 코지(*Cosi*)의 섬세함, 돈 조반니(*Don Giovanni*)의 애매모호한 색정광, 그리고 물론 아폴로와 히아킨토스(*Apollo et Hyacinthus*)의 양성(兩性) 성향을 좋아했다. 모차르트는 모든 오페라 작곡자 중에서 가장 '성별 이론'에 가깝다. 내가 인터뷰한 몇몇 몬시뇰들은 라칭거를 '전례(典禮)의 여왕' 또는 '오페라의 여왕'이라고 불렀다.

*　　*　　*

베네딕토 16세도 나름대로의 스타일이 있다. 그는 확실하게 성별 이론을 주장한다. 라틴어 표현, 수아 퀴크 페르소나(*Sua cuique persona*)처럼 각 사람에게는 각각의 가면이 있다고 주장한다.

이 유별난 라칭거는 교황으로 당선되자마자 이탈리아 잡지를 시끄럽게 만드는 인물이 되었다. 한때 그레이스 켈리(Grace Kelly), 재클린 케네디 오나시스

(Jacqueline Kennedy Onassis), 엘리자베스 2세 등이 그랬던 것처럼, 그는 밀라노의 모든 패션 가게의 옷들을 입고 나타나 인기를 끄는 인물이 되었다.

베네딕토 16세는 바람 잡는 것을 좋아했다. 처음에는 모든 교황과 마찬가지로 판테온 바로 옆에 있는 그 유명한 '성직자 재단사'인 감마렐리가 그의 치수를 재며 그의 예복을 만들었다. 그 작고, 조심스럽고, 비싼 가게에서는 그 유명한 감마렐리 빨간 양말뿐만 아니라, 미트라, 비레타, 모제타, 백색 제의(祭衣), 간단한 로만 칼라, 그리고 모든 종류의 사제복과 교황청 스카프를 만들어서 판다.

그 가게의 주인인 로렌조 감마렐리(Lorenzo Gammarelli)가 인터뷰 중에 내게 말한다.

"우리는 성직자들을 위한 재단사입니다. 신학생으로부터 추기경까지, 사제, 주교, 그리고 물론 우리의 가장 소중한 고객인 교황까지 다 이곳을 이용하지요."

그는 더하여 말한다.

"하지만, 물론, 교황의 경우, 우리는 바티칸과 그의 아파트로 갑니다."

감마렐리와 대화하는 동안, 나는 여전히 뭔가를 놓치고 있다는 느낌이 든다. 바오로 6세, 요한 바오로 2세, 프란치스코는 이곳에서 존경을 받는데, 베네딕토 16세의 이름은 언급조차 없다. 마치 고려할 대상이 아닌 것처럼 말이다.

감마렐리는 그가 받은 모욕을 아직 잊지 않고 있었다. 베네딕토 16세는 감마렐리의 라이벌인 유로클레로(Euroclero)에서 쇼핑을 했는데, 유로클레로는 성베드로 대성전 근처에 있는 가게다. 그 가게 주인은 지금은 유명해진 알레산드로 카타네오(Alessandro Cattaneo)인데 그는 이 교황 덕분에 큰돈을 벌었다. 하지만 전례의 본질 문제로 비판을 받게 되자 교황 베네딕토 16세는 많은 주목을 받으며 다시 그 공식적인 재단사를 방문한다. 그러나 유로클레로를 버리지는 않았다. 그는 "감마렐리가 없으면 아무것도 할 수 없어요!"라고 인정한다. 하지만 두 재단사가 하나보다는 낫다고 생각한다.

오직 두 개만 있으면 될까?

베네딕토 16세는 새로운 유행을 만들어 내는데 대단히 뛰어나다. 그에게는 무리 지어 따르는 재단사들과 모자상들, 그리고 구두장이들이 있다. 어느새 발렌티노 가라바니(Valentino Garavani)가 그의 새로운 빨간 망토를 만들었고, 그 후 레나토 발레스트라(Renato Balestra)가 재봉틀로 그의 크고 푸른 제의(祭衣)를 만들었다. 2007년 3월, 교황은 어떤 소년원을 방문했는데, 봉봉과자의 핑크색으로 된 호화롭고 긴 옷을 입고 자신만만하게 나타났다.

또 다른 어느 화창한 날, 이탈리아인들은 그들의 교황이 레이밴(Ray-Ban) 고급 선글라스를 쓴 것을 보고 깜짝 놀랐다. 또한, 그는 베네치아의 구두장이인 마리오 모레티 폴레가토(Mario Moretti Polegato)가 만든 제옥스(Geox) 신발을 신기도 했다.

이런 선택은 정숙한 그 교황에게 잘 받지 않는 선택이었다. 이들 재단사와 구두 제작자 중 일부는 '천성적인 도덕적 질환'이 있는 것으로 잘 알려져 있다. 이 땅의 그리스도 대표인 그 교황은 레이밴 고급 선글라스 때문에 비난을 받자 약간 좀 더 신중하게 세렝게티-부쉬넬(Serengeti-Bushnell) 선글라스를 골랐다. 그는 제옥스 신발 때문에 비난을 받자 그 대신 화려한 립스틱 빨강 색의 반짝이는 프라다 모카신(Prada moccasin) 신발을 골랐다.

그러자 프라다 신발에 대한 수많은 글이 언론에 올라왔다. 적어도 수백 개의 글이 실렸다. 더 깊은 조사들과 CNN 스타 크리스티안 아만푸어(Christiane Amanpour)의 보고에 따르면, 그 신발은 결국 프라다 신발이 아니었다. 악마가 프라다를 신었을지 모르지만, 교황이 그럴 리는 없다는 것이다!

베네딕토 16세는 액세서리를 무척 좋아했다. 그는 자기 이전의 그 어떤 교황보다도 복장을 준비해 주는 시종에게 많은 일을 시켰다. 그리고 이상한 것은, 어떤 사진을 보니 라칭거는 마치 어떤 십 대 소년이 매우 어리석은 짓을 행한 후에 웃는 그런 미소를 짓고 있다.

이번에는 그 교황이 그의 재단사에게 그의 새로운 광기를 감추었던 것일까? 왜냐하면, 여기서 그는 빨간 점선의 보닛을 쓰고 지독히 신나 보였기 때문이다. 확실히 그것은 교회 언어로 '카마우로'(camauro)로 알려진 겨울 모자였는데, 교황들은 요한 23세가 썼던 그런 모자들을 쓰는 것을 오래 전에 중단했었다. 이번에는, 언론은 '아빠' 라칭거가 바보 같은 산타클로스 모자를 썼다고 조롱했다!

교황청 전체 경보!
바티칸 내의 사건!

베네딕토 16세는 해명 요청을 받았다. 그리고 그는 산타 모자 고백으로 알려진 자백을 했다.

나는 그 모자를 딱 한 번 썼을 뿐입니다. 그냥 날씨가 춥고 머리가 썰렁해서 쓴 것입니다. 그리고 카마우로가 손에 이미 있었기에 '그것을 씁시다'라고 말했던 것입니다. 그 이후로 나는 그 모자를 단 한 번도 쓰지 않았어요. 불필요한 해석을 우려했기 때문이지요.

교황은 이런 불평들과 불행에 좌절한 채 그가 입던 제의(祭衣)와 모제타를 다시 사용했다. 그러나 가냘픈 여자 같은 이 남자를 오해하지 말자. 그는 또다시 찬장에서 점선으로 테두리를 한 형광 적색의 모제타를 꺼내 든다. 훗날 프란치스코는 그 모제타를 내다 버렸다. 완벽한 쇼걸(show-girl)인 교황 베네딕토는 바이올린 모양의 중세의 제의(祭衣)을 입음으로써 그 당시의 유행에 새 유행을 추가시켰다!

물론 그의 모자들도 역시 새 유행을 만들었다. 상상을 초월하는 그의 대담함은 그의 우스꽝스러운 머리 장식 선택에서 나타난다. 그는 뿔이 둘 달린 모자로 머리 장식을 했는데 그런 교황은 여태까지 없었다. 그런 이상스러운 머리 장식은 연옥에서는 어떨지 몰라도 적어도 경찰에게 신원 확인을 받게 될 것이다. 가장 유명한 사건은 전부 밝은 빨간색으로 되어있는 카우보이모자를 쓰고 나타난 사건이었다(영화 「브로크백 마운틴」(Brokeback Mountain)을 생각하고 쓴 것 같다).

2007년, 「에스콰이어」(Esquire) 잡지는 '올해의 액세서리'라는 제목 아래 수많은 인물 가운데 교황을 1등으로 선정했다.

이런 모든 패션쇼에, 독일 융한스(Junghans) 브랜드의 오래된 금시계, 아이팟 나노, 가장자리가 장식된 레오타드, 그리고 그의 표현으로 '삶을 어렵게 만든' 그 유명한 커프스단추의 사제복, 그리고 망토를 입은 베네딕토 16세의 초상화를 추가하자. 심지어 펠리니 감독의 영화 「로마」(Roma)에 나오는 교회 패션쇼에 점선의 분홍색 구두를 허용한 펠리니조차 결코 그렇게까지는 엄두를 내지 못했을 것이다.

그리고 누군가 감히 엄두를 냈을지라도 그는 미켈란젤로가 쓴 유명한 소넷의 반전 운율 "운 우모 인 우나 돈나 안치 운 디오"(Un uomo in una donna, anzi un dio, 여자 속에 있는 남자, 그렇지 않으면 오히려 신이다)을 인용했을 것이다.

라칭거 추기경의 가장 충실한 모습의 초상화는 오스카 와일드 덕분에 가능했다. 그는 『도리언 그레이의 초상』(The Picture of Dorian Gray)에서 장래의 교황에 대한 거장다운 묘사를 하였는데, 그의 영웅은 동성애화된 멋쟁이로 변하고 로마 가톨릭 사제복에 대한 열정을 발전시켜 나간다. 희생이 섞인 헌신, 기본

덕목과 근사한 젊은이들, '죄의 매력의 절반'을 차지하는 자부심, 향수, 보석, 금으로 된 커프스단추, 자수, 주홍색 옷, 독일 음악 등, 이 모든 것이 그 책에 다 있다. 그리고 와일드는 결론을 짓는다.

"그런 것들이 있는 신비로운 사무실 안에는 그의 상상력을 북돋는 뭔가가 있었다."

그리고 덧붙여 말한다.

"경박함이 정말 그렇게 끔찍한 것인가?

나는 아니라고 생각한다. 그것은 단지 우리의 개성을 배가시키는 방법이다."

나는 요제프 라칭거가 멋쟁이 도리언 그레이처럼 그런 보석, 향수, 자수, 그리고 물론 그 모든 오페라를 경험해 본 후에 "한때 얼마나 아름답던 삶이었던 지!"라고 외치는 것을 상상해 본다.

* * *

그리고 다음으로 게오르크가 있다. 요제프 라칭거의 습관과 모자와는 별개로, 게오르크 겐스바인과 그의 관계는 너무 많이 논의되었고, 또한 너무 많은 소문을 불러일으켰기 때문에 우리는 비평가들보다 더 신중하게 이 부분에 접근해야 한다.

그 독일 몬시뇰은 라칭거 추기경의 첫째 제자는 아니었다. 우리는 마침내 라칭거가 게오르크를 만나기 이전에 젊은 부제들과 맺었던 두 번의 특별한 우정을 알게 된다. 매번 현기증 나게 하는 이런 관계들은 접촉을 통해 서서히 깊어진 관계였고, 그런 관계의 모호함 때문에 계속 소문이 생겨났다. 이 소년들은 모두 남다른 천사 같은 아름다움을 갖고 있었다.

독일 사제 요제프 클레멘스(Josef Clemens)는 오랫동안 라칭거 추기경의 충실한 부제였다(그는 게오르크보다 열 살 많다).

멋진 체격을 가진 클레멘스는 젊은 사제 겐스바인을 보고 지적으로 한 눈에 반한 후 곧바로 그를 자신의 부제로 영입했다. 독일 오페라의 다양성에는 미치지 못하지만, 이탈리아 오페라의 잘 다듬어진 시나리오에 맞추어, 라칭거의 부제의 조수인 겐스바인은 클레멘스가 승진하여 주교로 선출되자 곧바로 클레멘스의 자리를 대신할 수 있었다. 겐스바인은 '그의 머리 위의 머리'(*capo del suo capo*, 베네딕토 16세 교황)와 가까워지면서 바티칸의 연대기에서 유명하게 될 것이다.

신앙교리성 내의 두 명의 직접적인 목격자는 내게 이 연속극의 줄거리, 그 시즌들과 에피소드, 그리고 심지어 '스릴 만점' 이야기까지 들려주었다. 그들은 실패한 '환승'(transfiliation)을 언급했다. 이 용어는 내가 좋아했던 단어다.

여백이 부족하기 때문에 나는 곧장 시즌 마지막 회로 가겠다. 이 에피소드의 결말은 마치 당연한 듯, 야심찬 신참 고위성직자를 경솔하게 대했던 클레멘스의 패배로 끝났다!

게오르크의 승리였다!

비도덕적이긴 하지만 그것이 대본이었다.

한편, 두 사람의 심리적인 분열은 극적인 다툼으로 바뀌어 갔다. 그들의 분열은 공공장소에서의 집안싸움, 말 만드는 사람들에 의한 작은 타격들, 편집증적인 교황의 오락가락하는 행동, 자연적인 성향을 따르기 전에 '사랑하는 위대한 영혼'을 떠나기를 꺼려했던 교황, 클레멘스에게 자신의 새 전화번호를 주기를 거절한 게오르크, 그리고, 마지막으로, 바티리크스(VatiLeaks) 시리즈의 첫 번째 에피소드를 통해, 「오케이 목장의 결투」(Gunfight at the O.K. Corral)의 현대판으로 재편집된 대중 스캔들 등으로 이어졌다.

분쟁을 싫어하고 스캔들(이탈리아 언론은 그 사건을 언급하고 있었다)을 덜 좋아하는 라칭거는 걷어차인 그 아들을 장려하며 위로했다. 그리고 게오르크는 라칭거의 진정한 조수가 되었다. 즉, 가장 측근이 된 것이다.

나는 게오르크에 대한 조사를 착수하기 전에, 베네딕토 16세의 마음을 부추겨 신속한 승진을 즐긴 부제를 언급할 필요가 있다. 그는 말타 사람 앨프리드 슈에레브(Alfred Xuereb)였다. 그는 교황의 두 번째 개인 비서였고, 게오르크 겐스바인의 대리였으며, 최고 우두머리 자리를 차지하려는 자가 아니었다. 베네딕토 16세는 슈에레브와 훌륭한 관계를 유지했고, 교황이 퇴임할 때 그를 카스텔간돌포로 데려갔다. 그 후 곧바로 슈에레브는 프란치스코에게 위탁되어 잠시 그와 함께 지냈다.

하지만 그가 사악하며 권모술수에 뛰어나다는 소문을 들은 새 교황은 히스패닉계의 조수가 필요하다는 핑계로 그를 신속히 제거했다. 새 교황은 그가 오랫동안 알고 지냈던 아르헨티나인 고위성직자 파비안 페다키오(Fabián Pedacchio)를 그 자리에 앉힌다. 마침내 앨프리드 슈에레브는 바티칸 은행의 도덕과 재정을 감독하기 위해 조지 펠 추기경 밑에서 일하도록 발령 받았다.

*　　*　　*

게오르크는 건장한 사내다. 겐스바인은 영화배우나 패션모델처럼 훌륭한 체격을 갖고 있다. 그의 오만한 아름다움은 특별하다. 바티칸에서 사람들이 나에게 그에 관해 이야기할 때, 그들은 종종 비스콘티(Visconti) 감독의 영화에 나오는 배우들의 매력을 언급했다.

게오르크는 어떤 사람들에게는 『베네치아에서의 죽음』(Death in Venice)에 나오는 타지오(오랫동안 긴 곱슬머리를 가지고 있었다)이고, 어떤 사람들에게는 『저주받은 자들』(The Damned)에 나오는 헬무트 베르거(Helmut Berger)다.

어쩌면 토마스 만(Thomas Mann)이 쓴 『토니오 크뢰거』(Tonio Kröger)의 토니오를 추가할 수도 있을 것 같은데, 이는 애간장을 녹이는 그의 푸른 눈동자 때문이다(라칭거는 억압되거나 또는 좌절된 성향에 대해 대단히 설득력 있게 글을 쓰는 토마스 만의 책들을 읽었다. 그에게 게오르크의 매력은 토니오의 매력과 같았을 것이다).

피상적인 이런 미학적 기준과는 별개로, 그 젊은 몬시뇰과 늙은 라칭거가 잘 맞게 된 데에는 최소한 네 가지 기본적 요인이 있다. 우선 게오르크는 라칭거보다 30살 어렸고(미켈란젤로와 토마소 카발리에리(Tommaso Cavalieri)의 나이 차이와 거의 비슷하다). 교황을 향한 비할 데 없는 겸손함과 부드러움을 지니고 있었다.

그는 또한 슈바르츠발트(the Black Forest)에서 태어난 바이에른 출신의 독일인으로서 라칭거와 고향이 같았다. 게오르크는 튜턴 족의 기사처럼 덕이 많았고, 바그너(Wagner)의 지크프리트(Siegfried, 독일 전설에 나오는 큰 용을 무찌른 영웅)처럼 너무 인간적이어서 항상 우정을 추구했다. 장래의 그 교황처럼 게오르크도 성스러운 음악을 좋아했고 클라리넷(베네딕토 16세가 가장 좋아하는 작품은 모차르트의 클라리넷 5중주곡이다)을 연주했다.

마지막으로 대단히 친밀한 이 우정의 네 번째 열쇠에 대한 것인데, 게오르크 겐스바인은 권력을 좋아하는 심각한 보수주의자, 전통주의자로서 게이 반대자였다. 공신력 있는 몇몇 신문 기사에 따르면, 그는 스위스의 에크셰네(Écône)에 있는 성 비오 9세 동우회(the Saint Pius X Fraternity)와 가까웠는데, 그 단체는 마침내 파문당한 극우 반체제 인사인 몬시뇰 르페브르가 이끌던 것이었다. 다른 사람들, 특히 내가 많은 사람을 인터뷰한 스페인 사람들은, 게오르크가 오푸스 데이회의 회원이라고 생각했다.

그 이유는 그가 그곳에서 극보수주의 단체들과 함께 휴가를 보냈기 때문이다. 그는 또한 오푸스 데이회 기관에 속한 로마의 산타크로체대학(the University of Santa Croce)에서 가르쳤다. 그러나 '하나님의 일'(Opus Dei, The Work)에 대한 그의 맹세는 확인되거나 입증된 적이 없다. 그럼에도 이 불같은 사나이의 정치 성향은 뚜렷하다.

나는 독일 및 독일어를 사용하는 스위스에 15번 이상 체류하며 겐스바인의 친구들과 그의 원수들을 만났다. 그 와중에 나는 그의 과거에 대한 풍문이 아직 남아있다는 것을 알게 된다. 내가 베를린, 뮌헨, 프랑크푸르트, 취리히에서 만난 몇몇 기자들은 독일 가톨릭의 극우파와 그의 연계를 짐작하게 만드는 널리 유포된 두꺼운 서류를 보관하고 있었다.

그는 정말 사람들이 말하는 것처럼 독을 품고 있는 멋쟁이인가?

겐스바인이 바이에른에서 '레겐스부르크 네트워크'로 알려진 운동의 핵심 인물이라는 사실은 분명하다. 이 네트워크는 요제프 라칭거 추기경, 그의 형 게오르크 라칭거, 그리고 게르하르트 뮐러 추기경이 오랫동안 힘차게 활약하던 급진적인 우파 운동이다. 아마 왕실주의자 글로리아 폰 트룬 운트 탁시스 공주가 이 단체의 오랜 후원자였던 것 같다(나는 그 공주를 레겐스부르크에 있는 그녀의 성에서 인터뷰를 한 적이 있다).

이 상식에 반하는 네트워크는 또한 독일 사제 빌헬름 임캄프(그는 지금은 '글로리아 TNT' 공주를 위해 그녀의 궁전에서 일하고 있다)와 로마에서 나를 영접했던 림부르크(Limburg)의 '사치스런 주교' 프란츠페테르 테바르츠반 엘스트(Franz-Peter Tebartz-van Elst)를 포함한다(엘스트는 아마도 뮐러 추기경과 게오르크 겐스바인 주교의 지원 덕분에 새 복음화 추진을 위한 교황청위원회(Pontifical Council for the Promotion of the New Evangelization)에 다시 영입되었는데, 그 위원회는 금융 스캔들에 연루되었던 리노 피시첼라 대주교가 운영하고 있었다. 화려한 멋쟁이로 알려진 테바르츠반 엘스트는 그의 주교 저택을 3천 1백만 유로를 지불하고 복원하였는데 이 사실 때문에 큰 논쟁이 발생했고 후에 교황 프란치스코에게 엄격한 처벌을 받았다).

바이에른에서 멀지 않은 곳에 독일어를 사용하는 스위스의 쿠어(Coire)가 있는데 그곳에 '레겐스부르크 네트워크'의 주요 지점이 있고, 비투스 후온더 주교와 그의 대리인, 마르틴 그리칭(Martin Grichting) 사제가 그 부근에 살고 있다. 내가 취리히, 일나우에프레티콘(Illnau-Effretikon), 제네바, 로잔, 세인트 갈렌, 루체른, 바젤, 그리고 물론 쿠어(Coire)에서 대화를 나눈 50명이 넘는 사제들과 기자들과 전문가들에 따르면, 그 마을의 주교는 때때로 동성애 행위를 매우 심하게 하는 동성애 애호가들뿐만 아니라 극우파 동성애 혐오자들에게 둘러싸여 있다고 한다. 이 복잡하게 뒤섞인 다양한 수행단은 스위스에서 많은 풍문거리다.

따라서 우리는 게오르크가 요제프에게 잘 맞는 짝이라고 부를 수 있겠다. 그와 라칭거는 멋진 영적인 연합을 이루었다. 겐스바인의 초보수주의는 모순이 있더라도 그 늙은 추기경의 사상과 닮았다. 이제 서로 만나게 된 그 두 외동이는 헤어지지 않으려 할 것이다.

그들은 사도 궁전에서 함께 살 것이다. 3층에는 교황, 4층에는 게오르크가 살 것이다. 이탈리아 언론은 이 커플에게 완전히 열광했고, 게오르크에게 "남성 조르지오"(Bel Giorgio)라는 별명을 지어 주었다.

그러나 교회 내에서의 두 사람 사이의 권력 관계를 알아내기는 쉽지 않다. 어떤 사람들은 교황이 늙고 연약하다는 것을 알고 있는 게오르크가, 요한 바오로 2세의 유명한 비서인 스타니스와프 지비스의 영향력이 그의 교황이 쇠약해질수록 커졌던 것처럼, 그런 종류의 역할을 꿈꾸기 시작했다고 썼다.

그러나 우리가 바티리크스에 있는 비밀문서들을 읽고 나면 겐스바인에게 권력에 대한 욕구가 없었다는 사실을 확인할 수 있다. 다른 사람들은 베네딕토 16세가 부차적인 역할을 했기에 그의 비서와 함께 할 수밖에 없었다고 의심했다. 그들이 내린 결론인 전형적인 역(逆) 지배 관계는 전혀 설득력이 없는 것은 아니다. 이 모든 풍문을 조롱이라도 하듯 게오르크는 어느 정도 유머를 가지고 멋진 눈사태 은유를 생각해냈다.

"내 역할은 그가 받는 눈사태 같은 편지로부터 성하를 보호하는 것이다."

"어떤 의미에서는 나는 그의 제설기다."

「배너티 페어」(*Vanity Fair*)의 1면을 장식한 게오르크의 유명한 프로필의 제목은 '잘 생긴 것은 죄가 아니다'인데 그의 글을 인용한 것이다.

그가 너무 나대었던 것일까?

사람들로부터 허점을 찔린 이 나르시스는 교황 곁에 나타나기를 좋아했다. 수백 장의 사진이 그런 장면을 보여준다. 남성 군주 게오르크가 교황의 손을 잡고, 그의 귀에 속삭이며, 그가 걸을 수 있도록 도와주고, 그를 위해 꽃다발을 들고 있고, 모자가 날아가 버렸을 때 모자를 그의 머리에 섬세하게 얹는다.

이런 스냅 사진 중에는, 전혀 예상치 않은 모습들도 있는데, 게오르크가 잭과 재키 케네디(Jack and Jackie Kennedy) 스타일로 교황 위에서 큰 선홍색 망토를 두르고, 재킷을 바람에 날리며, 추위로부터 그를 보호해 주는 남성적인 수호

천사의 방식으로, 그 위인의 어깨 위로 그 재킷을 섬세하게 올려놓고 그를 부드럽게 껴안고 그의 제의(祭衣)를 꼭 묶어준다. 이런 일련의 사진들 속에서 베네딕토 16세는 흰옷을 입고 있다.

게오르크는 점잖은 자주색 비단 옷자락과 86개의 자홍색 단추가 있는 검은색 사제복을 입고 있다. 교황의 개인 비서로는 이렇게 나타났던 비서는 없었다. 바오로 6세와 함께한 파스쿠알레 마키도, 요한 바오로 2세와 함께한 스타니스와프 지비스도, 프란치스코와 함께한 파비안 페다치오도 그렇지 않았다.

마지막 한 가지 세부 사항을 말하겠다. 독자들은 이런 일에 의미를 부여하지 않고 항상 그런 일은 있다고 말할 것이다. 또한, 그것은 매우 널리 퍼진 관습이고 아무런 의미도 없다고 할 것이다. 그러나 작가는 다르게 생각한다. 아무 의미가 없을 정도로 그렇게 너무 작은 사건은 없으며, 세세한 것들은 때때로 사람들이 오랫동안 숨기려 했던 진실을 순식간에 알려주기도 한다. 우리가 아는 바와 같이, 악마는 세세한 것들 안에 숨어 있다.

그 세세한 것이 바로 이것이다. 나는 교황이 게오르크에게 새로운 이름을 지어 주었다는 것을 알게 되었다. 그는 그를 강한 이탈리아 억양으로 '씨오르씨오'(Ciorcio)라고 발음하며 부른다. 이것은 교황청 내에서 사용하는 별명이 아니라 교황이 택한 간편한 애정 표현으로서 혼자 사용하는 말이다. 물론 자기와 이름이 같은 그의 형과 구별하여 부르는 방법이기도 하다. 그의 직업적인 관계를 우정이라고 말하는 방법이고, 우리가 '사랑하는 우정'이라고 부르는 것을 말하는 방법이기도 하다.

우리가 과소평가해서는 안 되는 것은, 라칭거 추기경 옆에 이 교양 있는 안티오누스(Antinoüs), 즉 게오르크가 교황청 안에 불러일으킨 질투심이다. 사실, 교황청 내에서의 게오르크의 모든 적은 최초의 '바티리크스' 추문에서부터 돌연 슬슬 모습을 보이기 시작할 것이다. 누군가가 바티칸 내의 사제들, 고해 신부들, 주교들 또는 추기경들에게 질문하면, 이 질투는 거의 베일에 가려지지 않고 드러난다.

게오르크는 '아름다운 사람', '보기가 좋은 사람', '바티칸의 조지 클루니' 또는 '파파라치를 위한 고위 성직자'(이 말은 '파파 라치'[Papa Ratzi, 교황 라칭거]에 대한 심술궂은 동음이의다)로 묘사된다. 몇몇 사람은 내게 지적하기를, 바티칸 내부에서 그와 라칭거의 관계는 소문을 일으켰고, 등산복이나 꽉 끼는 반바지를 입은 게오르크 사진이 이탈리아 주류 언론에 등장했을 때 "그 꼴불견은 견딜 수 없을 정도였다"고 한다.

도나텔라 베르사체(Donatella Versace)가 출시한 2007년의 가을 겨울 남성 패션 컬렉션이 '성직자'로 불린 것도 당연히 질투를 불러 일으켰다. 이 여성 패션 디자이너는 "멋쟁이 게오르크"(Beau Georg)에게 영감을 받았다고 인정했다.

교황이 분명하게 묵인하고 있는 이 모든 게오르크의 사치를 보면서 몇몇 억눌린 추기경들과 밀실의 몬시뇰들은 충격을 받았다. 그들의 원망, 질투는 강렬했고, 이는 그 교황직이 실패하도록 하는데 한몫을 했다. 게오르크 겐스바인은 겸손함을 표방하며 교황에게 마법을 걸었고, 그가 진정 무엇을 꾸미고 있는지 숨겼다는 혐의를 받았다. 그 독일 고위 성직자는 무자비한 야망의 줄을 붙들고 있었다는 것이다. 그는 이미 자신을 추기경, 아니 실제로는 '교황 후보감'으로 여기고 있었다는 것이다!

바티칸에서 정기적으로 내게 전해진 이런 소문들과 풍문들은 어느 것 하나 입증되지 않았다. 하지만 그 초점은 동일한 것에 있었다. 바로 감정적인 관계다.

이것은 독일에서 출판된 데이비드 베르거(David Berger)가 쓴 책 『거룩한 사기꾼』(Der Heilige Schein)의 주제이기도 하다. 자기 눈으로 직접 목격한 증인인 베르거는 바이에른 출신의 젊은 신스콜라(neo-Thomist) 신학자로서, 로마에 있는 세인트 토마스 아퀴나스의 교황청 아카데미의 회원이 되고 교황청이 발간한 여러 학술지의 기고자가 되면서 바티칸을 통해 급부상했다. 베르거는 사제로 서품을 받은 적이 없음에도 불구하고, 추기경들과 고위 성직자들은 이 밀실의 동성애자에게 똑같이 아첨했고, 때로는 그에게 추파를 던졌다. 그 젊은 이는 그들의 관심에 응했다.

다소 신기한 이유로, 무한히 넓은 자아를 가진 이 고문(顧問)은 갑자기 독일의 어떤 주요 게이 신문의 편집장이 되더니 동성애를 지지하는 투사가 되었다. 이에 바티칸은 즉시 그를 신학자로 인가한 것을 철회했는데, 이는 놀랄 일은 아니다.

그는 자신의 경험과는 별개로 그의 저서에서 가톨릭 전례의 동성 성애적인 심미성과 베네딕토 16세의 잠재 의식적인 동성애를 매우 상세하게 묘사한다. 그는 동성애 신학자로서 바티칸 중심부에서 찾아낸 비밀을 밝히면서 교회 동성애자들의 수는 '50% 이상'이라고 추정했다.

그는 책 『거룩한 사기꾼』의 중간 정도에는 여러 상세한 내용이 담겨 있는

데, 오스트리아 산크트 팰텐(Sankt Pölten) 신학교에 있는 호색적인 사진들과 성추문에 관해 이야기를 하면서, 그것들이 교황의 수행단과도 연루되었음을 알려준다 (그 책은 다른 언어로 번역되지 않았다).

얼마 지나지 않아서 데이비드 베르거는 독일 제2텔레비전인 ZDF와의 인터뷰에서 그가 사제들과 신학자로부터 들었던 이야기를 언급하면서 베네딕토 16세의 성생활을 비난했다.

이 '폭로'는 독일에서 뜨거운 스캔들을 불러일으켰다. 하지만 독일어를 사용하는 세계 밖에서는 거의 새나가지 않았다. 그 이유는 그 주제가 빈약하기 때문이었을 것이다.

내가 베를린에서 데이비드 베르거를 만났을 때, 그는 나의 질문에 솔직하게 대답했고, 그 일은 그의 개인적인 실수(*mea culpa*)였다고 실토했다. 우리는 함께 그리스 식당에서 점심을 먹었는데, 그가 종종 이민 반대로 비판을 받는 것을 고려할 때 다소 아이러니했다.

> 나는 좌익에 속한 히피 스타일 집안 출신입니다. 사춘기 때 나의 동성애를 인정하는 데 많은 어려움을 겪었어요. 사제가 되는 것과 동성애자가 되는 것 사이에서 많은 갈등이 있었습니다. 나는 신학생이었는데 한 소년과 사랑에 빠졌어요. 그때가 19살이었지요. 30년 이상이 지난 지금도 나는 그와 함께 살고 있답니다.

베르거는 내게 말한다.

그가 로마로 가서 바티칸의 게이 네트워크에 자연스럽게 섞이게 될 때 그의 연인이 정기적으로 그를 방문함으로 그는 이중생활을 시작했다.

"교회는 언제나 동성애자들이 안전하다고 느끼는 곳이었어요. 그것이 해답이지요. 게이에게 교회는 '안전' 합니다."

데이비드 베르거는 그의 책에서 그의 로마에서의 모험들을 펼쳐나가며 바티칸의 동성 성애적인 세계를 묘사한다. 하지만 게이 투사로 전락한 이 강력한 증인은 교황과 그의 비서를 비난하면서도 아무런 증거를 제공하지 못한다. 결국, 그는 ZDF 인터뷰에서 도를 넘어선 것에 대해 사과까지 해야 했다.

나는 사람들이 추측하며 말한 것과는 달리 내 책을 부인한 적이 없습니다. 단지 아무런 증거도 없이 텔레비전에서 베네딕토 16세가 동성애자라고 말한 것에 대해 후회했을 뿐입니다. 나는 사과했지요.

점심 식사 후에 데이비드 베르거는 자기 집에 가서 커피를 하자고 제안한다. 그의 집은 역사적인 게이 구역인 쇤네베르크(Schöneberg) 중심부에서 몇 블록 안 되는 가까운 곳에 있었다. 그는 멋진 전통적인 벽난로가 있는 베를린의 큰 아파트에서 책과 그림으로 둘러싸인 채 살고 있었다.

우리는 그가 그의 저서에서 '겐스바인 네트워크'라는 제목 아래 길게 논한 '레겐스부르크 네트워크'에 대해 대화를 시작한다. 그에 따르면, 게오르크 겐스바인 주교, 뮐러 추기경, 빌헬름 임캄프 신부, 그리고 글로리아 폰 트룬 트 탁시스는 이 강경우파 '네트워크'에 속한다고 한다.

이상하게도, 데이비드 베르거는 그를 비난하는 자들과 몇 가지 공통점을 공유한다. 그는 그들처럼, 유럽의 두 가지 주요 문제인 이민과 이슬람과 관련하여 독일 극우파(AfD)의 견해 중 일부를 두둔하며 자신을 정당화한다.

데이비드 베르거는 독일 극우파와 과격 국가주의 AfD 당과 가까워지면서 많은 신뢰를 잃었습니다. 그는 또한 비정상적일 정도로 반(反)이슬람주의자가 되었습니다.

전 독일 하원 의원 볼커 벡(Volker Beck)이 내가 베를린에서 그를 만났을 때 말한다.

요제프 라칭거와 게오르크의 동성애는 활발한 상태라는 데이비드 베르거의 이론은 오늘날 크게 신빙성이 없다. 우리는 교황 베네딕토 16세와 그의 개인 비서 사이의 특별한 관계에 대해 아무것도 모른다는 사실을 인정해야 한다. 바티칸에서조차 아무도 진실을 규명하지 못했다. 모든 것이 추측이다. 심지어 게오르크가 교황이 '깨어날 때'(교황은 낮잠을 잔다) 일주일에 두 번 교황을 만나러 가서 점심과 저녁 식사를 단 둘이 한다고 해도 그 사실로는 아무런 증거가 될 수 없다.

멀리서 보면 브로맨스(bromance)의 한계는 모호하다. 그러면 가까이서 보며 가장 가능성이 높은 가설을 제안해보자.

즉, 그 둘의 관계는 아마도 중세의 위대한 전통 가운데 있는 '사랑하는 우정'의 관계로서 정절 및 순수함의 아름다운 관계는 아닐까?

이런 플라토적인 사랑의 이상화, 정절 가운데 영혼이 융합되는 그런 이상은 라칭거의 심리와도 잘 어울린다. 아마도 그는 그 '사랑하는 우정'에서 자신의 열정과 폭발하는 에너지를 끌어냈을 것이다.

만약 이 가설이 맞는다면 (우리는 이 가설이 맞는지 어떻게 알 수 있을까?) 라칭거는 성 소수자 활동가들이 자주 그를 '밀실'의 동성애자라고 비난하며 믿었던 것과는 달리 더 진실한 사람이었을지도 모른다.

만일 이 가설적인 견해를 따른다면, 베네딕토 16세는 다른 사람들에게 자신의 미덕을 따를 것을 부탁하는 것 외에 다른 야망이 없었고, 그는 자신의 정절 서약에 충실하면서 동성애자들에게도 그렇게 하라고 요구하였을 것이다.

만일 라칭거가 "남들에게 요구했던 엄격함을 갖고 있지도 않았고 능가하지도 못했다면 그는 인류로부터 추방당하는 사람이 될 것이다."

이 유명한 말은 사람들이 샤토브리앙(Chateaubriand)이 압베 드 란세(Abbé de Rancé)를 가리켜 한 말이지만, 라칭거에게도 완벽하게 적용할 수 있다.

일부 사람들이 주장했던 것과 달리 요제프 라칭거의 친밀한 삶은 우리에게 수수께끼 같다. 하지만 게오르크의 사생활은 훨씬 덜하다. 나는 성녀 마르타 호텔에서 그와 함께 살았던 사제들과 그와 함께 일했던 한 명의 부제와 스페인, 독일, 스위스에서 그를 알고 지낸 그의 지인들과 인터뷰한 적이 있다.

이 정보 제공자들은 모두 게오르크를 갈망하는 마음으로, 그 사제는 매우 상냥하며 '신기하게 잘생겼고', 언제나 매우 멋지게 나타나고 '너무 매혹적인 피조물'이면서도 때때로 '우울하고', '쾌활하고', '변덕스러운' 사람이었다고 묘사한다. 그리고 아무도 그에 대해 나쁜 말을 하지 않는다. 그러나 나는 이 젊은 금발 소년이 젊은 시절에 모든 사제처럼 다른 젊은이들 사이에서 저녁을 보내고 또한 광란의 밤을 즐기는 것을 좋아했다고 들었다.

한 가지는 확실하다. 겐스바인은 추기경, 주교, 사제들의 이중생활에 관심이 있었다. 여러 소식통에 따르면, 항상 뭔가를 숨기고 있던 이 '통제광(狂)'은 특정 고위 성직자들에 대한 정보를 요구했다고 한다. 바티칸의 밀실에서는 모든 사람이 다른 사람들을 주시하고 있다. 동성애는 많은 음모의 핵심에 있다.

이 잘생긴 청년은 또한 바티칸의 제약을 피하고자 정기적으로 여행을 했으며, 다른 교구들을 방문하였고, 새로운 친선을 구축하기 위해 여행을 했다. 매우 잘생긴 그는 근거 없는 소문이 만들어질 수 있는 여성과의 관계보다는 남자들로 둘러싸이는 것을 좋아한다.

"그는 매우 애정을 느끼게 합니다."

내가 스위스에서 인터뷰한 한 사제가 말한다.

"그는 매우 상냥하지요."

마드리드에서 만난 한 사제가 말했다. 또 다른 사제는 내게 말하기를, 그는 베를린에서 '세계적인' 만남을 갖는다고 한다. 지금은 그의 존경 받는 직함 때문에 구애하는 일보다 구애받는 경우가 더 많다. 그는 자기 도취증을 더 즐길 수 있는 유리한 관계를 누리고 있다.

교황 베네딕토 16세는 소문과 풍문에도 불구하고 그가 아끼는 그 사람을 절대로 제거하지 않았다. 오히려 반대로, 그를 승진시켰다. 바티리크스 스캔들이 공개된 이후, 그 스캔들에서 게오르크가 피해자이며 동시에 부분적으로 책임이 있음에도 불구하고(그 스캔들을 유출한 첩자를 믿는다는 가정하에), 교황은 그에 대한 신뢰를 새롭게 하고 그를 사도궁의 책임자(실제로는 의전부장이다) 및 대주교로 임명했다. 이 공식적인 처리는 교황의 깜짝 놀랄만한 사임이 있기 한 달 전인 2013년 1월 6일, 예수 공현 축일(祝日)에 있었다. 우리는 그 화려한 미사가 있던 그 날로부터 교황의 비공식적인 퇴위가 있던 날까지 추적해 볼 것이다.

*　　*　　*

"베네딕토 16세는 대담했어요!"

이 말은 교황청의 한 사제가 한 것인데 '그의 생애에서 가장 멋진 사건'을 목격하고 한 말이다. 현대의 그 어떤 다른 교황도 베네딕토 16세만큼 그의 잘생긴 제자에게 그런 대관식 미사, 그런 사치스런 몸짓, 그런 어리석은 행동을 할 만큼 대담하지 못했다.

게오르크 겐스바인이 대주교로 서품받던 날, 베네딕토 16세는 역대 가장 아름다운 또 하나의 전례 축하 행사를 주재했다(그 행사에 참석한 추기경 2명을 포함한 다섯 명은 거의 3시간 동안 지속한 그 예식과 장면을 내게 묘사하여 주었다. 이 예식은 유튜브에서 볼 수 있다. 나는 또한 그 미사의 대본과 106페이지에 달하는 악보의 총보(總譜)를 가까스로 얻어냈다. 그 의식의 세부 사항들은 그 의식에 매혹된 바티칸 전문기자들이 내게 알려주었다. 교황 요한 바오로 2세와 베네딕토 16세의 예식 담당자였던 피에로 마리니(Piero Marini) 대주교와 오랫동안 APSA 국장이었던 피에르 블랑차드(Pierre Blancard)는 (이 두 사람은 바티칸의 의전에 매우 익숙한 자들이다) 내게 신성한 규칙을 설명해 주었다).

미켈란젤로의 웅장한 돔과 베르니니의 금란(金襴)의 금박으로 장식된 석고 바로크 기둥 아래에서, 교황은 로마의 성 베드로대성당에서 게오르크를 서임했다. 교황은, 많은 추기경이 그들의 제자를 승진시킬 때 하는 것처럼, 그의 전설적인 '고집스러운 단호함'(hostinato rigore, 레오나르도 다 빈치의 모토이다)으로 그가 하는 일을 감추려고 하지 않았다. 그는 완전히 대중에게 알렸다. 이 점이 내가 항상 그를 존경해온 이유다.

베네딕토 16세는 바실리카의 450개의 동상과 500개의 기둥, 50개의 제단에 영원히 새겨진 펠리니(Fellini)식의 의식 가운데 그의 바이에른의 각하 게오르크 겐스바인에게 직접 목회 반지를 주었다. 제일 먼저 안무 행렬이 시작되었다.

그 안무는 느렸지만 멋졌고 완벽에 가까웠다. 교황은 그의 거대한 토파즈 노란색 미트레를 쓰고, 바퀴가 달린 왕좌인 실내 교황 전용차 안에 서서, 200미터 길이의 회중석을 거인처럼 여행한다. 승리의 나팔 소리와 함께 아름다운 오르간 소리와 성 베드로 성당의 어린이 합창단 소리가 들리고 불을 붙이지 않은 양초를 든 아이들이 나타난다.

성배(聖杯)는 보석으로 아로새겨 있고, 향로에서는 연기가 난다. 새로운 스타일의 주교 조직을 구성하고 가장 좋은 예복을 입은 수십 명의 추기경과 수백 명의 주교와 사제들은 맨 앞줄부터 한 줄 씩 앉아있는데, 붉은색, 흰색, 그리고 진한 적색의 팔레트를 보는 듯하다. 마치 결혼식에 온 듯 곳곳에는 꽃들이 있다.

그다음 정식 의례가 시작된다. 타르치시오 베르토네 국무원장과 완강한 제논 그로콜레프스키(Zenon Grocholewski) 추기경이 성직 수임자(受任者)로 나란히 앉아 있고, 자부심과 만족함으로 기분이 좋은 교황은 희미하지만, 여전히 아름다운 목소리로 말한다. 교황 앞에 있는 본당 회중석과 수랑(袖廊)이 만나는 곳에는 전통에 따라 게오르크를 비롯한 네 명의 고위 성직자들이 배를 땅에 대고 누워 있다. 게오르크가 제대로 몸을 일으키지 못하자 의례 담당 사제 하나가 어느새 나타나 그의 예복을 매만져준다.

교황은 이제 왕좌에 앉아 가만히 움직이지 않고 태연하게 있다. 그는 자기 위대한 일과 그의 '성스러운 향기'와 그의 불꽃에 집중한다. 그의 머리 위에는 한 무리의 천사 그룹들이 감탄하며 그 광경을 바라보고 있고, 베르니니의 무릎 꿇은 천사들조차 감격에 겨워 동요한다.

그 의식은 샤를마뉴 대제(大帝)의 대관식이다!

안티오누스에게 경의를 표하기 위해 도시와 영묘(靈廟)를 짓고 천지를 흔드는 로마 황제 하드리아누스이다!

그리고 하드리아누스는 로마의 고관, 추기경, 대사, 여러 정치인과 전직 장관들, 그리고 심지어 수상 마리오 몬티(Mario Monti)를 포함한 모든 청중으로 하여금 무릎을 꿇게 한다.

갑자기 교황은 게오르크의 머리를 두 손으로 잡는다. 감정은 최고조에 달했다. 게오르크는 교황의 손 아래로 머리를 들이밀기 전에 레오나르도의 미소를 짓는다. 카메라는 얼어붙고 추기경들은 (나는 그 사진에서 안젤로 소다노, 레이몬드 버크, 로버트 사라를 알아보았다) 숨을 죽인다. 성수반(聖水盤)을 들고 있는 통통한 천사장 그룹들은 입을 쫙 벌리고 있다.

"천상의 시간이 되었다."

키리, 글로리아, 크레도, 생투스, 베네딕투스 사이에서 흘러나오는 그 음악은 여러 '전례 여왕들'이 마지막 음역까지 계산한 음악으로써 성 베드로대성당 안에서 들릴 때 사랑스럽다. 교황은 그의 게오르크 클루니의 희고 검은 곱슬머리를 무한한 신중함과 함께 무한한 섬세함으로 쓰다듬으며 오랜 시간(19초)을 보낸다. 그러나 위대한 안무가 마사 그레이엄(Martha Graham)이 표현했던 것처럼 "그 몸은 거짓말을 하지 않는다."

물론 교황은 떠도는 소문과 자신과 연관된 그 연인의 이름을 알고 있었다.

사악한 자?
동성애자?

그는 웃는다. 그리고 상황을 더 악화시킨다!
얼마나 당당한지!
정말 매력적이다!

라칭거는 오스카 와일드의 위풍을 가지고 있었다. 오스카는 젊은 보시(Bosie)와 사귀면서 위험을 경고받자 그와 함께 대중 앞에 더 자주 모습을 드러냈었다. 또한, 라칭거는 베를렌의 위풍도 겸하여 갖고 있었는데, 베를린의 가족은 그에게 젊은 랭보와 관계를 끊으라고 집요하게 요구했지만, 오히려 그는 그와 함께 살기 위해 멀리 떠났다. 오스카 와일드와 베를렌은 이런 행동을 한 후에 각각 교도소에서 2년 동안 수감 되어있어야 했다.

"남자들의 모욕, 그것이 무슨 상관이야?

글쎄, 우리 마음만은, 우리가 누군지를 알고 있지."

요제프 라칭거는 교황청의 필사적인 경고에도 불구하고 그의 방식대로 그의 외동이를 신실하게 아껴주었다. 이 고귀한 미사는 웅장한 표현이었다. 그리고 그날, 그는 빛이 났다. 그의 절제된 미소는 경탄할 만한 것이었다. 성배(聖杯)에서 찌꺼기를 빼어낸 그는 그 잔으로 한 잔 더 마시는 것을 두려워하지 않았다. 그는 잘생겼다. 그는 자랑스럽다. 자신의 대담함에 긍지를 느끼며 그는 승리했다. 영상에서 그를 다시 보니, 너무 극적이기에 나는 어쩌면 그 순간만큼은 그를 가장 사랑했을지도 모른다.

교황은 게오르크를 대주교로 임명하였다. 아직 아무도 베네딕토 16세가 그의 삶 가운데서 가장 극적인 결정을 내렸다는 사실을 모르고 있었다. 그는 곧 사임을 선언할 것이다.

게오르크는 이 사실을 알고 있었을까?

개연성은 있지만 확실하지는 않다. 어쨌든 교황에게는 그날 '씨오르씨오'에게 바친 대관식 미사가 그의 역사적인 유서일 것이다.

자, 그 카니발은 계속된다. 미사는 끝없이 지속되고 교황은 삼종(三鐘) 기도회에 20분 이상 늦을 것이고, 성 베드로 광장에 있는 성급한 군중에게 사과해야 할 것이다.

"그것은 축하의 전례(典禮)였습니다!

구경거리였고!

실수도 있었지요!

그 전례는 지겨울 수 없었습니다."

이전에 요한 바오로 2세와 베네딕토 16세의 예식을 주관했던, 격앙된 피에로 마리니(Piero Marini)가 인터뷰 도중 말했다.

마리니의 후계자 중 한 명이며 그 당시 미사 준비에도 기여했던 교황 프란치스코의 전례 담당인 빈첸초 페로니(Vincenzo Peroni) 몬시뇰은 나와 함께 단둘이 저녁을 할 때 설명한다.

"하나님께는 어떤 것도 충분히 아름다울 수 없지만, 그 의식은 하나님의 얼굴과 영광을 드러내는 아름다운 의식이었습니다."

그 미사의 끝에서 박수갈채가 잠깐 멈춘 사이에 (박수갈채가 멈춘 적은 거의 없었다) 사진사들의 섬광이 터진다. 그때 바실리카의 위층에서 실내 관현악단이 연주하는 바흐의 「푸가의 예술」(Art of Fugue)이 들려온다. 그 음악은 요제프 라칭거의 '보기만 해도 즐거운' 가장 좋아하는 음악 중 하나다. 바흐의 지속적인 리듬과 엄중함에 따라, 다양한 색깔의 옷을 입은 스위스 근위대와 검은 옷을 입은 경호원들에 따라 둘러싸인 이 거대한 행렬은 본당 회중석(會衆席)으로 다시 내려간다.

호화롭고 현란한 의식!

그 행렬이 세계에서 가장 아름다운 조각품 중 하나인 피에타 앞을 지날 때, 미켈란젤로의 동상이 그 행렬을 보고 놀라 벙어리가 된다.

여느 때와는 달리 마을회관에서 교회 의식이 또 이어졌다. 미사가 끝난 후, 200명이 넘는 손님들이 바오로 6세의 알현실에서 열린 유명한 환영회에 초대를 받고 참가했다. 마지막으로, 저녁에는 과감한 이 교황이 준비한 더욱 친밀한 축하 만찬이 교황청 박물관에서 열렸다. 교황은 그 만찬에 직접 참여하여 레오나르도 다 빈치, 미켈란젤로, 카라바조, 일 소도마와 함께 그 미사를 기념한다.

* * *

프란치스코 교황은 베네딕토 16세가 사임하고 자신이 당선된 이후 그 위대한 의전 담당자 게오르크 겐스바인의 이중 직책을 확인했다. 이는 특이한 상황이며 특이한 직책이었다. 게오르크는 이제 은퇴한 교황의 개인 비서이다.

또한, 교황 대리들이 사는 교황청 관저의 총 담당자이다.

그의 이중 직책은 황당한 비교 소문을 만들어 내었다.

나는 게오르크 겐스바인이 "적극적인 교황과 수동적인 교황을 위해 일한다"라는 표현을 얼마나 많이 들었던가?

신문사들은 당장 그 표현을 주워 담더니 널리 퍼뜨렸다!

게이 투사들은 여전히 그 표현을 즐긴다!

나는 연설 원문에서 문제의 그 표현을 찾아냈다. 하지만 사람들 사이에 전해진 버전은 아쉽게도 출처가 불분명하다. 게오르크는 2016년 대담에서 두 교황을 간략하게 비교하며 말했다.

프란치스코 당선 이후 두 명의 교황이 있는 것은 아닙니다. 그러나 사실 활동 회원과 사색적인 회원에게는(un membro attivo eun membro contemplativo) 확장된 사역이 있습니다. 바로 그런 이유로 베네딕토 16세가 그의 이름이나 그의 흰 사제복을 포기하지 않았던 것입니다.

불가피하게, 그 표현은 문맥에서 떼어지더니 많은 동성애자 웹사이트에서 익살맞게 변조되어 떠돌게 되었고, 수십 명의 블로거는 변조된 그 표현을 끝없이 반복하였다. 게오르크가 실제로 '능동적인 교황'과 '수동적인 교황'을 언급한 적이 없었음에도 그러했다!

두 교황 사이에서 게오르크는 연결고리, 즉 심부름꾼이다. 그는 베네딕토 16세로부터 그의 사임을 처음으로 통보받은 사람 중 한 명이었다. 게오르크는 "안 됩니다. 성하, 그건 가능하지 않습니다"라고 대답했다고 한다. 베네딕토가 마침내 2013년에 물러났을 때, 게오르크는 카스텔간돌포까지 헬리콥터를 타고 가는 교황 곁에 함께 있었는데, 그 모습 때문에 교황이 산 채로 하늘로 올라갔다는 조롱 섞인 말이 나돌았다!

그다음 게오르크는 교황청 내의 건물들과는 다른, 경비가 삼엄한 문과 높은 철조망이 있는 마테르 에클레시아에(Mater Ecclesiae)의 수도원으로 교황과 그의 두 고양이와 함께 이동했다.

프란치스코는 단순히 잘생긴 얼굴만 가진 것이 아니라 지성이 높은 게오르크를 좋아했다. 그는 교양이 뛰어났고 매우 독일식이었기에 교황의 히스패닉(Hispanic) 문화와는 많이 달랐다. 따라서 게오르크는 그에게 새로운 시각을 열어준다. 「배너티 페어」는 베네딕토 16세의 심복(éminence grise)이 되기를 원했던 사람의 말을 인용하여 겐스바인의 프로필을 실으면서 "사람들이 그의 외모를 보는 것에 머무르지 말고 그의 사제복 아래 있는 것을 보기를" 바라는 소원을 표현했다.

* * *

'이 사람을 보라'(Ecce homo).

프로이트(Freud)는 레오나르도 다 빈치의 동성애에 대해 섬세하고 대담하게 분석하였다. 우리는 그 분석을 베네딕토 16세에 대한 몇 가지 가설을 살펴보도록 하자.

　나는 정신분석가는 아니지만, 분석가처럼 비슷하게 표현하자면, 다른 많은 사람처럼 나도 놀랐던 것은 요셉 라칭거의 삶과 생각에 있어서 동성애가 주요한 질문 중 하나였다는 사실이다. 그는 이 문제를 깊이 연구한 신학자 중 하나이다. 어떻게 보면 게이 질문은 그의 삶에 대의를 제시하고 그의 삶을 흥미롭게 만든다.

　프로이트의 이론에 따르면, 승화되거나 억압된 형태일지라도 사제들에게도 필연적으로 지속하는 리비도, 즉 넓은 의미로는 성욕이 없는 인간의 삶은 존재할 수 없다. 프로이트가 우리에게 레오나르도 다 빈치에 대해 말한 것은, 억압된 동성애가 지식과 경험, 예술, 그리고 소년들의 덜 성숙한 아름다움이 된다는 것이다(최근의 연구에 따르면, 그 화가는 실제로 동성애 행위를 하는 동성애자였다고 하니 프로이트의 주장과는 뚜렷하게 모순된다). 레오나르도 다 빈치는 또한 그의 공책에 그동안 대단히 많이 논의되어온 표현을 썼다.

　"지적 열정이 관능을 몰아낸다."

　누군가가 요제프 라칭거에 대해 매우 신중하게 비슷한 가설을 제시할 수 있을 것으로 보인다.

　즉, 잠재되어 있던 동성애가 성직으로 승화되었거나 혹은 억압된 동성애가 연구 생활로 표현된 것은 아니었을까?

　문학적이며 음악적인 미학, 유능함, 사치스러운 의복, 소년들의 미완성된 아름다움을 숭배하는 모습이 어떤 실마리를 제공하는 것은 아닐까?

　아니면 단지 자신의 실제 모습을 회피하기 위해 허구적인 인물들의 삶을 사는 '보바리즘'(bovaryism, 상상과 허구로의 도피)의 현상일까?

　라칭거는 전적으로 독서를 하거나 글을 쓰며 산다.

　비밀스러운 내면의 완고함을 포장하기 위해 지적인 힘을 모아야 했던 것일까?

　지적 활동이나 미적 활동은 욕망에서 비롯된다. 이 사실은 잘 알려진 성(性) 심리 과정으로서 종교적인 삶에서뿐만 아니라 예술적이고 문학적인 삶에서도 나타난다. 프로이트에 따르면, '강박 신경증'은 오이디푸스 콤플렉스가 발전한 것이다. 아마도 프로메테우스(Prometheus) 콤플렉스일 수도 있다.

　베네딕토 16세의 정서적 삶은 우리가 다 알 수 없지만, 그나마 아는 약간의 내용도 이미 의미가 크다. 그의 정서적 경향은 한쪽방향을 가리킨다. 요제프 라칭거가 좋아하는 음악가들, 그를 매료시키는 오페라에서 그가 강조하는 남녀양성의 인물들, 그가 읽는 작가들, 그를 둘러싸고 있는 친구들, 그가 임명하는 추기경들, 그가 동성애자들을 반대하며 내리는 수많은 결정, 그리고 심지어 어쩌다 게이 문제에 휩싸여 퇴위하게 된 사실은 동성애가 요제프 라칭거의 육체의 가시였다는 가설을 제시할지도 모른다.

그가 죄에 압도당하거나 최소한 죄의식에 압도당해 가장 고통받는 인물이었다는 사실은 의심의 여지가 없다. 이 점에서 그는 비극적인 인물이다. 이 억압이 그의 "내면화된 동성애 혐오증"을 설명할 수도 있다는 생각은, 수많은 정신분석학자, 정신과 의사들, 사제들, 진보적인 신학자들이 자주 내세웠다. 물론 게이 투사들, 즉 파스쿠알레 콰란타 기자와 같은 어떤 이들은 "내면화된 동성애 혐오증"의 원형적인 모델을 정의하기 위해 '라칭거 증후군'이라는 표현까지 제시했다.

한 남자가 자신의 '교구'를 반대하며 그런 논쟁을 벌인 적은 거의 없었다. 이런 고집은 결국 의심을 사게 되었다. 일부 사람은 베네딕토 16세가 그가 받는 의심을 피하고자 다른 사람들을 희생시켰다고 믿고 있다. 그러나 내가 보기에는 이런 심리적인 설명은 근거가 없다.

왜냐하면, 우리가 요제프 라칭거의 글을 자세히 분석하면 그의 가장 소중한 비밀을 발견할 수 있기 때문이다. 나는 또 다른 가설을 주장하고자 하는데, 만일 동성애 혐오라는 용어를 동성애자들에 대한 일반적인 강한 반감이라고 한다면, 그는 그런 의미로는 많은 사람이 말하는 것과는 달리 동성애 혐오적인 동성애자가 아니라는 것이다.

사실, 라칭거 추기경은 동성애를 두 가지 형태로 구분한다. 그의 이전 고위 성직자 중에는 이런 구분을 한 적이 없으므로 라칭거는 이 부분에서 신중했다. 그 두 가지 형태 중 첫 번째 것은, 동성 성행위를 하며 그런 삶을 강조하는 게이 정체성과 문화는 본질에서 질환이라는 것이다. 라칭거는 동성 성행위를 거부한다. 남자들 사이의 성은 육체의 연약함으로써 그것은 죄다.

다른 한 가지는, 내가 보기에는, 소홀히 여겨져 왔던 것인데, 라칭거가 절대 거부하지 않은 동성애가 있다. 그는 심지어 그런 동성애를 반드시 필요한 본보기로 삼고자 하는데, 그가 보기에는 그 사랑은 남녀 간의 육적인 사랑보다 훨씬 고상하다. 이것은 '초인간적인 법'에 따라 유지되어 온 금욕적인 동성애다. 자신과 싸우는 이 갈등은 많은 에너지가 필요하며, 끊임없이 지속하며, 참으로 잔인하다. 하지만 이 갈등은 결국 금욕을 향한 길을 열어준다. 라칭거는 온 마음과 힘을 다해, 감각에 대한 이런 승리를 본보기로 만들고자 지향해 왔다.

니체는 우리에게 『우상의 황혼』(*Twilight of the Idols*)을 통해 경고하며, "하나님을 기쁘시게 하는 성자는 이상적인 카스트라토(고음을 내기 위해 거세된 남성 가수)다"라고 비꼰다. 즉, 금욕을 교회의 이상적인 모델로 만드는 것에 대해 비꼬았다.

결국, 라칭거는 동성 성행위를 주창하는 '성 소수자'들을 거부하지만, 주저하는 사람들, 추구하는 사람들, 성적인 불가지론자들, '의문을 가진 사람들', 새로운 미국의 공식 용어 LGBTQ에 나오는 'Q'들에 대해서는 동일한 거친 대우를 하지 않을 것이다!

대체로 교황은 경멸받는 게이들 중에 '동성애 행위'를 거절하고 그것에 탐닉하지 않으며 정절을 유지하는 자들을 구해주려는 성향이 있다고 한다.

라칭거는 이런 금욕적인 동성애 성인(saint)을 이상으로 삼은 후에 그의 회칙(回勅)과 교황 교령(敎令)(*motu proprio*), 사도적 권유, 편지, 책, 인터뷰 등에서 그 이상을 반복적으로 언급했다. 우리는 가장 정교한 원문을 대할 수 있는데, 그것은 가톨릭교회의 신(新)교리문답(*New Catechism of the Catholic Church*, 1992)의 주요 항목들로서 우리에게 대단히 중요하다.

우리는 라칭거 추기경이 그 교리 문답의 편집장이었다는 사실을 안다. 그는 독일어를 구사하는 재능 있는 주교의 도움을 받았는데, 그 주교는 라칭거 교수의 제자로서 그의 휘하에 있던 크리스토프 쇤보른이다. 그 일은 단체적인 차원에서 진행되었는데, 일천 명의 주교들의 수고를 바탕으로 하여 약 15명의 고위 성직자들의 손을 거치며 진행되었다.

라칭거는 그 프로젝트를 전체적으로 총괄하며 개인적으로도 글을 썼는데, 특히 동성애에 관한 3대 핵심 조항(§ 2357ff)은 쇤보른, 프랑스 주교 장루이 브루게스과 함께 집필했다. 그 3대 핵심 조항이 담긴 부문의 제목은 '정절과 동성애'였다(제목이 어조를 느끼게 한다).

첫 번째 조항에서, 그 교리문답(*Catechism*)은 단지 "동성애 행위는 본질에서 질서에서 벗어난 장애다"라고 단언한다. 그런 행위는 자연법칙에 어긋난다. 그런 행위들은 생명의 선물로 이어지는 성적인 행위를 차단한다. 그런 행위들은 진정한 사랑과 성적인 상호보완성에서 나오는 것이 아니다. 어떤 경우에도 그런 행위들은 용납될 수 없다. '깊게 자리 잡은 동성애 성향'을 가진 사람들의 수가 "무시할 수 없을 정도"이고, 동성애 성향은 그들에게 '시험'이기에, 그들은 "존중, 동정, 섬세함으로 받아들여져야 한다"는 신호를 보낸 후, 교리문답은 라칭거의 웅대한 이론으로 나아가는 길을 열어준다.

"동성애자들은 정절을 요구받는다. 그들에게 내면의 자유를 가르치는 절제의 미덕에 의해, 때로는 사욕이 없는 우정의 지지 때문에, 기도와 성찬의 은혜에 의해, 그들은 단계별로 그리고 단호하게 기독교의 완전함에 접근할 수 있고 또 그래야 한다."

기독교의 완전함!

동성애자들은 그 정도까지 구하지 않았다!

여기서 그 원문의 진정한 저자인 라칭거는 '행위를 하는' 동성애자들을 비난한 후 '금욕적인' 동성애자들을 과대평가함으로써 자기 자신을 경이롭게 드러낼 가능성이 있는 것이다(더욱 '우호적인' 다른 두 작가, 쉰보른과 브루게스는 이 점에서는 더욱 진보적이다).

이것이 양면을 지닌 제안이다. 동성애 '행위'와 관행을 거부하고 정절을 동반하는 '비완성된' 동성애를 이상화하는 것이다. 동성 성행위를 하는 동성애자는 비난받고, 동성 성행위를 하지 않는 동성애자는 찬사를 받는다. 하지만 잘 생각해 보면, 이 주장은 완전히 모순적인 입장을 취한다. 여기서 우리는 라칭거 제도의 가장 중요한 핵심을 보게 된다.

교황 베네딕토 16세는 악마처럼 거듭 이 주장을 하곤 했다. 그는 여러 책과 인터뷰에서 가장 멋진 표현 가운데 이 표현을 반복하곤 했다. 예를 들어, 공식 인터뷰를 책으로 낸 『세상의 빛』(*Light of the World*)을 보면 이런 내용이 있다.

> 만약 누군가가 동성애적 성향이 짙다면 (오늘날에도 우리는 그 성향이 참으로 타고난 것인지, 아니면 어린 시절에 나타나는 것인지 알지 못한다), 아무튼 그런 성향이 그 사람을 강력하게 붙들고 있다면, 그것은 그 사람에게 큰 시련이다. … 하지만 그렇다고 해서 동성애가 타당하다는 뜻은 아니다.

평소에 예절바른 그 인터뷰 진행자는 교회에 동성애자들이 많다고 덧붙인다. 이에 베네딕토 16세는 이렇게 답변한다.

그것도 교회의 어려움 중 하나입니다. 그리고 관련자들은 적어도 그런 경향에 굴복하지 않도록 적극적으로 노력해야 합니다. 그래야 그들의 사역이 요구하는 임무에 충실할 수 있을 것입니다.

우리는 이 '억눌린' 동성애에 익숙하다. 그것은 소크라테스와 소크라테스적인 사랑이라기보다는 플라톤과 플라톤적인 사랑이다. 그것은 변덕스런 이성애자였지만 정절을 지킴으로 자기 자신과 싸워 성스러움을 성취한 성 어거스틴의 경우이기도 하다.

그것은 헨델, 슈베르트, 쇼팽 그리고 아마도 모차르트의 경우일 것이다. 그것은 자크 마리탱과 그 젊은 앙드레 지드의 경우이며, 프랑수아 모리아크와 젊은 쥘리앵 그린의 경우이고, 클라우델이 꿈꾸었던 랭보와의 경우다. 랭보는 그에게 금욕적으로 보였다. 욕망을 실행에 옮기기 전의 레오나르도 다 빈치와 미켈란젤로의 경우가 마찬가지다. 다른 말로 하면, 요제프 라칭거의 모든 지적, 예술적 열정도 그런 경우였다.

성을 포기하는 동성애자를 받아들이는 것!

이것이 라칭거의 대담한 내기다.

하지만 어떤 영웅이 자기를 채찍질함으로 그런 위업을 이룰 수 있을까?

아마 희생 제사를 드리는 라칭거나, 복제 인간이나 스타워즈의 제디(Jedi!)에게나 가능할 것이다!

다른 모든 '일반' 사람들에게는 금욕은 부자연스럽다. 따라서 베네딕토 16세의 사상은 필연적으로 이중생활을 하게 만들고 그 시인의 표현대로 '오래된 거짓말쟁이 사랑'과 '거짓말하는 커플'을 만들어 낸다. 원칙적으로, 라칭거파의 프로젝트는, 전 세계적으로 그리고 교황청 내에서, 반드시 실패와 위선으로 치닫게 되어있었다.

동성애 사상보다 동성애 행위를 정죄하며 금욕을 칭찬한 점에서 라칭거는 너무 지나쳤던 것일까?

그는 어리석게도 신속히 동성애화 되어가는 교회 내의 셀 수 없이 많은 위선자에 문을 열어주었던 것인가?

사실, 라칭거 추기경은 그의 거창한 이론이 지닌 함정과 한계를 보았다. 그래서 1986년, 기독교 전체 역사 가운데 처음으로, 그는 은밀히 조언을 받는 형식으로 미국 주교회의 도움을 받아 이 질문만을 따로 다룬 그 유명한 최초의 문서인 『동성애자들의 목회적 보살핌에 관한 가톨릭교회의 주교들에게 보내는 서한』(Letter to the Bishops of the Catholic Church on the Pastoral Care of Homosexual Persons)을 써서 그 안에 모든 것을 요약해 놓았다.

한편으로는 동성애의 '조건'과 '성향'을 두고 다른 한쪽으로는 동성애적인 '행위'를 염두에 두고, 라칭거 추기경은 동성애 '행위'만이 '본질적인 장애'라고 확언했다. 그러나 그는 즉시 하나의 단서를 더했다. 그는 '지나치게 자비로운' 해석이 진행되고 있음을 고려하였다고 하며, '성향 그 자체'는 비록 죄가 아닐지라도 나쁜 것이라고 지적했다. 면죄부에 제약을 추가한 것이다.

아마도 자기 세대의 다른 사람들보다, 요제프 라칭거는 역사와 자기 자신의 삶에 반하는 행동을 가장 많이 했다. 참으로 그릇된 그의 논리는 곧 동성애자들에 대한 차별을 정당화시키게 하였고, 직장이나 군대에서의 해고를 부추겼고, 취업 거부나 주거 접근 거부도 부추겼다. 그는 이런 식으로 동성애 혐오증을 합법화함으로써 추기경으로 있을 때뿐만 아니라 그 후 교황으로 있으면서도 무심코 그의 신학이 편견으로 치우쳐있다는 사실을 확실하게 드러낼 것이다.

아마도 그렇게 될 수밖에 없었던 것일까?

왜냐하면, 요제프 라칭거는 1927년에 태어났고, 스톤월(Stonewall)의 게이 '해방'이 일어났을 때 그는 42세라는 사실을 잊지 말자. 그는 78세에 교황이 되었고, 그때는 이미 노인이었다. 그의 생각은 과거 시대의 동성애 혐오 사상에 갇혀 있는 일반 남자들의 것과 같다.

결국, 이 비극적인 인물 때문에 나는 이 조사를 시작했을 때보다 더 어떤 연민을 느끼게 된다. 그는 시대착오적인 생각에 갇혀 있는 내적으로 좌절된 인간이다. 이 진지한 지식인은 모든 것을 생각해냈지만 그에게 가장 중요한 문제를 정직하게 다루는 데 있어서 실패했다. 즉, 그는 과거 시대에 속한 남자로서 그의 내면의 갈등을 해결하지 못한 일생을 살았다. 반면, 그보다 덜 지적이고 덜 교양이 있는 오늘날의 수천만 명의 십대들은 18세가 되기 전에 몇 개월 내에 그 동일한 퍼즐을 풀어낼 수 있다.

그 후 나는 다른 곳 또는 다른 때 있던 어떤 미켈란젤로가 어떻게 대리석 덩어리 안에 감추어져 있던 그의 정체를 드러나게 하는 데 도움을 주었을지 궁금해졌다.

어떤 미켈란젤로가 이 '밀실'의 사람을, 이 아틀라스 사람을, 이 노예를, 이 젊고 수염을 기른 죄수를, 플로렌스의 아카데미아 미술관(Galleria dell'Accademia)

에 있는 돌덩어리에서 솟아난 화려한 사람들처럼 만들어 놓았을까?

결국, 우리는 아름다움을 사랑하고 평생 자신과 싸워온 이 남자에 대해 어떤 존경심을 가져야 하지 않을까?

그 싸움은 분명히 허무한 전투이고 그 방법에서는 비극적임에도 그러나 궁극적으로는 진실한 싸움이 아니었을까?

이 문제에 대한 진실이 무엇이든 간에 (어쩌면 그에 대한 진실은 우리가 결코 알아낼 수 없을 것이다) 나는 그가 자신으로부터 자신을 보호하기 위해 선택한 그의 관대한 가설을 믿기로 한다. 20세기의 가장 지속적인 동성 혐오자들 중 한 명에게 자비와 평안을 주었던 그 억측을 말이다.

* * *

호레이스(Horace)는 '나투람 엑셀라스 퍼카', '타멘 우스크 리커렛'(*Naturam expellas furca, tamen usque recurret*)이라고 쓴다(갈퀴로 자연을 몰아내라, 그러면 그것은 전속력으로 되돌아온다). 장기적으로 본성을 감출 수 있을까?

베네딕토 16세가 교황으로 있으면서 말한 표현 중에 가장 눈에 띄는 특이한 표현은 (일화 같은 것이지만) 2010년에 출간된 그의 공식 인터뷰 책인 『세상의 빛』(*Light of the World*)에서 나온다. 교황은 어떤 인터뷰에서 길게 대화를 한다. 그는 에이즈에 대한 그의 무지몽매한 말로 야기되었던 거대한 전 세계적인 논쟁으로 되돌아간다(그는 아프리카를 처음 방문했을 때, 콘돔의 유통이 에이즈 전염병을 "악화시킨다"고 선언했었다).

교황은 자신을 이해시키려는 듯 그의 말을 바로잡기 시작했다. 갑자기 그는 대답을 하다가 말한다.

> 예를 들어, 개인적인 경우에 있어서 어떤 [남성] 매춘부가 콘돔을 사용할 때, 그것은 도덕성을 향한 첫걸음이 될 수 있는 것이지만 … 그러나 그것은 HIV 바이러스의 악에 대응하는 참된 방법이 아닙니다. 올바른 대응은 반드시 성(性)을 교화시키는데 있습니다.

프로이트는 틀림없이 레오나르도 다 빈치의 어린 시절의 기억을 세심하게 분석했다. 그는 아마도 라칭거의 이 표현을 듣고 그를 철저하게 분석한 후 매우 좋아했을 것이다. 여기서 특이한 것은 교황이 에이즈에 대해 공식적으로 말한 부분이 아니라, 그의 흘린 말이 글로 쓰이면서 두 배로 그 의미가 분명해진 것이다. 구두로 말한 후, 후에 기록된 것을 다시 읽어보면, 그 표현은 남성 관사로 쓰여 있었다.

(나는 원문을 확인했고, 그 표현은 '[남성] 매춘부'[*ein Prostituierter*]로서 남성 관사로 쓰여 있다. 그 책의 독일 판 146-7쪽을 보라).

에이즈 환자의 대다수가 이성애자와 관련된 경우인 아프리카에서, 베네딕토가 콘돔 사용을 허락하는 유일한 부류는 남성 매춘부와 관련된다. 심지어 여성 매춘부도 아니다. 그는 아프리카의 매춘부들을 생각할 때, 무조건 남성 매춘부들만을 생각한다!

하나의 착오가 이렇게 많은 것을 드러낸 적은 없었다. 그리고 나는, 당황하든 환한 표정으로 말하든, 때로는 정말로 웃음을 터뜨리며 말하든, 셀 수 없이 많은 사제, 주교, 언론인 또는 동성애 투사들이 이 표현을 인용하는 것을 보았다. 이 이중적인 착오는 아마도 가톨릭 역사 전체에서 가장 많은 것을 드러낸 고백 중 하나일 것이다.

20

부(副)교황
(The vice-pipe)

그 사진은 너무 비현실적이어서 포토샵을 한 것처럼 보인다. 타르치시오 베르토네 국무원장은 위풍당당하게 보좌에 앉아 있는 듯하다. 그는 빨간 줄의 노란색 주교관을 쓰고 파란 연단 위에 높이 놓인 의자에 앉아 있다. 이 삼중으로 구성된 격식은(연단, 왕좌, 주교관) 그를 약간 무서운 거인처럼 보이게 한다.

그는 신성한 의식 중에 황제처럼 뻣뻣이 앉아 있는데, 단지 칼슘의 과잉은 아닐 것이다.

그의 오른쪽에 앉아 있는 호르헤 베르고글리오 추기경은 매우 작다. 그는 단지 흰옷을 입고 연단에서 약간 떨어져 있는 평범한 금속 의자에 앉아 있다.

베르토네는 비행사가 쓰는 검은 선글라스를 끼고 있다. 베르고글리오는 큰 안경을 끼고 있다. 베르토네의 금빛 찬란한 제의는 나의 할머니의 깔개를 연상케 하는 하얀 레이스로 끝을 맺는다. 그의 손목에는 시계가 반짝거리며 빛을 내는 데 로렉스가 분명했다.

그 두 사람 사이의 긴장은 뚜렷하다. 베르토네는 미이라처럼 얼어붙은 채, 호기심 어린 표정으로 정면을 응시하고 있다. 베르고글리오는 이 잘난체하는 황제의 모습을 보고 놀라서 입을 벌리고 있다.

구글과 인스타그램에서 쉽게 찾아볼 수 있는 이 사진은 2007년 11월 날짜로 되어있다. 국무원장이 시복(諡福) 의식을 하기 위해 아르헨티나로 여행하는 동안 찍은 것이다. 당시 베르토네는 가톨릭교회에서 베네딕토 16세 다음으로 가장 영향력 있는 인물이었다. 그는 '부교황'으로 알려져 있었다. 몇 년 후, 그는 곁으로 밀려날 것이고, 베르고글리오는 프란치스코라는 이름으로 교황으로 선출될 것이다.

* * *

타르치시오 베르토네는 1934년 이탈리아 북서부의 피에몬테에서 태어났다. 그는 자기의 전임자인 안젤로 소다노 국무원장과 고향이 같다. 베르토네는 소다노에 이어 이 책의 두 번째 악당이다. 물론 허영심과 엄격함으로 꽉 찬 이 두 거인은 로마 교황청이 항상 자리 잡아 왔던 셰익스피어 대극장에서 서로 '상호보완적인 원수'가 될 것이다.

산악 농민의 아들인 베르토네는 살레지오회의 회원(Salesian)이다. 살레지오회는 이탈리아에 세워진 가톨릭 성(省)으로서 교육에 초점을 두고 있다. 베르토네의 삶은 오랫동안 꽤 평온했다. 30년 동안 그는 거의 언급된 적이 없었다. 그는 성직자로서 가르치기에 힘썼다. 물론 신중하게 인맥을 형성하고 있었다.

그리고 그 결과로 56세의 나이로 그의 출생지인 피에몬테 주(州)의 베르첼리 도시의 대주교로 임명되었다.

그 당시 그를 잘 아는 사람 중 하나는 라파엘 파리나 추기경이다. 그도 역시 살레지오회의 회원이다. 그는 바티칸의 그의 아파트로 다니엘레와 나를 맞이한다. 우리는 그의 창문에서 몇 미터 안 되는 곳에 교황의 아파트를 볼 수 있고, 조금 더 가면 조반니 바티스타 레와 베르토네 추기경의 대단히 멋진 테라스를 볼 수 있다. 그리고 좀 더 가면 안젤로 소다노의 펜트하우스 테라스가 있다. 이들 80세 노인들은 모두 꼼짝 않고 각자의 창문에서 시기심과 반감을 품고 서로를 관찰한다. 즉, 테라스 전쟁이라 하겠다.

"베르토네가 우리와 합류했을 때 나는 살레시오 대학을 책임지고 있었습니다."

파리나가 설명한다.

"그는 나의 부관이었습니다. 내가 교황이라면, 나는 그를 잘 알기에, 결코 그를 바티칸의 국무원장으로 임명하지는 않았을 것입니다. 그는 여행하는 것과 자신의 사업을 돌보는 것을 좋아했지요. 그는 특히 이탈리아어로, 가끔은 프랑스어로 많은 이야기를 합니다. 그는 국제적으로도 많은 연줄을 갖고 있지만, 바티칸에서 완전히 실패하기 전, 이미 살레시오대학에서도 실패했었습니다."

파리나 추기경은 마치 여담을 하듯 덧붙여 말한다.

"베르토네는 남부 사람처럼 항상 손을 이리저리 흔들었어요. 그는 북이탈리아 사람입니다!"

파리나는 바티칸의 모든 비밀을 알고 있다. 그가 가깝게 지냈던 베네디토 16세가 그를 추기경으로 임명하였고, 프란치스코는 그를 바티칸 은행 개혁을 위한 중요한 위원회 회장으로 임명하였다. 그는 재정, 부패, 동성애를 막론하고 모든 것을 알고 있다. 우리는 여러 차례 대화를 나누는 과정에서 이런 주제들을 놓고 오랫동안 실컷 이야기한다.

한번은 모임 후에 파리나와 함께 그의 다음 목적지까지 갔다. 우리는 85세 나이의 파리나가 직접 운전하는 그의 작은 차인 바티칸 외교차량 폴크스바겐 '업!'에 올라탄다. 그리고 그 차 안에서 우리의 대화를 마친다. 우리를 태운 차는 타르치시오 베르토네가 사는 아파트 건물 앞을 지나 안젤로 소다노의 집 앞을 지난다. 파리나 추기경의 시력이 매우 나쁜 것을 잘 알고 있는 경찰이 우리가 탄 차를 멀리서 보고 있다.

우리는 경찰의 시선을 의식하며 꽃이 활짝 핀 벚나무들 사이로 바티칸의 가파른 거리를 따라 운전한다. 거기서 그는 정지 신호등을 무시한다. 그리고 일방통행 길로 잘못 들어선다. 경찰은 공손히 그에게 손을 흔들며 올바른 방향으로 나가도록 가리킨다. 비록 머리카락이 오싹한 순간들이 몇 번 있었지만 우리는 포르타 산타 안나(the Porta Santa Anna)에 안전하게 도착한다. 그리하여 우리에게 많은 것을 말해준 그 추기경과의 대화는 완성된다. 세상에, 얼마나 많은 말을 했던지!

베르토네는 저능아인가?

오늘날 바티칸에 있는 모든 사람이 내게 그렇게 말한다. 그를 변호해 주는 고위 성직자나 교황 대사를 찾아보기 힘들다. 오히려 과거에 그를 정점에 올려놓았던 동일한 사람들이 이제는 그에 대해 격분하며 비판한다. 그들은 아마 그의 희귀한 자질을 잊은 듯하다.

그의 희귀한 자질로는, 그의 뛰어난 업무 능력, 동료들에 대한 충성심, 이탈리아 주교회 내에서의 네트워킹 감각, 라칭거주의 등이 있다. 그러나 그는 자연스런 권위가 부족하기 때문에 이전의 수많은 무능한 사람들처럼 권위주의자가 된다. 제노바에서 그를 아는 사람들은 그를 형식주의자로 묘사한다. 사람들은 그가 손님을 맞이하는 궁전에서 젊은 독신자들과 늙은 총각들로 둘러싸여 있던 거만한 사람이었다고 묘사한다.

"그를 만나려고 하면 마치 교황을 접견하는 때와 마찬가지로 기다려야 했어요."

전 바티칸 주재 프랑스 대사였던 피에르 모렐이 말한다.

베르토네의 이전 제자이고 법과 프랑스어를 가르쳤던 어떤 사제는 나를 런던에서 만나 다르게 말한다.

"그는 매우 훌륭한 선생님이었고 매우 웃음을 주는 분이었어요."

그는 베르토네가 클라우델, 베르나노스, 자크 마리탱을 인용하기를 좋아했다고 알려준다. 베르토네는 서면 교환을 통해 자신이 이런 작가들을 읽었다는 것을 확인해 주고, 자신의 약간 녹슨 프랑스어에 대해 사과하며, 내가 그에게 작은 그 유명한 하얀 책을 주어 프랑스어를 '새롭게' 해준 것에 대해 감사한다.

많은 사람이 볼 때, 타르치시오 베르토네는 국무부에서 자격 미달이다. 이전에 요한 바오로 2세의 내무부 '장관'이면서 베르토네의 원수였던 조반니 바티스타 레 추기경은 "베르토네는 신앙교리성에서는 훌륭하게 일을 했지만, 국무부에서는 제대로 하지 못했습니다"라고 조심스레 말한다.

베르토네와 교제하며 그의 고해를 받았을지도 모를 성 베드로대성당의 고해 신부 돈 율리우스는 "그는 주제넘은 사람이었습니다. 그는 교회법을 잘못 가르치는 나쁜 선생이었습니다"라고 덧붙인다.

대부분이 적어도 동성애 애호가들인 성 베드로대성당의 고해 신부들은 바티칸 내의 흥미로운 소식통이다. 산타 마르타 광장에 있는 한 고대 건물에서 기숙하는 그들은 개별적인 작은 독방에서 살며 멋진 공동식당을 갖고 있다. 나는 종종 그곳 수도원 면회실에서 사제들을 만나곤 했는데, 그곳은 교황청 중심에 있음에도 불구하고 삼가는 장소이기에 그들은 그곳을 선호한다. 그곳에서는 고해하는 사람과 또한 고해를 받는 고해 신부를 방해하는 것이 전혀 없다.

고해 신부들은 프란치스코 교황 관저에서 몇 미터 되지 않는 이 감시초소에서 모든 것을 보고 안다. 그곳은 베르토네의 아파트를 마주 보고 있으며, 로마 대법원과 바티칸 경찰 사무실 사이에 있다. 바티리크스 사건 이후 파올로 가브리엘레(Paolo Gabriele)가 구금된 곳이 바로 여기다. 처음으로 고해신부들의 작은 독방들은 진짜 감옥이 되었다.

익명을 보장하는 것을 전제로, 성 베드로대성당의 고해 신부들이 모든 것을 말해준다. 그들은 어느 추기경이 어떤 부패한 스캔들에 연루되어 있는지, 누가 누구와 자고 있는지, 어느 잘생긴 부제가 저녁에 그의 상사의 고급 아파에서 그와 합류하는지, 누가 스위스 근위대를 좋아하는지, 누가 더 남자다운 경찰을 선호하는지를 알고 있다.

고해 내용을 비밀로 간직하고 있는 사제 중 하나가 내게 말한다.

> 부패한 추기경이라도 고해 성사 때 자기가 부패했다고 말한 적이 없습니다! 어떤 동성애 애호적인 추기경도 그의 성향을 고백한 적이 없었지요! 그들은 우리에게 바보 같은 것들과 중요하지 않은 것들만 이야기합니다. 하지만 우리는 그들이 부패를 더 이상 느끼지 못할 정도로 심각하게 부패했다는 것을 알지요. 그들은 심지어 고해성사를 하면서도 거짓말을 합니다.

*　　*　　*

베르토네는 요제프 라칭거가 그를 1995년에 그 중요한 교리성의 보좌관으로 임명했을 때 떠오르기 시작했다. 그때 그는 60세였다.

엄격한 사람이 교회 전체에서 가장 교조적인 자리에 임명된 것은 축복이었다. 교황청의 사제 하나가 내게 말하듯 그 자리는 '엄격함의 극치'다. 베르토네가 사상경찰이라는 나쁜 평판을 얻게 된 곳도 바로 그 자리에서였다.

여러 해 동안 성직자 궁(the Palace of the Holy Office)에서 일해 온 몬시뇰 크리스토프 하람사는 교리성의 그 자리를 'KGB의 지사'에 비유한다. 즉, 그곳은 실제로 '영혼과 침실을 통제하는' 억압적인 전체주의 체제라는 것이다.

베르토네가 특정 동성애자 주교들에게 심리적인 압박을 가했을까?

그는 어떤 특별한 추기경에게 그에 대한 파일이 있으며, 그러기에 사고를 치지 않아야 한다고 말했을까?

내가 하람사에게 물으니 그는 대답을 회피한다.

신앙교리성에서 베르토네는 이런 식으로 일하였기 때문에 후버(Hoover)라는 별명을 얻게 되었다.

"하지만 그는 덜 총명한 후버였어요."

나에게 이 별명을 알려준 대주교가 덧붙인다.

거의 50년 동안 미국 수사국(the US Bureau of Investigation) 및 그것을 대신하여 생겨난 FBI를 운영했던 존 에드거 후버(J. Edgar Hoover)는 사람들과 상황들에 대해 알게 된 정보들을 그의 엄격한 기관과 연결했다. 그의 숨겨진 정체성은 그 기관을 통해 역설적으로 나타났다. 그는 악마처럼 끊임없이 자신과 대항하여 싸우면서, 수많은 공인과 미국 정치인들의 사생활에 대한 철저한 비밀 파일을 작성했다.

우리는 이제 일에 대한 이런 비범한 능력, 비뚤어진 권력 취향, 반공산주의 강박관념이 하나의 비밀과 공존했었다는 것을 안다. 즉, 후버도 동성애자였거나 아니면 적어도 동성애 애호가였다. 그는 그가 FBI의 부국장으로 임명한 클라이드 톨슨(Clyde Tolson)을 그의 후계자로 만들기 전에 그 부국장과 함께 모순으로 가득 찬 삶을 살았다.

베르토네와 후버를 비교하는 것은 마치 사본이 원본과 다를 수 있듯이 어떤 점에서는 맞지 않을 것이다. 하지만 심리는 같다. 말하자면, 베르토네는 실패한 후버다.

2002년, 요한 바오로 2세는 타르치시오 베르토네를 제노바의 대주교로 임명했다. 그 후 라칭거의 고집스런 요구로 추기경으로 서임하였다. 베네딕토 16세는 교황으로 당선된 지 몇 달 후에 국무원장 안젤로 소다노 자리에 베르토네를 앉혔다. 이로써 베르토네는 교황의 '총리'가 되었다.

그 성공한 야심가는 이제 모든 권력을 장악했다. 교황 요한 바오로 2세가 그의 교황직의 마지막 10년 동안 오랜 병환으로 있을 때 소다노가 실제로 부교황 역할을 했던 것처럼, 베르토네는 교황 베네딕토 16세가 국정 운영에 대한 관심 부족 덕분에 부교황이 되었다.

여러 소식통에 따르면, 베르토네는 자신에게 주어진 총지휘 권한으로 바티칸의 비밀을 지키기 위해 신호, 경보, '감독'으로 구성된 내부 통제 체제를 구축했다고 한다. 만일 이 체제에 두 가지 예기치 못한 말썽만 없었더라면, 그는 오랫동안 흠 없는 경력 가운데 권력의 자리에 있었을 것이다. 그 두 가지 말썽은 무엇보다 바티리크스 사건이고 그다음은 더더욱 기대치 않았던 베데딕토 16세의 '퇴위' 사건이었다.

후버보다는 조직력이 부족하지만, 베르토네는 후버처럼 자신의 약점을 보완해 줄 남자를 택했다. 그래서 그는 배후 조종을 하는 안젤로 소다노 추기경의 격렬한 반대에도 불구하고 그와 친하게 된 도메니코 지아니(Domenico Giani)를 바티칸 시국 국가헌병대의 수뇌로 임명했다. 이탈리아의 재무부 소속 경찰(the Italian Guardia di Finanza)이던 장교는 이제 백 명의 무장 헌병, 조사관, 경찰관을 담당하는 수뇌 자리에 앉게 되었고, 베르토네의 꼭두각시가 되어 모든 비밀 사건들과 임무를 담당하게 되었다.

> 바티칸 헌병대는 치외법권과 외교적 면책 특권을 사용해서 특정 스캔들을 은폐하려고 했습니다. 그들은 우리와 협력하기를 거부했지요. 따라서 이탈리아 경찰청장들은 그들을 매우 비판했습니다. 따라서 관계는 점점 악화하였습니다.

한 이탈리아 고위 경찰관이 내게 말한다.

수필가 니콜라스 디아트(Nicolas Diat)는 베르토네의 부제와 게오르크 겐스바인이 제공한 정보를 받아 책을 한 권 썼는데, 그 책에서 그는 도메니코 지아니는 외부의 영향을 받았음을 시사한다. 물론 그 영향이 프리메이슨리인지, 게이 로비인지, 이탈리아 첩보부로터 온 것인지는 밝히지 않는다.

디아트는 어떤 추기경의 말을 인용하여 지아니가 "교황청 내에 잠입한 가장 심각한 죄"를 지었을 뿐만 아니라 "교황에 대한 반역죄"를 지었을 것이라고 암시했다(이런 심각한 암시는 입증된 적이 없으며, 베네딕토 16세의 대변인은 그런 추측을 단호히 부인하였다. 프란치스코 교황은 지아니에 대한 신뢰를 다시 분명히 했다).

도메니코 지아니와 바티칸의 기술적인 서비스의 도움으로 베르토네는 교황청을 감시하게 되었다. 수백 대의 카메라가 도처에 설치되었고, 통신은 검열되었다. 심지어 관리가 가능한 특별 기종의 휴대폰 모델만을 승인하려는 계획도 있었다. 주교들 사이에 난리가 났다!

그들은 감시 받기를 거부했다!

스마트폰을 한 가지 모델로 통일시키려는 시도는 실패했지만 그럼에도 감시는 시작되었다(장루이 토랑 추기경은 이 사실을 확인해 주었다).

> 바티칸은 통신, 전화기, 컴퓨터 등을 면밀히 검열하며 감시하였습니다. 그렇게 해서 그들은 교황청에서 발생하는 모든 일을 알고 있었고, 필요하다면, 문제를 일으킬 수 있는 대상에게 불리한 증거를 댈 수 있었지요. 그러나 평소에는 모든 비밀을 보관하고 있었습니다.

이전에 사제였고, 해고되기 전까지 감시 대상이었던 프란체스코 레포레가 말한다.

과거에 요한 바오로 2세의 내무 '장관'이었고 나와 이 주제로 대화를 나눈 조반니 바티스타 레는 다니엘레가 있는 자리에서 바티칸이 이 정도 수준의 감시를 할 수 있었을지에 대해 여전히 의심하고 있다.

> 사실 바티칸에서는 국무원장이 모든 것을 알고 있고, 당연히 모든 사람에 대한 기록 파일을 가지고 있어요. 나는 베르토네가 그렇게 조직적이거나 모든 사람에 대한 파일을 가지고 있었다고는 생각하지 않습니다.

교황청의 고위 성직자들 대부분은 베르토네와 지아니의 감시 시스템이 작동하자 감시를 피하기 위해 시그널(Signal)이나 텔레그램(Telegram)과 같은 안전 어플리케이션을 사용하기 시작했다. 그들은 또한 감시를 피할 수 있는 개인 휴대폰을 따로 구입해서 국무원장을 욕하기도 하고, 동일 종교인들에 대한 소문을 토론하기도 하고, 그린더(Grindr)와 연결하기도 했다. 바티칸 안에서는 인터넷 사용이 감시되고 검열되었지만, 그들은 그 두 번째 개인 휴대폰으로 인터넷의 방화벽을 뚫고 음란 사이트와 같은 금지된 주소에 접속했다.

어느 날, 나는 바티칸 내에서 함께 지내던 한 사제의 개인 아파트에서 실험했다. 우리는 여러 음란 사이트를 접근해 보았는데 "이 사이트의 차단을 해제하려면 내부 번호 181, 이전 번호 83511, 또는 90500으로 전화하십시오"라는 메시지가 뜨며 차단되었다. 그 메시지는 바티칸 인터넷에 '부모의 통제 요구'가 있다는 것을 말해주고 있었다!

나는 몇 달 뒤, 바티칸 안쪽에 있는 한 주교의 아파트에서 같은 실험을 다시 해보았다. 이번에는 화면에서 바티칸의 '보안경찰'의 요구로 "요청된 웹페이지 접속"이 차단되었다는 메시지가 떴다. 그러면서 이유를 알려주는데 '성인(成人) 내용'이라는 것이다. 그러면서 접속 차단을 풀려면 '보내기'를 눌러야 한다고 했다.

> 바티칸의 고위 인사들은 그들이 이 감시에서 벗어날 수 있다고 생각합니다. 그들은 감시 상황에서도 잘 지내지요. 그러나 만일 그들이 어느 날 '장애물'이 된다면, 감시를 통해 드러났던 정보들은 그들을 통제하는 데 쓰이겠지요.

프란체스코 레포레가 설명한다.

포르노, 특히 게이 포르노 접속은 바티칸에서 매우 빈번하다. 나의 정보원은 "교황청 고위 성직자들은 심각하게 게이 포르노에 중독"되어 있다고 말한다. 펜실베니아에 있는 가톨릭교회는 이런 중독 문제를 치료해 주기 위한 전문 사이트 노팹(NoFap)을 운영하는데, 바티칸의 사제 중에는 이런 전용 서비스를 의존해 온 사람들도 있다.

이런 내부 감시는 베네딕토 16세의 교황 재임 기간 동안 강화되었다. 그 이유는 스캔들과 소문이 급격히 늘고 최초의 바티리크스 사건이 터졌기 때문이다. 타르치시오 베르토네 자신도 이런 유출에 휘말려 그의 편집증 증세는 더욱 심각해졌다. 그는 자기의 개인 아파트에 도청 장치가 설치되어 있는지 확인하기 시작했고, 동료들을 의심했으며, 심지어 그의 운전기사가 소다노 추기경에게 정보를 줄 것으로 의심하며 그를 해고했다.

한편, 바티칸의 행정은 멈추어졌다. 국제 관계를 담당하고 있지만, 외국어 구사 능력이 떨어지는 베르토네는 현지 주교회와 격리되었고, 끊임없는 실수를 저지르기 시작했다. 형편없는 외교관이었던 그는 자신이 가장 잘 알고 있는 것, 즉 이탈리아 정치와 그 국가 통치자들과의 관계에 집중했다. 사실 그는 이탈리아의 통치자들을 직접 통제할 수 있기를 바랐다(이 사실은 CEI의 두 회장, 루이니 추기경과 바냐스코 추기경이 확인해 주었다).

베네딕토 16세의 국무원장은 평범한 동료들과 다니며 여러 소문을 불러일으켰다. 그 동료 중에는 저명한 레흐 피에초타(Lech Piechota)가 있는데 그는 베르토네가 가장 아끼는 동료로서, 라칭거의 게오르크 겐스바인, 요한 바오로 2세의 스타니스와프 지비스처럼, 둘 사이는 떼려야 뗄 수 없는 관계였다.

나는 피에초타를 인터뷰하려고 시도했지만 성공하지 못했다. 내가 들은 정보에 따르면, 베네딕토 16세의 교황직이 끝난 이후, 이 폴란드 사제는 교황청 문화 협의회로 이동되었다. 나는 그 곳을 여러 번 방문하다가 한번은 피에초타의 안부를 물었다. 나는 예술에 전혀 관심이 없었던 그가 어떤 기적으로 그 자리에 이르게 되었는지 알아내고자 했다.

그에게 숨겨진 예술적 재능이 있었던 것일까?

그는 옆으로 밀려났던 것일까?

나는 천진스레 알고자 했다.

나는 문화 협의회 위원들을 두 번 만나서 피에초타에 대한 인터뷰를 했다.

그가 거기 있었는가?

그 대답은 명백했다.

"나는 당신이 누구에 대해 말하는지 모르겠습니다. 그는 여기에 없습니다."
이해가 가지 않았다. 레호 피에초타의 이름은 『교황청 연감』(Annuario pontificio)에 교황청 문화 협의회의 정책 담당관으로 실려 있다. 그의 이름은 내가 인터뷰한 세 사람인 로랑 마자스(Laurent Mazas) 신부, 파스쿠알레 이아코보네(Pasquale Iacobone) 신부, 카를로스 아제베도(Carlos Azevedo) 주교의 이름과 같이 놓여있다. 또한, 내가 그 부서의 교환원에 전화를 하면 피에초타에게 연결된다. 아무튼, 간단히 말하면, 이상하게도 그 '총리'의 이전 부제인 피에초타는 전 세계의 수십 명의 추기경과 정부 정상들과 매일 대화를 나누었던 사람인데 프랑스어도 영어도 스페인어도 하지 못한다.
이처럼 피에초타는 문화 협의회의 정책 담당관인데, 그들은 그가 거기 있다는 것을 잊은 것 같다.

바티리크스 스캔들로 그의 이름이 유출된 뒤부터 문제가 생긴 것일까?
베르토네 추기경의 이 개인 비서를 보호할 필요가 생긴 것일까?
이 폴란드 사제 피에초타는 왜 그렇게 비밀이 많을까?
(두 명의 증인에 따르면) 베르토네가 부르면 왜 그는 가끔 교황청 문화 협의회에서 그의 사무실을 비우는 것일까?
왜 우리는 그가 커다란 관용차를 몰고 다니는 것을 보게 되는가?

그 차는 고급 아우디 A6로서 코팅된 창문과 뒤의 바람막이가 있고 바티칸의 외교관 번호판이 붙어있다.
피에초타는 왜 아직도 성직자의 궁에 살고 있을까?
나는 그곳에서 여러 번 그를 마주쳤는데, 그가 몰고 다니는 큰 차는 다른 사람이 주차할 수 없는 특권 주차장에 주차되어 있었다.

내가 교황청 사람들에게 이런 질문을 했을 때, 왜 그들은 웃었을까?
왜?
왜?

* * *

타르치시오 베르토네는 많은 원수를 두었다고 말해야 한다. 그 원수 중에는 베네딕토 16세의 교황직이 시작될 때 아직 교황청에 남아있던 안젤로 소다노가 있다. 전 국무원장이었던 소다노는 막대한 비용을 들여 복원한 그의 에티오피아대학에서 기습 공격을 받고 재정 비리로 걸려들었다. 그는 분명히 그의 직임을 잃었지만, 추기경단의 단장직은 놓치지 않았다. 이 직함은 그를 여전히 교황 만드는 자로 보이게 만들었는데, 그 이유는 그 자리는 콘클라베의 선거위원들에게 큰 권한을 행사할 수 있기 때문이다.

소다노는 너무 오랫동안 권력을 행사해왔기 때문에 나쁜 습관도 있었다. 그는 아직도 자신이 국무원장인 것처럼 그의 호화로운 서재에서 남자들을 추려서 그들에 대한 파일을 정리한다. 베르토네는 소다노가 베네딕토 16세의 교황직에 있어서 주요 위험인물 중 한 명이라는 것을 너무 늦게 알았다.

너무 자주 그러하듯 이 모든 일은 모욕과 함께 시작할 것이다. 과거에 요한 바오로 2세의 국무원장 추기경이었던 소다노는 궁전 안에 머물기 위해 모든 수단을 동원했다. 라칭거 교황은 즉위 첫해에 소다노를 형식상 그 자리에 두었다. 사실은, 아직 그 자리에 앉힐 사람이 없었다!

요제프 라칭거는 정치적인 추기경이 아니었다. 그에게는 개인 비서인 게오르크 외에는 동료도 없었고, 팀도 없었다. 따라서 어떤 자리에 배치하거나 또는 승진시켜야 할 사람이 아무도 없었다. 하지만 라칭거는 소다노를 항상 의심했었고, 다른 사람들처럼 소다노에 대한 충격적인 정보를 알고 있었다.

* * *

라칭거는 소다노의 칠레에서의 과거 생활에 대해 듣고는 소스라치게 놀랐다. 너무 당황해서 그는 그 소문을 믿고 싶어 하지 않았다.

마침내 베네딕토 16세는 79세의 정년을 계기로 소다노와 결별했다. 그의 회고록에 의하면, 이런 일이 있었다.

"그는 나와 동갑이었다. 교황이 노년기에 선출되어 나이가 많다면, 적어도 국무원장은 젊어야 한다."

거의 80세의 추기경을 은퇴시키다니!

소다노는 참을 수가 없었다.

그는 당장 호전적인 자세를 취했다.

그는 반항하고, 비방을 퍼붓기 시작했다. 그는 저항했다. 그는 경기가 끝난 것을 알고는 자신이 후계자(그의 제자이며 대리인이고, 전 독일 주재 교황 대사였고 APSA의 전 회원이었던 조반니 라졸로(Giovanni Lajolo)를 추천하고자 했다)를 선택할 수 있게 해달라고 요구했다. 하지만 그의 뜻은 이루어지지 않았다. 그리고 마침내 제노바 대주교 타르치시오 베르토네가 그의 후임자가 된 것을 알고는 충격을 받았다.

"그는 나의 부관이 될 수도 있었는데!

그는 심지어 교황 대사도 아닌데!

그는 영어도 못 하고!

그는 성직자 귀족에 속하여있지도 않은데!"(내가 확인할 수 있었던 것은 베르토네가 자신을 변호하면서 이탈리아어는 물론 프랑스어와 스페인어도 꽤 잘 하였다는 사실이다).

이제 그 장군 소다노는 그를 '여왕'이라고 부르며 그의 동성애자 정체를 폭로한 그의 부하들을 처벌할 것이다. 이제 이탈리아에서는 율리우스 카이사르(Julius Caesar)의 시대 이후로 들어보지 못한 그런 종류의 비방과 험담과 복수의 에피소드가 시작된다!

물론 험담은 교황청의 역사에서 항상 큰 역할을 해왔다. 험담은 그 시인이 말하는 '게이 독약'이고, 프란치스코 교황이 비난하는 '소문, 비방, 풍문의 골칫거리'다. 이런 종류의 험담은 '게이 해방' 이전에 동성애의 삶과 전형적으로 연결되어 있었다. 오늘날 추기경들은 자신들의 이중생활을 감추기 위해 동일한 암시와 농담과 비방들로 구성된 험담을 사용하고 있다.

> 바티칸은 군주가 있는 궁정입니다. 그곳의 성직자에게는 사생활과 공생활의 분리도 없고, 가족도 없고, 모든 사람이 공동체로 살고, 모든 것이 알려져 있고, 모든 것이 뒤섞여 있지요. 그렇게 해서 소문과 험담과 비방이 하나의 체제가 되어 버렸답니다.

오랫동안 라디오 바티칸의 감독 중 한 명으로 있었던 바티칸 전문 기자 로밀다 페라우토(Romilda Ferrauto)가 말한다.

수도사 출신인 라블레는 교황 궁전의 고위 성직자들이 '미친 듯이 음행을 하면서 모든 사람을 저주'하는 이런 경향이 있다는 것을 알고 있었다. 동성애 혐오자들이 사용하는 끔찍한 무기인 '아웃팅'(outing)에 대해서는, 아이러니하게도 1950년대의 게이 클럽에서, 그리고 오늘날 바티칸의 왕국에서도 동성애자들에게는 항상 높이 평가됐다.

'그의' 교황청을 빈틈없이 관찰하는 교황 프란치스코는 연설을 통해 '15가지의 교황청 질병' 중 몇 가지만을 언급하는데 이는 실수가 아니었다. 그가 언급한 질병들은, 실존적 정신분열증, 동료 추기경들의 명성을 비참하게 망쳐버리는 구애자들, '험담의 테러', '다른 사람들에게 심하게 가르치면서 자신들은 신경조차 쓰지 않고 제쳐두고, 숨어서 종종 방탕한 삶을 살기 시작하며 자신들을 위해 이중 세계를 만드는 고위 성직자들'이다.

이 연설보다 더 선명할 수 있을까?

프란치스코 교황 자신이 아무도 반박할 수 없는 증인이 되어 험담과 이중생활 사이의 연결점을 찾아낸 것이다.

* * *

그런데도 전 국무원장 안젤로 소다노는 베르토네에 대한 복수를 세세하게 꾸미기 시작했다. 피노체트의 칠레에서 훈련을 받은 그는 앙갚음을 위해 살인적인 소문을 낼 수 있는 무자비한 방법을 잘 알고 있었다. 그는 우선 베르토네가 들어와 살아야 할 자신의 호화 아파트에서 떠나지 않았다. 결국, 소다노를 위한 새로운 고급 옥상 아파트가 광채가 나도록 복원될 때까지 신임 국무원장 베르토네는 임시 거주 아파트에서 근근이 때워야 했다.

성질이 고약한 소다노는 저항을 시작했다. 그는 추기경단 내의 네트워크와 험담을 퍼뜨리는 조직을 가동했다. 베르토네는 지극히 교만한 자들의 공격에 대응하는데 너무 느렸다. 그가 조처를 한때는 바티리크스 사건 이후였는데 이미 너무 늦었다. 그 무렵, 교황과 그의 모든 사람은 이미 조기 은퇴를 선포 받은 상태였다!

소다노의 측근 공범자 중 한 명은 베네수엘라와 멕시코 주재 교황 대사로 있었던 아르헨티나의 대주교로서, 우리가 이미 언급한 레오나르도 산드리였다. 새 교황 베네딕토 16세는 소다노를 의심했듯이 산드리를 의심하며 이 골치 아픈 아르헨티나인과도 결별하는 것을 택했다. 그는 관례를 존중했다. 그는 2007년에 산드리를 추기경으로 만들고 동방 가톨릭교회를 맡겼다. 그러나 교황에게 내무부 '장관' 자리를 빼앗기는 것을 참을 수 없었던 이 이기적인 사내다운 남성은 그 자리로 충분하지 않았다. 결국, 그는 소다노의 저항군에 가담했고, 바티칸의 시에라 마에스트라(Sierra Maestra, 쿠바의 저항군)의 소규모 게릴라 부대의 보병이 되었다.

바티칸은 항상 내부 불화와 고위 성직자들 사이의 다툼을 겪어왔다. 바티칸 안의 야망과 변태와 비방의 대양에서 많은 교황이 위험한 역풍을 가까스로 헤쳐 나왔다. 다른 국무원장이라면 베네딕토 16세와도 함께 하면서 바티칸 배를 안전한 항구로 재치 있게 인도할 수 있었을 것이다. 교황청을 잘 돌봐왔던 다른 교황이라면 베르토네와 함께하더라도 배를 다시 띄울 수 있었을 것이다.

그러나 이념에 따라 이끌리는 교황과 교황청을 관리할 능력이 없는, 자기만 알고 명예만 바라는 추기경과의 결합은 아무 일도 이룰 수 없었다. 이 교황직 커플은 처음부터 흔들거리는 팀이었고, 그 팀의 실패는 신속하게 확인되었다.

"우리는 서로를 신뢰했고, 잘 지냈기 때문에 나는 그를 내보내지 않았습니다."
명예퇴직 교황은 나중에 베르토네에 대해 말하면서 선의와 아량으로 둘의 관계를 다질 것이다.

논란들이 잇따라 터지더니 불거졌고, 놀라운 속도 및 폭력으로 퍼져나갔다. 교황 베네딕토 16세가 레겐스부르크에서 연설하는 동안 국제적인 스캔들을 불러일으켰다. 문제가 된 교황의 발언은 이슬람은 본질에서 폭력적이기에 교황청의 모든 종교 간의 대화 노력을 헛되게 한다는 것이었다(그 연설문은 사전에 검토되지 않았었고, 결국 교황은 사과해야 했다).

교황의 이 발언으로 악명 높은 반(反)유대주의자들과 수정주의자들, 그리고 르페브리스트(Lefebvrist) 과격 근본주의자들까지 다시 신속히 일어섰다. 교황은 극우파를 지지한다는 비난을 받게 되었고 심지어 유대인들과도 큰 논란에 빠지게 되었다. 의사소통에 있어서 이런 중대하고 근본적인 실수는 교황을 신속하게 약화했다. 그리고 당연히 독일 나치당의 청소년 조직인 히틀러유켄트(Hitler Youth)에 가입하여 있었던 과거의 사실이 수면 위로 떠 올랐다.

또한, 베르토네 추기경은 곧 거대한 자산 스캔들의 중심에 서게 된다. 바티리크스의 정보를 인용한 언론은 그가 소다노처럼 고급 옥상 아파트를 개인소유로 만들었고 넓은 테라스를 더하였다고 비난했다.

즉, 산 카를로 궁전(Palazzo San Carlo) 안에서 이전의 두 개의 아파트를 터서 350

평방미터의 고급 옥상 주택을 만들었고, 300 평방미터의 넓은 테라스를 추가했다는 것이다. 그는 자기 전당을 만들기 위해 20만 유로의 비용을 들여 복원 공사를 했는데 그 돈은 어린이 예수 소아과 병원(Bambino Gesù Paediatric Hospital) 재단으로부터 조달한 것이라고 한다(프란치스코 교황은 베르토네에게 이 금액을 돌려달라고 요청할 것이고, 바티칸 재판은 이 사치스러운 추기경에게 불리한 판결을 내릴 것이다).

거의 알려지지는 않았지만, 그 배후에서는 한 게이 도당(徒黨)이 미친 듯이 음모와 계략을 꾸며내고 있었다. 그 도당 중에는 동성애 행위를 하는 추기경들과 주교들이 있었다. 베르토네와, 그리고 물론 그를 통해 교황을 겨냥한 진짜 신경전이 시작됐다.

이런 신경전은 증오, 비방, 소문, 관계, 오래된 불화로 구성되었다. 때로는 실제 문제로부터 대인 관계의 문제를 끄집어내기가 어려운 로맨스도 관련되어 있었다(비가노 대주교는 그의 책 『증언』에서 베르토네 추기경은 "동성애자들을 높은 자리로 승진시키기를 좋아하는 사람으로 잘 알려져 있다"고 의심했다).

이런 좋지 않은 상황에서, 새롭고 연속적인 성폭행 스캔들이 여러 나라에서 터지면서 교황청은 곤욕을 치르기에 이르렀다. 이미 폭발 직전에 있던 바티칸은 그 큰 여파에 휩쓸려 갈 것이다. 그 후 10년이 지난 지금, 여전히 바티칸은 그 여파에서 회복되지 못한 상태에 있다.

* * *

소다노처럼 동성애 혐오증이 있던 베르토네는 마침내 칠레 여행 중 대중과 언론을 향해 소아성애자 문제에 대한 자신의 이론을 연설했다. 그는 의기양양한 모습으로 칠레에 도착했고 그가 아끼는 부제를 옆에 두었다. 그 국무원장은 2010년 4월, 그곳에서 소아성애 성직자들의 심리에 대해 공식적으로 자신을 표명했다. 새로운 세계적인 논란이 곧 터지려 했다.

다음은 베르토네 추기경이 한 말이다.

> 많은 심리학자, 많은 정신과 의사들은 [성직자의] 독신주의와 소아성애 사이에 아무런 연관성이 없다는 것을 보여주었습니다. 그러나 최근에 내게 말한 다른 많은 학자는 동성애와 소아성애 사이에 연관성이 있다고 주장합니다. 그것은 사실이고, 그것이 문제입니다.

바티칸의 2 인자가 말한 공식적인 언급은 주목을 받았다. 모호하게 내뱉은 이 말은 국제적 분노를 촉발했다. 성 소수자 투사들은 물론, 유럽 각료들과 가톨릭 신학자들을 포함한 수백 명의 인사가 그 고위 성직자의 무책임한 말을 비난했다. 그의 선언은 처음으로 교황이 비준한 바티칸 언론사로부터 정중한 거절을 당했다. 베네딕토 16세가 지나치게 동성애 혐오적인 '총리'에게 이견을 표명하기 위해 어두운 곳에서 나온 것은 확실한 아이러니였다. 이것은 심각한 순간이었다.

어떻게 베르토네가 그런 터무니없는 말을 할 수 있었을까?

나는 이 부분에 대해 몇몇 추기경들 및 고위 성직자들과 인터뷰를 했다. 그들은 의사소통의 오류나 서투름 때문이라고 호소했다. 오직 한 사람만이 나에게 흥미로운 설명을 해주었다. 베네딕토 16세 휘하 때 바티칸에서 일했던 이 교황청 사제에 따르면, 동성애에 대한 베르토네의 의견은 전략적이면서도 그의 사상의 본질을 반영했다고 한다. 그의 말이 전략적이었던 주된 이유는, 사제들의 독신주의를 문제 삼기보다는 교회에 있을 필요가 전혀 없는 잃어버린 양들에게 책임을 떠넘길 수 있는 확실한 수완이었기 때문이다.

동일한 소식통에 따르면, 그 국무원장의 성명은 그의 밑바탕에 깔린 사상을 반영하는데, 그 사상은 베르토네가 가깝게 지냈던 두 동성애자의 사상과 같다고 한다. 그 두 동성애자는 알폰소 로페스 트루히요 추기경과 사제-심리분석가 토니 아나트렐라다.

여기에 내가 칠레를 여행하는 동안 발견한 몇 가지 상황을 추가해야 할 것 같다. 첫째는 칠레에서 성폭행에 가장 큰 영향을 받은 수도회는 바로 베르토네가 있던 살레시오회(the Salesians of Don Bosco)였다는 사실이다.

그 후 이 일은 많은 웃음을 유발시켰다. 베르토네가 공개적으로 동성애를 소아성애의 원형이라고 비난했을 때 찍힌 수백 장의 사진들을 보면 그는 적어도 두 명의 악명 높은 동성애 사제들에게 둘러싸여 있었다. 여러 소식통이 지적하듯, 그 단순한 사실 때문에 그의 선언은 '위신을 잃었다.'

마지막으로, 교회의 성폭행 스캔들을 다루는 칠레의 유명 변호사 중 한 명인 후안 파블로 에르모실라는 특히 소아성애자 사제 페르난도 카라디마의 성폭행을 다루었는데 그는 내게 동성애와 소아성애 사이의 연관성에 대해 다음과 같은 설명을 해 주었다. 나는 그의 설명이 매우 적절한 설명이라고 생각한다.

내 이론은 소아성애자 사제들이 자신을 보호하기 위해 가톨릭의 성직자들이 사용할 수 있는 정보를 이용한다는 것입니다. 그것은 일종의 압박이나 공갈이지요. 동성애 관계를 맺고 있는 주교들은 아무 말도 못 하게 되겠지요. 이 추론은 카라디마가 주교들과 대주교들의 보호를 받게 된 이유를 설명하여주는데, 그것은 그 주교들이 소아성애자들이기 때문이 아니라, 그들 자신의 동성애가 들통날까 두려워 그렇게 한 것입니다. 내가 보기에는, 그 부분이 교회의 부패와 제도화된 은폐를 유발하는 진짜 요인입니다.

우리는 여전히 더 깊게 들어갈 수 있을 것이다. 교회의 많은 무절제, 많은 침묵, 많은 이상한 일들은 『바티칸의 불편한 진실』의 이 간단한 법칙에 따라 설명된다. 즉, "모든 사람이 서로를 보살핀다"는 사실이다.

추기경들은 왜 아무 말도 하지 않는가?
왜 다들 눈을 감고 있는가?
숱한 성 추문에 대해 알고 있던 교황 베네딕토 16세는 왜 법정에 서지 않았을까?
안젤로 소다노의 공격으로 망한 베르토네 추기경은 왜 그 원수에 대해 갖고 있던 정보를 끄집어내지 않았을까?

다른 사람들에 대해 말하는 것은 그들이 당신에 대해 말할 수 있다는 것을 의미한다. 이것이 남의 비밀을 말하지 않으려는 성직자들 사이의 약속(omertà) 및 교회의 일반적인 거짓말을 이해할 수 있는 열쇠다. 바티칸과 바티칸의 밀실은 파이트 클럽(Fight Club)과 같다. 그리고 파이트 클럽의 첫 번째 규칙은, 파이트 클럽에 대해 말하지 않는 것이다.

* * *

베르토네는 동성애 혐오자이지만 로마 도심에 있는 게이 사우나를 샀다. 언론이 이런 믿을 수 없는 뉴스를 내놓은 것은 그런 사건들 때문이었다.
나는 이 새로운 스캔들을 알아내기 위해 문제의 장소로 찾아갔다. 그곳은 비아 아우렐리아나(Via Aureliana) 40번에 있는 유로파 멀티클럽 사우나(the sauna

Europa Multiclub)였다. 이 사우나는 로마에서 가장 인기 있는 게이 시설 중 하나로, 사우나와 터키욕탕이 있는 스포츠클럽 겸 성 파트너를 찾는 명소다. 그 클럽은 '사적으로' 여겨지기 때문에, 멋대로 노는 것이 가능하고 합법적이다.

이탈리아의 대부분의 게이 장소처럼, 그 안에 들어가려면 회원 카드가 필요하다. 이는 이탈리아 국가의 특수성이기도 하다. 오랫동안, 그 카드는 아르키게이 협회가 배포하였다. 지금은 게이 시설 후원을 위한 일종의 로비 단체인 안도스(Anddos)가 15유로에 카드를 팔고 있다.

"법이 공공장소에서의 성관계를 금하고 있기 때문에 그 사우나에 들어가려면 회원 카드가 반드시 있어야 합니다. 우리 사우나는 사적인 공간입니다."

유로파 멀티클럽 사우나의 매니저인 마리오 마르코 카날레(Mario Marco Canale)가 당당하게 말한다.

그는 유로파 멀티클럽 사우나의 매니저 겸 안도스 협회 회장이다. 그는 논쟁이 되고 있는 바로 그 현장에서 일인이역을 하면서 나를 맞이한다.

그는 이번에는 협회 감투를 쓰고 계속 말한다.

"많은 수의 술집, 클럽, 사우나가 안도스 카드가 없으면 받지 않아요. 우리는 이탈리아에 거의 20만 명의 회원이 있습니다."

게이들의 활동 장소에 들어가도록 허락하는 이런 회원 카드시스템은 유럽에서 독특하다. 이탈리아는 1980년대에 반(反) 게이적이고 사내다웠기 때문에, 이런 회원 카드시스템은 원래 동성애자의 모임 장소를 안전하게 하고, 단골을 만들고, 현장에서의 성행위를 합법화하려는 계획으로 만들어졌었다.

오늘날, 그 시스템은 덜 본질적인 이유, 즉 안도스 협회를 형성하는 70개 클럽의 매니저들의 압박에 따라 지속되고 있다. 그리고 아마도 그 시스템은 그 협회로 하여금 에이즈와의 투쟁을 벌이게 하고 또한 정부 보조금을 받을 수 있도록 해주기 때문일 것이다.

내가 대화를 나누어본 몇 명의 게이 투사들은 "이 카드는 고대의 잔재물이며 이제 없어져야 할 때"라고 여긴다. 한 게이 운동가에 따르면, 그 카드는 이탈리아에서 동성애자들을 감시할 수 있도록 할 뿐만 아니라(안도스는 완강하게 부인한다) "밀실에 갇힌 수치스러운 동성애의 상징이고 드러나기를 피하는 사적인 동성애의 상징"이라고 한다.

여러 언론 기사들은 바티칸이 유로파 멀티클럽 사우나를 운영하고 실제로는 베르토네 추기경이 직접 운영하고 있다고 제시한다. 나는 이러 저러한 논란에 대해 마르코 카날레와 인터뷰를 했다.

"로마에는 교황청에 속한 수백 채의 건물이 있다는 것을 명심해야 합니다."

카날레는 언론 기사들을 부인하지 않은 채 내게 말한다.

사실, 사우나가 있는 비아 아우렐리아나(Aureliana)와 비아 카두치(Carducci) 모퉁이에 있는 건물은 바티칸이 2008년 5월에 2천만 유로를 지불하고 산 것이다. 그 당시 베르토네 추기경은 베네딕토 16세 교황의 '총리'로서 재정 운영을 감독하고 지출 도장을 찍어주었다. 나의 소식통에 따르면, 그 사우나는 20여 개의 사제 아파트와 심지어 한 추기경의 아파트까지 포함한 광대한 자산 단지의 일부만을 대표한다고 한다. 이러하기에 언론은 이것저것 종합해서 추론하여 관심을 끄는 머리기사를 썼다.

"타르치시오 베르토네는 이탈리아에서 가장 큰 게이 사우나를 샀다!"

그러나 그 스캔들은 황당할 정도로 어리숙한 일로 보였다. 이탈리아에서 가장 큰 그 게이 사우나는 길거리에서 누구나 훤히 볼 수 있고 또한 잘 알려진 사우나인데, 그 국무원장과 그의 부서가 그 거대한 부동산을 구입하는 것을 허락할 때 그 부동산이 그 게이 사우나를 포함하고 있다는 것을 몰랐다. 또한, 바티칸이 지급한 가격은 유별났는데, 이탈리아 신문사 「라 레푸블리카」의 조사에 따르면, 그 건축물은 이전에 9백만 유로에 팔렸었다. 그렇다면 바티칸은 속아서 1천 1백만 유로를 더 지급하고 산 것이 된다!

우리가 만났을 때, 마르코 카날레는 그 사건의 배후에 있는 또 다른 비밀을 드러내며 재미있어한다.

> 우리는 유로파 멀티클럽에서 많은 사제와 심지어 추기경들까지 받습니다. 그리고 희년, 주교 총회, 콘클라베가 있을 때마다 우리는 즉시 알게 되는 것이 있는데, 사우나가 평소보다 더 꽉 찬다는 사실입니다.
> 그곳을 방문하는 수많은 사제 덕분이지요!

또 다른 소식통에 따르면, 안도스 게이 연합의 회원에는 사제들이 대단히 많다고 한다. 회원이 되려면 유효한 신분증을 제공해야 하고, 그 이탈리아의 신분증에는 그 사람의 직업이 나타나기 때문에 사제인지 아닌지를 아는 것이 가능하다. 물론, 컴퓨터 시스템에서는 즉시 익명으로 바꾼다.

하지만 우리는 경찰이 아니지 않습니까!
우리는 아무도 감시하지 않습니다. 우리 회원 중에는 사제들이 많아요.
자, 아셨지요!

카날레는 결론을 내린다.

베네딕토 16세와 베르토네가 활동하던 때 벌어진 일이지만 프란치스코가 교황이 되고 나서야 밝히게 된 또 다른 사건은 "켐-섹스 파티"(약물 복용과 함께 갖는 그룹 성관계)다. 나는 이런 파티가 바티칸 내에서 일어나고 있다는 것을 오래전부터 들었었다. 이 파티는 때로는 섹스와 마약이 동반된 실제 집단적 난교 파티다(여기서 '켐'의 의미는 '약물'이라는 뜻으로서 종종 MDMA, GHB, DOM, DiPT 등의 마약을 말한다).

한동안 나는 이런 소문이 바티칸 내의 여러 소문 중 하나라고 생각했다. 그러던 중 갑자기 2017년 여름에 이탈리아 언론은 프란체스코 코코팔메리오(Francesco Coccopalmerio) 추기경의 수석 보좌관 중 한 명이었던 루이지 카포치(Luigi Capozzi) 사제가 바티칸 안에 있는 개인 아파트에서 '켐-섹스 파티'를 벌인 혐의로 바티칸 경찰에 체포됐다고 폭로했다(이 사건 때문에 나는 카포치를 잘 아는 어떤 교황청 사제에게 질문했고, 또한 코코팔메리오 추기경도 만나보았다).

타르치시오 베르토네와 가깝고 라칭거 추기경에게 크게 칭찬을 받았던 카포치는 성소의 궁전에 있는 한 아파트에서 살았는데, 그 아파트는 4명의 추기경과 여러 명의 대주교, 그리고 수많은 고위 성직자들로 둘러싸여 있었다. 그 고위 성직자 중에는 베르토네 추기경의 보좌관 레호 피에초타와, 라칭커 추기경의 전 개인 비서였던 요제프 클레멘스가 포함된다.

나는 그 건물에서 수십 번 식사할 기회를 얻었었기 때문에 그 건물을 잘 알고 있다. 그 건물의 입구 중 하나는 이탈리아 영토에 있고, 다른 하나는 바티칸 안에 있다. 카포치의 아파트는 깜짝 놀랄 광란의 파티를 조직하기에 딱 맞는 위치에 있었다. 왜냐하면, 그는 양측 입구로 접근할 수 있었기 때문이다. 이탈리아 경찰은 그가 바티칸 안에 살고 있으므로 그의 아파트나 그의 외교 차량을 수색할 수 없다.

그는 또한 이탈리아로 직접 열리는 문 때문에 교황청에 의한 점검이나 스위스 근위대에 따라 수색을 받지 않고 그의 집을 빠져나올 수 있었다. 어떤 의식을 행하게 되면 그의 아파트 안에서 행해졌다. '켐 섹스 파티'는 많은 양의 강력한 약물을 복용하고 대마초 보드카를 마신 후, 흥이 돋은 음탕한 손님들과 함께 음습한 빨간 등불 아래서 벌어진다.

참으로 '지옥의 밤'이다!

내가 인터뷰한 목격자들에 따르면, 카포치의 동성애는 다들 알고 있는 정보였고, 따라서 아마도 그의 상관들, 즉 코코팔메리오 추기경과 타르치시오 베르토네도 알고 있었을 것이라고 한다. 더욱이 그 사제가 로마의 게이 클럽에 가는 것과 여름에 수도 남쪽에 있는 판타지아 게이 빌리지(Fantasia Gay Village)에서 열리는 대규모 성 소수자 파티에 참석하는 데 주저함이 없었다는 사실을 고려한다면, 그의 상관들은 그의 동성애에 대해 잘 알고 있었을 것이다.

이 파티에 참여했던 한 몬시뇰 증인은 "켐 섹스 파티에는 사제들과 바티칸 직원들도 있었습니다"라고 덧붙인다.

이런 폭로 이후, 루이지 카포치는 비오 11세 클리닉에 입원한 후 외부와 소통하지 않고 조용히 있다(그의 마약 소지와 복용에 대한 재판이 아직 이뤄지지 않았기 때문에 그는 여전히 무죄로 있다).

*　　*　　*

이처럼 베네딕토 16세의 교황직은 처음에는 잘 나갔지만, 수많은 스캔이 고삐를 매지 않은 것처럼 터지며 신속히 확산하자 난항을 겪게 되었다. 게이 문제에 대해서는 여전히 요한 바오로 2세 때처럼 동성애자들과의 전쟁을 강력하게 밀고 나갔고, 그 어느 때보다 베네딕토 16세의 체계의 중심에는 위선이 있었다. 그의 체계는 겉으로는 동성애자에 대한 증오를 나타냈지만, 내부적으로는 동성애 애호와 이중생활이 지속하였다. 따라서 서커스는 계속되었다.

"역사 가운데 가장 게이다운 교황!"

이 표현은 전 고위 성직자 크리스토프 하람사가 한 것이다. 내가 바르셀로나에서, 그리고 그 후 파리에서 그와 인터뷰했을 때, 요제프 라칭거 옆에서 오랫동안 일했던 이 사제는 베네딕토 16세에 대해 "역사 가운데 가장 게이스러운 교황"이라는 표현을 여러 번 반복했다. 교황청 사제 돈 율리우스는 "베네딕토 16세 휘하에서는 이성애자로 있는 것이 어려웠습니다"라고 말하며 교황의 수행단을 "50개의 게이 그림자들"이라고 표현했다.

프란치스코는 그의 전임자보다 더 노골적인 표현을 사용하는데, 이 이상한 수행단의 모순을 강조하며 라칭거 파를 공격하기 위해 "신학적인 자기도취"라는 예리한 표현을 사용한다. 프란치스코가 동성애를 암시하기 위해 사용하는 또 다른 비밀 암호는 "자기 언급"으로써 이는 자신의 성향을 은폐하기 위해 그런 성향이 있는 다른 사람들에 대해 말하는 현상을 뜻한다. 우리가 아는 바와 같이 사제들의 완고함 및 엄격함은 종종 자신들의 이중생활을 은폐하기 위한 것이다.

> 나는 우리 가운데 있는 동성애의 존재를 숨기려고 계속 필사적으로 동성애 혐오를 드러낸 베네딕토의 교황직을 생각할 때 깊은 슬픔을 느낍니다. 그의 교황 기간은 교회의 가장 어두운 순간 중 하나입니다.

하람사는 말한다.

베네딕토 16세가 교황으로 있던 기간을 보면, 교황청의 고위 성직자로 올라갈수록 더 많은 동성애자가 있는 것을 발견할 수 있다. 교황이 서임한 추기경들의 대다수는 최소한 동성애 애호가들이며 심지어 일부는 매우 심하게 '동성애 행위를' 한다.

"베네딕토 16세 휘하에서는 정절을 지키는 듯이 보이는 동성애자 주교가 이성애자 주교보다 추기경이 될 가능성이 더 컸습니다."

레겐스부르크에서 베네딕토 16세 석좌 교수를 지낸 라칭거 사상 전문가인 유명한 도미니크 수도회 수사가 내게 말했다.

베네딕토 교황은 여행할 때마다 가장 가까운 몇몇 협력자들과 동반했다. 그들 중에는 언론이 몬시뇰 제시카라는 별명을 지어 준 유명한 고위 성직자가 있었는데, 언론은 그가 교황이 도미니크회의 본거지인 로마의 세인트 사비나 교회를 정기적으로 방문하는 것을 악용하여 젊은 수사들에게 그의 방문 카드를 주며 찾아오라고 했다고 주장했다. 그의 '픽업 라인'이 「배너티 페어」의 보도를 통해 드러나자 전 세계가 들끓었다. 그는 신학생들에게 요한 23세의 침대를 보러 그 교회로 가라고 하며 그의 방문 카드를 준 후 그곳에 오면 그곳에서 구애하였다는 것이다!

"그는 매우 '끈적거리며' 신학생들과 친밀한 관계를 맺었습니다."

그의 활동을 목격한 우리앵(Urien) 사제가 자백한다.

애정을 갖고 라칭거를 둘러싸고 있으며 베르토네 국무원장의 측근으로 있는, 교황에게 속한 두 명의 게이 주교가 있다. 그들 역시 소년들을 쫓아다니는 것을 즐겼다. 요한 바오로 2세 휘하에서 기술을 연마해온 그들은 라칭거 휘하에서 완벽한 기술을 갖기 시작했다(나는 다니엘레와 함께 그 두 사람을 만났다. 그들 중 한 명이 우리에게 계속 추파를 던졌다).

바티칸에서는 이런 모든 일에 대한 소문이 났기 때문에 일부 사제들은 괴로워했다. 예를 들어, 이란과 몬테네그로에서 직책을 맡았던 대주교이자 교황대사인 안젤로 모톨라(Angelo Mottola)는 로마를 방문하는 동안 토랑 추기경을 언급하며 이렇게 말했다(어떤 목격자에 따른 것이다).

> 나는 이 교황[베네딕토 16세]이 이런 '리키오니'(ricchioni, 이 이탈리아 단어는 번역하기 어렵다. '남성 동성애자들'(faggots)이 가장 가까운 의미일 것이다)로 둘러싸여 있으면서 왜 동성애자들을 비난하는지 이해할 수 없어요.

교황은 소문에 신경 쓰지 않고 그가 뜻한 바대로 밀고 나갔다. 레오나르도 다 빈치의 「성 세례 요한」(Saint John the Baptist)의 그림이 복원된 후 로마에 있는 베네치아 궁전(the Palazzo Venezia)에 전시되자 루브르 박물관은 장기간의 전람회를 열었다. 교황은 그 전람회에 방문하기로 했다. 수행단에 둘러싸인 베네딕토 16세는 특별한 여행을 했다.

그를 매료시킨 것은 베네치아풍(風)의 금발의 곱슬머리를 가진 그 양성 인간이었을까?

아니면 하늘을 향하고 있는 '천둥이 아들'의 왼손 집게손가락이었을까?

숭고한 모습으로 회복된 「성 세례 요한」은 방금 전시되었기에, 교황은 그 행사를 놓치고 싶지 않았다(「성 세례 요한」의 모델은 레오나르도 다 빈치가 1490년에 밀라노 거리에서 우연히 만난 천사처럼 양성의 아름다움을 지닌 가난하고 불량한 소년 살라이(Salai)였던 것으로 알고 있다. 긴 곱슬머리를 한 이 '작은 악마'는 오랫동안 다 빈치의 연인으로 있었다).

2010년에 있던 또 다른 행사 때에, 공개석상에서, 교황은 바오로 6세 홀(the Paul VI Hall)에서 짧은 춤을 목격했다. 네 명의 섹시한 곡예사들이 감탄하는 교황의 눈앞에서 무대에 섰고 갑자기 웃통을 벗었다. 젊음과 아름다움으로 터질 듯한 벌거벗은 맨몸의 가슴을 보이며 그들은 경쾌한 곡목에 맞춰 춤을 추었다(이 장면은 유튜브에서 찾아볼 수 있다).

커다란 하얀 성좌에 앉아 있던 교황은 몹시 감격한 채 그들에게 인사하기 위해 자발적으로 일어섰다. 그의 뒤에 있던 베르토네 추기경과 게오르크 겐스바인이 열렬히 박수를 보내고 있었다.

우리는 나중에 그 작은 극단은 바르셀로나의 게이 프라이드에서 이미 똑같은 성공을 거두었던 팀이었다는 사실을 알게 되었다.

교황의 수행단 중 한 명이 그 게이 프라이드에서 그들을 점찍어 놓았던 것은 아닐까?

이 중 어느 것도 교황이 또 다시 게이에 대한 그의 공격을 두 배로 증가시키는 것을 막지 못했다. 베네딕토 16세는 교황으로 선출된 즉시 "동성애 문화가 끊임없이 발전하고 있다"는 사실을 감안하여, 2005년 말에 이미 신앙교리성에 동성애를 더욱 엄중하게 정죄하는 새로운 글을 쓰라고 요청했었다.

그의 수행단 사이에서는 그 글이 회람 공문이 되어야 하는지 아니면 단순한 '문서'가 되어야 하는지를 결정하기 위한 활발한 논쟁이 있었다. 그 원문은 결국 규칙대로 신앙교리성 협의회 회원들 사이에서 해설용 회람 용도로 고도로 세련된 버전으로 최종 확정되었다.

(장루이 토랑을 보좌했던 사제 중 한 명이 이 문서에 접근하여 내게 자세히 설명해 주었다).

그 문서와 관련하여 토랑을 포함한 그 성(省)의 고문들과 회원들의 의견(주교들의 의견들과 장래 추기경 알베르트 반호예와 조반니 라줄로, 엔리코 달 코볼로 주교의 의견이 포함되어 있는데, 이 세 사람의 의견은 매우 동성애 우호적이었다)을 읽어보았던 이 사제에 따르면 그 내용의 사악함은 충격적이었다고 한다. 그 사제는 여러 중세적인 표현들을 기억하고 있다.

"동성애자들의 비열함",

"본성에 어긋나는 죄",

"국제적인 게이 로비의 힘" 등,

> 몇몇 회원들은 회람 공문의 형태로 강력하게 게재하는 것을 주장했고, 다른 사람들은 덜 심각한 문서를 만들 것을 권고했습니다. 또 다른 몇몇 사람은 역효과의 위험을 고려하여 이 문제를 건드리지 말자고 권면했습니다.

그 사제는 기억하며 말한다.

그 회람 공문은 교황의 수행단이 만류함으로써 결국 포기될 것이다. 그러나 그 원문의 정신은 계속 살아있을 것이다.

* * *

5년도 채우지 못한 교황직이 끝나게 되면서 이미 한 시대의 끝이 왔다. 바티칸의 기관은 거의 완전히 정지되었다. 베네딕토 16세는 수줍어하며 자주 울기 시작했다. 천성적으로 의심이 많은 부교황 베르토네는 완전히 편집증 환자가 되어 버렸다. 그는 사방으로 깔린 음모와 책동과 작당을 겪었다!

그는 이에 대처하기 위해 점검을 강화하였고 험담을 만드는 공장을 무리할 정도로 가동했고, 서류 파일은 가득 찼으며, 바티칸 경찰에 의한 도청 건수가 증가하였다고 한다.

바티칸의 각 부처와 성(省)안에서는 자발적이든 강제적이든 수많은 사직이 있었다. 권력의 신경 중추인 국무원에서는 베르토네가 개인적으로 봄맞이 대청소를 담당하고 있었으므로 반역자들, 그리고 그를 능가했을지도 모를 영리한 인물들을 더욱 의심했다. 그래서 같은 지붕 아래 함께 살고 있던 다양한 가롯 유다들과, 베드로들과, 요한들이 모두 최후의 만찬(the Last Supper)에서 떠나라는 요청을 받았다.

타르치시오 베르토네는 국무원에서 가장 경험이 많은 두 명의 교황 대사를 제거했다. 가브리엘 카치아(Gabriele Caccia) 몬시뇰은 레바논으로 추방되었고(나는 그를 레바논에서 만났다), 피에트로 파롤린은 베네수엘라로 보내졌다.

"카치아와 파롤린이 떠나자 베르토네는 혼자 남게 되었어요. 심각한 기능 장애를 앓고 있던 그 체계는 격렬하게 붕괴하였지요."

미국의 바티칸 전문 기자 로버트 칼 미켄스가 말한다.

많은 사람이 문제가 많은 국무원을 거치지 않고 교황을 알현하겠다고 요청하기 시작했다. 소다노는 마음에 품고 있던 모든 것을 교황에게 말했고, 게오르크 겐스바인은 베르토네를 끊어내기 위해 그의 사무실 밖에서 길게 늘어선 모든 불평을 품은 자들을 직접 만나서 받아주었다.

교황직이 끝날 무렵에는 쉰보른, 스콜라, 바냐스코, 루이니 등 4명의 중요한 추기경들이 갑자기 나타나 베네딕토 16세를 알현하겠다고 요청했다. 바티칸 내의 음모에 대해 깊게 알고 있는 이 전문가들은 교황청의 악습에 대한 예민한 감식가들로서 베르토네를 교체할 것을 즉각 제안했다. 마치 우연인 것처럼 그들의 행동은 곧바로 언론에 유출되었다. 교황은 그들의 말을 한 마디도 들으려 하지 않고 짧게 잘라 말했다.

"베르토네는 남습니다. 더 이상 그만하세요!"

* * *

동성애가 교황청 내부의 수많은 음모와 여러 추문의 중심에 있었다는 것은 의심의 여지가 없다. 그러나 일부가 그랬던 것처럼 두 진영을 대립시켜 이해하는 것은 실수일 것이다. 즉, 한 진영은 '동성애 우호적'이고 다른 진영은 동성애 혐오적이라고 하거나, 또는 한 진영은 '밀실에 있고' 다른 진영은 이성애자와의 정절을 지킨다고 보아서는 안 되는 것이다.

교황 베네딕토 16세 때 발생한 추문들은 어느 정도는 요한 바오로 2세 아래에서 반짝거리기 시작한 '욕망의 고리'의 산물이었다. 사실 교황 베네딕토는 동성애 혐오증을 표현하는 몇몇 동성애자 파벌들을 반대했다. 그의 교황직 하에서는, 거의 모든 추문이 같은 한 덩어리에서 떨어져 나온 부스러기들이라고 볼 수 있다.

게이, 콘돔, 동성 결합에 대항하는 전쟁이 시작되었다. 요제프 라칭거가 당선되던 때인 2005년에 게이 결혼은 여전히 매우 제한적인 현상이었다. 그러나 8년 후, 베네딕토 16세가 사임할 무렵에는 게이 결혼은 유럽과 라틴 아메리카를 통해 거의 보편화하고 있었다.

그의 단축된 교황직은 사전에 이미 패배한, 말도 안 되는 일련의 전투의 결과였다고 요약할 수 있다. 현대 역사에서 그 어떤 교황도 그토록 게이에 반대하지 않았다. 그 어떤 교황도 이 무력한 교황만큼 게이와 레즈비언의 권리를 그토록 지지하는 여세를 목격한 적이 없었다. 이제 곧, 교황이 태어난 독일을 포함한 거의 30개국이 동성 간의 결혼을 인정할 것이다. 그의 고국 독일은 2017년에 의회의 대다수 찬성으로 요제프 라칭거가 평생 반대하며 싸워왔던 그 법을 채택할 것이다.

하지만 베네딕토 16세는 싸움을 멈추지 않았다. 교황 교서, 브리핑, 연설, 편지, 메시지 등, 게이 결혼에 반대하는 그의 싸움은 끝이 없다. 그는 교회와 국가 사이의 분리를 공개적으로 경멸하면서 공개 토론에 자주 개입했고, 그의 배후에서는 교황청이 모든 게이 결혼 반대 시위를 조작했다.

하지만 매번 똑같은 실패를 했다. 그러나 여기서 다시 분명하게 드러나는 것은, 그 전투에 참여한 사람 중 많은 사람이 동성애 애호가들이거나, '밀실에 있는 동성애자들' 또는 동성애 행위를 하는 자들이라는 사실이다. 그들은 종종 '그 교구에' 속하여있었다.

게이 결혼에 반대하는 게릴라 전쟁은 교황의 권한 아래 있는 9명의 남자가 진행하였다. 타르치시오 베르토네 국무원장과 그를 돕는 부원장 레오나르도 산드리, 국무원장 대리와 내무부 '장관' 페르난도 필로니, 외교부 '장관' 도미니크 맘베르티, 신앙교리성의 수뇌로 있던 윌리엄 레바다(William Levada)와 그를 이은 게르하르트 뮐러가 있고, 그리고 조반니 바티스타 레와 마크 오울렛(Marc Ouellet)은 주교회에서 동일한 역할을 했다. 물론 교황청 가족 협의회 의장인 알폰소 로페스 트루히요 추기경이 있다. 이들은 게이 결혼에 거세게 반대했다.

또 다른 라칭거 파인 바젤 출신의 주교인 스위스 추기경 커트 코흐를 예로 들어보자. 교황은 그를 2010년에 교황청으로 불러들였다. 그 당시 독일어를 사용하는 주요 스위스 일간지 「타게스-안자이거」(Tages-Anzeiger, 요일 표시기)의 종교 문제 전문기자인 마이클 마이어(Michael Meier)는 직접 눈으로 목격한 증인들의 진술들과 원본 자료를 토대로 코흐에 대한 장문의 보도를 실었다.

마이어는 그 보도에서 코흐가 출판한 책의 존재를 밝히며, 그의 인용 문헌(bibliography)에서는 한 권이 이상하게 사라지고 없다는 사실을 알린다. 그 한 권의 책은 르벤스스피엘 데어 프룬샤프트, 메디타티버 브리프 앤 미네 프룬드(Lebensspiel der Freundschaft, Meditativer Brief an meine Freund, 문자 그대로 번역하면 우정의 게임, 내 친구에게 보내는 명상 편지이다)다.

나는 이 책의 복사본을 가지고 있는데, 젊은 신학자에게 보내는 진정한 사랑의 편지다. 마이어는 그 추기경의 예민한 수행단에 대해서도 묘사한다. 그는 코흐가 다른 사제와 함께 사용하는 것으로 추정되는 한 비밀 아파트를 공개하며, 코흐가 이중생활을 하였다는 사실을 암시한다.

"모든 사람은 코흐가 자신의 참모습을 불편하게 느꼈던 사실을 알고 있었어요."

마이클 마이어가 취리히의 그의 아파트에서 있었던 여러 인터뷰에서 내게 말했다. 내가 알기로는 마이어의 글은 코흐로부터 비판을 받은 적이 없다. 코흐는 그의 답변의 권리를 이용한 적이 없다.

코흐는 그의 수행단의 중상모략의 희생자였을까?

라칭거가 코흐를 교황청으로 데려왔다는 것은 사실로 남아있다. 교황은 그를 추기경으로 서임하고 '에큐메니즘'의 사역자로 삼음으로써 그를 바젤로부터 부드럽게 빼내 왔다(코흐 추기경은 나의 질문에 대답하기를 거부했지만, 나는 로마에서 그의 대리인 중 하나인 예신쓰 데스치벨(Hyacinthe Destivelle) 신부에게 물을 수 있었다. 데스치벨은 내게 고흐가 담당하고 있었던 라칭거의 제자들의 동아리인 '슐레키아스'(Schülerkreis, 학생단)에 대해 자세히 설명해 주었다. 또한, 우리는 차이코프스키의 동성애에 대해서도 의견을 나눴다).

* * *

하지만 이탈리아에서 베네딕토 16세의 병적인 동성애 혐오증은 동성애 우호적인 그의 주변 사람들을 격노시키기 시작했다. 그는 점점 더 여론에서 벗어났다(이탈리아인들은 그럴 수밖에 없다고 이해했다!). 성 소수자 운동가들은 반격하기 시작했다. 시대가 변하고 있었다. 교황은 희생을 치른 후에야 이 사실을 깨닫게 될 것이다.

그는 소아성애는 거의 다루지 않고 근본적으로 동성애를 공격하고 있었다. 그는 잘못된 싸움을 비참하게 싸우면서 먼저 도덕 캠페인에서 패했다. 그는 그보다 앞선 그 어떤 교황보다도 개인적으로 공격을 받을 것이다. 오늘날 교황 베네딕토 16세가 재임 중에 당한 비난은 상상하기조차 어렵다. 이탈리아 동성애 집단이 '파시보 에 비앙코'(Passivo e Bianco, 수동적인 교황)라는 끔찍한 별명을 지어준 그는 통례적으로 '밀실 안에 있는 게이'로 비난받았고 내면화된 동성애 혐오증의 상징이 되었다. 성 소수자 활동가들과 언론은 실제로 그를 십자가에 못 박았다.

나는 '이탈리아게이협회'의 기록 보관소와 인터넷과 딥웹에서 이 게릴라 전쟁을 설명해 주는 수많은 글과 전단지 그리고 사진들을 찾아냈다. 아마도 바티칸의 현대 역사 가운데 그렇게 미움을 받은 교황은 없었을 것이다.

나는 그런 일을 본 적이 없습니다. 말 그대로 모든 나라에서 모든 언어로 사방에서 감정이 고조된 기사들, 소문, 블로거들의 폭력적인 글들, 모욕적인 편지가 끊임없이 쏟아져 나오는 것이었습니다. 위선, 이중성, 불성실성, 표리부동함, 내면화된 동성애 혐오증 등, 그는 이 모든 구역질 나는 말로 고발을 당했지요.

그 당시 바티칸 언론국에서 일하던 한 사제가 내게 말했다.

나는 2007년 이탈리아에서 있던 시민 동반자 관계를 지지하는 시위에서 "요제프 에 게오르크, 로티아모 앙체 퍼 보이"(Joseph e Georg, *Lottiamo anche per voi*, 요제프와 게오르크, 우리도 당신들을 위해 싸우고 있다)라는 문구가 적힌 플래카드를 보았다. 그리고 '일 파파 에 게이가 컴 노이'(*Il Papa è Gay come Noi*, 교황은 우리와 같이 게이다)라는 플래카드도 보았다.

이탈리아의 유명한 반체제 인사이고 무정부주의 기자인 안젤로 콰트로치(Angelo Quattrocchi)는 한 작은 책을 통해 베네딕토 16세의 정체를 노골적으로 드러냈다. 이 책은 적당한 성공을 누렸지만, 그 내용의 대담성으로 사람들을 놀라게 하였다. 『교황은 게이가 아니다』(*The Pope is NOT Gay*)라는 제목의 그의 아이러니한 책은 교황과 그의 제자 게오르크가 함께 있는 소녀 같고 유약한 사진들을 많이 모아 놓았다.

본문 자체는 평범하고, 사실에 대한 오류로 가득 차 있다. 그 책이 제시하는 것에 대한 아무런 증거도 없고 새로운 정보도 없다. 하지만 그 사진들은 그들의 브로맨스(남자 간 우정)를 묘사하고 있어서 매우 흥미롭다. '핑크 교황'이라는 별명을 가진 라칭거는 모든 각도에서 찍혀있었다.

같은 때, 베네딕토 16세의 별명이 늘어났는데 각 별명은 참으로 끔찍했다. '파시보 에 비앙코'(*Passivo e Bianco*, 수동적인 교황)과 함께 최악의 별명 중 하나는 '라 말레데타'(*La Maledetta*, '저주받은 자')인데, '베네데토'('Benedetto')라는 단어를 갖고 장난을 친 별명이다.

뮌헨대학에서 베네딕토 16세 교황과 함께 공부한 독일 작가 우타 란케 하이네만(Uta Ranke-Heinemann)를 비롯하여 교황을 알던 옛 동창생들과 학생들도 입을 열기 시작했다. 84세 나이의 하이네만은 자기 생각에는 교황이 게이라고 말했다(그녀는 자신의 증언 외에 그 어떤 증거도 제공하지 못했다).

영국 등지의 타블로이드 신문뿐만 아니라, 전 세계 모든 사람, 수십 개의 성소수자 협회, 게이 미디어 방송국은 미친 듯이 라칭거에 대항하는 캠페인에 뛰어들었다. 그리고 유명한 칼럼니스트들이 돌려서 말하는 풍자와 암시, 그리고 베일에 가려진 표현들과 교묘한 말장난으로 노련하게 그를 조롱하였다!

영국 태생의 유명한 미국인 블로거이고 유명한 극보수주의자이자 오랜 동성애 활동가인 앤드류 설리번(Andrew Sullivan)은 결국 글로 교황을 공격했는데, 그 글은 상당한 성공을 거두었다. 그의 공격의 영향은 가톨릭 신자인 설리반 자신에게 더욱 컸다. 그는 베네딕토 16세의 사치스러운 장신구와 게오르크와의 '브로맨스' 외에는 그 어떤 증거도 제시하지 못하였지만, 교황이 게이였다고 확신하게 되었다.

이런 캠페인이 특히 게오르크 겐스바인을 겨냥할 때마다 일반적으로 라칭거의 '가장 아끼는' 비서, '소문난 남자친구', '교황의 삶의 동반자'로 묘사되었다. 독일에서 게오르크는 그의 이름의 발음을 희화된 'gay.org'라는 별명을 얻게 되었다.

상황이 얼마나 지독하게 발전했는지, 한 게이 사제는 로마의 공원에서 동성애 상대자를 찾아다니며 자신을 '교황의 개인 비서 게오르크 겐스바인'이라고 소개했다고 한다. 이것은 물론 완전한 날조였지만, 그 소문을 증폭시키는 데는 도움이 되었을 것이다. 그 이야기는 북아프리카의 아름다운 소년들과 사랑을 나눈 후 그들에게 다음과 같이 말한 위대한 작가 앙드레 지드의 말을 상기시킨다.

"당신이 프랑스의 가장 위대한 작가 중 하나인 프랑수아 모리아크와 잠을 잤다는 것을 기억하십시오!" (그의 자서전에서 인용한 문구다).

우리는 베네딕토 16세를 향한 그렇게 끈질긴 박해를 어떻게 설명할 수 있을까?

우선, 공격 준비를 하고 있던 베네딕토 16세가 반동성애 강연을 한 적이 있었는데, 그 강연의 표현대로 말하자면, 그는 자신의 등을 때릴 회초리를 만들어 놓았었다고 한다.

그것은 사실이다. 교황은 누가의 복음을 잊었다,

"판단하지 말라, 그러면 판단 받지 않을 것이다. 비난하지 말라. 그러면 비난받지 않을 것이다."

전 교황청 사제 프란체스코 레포레는 (그의 책 중 한 권에 요제프 라칭거가 서문을 써 주었다) 나에게 이렇게 설명했다.

> 너무 세련되고, 나약하고, 멋진 개인 비서와 매우 가까운 교황은 동성애 운동가들에게 쉬운 표적이 되어왔습니다. 그러나 이런 공격들이 그를 향하게 된 주된 이유는 그가 심각하게 동성애 혐오적인 입장을 고수했기 때문입니다. 많은 사람이 그를 밀실의 동성애자라고 말했지만, 아무도 증거를 제시하지 못했습니다. 나는 개인적으로 그가 동성애 애호가라고 생각합니다. 왜냐하면, 그런 성

향에 대해서는 많은 단서가 있기 때문입니다. 하지만 나는 그가 결코 동성애 행위를 한다고는 생각하지 않습니다.

바티칸에서 일하는 또 다른 이탈리아 사제는 큰 안목을 갖고 생각한다.
"사람들이 그런 인상을 받게 되는 것은 확실합니다. 베네딕토 16세의 사진들, 그의 미소, 걸음걸이, 습관 등을 보게 된 게이들은 그를 동성애자라고 생각할 것입니다. 세상이 아무리 아니라고 해도 사람들이 갖게 된 깊은 확신을 흔들지는 못할 것입니다.
더욱이 그는 사제이기에 아내나 정부를 둘 수 없습니다. 따라서 이런 소문을 부인할 방법이 없습니다. 사제는 자신이 이성애자라는 것을 결코 증명할 수 없기 때문이지요! 그는 스스로 덫에 걸린 셈이지요."
베네딕토 16세의 대변인이자 현재 라칭거 재단의 담당자인 페데리코 롬바르디는 오늘날까지도 지속하고 있는 이런 비판의 물결에 전혀 흔들리지 않고 있다.

나는 아일랜드의 위기, 독일의 위기, 멕시코의 위기를 겪으며 살아왔어요……. 나는 베네딕토 16세가 소아성애 문제에 대한 교회의 견해를 분명히 밝힌 후 성폭행자들을 탄핵한 사실에 대해 역사가 그에게 경의를 표할 것으로 생각합니다. 그는 그 누구보다 용감했습니다.

* * *

교황직에 폐해가 되고 라칭거가 참으로 집착했던 '게이 로비' 문제가 남아있다. 실제이든 상상이든 베네딕토 16세는 여전히 자신이 그 '로비'로 때문에 어려운 상황에 부닥쳐 있다고 느꼈다. 그는 자기 책 『마지막 유언』(*Last Testament*)에서 그 로비를 '해체'했다고 성급하게 자축할 것이다!
프란치스코 역시 그의 유명한 답변에서 "내가 누구를 판단하리요?"(그리고 예수회 회원 안토니오 스파다로와의 첫 대화에서도)라고 하며 '게이 로비'를 비난했다.
나는 이 책을 위해 수백 번의 인터뷰를 했다. 그 인터뷰들을 근거로 해서 살펴볼 때 그런 게이 로비는 존재하지 않는다. 만약 있다면, 이런 종류의 비밀 동지들은 어떤 대의를 가지고 있어야 하는데 그럴 때 그 대의는 동성애를 장려하는 것일 것이다. 그러나 바티칸에는 그런 것이 없다. 만약 게이 로비가 그곳에 존재한다면, 그 로비는 그 대의에 부응하지 못할 것이다. 왜냐하면, 교황청에 있는 대부분의 동성애 추기경들과 고위 성직자들은 일반적으로 게이들의 이익에 반하게 행동하기 때문이다.

"나는 바티칸 내의 게이 로비가 있다고 말하는 것은 실수라고 생각합니다." 전 교황청 사제 프란체스코 레포레가 확신하며 말한다.

> 로비라는 것은 비밀리에 목표를 달성하기 위한 권력 구조를 의미하는데, 게이 로비라는 것은 불가능하며 말도 안 됩니다. 현재 바티칸에는 권력을 가진 동성애자들이 다수입니다. 이 추기경들과 대주교들과 사제들은 수치심 때문에, 권력 때문에, 그리고 출세주의 때문에 그들의 권력과 비밀스러운 삶을 보호하기를 원하고 있습니다. 이 사람들은 동성애자들을 위해 그 어떤 것도 행할 생각이 전혀 없습니다. 그들은 모든 사람에게 거짓말을 하고, 때로는 그들 자신에게도 거짓말을 하지만, 게이 로비는 없습니다.

여기서 나는 바티칸 내에서의 '게이 로비'가 아니라 동성애자들의 삶에 대해 더 분명한 이미지를 제공하고자 한다. 바로 '뿌리줄기'다. 식물학에서 뿌리줄기는 땅속의 뿌리만 있는 것이 아니라 수평과 수직으로 풍부하게 퍼진다.

하도 사방으로 번식하기 때문에, 그 식물이 땅 속에 있는 것인지 아니면 지상 위에 있는 것인지, 무엇이 뿌리이고 무엇이 공중에 있는 줄기인지 더 이상 알 수 없을 정도다.

사회적 차원에서 이 '뿌리줄기'(철학자 길들레 들뢰즈[Gilles Deleuze]와 펠릭스 과타리[Félix Guattari]가 쓴 책 『천개의 고원』[*A Thousand Plateaux*]에서 빌려온 이미지이다)는 철저하게 분산된 네트워크와 시작도 제한도 없이 무질서하게 서로 연결된 관계를 의미한다. 뿌리줄기의 각 가지는, 계급 제도나 논리나 중심부가 없어도, 다른 어떤 가지와도 연결될 수 있다.

바티칸에서, 더 넓게는 가톨릭교회에서의 동성애 삶은 은밀한 동반관계의 형태를 띠고 있다. 내게는 그곳의 동성애 삶은 뿌리줄기의 구조처럼 보인다.

동성애의 삶은 욕망과 비밀에서 생겨나는 동성애 내면의 역동성을 통해 수백 명의 고위 성직자들과 추기경들이 암호 코드로 연결되게 한다. 그런 연결은 가톨릭의 권력 계층에서 벗어난 연결이다. 이런 사실 때문에(다중성, 가속성, 파생성 포함), 동성애의 삶은 셀 수 없이 많은 다방면의 관계를 만들어 낸다. 그런 관계로는 사랑 관계, 성적인 섭외, 감정의 쇠약, 우정, 답례의 배치, 의존적인 상황들 및 성직 사회에서의 승진, 권력 지위의 남용과 '영주의 초야권' 등이 있다.

그런데도 그 삶의 인과 관계와 파생과 대인 관계에 대한 윤곽은 외부에서 명확하게 확증하거나 파악하지 못한다. 뿌리줄기의 각 '가지', 그 위대한 작업의 각 '조각'은 종종 다른 가지들의 성에 대해 모른다. 즉, 동성애의 성은 여러 다른 차원으로 존재하고, 똑같은 밀실 안에서도 서로 고립되어 있다(미국 신학자 마크 조던[Mark Jordan]은 바티칸의 밀실을 벌집에 사는 것과 연결한다. 이는 매우 색다른 이미지다. 그 '밀실의 벌집'은 매우 많은 작은 밀실들로 구성되었으며, 각각의 동성애자 사제들은 어느 정도 각 개인의 작은 방 안에 격리되어 있다).

그러므로 그들이 뿌리줄기 일부일지라도 그들 각 개인의 불명료함과 그들이 느끼는 고립감을 경시해서는 안 된다. 따라서 그들은 단결의 힘을 만들어 내지 못하는 연약한 집합체를 구성하게 되는데 그 집합체 내에서도 다들 취약하고 자주 불행해진다. 그리고 이런 관점에서 보면, 내가 인터뷰한 주교와 추기경들이 자기들도 게이이면서도 바티칸 내에 동성애가 심하다는 것을 알게 되었을 때 왜 그렇게 진심으로 놀랐던 것인지 이해할 수 있게 된다.

결국, 바티칸에 있는 수천 명의 동성애자는 예외적으로 조밀하고 비밀스러운 뿌리줄기를 구성하고 있으며 그 집합체는 단순한 '로비' 그 이상이다. 그것은 체계다. 그것은 바티칸 밀실의 원형이다.

라칭거 추기경은 그 체계를 알고 있었을까?

우리는 그가 알고 있었는지 알아낼 수 없다. 반면, 프란치스코 교황이 성 베드로의 성좌에 올랐을 때 그는 그 뿌리줄기의 자원과 정도를 파악해냈던 것이 분명하다. 그리고 우리 역시 그 뿌리줄기의 정도와 깊이를 측정하지 못한다면, 바티리크스, 프란치스코와의 전쟁, 수천 건의 성폭행 사건에 대한 침묵의 문화, 추기경들의 반복적인 동성애 혐오증, 베네딕토 16세의 실제 사임 이유 등을 알아낼 수 없다.

따라서 '게이 로비'는 없다. 그 대신 바티칸에는 다른 무엇인가가 있다. 동성애 애호가들 및 동성애화된 자들의 네트워크, 중심점이 없는 다형태의 다양한 관계들, 그러나 비밀과 이중생활과 거짓이 지배하는, 뿌리줄기처럼 번져가는 뭔가가 있다. 우리는 그것을 그저 '밀실'(*The Closet*)이라고 부르고 싶은 것이다.

21

반체제 인사들
(Dissidents)

"그가 겨울을 못 넘길까 봐 걱정입니다."
래드클리프(Radcliffe)가 내게 속삭이며 말한다.
그 사제는 호주머니에서 동전을 꺼낸다. 그는 그것을 길거리에 앉아 있는 노인에게 준다. 그는 그와 대화를 텄고, 그 후 우리는 계속 옥스퍼드 거리를 따라 나아간다. 몹시 춥다.
"그 노숙자는 매년 다섯 살씩 나이를 먹는 것 같다는 생각이 듭니다."
티모시 래드클리프는 자신의 구역에 있는 노숙자들을 알고 있으며, 무엇이든 그들을 도우려고 한다. 그것은 눈에 띄지 않는 작은 몸짓이며, 그 단순함에 있어서 평범한 것이다. 반면, 교회는 '위선으로 가득한' 사람들로 가득하면서 가난한 자들로부터 거리를 두는 경향이 짙어지고 있다.
이 도미니크회 수사는 그런 위선자는 아니다. 그는 1992년에서 2001년 사이에 도미니크 수도회의 '수도원장'으로 종신 재직하게 된 이래로 국제적인 명성을 가진 영국인 사제이며 신학자, 그리고 교회의 위대한 인물 중 하나다. 하지만 래드클리프는 교회에 대해 비판적인 견해를 가진 사람 중 하나다.
베네딕토 16세가 이끄는 바티칸이 이미 계엄 상태에 있고, 타르치시오 베르토네 국무원장은 로마 교황청 내에서 힘을 잃고 있었고, 반대 세력은 더욱 격렬해지고 있는 동안 다른 전선이 등장했다. 전 세계적으로 흩어져있는 '반체제 인사들'은 교황의 비타협적인 태도와 완고함에 반항하기 시작했다. 티모시 래드클리프(Timothy Radcliffe)는 보수적인 교황의 표류에 반대했던 사람 중 한 명이다.

나는 오랫동안 라칭거를 미워했습니다. 미움을 이길 수 없더군요. 나는 심지어 그에게 반대하는 기사를 썼어요. 그 후 도미니크 수도회 원장으로서 로마에 가서 그를 만났을 때, 나의 판단은 더 심해졌어요. 그 당시 그는 추기경이었고 나는 교회의 중요한 수도회 중 하나를 대표하고 있었기 때문에 자신 있게 그와 이야기할 수 있었지요. 나는 그와 많은 이야기를 나누었습니다. 그리고 나는 그와 언제든지 논쟁할 수 있다는 것을 알게 되었지요. 결국, 나는 그에 대한 존경과 호감을 느끼게 되었습니다.

나는 래드클리프가 사는 옥스퍼드대학의 블랙프라이어스 홀(Blackfriars Hall)에서 그와 첫 인터뷰를 한 후, 시내에 있는 프랑스 레스토랑에서 계속 토론을 한다. 그 날 래드클리프는 시간이 충분했다. 그는 현재 국제적인 연사로, 다음 날 아침까지 비행기를 타지 않을 것이다. 우리는 저녁 내내 이야기를 하고, 나는 블랙프라이어스 홀에서 밤을 보낼 것이기에 런던으로 돌아가는 마지막 기차를 탈 필요가 없다.

1992년에 도미니크회가 매우 진보적이고 게이 우호적인 티모시 래드클리프를 그 수도회의 원장으로 선출했을 때, 바티칸은 깜짝 놀랐다.

어떻게 그런 오류가 발생할 수 있단 말인가?

도미니크회 수사들은 모두 정신이 나갔던 것일까?

충격을 받고 분개한 안젤로 소다노와 조반니 바티스타 레 추기경은 그 선출에 이의를 제기하기 위해 계책을 마련했다. 수도회를 담당하고 있던 벨기에 사람 장 제롬 하머(Jean Jérôme Hamer) 추기경에게 보복 조처하라는 통촉을 보냈다.

도미니크회의 수사였던 하머는 나를 거부하는 운동을 벌였지요! 내가 당선된 후, 그는 내가 그곳에 없을 때만 그 수도회를 방문하러 왔답니다! 그 후 우리는 이야기를 나누었어요. 그는 나를 받아들이더군요. 그 후로는 내가 그곳에 있을 때만 왔어요!

래드클리프가 말한다.

티모시 래드클리프는 로마가톨릭에서 희귀한 사람으로서 공공연히 게이를 지지하는 신학자다. 그는 항상 성 소수자 사람을 옹호하고 그들을 교회에 포함하기 위해 선전 활동을 해 왔다. 특히, 그는 동성애자들도 그리스도에게 충실할 수 있고, 남자들 간의 관계는 이성애자들 사이의 관계만큼이나 '고결하고, 취약하고, 부드럽고, 상호적' 일 수 있다고 선언했다. 그는 또한 에이즈 문제에 관한 책을 출판했고 콘돔 문제에 대해서도 용기 있는 지지 입장을 채택했다.

"당신이 게이이든 이성애자든 상관없습니다. 본질적인 것은 사랑입니다."

래드클리프는 나와 인터뷰를 하는 도중 매우 자유롭게, 아마도 매우 센 포도주인 코뜨 뒤 론(Côtes du Rhône)의 술기운에 영향을 받은 상태에서 말한다.

이 정도 계급의 고위 성직자 중에 이렇게 단도직입적으로 말하는 사람은 거의 없다. 교회의 동성애와 동성애 혐오에 대해 래드클리프는 아무런 금기를 하고 있지 않다. 그는 결코 선거운동을 하지 않는다. 그는 사실을 말할 뿐이다. 그는 차분하고 평온하게 가르친다.

그는 물론 어마어마한 문화와 신학을 갖춘 사람이다. 또한, 철학, 지정학, 그리고 예술적인 면에서도 뛰어나다. 그는 렘브란트에 대한 긴 글을 쓸 수도 있고, 「쥬라기 공원」(Jurassic Park)과 레오나르도 다 빈치의 「최후의 만찬」을 스릴 넘치게 비교할 수도 있다.

그 도미니크회 수사는 로마에 체류하는 동안 위대한 진보주의 추기경들, 즉 카를로 마리아 마르티니와 아킬레 실베스트리니의 친구가 됨으로 교회의 온건파와 긴밀한 관계를 맺게 되었다. 그는 실베스트리니의 작은 차를 타고 수도 로마에서 서로 자신이 게이라는 사실을 밝혔음을 내게 말해준다.

교황청에 머물던 오랜 기간 그는 요한 바오로 2세의 교황직 말기에, 특히 소다노 추기경과 라칭거 추기경이 극보수로 활약하던 때에, 큰 위협을 받던 반체제 신학자들을 보호하는 모습을 종종 취한다. 래드클리프는 수많은 핵심 인사들을 옹호했는데, 그중 가장 중요한 사람으로는 해방 신학자 구스타보 구티에레즈(Gustavo Gutiérrez)가 있다. 사실, 그도 도미니크회 수사였다.

"수도회에 가입하면 보호를 받지요. 물론 도미니크 수도회는 그들의 수사들을 보호합니다."

래드클리프가 간단히 설명한다. 그 사제는 이 전투에 대해 신중했다. 하지만 다른 소식통에 따르면, 티모시 래드클리프는 출교 당할 위기에 처한 사제들을 변호했다고 한다. 그는 대단히 많은 편지를 썼고, 가장 어려운 경우에는 라칭거 추기경을 직접 찾아가 그 사건을 변론함으로 처벌을 피하게 하거나 유예기간을 요청했다. 라칭거 추기경은 그가 좋아하지 않는 반체제 인사들의 이름을 '수정액 기법'(Tipp-Ex technique)을 사용하여 삭제하였는데, 이 문제를 직시한 그 도미니크회 수사는 논쟁을 택했다.

반체제 인사?

래드클리프는 단지 신자이며 요구가 많은 사람일 뿐이다. 그는 우리가 작별 인사를 할 때 이 점을 강력히 주장하며 덧붙인다.

"나는 내 교회를 사랑합니다. 그래요. 정말 사랑합니다."

* * *

제임스 앨리슨은 보호가 필요한 반체제 인사 중 한 사람이다. 티모시 래드클리프 같은 영국인이자 또한 도미니크회 수사들에게 훈련을 받은 이 사제는 내가 교회에서 만나본 사람 중 가장 용감한 인물 중 하나다. 그는 공공연한 게이 신학자이며 사제다. 앨리슨은 라틴 아메리카에 대한 전문가로, 특히 멕시코와 브라질에서 많은 시간을 보냈다. 그는 또한 스페인의 마드리드로 옮기기 전, 미국에서 오랜 시간을 보냈다.

우리는 마드리드의 추에카(Chueca) 게이 지역 안의 비노테카(vinoteca)에 있고, 앨리슨은 브라질에서 입양한 프랑스 불도그가 있다. 그 개의 이름은 니콜라스다. 그 사제는 자신의 삶에 대해, 그리고 여행에 대한 그의 열정을 말한다. 이 '여행하는 설교자'는 전 세계를 돌아다니며 강연을 하고 일상 대화를 나눈다. 그 과정에서 성 소수자 단체들을 위한 미사를 아무런 주저 없이 집행한다.

예를 들어, 나는 그가 마드리드에서 '크리스몸협회'(Crismhom association)에서 미사를 집전하는 것을 보았다. 그 협회는 200명 이상의 게이 크리스천들로 구성되어 있고 그들의 만남 장소는 츄에카의 작은 술집이다. 나 역시 그들을 만나러 갈 때는 그곳으로 간다.

라틴 아메리카에서 오랫동안 사제로 있던 앨리슨은 요제프 라칭거와 해방신학자들 사이의 싸움에 대해 말해준다. 수십 년 동안 집요하게 페루의 구스타보 구티에레즈를 괴롭힌 라칭거 추기경은 위대한 독일 교수인 자신 앞에서 변명하도록 그를 로마로 소환하여 굴욕감을 주었다. 라틴 아메리카에서 대단히 존경받는 인물인 브라질의 레오나르도 보프는 그의 견해가 논란을 일으키자 라칭거의 강요에 따라 입을 다물게 된다.

그 후 그는 개인적인 이유로 프란치스코 수도회를 떠나기로 했다. 예수회 사제이며 좌익 신학의 주창자인 신학자 존 소브리노(Jon Sobrino)는 여러 해 동안 알폰소 로페스 트루히요와 요제프 라칭거의 공격을 받았다. 독재정권 하에 몇 년간 옥고를 치른 브라질의 진보주의 신학자인 마르크스주의자 프레이 베토(Frei Betto)는 그 교황으로부터 질책을 받았다.

이 보수파의 행동에 있어서 역설적인 것은, 해방 신학의 위대한 인물들, 특히 구티에레즈, 보프, 소브리노, 베토 등은 명백하게 게이가 아닌 성직자들이지만, 중남미와 바티칸에서 그들이 탈선행위를 했다고 그들을 비난하며 공격했던 추기경들과 주교들 대부분은 동성애 애호가들이거나 또는 동성애 행위를 하는 동성애자들이었다는 사실이다!

우리는 많은 추기경 가운데서 특히 알폰소 로페스 트루히요 추기경이나 세바스티아노 바조 추기경만 생각해 보아도 그런 사실을 충분히 알 수 있다. 요컨대, 세상은 요지경이다.

> 나는 항상 베네딕토 16세의 신학을 많이 중시해왔습니다. 나는 요한 바오로 2세가 시작한 지적인 쇠퇴를 라칭거가 한층 더 악화시킨 사실이 아쉬울 뿐입니다. 나는 프란치스코 교황이 너무 오랫동안 소외되었던 몇몇 사상가들을 회복시켜 준 사실에 대해 매우 기쁩니다.

앨리슨은 신중히 말한다.

교황청의 좌익의 주요 인물이자 프란치스코 교황의 프로젝트에 영감을 준 사람 중 한 명인 월터 카스퍼 추기경은 그 상황을 좀 더 자세히 언급한다.

> 해방 신학의 이 인물들은 서로 매우 다릅니다. 예를 들어, 구스타보 구티에레즈는 가난한 사람들에게 진심으로 헌신 되어있었습니다. 그는 사납지 않은 사람이고 교회를 늘 생각하고 있었지요. 나에게 그는 믿을 만한 사람이었습니다. 반면에 보프는 마르크스주의에 대해 너무 몰랐던 것 같습니다. 예를 들어, 그는 더 공격적이었어요. 다른 사람들은 게릴라 조직에 가입하여 무기를 드는 것을 선택했지요. 그것은 용납될 수 없습니다.

게이 질문에 대해 해방 신학은 비교적 느리게 반응했고 또한 의견이 분열되어 있었다. 그러다가 '퀴어 신학'(queer theology)의 선구자가 되었다. 마르크스주의 유포 본에 사로잡힌 이 '해방주의' 사상가 중에도, 적어도 처음에는, 인종, 성 또는 성적 지향이 소외나 가난과 관련되어 있다는 것을 이해하는 사람은 거의 없었다. 해방주의 운동의 핵심 인물 중 한 명인 프레이 베토(Frei Betto)는 내가 리우데자네이루에서 그를 인터뷰했을 때 이 사실을 인정했다.

> 해방 신학은 상황에 따라 발전했습니다. 1960년대와 1970년대의 초기 해방 신학은 마르크스주의를 발견하고 그것을 기준틀로 삼았습니다. 심지어 오늘날에도 마르크스주의는 자본주의를 분석하는데 필수적입니다. 아무튼, 해방 신학은 새로운 문제들이 등장하면서 각색되었습니다.
> 예를 들어, 생태학에 대해, 레오나르도 보프는 오늘날 생태 신학의 아버지 중 한 명으로 알려져 있으며, 그는 프란치스코 교황의 필수불가결한 생태에 대한 회칙(回勅)인 '로다토 시'(Laudato si', 찬미 받으소서)에 큰 영향을 끼쳤지요. 그리고 기본 공동체에 참가한 여성들과 여성주의자 신학자들 덕분에, 성 및 성별에 관한 의문들이 생겨났습니다. 저도 얼마 전에 성별과 성적 성향에 관한 작은 책을 출판했어요. 이제는 어떤 주제도 금기시되지 않아요.

해방 신학과 친근한 상파울로의 대주교 파울로 에바리스토 아른스(Paulo Evaristo Arns) 추기경은 감히 콘돔 사용을 장려하고, 요한 바오로 2세가 사제들의 독신주의에 대한 논쟁을 금한 것에 대해 비판했는데, 그의 견해로는 그렇게 금할 아무런 타당한 근거가 없다는 것이었다(그는 또한 라칭거로부터 보프를 변호하기 위해 로마로 갔다).

예의 바르고 여성스러운 에바리스토 아른스는 매우 이상하게도 동성애 우호적이었기 때문에 그의 친구 중 어떤 브라질 신학자들은 그의 자유주의는 그에게 동성애 성향이 있다는 것을 의미한다고 의심했다.

그러나 리오, 브라질리아, 상파울루에서 내가 조사하면서 자주 들었던 이 가설은 어떤 정확한 증거에 근거한 것도 아니고 확인된 적도 없다. 한편 그가 브라질의 독재정권의 반대자였다는 것과 '군 권력의 희생자들을 위해 미사를 집행한 것'은 분명한 사실이다(내가 상파울로에서 만난 브라질 게이 운동의 주역 중 한 명인 안드레 피셔[André Fischer]의 증언에 따르면 그러하다).

아무튼, 적극적인 게이 운동은 해방 신학운동을 통해, 그리고 훨씬 나중에 (90년대부터) 적극적으로 나타났는데, 제임스 앨리슨은 그 운동의 이론가로서 진정한 '게이 신학'의 한 사람이었다.

"앨리슨은 여성주의, 소수자들, 게이들을 위한 해방 신학 운동을 예측하고 참여했던 사람 중 한 명이었습니다."

티모시 래드클리프가 확인하여준다.

해방 신학은 과거에는 사회적 계급과 집단을 생각했지만 다소 의외적인 이런 지적인 발전을 통해 이제는 개인들의 빈곤과 소외를 생각하기 시작했다. 이 개념은 독일의 신학자 마이클 브링크슈뢰더(Michael Brinkschröder)가 내가 그를 뮌헨에서 만났을 때 요약한 것이다.

> 우리는 각 개인에게 관심을 끌게 되었는데 출신과 인종, 성, 성적 지향을 그대로 받아들입니다. 마르크스주의는 점점 영향력을 잃어갔답니다. 대신에, 우리는 프랑스 이론(철학자 미셸 푸코[Michel Foucault], 길레스 델레우제[Gilles Deleuze], 자크 데리다[Jacques Derrida]의 사상과 급진적인 여성주의자의 사상(주디스 버틀러[Judith Butler])에 눈을 돌렸습니다. 그렇게 해서 우리는 해방 신학에서 '게이 신학'으로, 그리고 곧 '퀴어 신학'으로 옮겨갔지요.

미국인 로버트 고스(Robert Goss, 공공연한 게이이며 전 예수회 회원이다), 아르헨티나의 급진적인 영성주의자 마르셀라 알트하우스 레이드(Marcela Althaus Reid), 브라질의 파울로 수에스(Paulo Suess)와 루터교의 안드레 무스코프(André Musskopf), 멕시코의 도미니크회 수사 카를로스 멘도자알바레즈(Carlos Mendoza-Alvarez)와 같은 신학자들이 이런 '퀴어 신학'을 정의하거나 육성하는 데 도움을 주었다.

우리는 또한 캐퓨친(Capuchin) 수도회 수사인 브라질 사람 루이즈 카를로스 수신(Luiz Carlos Susin)의 이름을 들 수 있는데, 그가 내게 말한 바로는 "2005년에 뽀르뚜 알레그리(Porto Alegre)에서 열린 세계소셜포럼(World Social Forum)의 첫 번째 만남 중에 '해방 신학에 관한 '사이드 행사'의 주최자'가 바로 자기였다고 한다. 성별 문제에 관한 이 워크숍은 라틴 아메리카에서 '퀴어 신학'이 확대되는데 기여했다.

오늘날, 많은 '퀴어' 성경 읽기 모임들은 학문적인 인정을 받지 못함으로 주류에서 벗어나고 있다. 또한, 그 모임들이 LGBTIQ+ (Lesbian, Gay, Bisexual, Trans, Intersex and Queer ...)의 세포 모임으로 분해되면서 여러 채플로 나뉘고 약간의 '개신교 스타일'(마이클 브링크슈뢰더[Michael Brinkschröder]의 표현을 딴 것이다)을 취함으로 자연적인 '해체' 방향으로 나아가고 있다. 하지만 여전히 현상 유지를 하고 있다.

'퀴어 신학'도 베네딕토 16세 휘하의 바티칸으로부터 격렬한 비난을 받은 것은 놀랄 일이 아니다. 어떤 사제들은 제재를 받았고, 어떤 신학자들은 그들의 인가를 잃었다. 멕시코에서는 우니베르시다드 이베로아메리카나(Universidad Iberoamericana, 이베로아메리카대학) 예수회에 속한 앙헬 멘데스(Angel Méndez)가 '퀴어 신학'을 가르친 죄로 엄중한 처벌까지 받았다.

"공공연한 게이로서 HIV 양성자이고 남자친구와 함께 살고 있다"고 내게 확인해 준 멘데스는 대학에서 해고되었는데, 이는 차별을 금하는 멕시코 법에 위반되는 것이었다. 그는 자신의 진정성과 그의 성 소수자 신학을 가르친 이유로 큰 대가를 치렀다. 하지만 최근에, 동성애 우호적인 예수회 사람인 데이비드 페르난데스 다발로스(David Fernández Dávalos)가 그를 다시 고용했다.

티모시 래드클리프, 파울로 에바리스토 아른스, 제임스 앨리슨, 카를로스 멘도자 알바레즈, 앙헬 멘데스, 루이스 카를로스 수신 등, 많은 '게이' 또는 '퀴어' 신학자들은 진실하며 솔직한 가운데 동성애에 대한 위선을 거부한다. 그들은 그들처럼 진실하고 솔직한 여러 사제에게 영감을 준다. 그들이 전부 다 게이는 아니다. 그럼에도 그들은 교회에서 동성애자의 비율이 매우 높다는 것을 알고 있다.

솔직한 제임스 앨리슨은 라틴 아메리카를 널리 여행한 후 그곳의 대부분 사제가 이중생활을 하고 있다는 것을 관찰했다.

"예를 들어, 볼리비아와 페루에서는 사제들이 일반적으로 여자 첩을 두고 있습니다. 독신주의자들은 종종 동성애자들이고요. 기본적으로, 나는 시골 교구 성직자들은 대체로 이성과 성행위를 하고, 도시의 종교적인 성직자들은 동성애 행위를 하는 동성애자들인 경우가 많다고 말하고 싶습니다."

앨리슨이 말한다.

요한 바오로 2세 때 게이들과 벌인 전쟁에 대해 많은 사람은 역효과를 가져왔다고 생각한다. 앨리슨 신부도 그 전쟁의 희생자로서 공식적인 직함을 박탈당했다.

"교회에 있어서, 그런 전쟁은 무모한 에너지 낭비입니다."

앨리슨은 덧붙인다.

하지만 시대가 변하고 있다. 대부분의 해방 신학자들과 게이를 지지하는 사제들은 이제 교황청과 평화로운 관계를 맺고 있다. 프란치스코 교황은 바티칸에서 구스타보 구티에레스와 프레이 베토를 영접하고 그들과 좋은 관계를 맺고 있다. 그리고 현재 핵심 지성인으로 꼽히는 레오나르도 보프와도 좋은 관계를 맺고 있다.

교회법에 따라 이례적인 재판을 받았던, 교구 없는 사제 제임스 앨리슨은 얼마 전 바티칸으로부터 전화를 받았는데, 그 전화를 한 사람은 그의 근황을 알고 싶어 했다. 그는 아직 복구되지는 않았다!

앨리슨은 그 사적인 대화에 대해, 그리고 전화를 건 사람이 누군지 내게 말하기를 거부했다. 하지만 교황청에서 정보가 돌았고, 나는 바티칸 교환원으로부터 앨리슨에게 전화를 한 사람의 이름을 알게 되었다. 그것은 프란치스코 교황이었다!

*   *   *

1980년대, 90년대, 그리고 2000년대 동안 교황 요한 바오로 2세와 베네딕토 16세는 앨리슨에게 전화를 걸지 않았다. 그들은 그들의 경비견을 보냈다. 국무원과 신앙교리성, 그리고 수도회성이 이 심사를 맡았다. 많은 사람 중 티모시 래드클리프와 제임스 앨리슨에 대한 파일이 작성되었다. 명령, 위협, 처벌, '심사'와 관련한 끝없는 전화가 왔다.

요제프 라칭거는 30년 동안 대재판관이었다. 신앙교리성의 장관으로 있을 때도, 그리고 교황으로 있을 때도 대재판관으로 활약했다. 그는 정교한 제재 시스템을 두었고, 오랫동안 그의 사악한 부하 타르치시오 베르토네의 보좌를 받았다. 깜짝 놀랄 일은, 라칭거는 유례없는 폭력이나 파문을 집행하기보다는 그의 외고집스럽고 부패한 성향에 따라 '순교적인' 굴욕을 가하기를 좋아한다는 점이다. 아우토스다페(*autos-da-fé*, 스페인의 종교 재판에 의한 화형)는 전혀 없다. 양심을 심사할 뿐이다!

라칭거는 점진적인 처벌을 위해 그가 가진 모든 권력과 도구를 사용하고 남용했다. 그의 제재를 위해 그런 기략을 사용했다!

그의 반대자들은 종종 동성애자들이거나 게이 우호적인 자들로서 소외되거나, 추방되거나, 비난받거나, 억울한 조치를 당하거나, 평신도 상태로 떨어지거나, '심사 대상'이 되거나, 강제적으로 '참회의 침묵'에 임하게 한 후 그들의

'미시오 캐노니카'(missio canonica)를 빼앗는다(그들의 수고가 교회에서 더 이상 아무런 가치도 없게 만든다는 뜻이다). 『성직자: 성직자와 수도회에 관한 정신분석학적인 연구』(The Cleric: A Psychoanalytic Study of Clergymen and Religious Orders)라는 책으로 요한 바오로 2세의 바티칸 사상을 위기에 몰아넣었던 그 유명한 신학자 유겐 드워만(Eugen Drewermann)은 가혹한 처벌을 받았다. 소외되거나 제재를 받거나, 또는 추방된 자들에 대한 목록은 매우 길다.

찰스 E. 커란 신부(Charles E. Curran, 이혼, 피임약, 동성애에 대해 너무 개방적이었던 미국인), 매튜 폭스 신부(Matthew Fox, 결혼을 열망하는 이성애자 도미니크회 수사), 미국인 사제 로버트 누겐트(Robert Nugent, 게이들을 선호함), 벨기에인 예수회 회원 자크 뒤푸이(Jacques Dupuis, 인도 종교 전문가), 수녀이자 신학자인 라비니아 번(Lavinia Byrne, 여성 서품을 지지하는 영국 여성), 브라질 수녀이자 신학자인 이본 게바라(Ivone Gebara, 성과 도덕과 낙태에 대해 지나치게 진보적인 것으로 여겨짐), 또는 실제로 이탈리아 신부 프랑코 바베로(Franco Barbero, 그가 파스쿠알레 콰란타 기자와 함께 쓴 책에서 동성 간의 사랑이 복음서와 어긋나지 않는다는 사상을 옹호함)가 있다.

심지어 고인들마저도 봐주지 않았다. 죽은 지 10년이 지난 예수회 회원 앤서니 드 멜로(Anthony de Mello)는 그의 글들이 주목을 받게 되자 불순종자라는 판정을 받았다(그는 성경으로 게이를 지지하는 교훈을 한 것으로 잘 알려져 있다. 그는 성경은 성적이거나 독신주의가 아닌 "제3의 방법"에 따라 수도회 회원들 사이의 애정 표현을 장려한다고 주장했다. 교회는 그를 불복종자로 선언했다).

베네딕토 16세는 일종의 광신을 드러냈다. 그는 아프리카에서 콘돔을 나누어준 사제들과 수녀들도 정직시켰다. 또한, 요한 바오로 2세와 요제프 라칭거는 동성애자들과 AIDS 퇴치 수단으로 콘돔을 옹호한 프랑스 주교 자크 갈로(Jacques Gaillot)를 특이하게 처벌했다. 자크 갈로는 알제리 사막의 파르테니아(Parténia)의 주교 자리로 임명을 받았는데 그 마을은 5세기 말에 모래 밑으로 사라진 이후 교구와 가톨릭 신자가 전혀 없는 주교 자리였다.

요제프 라칭거는 저항적인 성직자들을 수없이 소환하여 온종일 그들의 정당성을 따졌다. 그는 그들에게 고백하게 하고, 실패에 대해 반복적으로 평가하게 하고, 오류를 설명하도록 했다. 교조적인 교황은 교회 자체가 도덕으로 구축되어 있으므로 비판의 대상이 될 수 없다고 확신하면서 종종 권위에 대해 강조했다. 교황을 비난하는 자들은 그의 주장이 자의적이고 독단적이며 '정당성이 없이 정당화된" 주장이라고 묘사한다(이 표현은 알베르트 카뮈의 『반역자』(The

Rebel)에서 가져왔다).

무한히 자의적인 교황의 완고함은 그의 일방적인 결정을 아무 때든 바꾸거나 되돌리는 것으로 드러났다.

소외되거나 처벌받거나 침묵을 요구받은 사람들은 모두 심한 후유증과 불명예를 앓았다. 추방, 가족을 잃는다는 생각, 직장을 잃음으로 인한 재정적인 교착 상태, '자발적 노역'이 끝난 후 실패했다는 느낌, 그리고 마지막으로, 아마도 가장 중요한 것은, 말로 표현하기 힘든, 내가 '우애'라고 부르는 것의 결핍일 것이다.

소외되었든, 자발적으로 떠났든, 사제들의 성직 박탈은 1970년대에 조용히 시작되어 지속하고 있는 성직 소명의 큰 위기를 가속할 뿐이었다. 어떤 이들은 바오로 6세가 성도덕에 대한 엄격한 회칙(回勅)『휴마네 비테』를 발표한 후에 믿음을 잃었다. 1970년대와 1980년대에는 수천 명의 사제가 결혼하기 위해 그들의 사제복을 하늘로 집어 던졌다.

요한 바오로 2세 때 제2의 바티칸 공의회의 발전을 조직적으로 근절하게 되는데 그때 교회를 떠난 자들도 있고, 마침내 우익 신학자들과 동성애 혐오자들이 로마 교황청을 장악하게 되자 교구를 버린 자들도 있다.

같은 때, 수천만 명의 신자들이 결혼과 여성 권리와 동성애자들의 권리, 콘돔과 에이즈에 대해 초보수적인 입장을 취하고 있는 교회로부터 멀어졌다. 많은 신도가 또한 교회 내의 성폭행에 대해 알게 되면서 충격을 받았고, 심지어 아동 성범죄 사제들이 보호를 받는 것을 보고 충격을 받았다. 금서 목록에 지성인들의 책을 넣으려는 라칭거 추기경의 고집 때문에 교회는 지성인들과 단절되었고, 마지막으로, 예술가들도 사물의 아름다움에 대한 취미를 잃어버린 교회로부터 멀어졌다.

> 요제프 라칭거는 신학적인 사막을 만들었습니다. 그는 모든 사람의 입을 막아버렸어요. 자신만이 자유롭게 말을 할 수 있는 유일한 신학자였지요. 그는 모순을 용납하지 않을 것입니다. 라칭거는 지난 4년 동안 사상의 자유를 제거했고 가톨릭의 신학 사상을 현저하게 허약하게 만들었습니다. 그는 책임을 져야 합니다.

벤투 도밍게스(Bento Domingues) 신부가 말한다.

내가 리스본에서 인터뷰한 이 유명한 도미니크회 신학자는 84세로서 권위주의를 두려워하지도 않고 또한 권위주의에 물들지도 않았기에 자유롭게 발언한다. 그는 화가 나서 덧붙인다.

"라칭거는 그의 적대자들에게 상상할 수 없을 정도로 잔인했어요. 그는 심지어 어떤 신학자가 암으로 죽어가고 있다는 것을 알면서도 그 신학자를 상대로 교회 재판을 열었답니다."

*　　*　　*

세계 모든 곳에서 이 조사를 하는 동안 (포르투갈과 일본, 미국, 홍콩, 또는 아프리카와 아시아의 선교지에서) 나는 교회가 '변두리'에 있는 자들에게 관심을 두도록 노력하는 진보적이며 게이 우호적인 사제들을 만나보았다. 그들은 모두 요제프 라칭거와 싸워왔고 또한 그 지역의 보수 대표들과도 전쟁을 치러왔다.

이상하게도, 요제프 라칭거에 대한 반대가 가장 강력한 곳 중 하나가 중동이었다. 나는 이 조사를 위해 아랍 8개국에 체류하면서 '동방 기독교인들'을 만났고 때로는 식민주의가 과거에 속한 사실을 망각한 채 아직도 중동을 '복음화'하는 유럽 선교사들도 만났다.

로마에서 동방 기독교인들을 담당하고 있는 바티칸의 '수뇌'는 레오나르도 산드리 추기경이다. 우리는 이미 이 고위 성직자를 만난 적이 있다. 그는 복음서에 등장하는 무해 하고 부드러운 인물들과는 달리 구약성서에서나 발견될 수 있는 사악한 모순들과 긴 턱수염을 가진 그런 종류의 인물이다(구약의 뛰어난 인물들은 비슷한 역량과 다채로운 외관을 지니고 있으며 자신들이 선악을 결정하는 듯한 매우 흥미로운 특징을 지닌다).

우리가 아는 바와 같이 그 아르헨티나인은 요한 바오로 2세의 내무부 '장관'이었다. 그는 베네딕토 16세의 배척을 받은 후 위로의 보답으로 동방교회성을 맡게 되었다. 나는 로마의 비아 델라 콘루티아지오네(Conciliazione)에 있는 그의 화려한 사무실에서 이 '장관'을 방문했다. 그때 나는 처음으로 부제들과 비서들과 차관들, 그리고 나를 돌보아 주고 좋은 인상을 남겨주었던 안내원들과 집사들로 구성된 열정적인 '도당'(徒黨)과 우연히 마주치게 되었다. 그들 중 일부는 동방에서 앙드레 지드의 여행 동반자들이 될 수도 있었을 것이다!

동방교회성에서는 다른 곳보다 더욱 의전(儀典)이 심각한 문제로 남아있다. 나는 '대기실'에 있는 이탈리아인들이 왜 중요한지 알게 된다. 나는 산드리 추기경을 기다리면서 거대한 대합실에 앉아 있으라는 부탁을 받는다. 한참 기다린 후에 한 안내원이 나를 그 큰 방에서 작은 객실로 안내한다. 그 후 한 집사가 와서는 그 객실에서 나를 그 추기경 예하의 개인비서실로 안내한다. 그리고 마지막으로 그 비서실에서 그 짐승을 화나게 하지 않도록 세심한 지시를 받은 후, 마침내 그 무서운 사람의 큰 사무실 안으로 들어가게 된다.

산드리 추기경은 당당하다. 그는 크고 완고해 보이는 이마와 투박한 스타일을 가지고 있다. 개인 응접실에서 방문자들을 받을 것을 의무화한 바티칸의 공식 지시와는 달리 그는 모든 고위 성직자의 비밀 유지를 이유로 자신의 집무실에서 방문자들을 접견한다. 규범을 비웃으며 불응하는 산드리는 나에게 소파에 앉으라고 권한다. 그는 많은 추기경처럼 흠잡을 데 없는 프랑스어를 구사한다. 그는 내게 매력적이며 호의적이다.

그는 내 손을 잡고 그의 창문에서 '예루살렘 기사단의 승마 수도회'(Equestrian Order of the Knights of Jerusalem)의 사무실(당신은 이런 이름을 지어낼 수 없다)을 보여주고, 내게 환영 선물을 준다. 그 선물은 프란치스코 교황의 사진이 새겨진 금(또는 금판) 메달이다.

"신자인가요?"

산드리는 인터뷰(추기경의 동의를 얻어 녹음되었다) 중에 내게 묻는다.

나는 계몽운동 이후, 스피노자와 니체와 다윈 이후, 볼테르와 루소 이후, 랭보 이후, 특히 프랑스인에게는, 신자가 되는 것이 어려워졌다고 대답한다.

"아!

예, 세속화되었다고요!

나도 알아요!"

산드리는 꿰뚫어 보는듯 한 표정으로, 목소리가 과장되게 크게, 그리고 매우 투덜거리는 몸짓으로 말한다.

바티칸의 많은 사람처럼, 그리고 가톨릭 세계에서처럼, 산드리는 동방에 대한 열정을 갖고 있다. 레오나르도의 미소를 띤 이 라틴계 사람은 긴 캐러밴 행렬과 뚜렷한 남녀 성별 분리를 좋아한다.

산드리는 새 직책 덕분에 삶의 새로운 방향을 발견했다, 그는 그 새로운 방향에 대해 내게 자세히 말한다. 그는 찰딘족, 시리아크족, 멜크족에 대한 전문가로서 동방교회의 비잔틴식의 섬세함을 묘사한다. 그는 내가 레바논과 아랍에미리트(UAE)로 여행할 때 들러야 할 몇몇 장소를 추천하고 그를 대신하여 가서 만날 수 있는 연락처를 알려준다.

산드리는 그 지역을 잘 알고 있다. 추기경이요, 전직 외교관이요, 교황 대사인 그는 알라딘, 콰마르(Qamar)와 함께 빙빙 도는 춤을 추는 데르비시, 알리 바바스와 40명의 도둑 등, 중동의 미묘함에 대해 가장 잘 아는 훌륭한 전문가 중 하나다.

그와 나는 동방을 향한 이 열정을 나눈다. 그 열정은 십자군과 승리의 가톨릭교, 감람산, 세인트 루이스와 나폴레옹의 열정이다. 한편, '동방으로의 여행'은 동성애 작가들 사이에서도 매우 인기 있는 장르였다(아덴의 랭보, 아라비아의 로렌스, 튀니지의 앙드레 지드, 마그레브의 오스카 와일드, 아프리카의 피에르 허바르트, 알제리와 모로코의 헨리 드 몽테란트, 갈릴리의 피에르 로티, 팔레스타인의 장 주네[Jean Genet], 탕헤르의 윌리엄 버러우스와 앨런 긴즈버그 등, 많은 작가가 관심을 보였다).

그 시인은 '동방, 그 원시적인 고향'이라고 썼다.

"위대한 문학적 모티브인 '동방으로의 여행'을 하고 싶어 했던 여러 작가가 동성애자들이었습니다. 소돔이라는 이름은 언제나 엄청난 상징을 담고 있지요."

「하아레츠」(Haaretz) 신문사의 수석 문학 편집장인 베니 지퍼(Benny Ziffer)는 텔아비브에서 저녁 식사를 하면서 내게 말한다.

이처럼 동방은 게이들의 열정이 향하는 곳이다!

하지만 동방은 가톨릭 신자들에게 원시적인 고향이며, 동성애자들에게는 새로운 소돔이라는 생각은 거대한 망상일 뿐이다. 동방으로 도망친 자들은 속은 것을 알게 되고, 어리석은 자들을 사고파는 시장이며, 오직 성적인 비참만을 얻게 된다.

나는 근동이나 중동, 레반트(Levant)나 마그레브(Maghreb)에서 '휴무스(hummus) 여왕들'을 만나게 되었다. 이들은 레바논에서도 유명하다. 로마 교황청과 교구, 또는 수도원에서 자신들의 성향을 충족시킬 수 없는 사람들은 그들의 기독교 조상들과 연인들의 땅으로 간다.

나는 예루살렘 승마 수도회 기사단, 몰타 수도회의 기사단, 가끔 교회와 아라비아의 미를 향해 이중의 충성을 보이는 르두브르 드 오리엔트(l'Œuvre d'Orient, 동방의 작품)의 선교-박애주의자들에게 얼마나 매료되었는지!

이슬람에 겁을 먹으면서도 이슬람인의 품에서 두려움을 잊은 순례자들이 얼마나 이상한지!

내가 그 사제들과 자주 마주친 모로코, 알제리, 튀니지에서 그들은 마치 공주처럼 길거리 사람들의 휘파람 소리를 듣기를 좋아한다. 그들은 내게 그들이 갔던 동성애자 우호적인 장소들, 즉 '친절한' 호텔들과 호화로운 모로코 전통

집들을 조심스레 말해주었다. 예를 들어, 유럽의 가톨릭 성직자들은 한때 아틀라스 산맥에서 고립된 투밀린(Toumliline)의 옛 베네딕토회 수도원을 자주 드나들었던 적이 있다(내가 모로코에서 인터뷰한 외교관들, 군 고위 장교들, 왕실과 가까운 사람들의 증언에 따른 내용이다).

나는 이집트에서도 카이로에 있는 도미니크회 동방 연구소의 게이 우호적인 분위기에 대해 들었다.

동방을 향한 이런 열정은 심지어 바티칸 내부에서도 파급 효과가 있다. 성베드로 성당의 한 교황청 신부와 한 고해 신부의 증언에 따르면, 바티칸 안에서는 YouPorn.com에서 아랍 포르노를 많이 보며, 비디오 플랫폼 citebeur.com의 이탈리아 버전을 사용하고, 그리고 로마에서 아랍인 성 파트너를 제공하는 어떤 웹사이트를 상당히 많이 사용한다고 한다.

*   *   *

나는 산드리 추기경의 친절한 추천으로 레바논에서 교황 대사 가브리엘레 카치아(Gabriele Caccia)를 만난다. 이 외교관은 라칭거 휘하에서 '보좌관'의 지위를 갖고 있으면서 산드리의 젊은 부관이거나 또는 바티칸의 내무부 '장관'의 차관이었다. 타르치시오 베르토네에 의해 공직에서 물러난 그는 베이루트로 망명하였고, 나는 그곳에서 그를 만났다. 라칭거 밑에서 활동했던 정상 중 하나였던 그는 칠층천(seventh heaven)에 있는 것 같았고 그 대주교 카치아는 레바논을 무척 좋아한다고 말한다 (프란치스코가 최근 그를 필리핀으로 파송했다).

교황청 대사관은 레바논 수도 북쪽에 있는 브케르케(Bkerké)의 베이루트 중심부에서 멀리 떨어져 있다. 그곳은 기독교의 보루다. 레바논의 성모 마리아 성당은 동방식 전례에 따르는 주요 가톨릭 공동체 중 하나인, 마론파 교도들 (Maronites, 로마 가톨릭에 귀속된 동방교회 계통의 일파)의 총대주교의 본부처럼 그 대사관에서 매우 가까운 곳에 있다. 카치아는 레바논군 병사들의 보호를 받으며 그 교황 대사관 아래에 있는 작은 집에서 (내가 방문했을 때 복구되고 있었다) 살며 일한다. 베이루트와 주변 계곡의 풍경이 장관이다.

카치아도 모든 바티칸 외교관들처럼 허가 없이는 말할 수 없으므로 우리의 대화는 비공개로 진행된다. 그러나 나는 그 나라에 대한 그의 지식과 용기에 감명을 받았다. 그는 대주교 예복을 입고 교황 대사의 주홍색 물결무늬의 실크 비레타(사각모)를 쓰고 위험을 무릅쓰고 어디든지 간다. 이곳에서는 전쟁이 언제든 벌어진다. 성별 이론도 없고, 음탕한 파티도 없다. 카치아는 환영 선물로 산드리처럼 보석을 주지 않고 아랍어로 번역된 성 누가의 복음서를 준다.

동방식 전례를 따르는 가톨릭교회는 로마에 충실하다. 하지만 그들의 사제들은 결혼해도 서품을 받을 수 있다. 여기서 우리는 바티칸의 커다란 모순을 보게 되는데, 바티칸은 이곳에서는 희생을 치러야 함에도 그런 이성애 행위를 인정할 수밖에 없었다는 사실이다.

> 사제의 독신주의는 비교적 최근의 결정입니다.
> 심지어 로마에서도 사제들은 11세기까지는 결혼을 했어요!
> 이곳에 있는 우리는 전통에 충실합니다. 이곳의 사제들은 종종 결혼하지요. 한편, 일단 서품을 받으면 결혼은 더 이상 불가능하고, 주교들은 항상 독신의 사제 중에서 선택됩니다.

나는 베이루트에서 마론파 교도들의 총대주교의 대변인인 사미르 마즐룸(Samir Mazloum) 주교로부터 그를 인터뷰할 때 이 말을 들었다.

교황 요한 바오로 2세와 베네딕토 16세는 동방의 이 예외를 비정상이라고 여기고 대단히 화를 냈고 이를 저지하기 위한 모든 수단을 동원했다. 그래서 그들은 오랫동안 동방 가톨릭 성직자들이 결혼했을 때 유럽 교회에서 봉사하지 못하도록 반대했다. 한편, 결혼해도 동방의 유럽 교회에서 봉사할 수 있게 된 사실은 성직자 수의 부족 위기를 완화해주는 해결책이 되었다.

그러나 성공회나 루터교에 속했던 개종자들의 선례는 예외를 용인하도록 만들었고, 후에 프란치스코 교황은 이를 보편화했다. 현재 프랑스, 스페인 또는 이탈리아 교회에서 봉사하는 많은 가톨릭 사제들은 결혼한 자들이다. 그러므로 사제들의 독신주의와 결혼에 관한 문제에서는, 동방 기독교인들은 바티칸이 발표한 규칙에 반대 입장을 나타낸다.

내가 아랍 연구원 하디 엘하디(Hady elHady)를 데리고 베이루트에서 인터뷰한 저명한 아디안(Adyan) 재단의 신학 교수이며 회장인 마론파 사제인 파디 다우(Fadi Daou)는 동방의 그 상황을 이렇게 요약한다.

> 우리는 로마에 소속된 동방 기독교인들이지만 독립적입니다. 마론파 사제 중

약 55%가 결혼을 했지요. 우리는 이곳의 주교들을 자유롭게 선택합니다. 우리는 성직자의 독신주의와 같은 특정 주제들에 대해 더 자유롭습니다. 하지만 여성의 지위나 동성애와 같은 문제들에 대해서는 더 보수적이고요. 프란치스코 교황은 결혼한 우리 사제들이 서유럽에서 봉사할 수 있도록 허가하면서 우리 교회의 독특성을 인정하였습니다.
(가톨릭 칼데아교회[Catholic Chaldean Church]를 대표하는 소위 바빌론의 총대주교 라파엘 사코[aphael Sako] 추기경과 르두브르 드 오리엔트[Œuvre d'Orient]의 몬시뇰 파스칼 골니시[Pascal Gollnish]는 파리에서 인터뷰하는 동안 이 정보를 확인해 주었다).

내가 그 지역에서 만난 몇몇 사제들, 기자들, 그리고 학자들은 "동방에서는 가톨릭 신자들과 동성애자들이 많은 위협을 받고 있습니다"라고 말했다. 심지어 아랍세계에서는 이 두 '소수자들'을 동일한 적으로 여기고 있다. 레바논의 한 신부는 "가톨릭 신자들이 박해를 받는 지역을 지도로 보면 신기하게도 동성애자들이 박해를 받는 장소와 거의 완벽하게 일치합니다"라고 확인해 준다.

* * *

프랑스인들이 선호하는 '근동'과 영국인들의 '중동'을 훨씬 뛰어넘는 극동지역에서 상황이 많이 다르다. 가장 멀리 떨어져 있는 '변두리들'은 그들만의 방식으로 체제에 반대하며, 보다 자유로운 가톨릭 형태를 경험한다. 로마교회는 필리핀과 동티모르를 제외하고 대개 소수에 속하며, 한국과 베트남에서는 좀 덜하다.

교황청에서 아시아와 아프리카의 '복음화'를 책임지고 있는 사람은 페르난도 필로니 추기경이다. '붉은' 교황이라는 별명을 가진 그는 가톨릭의 미래를 위한 전략 부서의 수장이다. 소다노 추기경과 가까운 교황 대사인 필로니는 2000년대 초 이라크에 부임하였고, 사담 후세인을 제거하기 위해 미국의 군사개입이 있기 직전, 대부분의 서방 외교관들이 그 나라를 떠나던 시기에 진정한 용기를 보여주었다.

나는 그를 로마의 스파게나 광장에 있는, 베르니니가 설계한 유명한 건물인 인류복음화성, 프로파간다 피데(Propaganda Fide)의 역사적인 사무실에서 만났다.

'붉은 교황'이라는 이름은 '백인 교황'인 교황 성하의 이름과 '흑인 교황'인 예수회 원장의 이름과 의도적으로 대비된 것입니다."

필로니는 내게 완벽한 프랑스어로 설명한다.

아시아 10여 개국을, 특히 일본, 홍콩, 대만, 싱가포르, 중국을 20여 차례 여행하는 동안, 나는 아시아의 가톨릭이 로마가 부과한 엄중함을 다소 누그러뜨리는 경향이 있다는 사실을 가늠할 수 있었다. 나는 아시아의 지역 교회들과 해외 선교 단체들을 접촉하면서 규칙과 관행 사이에 큰 대조가 있는 것을 목격했다. 지역 문화와는 달리 이성애자 사제들의 독신주의는 일반적으로 그리 높게 존중되지 않고 있으며, 특히 동성애자들인 가톨릭의 유럽 선교사들이 많이 있다.

로마 가톨릭이 은밀히 활동하는 중국에서는 가톨릭 사제들과 주교들의 사생활이 중국 정권의 적극적인 감시를 받고 있으며, 그 정권은 성직자들의 (종종 활동적인 이성애자들이다) 혹시 있을 이중생활을 '사용'하여 그들을 통제하거나 그들의 협력을 '얻어내는' 데 주저함이 없다(내가 베이징, 상하이, 광둥, 선전[深圳, 심천], 홍콩, 대만에서 여러 직접적인 증인들로부터 얻은 정보에 따르면 그렇다).

내가 만난 베누아트 베르만데르(Benoît Vermander) 예수회 신부와 같은 중국 현지 사제들의 사역은 그곳의 위험을 고려할 때 대단히 모범적이다. 그 이유는 그곳에서 '기생충'이라 불리는 외국인 선교사들의 사역은 말씀을 전하기 위해 이방 땅에 와서 오랫동안 고립되는데, 이는 용기가 없이는 가능하지 않기 때문이다.

일본에서는, 영향력 있는 한 주교의 수행단으로부터 들은 것인데, 일본 교회가 매우 진보적이며, 그곳 주교들은 그런 특정 이유 때문에 베네딕토 16세와 이견을 보여왔다고 한다.

> 주교단은 갈등을 피하는 것을 선호합니다. 우리는 그 섬에 만연한 관용, 침착, 합의의 원칙에 충실합니다. 우리는 선의로 로마로부터 지시를 받지만, 여전히 바티칸에 대해 너무 걱정하지 않고 일본을 위해 옳다고 생각하는 일을 계속 진행하고 있습니다.

일본 주교회와 가까운 한 사제가 설명한다.

파리 주재 해외 선교부가 도쿄로 보낸 사목(司牧) 피에르 샤리뇽(Pierre Charignon) 신부가 확인해 주며 말해주었듯이, 2014년 주교 총회 기간 일본 가톨릭

교회도 로마의 태도에 유감을 보이는 15페이지 분량의 공식 문서를 발행했는데, 내용은 로마의 '환대 부족'과 피임, 콘돔, 그리고 이혼한 커플들에 대한 '인위적인' 기준을 비판하고 있다.

"우리는 프란치스코를 선호합니다."

일본 주교회의 정의평화위원회 위원 중 한 명인 히루마 노리코(Noriko Hiruma)가 말한다.

나는 일본에 머무는 동안 신주쿠 니쵸메에 있는 게이 구역의 성 소수자 우호적인 가톨릭교회를 방문한다. 그곳에서 한 사제는 공개적으로 동성 커플을 옹호하는 캠페인을 벌이며, 동성애자 마을의 젊은이들에게 콘돔을 나누어준다.

* * *

서유럽의 영적인 '변두리들'은 요제프 라칭거를 노골적으로 반대한다. 독일, 오스트리아, 네덜란드, 벨기에, 스위스는 물론 스칸디나비아 국가와 아일랜드에서도 교황의 완고함을 보편적으로 비난한다. 교회에서 분열된 모든 분파까지도 반체제적으로 변했다.

"이곳도 다른 곳처럼 가톨릭 교구에 속해 있답니다."

모니카 슈미드(Monica Schmid)가 내게 말한다.

사실 나는 그녀와 함께 스위스의 일나우에프레티콘에 있는 헐벗은 현대 교회를 방문하고 있는데, 이 너그러운 여자 모니카 슈미드가 이곳에서 불량배라는 사실만 빼면, 모든 것이 가톨릭 교리와 잘 어울리는 것처럼 보인다.

슈미드는 그녀의 교회를 열정적으로 자세히 설명하며 성례와 의식을 위한 커다란 진열대를 보여준다. 나는 그녀가 대부분 사제보다 신학과 전례(典禮)에 훨씬 더 정통하다고 생각한다. '그녀의' 교회는 현대적이고 개방적이다. 많은 교구민은 그 교회에 충실하다(나와 함께 스위스로 여러 번 여행을 간 한 가톨릭 사목 부제(副祭) 마인라드 퍼러(Meinrad Furrer)에 따르면 그러하다).

나는 일나우에프레티콘, 취리히, 제네바, 로잔, 코아르, 세인트 갈렌, 루체르네, 바젤에서 여러 차례 체류하면서 스위스에서는 점점 더 많은 여성과 평신도들이 성례를 거행하고 있다는 것을 알 수 있었다. 수도회(religious orders)의 많은 회원이 공개적으로 동성애를 인정하고 있으며 조직화 되고 있다. 어떤 회색 지역에 있는 일부 사람은 여전히 미사를 거행할 권한이 있다. 다른 사람들은 축성은 할 수 없고 설교는 할 수 있다.

취리히에는 성 소수자 가톨릭 신자들을 연결해 주는 '네트워크'(Network)와 같은 협회들이 있다. 가끔 내가 만난 사제들은 동성 커플들에게 복을 빌어준다. 그들은 모두 공개적으로 요제프 라칭거를 대항하였고, 이제 '키르체 폰 언텐'(Kirche von Unten, 아래로부터의 교회)의 목소리를 들어 달라고 요구하고 있다.

물론, 로마 특히 교황 베네딕토 16세는 스위스 주교들에게 그들에게 제재를 가할 것을 요구하면서 이 반체제적인 교구들이 교회에 동조할 수 있도록 최선을 다했다. 때때로 교황을 맹종하는 주교들은 로마의 '불친절한' 규칙을 적용하려고 노력을 했다. 물론 그들의 이중생활이 언론에 '노출'되기 전까지 자주 그렇게 한다!

결과적으로 휴전이 선포되었고, 게이 우호적인 스위스의 반체제 자들은 이제 평화롭게 있다.

독일에서는 반대가 더욱 노골적이었다. 교회의 심장부 내에 있는 독일 주교단이 바티칸에 대한 깊은 반항심을 가진 사람들로 가득 차게 되었다. 처음에 독일인들은 베네딕토 16세의 당선을 환영했지만, 곧 실망했다. 그의 교황직은 어느새 전례 없는 항의의 물결을 일으켰고 베네딕토 교황은 자기 나라에서 '꼴불견'(persona non grata)이 되었다.

심지어 가톨릭 신자들도 그의 보수적인 도덕적 입장을 거절했다. 그가 베를린으로 여행하는 동안, 가족과 여성주의자, 평신도와 동성애자의 수십 개의 연합체가 거리에서 시위를 벌였다. 동시에 백 명이 넘는 국회의원들이 그의 국회 연설에 불참한다고 발표했고, 심지어 국회의장조차도 교황에게 성직자의 독신주의에 대한 그의 노선을 바꿀 것을 요구했다. 독일 연방국 대통령은 재혼을 한 사람이다. 그는 결국 이혼한 커플들에 대한 교황 성하의 도덕적 입장을 공개적으로 비판했다.

"여기서는 독일 신학자 대다수가 라칭거에게 적대적이에요."

베를린에서 교황을 저지하며 방해했던 사람 중 한 명이었던 볼커 벡(Volker Beck) 전 국회의원이 베를린에서 내게 말한다.

요제프 라칭거의 관점은 그의 고국에서 설득력이 없었다. 거의 90퍼센트의 독일인들은 성직자의 독신생활과 여성 서품 금지에 대해 의문을 제기하고 있다. 동성애 사제들의 운동들과 성 소수자 신자들의 협회들은 교회의 가장 역동적인 요소로 보일 정도로 확산하였고, 때로는 지역 성직자들의 지지를 받기도

한다. 뮌헨의 대주교 겸 독일 주교회의 의장인 라인하르트 마르크스(Reinhard Marx) 추기경은 동성애 문제에 대해 편견 없는 입장을 보여 온 몇 안 되는 라칭거파 사람 중 한 명이다.

그는 2018년에 조심스럽게 가톨릭 사제들은 특정한 경우에 '동성애 커플을 위한 축복 의식을 거행할 수 있다고 말했다. 이 고위 성직자는 독일어를 사용하는 가톨릭의 모든 구역이 바티칸과 대립하고 있으며, 독일어를 사용하는 유럽 교회에서는 게이 사제들이 대다수를 차지하고 있으며, 독일 예수회, 프란체스코 수도회. 도미니크 수도회에는 게이들이 훨씬 더 많다는 것을 잘 알고 있다.

비엔나의 대주교 한스 그로어(Hans Groër) 추기경의 사례는 사람들의 마음을 여는 데 도움이 되었다. 완고하고 동성애 혐오적이며 동성애를 행하는 동성애자인 그 추기경은 그의 오랜 악한 친구들이 그를 잡아 처벌할 때까지 이중적인 삶을 살았다. 원치 않는 스킨십과 성폭행을 당한 젊은 사제들이 고발하게 되면서 그는 수많은 고소를 당하게 되었다. 그의 교구의 소년들과 청년 중, 천 명이 넘는 희생자들의 명단이 발표되면서 그로어 사건은 독일어를 사용하는 세계 전역에서 스캔들이 되었다.

재판이 진행되는 동안, 그 추기경이 상위층에서 누렸던 보호 수단들이 훤하게 드러났다. 비엔나의 신임 대주교인 크리스토프 쇤보른은 그 사건을 처리하는 과정에서 교황 요한 바오로 2세와 그의 대변인인 안젤로 소다노가 그 소아성애 추기경을 보호했다고 하며 용감하게 비판했다.

쇤보른이라는 인물을 잠시 살펴보자. 비엔나에서 그로어의 후임은 오늘날 교회에서 가장 게이 우호적인 추기경 중 한 명이다. 동방을 사랑하고 예루살렘의 오스트리아 호스피스(Austrian Hospice) 단골손님인 쇤보른은 자크 마리탱, 쥘리앵 그린(오스트리아에 묻혔다)의 열렬한 독자였다. 그는 개인적으로 동성애자들의 고민을 귀담아듣고 있다고 주장한다.

예를 들어, 1990년대 말에 그 비엔나 대주교는 교구가 발행하는 잡지인 「대화」(Dialog)를 창설할 것을 장려하고, 오스트리아의 가톨릭 신자들에게 수십만 부를 나누어 주었다. 성직자의 독신주의 또는 이혼한 커플들에게 성례를 허락하는 것에 관한 토론이 그 잡지에 실려 있었다.

"우리는 쇤보른 대주교와 그의 총대리 헬무트 슐러(Helmut Schüller)의 지속적인 지원, 그리고 교구의 후원과 자금으로 그 잡지를 창간했습니다. 우리는 교회에 충성했지만, 동시에, 그 논쟁은 점점 더 열리게 되었지요…."

그 잡지의 편집장인 마틴 짐퍼(Martin Zimper)는 현재 그의 파트너인 피터와 함께 살고 있는 루체른에서 여러 번 나를 만나면서 말한다.

개방에는 한계가 있다. 쇤보른은 그 잡지의 동성애 색채가 도에 지나치자 그 실험에 종지부를 찍었다. 하지만 그 출판물이 오스트리아의 가톨릭에 미친 영향은 인상적이었다.

헬무트 슐러 신부가 공동 설립한 파러 이니셔티브(Pfarrer Initiative, 사목들의 주도적인 운동)가 2006년 출범한 것도 비엔나 대주교의 직접적인 수행단을 통해서였다. 매우 영향력 있는 이 운동은 교회와 파열 상태에 있는 사제 집단에 조직을 만들어 주고자 했다.

슐러는 2011년에 거의 400명의 사제와 부제(副祭)들이 서명한 '불복종 호소'를 발표하며 독신주의의 중단과 여성의 서품을 요구했다. 한편, 그루어 스캔들이 터지던 당시에 생겨난 단체인 '비어 신트 키르케'(Wir sind Kirche, 우리는 교회다)도 이런 자유주의 노선을 지지하는 50만 명이 넘는 서명을 받으면서 오스트리아 교회를 개혁하려는 의도를 가졌다.

이런 운동들과 단체들 대부분은 요제프 라칭거 추기경과 그다음의 베네딕토 16세에게 심한 질책을 받았다.

> 교황은 소아성애자 상습범인 추기경 한스 그로어보다 게이를 지지하는 가톨릭 교회 협회들을 훨씬 더 비판했습니다. 한스 그로어는 평신도 상태로도 내려가지 않았어요!

독일어를 사용하는 한 신학자가 내게 말했다.

이런 상황에서, 크리스토프 쇤보른은 자비로운 무언의 반응으로, 자기 나라의 많은 게이 사제들과 주교들에게 조심스럽게 다가간다. 그의 이전 동료 중 한 명에 따르면, 일종의 "묻지 마라, 말하지 마라"는 그의 스타일이다. 그는 자기 수행원들이 자신에게 대답할까 두려워 질문하는 것을 거부한다고 한다. 그는 비엔나의 대주교의 직분으로 그런 식으로 계속해서 먼저 게이들을 감쌌다. 그 동료는 쇤보른이 에이즈의 위기를 맞은 동성애 커플들에게 보여준 그의 연대감에 감명을 받았다고 말한다.

"그것은 모범적이었습니다. 더 이상 할 말이 없었지요."

여행을 좋아하는 쇤보른 추기경은 프랑스에 머무는 동안 그의 게이 우호적인 동일 신앙인들과 만나는데, 특히 툴루즈(Toulouse)의 도미니크회 수도원에서 만난다. 쇤보른은 또한 얼마 전 동성 결합을 맺은 한 오스트리아 게이 커플에게 극진한 칭찬의 편지를 썼다(나는 그 편지를 참조할 수 있었다).

그리고 2017년 12월 1일, 쇤보른은 비엔나에서 에이즈 환자들을 위로하는 과정에서 게이 우호적인 미사를 거행하기까지 했다. 물론 오늘날 쇤보른은 프란치스코 교황과 친분이 깊다.

22

바티리크스
(VatiLeaks)

지나치게 호기심이 많은 집사!
 이것이 오늘날 '바티리크스'라는 이름으로 알려진 그 사건에 주어진 공식 설명이다. 교황청에 따라 만들어진 이 제목은 더욱 순진한 바티칸 전문가들이 반복했다. '바티리크스'라는 표현도 교황의 직접적인 수행원(페데리코 롬바르디는 나와 인터뷰를 할 때 자기가 그 제목을 지었다고 주장했다)이 고안해 낸 것이다. 분명히, 그 실재는 조금 더 복잡하다.
 물론 '자기 스스로' 행동했다는 가해자는 파올로 가브리엘레(Paolo Gabriele) 한 명이다. 그는 교황의 '시종'(majordomo), 또는 '집사'(butler)였다. 이 악당은 교황 베네딕토 16세의 개인 비서실에서 '빌려온' 수백 건의 기밀문서를 복사해서 2012년에 언론에 공개했다고 한다. 그 스캔들은 분명히 대단한 것이었다.
 교황에게 보낸 손으로 쓴 내부 편지들, 게오르크 겐스바인에게 직접 건네진 비밀 노트, 그리고 심지어 교황 대사들과 바티칸 사이의 암호화된 외교 전보의 사본들까지 갑자기 세간의 주목을 받게 되었다. 그 범인은 48세의 일반인으로서 결혼했고 또한 세 아이의 아버지였다. 그는 매력 있는 잘 생긴 이탈리아인으로서 비밀 통신망을 좋아했다. 그는 희생양이 된 시종(侍從)이며 집사(執事)였다!
 사실, 아무도 그 집사가 스스로 행동했다는 것을 믿지 않았다. 그 사건은 음모는 아니더라도 바티칸의 가장 높은 윗선에서 조직한 캠페인이었다. 그것은 타르치시오 베르토네 국무원장을 흔들어 놓음으로 베네딕토 16세까지 흔들어 놓으려고 고안된 캠페인이었다. 한 컴퓨터 전문가도 바티리크스에 연루되었다는 혐의를 받았는데, 이 사실은 그 집사에게 적어도 한 명의 공범이 있었다는 것을 확인해 준다.

바티리크스의 주요 희생자인 베르토네 추기경은 '독사들의 온상과 비밀 편지 작성자들'을 언급했는데, 그 문구는 복수형으로 되어 있다. 즉, 그 집사 한 사람이 아니라 많은 사람이 연루되어 있다는 뜻이다.

공식적인 설명을 제외한다면, 베네딕토 16세의 교황직을 뒤흔들어 몰락으로 이끈 이 사건은 매우 불투명하게 남게 된다. 오늘날 많은 질문이 여전히 풀리지 않은 채 있다.

교황 가까이에서 있는 이 전략적인 자리에 파올로 가브리엘레를 처음 영입한 사람들은 누구였을까?

그는 '파올레토'라는 별명을 갖게 되었는데 어떤 추기경들과 그렇게 비밀스럽게 가까웠던 관계였을까?

겐스바인은 왜 파올로 가브리엘레가 자신의 사무실에서 맘껏 활동하도록 내버려 둠으로 그곳의 서류들이 도용되도록 하였을까?

그들은 정확히 어떤 사이였을까?

파올로가 어떤 문서를 복사할지 자신이 결정했을까 아니면 먼저 게오르크를 위해 문서를 복사해 준 후 몰래 한 부를 더 복사하여 빼돌린 것일까?

겐스바인에 대한 소문난 끈질긴 적개심을 갖고 파올로 가브리엘레와 접촉한, 요제프 라칭거의 전 개인 비서인 요제 프 클레멘스의 역할은 무엇이었을까?

마지막으로, 바티칸은 왜 이 음모를 꾸민 고위층 주역들 대부분을 덮어주고 그 집사만 기소했을까?

왜 그 집사만 희생양처럼 보이는 것일까?

한 가지는 확실하다. 바티리크스는 베네딕토 16세의 몰락을 초래하고 교황청 내의 상상을 초월하는 사악함이 어떠한지를 밝혀낸다. 가장 중요한 것은, 아마도 바티리크스 2 라고 불리는 두 번째 사건이 곧 뒤따를 것이라는 사실이다.

교회의 몇몇 고위 인사들은 바티리크스의 첫 번째 사건과 연관되어 있었다. 그 집사를 고용했던 사람 중 한 명인 제임스 하비 미국 추기경은 그 집사와 가까웠던 것 같다. 파올로 가브리엘레와 피그말리온(Pygmalion, 자기가 만든 상[像]에 반한 조각가 키프로스의 왕)을 연기한 이탈리아 추기경 마우로 피아첸자(Mauro

Piacenza)가 있다.

바티칸 시국 행정 비서실장을 지낸 카를로 마리아 비가노 대주교가 있고, 파올로 로미오 대주교, 장래의 교황 대사 에토레 발레스트레로, 또는 심지어 라칭거 추기경의 전 개인 비서인 요제프 클레멘스도 있다. 이들 고위 성직자들은 모두 (언론과 몇 권의 책에서) 이런저런 식으로 그 사건에 연루된 것으로 의심을 받았으며, 비록 그들의 역할이 확실하게 드러나지는 않았더라도, 베네딕토 16세나 프란치스코는 그들을 전근 및 소외 또는 해임했다. 이 사실만으로도 그들이 그 사건과 연관되어 있음을 암시하여준다.

그 집사의 경우, 신속한 재판을 받는 동안 어떤 배후 지지 세력을 지명하지는 않았다. 하지만 그는 의무감 때문에 그렇게 행동을 했다고 반복했다.

"내가 가장 강하게 느끼는 것은 내가 독자적으로 행동했다는 확신이며, 심지어 그리스도의 교회와 [교황]을 위한 깊은 사랑 때문이라고 말하고 싶습니다. 나는 나 자신을 도둑으로 여기지 않습니다."

그는 바티칸이 '위선의 왕국'이라고 믿었고, 그곳에서 발생한 일의 실재에 대해 '오메르타'(omertà, 말하지 않기로 하는 약속으로서, 범죄 은폐, 경찰에의 비협력 등을 의미한다)가 있다고 믿었다. 그래서 그는 진실을 밝히기 위해, 그리고 '정확한 정보를 받지 못한 교황'을 보호하기 위해 그렇게 행동했다고 했다.

파올로 가브리엘레는 TV 채널 라 세트(La Sette)와의 인터뷰에서 다음과 같이 덧붙였다.

> 나는 교회의 모든 곳에서 악과 부패를 보면서 도를 넘게 되었습니다. 나의 브레이크가 고장이 났던 것이지요. 나는 언론을 통해 충격을 주면 교회가 정신을 차리고 다시 정상이 될 것이라고 확신했습니다.

위선과 게이의 부패를 조심스럽게 암시하는 가브리엘레는 결코 그 범죄에 대한 책임을 받아들이지 않았으며, 여전히 양심에 걸리는 것이 없다고 말한다.

따라서 파올로 가브리엘레만이 가중절도죄로 18개월의 실형을 선고받았다. 하지만 그는 누군가의 지시를 받아 행동했을 가능성이 크다. 마침내 그 집사를 '자기 아들'로 여겼던 교황 베네딕토 16세가 가브리엘레를 사면했다. 교황은 관용을 베풀기 전에 그를 만나 그가 조종을 당했을 수도 있다고 말했다.

"나는 그를 분석하고 싶지는 않다. 누군가가 복잡한 상황을 두고 그를 설득했거나 그가 자신을 설득시켰을 것이다. 그는 자신이 그런 일을 하지 말았어야 했다는 것을 알고 있었다."
베네딕토 16세는 그의 『마지막 유언』에서 말한다.
"바티리크스 첫 번째 사건과 두 번째 사건에 연루된 사람들 대부분은 동성애자들이지요."
로마 교황청에 있는 한 대주교가 나에게 확인시켜 준다.

이 사실은 두 사건을 모두 설명하지만, 바티칸은 그 사실을 조직적으로 은폐하였고 언론은 이를 경시하였습니다. 그것은 누가 말한 것처럼 로비는 아닙니다. 그것은 단지 게이 관계와 그에 따른 복수 문제일 뿐입니다. 그 파일을 자세히 알고 있던 프란치스코는 그 범인을 처벌했지요.

* * *

두 번째 바티리크스 사건은 마드리드에서 시작되었다. 그 사건은 프란치스코 때 폭발했지만 시작은 라칭거 때 비롯되었다. 이번 둘째 이야기의 악한은 파올로 가브리엘과는 전혀 무관한 루치오 앙헬 발레호 발다(Lucio Ángel Vallejo Balda)다.
내가 스페인에서 수행한 심층 조사 중에 발레호 발다의 행동이 불투명한 것과는 달리 그의 경력은 분명하게 드러났다. 전직 사제였던 언론인 호세 마누엘 비달(José Manuel Vidal)은 마드리드에서 몇 번의 인터뷰를 통해 나에게 이 인물에 대해 묘사해 주었다.

발레호 발다의 이야기는 그가 감당하기에 너무 커져버린 작은 시골 사목의 이야기입니다. 그는 잘생기고 매력적이어서 스페인 주교단에서 빠르게 승진했어요. 그는 오푸스 데이회와 친분이 있어서 극보수층으로부터 지지를 받았던 것이지요. 그는 이곳 마드리드에서 동성애 혐오자인 로우코 바렐라 추기경과 친해졌습니다. 한편, 로우코 추기경은 게이 우호적인 스페인 가톨릭 사회에서 활동하던 발다와 같은 잘 생기고 영특한 소년들에게 둘러싸이기를 좋아했지요.

교황 베네딕토 16세와 베르토네 추기경이 로우코에게 재정 문제를 돌볼 믿을 만한 사제를 추천해달라고 요청하자, 그 스페인 추기경은 발다를 보냈다. 그 젊은 사제의 재정적 역량과 도덕성은 의심스러웠지만, 로우코의 입장에서는 그 교황의 수행단 안에 자신의 졸개 하나를 둘 수 있는 기대치 않던 기회였다. 발다는 나중에 파괴적인 인간으로 판명된다. 하지만 그 이전에 그는 파솔리니의 영화 「테오레마」(Theorem)의 영웅 또는 도스토예프스키의 『백치』(Idiot)에 나오는 그리스도와 같은 인물이었다. 이제 그는 시선을 끌 것이며 바티칸 안에서 폭탄처럼 폭발할 것이다.

26세에 사제 서품을 받은 루치오 앙헬 발레호 발다는 마드리드 태생의 '작은 마을 소년'으로서 당시 그를 알고 있던 사람들의 말에 따르면 '압도적인 매력'을 지니고 있었다. 지금 그는 55세로서 다시 시골에서 봉사하고 있는데 여전히 잘생긴 남자다.

> 그는 외딴 시골에서 갓 올라온 시골뜨기였어요. 그는 본명에서 알 수 있듯 천사였답니다. 그에게는 시골풍과 야심이라는 두 가지 매력이 다 있었지요. 그는 신속히 로우코 바렐라 추기경의 마음에 쏙 들었는데, 특히 오푸스 데이회와 친분이 있었기 때문에 더욱 그러했습니다.

내가 마드리드에서 만난 또 다른 사제가 설명한다.

그를 발탁했던 로우코의 바람대로 그는 승진했다. 특히 스페인 추기경 안토니오 카니자레스의 지지로 로마를 통해 현저하게 높이 오르게 되었다. 이에 발다는 스페인의 주교회 내에서 의구심을 받았다. 소문이 무성하여졌고, 스페인의 몇몇 주교들과 추기경들은 발다를 '불량배'의 '방종된' 삶을 사는 '작은 꽃미남'(guapo)이라고 부르면서 발다의 로마 임용을 공개적으로 비판했다.

"스페인 주교회의 위원들은 이 선택이 불법이며 교황에게 위험한 요소라고 여겼습니다. 심지어 이곳 마드리드에서는 이 문제 때문에 로우코에게 거역하는 소요들이 있었습니다."

스페인 주교회와 가까운 또 다른 사제가 내게 말한다.

그럼에도 가난한 시골 가정 출신인 발다는 로마에서 진짜 악한이 되었는데, 이 추방된 천사는 그곳에서 호화로운 삶을 영위하기 시작했다. 고급 호텔, 맵시 있는 레스토랑, 소년들과의 밤 외박, 그리고 VIP 생활을 누렸다. 그는 티베르강 건너편에서 이름을 날렸다.

"로마에서 그 젊은이는 미쳐 날뛰었습니다."

그를 잘 아는 한 로마 신부가 내게 말한다.

특별한 지성은 없지만, 무엇이든 이루어낼 수 있는 그런 대담함으로 발레호 발다는 바티칸의 자산과 돈을 관리하는 교황청의 재산 관리기관인 APSA에서 제2인자가 되었다. 또한, 교황청 은행을 맡게 된 그 젊은 스페인 친구는 이제 모든 것을 알아버렸다. 자만에 빠진 그는 연줄과 돈에 접근할 수 있었다. 베르토네는 그를 맹목적으로 믿음으로써 고의 아니게 제멋대로 구는 무례한 인물을 만들어냈다.

두 번째 바티리크스 사건이 터졌을 때, 무한한 야망과 거친 생활방식을 가진 그 히스패닉 천사는 첫 번째 용의자가 되었다. 바티칸 은행에 대한 매우 민감한 문서들이 두 명의 이탈리아 기자 지안루이지 누찌와 에밀리아노 피티팔디(Emiliano Fittipaldi)가 쓴 책으로 출판되었다. 온 세계는 충분한 증거와 함께 노출된 무수한 불법 은행 계좌, 불법 송금, 바티칸 은행의 불투명성을 보고 망연자실했다. 타르치시오 베르토네 추기경도 바티칸에 있는 그의 호화 아파트를 어린이 예수 소아과 병원 돈으로 개조하도록 한 것에 대해 조사를 받았다.

또한, 이 사건의 중심에는, 바티칸에서는 매우 드물게, 31세의 이탈리아계 이집트 여인인 프란체스카 이마콜라타 차우퀴(Francesca Immacolata Chaouqui)가 있었다. 매력적이고 터놓고 말하는 평신도 여성인 그녀는 오푸스 데이회와 가까웠기 때문에 교황청의 보수주의자들의 호감을 받았다.

그녀는 바티칸의 일상적인 사업을 에른스트 & 영(Ernst & Young)에서 채택한 경영방식과 혼동했다.

가장 중요한 것은, 그녀는 교황청에 있는 소수의 이성애자를 그녀의 큰 가슴과 현란한 머리카락으로 미치게 했다. 이상하게도 그녀는 여성으로서 바티칸에서 직책을 받게끔 훌륭한 추천들을 받았고, 교황청의 재정 및 경제 개혁 위원회의 전문가로 임명되었다. 이 '요부'(*femme fatale*)는 그 '끔찍한 사제'(*prêtre fatal*) 발레호 발다와 은밀한 관계를 맺었을까?

그것이 바티칸이 암묵적으로 옹호하는 이론이었다.

> 바티칸은 발레호 발다와 프란체스카 이마콜라타 차우퀴의 관계에 관한 이야기를 만들어내었어요. 그 이야기는 정말 말이 되지 않는 불륜을 그럴듯하게 만드는 데 목적이 있었어요. 발다가 감추어야만 했던 다른 관계가 있었던 것이지요.

한 교황청 사제가 내게 설명한다.
성 베드로대성당의 한 고해 신부는 다음과 같이 확인해 준다.

> 발레호 발다가 체포되었을 때, 그는 이곳 산타 마르타 광장에 있는 정의의 궁전(Palace of Justice)과 국가헌병대 사이에 있는 우리 집에 있게 되었습니다. 그는 전화기와 컴퓨터를 소유할 수 있었고 매일 우리와 함께 점심을 같이 했지요. 나는 그가 절대로 차우퀴의 애인이 아니었다는 사실을 잘 알고 있습니다.

아마도 십중팔구 첫 번째 바티리크스 사건이 베네딕토 16세를 퇴위시키려는 의도였다면, 두 번째 바티리크스 사건은 프란치스코를 동요시키려는 의도에서 나온 것이었다. 그 작전은 새 교황의 정치적 노선을 반대했던 라칭거의 교황 때의 추기경들이 준비하여 발라를 시켜 실행에 옮겼을지도 모른다.

그 추기경 중 완고하고 이중적인 삶을 사는 한 추기경은 이 사건의 핵심 인물이다. 그는 바티칸의 '사역' 중 하나를 담당하고 있었다. 바티칸 안에서 그와 교제했던 돈 율리우스 사제는 그에 대해 말하기를, 오로지 남을 깎아내리기 위해 살았던 '구식의 보수파 게이 숙녀'라고 한다. 바티칸 전문가 로버트 칼 미켄스는 그를 "고약한 여왕"이라고 말했다.

베네딕토 16세는 그 추기경의 비정상적인 성(性)과 그의 특이한 사치스러움을 당연히 알고 있었다. 그러나 여러 증인에 따르면, 그 교황은 오랫동안 발라의 동성애가 행위로 실천되지 않고 정절 또는 '의심'의 상태라고 생각했기 때문에 그를 좋아했다고 한다.

반면, '게이스러움'의 뉘앙스를 포착하는 데는 서툴지만, 그 '사건'에 대해 잘 알고 있던 프란치스코는 그를 교황청에서 제거했다. 흉악범이며, 동성애 혐오자이고, 극도의 게이인 이 추기경은 아무튼 두 개의 바티리크스 사이의 연결고리가 된다. 그 동성애자라는 열쇠가 없다면, 이 사건들은 암흑 속에 있게 될 것이다. 그 열쇠가 있으면, 그 사건들은 분명해지기 시작한다.

재판 과정에서, 형사 협회는 바티칸의 다섯 사람, 즉 발레호 발다, 그의 개인 비서, 고문 프란체스카 이마콜라타 차우퀴, 그리고 그 문서들을 누설한 두 기자를 고발하였다.

발다는 18개월의 징역형을 선고받을 것이다. 그는 그 형량의 절반만을 복역한 후 조건부 석방을 받고 스페인 북서부에 있는 그의 원래 교구로 돌아가게 될 것이다. 발다는 현재 그곳에 계속 남아있다. 발다의 사건과 그 사건의 연루자들 배후에 있었을지도 모르는 추기경들은 바티칸 법정에 서는 골머리를 앓지는 않았다.

그 두 바티리크스 사건은 가톨릭 이탈리아 나라가 그 비밀을 알고 있는 텔레비전 시리즈 1, 2편과 같다. 그 두 사건은 동성애 문제를 중심으로 하고 있으므로 정통한 바티칸 전문가들은 아이로니컬하게 그 사건들을 "그 집사와 그 사기꾼의 애정 행각"이라고 묘사하고 있다. 물론, 이 두 사건 배후의 얽혀있는 동기들은 너무 복잡해서 이런 묘사가 배후의 누구를 겨냥하고 한 것인지는 알기 어렵다.

한 가지 미스터리가 풀리지 않고 남아 있다.

한 남자가 등을 돌리게 되는 동기 중에 어떤 동기가 파올로 가브리엘레와 루치오 앙헬 발레호 발다로 하여금 입을 열게 만든 것일까?

만약 우리가 전 세계의 첩보국이 사용하는 유명한 표현인 MICE 암호 코드를 믿는다면, 누군가가 자기 측 사람들에게 등을 돌리게 되는 4가지 이유가 있다. 그것은 돈, 이념(이상), 부패(특히 성적인 공갈 협박), 그리고 자존심이다. 배신의 규모와 죄의 심각성을 고려할 때, 우리는 이 두 심리극의 두 범인이 그 4가지의 MICE 암호 코드 전체로부터 영감을 받았다고 생각할 수도 있다.

* * *

요제프 톰코(Jozef Tomko) 추기경의 책상 위에 프란체스카 이마콜라타 차우쿼의 책이 놓여있다. 그 슬로바키아 추기경은 그가 읽고 있는 그 책을 집어서 내게 보여준다.

쾌활하고 정이 많은 그 노인은 다니엘레와 나를 그의 개인 아파트에서 맞이한다. 우리는 민족들에게 복음을 전하는 일을 맡은 추기경에게 주어지는 '붉은 교황'이라는 이름을 가진 그로부터 그의 삶에 관한 이야기를 듣는다. 프랑스어를 완벽하게 구사하는 그 추기경은 열정적으로 차우쿼, 장 다니엘루, 자크 마리탱, 베를렌에 대해 말하며 그가 무엇을 읽고 있는지에 대해 말한다. 그가 우리를 맞이한 그 응접실의 선반에는 붉은 망토를 입은 교황 베네딕토 16세가 요제프 톰코의 손을 다정하게 붙잡고 있는 멋진 사진이 놓여있다.

라칭거와 가깝던 톰코는 바티리크스 사건들 후에 로마 교황청을 조사하는 임무를 맡은 세 추기경 중 한 명이 되었다. 그는 자기 동료들, 즉 스페인 출신 훌리안 에란츠(Julián Herranz), 이탈리아 출신 살바토레 드 조르기(Salvatore De

Giorgi)와 함께 극비 내부 조사를 맡게 되었다. 그 조사 결과로 300페이지에 달하는 매우 빈틈없는 두 권의 보고서가 나왔는데 그것은 바티칸 내의 비행과 재정 및 동성애 스캔들에 대한 폭탄과 같은 문서였다. 일부 해설가들과 언론인들은 심지어 그 보도가 궁극적으로 교황의 사임까지 이르게 하였을지도 모른다고 생각했다.

에란츠, 드 조르기와 나는 모든 사람의 증언을 들었습니다. 우리는 알아내려고 노력했어요. 그 과정은 형제들 간의 사랑이었습니다. 나중에 몇몇 사람들이 말했듯이 그것은 전혀 심리(審理)하는 것이 아니었지요.

요제프 톰코가 내게 말한다.
그리고 그 늙은 추기경은 수수께끼 같은 관찰을 통해 만든 그 보고서에 대해 다음과 같이 덧붙인다.
"우리는 교황청을 이해할 수 없어요. 아무도 교황청을 알 수 없습니다."
그 당시 각각 87세, 88세, 94세였던 추기경 3명은 보수주의자들이었다. 그들은 그들의 삶의 대부분을 로마에서 보냈고 바티칸을 속속들이 알고 있었다. 드 조르기는 유일하게 이탈리아의 몇몇 도시에서 주교와 대주교를 지낸 사람이었다. 그는 세 추기경 중 가장 완고했다. 톰코는 전 세계를 여행하며 다녔던 '친절한' 선교사였다. 세 번째 추기경, 에란츠는 오푸스 데이회의 회원이었다. 그는 이 세 추기경에게 주어진 임무 조종 및 운영을 맡았다.

내가 성 베드로 광장 근처에 있는 에란츠의 아파트를 방문했을 때, 그는 자신의 과거 사진을 보여주었는데 그 사진에는 한 젊은 스페인 사제가 수도회 창설자인 조제마리아 에스크리바 드 발라거(Josemaría Escrivá de Balaguer)와 팔짱을 끼고 서 있었다.

그 사진 안에 있는 27세의 젊은 에란츠는 놀랄 만큼 매혹적이다. 그 노인은 마치 오푸스 데이회의 한 젊은 군인이 마치 그에게 낯선 사람이나 되는 것처럼 아주 오래전의 그 사진을 보고 있다. 그는 잠시 숨을 돌린다.

얼마나 슬프겠는가!
그 사진은 영원히 젊고, 그는 몹시 늙었다. 에란츠는 잠시 가만히 있다. 아마도 그는 그 사진은 오래되고 그는 영원히 젊게 남아 있는, 그런 거꾸로 된 다른 세계를 꿈꾸고 있을지도 모른다.

톰코, 에란츠, 드 조르기와 함께 일했던 사제들 및 부제들의 증언에 따르면, 세 추기경은 동성애 문제에 대단히 '집착'되었다고 한다. 드 조르기는 게이 네트워크라는 측면을 통해 교황청 내부의 권력 관계를 감시한 것으로 알려져 있다. 그는 에란츠와 마찬가지로 종종 소아성애와 동성애를 혼동한다는 비난을 받고 있다.

> 드 조르기는 정통입니다. 그는 사람들이 그의 이야기를 하는 것을 좋아하는 바람둥이지요.
> 그의 인생 목표는 「로세르바토레 로마노」가 그에 대해 멋지게 글을 써주는 것에 있는 것 같았어요!
> 그는 계속해서 우리에게 그렇게 해달라고 간청했지요.

바티칸의 공식 언론기관의 한 기자가 내게 말한다(드 조르기는 여러 번의 요청에도 불구하고 세 추기경 중 나를 만나보지 않으려 했던 유일한 추기경이며, 적개심과 비난이 가득한 복잡한 말로 거절을 표현했고, 결국 내가 그를 의심하도록 만드는 그런 비이성적인 동성애 혐오적인 태도로 거절했다).

에란츠, 톰코, 드 조르기가 그들의 조사를 수행하는 데는 8개월이 걸렸다. 그들은 바티칸에서 일하는 백 명의 사제들을 인터뷰했다. 그 보고서는 오직 5명만 공식적으로 접근할 수 있는데, 내용이 너무 민감해서 그 사본조차 프란치스코 교황의 금고에 보관되어야 했을 정도였다.

그 세 보도 기자(추기경들)가 발견한 것은 바티칸의 도를 넘은 부패였다. 그 보고서를 읽은 두 사람은 (그 추기경들과 그들의 부제들, 베네딕토 16세의 수행단, 교황청의 다른 추기경들과 고위 성직자들 가운데) 그 보고서의 개요와 더불어 몇몇 문장을 자세히 묘사했다. 교황 베네딕토 16세는 그의 『마지막 유언』에서 이 보고서의 핵심 요소들을 밝혔는데, 그가 제시한 것은 '동성애자 그룹'과 '게이 로비'에 관한 것이었다.

그 추기경 중 한 명을 위해 일했던 교황청 사제 하나가 익명을 전제로 내게 말한다.

"우리는 동성애 스캔들이 세 추기경의 보고서에 담긴 핵심 요소 중 하나라는 것을 알고 있습니다."

이 보고서에서 가장 두드러진 결론은 금융 문제와 동성애 사이의 연관성이다. 즉, 숨겨진 게이 생활은 금융 부정과 함께하고 있다는 사실이다. 성과 돈 사이의 이런 연결은 바티칸의 밀실을 이해하도록 돕는 열쇠 중 하나다.

그 보고서는 또한 교황청의 최고위 게이 추기경들의 그룹이 베르토네 추기경을 끌어내리기를 원했다는 사실도 드러낸다. 그것은 또한 바티칸 내의 '욕망의 고리'를 언급하며 첫 번째 바티리크스 사건을 유출시키고 스캔들로 만든 네트워크를 묘사하려고 시도한다. 그 보고서에는 제임스 하비 추기경, 마우로 피아첸차, 안젤로 소다노 추기경의 이름 등 여러 이름이 언급되고 있다. 원로 고위 성직자들도 공갈 협박을 당한 것으로 알려졌다. 나는 모든 것을 자세히 알지는 못하지만, 게오르크 겐스바인과 교황의 형 게오르크 라칭거의 이름도 그 보고서에 나온다고 한다.

그 보고서에 접근할 수 있었던 어떤 사람에 따르면, 그 보고서는 심각하게 보이고자 '꾸며진 거짓'이며 심지어 '위선적 행위'(*tartufferie*)라고 한다. 그 동성애 혐오 추기경 3명은 밀실의 실체를 알아내겠다고 주장하고 있었지만, 그것의 범주나 암호를 알아내지 못하였기 때문에 전반적인 시스템을 이해하지 못했다고 한다.

때때로, 그들은 음모자들을 알아내어 앙갚음한다. 그들은 늘 그렇듯이 일부 길 잃은 양들을 맹공격하고 소문, 험담, 풍문에 근거한 몇 가지 '성적인 역사들'을 끄집어낸다. 물론 그런 소문이나 풍문 등에 대해 기본적으로 마땅히 필요한 확인 과정도 없다. 이런 정신분열증이 있는 고위 성직자들은 결코 그들이 비난하는 의혹들에서 전혀 벗어나지 않음에도 불구하고 이상하게도 판사나 배심원 역할을 한다.

그러므로 그 보고서의 주요 결론은 바티칸 내에 주요 '게이 로비'(두 소식통에 따르면 이 표현은 그 보고서에 여러 번 나타난다고 한다)를 폭로하는 것이다. 결국, 상당히 능력이 없던 세 추기경은 그들이 접근했던 실재를 알아내는데, 어려움을 겪었다. 그들은 바티칸의 유일한 실제 문제, 곧 그곳에 자리 잡은 동성애에 대해, 여기서는 과대평가를 하고 저기서는 과소평가를 한다. 결국, 그 보고서의 불명료함은 바티칸의 밀실이 참으로 무엇인지 이해하지 못한 사실에서, 심지어 설명하려고 시도조차 못 한 점에서 더욱 확실해진다.

어쨌든 베네딕토 16세와 프란치스코는 그 보고서에서, 진위가 의심스러운 '게이 로비'를 가장 강력하게 공개적으로 반복하면서 그 문서의 핵심 내용이 '게이 로비'라는 사실을 확인해 주었다. 베네딕토 16세로부터 프란치스코에게 교황의 권력이 넘어갈 당시에 찍은 카스텔간돌포의 사진에는 낮은 테이블 위에 상자 하나와 잘 봉인된 파일들이 보인다. 몇몇 소식통에 따르면, 그 파일들이 그 유명한 보고서라고 한다.

우리는 베네딕토 16세가 그 비밀문서를 읽을 때 두려워하는 반응을 보인 것을 이해할 수 있다. 바티칸 바로 그 중심에서 너무 많은 이중생활, 너무 많은 위선, 사방으로 있는 수많은 밀실의 동성애자들, 그리고 그들의 정욕을 직면하면서, 이 민감한 교황이 가지고 있었던 '그의' 교회에 대한 모든 믿음이 무너졌을까?

몇몇은 그 정도까지 말했다. 나는 또한 그가 그 보고서를 읽을 때 눈물을 흘렸다는 말도 들었다.

베네딕토 16세에게는 너무 무리였다.

이 고통은 결코, 끝나지 않을 것인가?

그는 더 이상 싸우고 싶지 않았다. 세 명의 추기경이 올린 그 보고서를 읽으면서, 그는 결정을 내렸다. 즉, 성 베드로의 배를 떠나기로 했다.

그러나 그 비극적인 인물인 베네딕토 16세의 고난의 기간은 아직 끝나지 않았다. 그는 '기권'을 하기 전에 몇 가지 사건을 치러야 했다.

* * *

그 비밀 보고서가 제출되기 훨씬 전에 여러 소아성애 스캔들이 베네딕토 16세의 초기 교황직을 더럽혔다. 2010년부터 그 스캔들은 풍토병이 되었다. 그 스캔들들은 그가 추기경으로 오랫동안 있으면서 교회를 보호하기 위해 주장했던 것처럼, 고립된 사례나 잘못된 조치가 아니었다. 그것은 하나의 체제였다. 그리고 이제 그 체제는 세인의 주목을 받았다.

"술을 진탕 마시자. 소년들이냐 소녀들이냐?"

이 질문은 라칭거의 교황직 하에 발생한 온갖 종류의 새롭고 끝없는 성폭행의 폭로에 대해 영어권 신문사들이 던진 질문이다(물론 그 폭로는 소녀들에 대한 것은 아니었다!). 그 몇년의 기간 동안 수만 명의 사제가 (미국 5948명, 호주 1880명, 독일 1670명, 네덜란드 800명, 벨기에 500명 등) 비난을 받았는데 이는 현대 기독교 역사상 최대 규모의 잇따른 스캔들이었다. 수만 명, 어쩌면 수십만 명의 피해자가 명단에 올라왔다(호주에서만 4,444명, 독일에서는 3677명의 아동들 ...).

수십 명의 추기경과 수백 명의 주교가 연루되었다. 주교단들은 산산조각이 났고, 교구는 무너졌다. 베네딕토 16세의 사임으로 가톨릭교회는 황무지가 될 것이다. 그러는 동안 라칭거 체제는 무너졌다.

이 책의 의도는 이런 수천 건의 소아성애 스캔들을 자세히 다루는 데 있지 않다. 이 책은 합법적인 동성애 행위와 왜 베네딕토 16세가 그토록 지루하고 강박적으로 싸움을 하면서도 미성년자 성폭행에 대해서는 무력해 보이는지 그 이유를 알기 위해서다. 확실히, 그는 '교회의 그 더러움'을 매우 신속히 비난하며 주님을 언급하면서 "너희 교회의 더러운 옷과 얼굴이 우리를 두렵게 한다"고 선포했다. 그는 또한 매우 통렬한 몇 권의 책을 출판했다.

그러나 피해자에 대한 공감대가 거의 또는 전혀 없이 그저 스캔들에 대한 부정(否定)과 충격, 서툰 대처와 공황 등, 교황의 반응은 비참할 정도로 부적절했던 것으로 평가되었다.

"교회의 그 성폭행들은 베네딕토 16세의 교황직의 어두운 면만을 보여주는 것이 아닙니다. 그것은 종교개혁 이후 가톨릭 역사상 가장 큰 비극이자 가장 큰 재앙입니다."

한 프랑스 신부가 내게 말한다.

그 문제에 대해 두 가지 상반되는 이론이 있었다.

첫 번째 이론은 (예를 들어, 교황의 전 대변인이고 교황청의 전반적인 대변인인 페데리코 롬바르디의 이론이다) "베네딕토 16세는 능숙한 솜씨로 행동했고, 그는 사제들의 성폭행 문제를 심각하게 받아들인 최초의 교황이었다"는 것이다.

롬바르디는 다섯 번의 인터뷰를 하면서 교황은 성폭행 유죄를 받은 '800명 이상의 사제들'을 평신도 상태로 전락시킨 사실을 내게 떠올리게 한다. 다른 증인들에 따르면, 그 수치는 확인할 수 없고, 그 수치는 엄청나게 과장되었다고 한다. 사실은 그 수는 수십 명도 되지 않았다고 한다(베네딕토 16세가 2016년에 출판한 공식적인 책 『마지막 유언』의 서문에서는, 롬바르디가 말한 수치의 절반인 400명이라고 인용하고 있다).

바티칸 안에는 보편화된 거짓 체계가 확립되어 있으므로 적어도 이런 수치에 대해 의심해 볼 수는 있다.

두 번째 이론은 (일반적으로 관련 국가들의 법정과 언론에서 지지하는 이론이다) 베네딕토 16세의 교회가 이 모든 사건에 대한 책임이 있고, 아마도 죄를 저질렀을 것이라는 이론이다. 우리는 사실 1980년대 이후부터 모든 성폭행 스캔들이 요제프 라칭거의 요청으로 로마에 있는 신앙교리성에 제출되어 처리되었다는 것을 알고 있다.

요제프 라칭거는 그 '사역'의 장관이었고, 그 후 교황이 되었기 때문에, 1981년에서 2013년 사이의 30년 이상의 기간 그 파일을 담당했었다. 역사학자들은 아마도 이 교황의 불명료한 점들과 그의 행동에 대한 평가에 있어서 매우 엄중할 것이다. 어떤 사람들은 그가 결국 성인(聖人)으로 추앙받지 못할 것으로 생각한다.

여기에 우리는 바티칸의 정의가 붕괴한 사실을 더해야 한다. 바티칸은 법에 따라 다스림을 받는 국가가 아니다. 실제로 신권정치를 하는 교황청에서는 사실 권력 분립이 없다. 고위 추기경들을 포함하여 내가 인터뷰한 모든 증인에 따르면, 바티칸의 정의는 아쉬운 점이 많다.

교회법은 끊임없이 왜곡되었고, 사도직 단체들은 불완전하며, 판사들은 경험이 없고, 법정은 절차가 부족하여 대수롭지 않게 여겨진다. 나는 사도 서명(The Apostolic Signature)의 대법원장인 도미니크 맘베르티(Dominique Mamberti) 추기경과 교황청 입법회의 의장 프란체스코 코코팔메리오(Francesco Coccopalmerio) 추기경을 만나 이야기한 적이 있는데, 이 고위 성직자들은 이런 종류의 사건들을 독립적으로 재판할 수 없는 것처럼 보였다.

"바티칸에는 참된 사법제도가 없습니다. 절차도 믿을 수 없고, 수사도 믿을 수 없어요. 자금도 심각하게 부족하고, 사람들은 무능합니다. 심지어 감옥도 없어요. 단지 정의를 모방할 뿐이에요."

신앙교리성을 잘 아는 한 대주교는 나에게 확인시켜 준다.

타르치시오 베르토네 국무원장의 측근이자 이 체제의 중심인물이었던 「로세르바토레 로마노」의 국장 지오바니 마리아 비앙은 우리와 대화하는 가운데 (그의 합의로 모든 것이 녹음 되었다) 그가 교황청 공식 학술지에 청문회와 재판 기록을 싣는 것을 거부한 이유는 교황청에 불명예를 가져다줄 위험이 있기 때문이라고 고백했다.

바티칸의 정의 모방은 과거에 교황청 주재 대사였던 한 변호사를 포함한 수많은 법률 전문가들에게 비난을 받고 있다. 그 변호사는 말한다.

"이런 성폭행 사건들은 법적으로나 기술적으로 매우 복잡합니다. 그런 사건들은 현재 호주의 조지 펠 추기경 재판에서 명백하게 드러나듯이 수개월에 걸치는 많은 심리가 필요합니다. 펠의 경우 수십 명의 판사와 변호사, 그리고 법적 절차를 위한 수천 시간이 동원되었습니다.

바티칸이 이 사건 중 하나라도 재판할 수 있다고 생각하는 것은 터무니없습니다. 바티칸은 그런 사건을 다룰 준비가 되어있지 않습니다. 바티칸은 그 문제를 다룰 수 있는 자료, 절차, 변호사, 판사, 수사 수단, 법률 등이 없습니다. 교황청은 근본적인 무능함을 인정하고 국가의 사법 시스템이 그 문제들을 다루도록 해야 합니다. 그 외의 다른 해결책은 없습니다."

이런 엄중한 판단은 특정 추기경이나 주교들이 수행한 진지한 작업에 따라 미묘해질 수 있다. 예를 들어, 몰타의 대주교인 찰스 시클루나(Charles Scicluna)가 멕시코의 마르씨얼 마시엘과 칠레의 페르난도 카라디마의 사례에 대해 행한 작업이다.

하지만 프란치스코 교황이 만든 교황청의 반(反)소아성애 위원회조차 바티칸의 사법제도를 비판했다. 그 위원회를 이끌었던 보스턴의 대주교 숀 오말리(Sean O'Malley) 추기경의 선의에도 불구하고, 그 회원 중 세 회원이 절차의 지연과 관련 재판부의 이중게임에 항의하기 위해 사임했다(74세의 오말리는 과거 시대 사람이고, 이런 종류의 사건들을 다룰 수 있는 역량이 없었던 것 같다. 몬시뇰 비가노는 그의 『증언』에서 오말리의 공정성에 대해 도전한다. 나는 2018년 여름에 미국에 머물게 되면서 그 추기경에게 인터뷰를 요청했는데, 그의 비서는 당황하면서 "그는 이메일을 읽지 않고요 인터넷 사용 방법도 모르고요 휴대폰도 없어요"라고 말하며 그에게 팩스를 보내겠다고 했다).

마지막으로, 여기서 베네딕토 16세의 형인 게오르크 라칭거와 관련한 사건을 언급해야 한다. 독일에서 1964년에서 1994년 사이에 레겐스부르크 대성당에서 그 유명한 소년 합창단을 운영했던 게오르크 라칭거는 미성년자에 대한 신체적, 성적 학대의 거대한 스캔들의 중심에 서게 된다.

2010년 이후 독일 법원과 교구 내부 보고서는 그 명문 합창단이 소속된 학교의 아동 547명 이상이 폭력의 피해자였고, 그중 67명은 성 학대와 강간의 희생자로 밝혀졌다. 현재 성폭행 혐의를 받은 9명을 포함해 49명의 사제와 평신도들이 이 폭력에 대한 혐의를 받고 있다. 게오르크 라칭거는 부인하지만, 그가 그 상황을 몰랐다는 것은 믿기 어렵다. 더욱이, 그 후 우리가 알게 된 바와 같이, 교황청은 그 스캔들을 매우 심각하게 받아들이고 신앙교리성의 최고층이 그 사건을 다루게 했다.

그리고 교황의 직속 수행원이 게오르크 라칭거를 변호했다고 한다(이 내용은 현재 독일에서 진행 중인 여러 사법절차에서 세 명의 추기경의 진술을 인용했다).

오늘날 사제들과 신학자들 사이에서도 이런 사례는 가톨릭교회의 실패를 보여주는 것으로써 요제프 라칭거의 사상과 고위 집권층의 변화해야 한다는 목소리가 높아지고 있다. 이들 중 몇몇 사람이 나에게 말했다.

> 이 사람은 동성애를 비난하는 데 일생을 바친 사람입니다. 그는 동성애를 인류의 가장 큰 악 중의 하나로 만들지요. 동시에 그는 소아성애에 대해서는 거의 아무런 말을 하지 않았고, 그 문제의 규모에 대해서도 매우 늦게 알아차렸습니다. 그는 신학적 차원에서 단 한 번도 성년이 된 사람들 사이의 동의에 의한 자유로운 관계와 15세 이하의 미성년자들의 성적 학대를 진정으로 구별해 본 적이 없습니다.

내가 라틴 아메리카에서 만난 또 다른 신학자는 이렇게 말했다.

> 라칭거의 문제는 그의 가치 체제입니다. 그의 가치 체제는 처음부터 잘못되었어요. 그는 해방 신학자들을 엄중히 제재하고 아프리카에 콘돔을 유통한 사제들을 처벌했지요. 하지만 소아성애 사제들에 대해서는 너그럽게 용서해 주었습니다. 그는 상습범이며 소성애자 범죄자인 마르씨얼 마시엘이 너무 늙어서 평신도 지위로 전락할 수 없다고 판결했지요!

여전히 교회 내에서 터지는 성폭행에 대한 끝없는 폭로는 교황 베네딕토 16세에게 '지옥의 계절' 그 이상이었다. 그 폭로는 라칭거의 체제와 신학을 강타했다. 공개적인 부정과 원칙의 입장이 무엇이든 간에, 내가 경험으로부터 감히 말할 수 있는 것은, 그리고 베네딕토 교황이 내심 깊이 잘 알고 있던 사실은, 독신주의와 금욕을 주창하며 사제들의 동성애를 인정하는 데 실패한 것이 전체 추문의 핵심이었다는 것이다. 바티칸에서 40년 동안 철저하게 빚어온 그의 사상은 산산조각이 났다. 그의 사상의 실패 때문에 그가 사임하게 되었음이 분명하다.

독일어를 사용하는 한 주교는 그 상황을 이렇게 요약한다.

요제프 라칭거의 사상을 균형 있게 따진다면 남는 것이 무엇일까요?
나는 사제들의 독신주의, 금욕, 동성애 그리고 게이 결혼에 대한 그의 성도덕과 그의 입장에 문제가 있다고 말하고 싶습니다. 어떤 면에서는 참신함과 독창성이 있지요. 하지만 성폭행은 그의 모든 사상과 입장을 단번에 다 무너뜨렸습니다. 그의 금지, 규칙, 환상 등, 그 어느 것도 더 이상 지탱할 수 없습니다.
오늘날 그의 성도덕에는 아무것도 남아있지 않아요. 아직은 아무도 감히 교회에서 공개적으로 수긍하지는 못하지만, 독신주의가 폐지되기 전까지는, 동성애가 교회에서 인정되고 사제들이 학대를 고발할 수 있게 될 때까지는, 그리고 여성이 사제로 서품될 때까지는, 사제들에 의한 성폭행을 종식하는 것은 불가능하다는 것을 다들 알고 있답니다. 성폭행에 관한 그 외의 다른 조치들은 헛수고입니다. 전반적으로 라칭거의 관점이 완전히 뒤집힐 필요가 있습니다. 누구나 다 압니다. 그 반대를 말하는 사람은 이제 누구나 공범입니다.

이 판단은 삭막하다. 하지만 교회 내의 많은 사람은 이런 말은 안 하더라도 적어도 이런 생각에 공감한다.
2012년 3월, 베네딕토 16세는 멕시코와 쿠바로 날아갔다. 그의 '지옥의 계절' 역시 그와 함께 날아갔다. 이곳 로마에서는 소아성애에 대한 새로운 폭로로 한 겨울이 얼룩지게 되고, 그 후 또 다른 스캔들로 가득한 봄날이 찾아왔다. 요제프 라칭거는 최악의 악몽 가운데서도 생각조차 할 수 없었던 극악무도한 세계를 아바나에서 발견하게 될 것이다. 그것은 그의 고난의 새로운 정거장이 될 것이다. 그가 사임 결정을 내린 때는 쿠바 여행에서 돌아오는 길에서였다. 그리고 그 이유가 있었다.

23

퇴위
(The abdication)

쿠바에 사는 제이미 오르테가(Jaime Ortega)의 문을 두드리자 매력적인 청년 알레한드로(Alejandro)가 문을 열어준다. 나는 그에게 추기경을 만나보고 싶다고 말한다. 친절하고 따스하며 3개 국어를 할 줄 아는 알레한드로는 나에게 잠시 기다리라고 한다. 그는 문을 닫고 나를 마당에 남겨둔다. 2, 3분이 지나니 문이 다시 열린다. 갑자기 내 앞에 제이미 오르테가 이 알라미노(Jaime Ortega y Alamino)가 있다.

그 늙은 신사는 직접 나와서 나를 위아래로 훑어본다. 그의 눈길은 야릇하고 미심쩍어하는 장난기가 어려 있다. 그는 통통하게 살이 찐 작은 남자인데, 너무 작아서 그의 배 위에 있는 큰 십자가가 그의 배보다 더 커 보인다.

그는 나를 그의 구석진 사무실로 데리고 가더니 이전의 인터뷰 요청에 응답하지 않은 것에 대해 사과한다.

평소 나와 함께 하는 부제(副祭) 넬슨은 지금 스페인에 가 있습니다.
그는 학위를 받고 있어요.
그가 떠난 이후 모든 것이 좀 엉망이네요.

오르테가는 설명한다.

우리는 비 내리는 날과 좋은 날씨에 관해 이야기한다. 허리케인이 마르티니크(Martinique)를 강타했고 몇 시간 내에 쿠바에 도착할 예정이다. 그 추기경은 비행기가 이륙하지 않으면 내가 어떻게 프랑스로 돌아가야 할지를 걱정한다.

제이미는 흠잡을 데 없는 프랑스어로 말을 한다. 돌연히 그는 쿠바식으로 나에게 편하게 말하기 시작한다. 그리고 갑자기 격식 없이, 단 몇 분 만에 얼은 인상을 바탕으로, 나를 응시하면서 말한다.

"당신이 좋다면, 내일 밤에 함께 저녁을 같이하시지요."

＊　　＊　　＊

라틴 아메리카의 가장 유명한 고위 성직자 중 하나인 쿠바의 추기경을 만나는 데는 무한한 인내심이 필요했다. 나는 이 조사를 위해 아바나로 다섯 번을 여행했고, 그때마다 그 추기경은 국외로 나가거나 연락이 되지 않거나, 그렇지 않으면 내 요청에 응답하지 않았다.

나는 그 대주교의 궁전에서 그가 절대로 기자들을 만난 적이 없다는 말을 들었다. 그가 조심스레 삼가며 사는 센트로 문화원 펠릭스 바렐라(Centro Cultural Félix Varela)의 로비에서 기자들은 그가 그곳에 살고 있지 않다고 맹세할 정도로 아무것도 모르고 있었다. 그 대주교의 대변인 올랜도 마르케스(Orlando Márquez)는 추기경이 나를 개인적으로 볼 시간이 없을 거라고 통고하며 나의 질문에 대답했다. 운 좋게도 어느 날 아침, 나는 그 대주교의 궁전에서 우연히 한 친절한 소식통을 만나게 되고, 그는 쿠바 가톨릭의 가장 숨겨진 곳을 내게 보여주며 몇 가지 중대한 비밀을 알려준다.

그리고 마침내 오르테가 추기경의 정확한 주소를 알려주었다.

"오르테가는 그곳 3층에 살고 있지만, 아무도 당신에게 알려주지 않을 것입니다. 왜냐하면, 그는 대단히 조용히 조심스레 살고 싶어 하거든요."

나의 소식통이 말한다.

마드리드의 로우코 바렐라, 바티칸의 타르치시오 베르토네와 안젤로 소다노처럼, 오르테가는 아바나 만(灣)의 웅장한 식민지풍의 궁전(*palacio colonial*) 꼭대기 2층을 자신의 사저로 만들기 위해 징발했다. 그 위치는 대단히 멋진 장소로써, 이국적인 꽃들과 야자수, 무화과나무들이 주변으로 있다. 그곳은 옛 도시 칼레 타콘(Calle Tacón) 내의 이상적인 자리로서 바로크 대성당 바로 뒤에 있고 쿠바 주교단의 본부가 그리 멀지 않다.

이 도회풍의 건물은, 오랫동안 예수회 본부로 사용되었었는데 아름다운 안뜰이 있는 수도원을 자랑했었다. 그 후 그 건물은 그 교구의 본부로 사용되다가 마침내 센트로 문화원 펠릭스 바렐라가 되었다.

쿠바 교회는 이곳에서 언어수업을 하고, 쿠바 정부가 인정하는 것은 아니더라도 바티칸이 인정하는 일반학위를 수여한다. 나는 연구원들에게 열려 있는 도서관에서 배회하며 며칠을 지내다가 오른쪽 건물에 숨겨져 있는 3층으로 올라가는 개인 승강기를 발견하고는 그것을 타고 3층에 올라간다. 나는 3층에서 '들어오지 마세요. 개인 집입니다'라고만 쓰인 푯말을 보고 그 안으로 들어간다.

* * *

베네딕토 16세가 2012년 3월에 쿠바에 처음 갔을 때, 그는 라틴 아메리카에서의 성폭행에 대해 알고 있었지만, 여전히 그 심각성을 과소평가하고 있었다. 히스패닉 세계를 잘 알지 못하던 이 교황은 소아성애가 그곳 라틴 아메리카에서, 특히 멕시코, 칠레, 페루, 콜롬비아, 그리고 브라질에서 풍토병이 되어버린 사실을 모르고 있었다. 가장 큰 문제는, 그는 다른 사람들과 마찬가지로 쿠바는 성 추문으로부터 안전지대라고 생각했다.

누가 교황에게 쿠바 교회의 상황을 자세히 설명하였을까?

비행기에서 들었을까, 아니면 아바나에 내리면서 들었을까?

내가 두 개의 서로 다른 바티칸 외교 소식통으로부터 받은 확실한 정보에 따르면, 베네딕토 16세는 그 지역 교회의 성적 부패의 심각성을 재빨리 발견했다고 한다.

아바나에 있는 세 명의 외교관들도 그 섬에 머물렀던 여러 쿠바 반체제 인사들과 마찬가지로 나에게 이 상황을 자세히 묘사해 주었다. 현지 주요 텔레비전 채널 중 하나인 WPLG 로컬 10(WPLG Local 10)의 기자들은 물론, 마이애미의 리틀 아바나(Little Havana) 출신 가톨릭 신자들과 개신교 목사 (쿠바 출신) 토니 라모스(Tony Ramos)도 여러 차례 플로리다를 여행하면서 소중한 정보를 내게 알려주었다.

일반적으로 그 교회 내에서 성적인 문제를 조사하는 것은 어렵다. 특히 쿠바 사제들이 저지른 학대를 폭로하는 것은 거의 불가능하다. 언론은 완전히 통제되어 있고, 그 섬에 대한 검열은 총체적이다. 인터넷 접속은 제한되어 있으며, 느리고, 엄청나게 비싸다. 하지만 내가 점차 알게 된 것은, 쿠바에서는 모든 사실이 알려져 있다는 것이었다.

"이곳 쿠바의 교회에서도 미국, 멕시코, 바티칸에서처럼 동일한 성폭행이 발생하고 있습니다."

로베르토 베이가(Roberto Veiga)가 내게 예고한다.

"일요일의 악마 숭배 의식, 난교 파티, 소아성애와 매춘 사건들 등, 쿠바 교회는 매우 위태롭습니다."

오랫동안 베이가는 가톨릭 잡지「에스파시오 라이칼」(*Espacio Laical*, 사제의 공간)의 국장이었다. 그는 그 자격으로 10년간 공식적으로 제이미 오르테가 추기경과 일했다. 이에 그는 가톨릭 체제를 내부로부터 잘 알고 있다. 그 후 그는 교회를 떠나 쿠바 포시블(Cuba Posible)에 합류했는데 이 집단은 카스트로 정권뿐만 아니라 교회와도 거리를 둔 반체제 지식인들의 집단이었다.

나는 호텔 플라자에서 나의 쿠바 사람인 '해결사' 이그나시오 곤살레스(Ignacio González)와 함께 베이가를 만난다. 그리고 우리는 카스트로 형제의 공산주의 정권과 교회 사이의 긴장된 관계에 대해 오랫동안 이야기한다.

"우리는 1960년대에 정부와 교회 사이의 정기적인 내전을 겪었습니다."

로베르토 베이가가 계속 말한다.

> 카스트로 형제와 체 게바라는 주교들이 그 정권에 반대한다고 생각하고 계속 가톨릭을 베어냈습니다. 많은 교회가 문을 닫았고, 사립학교가 국유화되었으며, 사제들이 박해를 받거나 감시를 당하거나 추방당했습니다. 제이미 오르테가는 그가 자주 말했듯이 체포는 되었지만 이상하게도 사제 서품을 받자마자 처음부터 UMAP(Military Units to Aid Production, 생산 지원 군부대) 수용소로 보내졌습니다.

비참한 명성을 가지고 있는 UMAP 캠프는 카스트로 정권이 정규 군 복무(의무 병역)를 원하지 않는 모든 사람을 데려가 재교육 및 강제노동을 시키는 수용소였다. 그러므로 그들 중 대다수는 양심적 병역거부자들이었고, 10% 정도는 반체제 인사들, 정치 반대자들, 자기 땅의 징발을 거부해온 농민들, 여호와의 증인, 그리고 동성애자들 또는 가톨릭 사제들이었다.

1969년에 교회가 쿠바의 혁명 세력으로부터 박해를 받았을 때, 신학생들과 일반 사제들의 경우, 양심적 병역거부자들, 정치적 반체제자들 또는 동성애자들이 아니라면 UMAP 수용소로 추방된 경우는 거의 없는 것으로 보인다.

동성애자인 쿠바 작가 레이날도 아레나스(Reinaldo Arenas)는 그의 유명한 회고록에서 카스트로 정권이 동성애자들을 '다루기' 위해 1964년에서 1969년 사이에 어떻게 수용소를 열었는지에 대해 언급했다. 사내다움과 편견에 사로잡혀 있던 피델 카스트로(Fidel Castro)는 동성애를 소시민, 자본주의, 그리고 제국주의 현상으로 보았다. 그래서 동성애자들은 '재교육'을 받고 정상적인 길로 가야 했다.

아레나스는 그런 수용소에 억류되었던 사람인데 그때 재교육을 위해 어떤 기술이 사용되었었는지 자세히 설명하여준다. 수용소 교관들은 전기 충격을 받은 '환자'들에게 벌거벗은 남성의 사진을 투사한다. 이런 '회복' 요법들은 그들의 성적 지향성을 조금씩 바로잡는 것으로 간주하고 있었다.

28세에 사제 서품을 받은 제이미 오르메가는 이런 수용소에 있다가 풀려났다. 그는 그 후 쿠바 교회에서 오랜 세월 동안 매우 조심스러운 생활을 했다. 그는 어두운 그 시절을 잊고 싶었다. 그는 조직력과 대화에 뛰어난 재능이 있었다. 그는 쿠바 감옥에 다시 들어가지 않기 위해, 그리고 가톨릭이 그곳에서 소외되는 것을 막기 위해 여러 측면에서 그 정권과 타협할 준비를 하고 있었다.

그것이 좋은 전략이었을까?

"그것만이 가능한 선택이었습니다. 오르테가는 저항은 해결책이 아니며 대화만이 해결을 가능하게 한다는 것을 알고 있었습니다."

로베르토 베이가가 강조한다.

나는 아바나의 현 대주교의 대변인인 몬시뇰 라몬 수아레스 폴 카리(Ramon Suarrez Polcari)와 대주교 궁전에서 인터뷰했다. 그도 역시 동일한 분석을 내어놓는다.

오르테가 추기경은 UMAP 수용소에서의 힘든 경험 때문에 깊은 상처를 입었습니다. 거기서 그는 대립보다는 대화를 택했던 것이지요. 교회는 더 이상 야당으로 행세하지 않았습니다. 그것은 사람들이 평하는 것보다 더 용감한 선택이었지요. 즉, 그의 선택은 망명보다는 그가 있는 곳에 머물러야 한다는 것을 의미했고, 쿠바에서 가톨릭의 존재를 포기하지 않겠다는 것을 의미했습니다. 그것 역시 일종의 저항 형태였습니다.

아바나 중심부에 있는 노랗고 푸른 대저택인 그 궁전의 벽면에는 오르테가 추기경의 50년 사제직을 기념하기 위해 걸어놓은 큰 사진들이 보인다. 그 사진들은 그의 어린아이 모습, 젊은 사제, 젊은 주교, 그리고 마침내 대주교의 모습을 보여주고 있다. 실제 인물 숭배처럼 보였다.

센트로 문화원 펠릭스 바렐라의 관장인 안두라(Andura)라는 이름을 가진 평신도는 오르테가가 그 공산주의 정권과 협력한 것이 얼마나 적절한 선택인지를 확인해 준다.

> 쿠바 교회는 사람들이 말한 것처럼 무기를 갖추고 있지는 않았지만 1960년대에는 분명히 정권과 반대 입장에 있었던 것은 사실입니다. 그 시절은 우리 가톨릭 신자들에게 어두운 시절이었습니다. 우리는 무조건 다시 대화를 시작해야 했어요. 그러나 그렇다고 해서 우리가 정부의 한 분파가 된다는 뜻은 아니지요.

새로운 교황 요한 바오로 2세의 교황 대사에게 주목을 받게 된 오르테가는 1979년에 피나르 델 리오의 주교로 임명되고, 그 후 1981년에는 아바나 대주교로 임명되었다. 그때 그는 45세였다.

그 후 제이미 오르테가는 쿠바의 가톨릭교회가 충분한 인정을 받을 수 있도록 그 정권과 치밀한 화해 업무를 시작했다. 그는 1986년과 1987년 사이에 그 나라의 최고위층과 조심스럽게 협상을 주도했다. 그 협상은 일종의 불가침 조약으로 마무리되었다. 교회는 공산당의 권력을 인정했고, 공산주의자들은 가톨릭교를 인정했다.

그 날부터 교회는 그 조약의 조건대로 쿠바에서 합법성을 되찾았다. 교리 강좌가 조심스레 다시 허가되었고, 주교단은 그때까지 금지되어 있던 잡지들을 다시 출판하기 시작했으며, 주교들의 임명은 독립적인 형태로, 그러나 미묘한 정부 거부권을 허용한 상태에서 신중히 이루어졌다. 피델 카스트로와 제이미 오르테가 사이의 만남이 처음에는 비공식적으로, 그 후에는 공식적으로 열렸다. 교황의 방문 가능성도 논의되었다.

1994년에 요한 바오로 2세는 아바나 대주교의 이런 효과적인 전략과 용기를 인정하고 그를 추기경의 지위로 격상시켰다. 오르테가는 비교적 늦게 서품을 받았음에도 불구하고, 그 시대의 최연소 추기경 중 한 명이 되었다.

> 제이미 오르테가는 지성이 뛰어난 사람입니다. 그는 항상 장기적인 안목을 가지고 있었지요. 그는 보기 드문 정치적 재능을 가지고 있었으며, 매우 일찍이 그 정권이 교회와 평화로운 관계를 맺어야 할 필요가 생길 것을 예상하였습니다. 그는 여유롭게 시간을 벌며 때를 기다리는 사람이었지요.

로베르토 베이가가 덧붙인다.

몬시뇰 라몬 수아레스 폴카리(Ramon Suarrez Polcari)도 그 추기경의 재능을 강조한다.

> 오르테가는 하나님의 사람입니다. 그러나 동시에 그는 훌륭한 소통 솜씨를 가지고 있어요. 그는 또한 사상과 문화를 가진 사람입니다. 그는 예술가, 작가, 댄서들 등 수많은 사람과 매우 친하게 지낸답니다.

오르테가는 추기경이 된 이후 훌륭한 외교 감각으로, 1998년 1월에 요한 바오로 2세의 역사적인 방문에 이어, 2012년 3월에 베네딕토 16세의 방문, 2015년과 2016년에 프란치스코의 두 차례 방문 등, 교황 세 명의 쿠바 순방을 조직했다. 그는 쿠바와 미국의 화해(이를 위해 그는 워싱턴에서 오바마 대통령을 만났다)를 가능케 한 비밀협상에서도 중요한 역할을 했고, 2016년 퇴임하기 전, 아바나에서 콜롬비아 정부와 FARC 게릴라 사이의 평화협상에 관여했다.

쿠바를 잘 알고 있고, 종교에 대해 피델 카스트로와의 인터뷰를 책으로 펴낸 브라질 지식인 프레이 베토는 리우데자네이루에서 나와 대화하며 그 추기경의 역할을 요약한다.

> 저는 오르테가를 잘 압니다. 그는 교회와 쿠바 혁명 사이에 화해를 가져온 대화의 사람입니다. 그는 그 점에서 중대한 역할을 했습니다. 그가 항상 해방 신학을 꺼렸어도 나는 그를 많이 존경합니다. 그는 세 명의 교황의 쿠바 여행을 지휘한 사람이었고, 프란치스코는 심지어 쿠바에 두 번 왔지요. 그리고 농담이지만, 요즘은 로마보다 아바나에서 프란치스코를 찾기가 더 쉽다고 합니다!

그의 이 탁월한 경력은 그 정권과의 타협이라는 피치 못할 희생을 지불하고 이루어 온 것이다.

"오르테가는 1980년대 이후로는 야당 및 반체제 인사들과 유동적인 관계를 갖지 않았습니다. 그는 그 정부와 더 좋은 관계를 갖고 있었습니다."

로베르토 베이가 사실 그대로를 말한다.

바티칸의 일부 외교관들도 그에 대해 평가를 한다. 그들 중 한 사람은 프랑수아 바케 대주교인데, 그는 오랫동안 라틴 아메리카 주재 교황 대사였다.

"그는 그 정권에 다소 지나치게 적응된 것 같습니다."

바케가 말한다.

심지어 로마의 몇몇 사람은 더욱 비판적이다. 한 교황 대사는 오르테가가 '한 번에 두 주인', 즉 교황과 피델을 함께 섬긴 것은 아닌지 궁금해한다. 또 다른 외교관은 쿠바 교회가 국가로부터 독립되어 있지 않으며 오르테가가 이중적인 게임을 했다고 생각한다. 이 견해에 따르면, 그는 바티칸에 이 말을 하고 카스트로 형제들에게는 다른 말을 했다는 것이다. 아마도 그럴 수 있다. 그러나 쿠바의 정치적인 상황을 잘 아는 프란치스코 교황은 제이미 오르테가를 계속 신뢰하는 것으로 보인다.

나는 나의 라틴 아메리카 조사원 중 한 명인 콜롬비아 사람 에마뉘엘 네이사(Emmanuel Neisa)와 함께 또다시 쿠바를 방문하게 되었다(주목의 대상이 되지 않도록 여권을 바꾸고 여러 차례 숙박 장소를 바꾸면서 방문하였다).

그때 우리는 아바나에서 그 유명한 다마스 데 블랑코(Damas de Blanco)의 대변인인 베르타 솔러(Bertha Soler), 용맹한 운동가 안토니오 로딜레스(Antonio Rodiles), 예술가 고리키(Gorki), 작가 레오나르도 파두라(Leonardo Padura)를 포함한 많은 쿠바 반체제 인사들을 만났다(물론 이곳에 이름을 언급할 수 없는 여러 다른 사람들도 만났다).

이들 반체제 인사들은 관점은 다양하지만, 그들 대부분은, 비록 오르테가가 특정 정치범들을 출옥시키는데 긍정적인 역할을 했다고 해도, 그의 역할에 대해 대단히 비판적이었다.

> 나는 오르테가 추기경이 정권을 옹호하고 있다고 봅니다. 그는 절대로 그들의 인권 문제나 정치 상황을 비판하지 않습니다. 프란치스코가 아바나에 왔을 때, 그는 이민 문제에 대해 멕시코와 미국 정권을 비난했지만, 쿠바에 언론의 자유, 모임의 자유, 사상의 자유가 전혀 없다는 사실에 대해서는 아무 말도 하지 않았습니다.

안토니오 로딜레스는 아바나의 그의 집에서 나와 4차례의 인터뷰를 하는 동안 설명했다.

반면, 내가 인터뷰한 베르타 솔러는 제이미 오르테가에 대해 관대하다. 내가 그녀와 함께 만났던 그녀의 남편 엔젤 모야 아코스타(Angel Moya Acosta)는 반정부 인사다. 그는 다른 수백 명의 반체제 인사들과 함께 8년 만에 풀려났는데, 이는 쿠바 정권인 스페인 정권과 가톨릭교회 사이에서 그 추기경이 협상한 합의 덕택이었다.

오르테가는 그의 오른쪽으로 그와 가까운 안젤로 소다노 추기경과 요한 바오로 2세의 반공 강경 노선이 있고, 왼쪽으로는 타협할 필요가 있는 카스트로 형제들이 있었다. 그가 그들 사이에서 균형을 유지하는 것은 어려웠다. 특히, 1980년대 초에 피델은 해방 신학에 대한 열정을 키웠다. '그 최고의 리더'(*the leader maximo*)는 구스타보 구티에레즈와 레오나르도 보프를 읽었고, 종교에 대해 프레이 베토와 인터뷰한 것을 책으로 출간했다.

또한, 오르테가는 재능이 많은 외교관으로서 자본주의와 공산주의의 과잉을 동시에 적당히 비난하기 시작했다. 카스트로는 해방 신학에 관심을 두고 동의하였지만, 바오로 2세와 요제프 라칭거가 라틴 아메리카 전역에서 해방 신학을 대항하던 터라 오르테가는 해방 신학 대신 쿠바인들 사이의 '화해의 신학'을 미묘하게 옹호했다.

"젊은 시절에 오르테가는 해방 신학에 가까웠으나 점점 그 신학에서 멀어져 갔습니다."

오르테가가 18세일 때 아바나에서 그를 알고 지냈고, 한때 그 장래 추기경과 같은 신학교에 있었던 마이애미에 있는 쿠바 출신 목사 토니 라모스(Tony Ramos)가 말한다.

라모스는 수수께끼 같은 표현으로 (나머지 대화는 녹음하지 말아 달라고 부탁한 후) "오르테가는 많은 사제처럼 항상 갈등 속에서 살아왔습니다"라고 덧붙인다.

내가 아바나에서 인터뷰한 몇몇 사람들이 말했듯이, 그 정권은 제이미 오르테가의 대인 관계, 만남, 여행, 사생활, 성도덕을 완벽하게 알고 있었다. 바티칸의 계급 사회에서 주어진 그의 역할과 바티칸과의 빈번한 연락 때문에 쿠바의 정치경찰은 24시간 그 추기경을 감시했던 것이 분명하다. 그 경찰의 주특기 중 하나는 주의할 인물들의 집이나 호텔에서 그들의 '범행'(*flagrante*)을 촬영한 후 그것으로 그들과 협상하는 것이다.

> 오르테가 추기경은 카스트로 정권의 권력에 완전히 사로잡힌 꼭두각시입니다. 그는 라울 카스트로(Raúl Castro)의 손에 있었지요. 쿠바는 세계에서 가장 감시 받는 사회라는 것을 잊지 않아야 합니다.

플로리다에서 가장 존경 받는 언론인 중 한 명인 마이클 푸트니(Michael Putney)가 마이애미 북부에 있는 WPLG 로컬 10의 사무실에서 나의 인터뷰에 응하며 말한다.

몇몇이 제시한 것처럼 오르테가는 공갈 협박을 받았던 것일까?

그 자신, 또는 그의 수행원들이 너무 약점을 잡혀서 그 정권을 비판할 만한 여지가 전혀 없었던 것일까?

쿠바 정보부에서 영어를 구사하는 최고의 전문가 중 한 명이 파리에서 나와 함께 점심을 먹으면서 오르테가 추기경과 그의 수행원들이 라울 카스트로 전 대통령의 아들인 알레한드로 카스트로 에스핀(Alejandro Castro Espín)의 직접적인 감시를 받았다고 알려주었다.

쿠바 첩보국의 그 비공식적인 수장은 수년 동안 매우 정교한 감시 기술을 사용하여 쿠바의 가톨릭교회 지도자들과 특히 제이미 오르테가에 대한 완전한 문서를 작성했다고 한다. 다시 말해, 오르테가는 매우 높은 차원의 보호를 받는 '고객'(atendido)인 셈이다. 속이 검은 알레한드로 카스트로 에스핀은 쿠바의 모든 정보와 간첩 색출을 담당하는 국방위원회 및 국가 안보의 조정자 역할을 맡고 있다.

그는 오르테가 추기경의 연락 장교라는 말을 들을 정도다. 그의 역할은 오르테가 추기경이 교황청과 나누는 모든 교류를 조사하는 것이다. 에스핀의 사진은 거의 없지만(우리는 그가 앙골라에서 싸우다가 눈을 잃은 것을 알고 있다), 최근에 프란치스코 교황 옆에서 그의 아버지 라울과 함께 찍힌 사진 한 장이 등장했다.

> 카스트로 정권은 요주의 인물들과 반대자들의 성생활을 조사해서 그것을 근거로 그들과 타협해 왔어요. 그 정권은 이런 일을 오랫동안 해 왔지요. 특히 밀실에 있는 동성애 사제나 주교의 경우는 그들의 공갈에 꼼짝할 수 없었습니다.

동일한 소식통인 마이클 푸트니가 말한다(이 정보는 피델 카스트로의 개인 경호원인 콜로넬 후안 레이날도 산체스(Colonel Juan Reinaldo Sánchez) 중위가 망명 후 출판한 그의 책 『피델 카스트로의 숨겨진 삶』[The Hidden Life of Fidel Castro]을 통해 폭로한 그 정권의 도청과 성적인 공갈에 대한 끔찍한 내용과 일치한다).

몇 년 전, 쿠바 푸에르자스 아르마다스 리볼루치오나리아스(Cuban Fuerzas Armadas Revolucionarias, 쿠바 혁명 군대)의 전 대령 로베르토 오르테가(Roberto Ortega)가 TV에 나와서 증언을 했는데 그 증언 역시 쿠바 사회에 큰 파문을 일으켰다. 미국으로 추방된 이 군(軍)장교는 제이미 오르테가 대주교가 이중생활을 했다고 주장했는데, 그 대주교는 '183센티미터의 덩치 큰 흑인 남자'로 묘사되는 쿠바 첩보원과 친밀한 관계를 맺었다는 것이다. 이 전직 대령에 따르면, 쿠바 정부는 제이미 오르테가를 찍은 비디오들과 구체적인 증거를 가지고 있었다고 한다. 이런 증거는 카스트로 정권에 대한 그의 전폭적인 지지를 보장받기 위해 그 추기경을 압박하거나 협박하는 데 유용할 수 있다.

이 텔레비전 인터뷰는 우리가 온라인에서 찾아볼 수 있는 수많은 언론 기사를 유발했고, 오르테가 추기경은 그런 기사 내용을 부인하지 않았다. 하지만 그 내용은 구체적인 증거는 되지 못한다. 이 전직 대령에 의한 진술은 내가 인터뷰한 전문가들이 볼 때 신빙성은 있다. 하지만 그의 진술은 소문에 근거한 것일 수도 있고 또는 보통 정치적 망명과 함께 하는 복수심에 따라 조장되었을 수도 있다.

아무튼, 한 가지는 확실하다. 쿠바 교회 내의 성 추문은 지난 수십 년 동안 그 대주교 궁전과 주교단, 그리고 그 나라의 여러 교구에서 급증한 사실이다.

> 이곳 쿠바에서는 많은 소아성애 스캔, 많은 성적 부패, 그리고 실제적인 교회의 도덕적 실패가 있었습니다. 그러나 분명한 것은, 언론이 그것을 언급한 적이 없다는 사실입니다. 정부는 모든 것을 알고 있지요. 또한, 모든 증거를 가지고 있습니다. 하지만, 교회를 대상으로 그 증거들을 사용한 적이 없습니다. 정부는 필요할 때 사용하려고 보관하고 있는 것이지요. 그것은 그 정권의 통상적인 공갈 수법입니다.

베이가가 말한다.

쿠바 주교단의 수많은 사제와 주교들의 동성애에 대한 소문은 아바나에서 너무 흔해서 내가 그 섬에서 인터뷰한 거의 모든 사람이 (주요 반체제 인사들, 해외 외교관들, 예술가들, 작가들, 심지어 아바나의 사제들까지 포함하여 100명 이상이다) 상세한 내용과 이름까지 알려주며 그 소문을 내게 전하여 주었다.

> 우리는 소문에 주의를 기울여야 합니다. 소문은 어디에서나 생겨날 수 있지요. 지난 몇 년 동안 피델과 라울 카스트로가 많이 변하였더라도 우리는 정부 내에

항상 교회의 적이 있다는 사실을 과소평가해서는 안 됩니다.

센트로 문화원 펠릭스 바렐라의 관장 안두라 씨가 주의를 주었다.
그리고 그는 자신이 방금 한 말과 모순되는 듯한 말을 덧붙인다.

쿠바에서는 오랫동안 동성애를 범죄로 여기지 않은 사실도 지적되어야 합니다. 이곳의 성년 나이는 16세기 때문에 그보다 나이 많은 소년이 동의 가운데 성관계를 갖는다면, 그리고 돈이나 권력 관계가 아니라면, 아무런 문제가 없습니다.

쿠바 주교단의 신문「팔라브라 누에바」(Palabra Nueva, 새로운 소식)의 편집장이며, 20년간 함께 일해 온 오르테가 추기경의 대변인인 올랜도 마르케스 역시 인터뷰에 응해주었다. 뛰어난 기술과 친절함을 지닌 훌륭한 대화 소통자인 마르케스는 어떤 질문도 피하지 않는다.
오르테가는 그 공산주의 정권과 타협할 수밖에 없었을까?
"만약 그 추기경이 대화의 길을 선택하지 않았다면 쿠바에는 주교가 전혀 없었을 것입니다. 이는 단순한 사실이지요."
그는 오르테가 추기경의 동성애에 대해서는 어떻게 생각할까?

아주 오래된 소문입니다. 나도 그런 소문을 자주 들었어요. 그 소문은 그가 UMAP 수용소로 보내졌기 때문에 생긴 소문입니다. 거기서 그 소문이 시작되었지요. 가끔 사람들은 내가 오르테가와 가까운 사이라서 나를 게이라고까지 말하지요!

올랜도 마르케스가 웃음을 터뜨리며 덧붙인다.

쿠바의 몇몇 외교관들이 제시하듯, 오르테가 추기경은 아바나의 대주교 관할구에서 성폭행이 발생했다는 정보를 받았을까?
그 사건들은 은폐되었나?
쿠바 가톨릭 성직자 집단 안에서 정확히 무슨 일이 일어난 것일까?

네 명의 직접적인 증언은 수년 동안 지속한 성적 스캔들이 상당히 많았다는 것을 확인시켜 준다. 첫 번째 증언은, 내가 서양 외교관의 추천으로 만난 한 사제의 증언이고, 그다음은 메사 데 디아로고 데 라 후벤투드 쿠바나(Mesa de Diálogo de la Juventud Cubana, 인권과 청소년 전문 NGO)의 증언이며, 그다음은 기독교 활동가 한 쌍의 증언, 그리고 마지막으로 쿠바 반체제 인사 중 한 사람의 증언이다. 이들의 증언은 또한 마드리드에서 쿠바를 매우 잘 아는 사람들이 확인해 주었다. 산티아고 데 칠레(Santiago de Chile)에서 내가 인터뷰한 피델 카스트로와 가까운 두 사람도 내게 유용한 정보를 주었다(그 두 사람은 칠레 공산당의 전 지도자 에르네스토 오톤(Ernesto Ottone)과 살해된 그 유명한 콜롬비아 지도자의 딸 글로리아 게탄(Gloria Gaitán)이다).

교황청 내에서도 세 명의 외교관이 쿠바에 심각한 성폭력 문제가 있음을 확인시켜 주었다. 국무원에 있는 이 파일은 극비사항이지만 프란치스코 교황의 외교관들에게는 잘 알려져 있다. 그 외교관들 중 두 명은 아바나에 사무실을 가진 내무 '장관'인 조반니 안젤로 베추와 외교관인 몬시뇰 패브릭 리벳이다.

나는 또한 프란치스코 교황이 오르테가 추기경에게 이런 추문에 대한 그의 태만과 은폐 때문에 아바나의 대주교직에서 떠나달라고 부탁했다는 이야기를 들었는데, 정확한 사실은 아니다. 내가 바티칸에서 교황청 라틴아메리카위원회를 맡고 있는 구즈만 카리퀴리(Guzmán Carriquiry)에게 들은 바와 같이, 제이미 오르테가는 사임할 당시 거의 80세였고, 교황은 이미 그가 연령 제한을 넘도록 도와주었었기 때문에 그를 대체시키는 것은 정상이었다.

아바나의 바티칸 대사관에서 제2인자였고 베네딕토 16세 교황이 그 교황 대사관에서 피델 카스트로를 만났을 때 그 자리에 함께 있던 몬시뇰 패브릭 리벳은 국무부에서 다섯 번이나 나를 영접하면서도 '녹음'을 거부한다.

오르테가에 대해서는 나쁜 말을 할 것이 없다고 하는 그는 "그는 매우 논쟁 대상입니다"라는 수수께끼 같은 말만 한다(카라카스와 쿠바에서 각각 교황 대사로 있던 피에트로 파롤린[Pietro Parolin] 추기경과 베니아미노 스텔라[Beniamino Stella] 추기경 역시 그 상황에 대해 잘 알고 있다. 쿠바를 다섯 번이나 갔던 타르치시오 베르토네도 마찬가지다. 그리고 베르토네의 개인 비서 중 하나이고 장차 교황 대사가 될 니콜라스 테베닌[Nicolas Thévenin]은 쿠바에서 주재하게 되었다. 분명히 정보를 받아 잘 알고 있는 테베닌은 내가 어느 날 기자 니콜라스 디아트와 식사를 하고 있을 때 그를 통해 내게 오르테가, 쿠바, 동성애, 그리고 공산주의자에 대한 정보를 주었다. 테베닌이 한때 부제로 있으며 모셨던 게오르크 겐스바인 역시 그 파일의 내용을 알고 있다).

요한 바오로 2세의 '급파' 대사였으며 쿠바를 가까이서 알고 있는 에체가라이 추기경은 로마의 그의 집에서 두 번의 인터뷰했는데, 그는 요한 바오로 2세의 전 외교 '장관'이던 장 루이스 토랑처럼 오르테가에게 더 호의적이다. 나는 그와 이런 성스캔들에 대해 자세히 논하였는데 그는 그런 스캔들은 '순전히 추측'일 뿐이라고 주장한다.

그러나 로마와 아바나의 다른 사람들은 노골적으로 말한다. 특히 녹음하지 않겠다는 약속을 하고 달콤한 질문을 하면, 그들은 그 대주교의 성도덕에 대해 맘껏 털어놓는다.

무엇보다, 쿠바의 사제들과 주교 중에 상당히 많은 동성애자가 있다. 주교단이 서로를 보호하기 위해 보여주는 진정한 유대감(Freemasonry)은 동성애자들이 밀실에서 쏟아져 나올 때 분명하게 눈에 띈다. 그들은 또한 매우 많은 동성애 '행위'를 한다. 나는 아바나 성당의 그 유명한 일요일 저녁 미사에 대한 장황한 설명을 듣게 되는데, 1990년대에 그 미사는 그곳 수도에서 매우 인기 있는 성 파트너를 찾는 장소였다고 한다.

다음으로, 쿠바의 가톨릭 성직자들의 축복을 받으며 정기적으로 쿠바를 방문하는 바티칸의 사제들과 고위 성직자들이 있다. 그들은 매춘 관광을 하러 쿠바를 방문한다. 나는 유럽 성직자들이 여행하는 아바나의 클럽과 전문적인 파티를 방문했다. 이처럼 쿠바는 적어도 1980년대 중반부터 '교구 사람들'과 '밀실에 있는 사람들'을 위한 관광지가 되었다.

> 한편으로, 수도회 회원들은 자신들은 인간이 만든 법률에서 면제된다고 생각하는데, 다른 곳보다 쿠바에서 더욱 그러합니다. 그들은 자신들의 독특한 지위 때문에 관습법에서 제외된다고 생각하지요. 그리고 그런 생각을 정당화하고 합법화시킨답니다.

로베르토 베이가가 신중히 내비친다.

쿠바 주교단 내에서, 나는 신학생들 또는 젊은 사제들에게 고위 성직자들이 자행한 '내부의' 성 폭행 사례에 대해서도 듣게 된다. 일정한 수의 몬시뇰들 역시 적지 않은 돈을 지불하고 젊은 남성 파트너를 사서 그들을 성적으로 학대하는 것으로 알려져 있다. 종종, 직접적인 목격자에 따르면, 매춘부들이 집단으로 추잡한 파티에 초대를 받기도 한다고 한다.

그곳에서는 핑가(음경), 프리퀴 프리퀴(friqui friqui, 성교), 마리콘(maricones, 괴상한 동성애) 등의 저속한 언어가 사용된다. 또한, 굴욕을 가하는 행위들로 가득하다. 이런 관능적인 연회에 참여하기를 거절한 자들은 경찰에게 고발되고, 경찰은 그 성파트너들을 체포하고 고위 성직자들은 그냥 둔다고 한다.

쿠바에서 남성 매춘의 규모는 대단히 크다. 특히 전문 클럽들과 술집들의 네트워크 덕분에 그러하다. 남성 매춘은 또한 라스베이거스, 훔볼트 52(지금은 폐쇄되었다), 라 그루타(La Gruta), 카페 칸탄테(Café Cantante)와 같은 유명 장소의 근처 길거리에서 발생한다. 파르케 센트럴(Parque Central) 주변의 칼레 23 또는 그 유명한 말레콘(Malecón) 길 상에서는 저녁이 되면 셀 수 없이 많은 남성 매춘부들이 나타난다. 이처럼 쿠바는 부패가 보편적이고, 언론이나 법적인 안전장치가 없는 나라다. 가톨릭교회가 이런 곳에서 나쁜 습성을 길렀다는 사실은 놀랄 일이 아니다.

> 오르테가 추기경은 그 대주교의 관할 교구에서 일어나는 모든 일을 알고 있습니다. 그는 모든 것을 점검하지요. 그러나 그가 자신과 가까운 사람들 및 주교들이 교회 내에서 행한 성폭행에 대한 무엇이든 말했다면 그의 경력은 짧게 끝났을 것입니다. 그래서 그는 눈을 감았던 것이지요.

내가 아바나에서 인터뷰한 한 반체제 인사가 내게 말한다.

이 비겁함, 이런 침묵들, 이 범죄 은폐, 이런 추문들은 너무 예외적이어서, 베네딕토 16세의 수행원들이 교황이 아나바에 머무르기 전이나, 머무는 동안에 그에게 보고하는 데는 많은 용기가 필요했을 것이 분명하다. 그가 그 모든 것을 알게 되었을 때, 그리고 더 중요한 것은 그가 아바나의 대주교 관할 교구에서 발생한 문제의 규모를 발견했을 때, (교황이 한 말로 표현하면) 교회의 "더러움"의 폭을 가늠할 수 있었던 이 교황은 이제 혐오감에 사로잡혔다. 한 목격자에 따르면, 이 이야기를 듣고 있던 교황은 또다시 눈물을 흘렸다고 한다.

이 일 후에 베네딕토 16세와 '매우 특별한 관계'(그들의 만남을 목격한 사람의 증언에 따르면)를 맺고 있었던 오르테가 사이에 많은 긴장이 생겨났다. 이번에는 요제프 라칭거가 더 이상 참을 수 없었다. 그는 화가 치밀어 올랐다. 비타협적이고 수줍음이 많은 그는 평생 악을 물리치려고 애썼다. 하지만 여기서 그는 말 그대로 동성애 사제들과 소아성애 사건들로 둘러싸여 버렸다.

고결한 고위 성직자는 단 한 사람도 없단 말인가?

　　베네딕토 16세의 쿠바 여행은 엉망이었습니다. 교황은 쿠바 교회 내의 성폭행의 심각성을 알게 된 후 슬픔에 압도당한 채 혼돈상태에 있었지요. 나는 그가 어떻게 여행을 계속했는지 알 수 없어요. 오직 한 가지 확실한 것은, 그가 쿠바에서 돌아온 지 일주일도 안 되어 사임하기로 했다는 사실입니다.

　로베르토 베이가 나의 조사원 네이선 마르셀밀레(Nathan Marcel-Millet)가 있는 앞에서 내게 말한다.

　　교황은 같은 여행 동안 멕시코에 있을 때 착각에서 벗어나 각성했었다. 하지만 쿠바!

　　쿠바에서조차 그럴 수 있다니!

　　그것은 실수나 사고의 문제가 아니었다. 그것은 교회 전체 체제의 문제였다. 그는 교회가 '더러움'으로 가득 차 있다고 말했다. 그러나 이번에는 모든 곳의 교회가 부패했다는 것을 알게 되었다. 교황은 시차 적응으로 피곤한 상태에서 멕시코 여행 중 단상에서 추락하여 가벼운 상처를 입게 되었다. 이에 교황은 육체적 고통에 시달렸고 쿠바에서도 도덕적 고통을 겪었다. 모든 증인은 그 여행이 '끔찍했다'는 것에 동의한다. 심지어 그 여행은 '진정한 갈보리'이기도 했다.

　　교황은 쿠바의 파라다이스 섬에서 교회 내의 죄의 심각성을 발견했다. 그는 나중에 절망한 상태에서 "그 그물에도 나쁜 물고기가 들어있군"이라고 말하곤 했다. 쿠바 여행은 그 늙은 아담의 몰락이었다.

　　"네, 베네딕토 16세가 사임을 고려하기 시작한 것은 멕시코와 쿠바 여행 때였습니다."

　　페데리코 롬바르디가 라칭거 재단 사무실에서 우리와 대화하는 중 이 사실을 확인해 준다(롬바르디는 교황이 라틴 아메리카를 여행할 때 함께 갔었다).

　　"카스트로 정권은 쿠바 주교단과 관련된 이런 스캔들의 내용을 자세히 알고 있으면서도 왜 가만히 있었을까요?"

　　나는 로베르토 베이가에게 묻는다.

　　"그것이 바로 교회를 통제하는 강력한 방법이지요."

　　그가 대답한다.

성매매나 소아성애 스캔들을 비난하지 않는 것은 그들을 덮어주는 방법입니다. 그러나 그것은 또한 그 섬의 주요 야당 세력 중 하나인 교회가 결코 그 정권에 등을 돌릴 수 없도록 만드는 방법이기도 합니다.

아바나에서 돌아오는 길에서 베네딕토 16세는 갈가리 찢긴 사람이 되었다. 그의 일부가 부서져 있었다. 그는 '가사 상태에 빠진 위대한 영혼'이었다. 그의 주위에 있는 성전 기둥들은 전부 금이 간 상태였다.

며칠 후 교황은 사임하기로 결정했다(그러나 그는 6개월 후에야 공개적으로 자신의 결정을 발표할 것이다). 베네딕토 16세는 그의 저서 『마지막 유언』에서 쿠바 여행이 결정적인 순간이었다는 사실을 두 번 꼽았다. 그는 교황 임무에 대한 육체적인 피로와 '부담'만을 언급했지만, 다른 소식통들에 따르면, 그가 라틴 아메리카를 방문 중에 성폭행에 대해 알게 되면서 의기가 꺾였음을 알 수 있다. 쿠바는 베네딕토 16세 교황의 고난의 정거장 중 마지막 종착역으로 입증될 것이다.

* * *

"몰락이라니요?
어떤 몰락인데요?
그것은 해방을 위한 행위였습니다."
내가 교황 베네딕토 16세의 마지막 나날들에 대해 푸파르 추기경과 인터뷰를 할 때 그는 기분이 언짢은 상태에서 내게 말한다.
기권, 퇴위, 해방의 행위?
진실이 무엇이든, 2013년 2월 11일에 베네딕토 16세는 일상적인 추기경 회의에서 퇴위했다. 그는 8년 전에 교황의 취임 미사에서 다음과 같이 선언하였다.
"내가 양 떼를 더욱 더 사랑할 수 있도록 기도해 주십시오. 내가 늑대를 피하지 않도록 기도해 주십시오."
그러나 늑대들이 방금 그를 잡아 삼켰다. 현대에 교황이 물러난 것은 처음이었고, 또한 두 교황이 공존했던 아비뇽 교황직 이후 처음이기도 하다.
오늘날 우리에게 있어서 바티칸 하늘에서 천둥소리가 나는 것은 상상하기 어렵다. 몇 달 동안 비밀리에 준비한 베네딕토 16세의 사임은 매우 갑작스러워 보였다. 발표 순간, 침착하고 태연한 교황청은, 마치 그리스도가 방금전 다시 "진실로 너희에게 말하노니 너희 중 하나가 나를 배반할 것이다"라고 말한 것처럼, 순식간에 레오나르도 다 빈치의 '최후의 만찬'이 되었다.

시간은 또다시 뒤죽박죽되었다. 겁에 질려 말문이 막혔던 추기경들은 이제 혼란에 빠졌다.

그들은 함께 모여 사랑과 진리의 혼동 속에서 "주님, 저입니까?"

이런 이의를 제기했다. 교황은 그의 내면의 비극을 마무리하는 선택을 평온하게 내린 후, 이제 평안 가운데 "자신과 싸움을 다 마쳤다."

그는 이제 이 요동하는 교황청, 참으로 비열하고 비뚤어지고, 밀폐되고, 수많은 완고한 남자들이 음모를 꾸미며 이중생활을 하는, 그래서 늑대들이 결국 그를 잡아 삼킨 교황청에 거의 신경을 쓰지 않게 되었다. 그는 처음으로 승리했다. 그의 퇴위는 (섬광과 같은 그의 역사적인 몸짓은 마침내 그를 위대하게 만들었다) 그의 짧은 교황직 중 첫 번째, 어쩌면 유일한 훌륭한 결정이었다.

그 사건은 상상도 할 수 없는 일이어서 교회는 여전히 그 사건 파장과 여진을 억눌려 보려고 애쓰고 있다. 왜냐하면, 그 어떤 것도 예전처럼 될 수 없기 때문이다. 교황은 퇴위를 통해, 요한 바오로 2세의 전 개인 비서였던 스타니스와프 지비스의 배신의 표현처럼, "십자가에서 내려왔다."

로마 가톨릭은 바닥으로 떨어졌다. 이후로 그 교황의 일은 거의 임시 계약을 맺은 것처럼 제한된 기간 동안의 교황직이다. 나이 제한이 부과될 것이다. 그 교황은 일반 사람이 되었고, 그의 권력은 축소되어 일시적인 것이 되었다.

그처럼 깜짝 놀랄 몸짓을 설명하기 위해 모든 사람이 이해할 만한 그의 사임 이유가 선포되었다. 그의 병 때문이라는 것이었다. 베네딕토 16세의 대변인인 페데리코 롬바르디는 자주 얼굴을 드러내면서 교황의 유일하고 역사적인 몸짓을 설명하는 것은 교황의 건강 상태, 즉 육체적인 연약함뿐이라고 주장했다. 그의 주장은 사람들의 웃음을 자아냈다.

물론 교황의 건강 상태는 한 요인이 될 것이다. 요제프 라칭거는 1991년 뇌졸중으로 쓰러졌는데, 그 결과 그가 밝힌 대로, 왼쪽 눈을 약간 실명했다. 그는 또한 만성 심방(心房)세동 병과 싸우기 위해 심장 박동 조절 장치를 착용하고 있었다. 하지만 나는 2012년에서 2013년 사이에 교황이 건강 때문에 그런 결정을 내렸다고 말할 수 있는 어떤 특이한 요인이 없었음을 확신한다. 교황은 죽음에 가까이 있지 않았다. 그는 90세를 넘어서도 계속 살고 있다. 또한, 건강 때문에 교황직을 사임했다는 이야기는 도가 지나치게 반복되었다.

"교황청은 교황의 사임이 건강 문제 때문이라고 설명했는데, 이는 명백한 거짓말이며, 흔히 있는 일이지요."

프란체스코 레포레가 말한다.

오늘날 내가 만나온 기자들, 신학자들, 심지어 로마 교황청의 사람들조차 베네딕토 16세의 사임이 그의 건강과 관련되었다고는 생각하지 않는다. 가장 완벽한 스탈린 전통 가운데 그런 거짓이 담긴 부인을 한 이후, 심지어 나와 대화를 나누었던 추기경들까지도 '다른 요소들'이 있었다는 것을 인정한다.

여기서 우리가 주장할 수 있는 것은, 교황 베네딕토 16세는 그의 고난의 긴 정거장들을 지나는 동안, 동성애를 중심으로 하는 여러 가지 복합적이고 상호 연계적인 이유로 항복하였다는 사실이다. 그의 비아 돌로로사 길에는 14개의 정거장이 있었는데 그중 몇 가지를 나열하겠다.

그의 건강 상태,
그의 나이,
다스림에 대한 무능,
베르토네 추기경의 교황청 개혁 실패,
종교적인 논쟁과 그의 소통의 불운한 시도들,
수천 건의 소아성애 스캔들의 은폐,
성폭행으로 인한 독신주의와 사제들의 정절에 대한 그의 신학의 붕괴.
쿠바 여행,
첫 번째 바티리크스 사건,
세 추기경의 보고,
그의 교황직에 대한 소다노 추기경의 체계적인 공격,
게오르크 겐스바인 또는 그의 형 게으로크 라칭거와 관련한 소문,
위협,
내면화된 동성애 혐오증,
'라칭거 증후군'이 있다.

그리고 마지막으로 모차르트인데 시끄러운 소음을 싫어했던 이 교황은 모차르트의 피아노와 그의 클래식 음악을 훨씬 더 좋아하며 끔찍하게 그리워하

였다는 사실이다.

여기서 나는 이 14개의 고난의 정거장 중 어떤 정거장이 베네딕토 16세의 교황직을 끝마치게 하는데 결정적인 역할을 했을지, 그 질문을 남기고 싶다. 우리들 각자는 다른 정거장들과 관련하여 각 정거장의 순서를 수정하거나 각 정거장을 숙고하며 자신의 의견을 주장할 수 있다.

여기서 내가 단언할 수 있는 것은 8년 동안 지속한 그의 갈보리로 향하는 험한 14개의 정거장 중에 적어도 10개 정거장이 동성애 문제와 직접 또는 간접적으로 연관되어 있었다는 사실이다. 동성애 문제는 그의 개인적인 비극의 요인이었다.

끝맺는 말
(Epilogue)

나는 여자를 사랑하지 않는다. 사랑은 재정의될 필요가 있다.

표준을 새로 정의하는 이 표현은 그리스도와 사랑과 동성애적인 충동이 가득 섞여 있는『지옥에서 보낸 시절』(*A Season in Hell*)을 쓴 그 젊은 시인의 격문[檄文]에서 인용한 유명한 말이다. 우리는 이 표현으로 끝맺는 말을 써 내려가려고 한다. 사랑의 새로운 정의는 이 책의 가장 놀라운 발견일 수도 있다. 가장 훌륭하고 가장 낙관적인 사랑이기도 하다. 그리고 내가 이 오랜 조사를 통해 내리고 싶은 결론이기도 하다.

매우 제약된 세계인 교회의 중심에서 사제들은 열정적인 사랑으로 평생 살아간다. 동시에 성별을 새롭게 하고 새로운 종류의 가족을 생각해낸다.

이 사실은 수많은 추기경과 사제의 동성애에 대한 비밀보다 더 감추어진 비밀이다. 바티칸은 보편적인 거짓과 위선은 물론이고 또한 예기치 못한 경험을 하는 곳이다. 그곳에서는 커플로 살 수 있는 새로운 생활방식이 생겨났고, 새로운 감정적 관계가 시험 삼아 시도되었다. 가족에 대한 미래의 새로운 모델이 제시되었고, 노인이 된 동성애자들의 은퇴 준비가 마련되었다.

우리는 이 조사를 마치면서 이 책의 주역인 사제들에 대한 다섯 개의 프로필을 볼 수 있었다. 그 프로필이다.

1. "대단한 동정남",
2. "지옥 고통 속의 남편",
3. "마음의 여왕",
4. "왜곡된 돈 후안",
5. "라 몽골피에라."

우리는 이 책에서 싫든 좋든 이 다섯 개 원형을 모두 다루어보았다.

1. "대단한 동정남"

모델은, 금욕으로 승화된 사제들을 말한다. 자크 마리탱, 프랑수아 모리아크, 장 기통, 그리고 아마도 최근의 몇몇 교황들이 여기에 해당한다. 그들의 동성애는 '좌절된' 상태에 있는데, 그들은 육체에 굴복하지 않고 그들의 성향을 벗어나기 위해 사제직을 택했다. '사랑하는 우정'은 그들의 자연스러운 성향이다. 프랑수아 모리아크처럼 다른 남자들을 친밀하게 알고 있음에도 불구하고 동성애 행위로 옮기지 않은 자들이다.

2. "지옥 고통 속의 남편"

모델은, 실제로 동성애 행위를 하는 자들이다. '밀실의 사제' 또는 '의문을 가진 사제'는 자신의 동성애를 잘 알고 있지만, 그것을 경험하는 것을 두려워한다. 그 이유는 죄와 속죄의 자책 사이에서 계속 갈등하며 큰 감정적 혼돈을 겪기 때문이다. 때때로 특별한 우정은 동성애 행위로 이어지지만, 그 후 곧바로 깊은 양심의 고통을 체험한다. 이 모델에 속한 개인들은 삶에 즐거움이 없고 끊임없이 걱정한다. 우리가 이 책에서 만난 많은 추기경이 이 모델에 속한다.

앞의 두 모델에서는 동성애는 하나의 행위일 뿐, 정체성은 아니다. 의문을 가진 사제들은 자신을 게이로 받아들이지도 않고 인정하지도 않는다. 그들은 심지어 정반대로 동성애 혐오증을 드러내는 성향이 있다.

3. "마음의 여왕"

이 모델은 가장 자주 대했던 모델 중 하나다. 앞의 두 모델과는 달리, 이 모델은 쥘리앵 그린에서 나타나는 독특한 정체성이다. 그 정체성은 내가 만난 수많은 추기경과 셀 수 없이 많은 교황청 사제들이 공유하고 있었다. 만약 할 수 있다면, 이 사제들은 종종 한 남자와의 사랑을 선호하며, 서로에게 충실하면서 만족을 느낀다. 그들은 오랜 관계를 맺는 상태에서 이중생활을 하는데, "그들을 미치게 만드는 소년들의 아름다움과 그들의 욕정을 용서하시는 하나님"

사이에서 균형을 찾는다. 그들은 혼합된 존재로서 사제의 정체성과 게이의 정체성을 둘 다 유지한다.

4. "왜곡된 돈 후안"

모델은 치마를 입은 여성이 아니라, 어린 남자들을 쫓아다니는 '쾌락의 남자들'이다. 우리가 언급했던 몇몇 추기경들과 주교들은 이 범주에 속한다. 그들은 힘이 다할 때까지 모든 다양한 사람들에게 아무 때나 구애를 하며 즐거워한다. 회개함이 없는 이 구애자들은 '1003'개의 목록이 담긴 유명한 파일을 갖고 다니며, 때때로 평소에 하던 대로 하지 않고 다른 대상을 추구한다('대단한 동정남', '지옥 고통 속의 남편'. '마음의 여왕'이라는 표현은 시인 랭보에게서 가져온 것이고, '왜곡된 돈 후안'이라는 표현은 랭보의 연인 남자 베를렌이 쓴 시, '돈 후안 피페'(Don Juan Pipé)에서 가져왔다).

5. "라 몽골피에라"(열 기구) 모델이다.

이 모델은 지독하게 끔찍한 라 몽골피에라 추기경의 모델로서 변태나 매춘 네트워크에 속한 사제들이 여기에 속한다. 플라티네트와 몇몇 추기경들과 교황청 주교들이 이 모델에 해당한다(여기서 나는 이 책의 주제에서 벗어난 몇 부류를 제외했다. 예를 들어, 진정으로 성에 초월하고 정절을 지키는 매우 드문 추기경과 앞의 세 가지 모델 중 하나에 속하지만, 여성과 관계를 맺는 상당수 이성주의자다. 또한, 객관적인 분류에는 속하지 않는 마르씨얼 마시엘 신부와 같은 성적인 약탈자들이 있다).

따라서 우리가 알 수 있는 것은, 동성애자들의 프로필은 가톨릭교회 내에서 매우 다양하다는 사실이다. 물론 바티칸 대부분의 고위 성직자들과 이 책의 등장인물들은 이런 그룹 중 하나 또는 둘에 해당할 것이다. 나는 두 개의 변함없는 사실을 알게 된다. 하나는, 이 사제들의 대다수는 '일반적인 사랑'과는 아무런 관계가 없다는 사실이다. 그들의 성생활은 절제되거나 과장될 수 있고, 숨겨져 있거나 방종할 수 있으며, 때로는 이런 모든 것을 한꺼번에 갖출 수 있다.

그러나 일반적인 경우는 거의 없다. 다른 하나는, 어떤 유동성은 있다는 사실이다. 내가 묘사한 그 범주들은 밀폐된 것이 아니다. 그것들은 전체 스펙트럼을 나타내지만 서로 연결되어 있다. 성별이 고정되어 있지 않은 사제들은 그들의 삶의 과정에서 한 부류에서 다른 부류로 옮기기도 하며 마치 림보(limbo)에 있는 것처럼 두 세계 사이에서 움직이기도 한다.

하지만 바티칸 안에서는 몇몇 부류가 빠져있거나 드물다. 실제 성전환자들은 바티칸에 없으며, 양성애자들도 거의 없다. 바티칸의 'LGBT'(성소수자) 세계에서는 B와 T는 없고, 오직 L과 엄청난 무리의 G가 있다(Lesbian-레즈비언 여성 동성애자, Gay-게이 남성 동성애자, Bisexual-양성애자, Transgender-성전환자, 나는 이 책에서 레즈비언을 언급하지 않았는데, 남성인 나로서는 매우 조심스러운 그 세계에 접근하는 데 한계가 있다. 그러나 내가 알려줄 수 있는 것은, 남성 성직자들의 삶에 게이 문제가 있듯이, 밀실 속에 있는 여성의 종교적인 삶에는 레즈비언 색채가 물들어 있을 것이라는 점이다).

만일 가톨릭 사제직 내에서 동성애가 원칙이고 이성애가 예외라고 하더라도, 동성애가 그 공동체의 정체성으로 받아들여지는 것은 아니다. 비록 동성애는 바티칸에서 '자연스러운' 표준임에도 불구하고, 그것은 매우 개인적인 '행위'처럼 보이며, 너무 숨겨져 있고 '밀실'에 갇혀 있어서 삶의 방식 또는 문화로 이어지지 않고 있다. 바티칸과 성직자 세계에는 셀 수 없이 많은 동성애자가 있지만, 그들은 공동체를 형성하지 않으므로 로비를 할 수 없다.

만약 우리가 동성애를 받아들인다는 의미를 단체적으로 사는 뜻으로 이해한다면, 바티칸의 동성애자들은 그런 의미로서는 '게이'가 아니다. 하지만 그들은 각각 공통적인 숨겨진 특징과 표시를 하고 있다. 즉, 『바티칸의 불편한 진실』의 법칙을 갖고 있다.

* * *

나는 조사 과정에서 나이와 상황에 따라 성직자들 사이에서 부성애, 효심, 형제애로 나타나는 진정한 사랑을 발견했다. 그런 사랑하는 우정은 내게 위로가 되었다.

늙은이들이 함께 산다?
동정남들이라고?

사실, 폴 베를렌이 '두 남자가 함께 사는 이야기, 비 모범적인 남편이 되는 것보다 낫다'라고 묘사한 멋진 모델처럼, 많은 사제가 평생 고집스럽게 동성애자로 살아가며 부지런히 동성애 행위를 한다.

그것은 사실이다. 교회의 제약 때문에 사제들은 시간, 장소, 행동이라는 세 부분에서 매우 엄격한 규율을 따라야 한다. 그러면서 동시에 완벽한 문학적인 표현을 남긴 고전 극작가들처럼 멋진 사랑 사건을 체험하려고 한다면 예외적인 우회(迂廻)의 길을 떠올릴 수밖에 없다.

바티칸의 제약 아래 사랑을 체험한다는 것은 연기(演技)하기 위해 상상조차 할 수 없는 희생을 치르는 것을 의미한다. 나는 교황청의 가장 높은 지위에 있는 한 유명한 추기경이 그의 연인과 함께 사는 것을 떠올린다. 우리는 바티칸에 있는 그의 아름다운 아파트에서 햇볕이 쬐는 테라스에 앉아 대화를 나누고 있었는데 그 추기경의 동반자가 도착했다.

대화가 너무 길었던 것일까?

아니면 그 남자친구가 집에 일찍 들어온 것일까?

어쨌든 그 추기경은 벌써 몇 시간 동안 마음의 짐을 풀어놓았음에도 불구하고 그가 오자 당혹스러움을 감추지 못하고 시계를 보며 우리의 대화를 신속하게 마무리했다. 그는 다니엘레와 나를 그의 펜트하우스 입구로 인도하면서 매우 복잡하게 그 동반자를 소개한다.

"그는 내 죽은 여동생의 남편이에요."

그 늙은 추기경은 아마도 내가 그의 거짓말에 속아 넘어갈 거라고 믿으면서 말을 더듬었다.

하지만 나는 이미 예고를 받았었다. 바티칸에서는 누구나 이 성직자의 비밀을 알고 있다. 스위스 근위대는 그의 다정한 동료에 대해 나에게 알려주었다. 국무원의 사제들은 그 추기경이 평소와는 달리 이 특별한 관계에서는 긴 시간을 갖는 것에 대해 농담을 했었다. 나는 그 둘 사이가 아무것도 아닌 것처럼 행하는 그들의 연기를 보며 즐거워한다. 그리고 그 커플을 평화롭게 두고 밖으로 나왔다. 나는 상상을 한다. 이제 그들은 단둘이 작은 저녁을 하고, 준비된 간식을 냉장고에서 꺼낸 후, 슬리퍼 차림으로 텔레비전을 보면서, 그들의 작은 개를 쓰다듬을 것이다. 그들은 (거의) 다른 부르주아 부부들과 다른 바가 없을 것이다.

우리는 자기의 부제와 함께 사는 또 다른 추기경의 집에서 비슷한 종류의 혁신적인 관계를 접하게 되는데 그 관계는 여러 편의를 가져온다. 그 연인들은 너무 심한 의심을 일으키지 않고도 오랜 시간을 함께 보낼 수 있다. 그들은 연인으로서 여행하고 휴가를 갈 수도 있다. 왜냐하면, 그들은 이미 만들어진 알리바이가 있기 때문이다. 그들이 함께 일하고 있다는 사실 때문에 아무도 그들의 친밀성에 대해 의문을 제기할 수 없다. 때때로 그런 부제(副祭)들은 추기경의 집에서 사는데, 이것은 훨씬 더 실용적이다.

다시 말하지만, 아무도 놀라지 않는다. 스위스 근위대가 내게 알려준 사실은, 추기경들이 어떤 사람과 함께 지내든 그들은 모른 척해야 한다는 것이다. 스위스 근위대는 바티칸에서 제1번 만투라인 "묻지 마라. 말하지 마라"라는 규칙을 철저하게 지켜왔다.

개인 비서와 자는 것은 바티칸 역사에 있어서 보편적인 모델이다. 그것은 교황청의 위대한 고전이다. 비서를 사랑하는 사람들이 너무 많고, 그 경향은 매우 깊게 뿌리를 내리고 있어서 비서와 자는 것은 심지어 새로운 사회학적인 규칙이 될 수도 있다. 이에 『바티칸의 불편한 진실』의 13번째 법칙이다.

> **13. 추기경들 및 주교들과 동반하는 자들에 대해 그들이 누구인지 묻지 마라. 그들의 비서나 부제(副祭)나 제자에게 물으라. 그러면 그들의 반응으로 진실을 알아낼 수 있을 것이다.**

니체는 "결혼은 반드시 긴 대화로 여겨져야 한다"고 진술하지 않았던가?

고위 성직자들은 한 부제를 자신들 곁에 두면서 결국 감정보다는 일에 더 기반을 둔 지속적인 관계를 형성한다. 이 사실은 그들의 관계가 왜 오래갈 수 있는지를 설명해 준다. 권력 관계가 여기서 작동하기 때문에, 이들 추기경 중 일부는 그들의 지위로 성적인 관계를 성공적으로 지속시킨다. 이는 자기들이 좋아하는 사람의 야망을 키워주고 격려할 수 있기 때문이다.

하지만 이런 '조치'는 취약하다. 부제를 연인으로 만드는 것은 결혼하기 위해 아기를 갖는 이성애자 커플과 약간 비슷하다.

만일 성직자 동성애 커플이 헤어지고, 질투하고, 바람을 피우게 되면 어떤 일이 생기는가?

그들의 헤어짐으로 인한 희생은 '정상적인' 부부와 비교하면 10배 이상 크다. 부제를 차버리는 것은 난처한 상황에 빠질 위험을 무릅쓰는 것이다. 소문, 배신, 때로는 공갈 협박이 있을 수 있다. 충성의 대상을 바꾸는 것은 말할 필요도 없이 위험하다. 예를 들면, 어떤 추기경과 가까운 부제가 다른 추기경을 섬기기 시작한다고 하자. 그런 변심은 종종 질투심을 유발하고 때로는 폭력으로 이어지기도 한다. 많은 바티칸 사건들과 스캔들은 한 예하와 그의 제자 사이에서 감정적인 결별이 생기면서 발생한다.

이 모델에서 생겨난 한 가지 변형은, 한 추기경이 그의 젊은 남자들에게 돈을 지불한 후 떠올린 것이다. 그는 하나의 속임수를 개발해 내었다.

외출할 때마다, 여행할 때마다, 그의 연인과 함께하면서 그를 경호원이라고 소개하는 것이다!(이 일화는 전 사제 프란체스코 레포레뿐만 아니라 두 고위 성직자가 내게 확인해 주었다).

경호원이 있는 추기경!

바티칸에서는 모든 사람이 그런 사치를 부러워한다. 그 둘의 관계가 불러일으키는 질투는 말할 것도 없고, 의문의 그 동반자는 사람들을 '녹아웃' 시킬 정도로 압도적이기 때문이다.

* * *

바티칸의 많은 추기경과 사제들은 남자들 사이의 새로운 종류의 사랑인 '아모리스 래티씨아'(*Amoris laetitia*, 사랑의 즐거움)를 만들어냈다. 그것은 더 이상 교황의 다스림에 신성모독적인 허가를 요구하는 '커밍아웃'(coming out)이 아니라, 자신의 아파트로 연인을 데려오는 '커밍 홈'(coming home)이다. 그리고 이것은 오늘날 전 세계 동성애자 가정의 중심이 되어가고 있다.

사제들은 새로운 성 소수자 생활방식을 기대하였던가?

그들은 지금 사회학자들이 '감성적인 유동성' 및 '유동적인 사랑'이라고 부르는 것을 만들어내고 있는가?

나와 우정을 나눈 한 프랑스 추기경은 어떤 성공회 사제와 오랫동안 함께 살았고, 한 이탈리아 대주교는 어떤 스코틀랜드 사람과 함께 살았다. 아프리카 추기경 한 명은 보스턴칼리지의 예수회 회원과 먼 거리의 연애를 하고 있고, 다른 한 명은 롱비치에서 그의 남자친구와 연애를 하고 있다.

사랑?
브로맨스?
남자친구?

중요한 다른 사람?
접선?
달콤한 아빠?
혜택을 받는 친구?
영원토록 가장 친한 친구?

모든 것이 가능하고 동시에 금지된다. 우리는 이런 사랑을 말로 할 수도 없고 영어로도 할 수 없다. 우리는 동성애 '행위를 했거나 하는' 사람들과 관련된 계약서의 조항들을 끊임없이 재조정하고 있는 이런 관계들의 정확한 특성을 알아내기 위해 노력하고 있다.

이것은 이미 마르셀 프루스트가 동성애적 사랑에 대해 분석한 논리인데, 이것이 이 책 『바티칸의 불편한 진실』의 14번째인 마지막 법칙이다.

> 14. 즉, 우리는 종종 사제들의 사랑과 그리고 그들이 관계를 맺는 사람들의 수에 대해 잘못 알고 있다. 그 이유는 우정을 동성애 관계로 잘못 해석하기 때문이다. 이것은 숫자를 추가시키는 오류를 범한다. 하지만 또한 우리는 우정을 동성애 관계로 생각하지 못하는 데서 또 다른 오류를 범한다. 이것은 숫자를 빼는 오류를 범하는 것이다.

* * *

가톨릭 성직자 내의 또 다른 사랑 모델은 '입양'을 포함한다. 나는 추기경, 대주교 또는 사제가 그의 남자친구를 '입양'한 수십 개의 사례를 알고 있다. 예를 들어, 프랑스 말을 하는 한 추기경은 그가 특별하게 마음에 들어 하는 이민자를 입양했는데, 경찰이 이 불법 체류 이민자를 조사하다가 그 성직자가 그의 동반자를 합법화하려고 한 것을 발견하게 된다.

이 사건은 경찰들 사이에 큰 경악을 불러일으켰다!

한 히스패닉 추기경은 그의 '친구'를 입양하여 아들로 삼았다(그는 지금 그의 연인이다). 내가 방문했던 또 다른 나이든 추기경은 그의 젊은 '형제'와 함께 살고 있다. 그들과 함께 사는 교황 대사들은 그 젊은이가 그 추기경의 연인인 것을 신속히 알아차리고 그들을 위해 여러 면에서 양보하며 그 젊은이를 '새' 형제라고 부른다.

한 유명한 사제도 그가 어떻게 "거리에서 몸을 팔고 있는 젊은 라틴 아메리카 남자 고아 한 명을 입양했는지"를 말했다. 처음에는 의뢰를 받은 아이였는데, 그와의 관계는 "신속하게 공동 합의에 따라 부성애가 되었고 더 이상 성적인 관계를 갖게 되지 않았지요"라고 그 사제가 말한다. 그 아이는 거칠고 성격이 복잡하다. 그러나 그의 보호자인 사제는 마치 그가 자기 아들인 것처럼 말한다. 법적으로 따지면, 그 아이가 그 사제의 아들인 것은 맞다.

"이 관계는 나를 인간답게 만들었습니다."

그 사제는 말한다.

그 소년은 매우 사회성이 부족했고 불안정했다. 그는 많은 유혹을 받았고 또한 마약에 손을 대기 시작했다. 그 사제는 그의 공동 주택에서 가진 여러 차례의 인터뷰를 통해 그 소년을 입양하는 과정에서 겪은 셀 수 없이 많은 행정적인 고충을 말해주었다. 그리고 그런 복잡한 과정을 통과한 후에야 합법적으로 입양할 수 있었다.

그는 그 아이를 부양한다. 그에게 새로운 언어를 가르치고 그가 직업 훈련을 받을 수 있도록 발판이 되어준다. 전혀 알지 못하던 한 외부인에게 더 나은 삶을 주고 싶어서 하는 정신 나간 고상한 꿈을 가진 사제!

다행히 아무것도 가진 것 없이 성 노동자로 살았던 그 아이는 완전하게 바뀌고 있다. 그 사제는 '커밍아웃'을 하는 대신에 그의 제자에게 '성년의 역할'을 제시한다. 그 사제는 서두르지 않는다.

비록 그 아이가 온갖 종류의 문제를 일으키고 심지어 그들의 공동 아파트를 불태워버리겠다고 위협할지라도, 사제는 그 친구에게 압력을 가하지 않는다. 두 사람 모두 그가 결코 그의 아들을 버리지 않을 것을 알고 있다. 우정으로 변화된 그들의 사랑은 혈연관계가 아닌 선택에 의한 아버지 관계가 맺혀지므로 생겨난 결과물이다.

이 너그럽고 새로운 관계는, 누구든지 감탄하지 아니할 수 없는, 희생과 진정한 사랑에 바탕을 둔 관계다.

"나의 누이도 처음에는 이 관계가 실제 부자 관계라고 생각하지 않았지만, 조카딸들은 새로운 사촌을 맞이하는 데 아무런 어려움이 없었지요."

그 사제가 말한다.

그리고 그는 그 아이와의 관계 속에서 많은 것을 배웠고 훨씬 좋게 변했다고 덧붙인다. 그리고 나는 그가 그의 동반자에 대해 말할 때 그 표정과 아름다운 눈빛에서 그 관계가 그 사제가 과거에 알지 못했던 어떤 삶의 의미를 부여했다는 것을 알 수 있었다.

* * *

이런 게이 생활 이후의 우정은 특정 부류로 분류할 수 없다. 어떻게 보면, 이런 관계는 미셸 푸코(Michel Foucault)가 그의 유명한 에세이 '삶의 방법으로서의 우정'(Friendship as a Way of Life)에서 언급한 관계와 같다. 그 동성애 철학자는 궁금해했다.

"어떻게 남자들이 함께 사는 것이 가능할까?
그들의 시간, 식사, 침실, 여가, 슬픔, 지식, 비밀을 나누며 함께 사는 것이 어떻게 가능할까?
가족, 직업, 사회생활 등의 제도적인 관계에서 벗어나서 '벌거벗은' 남자들 사이에서 산다는 것은 무엇을 의미하는가?"

놀랍겠지만, 사제들과 성직자들은 30년 전에 에이즈로 죽은 이 동성애 철학자가 생각해 낸 게이 생활 이후의 사랑을 새로운 삶의 방식, 새로운 가정, 새로운 형태의 사랑으로 만드느라 바쁘다.

일반적으로, 조숙한 상태에서 부모를 떠나는 사제들은 청소년기부터 남자들 사이에서 사는 법을 배워야 한다. 그런 상황에서 그들은 스스로 새로운 '가족'을 만든다. 친척도 없고, 아이도 없는 남자들이 만들어내는 새로운 구조의 공동체는 친구, 제자, 연인, 동료, 전 연인들로 섞여 있는 특이한 혼합물이 된다. 때때로 이 공동체에 나이든 어머니나 멀리 떨어져 있는 여동생이 추가될 수도 있다. 이 공동체 내에서의 사랑과 우정은 독특한 방식으로 혼합되어 있다.

대서양에 있는 한 도시에서 어떤 신부를 만났는데 그는 자기 이야기를 들려주었다. 이탈리아 가톨릭 신자들은 그를 잘 알고 있는데, 그 이유는 그가 기자 마르코 폴리티(Marco Politi)가 2000년에 출판한 바티칸 안의 한 동성애자의 삶의 이야기인 『고백』(*La Confessione*)(『오 나의 게이 신부여』[*o, prete gay*]라는 제목으로 재발행되었다)에 나오는 익명의 인물이었기 때문이다.

지금 74세인 이 사제는 『고백』이 출간된 이후 처음으로 다시 말하기를 원했다. 그의 소박함, 믿음, 관대함, 삶에 대한 그의 사랑은 나를 감동하게 했다. 그가 자신이 사랑했던 남자들에 대해 말할 때(물론 정욕도 포함된다), 나는 그들을 향한 그의 믿음이 하나도 줄지 않은 것을 느낀다. 그는 어떤 상황에서도 자신이 했던 약속에 충실하다. 그는, 낮에는 정절을 가르치고 밤에는 어린 남창과 맘껏 뛰노는 많은 로마 몬시뇰들과 추기경들보다 더 진실하다.

그 사제는 몇 번의 멋진 관계를 맺었었다. 그는 내게 그에게 소중했던 세 남자에 대해 말한다. 특히 아르헨티나의 건축가 로돌포(Rodolfo)에 대해 말한다.

"로돌포가 내 삶의 방향을 바꾸어 놓았습니다."

그 사제는 간단하게 말한다.

그 사제는 매일 바티칸에서 일을 하고 있었다. 하지만 그는 일종의 연장 휴가를 요청한 후 정절 서약을 배신하지 않기 위해 사제직을 어딘가 처박아두었다. 그리고 그 두 사람은 로마에서 5년 동안 함께 살았다. 그들의 관계는 일반 사람들이 생각하듯 성적인 것에 바탕을 둔 것이 아니었다. 그들의 관계는 지적이고 문화적인 대화, 관대함과 부드러움, 그리고 그들의 성격의 일치에 바탕을 둔 것이었다. 이런 것들은 그들에게 육체적인 관계만큼 중요했다.

> 로돌포를 만나게 해주신 하나님께 감사드립니다. 나는 로돌프 때문에 사랑이 무엇을 의미하는지를 참으로 배웠습니다. 나는 진실하지 않은 모든 멋진 말들을 다 내려놓는 것을 배웠습니다.

그 사제가 말한다.

그리고 그는 그 오랜 관계를 신중하게 유지하며 평생 그 관계를 숨기지 않았다는 사실을 확인시켜 준다. 그는 자기 고해 신부들에게 그 사실을 말했고 그의 영적인 지도자에게 말했다. 그는 바티칸에서는 보기 드문 정직함을 선택했고, '부정직한 사랑'을 거절했다. 물론 그는 불이익을 당하였지만, 정직을 택한 것은 그를 더 나은 사람으로, 그리고 더 자신감 있는 사람으로 만들었다.

우리는 대서양 근교의 쭉 뻗은 바다를 따라 함께 걷는다. 오후를 택하여 자기가 사는 도시를 보여준 그 사제는 끝없이 로돌포에 대해 말한다. 그의 삶 속에서의 그 사랑, 연약하고 먼 사랑!

나는 그 사제가 그 관계에 대해 얼마나 엄청난 그리움을 가졌는지 가늠해 본다. 그는 나중에 나와 소통할 시간이 부족했다는 아쉬움과 함께 대화 가운데 있었을 몇 가지 오해에 대해 수정 보완하는 긴 편지를 쓸 것이다. 그는 오해를 받을까 꽤 걱정한 것이다.

로돌포가 로마에서 오랜 병환을 앓다가 죽었을 때, 그 사제는 그의 장례식에 갔다. 예전의 연인을 향해 날아가는 비행기에서, 그는 그 장례식 미사를 '거행해야 하는지', '할 수 있는지', '원하는지'를 스스로 물으며 괴로워한다.

그는 기억한다.

> 약속된 시각에 장례를 맡은 신부가 나타나지 않았습니다. 그것은 하늘에서 온 사인이었지요. 시간이 지나자 대신해서 장례식을 인도해 달라고 요청하더군요. 나는 그곳까지 가는 길에서 긁적거리며 낙서를 했는데, 그 짧은 글로 그의 장례식에서의 설교를 하게 되었습니다.

그 사제가 내게 보낸 글은 비밀로 간직될 것이다. 그 글은 너무 감동적이어서 어쩌면 그 사랑을 잘못 전할 수 있기 때문이다. 오랫동안 표현할 수 없었고, 공개할 수 없던 그 친밀함!

공개석상에서, 모든 사람 앞에서, 로마교회의 바로 그 심장부에서, 심지어 장례식 미사에서까지 떳떳이 인정한 그 친밀함!

* * *

바티칸의 바로 그 중심에는 전설적인 두 동성애 커플이 있었는데, 그들은 그들을 알고 있는 사람들의 기억 속에서 아직도 빛나고 있다. 나는 이 책을 그들의 이야기로 마치려고 한다. 그 두 커플은 모두 교황청의 중앙 미디어 기관인 바티칸 라디오와 교황의 방송사에서 일했다.

> 베르나드 데코티니스(Bernard Decottignies)는 바티칸 라디오의 기자였습니다. 그의 동료들은 거의 모두 그가 화가인 도미니크 롬레(Dominique Lomré)와 관계를 갖고 있는 것을 알고 있었어요. 그들은 둘 다 벨기에 사람이었지요. 그들은 믿기지 않을 만큼 대단히 친했습니다. 베르나드는 도미니크의 전시회를 다 도와주었어요. 그는 항상 그곳에 있으면서 도미니크를 안심시켜주고, 도와주고, 사

랑해 주었습니다. 그는 항상 도미니크를 최고로 여겼습니다. 삶을 그에게 바쳤던 것이지요.

바티칸 라디오의 프랑스 부문의 이전 편집자, 로밀다 페라우토(Romilda Ferrauto)가 내게 말한다.

그 방송국의 포르투갈 부문에서 오랫동안 기자로 일했고 또한 그 커플의 친구였던 호세 마리아 파체코(José Maria Pacheco) 신부는 포르투갈에서 나와 대화를 하는 동안 그 관계의 아름다움을 확인해 주었다.

> 나는 베르나르의 평온함과 전문성을 기억합니다. 오늘날까지도 내게 충격을 주는 것은 그는 날마다 전문가로서의 삶을 살면서 동시에 도미니크와의 사랑의 관계를 '정상으로' 여기며 살았다는 사실입니다. 나는 베르나르가 불안감이나 호전성이 없이 자신의 동성애 상태와 커플로서의 삶을 떳떳이 누렸던 사람으로 기억합니다. 그는 사람들에게 자신이 게이라고 말할 필요도 없었고, 숨길 필요도 없었습니다. 즉, 감출 것이 없었던 것입니다. 그의 삶은 진실했고 어떤 면에서는 '정상'이었습니다. 그는 안정된 사랑의 관계를 누리며 품위와 아름다움 속에서 그의 동성애의 삶을 평화롭고 잔잔하게 살아냈습니다.

2014년에 도미니크는 호흡기 질환으로 사망했다.
로밀다 페라우토가 말한다.

> 그 순간부터 베르나르는 달라졌습니다. 그는 삶의 의미를 잃었습니다. 그는 병가를 냈지만 여전히 우울했습니다. 하루는 그가 나를 찾아와서 '당신은 이해할 수 없어요. 나의 삶은 도미니크의 죽음과 함께 멈추었습니다'라고 말하더군요.

호세 마리아 파체코 신부가 말한다.

> 도미니크를 잃고 나서 돌이킬 수 없는 일이 발생했어요. 예를 들어, 베르나르는 면도를 멈추었고 그의 긴 수염은 그의 괴로움을 나타내는 방법이었지요. 어쩌다 베르나르와 마주쳤는데 마음의 고통 때문에 무너져 있더군요.

2015년 11월, 베르나르는 자살을 했고, 바티칸은 다시 한번 슬픔과 놀라움에 빠지게 되었다.

"우리는 모두 망연자실했습니다. 그들의 사랑은 그토록 강했어요. 베르나르는 도미니크 없이는 살 수 없기 때문에 자살했습니다."

페라우토가 덧붙인다.

오랫동안 바티칸 라디오에서 일했던 미국인 기자 로버트 칼 미켄스도 도미니크의 죽음을 기억한다.

교황의 대변인인 페데리코 롬바르디 신부는 트라스폰티나의 산타 마리아 교회에서 베르나르의 장례 미사를 거행하고 싶어 했습니다. 그는 식이 끝날 무렵 내가 베르나르와 매우 친했기 때문에 나를 안아 주려고 왔습니다. 롬바르디 신부를 포함한 모든 사람들이 그토록 강력한 동성애의 사랑 관계를 다 알고 있었던 것이지요.

로밀다 페라우토는 계속 말한다.

베르나르는 가능한 한 그의 동성애를 숨기지 않으려고 노력했습니다. 그 점에서 그는 정직하고 용감했어요. 그의 동성애를 알고 있는 대부분 사람은 그의 동성애를 받아들였고, 프랑스 사무실에 있는 우리는 그의 파트너를 알고 있었지요.

또 다른 게이 커플은 헨리 맥코나치(Henry McConnachie)와 스피어 브라이언 오글(Speer Brian Ogle)이다. 이 커플도 바티칸 라디오에서 잘 알려져 있었다. 그들은 둘 다 그 방송국의 영어 서비스부문에서 일했다. 그들이 노환으로 죽었을 때, 바티칸은 그들에게 경의를 표했다.

"헨리와 스피어는 1960년대부터 로마에서 함께 살았어요."

헨리의 절친한 친구였던 미켄스가 내게 말한다.

"그들은 커플로서 뚜렷이 '다채로웠지만' 공공연한 게이는 아니었습니다. 그들은 과거 시대 사람들이라서 신중했지요. 말하자면, '신사들'이었습니다."

장루이 토랑 추기경은 오래전부터 자신의 성리학도 알고 있었지만, 헨리 맥코나치도 알고 지냈다. 그는 헨리 맥코나치의 장례식을 직접 거행하기를 원했다.

로밀다 페라우토는 마지막으로 말한다.

대부분 모든 사람은 그 두 커플의 동성애를 알고 있었습니다. 바티칸 라디오에는 그들의 친구가 많았습니다. 사람들은 그들을 여전히 매우 따스한 마음으로 기억하고 있습니다.

*　　*　　*

내가 이 책에서 묘사한 세계는 나와 무관하다. 난 가톨릭 신자가 아니며 심지어 어떤 종교도 믿지 않는다. 하지만 내 삶에서, 그리고 나의 조국의 역사 가운데 가톨릭 문화의 중요성은, 샤토브리앙이 '기독교의 정수'에 대해 말한 것처럼, 어느 정도는 약간 인정한다. 나는 반(反)성직주의자도 아니다. 이 책은 가톨릭교에 반대하지 않으며, 사람들이 어떻게 생각하든, 이 책은 매우 특별한 게이 공동체, 즉 내가 속한 공동체에 대한 비판이다.

그래서 나는 끝맺는 말을 통해 내가 젊었을 때 나에게 중요한 영향을 끼쳤던 한 사제의 이야기를 언급하는 것이 유용하다고 생각한다. 나는 책을 쓸 때 나 자신의 삶에 대해 거의 이야기하지 않는다. 하지만 이 책의 주제를 고려해 볼 때, 내 삶에 대해 말해야 하는 것이 필요할 것 같다. 나는 이 사실을 독자에게 알려야 할 빚을 지고 있다.

사실대로 말하면, 나는 13살까지 기독교 신자였다. 당시 프랑스에서 가톨릭은 사람들의 말처럼 '모든 사람의 종교'였다. 그 종교는 거의 모든 사람에게 평범한 문화생활과 같았다. 내 신부의 이름은 루이스(Louis)였다. 우리는 간단하게 그를 '수도원장 루이스' 또는 '루이스 신부'라고 불렀다. 엘 그레코(El Greco)가 그린 과도한 수염을 가진 인물화처럼 루이스 신부는 어느 날 아침 프랑스 남부의 아비뇽 근처에 있는 우리 교구에 나타났다.

그는 어디서 왔을까?

그때는 몰랐다. 우리 마을의 모든 주민은 프로방스(Provence)로 온 이 '선교사'를 환영했다. 우리는 그를 받아들였고 사랑했다. 그는 약장수가 아니라 신실한 사제였다. 고위 성직자는 아니었지만 대리 교구 사제였다. 그는 젊고 호감이 가는 사람이었다. 그는 교회에 대해 멋진 인상을 풍겼다.

그는 또한 역설적이었다. 벨기에 출신의 이 귀족은 지식인이었지만 가난한 사람들의 쉬운 언어를 구사했다. 그는 파이프 담배를 피우면서 우리의 이름을 불렀다. 그는 우리를 가족처럼 여겼다.

나는 가톨릭 교육을 받지 않았다. 나는 운 좋게도 종교를 멀리하는 세속적인 공립학교에 다녔다. 그래서 나는 부모님께 감사한다. 미사는 엄청나게 지루했기 때문에 나는 거의 가지 않았다. 나의 첫 번째 성례식과 두 번째 성례식 사이에서 나는 아마도 루이스 신부가 가장 좋아하는 학생 중 한 명이 되었고, 이에 나의 부모님은 그에게 나의 입교 보증인이 되어달라고 부탁했다.

사제와 친구가 되는 것은 특이한 종류의 우정으로써 내게는 매우 의미 있는 경험이었다. 그와 친구가 되지 않았더라면, 나는 자연스럽게 종교를 비판하는 쪽으로 기울면서 그 젊은 시인처럼, 아이들에게 '신령한 수다'를 듣게 하는 '저 마을 교회들은 얼마나 어리석은가!'라고 생각했을 것이다.

나는 가톨릭 문화 속에서 가톨릭의 영향을 받았다. 나는 영세(領洗)를 받았지만, 그것에 속박되지는 않았다. 그러나 루이스 신부는 맘에 들었다. 나는 성가대 소년이 되기에는 너무 제멋대로 구는 아이였다. 규율을 안 지켜서 주일학교에서 쫓겨났던 적도 있었다. 하지만 루이스 신부는 기분이 상하지 않았다.

교구 아이들에게 교리문답을 가르치겠다고?

성물 안치소를 곁에 두고 살면서 마을 축제를 주최하겠다고?

나는 그 당시 새로운 지평을 찾는 젊은 랭보였다.

그 수도원장은 우리처럼 자연의 넓은 공간을 열망했다. 그는 내게 자신이 운영하는 사목 사역에 동참하도록 격려했고, 우리는 5, 6년 동안 현장 답사 여행을 했다. 그 사역은 선봉대 또는 스카우트 단원들처럼 부르주아적인 운동이 아니라 노동자 계급의 운동이었다. 그는 나에게 여행에 대한 열정을 심어주었고, 밧줄을 매고 암벽을 타는 법을 가르쳐 주었다.

우리는 '영혼의 휴식'이라는 구실로 프로방스 알삘르(Provençal Alpilles)와, 알프 드 오트 프로방스(the Alpes-de-Haute-Provence) 주(州)의 루르(Lure) 산 근처의 마르세유에 있는 캴렁끄(Calanques) 산맥에 가서 청소년 캠프를 했다. 우리는 그곳에서 자전거나 도보로 다녔으며, 높은 산에서 텐트를 치고 지냈고, 대피막에서 잠을 잤으며, 디 돔 드 네즈 이 이컨(the Dôme de Neige des Écrins) 산을 등반했다. 저녁에는 가족과 멀리 떨어진 그곳에서 책을 읽었는데 그 책들은 이 박식한 사제가 우리에게 읽으라고 권한 것들이었다. 아마도 복음화를 목적으로 추천하였을 텐데 읽어 보니 별 뚜렷한 요점이 없었다.

그는 왜 사제가 되었을까?

그 당시 우리는 루이스에 대해 많이 알지 못했다.

특히 그의 '이전' 삶에 대해 몰랐다.

그는 아비뇽 근처의 우리 교구에 오기 전에 무엇을 했을까?

나는 이 책을 쓰면서 그의 가장 가까운 친구들의 도움을 받아 그의 삶의 발자취를 찾아보려고 노력했다. 나는 그 교구의 기록 보관물을 조사하게 되면서, 그가 1941년에 자이르(Zaire, 지금의 벨기에 콩고)의 루삼보(Lusambo)에서 태어나 아비뇽으로 오기까지의 그의 삶의 여정을 상당히 정확하게 재구성할 수 있었다.

나는 수도원장 루이스의 문화적 개종주의와 '여가 교리문답'(leisure catechism)을 기억한다. 이 점에서 그는 현대적이면서도 전통적이었다. 그는 예술과 문학에 재능이 있었고 그레고리우스 성가와 예술 극장의 영화를 좋아했다. 그는 우리를 데리고 논란이 되는 '이슈' 영화를 보러 갔는데 자살, 낙태, 사형제도 또는 세계 평화에 대한 것들이었다. 그가 이런 영화를 보게 한 이유는 그런 사회 문제에 관심을 두고 토론하고자 함이었다(내 기억으로는 동성애에 관한 토론은 한 번도 없었다).

그는 모든 문제를 토론했다. 그에게는 금기 사항이나 편견은 없었다. 하지만 그는 철학과 신학 과정을 마친 전문가였다. 그는 로마 교황청 그레고리오 대학에서 교회법 학위를 받고 그의 종교 교육을 마친 대단한 변론가였다. 그는 제2차 바티칸 공의회에 영향을 받은 현대적인 사제였고, 동시에 교회의 라틴어와 전통 예복에 대한 향수를 가진 보수적인 정서의 계승자였다.

그는 바오로 6세를 열렬하게 칭찬하였지만 요한 바오로 2세에 대해서는 그렇지 않았다. 그는 전통을 뒤흔드는 새로운 교리문답에 찬성했지만, 결혼은 깨어질 수 없는 연합이라는 사실을 강조했다. 이에 그는 이혼한 부부들에 대한 성례 거절을 주장했다. 사실 아비뇽에서 그는 자기 모순된 말들과 그의 자유로운 사상으로 교구민들을 당황하게 했다.

그는 일부 사람들에게는 노동자-사제였고(이 때문에 그 지역의 부르주아들은 그를 공산주의자라고 비난했다), 그를 존경하는 이들에게는 시골의 한 신부였다. 한편, 시골 사람들은 책을 읽는 도시 거주자들을 항상 경계하는 상황에서 그는 문학적인 신부였기 때문에 그를 사모하면서도 시기하는 이들도 있었다.

그는 지식이 많았기에 '도도한 자'라는 비난도 받았다. 그의 '아이러니한 삶의 기쁨'(ronicjoie de vivre)은 사람들에게 근심을 끼쳤다. 돈, 허영, 허식을 경멸하게 만든 그의 반(反)부르주아 문화는 생각하기를 기피 하는 독실한 가톨릭 신자들과는 잘 맞지 않았다. 그는 그들에게 지나치게 '영적'이었다. 그들은 그가 지나치게 많은 인생 여정 가운데 이상한 사상을 품게 되었다고 의심했다. 그들은 그가 '야심이 많다'고 말했다. 즉, 그는 언젠가 주교나 심지어 추기경이 될 것으로 예측했다. 우리 교구 사람들은 그를 소설가 발자크의 작품에 나오는 라스티냑(Rastignac)보다는 루뱀프레의 루시엔(Lucien de Rubempré)과 빗대며 입신 출세주의자라고 오해했다.

나는 그가 많은 다른 사제들과는 달리 여성 혐오자가 아니었고 여성들과 함께 교제를 나누는 것을 즐거워했던 것을 기억한다. 그런 이유로, 그에 대해 소문이 돌았다. 한 지역의 전투적인 사회주의자에게 내연녀가 생겼다는 소문이었다.

나는 이 책을 위해 그녀와 인터뷰를 했는데 그녀는 그 소문에 어이없어하며 웃고 만다. 그 사제는 또한 왜 이상한 일을 하느냐는 비난까지 받았다. 그 이상한 일이란, 그의 주된 사업이 선행을 베푸는 일이기에 그 교구의 가난한 자들과 소외된 젊은이들과 지나가는 낯선 사람들을 위해 숙박을 제공한 것을 말한다.

그 당시 나는 몰랐지만 툴롱(Toulon) 항의 선원들과 부적절한 만남을 갖고 있다는 소문도 있었다고 한다. 그들은 그가 모험을 찾아 세계를 여행했다고 말했다. 그는 이런 모든 소문에 대해 웃어넘기고, 그 교구에서 그의 장모로 추정되었던 여자를 향해 '벨-맴모'(Belle-maman, 새엄마)라고 큰 소리로 인사했다.

나는 랑세(Rancé)의 수도원장에 대해 샤토브리앙이 쓴 멋진 글을 인용하여 [루이스 신부] 주위의 이 종교적인 가족 전체는 타고난 예민함 및 뭔가에 붙들려 있었다"라고 쓰고 싶다.

나로서는 신과의 대화, 그리고 루이스 신부와의 대화가 아비뇽에 있는 고등학교에 들어가면서 멈추었다. 나는 결코 가톨릭을 싫어한 적은 없다. 그러나 잊게 되었다. 나는 실제로 복음서들을 다 읽어 본 적은 없다. 그러나 이제 그 책들보다는 랭보, 루소, 볼테르('가톨릭의 악행을 진압하라'(Écrasez l'infâme)는 볼테르보다 예수회 회원들이 모두 게이인 캉디드(Candide)의 볼테르)의 책들을 읽기 시작했다. 나는 성경보다 문학을 더 믿는다. 문학은 더 믿음직스럽고 그 글들은 훨씬 더 아름답고 덜 환상적이다.

그 후 나는 아비뇽에서 부지런히 채플 데 페니텐트 그리스(the Chapelle des Pénitents Gris), 클루트르 데 카르메스(the Cloître des Carmes), 채플 데 페니텐트 블랑크스(the Chapelle des Pénitents Blancs), 자르딘 우르바인 5세(the Jardin Urbain V), 클루트르 데 세레스틴스(the Cloître des Célestin) 성당에 다녔고, 무엇보다도 아비뇽 교황청에 있는 쿠르드뇌르(the Cour d'Honneur) 성당에 다녔지만, 기독교 교훈을 배우기 위함이 아니었다.

나는 그곳에서 이교도의 멋진 구경거리들을 보았다. 아비뇽은, 우리가 알고 있는 바와 같이, 기독교 세계의 수도였고, 14세기에 아홉 명의 교황이 살던 교황청의 자리였다(그리고 나의 세례명은 아비뇽의 대중적인 전통에 따라 클레멘트다. 그 이름은 아홉 명의 교황 중 대립 교황[anti-pope]을 포함한 세 명의 이름과 같다).

그러나 오늘날 대부분의 프랑스 사람들에게 아비뇽은 다른 것을 의미한다. 즉, 공공 세속극장의 수도다. 그 후 나는 햄릿과 '미국의 천사들'을 나의 복음서라고 불렀고, 내게는 몰리에르의 돔 후안(*Dom Juan*)이 요한복음보다 더 의미 있었다.

나는 성경책을 주고 셰익스피어 전집을 얻고자 했다. 지금은 랭보의 한 마디가 요제프 라칭거의 전집보다 더 큰 의미를 지닌다!

더욱이 나는 침대 옆 테이블 서랍에 성경을 둔 적이 없다. 그러나 성경처럼 두꺼운 겉표지로 된, 기도서처럼 보이는 프레야드(*Pléiade*)의 양장본 『지옥에서 보낸 시절』을 그곳에 넣어둔다. 나는 이 사랑스러운 서랍에 내가 아끼는 책 중 몇 권밖에 두지 못하지만, 내 침대 근처에 랭보의 전집이 있으므로 불면증이나 나쁜 꿈을 꾸는 경우 손을 뻗어 랭보의 책을 읽을 수 있다. 그의 글은 나의 삶의 모든 것이 되었다.

지금은 다 잊었지만, 그때의 종교적인 훈련의 몇 가지 자취들이 내게 남아 있다. 나는 지금도 매년 파리에서 프로방스 지방의 전통을 이어가고 있다. 나는 마르세유에서 열리는 산톤 박람회(프로방스 지방에서 성탄절 기념 장식용 인형 박람회)에서 산 작은 조각상들로 구유의 장면을 연출한다(우리는 또한 크리스마스 때 그 유명한 '13가지 디저트'를 먹는다).

나는 몇 년 동안 잡지사「에스프리」에 근무했다. 영화에 대한 나의 취향은 가톨릭 비평가 안드레 바진(*André Bazin*)의 사상에 따라 빚어졌다. 비록 나는 칸트, 니체, 다윈의 독자이고, 파스칼보다 루소와 데카르트의 아들이지만 결국 나는 프랑스인이다!

나는 오늘날 더 이상 신자가 아니며 심지어 '문화적인 기독교인'도 아니다. 나는 기독교 문화를 존중하며 '기독교의 (문화적인) 특성'도 존중한다. 그리고 나는 한 프랑스 총리가 말한 것처럼 '나는 개신교 무신론자'라는 표현이 마음에 드는데, 그 이유는 나는 나를 가톨릭 문화의 무신론자인 '가톨릭 무신론자'라고 할 수 있기 때문이다. 또는 다르게 표현하면 나는 '랭보를 따르는 사람'이라 하겠다.

아비뇽 근처의 나의 교구(루이스도 1981년에 프로방스의 다른 마을의 교구 사제로 임명된 후 나의 교구를 떠났다)에서는 가톨릭이 쇠퇴해 왔다. 그 시인은 사제가 '교회의 열쇠를 없앴다'고 썼다.

시대와 함께 움직이는 법을 몰랐던 교회!

오늘날 우리가 알 수 있듯이, 교회는 지독히 부자연스러운 사제직의 독신주의에 의존하고 있고, 나의 마을 대부분의 가정이 의붓 가정임에도 이혼한 사람들에게 성례를 금하고 있다. 나의 교회에서는 세 명의 사제들이 매 일요일마다 세 번의 미사를 드렸었는데 지금은 가톨릭의 사막이라고 할 수 있는 아비뇽 부근의 이곳저곳의 교구를 다니는 아프리카에서 온 순회 사제가 세 번째 일요일에 단 한 번 미사를 베푼다. 프랑스에서는 매년 약 800명의 사제가 사망한다. 그리고 100명 미만의 사람들이 서품을 받는다. 가톨릭은 점차 사라지고 있다.

내게는 원망이나 증오, 적개심이나 반(反)성직자주의는 없다. 하지만 가톨릭은 이미 물 건너간 상태다. 루이스 신부도 곧 멀리 이사를 갔다.

내가 파리에 살고 있을 때 나는 그가 죽었다는 소식을 듣게 되었다. 53세의 나이에 나의 사제는 세상을 떠난 것이다. 나는 대단히 슬펐다. 나는 그에게 경의를 표하고 싶었기 때문에 일간 신문「르 프로벤샬」(Le Provençal)(지금의 르 프로방스(La Provence))의 현지 면에 익명으로 '루이스 신부의 죽음'이라는 제목의 짧은 글을 썼다.

지금 나는 방금 다시 찾아낸 그 기사를 읽고 있는데 나는 그 글의 마지막 부분에서 이탈리아 영화「시네마 천국」(Cinema Paradiso)을 언급한다. 그러면서 나는 그 영화에 등장하는 옛 시칠리아 영사 기사 알프레도가 그 영화의 주인공인 성가대 소년 토토에게 사는 법을 가르쳤다는 것을 약간 순진하게 언급하고 있다. 토토는 나중에 그 교구 영화관에서 뛰쳐나와 로마에서 영화감독이 되었다. 나는 이 말과 함께 루이스에게 작별을 고한다.

그리고 나는 거의 25년 후에 그를 다시 찾게 된 것이다.

* * *

내가 이 책을 마무리하고 있을 때, 나는 수년 동안 루이스 신부의 자취를 잃어버린 상태였다. 그런데 뜻밖에 그가 내 삶에 다시 들어왔다. 나와 연락을 주고받았던 진보적인 교구의 신자였고, 루이스의 여자 친구 중 한 명이었던 그녀는 그의 삶의 끝에 대해 내게 말해주었다. 아비뇽에서 멀리 떨어진 파리에 살고 있던 나는 루이스의 삶에 대해 아무것도 모르고 있었다. 그 교구의 어느 사람도 그의 비밀을 알지 못했었다. 루이스는 동성애자였다. 그는 이중생활을 살았는데 돌아보니 그의 역설과 모호함이 이해가 된다.

그는 다른 수많은 사제처럼 자신의 신앙과 성적 지향을 연결해보려고 노력했다. 우리가 그토록 사랑했던 그 사제는 틀에 박히지 않았던 사람이었던 것을 기억할 때, 내가 보기에는 그는 내면의 고통과 슬픔으로 괴로워했던 것 같다. 그러나 이 추측은 단지 삶을 돌아볼 때 그러했을 가능성을 의미한다.

나는 그의 죽음의 이유에 대해서도 알게 되었다. 내가 조사를 할 때, 그 교구장이 내게 준 그의 전기에는 그의 삶의 끝을 조심스럽게 기록해 두었다. "1992년부터 1994년까지 엑상프로방스(*Aix-en-Provence*)에 있는 은퇴한 사제들을 위한 호스텔에 있다."

그러나 그의 친구들과 대화할 때 또 다른 사실이 나타났다. 루이스는 에이즈로 죽었다.

그 질병이 치명적이었을 수년의 기간, 아아!

그리고 그가 항레트로바이러스 약의 혜택을 받을 수 있기 바로 전까지, 루이스는 처음에 에이즈 초기 치료를 전문으로 하는 마르세유의 파올리 칼메트 연구소(*the Institut Paoli-Calmette*)에서 치료를 받은 후, 성 토마스 성당의 수녀회가 운영하는 엑상프로방스 빌뢰부(*Villeneuve d'Aix-en-Provence*)에 있는 한 진료소로 옮겨졌다. 그는 그곳에서 제때 치료를 받지 못하고 "처절하게 기다리다가" 죽었다고 한다.

그는 자신의 동성애에 대해 끝까지 감추었고, 그의 에이즈 병을 부정했다. 그의 종교적인 동료들은 대부분 아마도 그의 상태의 원인에 대해 듣고 알게 되면서 그를 버렸다. 아마도 그와의 유대를 드러내는 것은 게이 사제를 지지하는 것으로 오해받을 수 있고 어쩌면 자신도 심지어 동성애자로 의심을 받을 수 있음을 의미했을 것이다. 교구 당국은 그의 사망 원인을 숨기기로 했고, 그와 함께 일했던 대부분 사제는 그가 병상에 눕자마자 겁에 질려 싹 사라졌다. 그가 그들에게 (마지막까지 그와 함께 지내던 몇 안 되는 사제 중 한 명은, 내가 그와 인터뷰를 했을 때, 동료들과 거리를 두기를 원했던 사람은 어쩌면 루이스였을 거라고 말한다. 현재 보르도 대주교인 장피에르 리카르(Jean-Pierre Ricard) 추기경은 그 당시 마르세유의 보조 대리 사제였는데 내가 보르도에서 점심을 먹으면서 그에게 질문을 하자, 그는 루이스 신부를 기억했다. 하지만 그의 죽음에 대한 세부 사항은 기억이 나지 않는다고 말했다). 연락했지만 아무도 응답하지 않았다. 거의 아무도 그를 찾아오지 않았다.

"그는 거의 모든 사람에게 버림받은 채 끔찍한 고통 속에 홀로 죽었습니다. 그는 죽고 싶지 않았습니다. 그는 죽음에 대항했지요."

그의 말년에 그와 함께 있었던 좌익 기독교인 여성 하나가 말한다.

오늘날, 나는 그의 유일한 가족인 교회로부터 거절당한, 그의 교구로부터 거부당하고 그의 주교가 멀리한, 그 남자가 홀로 당한 고통에 대해 생각한다.

이 모든 일은 요한 바오로 2세가 교황으로 있을 때 일어났다.

에이즈?

에이즈에 걸린 사제?

나는 그저 누가 나의 어려운 문제를 알려준 것처럼 눈살을 찌푸릴 수밖에 없었습니다. 나는 내가 내 나이의 사람들에게는 거의 걸리지 않는 드문 병으로 죽어가고 있다는 것을 받아들이는 데 오래 걸렸습니다.

이것이 조르주 베르나노스(Georges Bernanos)의 멋진 소설과 로버트 브레송(Robert Bresson)의 더 멋진 영화에 등장하는, 위암에 걸렸다는 것을 알게 된 젊은 시골 사제의 반응이었다.

그 젊은이는 또한 이렇게 말한다.

"나는 내 몸에 아무것도 변한 것이 없다고 스스로 반복하며 말했지만, 이 병을 갖고 집으로 돌아가야 한다는 생각은 나를 계속 부끄럽게 했습니다."

루이스도 그의 죽음의 과정에서 이와 같은 생각을 했는지 모르겠다. 그가 그의 연약함과 괴로움 속에서 베르나노스의 글에 나오는 사제처럼 "하나님은 나를 버리셨다"고 생각했을지도 모르겠다.

사실, 루이스는 그의 설교 모음집의 제목이 드러내는 것과는 달리 결코 '시골 신부'가 아니었다. 그러므로 은총의 도움을 구하는 베르나노스의 그 교구 사제와 루이스를 비교하는 것은 약간 무리가 있다. 루이스는 결코 평범하고 적당한 삶을 살지 않았다. 그는, 가난하게 태어나 바티칸에서 정욕과 사치로 마치는 수많은 공식적인 고위 성직자들이 택하는 길과는 정반대의 길을 택한 귀족적인 사제였다. 그는 귀족 사회에서 삶을 시작했고, 소박한 사람들과 함께 하면서 삶을 마쳤다. 나는 그 두 길에 동일하게 동성애가 주된 역할을 했다는 것을 알고 있다.

나는 그가 비아 돌로로사를 지날 때 교회가 그로부터 왜 고개를 돌렸는지 이해할 수 없다. 그가 나쁜 피와 오물을 쏟아내며 실신 가운데 고통을 당할 때 그는 교구로부터 아무런 반응을 얻지 못했다. 내게 이 사실은 오랫동안 스캔들이며 미스터리였다. 그 사실을 생각만 해도 오싹해진다.

오직 엄숙하게 헌신한 성 토마스 성당의 수녀들만이 1994년 초여름 그가 죽는 순간까지 익명의 애정으로 그를 에워쌌다. 한 주교가 마침내 그 의식을 인도하는 데 동의했다. 그 후 루이스는 알프드오트프로방스의 마노스크(Manosque)에 화장되었다(그 당시 에이즈 환자의 매장은 금지되었고 오직 화장만 가능했다).

며칠 후, 루이스의 소원에 따라 네 명의 여성이 그의 유골을 아주 조심스레 바다에 뿌렸다. 그 네 명의 여성 중 두 여자가 나와 루이스가 가끔 함께 갔던 '캘란케스'(Calanques)에서 약간 벗어난 바다 위에서 (마르세유에서는 몇 킬로미터 떨어진 곳이며, 나와 루이스가 '미디'(남프랑스)라고 부른 멋진 곳이다) 루이스가 말년에 사 놓은 작은 배 위에서 그때의 장면을 내게 말해준다.

"폭풍만이 불고 있었어요."

감사의 글
(Acknowledgements)

『바티칸의 불편한 진실』은 이탈리아와 30개 이상의 국가에서 4년 넘게 조사를 한 결과물이다. 이 책을 위해 다 합쳐서 1,500건의 인터뷰가 이루어졌다. 그 인터뷰 중에는 추기경 41명, 주교와 몬시뇰 52명, 교황 대사들 및 비서들과 외국 대사들 45명, 스위스 근위대 11명, 가톨릭 사제 및 200명 이상의 신학생들과의 인터뷰가 포함되어 있다.

이 책에 포함된 대부분 정보는 저자가 직접 현지에서 사람을 만나서 수집한 것이다(전화나 이메일로 인터뷰를 진행한 적이 없다).

130번이 넘는 인터뷰 과정에서 내가 만난 41명의 추기경은 대부분 교황청의 회원들이다. 여기에 그 목록을 나열한다.

안젤로 바냐스코, 로렌초 발디세리, 주세페 베토리, 고(故) 다리오 카스릴론 호요스, 프란체스코 코코팔메리오, 스타니스와프 지비스, 로저 에체가라이, 라파엘레 파리나, 페르난도 필로니, 홀리안 에란츠, 후안 산도리야 이니그즈, 월터 카스퍼, 도미니크 맘베르티, 레나토 라파엘 마르티노, 로랑 몬생고, 게르하르트 루트비히 뮐러, 후안 호세 오멜라, 제이미 오르테가, 카를로스 오소로, 마크 오엘레, 조지 펠, 폴 푸파르, 조반니 바티스타 레, 장 피에르 리카르, 프랑스 로데, 카밀로 루이니, 루이 라파엘 사코, 레오나르도 산드리, 오딜로 스케르, 아킬레 실베스트리니, 제임스 프란시스 스태퍼드, 다니엘 스투를라, 고(故) 장루이 토랑, 조제프 톰코이다(내가 인터뷰한 다른 일곱 명의 추기경들은 이 명단에 없고 익명으로 남아있다. 왜냐하면, 그들은 "녹음을 하지 않는" 상태를 요청했기 때문이다).

나는 이 조사를 수행하기 위해 2015년부터 2018년 사이에 월평균 일주일 동안 로마에서 정기적으로 살았다. 나는 또한 바티칸 내에 여러 번 머물렀고, 오랫동안 바오로 6세 국제 하우스(또는 카사 델 클레로)와 로마 사제의 집에 머물렀으며, 두 개의 다른 치외법권 거주지에서도 숙박을 제공 받았다. 나는 또한 여러 차례 카스텔간돌포, 코르토나, 제노바, 오스티아, 팔레르모, 페루자, 피사, 포르데노네, 스폴레토, 티볼리, 트렌토, 트리에스테, 토리노뿐만 아니라 밀라노, 피렌체, 볼로냐, 나폴리, 베니스 등, 50여 개 이탈리아 도시에서 조사했다.

나는 바티칸 시국과 이탈리아 외에도 약 30개 국가에서 조사를 수행했다. 아르헨티나(부에노스아이레스, 산미겔; 2014, 2017), 벨기에(브뤼셀, 몽스; 2015~2018년 여러 차례 체류), 볼리비아(라파스; 2015년), 브라질(벨렘, 브라질리아, 포르투 알레그레, 레시페, 리우데자네이루, 상파울루; 2014, 2015, 2016, 2018), 칠레(살바도르; 2014, 2017), 콜롬비아(보고타, 카르테나, 메델린; 2014, 2015, 2017), 쿠바(아바나; 2014, 2015, 2016), 에콰도르(키토; 2015), 이집트(알렉산드리아, 카이로; 2014, 2015), 독일(여러 차례 베를린, 프랑크푸르트, 뮌헨 및 레겐스부르크 방문; 2015~18), 홍콩(2014, 2015), 인도(뉴델리; 2015), 이스라엘(텔아비브, 예루살렘, 사해; 2015, 2016), 일본(도쿄; 2016), 요르단(암만; 2016), 레바논(베이루트, 브케르케; 2015, 2017), 멕시코(과달라하라, 멕시코시티, 몬테레이, 푸에블라, 베라크루즈, 잘라파; 2014, 2016, 2018), 팔레스타인(가자, 라말라; 2015, 2016), 네덜란드(암스테르담; 2015~2018년 여러 차례 방문), 페루(아레키파, 리마; 2014, 2015), 폴란드(크라코우, 바르샤바; 2013, 2018), 포르투갈(리스본, 포르투; 2016, 2017), 사우디아라비아(리야드; 2018), 스페인(바르셀로나, 마드리드; 2015~2018년 여러 차례 방문), 스위스(바젤, 쿠아르, 제네바, 일나우에프레티콘, 로잔, 루체른, 세인트 갈렌 및 취리히; 2015~2018년 몇 차례 방문), 튀니지(튀니스; 2018), 아랍에미리트(두바이; 2016), 영국(런던, 2014~2018년 여러 차례 방문), 우루과이(몬테비데오; 2017), 미국(보스턴, 시카고, 뉴욕, 필라델피아, 샌프란시스코, 워싱턴; 2015, 2016, 2017, 2018). 또한, 이 조사가 시작되기 전에 알제리, 캐나다, 카메룬, 중국, 덴마크, 인도네시아, 이란, 케냐, 러시아, 남아프리카공화국, 한국, 대만, 태국, 베네수엘라, 베트남 등 20여 개국을 여행했는데, 이 나라들 역시 유용한 정보를 제공했다.

『바티칸의 불편한 진실』은 엄격하고 정밀한 인용구와 출처를 바탕으로 한다. 대부분의 인터뷰는 상대의 동의하에 녹음되거나, 그들의 증인으로 나온 조사원이나 통역사들 앞에서 진행되었다. 전체적으로, 나는 거의 400시간의 녹음기록을 가지고 있다. 이곳에서 인용한 글들은 전형적인 저널리즘 관행과 일치하며 말한 그대로 재현되었다.

우리가 추측할 수 있듯이, 추기경이나 고위 성직자들의 사적인 증언은 그들의 공개적인 진술보다 훨씬 더 흥미롭다. 살아있는 사제들을 '아웃팅'하는 것은 나의 의도가 아니었기 때문에, 그들에 대한 출처 정보는 보호하기로 했다. 그리고 비록 내가 원칙적으로 출처가 모호한 진술을 상당히 꺼릴지라도, 이 책은 익명의 진술 없이는 가능하지 않았을 것이다. 그러나 나는 익명의 진술 숫자를 최소한으로 제한하려고 노력했고, 내가 인터뷰한 사람들이 전달하는 정보를 원문 그대로 사용하는 것을 선호했다.

몇 가지 드물 때도 있어서, 그리고 그들의 요청에 따라, 나는 특정 사제들의 이름을 가명으로 했다(이 책에 사용된 가명은 책 전반에 걸쳐 분명히 알려주고 있고, 그 가명은 모두 안드레 지드의 글에서 가져온 것이다).

플라티네트와 라 몽골피에라 추기경, 라 파에바 대주교, 혹은 유명한 몬시뇰리 제시카와 네그레토에 대해서는, 내가 그렇게 이름을 붙인 이유가 있는데, 바티칸에서 비밀리에 사용되고 있는 '실제 가명들'이기 때문이다. 가명과 실명을 연결하려 하거나 익명의 정보를 찾아내려는 시도는 필연적으로 길을 잃고 실패할 것이다.

이런 종류의 조사는 결코 한 작가의 수고만으로는 결코 수행될 수 없었을 것이다. 이 조사를 완성하기 위해, 나는 80명 이상으로 구성된 조사팀의 도움을 받았는데 그 팀은 전 세계의 협력자, 번역가, 고문, 조사원들을 포함하고 있었다. 나는 그들 중 이 긴 모험에 동행한 주요 조사원들을 언급하며 감사하고 싶다.

이탈리아 기자 다니엘레 파티첼리(Daniele Particelli)는 나와 3년 동안 함께 일했고 로마와 이탈리아에서 늘 나와 동행했다. 안드레 헤레라는 아르헨티나와 칠레에서 나와 함께 다양한 히스패닉 지역을 방문하며 오랜 조사를 수행했다. 콜롬비아에서는 에마뉘엘 네이사가 끊임없는 도움을 주었다.

파리에서는 6개 언어를 양쪽으로 통역할 수 있었던 멕시코인 루이스 추마케로가 나의 조수가 되어 도와주었다. 또한, 내가 지속적으로 도움을 받은 분들은 다음과 같다. 르네 부오노코레, 패브리오 소르바라, 그리고 이탈리아에 있는 성 소수자협회 '폴리스 아페르타'의 군인들과 경찰관과 헌병들, 스페인의 엔리케 아나텔라조, 브라질의 길르메 알트마이어, 톰 아벤다뇨, 칠레의 파블로 시모네티, 폴란드의 미로슬라브 벨렉와이, 마르신 보지크, 예르지 스체스니, 러시아의 바실리 클리멘토프, 멕시코의 안토니오 마르티네스 벨라스케스, 기예르모 오소르노, 마르셀라 곤살레스 듀란, 엘리제르 오제도 펠릭스, 스위스의 위르크 콜러, 마인라드 퍼러, 마틴 짐퍼, 독일의 마이클 브링크슈뢰더, 세르게이 라고딘스키, 볼커 벡, 미국의 마이클 데니, 이집트, 두바이, 레바논의 하디 엘하디, 레바논과 요르단의 아바스 사드, 이스라엘의 베니와 이리트 지퍼, 벨기에의 루이 드 슈트라이커와 브루노 셀룬, 남아프리카의 에르윈 카메론, 쿠바의 네이션 마르셀 밀레와 이그나시오 곤살레즈, 아르헨티나의 줄리안 고로디셔와 데이비드 제이콥슨, 일본의 줄리아 미츠비자야와 요나스 풀버, 페루의 알베르토 세르바트, 호주의 마틴 피크에게 감사 드린다(이 책의 80명 이상의 조사자들 팀에 속한 모든 분들의 이름은 온라인에서 찾아볼 수 있다).

나는 이 책을 위해 조사하는 동안 프랑스 문화권에 속한 자들을 위해 국가 라디오를 통해 바티칸에 대한 4개의 방송국을 만들었고, 「슬레이트」(Slate)와 「에스프리」(Esprit) 잡지에 여러 기사를 올렸으며, 파리정치대학교(University Sciences-Po-Paris)에서 프란치스코 교황의 외교에 관한 전문가 회의를 조직했다. 이런 병렬적인 프로젝트들의 결과들이 이 책에 반영되었고, 또한 그런 프로젝트 때문에 유익한 만남의 기회를 가질 수 있었다.

나는 내 번역가들에게 그들의 작업과 속도에 대해, 특히 내 책 중 세 권을 이미 번역한 마테오 시안치(Matteo Schianchi)(이탈리아어로 번역), 숀 화이트사이드(Shaun Whiteside)(영어로 번역)에게 무한히 감사한다.

나의 편집장인 장루크 바레(로버트 라퐁/에디스(Editis)에서 일한다)는 일찍부터 이 책을 믿고 밀어주었다. 그는 주의 깊은 편집자였고 조금도 방심하지 않는 교정자로서 그가 없이는 이 책은 존재하지 않았을 것이다. 로버트 라퐁에서 일하는 세실 보이어룬지(Cécile Boyer-Runge)는 이 프로젝트를 적극적으로 옹호했다. 나는 밀라노에 있는 펠트리넬리에서 일하는 이탈리아 편집자들에게 큰 빚을 졌다.

2015년부터 이 책을 믿고 일해 온 나의 충실한 친구 카를로 펠트리넬리는 물론, 출판을 관장한 지안루카 포글리아(Gianluca Foglia)에게 감사하고, 또한 나의 편집자들, 알레시아 디미트리(Alessia Dimitri)와 카밀라 코타파비(Camilla Cottafavi)에게도 감사한다. 로빈 베어드스미스(Robin Baird-Smith)(블룸스베리)는 그의 동료 제이미 버켓(Jamie Birkett)과 함께 앵글로색슨 세계를 위해 이 책을 출판한 중요한 편집자였다. 나는 또한 블랑카 로사 로카, 카를로스 라모스와 엔리케 무릴로와 파웰 고즐린스키에게 감사한다. 나는 또한 나의 이탈리아 문학계를 담당한 발레리아 프라스카와 히스패닉 세계를 위해 나의 고문으로 수고한 마르셀라 곤살레스 듀란, 그리고 세계의 다른 나라를 위해 수고한 베니타 에드자드에게도 감사하고 싶다.

교정과 사실 확인을 위해 수고한 분들께 감사하고 싶다. 내 친구 스테판 포인, 안드레 헤레라, 엠마누엘 파켓, 다니엘레 미페텔리, 마리 로레 데프레틴과 익명으로 남아야 하는 세 명의 사제와 대주교, 그리고 유명한 바티칸 전문기자 한 분에게 감사하고 싶다. 기자 파스쿠알레 콰란타는 지난 4년 동안 로마에서 끊임없이 나를 도와주었다. 나는 또한 소피 베를린과 라이니에 불랭 에스코바르에게 감사한다.

나는 또한 로마 교황청 내에 있는 나의 28명의 '소식통들'에게 감사하고 싶다. 그들은 몬시뇰들, 사제들, 평신도들로서 모두가 내게 게이라고 밝힌 자들이며 매일 바티칸에서 일하거나 살고 있다. 그들은 4년 이상 정기적으로 정보를 제공하였고 때로는 바티칸에서 나를 맞이하는 '주인'들이었다. 그들이 없었다면 이 책은 빛을 보지 못했을 것이다. 그들은 모두 이 책에서 익명으로 남아 있는데, 충분히 이해할 수 있다.

이 책은 저자의 변호사인 프랑스인 윌리엄 부르동(William Bourdon) 선생이 이끄는 약 15명의 변호사로 구성된 협회에 따라 보증되고 변호된다. 프랑스의 아폴린 카그나트 선생 (부르동 & 동애소시[Associés, 동료들]), 이탈리아의 마시밀리아노 마기스트레티; 미국의 스콧 R. 윌슨, 영국의 마야 아부 딥(블룸스베리)과 펠리시티 맥마흔(5RB), 스페인의 후안 가르시아, 칠레의 후안 파블로 에르모실라, 멕시코의 안토니오 마르티네스, 브라질의 법률사무소 턱세어러 마아티스 & 즈보가도스(Teixeira, Martis & Advogados), 스위스의 위르그 콜러, 독일의 카타리나 윈터가 이 협회에 속해 있다. 발레리 로브(Valérie Robe)는 이 책의 프랑스 판의 법률 고문이었다.

마지막으로, 이 책은 대단히 많은 기록된 정보들의 출처와 각주, 그리고 책과 기사에 대한 천 개 이상의 참고 문헌을 포함하고 있다. 이 책의 형식은 우리가 그것들을 여기서 인용하는 것을 허락하지 않기 때문에, 관심 있는 연구자들과 독자들은 무료 온라인에서 300페이지로 된 문서를 찾아 이 모든 출처와 미발표된 내용을 얻을 수 있다(이스라엘-팔레스타인-요르단의 실제 소돔으로의 나의 여행, 프랑스에 관한 한 장, 브라질에 관한 한 부분, 그리고 바티칸의 예술과 문화에 관한 내용이 있다).

이 책에서 모든 인용구는 참조 문헌과 함께 주어지고 있으며 '그 시인'의 이름으로 랭보의 23개의 시구(詩句)가 실려 있다. 자세한 내용은 www.sodoma.fr 사이트를 참조하라. 업데이트 내용은 저자의 페이스북 페이지: @martericmartel에서 해시태그 #sodoma로 게재될 것이고 또한 그의 인스타그램 계정: @martrederic 및 Twitter 피드: @martelf에 게재될 것이다.

교황청의 돈과 권력의 역사

지은이 : 제랄드 포스너
옮긴이 : 명노을
판　형 : 크라운판 양장
페이지 : 880면

수년에 걸친 집요한 추적과 광범위한 인터뷰로 교황청의 권력 이동과 막대한 자본을 마련하기 위해 나라와 수단을 가리지 않은 추악한 경로와 진실을 폭로하고 있다. 최근에 나온 교황청의 실체를 파헤친 책 중에서 걸작으로 평가받는 대작이다.